KB116345

한 권으로 읽는 프로이트

한 권으로 읽는 프로이트

지크문트 프로이트 지음

임홍빈 · 박종대 외 옮김

열린책들

THE FREUD READER
by SIGMUND FREUD (2019)

이 책은 실로 꿰매어 제본하는 정통적인 사철 방식으로 만들어졌습니다.
사철 방식으로 제본된 책은 오랫동안 보관해도 손상되지 않습니다.

머리말

과학자로서, 그리고 사상가로서 지크문트 프로이트의 중요성을 이 자리에서 다시 설명할 필요는 없을 것이다. 20세기를 몇 년 앞두고 나타나기 시작한 프로이트의 학설은 그 뒤 인류에게 근본적인 수준의 영향을 미쳤다. 프로이트를 통해 20세기 인간의 자기 이해는 인간중심적인 사고에서 결정적으로 벗어나게 되었다. 그러나 얼핏 모순적이지만, 프로이트 덕분에 우리는 사회와 문화 속에서 벌어지는 온갖 일들을 자신이 깨닫지 못한 욕망에 조종되는 인간들의 드라마로 보게 된 것도 사실이다.

1997년 열린책들의 『프로이트 전집』이 완간된 뒤, 한두 권 분량으로 프로이트 사상의 정수를 접할 수 있는 선집을 출간해 달라는 독자들의 요구는 계속 있어 왔다. 이에 선뜻 응할 수 없었던 것은, 이것이 〈가능하면 프로이트의 잘 알려지지 않은 작품들까지 독자들이 접할 수 있도록 한다〉는 전집 발간의 기본 취지와 양립하는지 알 수 없었기 때문이었다. 그러나 『프로이트 전집』의 모든 권들이 20년 넘게 절판 없이 보급되고 있는 마당에 전집의 기본 취지가 이미 달성된 것은 의심할 필요가 없어 보인다. 또한 한 학기 강의에 적합한 〈독본〉에 대한 요구도 더 이상 외면하기 어려운 바 되어, 이 선집을 내놓게 된 것이다.

수록된 글들은 다음과 같은 기준으로 선정되었다. 첫째, 중요성. 지금도 중요한 참조 자료로서 자주 언급되고 논쟁이 되는 글들을 우선적으로 포함시켰다. 둘째, 흥미. 프로이트 사상을 흥미를 빼고 논하는 것은 무의미한 일일 것이다. 일반 독자가 재밌게 읽을 수 있는 글들을 고르려 했다. 셋째, 평이함. 이것은 첫째 기준과 상충하는 부분이 없지 않지만, 비슷한 주제를 다룬다면 가급적 그중 읽기 쉬운 글을 찾으려 했다. 넷째, 다양성. 이것은 주제의 다양성이기도 하고, 수록된 글의 수와 관계된 것이기도 하다. 가능하면 짧은 글을 골라 여러 편을 포함시키려 애썼다.

제1부 〈정신분석의 출발〉의 「나의 이력서」는 프로이트의 학문적 자서전으로, 프로이트 사상의 가장 좋은 입문서일 것이다. 「아나 O. 양」은 브로이어와의 공저 『히스테리 연구』에 수록된 것으로, 사실 브로이어가 쓴 장이다. 프로이트가 아닌 브로이어가 쓴 장을 굳이 여기 포함시킨 이유는 이 글이 무의식의 최초 발견을 묘사했다는 평을 받을 정도로 중요하고, 프로이트를 신경계 연구에서 정신분석으로 이끈 결정적 계기였기 때문이다.

제2부 〈꿈, 실수, 농담〉은 프로이트의 주저 『꿈의 해석』, 『정신분석 강의』, 『농담과 무의식의 관계』의 발췌이다. 해당 주제를 다루고 있는 장을 각각 한 장씩 포함시켰다. 실수에 대해서는 『일상생활의 정신 병리학』이라는 주요 저서가 있기는 하지만 여기에 포함시키지 않았다.

제3부 〈성욕, 성도착, 성차〉에는 프로이트 논문으로서 가장 중요한 것 중 하나인 「성욕에 관한 세 편의 에세이」의 일부(첫 번째 논문 「성적 일탈」)가 실려 있다. 「나르시시즘 서론」 역시 이 선집에 실린 길고도 중요한 논문 중 한 편이다. 「페티시즘」은 페티시즘의 원형을 남근으로 단정하고 있다. 「여자의 성욕」은 극히 논쟁

적인 글로서, 프로이트는 이른바 엘렉트라 콤플렉스를 허구로 비판하고 남녀 공히 단 하나의 성욕이 있을 뿐이라고 말한다. 그것은 남성의 성욕이다.

제4부 〈사례 연구〉에는 〈쥐 인간〉, 〈슈레버〉, 〈여성 동성애자〉에 대한 사례 연구가 실려 있다. 각각 〈강박 신경증〉, 〈편집증〉, 〈동성애〉를 대표한 이들은 이 책에는 실려 있지 않은 〈한스〉, 〈도라〉, 〈늑대 인간〉 등과 함께 역사상 가장 유명한 환자들 중 하나일 것이다. 프로이트의 사례 연구들은 정신분석을 이해하기 위한 흥미로운 입구이다.

제5부 〈쾌락 원칙과 죽음〉에는 어둡고 비관적인 프로이트 후기 사상을 대표하는 세 편의 글이 실려 있다. 「쾌락 원칙을 넘어서」에서는 반복 강박과 그 근저의 죽음 본능이 논의되고 있다. 중요하고도 긴 논문인 「자아와 이드」는 프로이트 지형학의 완성을 볼 수 있는데, 죽음 본능과 생명 본능, 쾌락 원칙이 각각의 부분과 맺는 관계가 설명되고 있다. 여기서는 일부를 수록했다. 「마조히즘의 경제적 문제」는 정신분석의 오랜 난문인 마조히즘을 해명하고 있다.

제6부 〈종교, 예술, 문명〉에는 프로이트의 다양한 관심사를 드러내는 글들을 수록했다. 「어느 환상의 미래」라는 제목에서 말하는 환상은 종교를 뜻한다. 「세 상자의 모티프」는 프로이트의 셰익스피어론이다. 운명의 여신과 사계절과 죽음의 관계가 설명되고 있다. 「도스토옙스키와 아버지 살해」는 아마 지금까지 쓰인 도스토옙스키론 중에서 가장 유명한 것 중 하나일 것이다. 「전쟁과 죽음에 대한 고찰」은 말 그대로 그의 전쟁론이다. 제1차 세계 대전이 일어난 지 여섯 달 뒤에 쓴 글답게, 체념과 비관주의가 글의 정조를 지배하고 있다.

해외에 『프로이트 독본』이 몇 종 나와 있기는 하지만 편집에 큰 도움을 받지는 못했다. 딸 아나 프로이트Anna Freud가 편집한 『정신분석의 정수 The Essentials of Psycho-Analysis』(1986)는 주요 개념에 관련된 논문들에 치중한 것으로, 〈거장(巨匠)〉 프로이트의 면모를 파악하기에는 수록된 분야가 협소한 느낌을 준다. 문화사가 피터 게이Peter Gay가 편집한 『프로이트 독본 The Freud Reader』(1989)은 프로이트의 다양한 관심사를 주제별로 접하게 해주지만 대신 글들이 온전하게 수록되기보다는 잘게 잘려 있다. 심리학자 애덤 필립스Adam Philips가 편집한 『펭귄 프로이트 독본 The Penguin Freud Reader』(2006)은 두 책의 단점을 피하고 있으나 수록된 글들이 대체로 어려운 듯하고, 배열 순서는 편자의 주관에 의거하고 있다.

수록 작품을 일별하면, 이 선집이 주제별 분류를 따르면서도 어느 정도는 시기순으로 프로이트 사상을 배열하고자 했음을 알 수 있을 것이다. 이 책이 흥미로운 읽을거리이자, 프로이트의 경이롭고 다양한 세계를 새롭게 발견하게 해주는 계기가 된다면 기쁘겠다.

2019년 10월
열린책들 편집부

차례

머리말 … 5

I. 정신분석의 출발

나의 이력서 … 13

아나 O. 양(브로이어) … 97

II. 꿈, 실수, 농담

꿈-해석의 방법: 꿈 사례 분석 … 137

실수 행위들 … 169

농담의 즐거움 메커니즘과 심리적 기원 … 201

III. 성욕, 성도착, 성차

성욕에 관한 세 편의 에세이(발췌) … 231

페티시즘 … 275

여자의 성욕 … 285

나르시시즘 서론 … 311

IV. 사례 연구

쥐 인간(발췌) … 357

편집증 환자 슈레버(발췌) … 395

여자 동성애가 되는 심리 … 423

V. 쾌락 원칙과 죽음

쾌락 원칙을 넘어서 … 465

자아와 이드(발췌) … 549

마조히즘의 경제적 문제 … 579

VI. 종교, 예술, 문명

어느 환상의 미래 … 601

세 상자의 모티프 … 677

도스토옙스키와 아버지 살해 … 699

전쟁과 죽음에 대한 고찰 … 729

출전 … 767

프로이트 연보 … 769

찾아보기 … 775

I. 정신분석의 출발

나의 이력서

Selbstdarstellung(1925[1924])

이 글은 일반적으로 프로이트의 〈자서전〉이라고 여겨지지만, 원래 이 글이 실린 총서의 제목(『대가가 직접 서술한 현대 의학*Die Medizin der Gegenwart in Selbstdarstellung*』)에서 알 수 있듯이, 최근의 의학사에 중요한 역할을 한 프로이트가 자신의 학문적 생애를 서술한 것이다. 앞부분에서 프로이트 자신이 서술한 것처럼, 그는 「정신분석 운동의 역사」에서 언급한 많은 부분을 불가피하게 되풀이해야 했다. 그럼에도 불구하고 두 글을 비교해 보면 매우 다른데, 「정신분석 운동의 역사」에서 그를 분개하게 했던 논쟁은 하찮은 것으로 빛이 바래고, 이제 그는 자신의 과학적 견해에 대해 더 침착하고 객관적인 설명을 할 수 있게 되었다.

1

이 『자서전』 총서의 필자들 대부분은 맡은 과제가 특수하고 어렵다는 말로 그들의 기고문을 시작하고 있다. 내 생각에는 나의 과제가 한층 더 어려울 것 같다. 왜냐하면 나는 여기서 요구되는 것과 같은 글들을 이미 여러 번 발표했고, 대상의 성격상 그 글들은 통상적인 정도나 필요한 정도 이상으로 나의 개인적 역할을 다루고 있었기 때문이다.

나는 1909년 창립 20주년 기념으로 초빙받아 갔던 매사추세츠주 우스터의 클라크 대학Clark University에서 다섯 번의 강의를 통해 정신분석학의 발달과 내용에 대해 처음으로 서술한 바 있다.[1] 최근에 나는 미국의 한 논문집에 싣기 위해 비슷한 내용의 기고문을 쓰기로 동의했는데, 그것은 『20세기 초에 대하여』라는 이 책이 정신분석학에 관해 독립된 한 장(章)을 마련함으로써 그것의 중요성을 인정해 주었기 때문이었다.[2]

이 두 글 사이에는 1914년에 쓴 「정신분석 운동의 역사」라는

---

1 이 강의는 영어로 1910년 『미국 심리학 저널 *American Journal of Psychology*』에 실렸다. 독일어로는 『정신분석에 대하여 *Über Psychoanalyse*』라는 제목으로 1924년 빈의 도이티케F. Deuticke 출판사에서 출간되었다 — 원주.

2 『파란만장한 세월 *These eventful years*』. 브릴A. A. Brill 박사가 번역한 나의 글은 이 책의 제2권 73장이다 — 원주.

글이 있는데,[3] 내가 여기서 말하려고 하는 것의 본질적인 내용이 본래 그 글에 들어 있다고 할 수 있다. 내가 과거에 했던 서술에 모순되는 서술을 하고 싶지 않고, 그렇다고 어떤 변경도 없이 과거에 했던 이야기를 반복하고 싶지도 않으므로, 나로서는 주관적 서술과 객관적 서술, 전기적 관심과 역사적 관심을 과거와 달리 새로이 혼합하는 길밖에 없다.

나는 1856년 5월 6일 오늘날 체코슬로바키아의 영토가 된 작은 도시 프라이베르크Freiberg에서 태어났다. 나의 양친은 유대인이었고, 나 또한 계속 유대인으로 살았다. 내가 알고 있기로 나의 친가는 라인 강가의 쾰른에서 오랫동안 살았으나 14, 15세기경 유대인 박해로 인해 동유럽으로 이주했으며, 19세기에 리투아니아에서 갈리치아를 거쳐 독일령 오스트리아에 이르게 되었다. 내가 네 살이었을 때 우리는 빈으로 이주했는데, 나는 여기서 모든 교육을 받았다. 나는 김나지움에서 7년 동안 줄곧 수석을 하여 특별 대우를 받았고 대부분의 시험에서 면제되었다. 우리의 경제 사정이 매우 열악했음에도 불구하고, 나의 부친은 직업을 선택할 때 내가 원하는 대로 하기를 바랐다. 당시에나 그 후에도 나는 의사라는 직업의 사회적 지위나 활동에 특별히 관심을 갖지 않았다. 오히려 나는 일종의 지적 호기심에 이끌렸는데, 이 호기심은 자연 대상보다는 인간적 관계를 향한 것이었으며, 이 호기심의 충족을 위한 중요 수단으로서 관찰의 의미를 아직 깨닫고 있지 못했다. 내가 훨씬 뒤에 깨달은 일이지만, (내가 읽기를 배우자마자) 성서 이야기에 몰두한 것이 나의 관심 방향에 지속적인 영향을 미쳤다. 나중에 유명한 정치가가 된, 나보다 나이가 위인 같은 학교 친구에게 많은 영향을 받아, 나는 그와 같이 법을 공부하고

3 이 글은 『정신분석 연보*Jahrbuch der Psychoanalyse*』 제6권에 실렸다.

사회 활동에 참여하고 싶다는 희망을 가졌었다. 동시에 그 당시 유행하던 다윈Dawin의 이론이 나에게 강한 인상을 주었는데, 그것은 이 이론이 세계에 대한 이해를 크게 증진시킬 수 있다는 기대를 걸게 했기 때문이었다. 그리고 고등학교 졸업 시험 직전에 카를 브륄Carl Brühl 교수가 괴테의 아름다운 글 『자연 Die Natur』에 대해 행한 공개 강연에서 큰 감명을 받아, 나는 의학부에 등록하기로 결정했다.

1873년 대학에 입학했을 때, 나는 상당한 실망감을 맛보았다. 무엇보다도 내가 유대인이라는 이유로 열등하고 국민의 한 사람이 아니라고 느껴야 한다는 부당함이 나에게 충격을 주었다. 나는 이를 단호히 거부했다. 나는 내가 왜 나의 혈통 또는 그 당시 사람들 입에 회자되기 시작한 말인 〈인종〉 때문에 부끄러워해야 하는지 도저히 이해할 수 없었다. 나에게 허용되지 않았던 국민권을 나는 큰 애석함 없이 포기했다. 그 당시 내 생각으로는, 국민권을 갖지 않아도 열심히 일하는 사람에게는 인류라는 틀 내에서 어떤 자리가 틀림없이 있을 것이라고 생각했기 때문이었다. 그러나 대학에서의 이러한 첫인상은 후에 중요한 결과를 낳았는데, 그것은 내가 반대파에 속하며 〈단단하게 결속된 다수〉[4]에 의해 파문될 운명에 아주 일찍부터 익숙하게 되었다는 것이다. 이렇게 해서 어느 정도 판단의 독자성이 예비되었다.

그 밖에 나는 대학 생활의 처음 몇 년 동안, 내 재능의 특수성과 제약 때문에 내가 젊은 열정으로 빠져들었던 여러 과학 분과에서 모두 성공할 수는 없다는 경험을 할 수밖에 없었다. 나는 메피스토Mephisto의 다음과 같은 경고의 진실을 배우게 되었다.

4   입센Ibsen의 『민중의 적』에서 언급되었다.

주위의 이 학문 저 학문을 배회하는 것은 헛된 일.

누구든 그가 배울 수 있는 것만을 배울 뿐이다.[5]

결국 나는 에른스트 브뤼케[6]의 생리학 실험실에서 안정과 완전한 만족감을 찾게 되었고, 또한 내가 존경할 수 있고 본보기로 삼을 수 있는 사람들, 즉 지크문트 엑스너,[7] 에른스트 플라이슐 폰 막소프[8]를 알게 되었다. 나는 뛰어난 두뇌의 소유자와 친구로 지내는 특전을 누렸다. 브뤼케는 내게 신경 계통의 조직학에 관한 한 가지 연구 과제를 주었는데, 나는 그가 흡족할 만큼 그 문제를 해결하고 독자적으로 계속해 나갈 수 있었다. 나는 짧은 중단 시기를 제외하고는 1876년에서 1882년까지 이 연구소에서 근무했는데, 앞으로 비게 될 조교 자리는 우선적으로 나에게 돌아오리라고 생각했다. 나는 정신 의학을 제외하고는 의학 본래의 분과들에는 관심이 없었다. 나는 의학 공부를 아주 게을리한 결과 매우 늦게, 즉 1881년에 가서야 의학 박사 학위를 받게 되었다.

전환기는 1882년에 찾아왔다. 내가 그 누구보다도 존경했던 스승이 나의 열악한 재정 형편을 보고, 내게 이론적인 인생의 길을 걸어가는 것을 포기하도록 강권함으로써 내 아버지의 고결한 무분별함을 교정했던 것이다. 나는 그의 권고에 따라 생리학 실험실을 떠나 종합 병원의 임상 조수*Aspirant*로 들어갔다. 나는 거기에서 얼마 안 되어 일반 의사(내과의)로 승급했고, 여러 과에서 일했다. 또한 내가 이미 학생 때부터 저작과 인격에 깊이 감명을

5 *Vergebens, daß ihr ringsum wissenschaftlich schweift, / Ein jeder lernt nur, was er lernen kann.* 괴테, 『파우스트』 1부 4장.

6 Wilhelm Ernst von Brücke(1819~1892). 생리학 교수.

7 Sigmund Exner(1846~1926). 생리학 교수로 브뤼케의 후임자.

8 Ernst Fleischl von Marxow(1840~1891). 뛰어난 물리학자이자 생리학자였음.

받았던 마이네르트[9]와 반년 이상을 함께 일했다.

그러나 나는 어떤 의미에서 처음 접어든 연구 방향에 충실했다. 브뤼케가 나에게 부여한 연구 대상은 가장 덜 진화된 어류 중 하나(*Ammocoestes-Petromyzon*)의 척수였다. 그런데 나는 이제 인간의 중추 신경계로 관심을 옮겨 간 것이다. 바로 그 당시 플렉지히[10]가 발견한 신경 섬유 둘레 조직층의 비동시적 형성은 중추 신경계의 복잡한 섬유 조직에 새로운 빛을 던져 주었다. 내가 처음에 연수(延髓, *medulla oblongata*)[11]를 유일무이한 주제로 택했다는 것은, 바로 나의 최초의 연구가 계속 영향을 미치고 있음을 보여 주고 있다. 처음 대학 시절 몇 년 동안 내 공부가 산만했던 것과는 대조적으로, 나는 이제 한 가지 주제나 문제에 나의 연구를 집중하는 성향을 발전시키게 되었다. 이때 생긴 나의 이러한 성향은 그 후에도 계속 남아 사람들이 내가 편협하다고 비난하는 원인이 되었다.

이제 나는 전에 생리학 연구실에서와 같이 뇌 해부 연구소에서 열심히 연구했다. 연수 내의 섬유 다발과 신경핵의 원천에 관한 작은 논문들은 그 당시 병원에서 일하던 시기에 쓰인 것으로, 아무튼 에딩거[12]의 주목을 받았다. 내가 그와 함께 일하지 않을 때도 내가 자유로이 실험실을 출입하도록 해주었던 마이네르트가 어느 날 나에게 제안하기를, 내가 최종적으로 뇌 해부학을 중심으로 연구하고 자신은 새로운 방법을 소화해 내기에는 너무 늙었

---

9 Theodor Myenert(1833~1892). 정신 병리학 교수.
10 Paul Flechsig(1847~1929). 라이프치히 대학의 정신 병리학 교수.
11 뇌수의 아래 끝에 있으며 척수(脊髓)의 위 끝으로 이어지는 부분으로, 상·하행 신경로(神經路) 호흡, 순환, 특수 감각과 같은 생체 기능을 취급하는 신경 세포의 중요한 집합으로 이루어진다.
12 Ludwig Edinger(1855~1918). 베를린의 저명한 신경 해부학 교수.

으므로 자신의 강의를 나에게 넘겨주겠다는 것이었다. 나는 이 과제의 중압감에 놀라 제의를 거절했다. 또한 이 천재적인 사람이 결코 나에 대해 좋은 생각을 가지고 있지 않다는 것을 내가 그 당시에 이미 알아차리고 있었기 때문이기도 할 것이다.

뇌 해부학을 선택한다고 해서 생리학에 비해 재정적인 점에서 실제로 나아진 것은 없었다. 그래서 나는 재정적 요구를 고려하여 신경 질환을 공부하기 시작했다. 그 당시 빈에서는 이 특수 분과에 대한 연구가 별로 없었으며, 자료는 여러 분과에 흩어져 있는 실정이었다. 이 분야의 전문가를 양성하는 곳도 없어서 배우려는 사람은 스스로 공부할 수밖에 없었다. 대뇌 부위에 관한 저서 덕분에 얼마 전에 임용된 노트나겔[13]조차 신경 병리학을 내과의 다른 분야들로부터 특별히 구분하지 않을 정도였다. 대신에 멀리에서 샤르코[14]라는 큰 이름이 빛나고 있어, 나는 일단 여기 빈에서 신경 질환의 강사 자리를 얻고 난 다음 파리로 가서 계속 공부하리라는 계획을 세웠다.

나는 일급 의사로 근무하던 몇 해 동안 신경 계통의 기질성 질환에 대한 일례 보고들을 여러 번 발표했다. 나는 점차 이 분야에 친숙해졌다. 나는 병리 해부학자가 더 이상 첨가할 것이 없을 정도로 연수 속 병소(病巢)의 위치를 정확히 확인할 수 있게 되었다. 그래서 나는 빈에서는 처음으로 사체 부검을 하면서 급성 다발 신경염 *polyneuritis actua*이라는 진단을 한 사람이 되었다.

나의 이러한 진단이 사체 해부에 의해 확인되어 명성이 높아지자 미국의 의사들이 몰려들게 되었고, 나는 내가 속한 과의 환자들에 관해 엉터리 영어로 설명하곤 했다. 신경증에 관해서 나는

13 Hermann Nothnagel(1841~1905). 의학 교수.
14 Jean-Martin Charcot(1825~1893). 파리의 신경 병리학 교수.

아무것도 몰랐다. 한번은 내가 청강자들에게 고질적인 두통을 수반한 신경증 환자를 만성적인 국소 뇌막염의 한 경우라고 소개한 적이 있었다. 그러자 그들 모두는 — 당연한 일이지만 — 나를 비판하고 반발하면서 나에게 등을 돌리게 되어, 나의 짧았던 선생질은 끝이 나고 말았다. 변명을 하자면, 당시에는 빈에서 나보다 더 권위가 있는 사람들도 신경 쇠약증을 뇌종양으로 진단하곤 하던 시절이었다.

1885년 봄에 나는 조직학 논문과 임상적 논문 발표 덕택에 신경 병리학 분야의 강사 자리를 얻었다. 바로 뒤이어 브뤼케의 따뜻한 추천에 힘입어 나는 상당한 액수의 여행 장학금을 받았다. 그해 가을에 나는 파리로 떠났다.

나는 살페트리에르의 수련생이 되었다. 그러나 처음에는 외국에서 온 수많은 들러리 중의 하나에 불과한 나는 거의 주목을 받지 못했다. 어느 날 샤르코가 자기 강의의 독일어 번역자가 전쟁 이후에 연락을 하지 않아서 유감이라고 말하는 것을 들었다. 그리고 누군가 그의 『신강의』의 독일어 번역 일을 맡는다면 좋겠다는 것이었다. 나는 그에게 편지를 써서 내가 번역하면 어떻겠느냐고 제안했다. 나는 프랑스어에 대해 운동성 실어증*aphasie motrice*에 걸려 있지 감각적 실어증*aphasie sensorielle*에 걸려 있는 것은 아니라는, 그 편지 속에 써 넣었던 표현을 아직도 기억하고 있다. 샤르코는 나의 제안을 받아들여 나와 개인적으로 친교를 맺게 되었고, 그때부터 나는 병원에서 일어나는 모든 일에 전적으로 참여할 수 있게 되었다.

내가 이 글을 쓸 때, 나는 정신분석학의 수용에 대해 격렬한 반대를 보이며 종종 나와 프랑스 학파 간의 관계에 대해 전혀 맞지 않는 주장을 제기하는 수많은 논문과 신문 기사를 프랑스로부터 받았다. 예를 들어 내가 파리 유학을 이용해 자네P. Janet의 이론을 배우고는 이를 도둑질해 도망쳤다는 주장이 있다. 따라서 내가 분명히 해두고 싶은 것은, 살페트리에르에 머무는 동안 자네라는 이름은 한 번도 거론된 적이 없었다는 사실이다.

내가 샤르코에게서 보았던 것 중에 가장 인상적이었던 것은, 내 앞에서 부분적으로 행해진 히스테리에 관한 그의 최근의 연구들이었다. 히스테리 현상이 실제로 존재하며 그것에 법칙성이 있다는 것 *introite et hic dii sunt*,[15] 남자들에게서 히스테리가 자주 일어난다는 것, 최면적 암시에 의해 히스테리적 마비와 수축을 만들어 낼 수 있다는 것, 그리고 이렇게 인위적으로 만들어진 증상이 자연적으로 일어나고 종종 외상(外傷)에 의해 일어나는 우연적인 증상과 세부적인 것에 이르기까지 동일한 특성을 지닌다는 결과를 입증한 것이 그것들이다. 샤르코가 보여 준 실연(實演) 중 많은 것은, 먼저 나와 다른 객원 수련자에게 놀라움과 거부의 감정을 불러일으켰다. 우리는 이런 느낌을 그 당시 지배적인 이론에 근거하여 정당화하려 했다. 그는 이런 우리의 의심을 언제나 인내심을 가지고 친절하게 대했다. 그러나 그의 입장은 확고했다. 토의를 하던 중 언젠가 그의 입에서 이런 말이 나온 적이 있다. 〈그래도 존재하는 것은 마찬가지지요.*Ça n'empêchen pas d'exister.*〉이 말은 나에게 잊을 수 없는 강한 인상을 남겼다.

잘 알려져 있다시피, 샤르코가 그 당시 우리에게 가르쳤던 것 전부를 오늘날 지지할 수는 없다. 몇 가지는 불확실하게 되었고 다른 어떤 것들은 확실히 시간의 시련을 이겨 낼 수 없었다. 그러나 그중 상당 부분은 지금까지 과학의 지속적인 소유물로 평가되

15　보통 *introite, nam et hic dii sunt*의 형태로 인용된다. 〈들어오라, 여기에도 신(神)들이 있다〉는 뜻.

고 있다. 내가 파리를 떠나기 전에, 나는 히스테리적 마비와 기질적 마비를 비교 연구하겠다고 이 스승과 약속했다. 나는 신체의 개별적 부분에서 나타나는 마비와 감각 상실이 (해부학적 관념에 따라서가 아니라) 사람들이 상식적으로 생각하는 것과 같이 구분되는 것이라는 명제를 확고하게 만들고 싶었다. 그는 이에 동의했다. 그러나 그가 신경증의 심리를 깊이 파고드는 데 특별한 흥미를 가지고 있지 않음은 쉽게 알 수 있었다. 그는 사실 병리 해부학에서 출발했던 것이다.

빈으로 돌아오기 전, 나는 아동기의 일반 질환에 대한 몇 가지 지식을 얻기 위해 베를린에 수 주일 동안 머물렀다. 빈의 아동병 치료를 위한 공립 연구소의 소장이었던 카소비츠[16]가 나에게 아동 신경병과를 신설해 주기로 약속해 주었던 터이다. 나는 베를린에서 바긴스키[17]의 친절한 응접과 도움을 받았다. 카소비츠의 연구소에서 수년 동안 나는 아동의 반쪽 또는 양쪽의 뇌성 마비에 관한 다수의 긴 논문들을 발표했다. 이로 인해 후에 노트나겔은 그의 대작인 『일반 및 특수 치료법 편람Handbuch der allgemeinen und speziellen Therapie』에서 이 부분을 나에게 다루도록 했다.

1886년 가을 나는 의사로서 빈에 자리를 잡았고, 먼 도시에서 4년 이상이나 나를 기다렸던 한 아가씨와 결혼했다. 여기서 과거로 거슬러 올라가, 내가 젊은 나이에 유명해지지 못한 것이 내 약혼녀 때문이라는 것을 이야기해 보겠다. 주 관심 영역은 아니지만 그래도 깊은 관심에 이끌려, 나는 1884년에 메르크사[18]로부터 그 당시 거의 알려져 있지 않았던 알칼리성 코카인을 받아 그것

16 Max Kassowitz(1842~1913). 빈의 소아과 의사.
17 Adolf Baginsky(1843~1918). 프로이트가 신경증에 관한 요약문을 기고한 소아과 잡지의 편집인.
18 Merck. 다름슈타트Darmstadt에 소재한 화학 회사.

의 생리적 작용을 연구하고 있었다. 이 연구를 하던 중에 2년이나 떨어져 있던 내 약혼녀를 찾아볼 여행 기회가 생겼다. 나는 코카인에 대한 연구를 급히 중단하고, 이 물질의 다른 용도가 곧 발견될 것이라는 예측을 내 저서에 적는 데 만족했다. 그러나 나는 내 친구이자 안과 의사인 쾨니히슈타인[19]에게 코카인의 마취 성질이 안 질환에 어떻게 이용될 수 있는지 검토해 보라고 권했다. 내가 휴가에서 돌아와 보니, 그가 아니라 내가 역시 코카인에 대해 말해 준 다른 친구인 카를 콜러[20]가 동물의 눈을 가지고 결정적인 실험을 하고, 하이델베르크에서 개최된 안과학 대회에서 그것을 시범으로 보여 주었음을 알게 되었다. 이로써 콜러는 작은 외과 수술에 그렇게도 중요하게 된 코카인에 의한 국소 마취의 발견자로 당당히 간주되고 있다. 그러나 나는 당시의 연구 중단[21]의 책임을 내 약혼녀에게 전가하지는 않았다.

이제 내가 신경과 의사로 빈에 정착한 1886년으로 돌아가자. 나는 샤르코에게서 보고 배운 것을 〈의사회*Gesellschaft der Ärzte*〉에서 보고하도록 요청받았다. 그러나 좋은 평은 듣지 못했다. 회장이자 내과 의사인 밤베르거Bamberger 같은 권위자들이 내가 말한 것을 믿을 수 없다고 단언한 것이었다. 마이네르트는 내가 묘사한 것과 같은 사례를 빈에서 찾아내어 의사회에서 발표할 것을 나에게 요구했다. 나 또한 그렇게 하려고 시도했지만, 그런 사례를 발견해 낸 과(科)의 주임 의사들은 내가 이 사례들을 관찰하거나 연구하는 것을 거부했다. 그들 중 한 사람인 어떤 늙은 외과 의

---

19 Leopold Königstein(1850~1924). 안과학 교수이자 프로이트의 일생 동안 친구.

20 Carl Koller(1857~1944). 이 발견이 이루어진 당시 그는 빈의 종합 병원에서 입주 외과 의사였다. 그는 후에 뉴욕에서 성공적인 안과 및 외과 의사가 되었다.

21 초판(1924)에는 〈연구 중단(1935)〉 대신에 〈태만〉이라는 표현을 썼다.

사는 〈여보시오, 동료 선생, 어찌 그런 말도 안 되는 소리를 하시오? 히스테론Hysteron(sic)은 자궁을 뜻하지 않소. 그런데 어떻게 남자가 히스테리적일 수 있단 말이오?〉라고 외칠 정도였다. 나는 내가 필요로 하는 것은 내 진단의 승인이 아니라, 다만 그런 질병에 대해 다룰 수 있도록 허락받는 일이라고 말했지만 소용이 없었다. 마침내 나는 병원 밖에서 고전적인 히스테리성 반(半)감각상실증에 걸린 남자의 사례를 찾아내어 이를 〈의사회〉에서 입증해 보였다. 이번에는 사람들이 나에게 박수를 쳐주었지만, 그 이상의 관심은 보이지 않았다. 높은 권위자들이 내가 보인 새로운 사실을 거부했다는 인상은 나에게 확고하게 자리 잡았다. 남자에게서 나타나는 히스테리와 이로 인해 히스테리성 마비가 발생할 수 있다는 주장을 함으로써 나는 비주류로 몰리게 되었다. 그 후 곧바로 내가 대뇌 해부학 실험실을 출입하는 것이 금지되었고 학기 동안 강의할 곳을 잃게 되자, 나는 학문 생활과 학회에 참여하는 것으로부터 물러나게 되었다. 나는 그 후 일생 동안 〈의사회〉에 더 이상 참석하지 않았다.

신경 질환자들을 치료해서 먹고 살겠다면, 확실히 그들에게 어떤 도움이 되는 일을 해야만 했다. 나의 치료법에 속하는 무기고에는 전기 치료법과 최면술의 두 가지 무기밖에 없었다. 단지 한 번 진찰하고 환자를 물 치료 요양소에 보내는 것으로는 충분한 수입을 올릴 수 없었기 때문이다. 나는 전기 치료법에 관한 지식을 에르프의 편람[22]에서 얻었는데, 이 책은 모든 신경 질환 증상의 치료를 위한 자세한 지시를 담고 있었다. 그러나 유감스럽게도 나는 곧 이 지시에 따르는 것이 아무 도움도 되지 못하며, 엄밀한 관찰의 결과라고 여겼던 것이 환상적 구성물에 불과하다는 사실을 알

22 W. Erb, 『전기 치료법 편람Handbuch der Elektrotheraphie』(1882).

게 되었다. 독일 신경 병리학에서 첫째가는 이름의 저작이 동네 책방에서 팔리는 〈이집트식〉 해몽책보다 사실과 더 깊이 연관되어 있지 못하다는 것을 깨닫는 건 고통스러운 일이었다. 그러나 이로써 나는, 내가 그로부터 아직 완전히 벗어나지는 못했던 권위에 대한 소박한 믿음의 한 조각을 다시금 떨쳐 버리게 되었다. 결국 나는 뫼비우스Möbius가, 전기 치료가 신경 질환에서 거두는 성공은 — 도대체 성공이란 것이 일어난다면 — 의사의 암시 결과라는 구원의 말을 하기 전에 이미 전기 기구를 치워 버렸다.

최면술의 경우는 사정이 나은 편이었다. 내가 아직 학생이었을 때 〈자기 치료법 시술사Magnetiseur〉인 한젠[23]의 공개 시연에 참석한 적이 있는데, 그때 나는 실험 대상인 중 하나가 강경증(强硬症)적 경직에 빠지자 안색이 죽은 사람처럼 창백해지고 그런 상태가 한동안 지속되는 것을 보았다. 이 경험을 통해 최면 현상의 진실성에 대한 나의 확신은 굳어졌다. 이러한 견해는 얼마 안 있어 하이덴하인[24]에 의해 과학적으로 대변되었다. 그럼에도 불구하고 정신 병리학 교수들은 한참 동안이나 최면술을 속임수일 뿐만 아니라 위험한 것이라고까지 단언했으며, 최면술사들을 경멸했다. 나는 파리에서 최면술이 환자에게서 증상을 만들어 내고, 다시 이를 없애는 방법으로 아무런 의구심 없이 사용되는 것을 보았다. 그런데 낭시Nancy에서 최면을 수반하든 수반하지 않든 암시를 치료 목적으로 광범위하게 사용하여 큰 성공을 거두고 있는 한 학파가 생겨났다는 소식이 우리에게 들려왔다. 따라서 내가 의사로 활동하기 시작한 초년기에 우연히 체계 없이 사용한 정신 치

23 Carl Hansen(1833~1897). 덴마크 출신의 최면술사로, 그의 대중 시연은 최면술에 대한 관심을 다시 불러일으키는 데 많은 기여를 했다.
24 Rudolf P. H. Heidenhain(1834~1897). 브레슬라우 대학의 생리학 및 생물 조직학 교수.

료법을 제외하고는, 최면적 암시가 나의 주요한 작업 방법이 된 것은 당연한 일이었다.

이로써 기질적 원인에서 생긴 신경 질환의 치료는 포기하게 되었지만, 그렇다고 이를 통해 많은 것을 잃은 건 아니었다. 왜냐하면 한편으로는 그런 상태의 치료가 성공할 가망이 없었고, 다른 한편으로는 도시에서 개업한 개인의에게 찾아오는 신경증 환자 집단 중에 그런 질환으로 고생하는 사람의 수가 적었기 때문이었다. 게다가 신경증 환자의 수는, 구제를 받지 못하고 이 의사에서 저 의사로 옮겨 다니다 보니 증대하는 것이었다. 그 밖에도 최면술을 가지고 작업하는 것은 상당히 매혹적이었다. 사람들은 처음으로 자신의 무력감을 극복했으며, 기적적인 치료를 한다는 명성도 아주 기분 좋은 일이었다. 이 방법의 결함이 무엇인지를 알게된 것은 뒤에 가서의 일이었다. 그 당시 불만스러웠던 것은 단지두 가지 점이었다. 첫째, 모든 환자에게 최면을 거는 것이 성공할수는 없었다. 둘째, 원했던 만큼 깊이 환자를 최면 상태로 끌어들일 수 없었다. 나는 나의 최면 기술을 완벽하게 하려는 의도로 1889년 여름 낭시로 가서 수 주일을 보냈다. 나는 연로한 리에보[25]가 노동 계급의 가난한 부인들과 아이들을 돌보는 감동스러운 장면을 보았다. 그리고 베르넴[26]이 병원 환자에게 행하는 놀라운 실험을 지켜보고, 인간 의식에는 감추어져 있는 강력한 정신적 과정이 존재할 수 있다는 가능성에 매우 강한 인상을 받았다. 나는 무언가 가르칠 수 있다는 생각에 내 여성 환자 중 한 명을 설득해서 낭시로 오게 했다. 그녀는 훌륭한 가문 출신의 대단히 재

25 Ambrorise-Auguste Liébeault(1823~1904). 암시를 치료에 방법적으로 응용할 것을 창안함.
26 Hippolyte Bernheim(1840~1919). 리에보의 제자이자 동료로서, 최면술에 대해 파리의 샤르코 학파에 대립하는 낭시 학파를 대표한다.

능 있는 히스테리 환자였는데, 어떻게 다루어야 할지를 몰라 나에게 맡겨진 여자였다. 나는 최면을 통한 영향력을 행사하여 그녀가 인간적 품위를 유지하고 살 수 있도록 했으며, 병의 고통에서 벗어나도록 언제나 도와줄 수 있었다. 그러나 그녀는 얼마 안 가서 언제나 다시 병이 재발하곤 했는데, 그 당시 나는 나의 무지 탓으로 그녀의 최면이 기억 상실증을 수반한 몽유 상태에까지 이르지 못했기 때문이라고 생각했다. 베르넴도 여러 번 그녀에게 이를 시도해 보았으나 그 또한 별 진전이 없었다. 그는 암시에 의해서 거둔 큰 성공은 병원에서 일어난 것이지 그의 개인 환자에게서는 없었다고 솔직히 내게 고백했다. 나는 그와 여러 가지 활발한 대화를 나누었고, 암시의 치료적 효과를 다룬 그의 두 저서를 독일어로 번역하기로 했다.[27]

1886년에서 1891년까지의 기간 동안, 나는 과학적인 연구는 거의 하지 않고 논문도 거의 발표하지 않았다. 나는 새 직업에서 어느 정도 자리를 잡고, 나 자신과 급격히 증가하는 가족의 생계를 꾸리는 데 바빴다. 1891년에 나는 친구이자 조수인 오스카 리 Oskar Rie 박사와 함께 아동의 뇌성 마비에 관한 논문을 발표했다. 같은 해 어떤 의학 사전에 실어증에 관한 이론을 논하는 기고문 청탁을 받았는데, 그 당시 이 이론에서는 대뇌 기능의 국소화를 주장하는 베르니케 Wernicke와 리히트하임 Lichtheim의 입장이 지배적이었다. 『실어증의 파악을 위하여 Zur Auffassung der Aphasien』라는 비판적이며 사변적인 작은 저서가 이 연구의 결과물이다. 이제 어떻게 해서 과학적 연구가 다시금 나의 인생에서 주 관심사가 되었는지를 이야기해야겠다.

---

27 이 서술은 그의 실수임에 틀림없다. 프로이트에 의한 베르넴 저작의 최초 번역은 그의 낭시 방문 이전에 출판되었고, 두 번째 번역은 1892년에 출판되었다.

2

앞에서 서술한 것을 보충해서 설명해야겠다. 나는 처음부터 최면적 암시 이외에도 다른 방식으로 최면을 응용하고 있었다. 나는 환자가 깨어 있는 상태에서는 거의 전달하지 못하거나 불완전하게 전달할 수밖에 없는 그의 증상의 발생사에 대해 연구하는 데 최면을 이용했다. 이 방법은 단순한 암시적 명령이나 금지보다 더 효과적일 뿐만 아니라 의사의 호기심도 충족시켜 주었다. 의사는 단조로운 암시적 절차를 통해 그가 제거하고자 하는 현상의 기원에 대해 알 권리가 있었다.

나는 다음과 같이 해서 최면을 응용하는 다른 방법을 알게 되었다. 내가 브뤼케의 실험실에서 일하고 있을 때, 나는 빈에서 가장 존경받는 가정의 중 한 사람인 요제프 브로이어Josef Breuer 박사를 알게 되었는데, 그는 호흡의 생리와 평형 기관에 대해 불변의 가치를 지닌 수많은 논문을 발표한 바 있어 학문적 경력도 갖추고 있는 사람이었다. 그는 뛰어난 두뇌의 소유자였으며 나보다 열네 살 연상이었다. 우리는 곧 절친해졌고, 그는 내가 어려운 상황에 빠질 때 친구이자 후원자가 되어 주었다. 우리는 모든 과학적 관심사를 서로 이야기해 주는 데 익숙해지게 되었다. 물론 이 관계에서 이익을 얻는 쪽은 내 편이었다. 이후 정신분석학의 발전으로 인해 그와의 우정을 잃게 되었다. 이런 대가를 치르는 것이 쉬운 일은 아니었지만, 그것은 불가피한 일이었다.

브로이어는 내가 파리에 가기 전인 1880년에서 1882년 사이에 그가 특별한 방식으로 치료했던 한 히스테리 환자의 사례를 나에게 알려 주었다. 그는 이 사례에서 히스테리 증상의 원인과 의미를 깊이 통찰할 수 있었다. 그 당시는 아직 자네Janet의 연구가 있기도 전이었다. 그는 반복해서 그 병의 부분적인 이야기들을 나에게 읽어 주곤 했는데, 나는 이것이 이전의 다른 어떤 것보다도 신경증의 이해에 기여하고 있다는 인상을 받았다. 나는 파리에 도착하면 샤르코에게 이 발견들에 대해 알려 주리라 마음먹었고 실제로 그렇게 했다. 그러나 이 대가(大家)는 내가 이에 대해 설명을 시작하려 하자 관심을 보이지 않아서, 나는 이 일을 더 이상 거론하지 않고 단념하게 되었다.

빈으로 돌아와서 나는 다시 브로이어의 관찰에 관심을 돌려 그에게서 이야기를 더 듣게 되었다. 문제의 여자 환자는 고등 교육을 받은 재능이 뛰어난 소녀였는데, 사랑하는 아버지를 간호하는 동안 병이 들었다. 브로이어가 그녀를 넘겨받았을 때, 그녀는 수축을 동반한 마비, 심리적 압박과 혼미 상태가 뒤섞인 모습을 보여 주고 있었다. 브로이어는 그녀를 지배하고 있는 정동(情動)적인 환상을 말로 표현하게 하면 그녀가 몽롱한 의식 상태로부터 벗어난다는 것을 우연히 알게 되었다. 그는 이 경험으로부터 새로운 치료법을 얻게 되었다. 그는 그녀를 깊은 최면 상태에 빠지게 하고 매번 그녀의 감정을 억압하는 것이 무엇인지를 말하게 했다. 이런 방식으로 우울증적 혼미의 발작이 극복된 이후, 그는 그녀의 심리적 압박과 신체적 장애를 제거하기 위해 동일한 방법을 사용했다. 깨어 있는 상태에서 그 소녀는 다른 환자와 마찬가지로 그녀의 증상이 어떻게 생겨났는지를 말할 수 없었고, 이 증상을 그녀의 삶에 있었던 그 어떤 인상과도 연관 지을 수 없었다. 반면 최면 상태에서 그녀는 즉각 이 연관을 알아냈다. 그녀의 모든 증상이 병든 아버지를 간호할 때 일어난 인상 깊은 체험에 그 원인이 있다는 것, 따라서 그녀의 증상은 의미가 있으며 이러한 정동적 상황의 잔재와 회상에 상응하는 것임이 밝혀졌다. 그녀는 아버지의 병상에서 어떤 생각이나 충동을 억제해야 했으며, 이 생각이나 충동의 자리에, 즉 그것을 대신하여 나중에 증상이 발생하는 식으로 병세가 진행되었던 것이다. 그러나 일반적으로 증상은 단 한 번의 〈외상적〉 장면의 결과물이 아니라 수많은 비슷한 상황이 더해진 결과였다. 그 환자가 최면 상태에서 그러한 상황을 환각의 방식으로 다시 기억해 내고 전에 억압했던 정신적 활동을 나중에 자유로이 발산했을 때, 그녀의 증상은 사라지고 다시 나타나지 않았다. 브로이어는 이런 방법을 통해 길고도 힘든 작업 끝에 이 환자의 모든 증상을 성공적으로 제거했다.

이 환자는 쾌유되어 건강을 되찾았고 중요한 일도 할 수 있을 정도가 되었다. 그러나 최면술에 의한 치료의 결말에는 불분명한 점이 하나 있었는데, 브로이어는 결코 그것을 해명하지 못했다. 그리고 나는 그가 그처럼 귀중한 발견을 공표하여 과학을 풍요롭게 하는 대신, 왜 그렇게 오랫동안 비밀에 부쳤는지 이해할 수가 없었다. 그러나 당장의 의문은 그가 단 한 번의 질환 사례에서 발견한 것을 일반화할 수 있느냐 하는 문제였다. 그가 발견한 상황은 내게는 아주 기본적인 성격을 갖는 것이어서, 그것이 한 경우에서 입증되었다면 다른 히스테리의 경우들에서도 그것이 일어나지 않는다고는 볼 수 없을 것이었다. 그렇지만 오직 경험으로만 그것은 결정될 수 있었다. 그래서 나는 브로이어의 연구를 내 환자에게 반복하기 시작했고, 특히 내가 1889년 베르넴을 방문했을 때 최면적 암시가 행할 수 있는 것의 한계를 알고 난 이후에는 오직 이 연구만을 했다. 그렇게 치료가 가능했던 모든 히스테리 환자의 사례에서 브로이어가 한 것과 비슷한 관찰을 수년에 걸쳐 충분히 한 이후, 나는 그에게 공동으로 논문을 발표할 것을 제안했다. 처음에 그는 이 계획에 완강히 반대했지만, 끝내는 동의하고 말았다. 자네의 연구는, 히스테리 증상의 기원을 환자의 생애에서 일어난 인상적인 일에서 찾고, 최면에 의해 원 상태를 재생함으로써 증상을 제거하는 것과 같은 그의 연구 결과의 일부분을 이미 선취하고 있었기 때문이다. 우리는 1893년 「히스테리 현상의 심리적 기제Über den psychischen Mechanismus hysterischer Phänomene」라는 임시 보고를 발표했다. 이어 1895년에 『히스테리 연구Studien über Hysterie』라는 우리의 책이 출판되었다.

이제까지의 나의 서술이 독자에게 『히스테리 연구』의 실질적 내용의 모든 본질적인 것이 브로이어의 정신적 재산이라는 인상을 주었다면, 그것이 바로 내가 항상 주장해 왔고 여기서도 말하고 싶은 것이다. 오늘날에 와서는 어느 부분이 내가 연구해 낸 이론인지 자세히 규정할 수 없을 정도로, 이 책은 공동의 노력을 기울인 것이다.

이 이론은 대단한 것이 아니고, 관찰 내용을 직접적으로 표현한 것을 넘어서지 못했다. 이 이론은 히스테리의 본성을 밝히려는 것이 아니라 단지 그 증상의 발생을 밝히려고 했다. 여기서 그것은 감정 생활의 의미, 의식적인 정신적 행동과 무의식적인 (좀 더 정확히는 의식 가능한) 정신적 행동을 구별할 것을 강조했다. 그리고 이 이론은 어떤 정동(情動)을 막아 증상이 발생되게 함으로써 역동적인 요소를 도입했으며, 이 증상을 그렇지 않으면 다르게 사용되었을 일정한 크기의 에너지 전화의 산물(소위 〈전환 Konversion〉)이라 고찰함으로써 경제적인 요소를 도입했다. 브로이어는 우리의 방법을 감정 정화(感情淨化)라고 불렀다. 증상의 유지를 위해 사용된 일정량의 정동이 잘못된 길에 들어서 그곳에 갇혀 있을 때, 이를 정상의 길로 인도하여 발산되도록 소산 abreagieren하려는 것이 그의 치료적 목적으로 제시되었기 때문이다. 감정 정화적 절차가 가져온 실제적 성공은 대단한 것이었다. 나중에 드러난 이 치료의 결함들은 모든 최면적 치료가 지닐 수 있는 것이었다. 그런데 아직도 브로이어식의 감정 정화 방법에 머물러 있으면서 그것을 찬양하는 정신 치료가들이 있다. 이 방법은 세계 대전 중 독일 군대의 전쟁 신경증 환자를 치료했던 지멜G. Simmel에 의해 축약적인 치료 방법으로 새로이 입증되었다. 감정 정화 이론에서 성에 관해 말할 것은 많지 않다. 내가 『히스테리 연구』에 실은 질환 이야기 중에 성생활의 요소가 일정한 역할을 하고는 있지만, 그것은 다른 정동적 흥분과 거의 다름없는 것으로 여겨졌다. 브로이어는 그의 첫 환자로 유명해진 소녀에 대해, 그녀가 성적인 측면에서 유달리 미성숙했다고 적었다. 『히스테리 연구』로부터 성이 신경증의 병인(病因)에 어떤 의미를 지니고 있는지를 알아내기는 쉽지 않았을 것이다.

이제 이후에 이어지는 발달 단계, 즉 감정 정화로부터 본격적인 정신분석으로의 이행에 대해서는 내가 이미 여러 번 자세히 서술한 바 있어, 여기서 어떤 새로운 것을 제시하기는 어렵다. 이 시기를 열었던 계기가 되었던 사건은 브로이어가 우리 두 사람의 공동 작업으로부터 탈퇴한 결과, 나 홀로 그 유산의 관장자가 된 일이었다. 아주 일찍부터 우리 사이에는 견해 차이가 있었지만, 그것이 헤어진 원인은 아니었다. 언제 정신적 과정이 병의 원인이 되는가, 즉 언제 그것이 정상적인 해결을 보지 못하는가라는 문제에서 브로이어는 소위 생리학적 이론을 선호했다. 그의 생각으로는 비정상적인 — 최면성 — 정신 상태에서 발생한 이러한 과정이 정상적인 운명으로부터 벗어난다는 것이었다. 이로써 그러한 최면은 어떻게 해서 발생하는가라는 새로운 문제가 제기되었다. 반면에 나는 여러 힘의 작용, 즉 정상적인 생활에서 관찰할 수 있는 의도와 경향들의 작용 결과를 추측하고 있었다. 그래서 우리의 입장 차이는 〈최면성 히스테리〉냐 〈방어적 신경증〉이냐로 대립하는 형국이었다. 그러나 이런 견해 차이와, 이와 비슷한 견해 차이가 있었다 하더라도 다른 계기들이 개입하지 않았다면 그가 이 일에서 떠나지는 않았을 것이다. 이 계기들 중의 하나는 확실히 그가 내과의와 가정의 일에 많은 시간을 할애해야 했고, 나와는 달리 감정 정화 작업에 전력을 쏟을 수 없었다는 점이었다. 나아가 그는 우리의 책이 빈과 독일 제국에서 얻은 반응에 영향을 받았다. 그의 자신감과 저항력은 그의 다른 정신적 조직만큼 강하지 못했다. 예를 들어 슈트륌펠[28]이 『히스테리 연구』를 강하게 공격했을 때, 나는 아무것도 이해하지 못하고 제기한 그 비판에 웃을 수 있었던 반면, 그는 감정이 상하고 용기를 잃었다. 그러나 그의 결단에 가장 큰 영향을 준 것은, 그 이후 나의 연구가 그가 긍정적인 입장을 취할 수 없는 방향으로 진행되어 갔기 때문이었다.

우리가 『히스테리 연구』에서 구축하려고 했던 이론은 아주 불완전한 것이었다. 특히 병인(病因)적 과정이 어떤 기반에서 발생하는가라는 문제, 즉 병인론의 문제는 거의 다루지 못했다. 나는

---

28 Adolf von Strümpell(1853~1925). 저명한 독일 신경학자. 『히스테리 연구』에 대해 매우 비판적인 평을 썼음.

이후에 신경증 현상 뒤에 작용하고 있는 것이 어떤 임의의 정동적 흥분이 아니라 현재의 성적 갈등이든 과거의 성적 체험의 여파이든, 한결같이 성적인 흥분이라는 경험을 급격히 많이 하게 되었다. 나는 이런 결과를 예기치 못했고, 내가 가진 어떤 기대가 이런 결과에 영향을 준 것도 아니다. 나는 아무런 선입견 없이 완전히 신경증 환자에 대한 연구에 접근해 갔다. 내가 1914년에 「정신분석 운동의 역사Geschichte der psychoanalytischen Bewegung」를 쓸 때 브로이어, 샤르코, 크로바크[29]가 했던 말들이 생각났는데, 이 말들에 주목했더라면 나는 위와 같은 인식을 일찌감치 했을 것이다. 나는 그 당시 이들 권위자들이 말하는 것을 이해하지 못했다. 그들은 자신들이 알고 있으며 자신들의 입장이라고 주장할 수 있는 것 이상을 나에게 말했던 것이다. 내가 그들에게서 들었던 말은, 내가 우연히 감정 정화 실험을 하면서 그것이 마치 독창적인 인식인 것처럼 떠오르게 되기까지 나의 기억 속에 잠자고 있었던 것이다. 또한 나는 그 당시 내가 히스테리의 원인을 성욕에서 찾음으로써, 가장 오랜 과거의 의학 시기로 되돌아가 플라톤의 생각을 잇고 있다는 사실을 몰랐다. 나는 나중에 가서야 해블록 엘리스의 논문[30]을 읽고 비로소 이 사실을 알게 되었다.

이 놀라운 발견에 힘입어, 나는 이후의 연구에 결정적인 발걸음을 내디뎠다. 나는 히스테리를 넘어서 내 진료 시간에 수없이 찾아오던 소위 신경 쇠약증 환자의 성생활을 연구하기 시작했다. 이 실험으로 인해 나는 의사로서 인기를 잃었지만, 그것은 나에

29 Rudolf Chrobak(1843~1910). 1880년에서 1908년까지 빈 대학의 부인병학 교수.

30 Havelock Ellis, 「히스테리와 성적 감정의 관계Hysteria in Relation to the Sexual Emotions」(1899) 참조. 프로이트는 1899년 1월 3일 플리스에게 보낸 편지에서 엘리스의 논문이 〈플라톤에서 시작하여 프로이트로 끝나고 있다〉고 썼다.

게 거의 30년이 지난 후에도 여전히 약화되지 않는 확신을 심어 주었다. 수많은 거짓과 비밀에 부치려는 태도를 극복해야 했으나, 일단 이것에 성공하면 모든 환자에게서 심각한 정도의 성 기능 남용이 있었음을 알 수 있었다. 한편으로 이러한 남용과 다른 한 편으로 신경 쇠약증이 매우 자주 등장하고 있음에 비추어 볼 때, 물론 이 두 가지가 자주 동시에 일어난다는 것으로 많은 사실이 증명되는 것은 아니다. 그러나 그것은 단순히 이런 대략적인 사실에 그치는 것이 아니었다. 자세히 관찰해 본 결과, 신경 쇠약증이라는 이름으로 표현되는 혼란스러운 병적 증상들로부터 근본적으로 다른 두 가지 유형을 식별해 낼 수 있음이 분명해졌는데, 그것은 여러 방식으로 혼합되어 나타나기는 하지만 그 순수한 형태를 관찰할 수 있었다. 한 유형에서는 불안 발작과 그것과 동등한 현상인 초보적 형태의 만성적 대리 증상이 중심적인 현상이었다. 따라서 나는 이런 유형을 불안 신경증*Angstneurose*이라고 불렀다. 신경 쇠약증*Neurasthenie*이라는 이름은 다른 유형에 국한했다. 이제 이 유형들의 각각에는 성생활의 각기 다른 비정상이 병인의 계기로 대응된다는 사실이 쉽게 확인될 수 있었다. 전자에는 성교 중단, 방출되지 못한 흥분과 성적 금욕이, 후자에는 과도한 수음과 잦은 몽정이 대응되었다. 한 유형으로부터 다른 유형으로 병적 증상이 급격히 전환되는, 많은 것을 시사해 준 몇 개의 사례에서는, 이 증상의 전환에 대응되는 성생활 방식의 전환이 그 근저에 놓여 있음을 증명할 수 있었다. 성 남용을 중지시키고 이를 정상적인 성 활동으로 대체할 수 있으면 상태가 호전되는 것이 뚜렷하게 나타났다.

이렇게 해서 나는 신경증이 아주 일반적으로 성 기능의 장애라는 인식, 즉 소위 실제적 신경증*Aktualneurose*은 이런 장애의 직접적인 독성적 표현이며, 정신 신경증Psychoneurose은 이 장애의 정신적 표현이라는 인식에로 나아갔다. 이런 이론을 제시함으로써 나의 의사로서의 양심이 충족되었다고 느꼈다. 나는 생물학적으로 그렇게 중요한 기능에서 감염이나 대략적인 해부학적 장애에 의해 생긴 손상으로밖에 여겨지지 않았던 의학의 한 빈 자리를 채웠기를 바랐다. 그 외에도 의학적 견해에 유용했던 것은 성욕이 단순히 정신적인 사태만은 아니라는 점이었다. 성욕은 육체적인 측면도 지니고 있으며, 우리는 그것이 특수한 화학적 성질을 지니고 있고, 아직 알려지지는 않았지만 어떤 특정한 물질이 있기 때문에 성적 흥분이 생긴다고 생각할 수 있었다. 진정한 자발적 신경증이 어떤 독성을 지닌 물질의 투여나 결핍에 의해 발생하는 중독 현상이나 금단 현상, 또는 갑상선 분비물로부터 발생한다고 알려져 있는 안구 돌출증적 갑상선종(甲狀腺腫)과 가장 유사하다는 데는 그럴 만한 충분한 이유가 있었을 것이다.

나는 나중에 실제적 신경증에 대한 연구로 돌아갈 기회를 더 이상 갖지 못했다.[31] 또한 다른 사람이 내 연구의 이 부분을 계승하지도 않았다. 오늘날 그 당시 나의 연구 결과를 돌이켜 보면, 그것은 아마도 보다 복잡한 사태의 조야한 첫 도식화였음을 알 수 있다. 그러나 이 연구 결과는 전체적으로 아직도 옳다고 생각된다. 후에 나는 순전히 청소년의 신경 쇠약증 사례들을 정신분석학적으로 검사해 보았으면 좋았겠지만, 유감스럽게도 그런 기회는 오지 않았다. 오해를 막기 위해 강조하고 싶은 것은, 내가 정신적 갈등과 신경증적 콤플렉스가 신경 쇠약증에 존재한다는 것을

---

31 프로이트는 〈실제적〉 신경증, 즉 순전히 실제적이고 물리적인 병인을 지닌 신경증(신경 쇠약증과 불안 신경증)을 브로이어 시기에 많이 논했으나, 후기 저작에서는 자주 언급하지 않고 있다.

결코 부정하지 않는다는 점이다. 나의 주장이 의도하는 것은, 이 환자들의 증상이 정신적으로 결정되지 않으며 분석적으로 해결될 수 없고, 장애를 입은 성(性) 화학적 현상의 직접적인 독성적 결과로 파악되어야 한다는 것이다.

『히스테리 연구』가 발표된 후 몇 년 동안, 신경증 발생에서 성욕이 행하는 병인적 역할에 대해 이러한 견해에 도달한 나는 의사회에 나가 이에 관해 몇 번 강연을 했으나 불신과 반박만을 받았을 뿐이었다. 브로이어는 그의 개인적인 명망의 큰 무게를 이용하여 여론을 내 편으로 유리하게 만들려고 했으나 아무런 성과가 없었다. 그리고 성욕을 병인으로 인정하는 것이 그 자신의 이론적 성향과는 반대된다는 것을 쉽게 알 수 있었다. 그는 성적인 계기가 어떤 역할도 하지 않았던 것처럼 보였던 그 자신의 첫 여성 환자를 나에게 상기시키면서, 나를 무너뜨리거나 흔들리게 했을 수도 있었을 것이다. 그러나 그는 결코 그렇게 하지 않았다. 나는 이 사례를 올바로 해석하여, 그가 전에 했던 몇 가지 언급으로부터 그의 치료 결과를 재구성하게 되기까지 그가 왜 그렇게 했는지를 이해할 수 없었다. 감정 정화 치료가 끝난 것처럼 여겨진 이후, 그 소녀에게서 갑자기 〈전이 사랑*Übertragungsliebe*〉의 상태가 시작되었다. 그런데 브로이어는 그 상태가 이 소녀의 병과 어떤 관계가 있다고 생각하지 못해서, 결국 당황하며 그로부터 손을 떼었던 것이다. 그로서는 이렇게 분명한 실수를 머리에 떠올리는 일이 확실히 고통스러웠을 것이다. 그는 한동안 나를 인정하거나 신랄히 비판하는 태도 사이에서 갈팡질팡하다, 결국에는 이런 긴장된 상황에서 빠지지 않는 어떤 우연한 일이 발생하고, 그로 인해 우리는 서로 헤어지게 되었다.

내가 일반적인 신경 질환의 형태들을 연구한 결과의 다른 하나는, 내가 감정 정화 기술을 변경했다는 것이다. 나는 최면법을 포기하고 다른 방법으로 대체하려 했는데, 그 이유는 치료를 히스테리형 상태에만 한정하는 것을 극복하고 싶었기 때문이었다. 또한 경험이 쌓이면서 감정 정화를 위해 최면을 사용하는 데 대해 두 가지 심각한 회의가 들었기 때문이기도 하다. 첫 번째 의문은, 아무리 훌륭한 결과라 할지라도 환자와의 개인적인 관계가 흐려지면 갑자기 사라져 버린다는 것이었다. 화해의 길을 찾으면 그러한 결과들이 회복되기는 하지만, 이를 통해 알 수 있는 것은 의사와 환자 간의 개인적인 정서적 관계가 모든 감정 정화 치료보다 더 강력하다는 것이었으며, 바로 이 요인이 마음대로 제어되지 못했다. 그런데 어느 날 나는 오래전부터 내가 추측해 왔던 것을 환한 빛으로 밝혀 주는 경험을 하게 되었다. 내 말을 잘 들어서 최면으로 놀라운 성과를 이끌어 낼 수 있었던 한 여성 환자가 있었다. 한번은 내가 그녀의 통증 발작의 원인을 찾아 그녀를 고통으로부터 해방시키자, 그녀는 최면에서 깨어나며 내 목을 껴안는 것이었다. 마침 하인이 갑자기 들어와 고통스러운 상황을 면했지만, 그때부터 우리는 암묵적으로 의견 일치를 보아 최면 치료를 중단했다. 나는 이런 우연한 일이 내가 뿌리칠 수 없을 정도로 매력적이기 때문에 일어났다고 생각하지 않을 만큼 제정신이었고, 이제 최면의 배후에서 작용하고 있는 신비적인 요소를 알아냈다고 생각했다. 이 요소를 제거하거나 최소한 분리해 내기 위해서 나는 최면을 포기할 수밖에 없었다.

그러나 최면은 환자의 의식의 폭을 넓혀 주고 깨어 있는 상태에서는 갖지 못했던 지식을 환자에게 제공함으로써 감정 정화적 치료에 크게 도움이 되었다. 이 점에서 최면술의 대체 방법을 찾는 것은 쉬운 일이 아닌 것처럼 보였다. 이 문제로 곤경에 빠져 있을 때, 베르넴 곁에서 본 적이 있는 한 실험에 대한 기억이 도움이 되었다. 실험 대상자는 몽유 상태로부터 깨어나자, 그 상태에서 일어났던 일에 대해 전혀 기억하지 못하는 것처럼 보였다. 그러나 베르넴은 이 사람이 그래도 알고 있다고 주장했다. 그리고는 그로 하여금 그것을 기억해 내도록 요구하고, 〈당신은 모든 것을 알고 있으며 다만 말하기만 하면 된다〉고 확신을 심어 주면서 이마에 손을 갖다 대자, 실제로 잊혔던 그의 기억이 되살아나는 것이었다. 기억은 처음에는 머뭇거리며 돌아왔지만, 나중에는 물이 콸콸 흐르듯이 완전히 뚜렷하게 되돌아왔다. 나는 이와 마찬가지로 해보기로 했다. 나는 내 환자들이 최면 상태에서만 접근할 수 있었던 모든 것을 그들이 〈알고 있음〉에 틀림없다고 생각했다. 내가 확신을 심어 주고 내 손을 이마에 올려놓으면서 몰아붙이면, 잊혔던 사실들과 그것들의 연관을 의식에 불러내는 일이 가능할 것이었다. 이는 물론 환자에게 최면을 거는 것보다 더 힘든 일인 것처럼 보였으나, 그것을 통해 배우는 바가 많을 것이라고 생각했다. 이렇게 해서 나는 최면을 그만두고, 나는 환자를 보지만 환자는 나를 볼 수 없도록 환자를 소파에 앉히는 방법만으로 그것을 사용했다.

3

내 예상은 맞았고 나는 최면술로부터 벗어났다. 그러나 기술이 변하면서 감정 정화 작업의 면모도 변화했다. 최면으로 인해 이제까지 가려져 있던 힘들의 작용이 드러나고, 그것을 파악함으로써 이론은 보다 안전한 기반을 확보하게 되었다.

환자들이 그들의 외적·내적 체험의 사실들을 그렇게 많이 망각할 수 있으며, 그런데도 앞에서 서술한 기술을 사용하면 다시 기억해 내는 일이 어떻게 해서 생기는 것일까? 이런 물음들에 대해서는 관찰을 통해 완벽한 해답을 얻을 수 있었다. 잊힌 모든 것은 어떤 식으로든 고통스러운 것이어서, 환자의 개성에 따라 끔찍하거나 괴롭거나 부끄러운 것이었다. 따라서 바로 이런 이유 때문에 그것은 잊혔을 것이라는 생각, 다시 말해 의식 속에 머물지 못했을 것이라는 생각이 자연스럽게 떠올랐다. 그럼에도 그것을 다시 의식하도록 하려면, 환자 안에서 반항하는 무엇인가를 극복해야 했다. 그리고 환자를 독촉하고 강요하는 노력을 해야 했다. 의사가 해야 하는 노력은 사례에 따라 그 정도가 달랐다. 기억해 내야 할 게 어려운 것일수록 그에 비례하여 노력은 더 커져 갔다. 의사의 수고는 확실히 환자의 저항*Widerstand*에 대한 척도였다. 이제 필요한 일은 직접 감지한 것을 단지 말로 번역하는 일이었고, 이로써 억압*Verdrängung* 이론을 갖게 된 것이다.

　이제 병의 발생 과정은 쉽게 재구성될 수 있었다. 가장 간단한 예를 들어, 환자의 마음속에 어떤 욕구*Strebung*가 일어나고 있는데, 이에 대해 다른 강력한 욕구들이 저항하고 있다고 생각해 보자. 우리의 예상대로라면, 이로 인해 발생하는 정신적 갈등*Konflikt*은 다음과 같은 과정을 거칠 것이다. 두 개의 역동적 크기는 — 우리는 여기서 그것을 본능과 저항으로 부르기로 하자 — 한동안 의식이 강력히 개입하는 상황에서 서로 싸우다가, 본능이 패배하고 본능의 욕구에 대한 에너지 집중*Energiebesetzung*이 중단된다. 이것이 정상적인 결말일 것이다. 그러나 신경증에서 — 아직 알려지지 않은 이유에서 — 갈등은 다른 결과를 낳는다. 자아*das Ich*는 불쾌한 본능적 충동과 처음 충돌하게 되면 움츠러들어, 그것이 의식에 들어와 직접 발산되는 것을 막는다. 그러나 이로 인해 본능적 충동은 그것의 에너지 집중량을 온전히 유지하게 된다. 나는 이 과정을 억압이라고 불렀다. 그것은 하나의 새로운 것이었고, 이전에는 이와 같은 것이 정신생활에서 인식된 적이 없었다. 그것은 도피하려는 시도와 유사한 원초적 방어 기제*Abwehrmechanismus*임에 분명했으며, 후에 내려질 정상적인 판단의 전조에 불과했다. 억압의 첫 행위에는 그 밖의 후속 결과가 잇따랐다. 먼저 자아는 지속적인 에너지 소모, 즉 리비도 반대 집중*Gegenbesetzung*을 통해 억압된 충동이 더욱더 밀려들어 오는 것을 막아 자신을 보호할 수밖에 없고, 이를 통해 자아는 황폐하게 된다. 다른 한편, 이제 무의식화된 억압 충동은 우회적인 방식에 의해 발산과 대리 충족의 길을 찾게 되고, 이로써 억압하겠다는 의도를 실패로 돌아가게 만든다. 전환 히스테리*Konversionhysterie*의 경우 이러한 우회로는 신체적 신경 자극을 초래하여, 억압된 충동은 어느 지점에선

가 터져 나와 증상Symptom을 만들어 낸다. 따라서 증상은 대리 충족이기는 하지만, 자아의 저항으로 인하여 왜곡되고 그 목표에서 빗나간 것이므로 타협의 결과인 것이다.

억압 이론은 신경증 이해를 위한 초석이 되었다. 이제 치료의 과제가 다르게 설정되어야 했다. 치료의 목적은 잘못된 길에 들어선 정동의 소산(逍散)이 아니라, 억압을 찾아내어 전에 거부되었던 것을 받아들이거나 폐기하도록 하는 판단 행위로 그것을 대체하는 것이다. 나는 이런 새로운 점을 고려하여 나의 연구 방법과 치료 방법을 더 이상 감정 정화라 하지 않고 정신분석Psychoanalyse이라고 불렀다.

억압을 중심 개념으로 삼아 정신분석 이론의 모든 부분을 이에 결부시킬 수 있다. 그러나 이에 앞서 논란을 야기할 내용에 대해 한마디 하겠다. 자네의 의견에 따르면, 히스테리적인 여자는 신체적인 허약함 때문에 자신의 정신적인 행위를 결집시키지 못하는 불행한 사람이다. 그 때문에 이런 여자는 정신 분열과 의식 폭의 축소에 빠지게 된다는 것이다. 그러나 정신분석적 연구 결과에 따르면, 이런 현상은 정신적 갈등과 과거에 일어난 억압이라는 역동적 요소의 결과이다. 내 생각에 이러한 차이는, 정신분석에서 가치 있는 것이 자네의 생각에서 빌려 온 것에 불과하다는 되풀이되는 지껄임에 종지부를 찍기에 충분한 것이다. 독자는 내 이야기로부터 정신분석이 내용적으로 자네의 발견과 다르고 그것을 훨씬 넘어서듯이, 역사적인 관점에서도 그것과 완전히 무관함을 알았을 것이다. 정신분석학을 정신과학에서 그렇게 중요하게 만들고 모든 사람이 관심을 갖게 만든 추론들이 자네의 연구에는 결코 들어 있지 않았다. 나는 자네 개인에 대해서 언제나 존경심을 가지고 대했는데, 그 이유는 그의 발견이 발견 시기에서는 앞섰으나 발표 시기에서는 뒤진 브로이어의 발견과 많은 점에서 일치하기 때문이었다. 그러나 후에 정신분석학이 프랑스에서도 논의의 대상이 되자, 자네는 처신을 잘못하고 짧은 지식을 드러내 보이며 추한 주장을 해댔다. 마침내 그는 자신이 〈무의식적인〉 정신적 행위를 말했을 때 그것은 단지 하나의 〈표현 방식〉에 불과하다는 의미에서 한 말이라고 공언함으로써, 내 눈앞에서 자신을 웃음거리로 만들고 본인의 저작의 가치를 떨어뜨려 버렸다.

그러나 병원성(病原性) 억압과 앞으로 언급할 현상들에 대한 연구로 인해 정신분석학은 〈무의식〉의 개념을 심각하게 받아들일 수밖에 없었다. 정신분석학에서는 모든 정신적인 것이 우선 무의식적인 것이었다. 의식적 성질은 이에 덧붙여 있을 수도 있고 없을 수도 있는 것이다. 이로 인해 당연히 철학자들의 반박을 받게 되었는데, 철학자들에게는 〈의식적〉이라는 것과 〈정신적〉이라는 것이 동일한 것이었다. 그들은 〈무의식적인 정신〉이라는 말과 같은 터무니없는 것은 생각할 수도 없다고 주장했다. 그러나 이에 대해 별다른 뾰족한 수가 없었다. 철학자들의 이런 병적인 혐오감에 대해 어깨를 으쓱하며 지나치는 수밖에 없었다. 사람들이 그에 대해 알지 못하므로 외부 세계의 다른 어떤 사실들과 마찬가지로 추론할 수밖에 없는 그런 충동이 얼마나 잦고 위력적인가에 대한 병리적 자료(철학자들은 이에 대해 알지 못한다)의 경험이 다른 선택을 허용하지 않았다. 그런데 다른 사람의 정신생활에 대해 언제나 해왔던 것을 자기 자신의 정신생활에서 행할 뿐이라고 주장할 수 있었다. 우리는 다른 사람의 정신적 행위에 대해 어떤 직접적인 의식도 가지고 있지 못하므로 그의 말이나 행동으로부터 그것을 추론할 수밖에 없으면서도, 그가 정신적 행위를 한다고 말한다. 그런데 남에게서 통용되는 것은 각자 자신에게도 통용될 수밖에 없다. 이러한 논법을 계속 밀고 나가 자신의 숨겨진 행위가 바로 제2의 의식에 속한다는 결론을 끌어낸다면, 자신이 그에 대해 아무것도 알지 못하는 의식, 즉 무의식적 의식이라는 개념에 이르게 된다. 그런데 이는 무의식적인 정신을 가정하는 것보다 나은 것도 아니다. 다른 한편, 일부 다른 철학자들과 같이 병리적인 현상을 고려하기는 하지만 이 현상의 근저에 놓여 있는 행위가 정신적인 것이 아니라 정신병적인 것이라 불려야 한다고 말한다면, 이런 차이는 쓸데없는 말싸움만 초래할 것이다. 이 경우에도 〈무의식적 정신〉이라는 표현을 고수하는 것이 가장 목적에 부합할 것이다. 그렇다면 이 무의식이 근본적으로 무엇인가라는 문제는 이전의 다른 문제, 즉 의식이 무엇인가라는 문제보다 더 현명하지도 유망한 것도 아니다.

정신분석학이 어떻게 해서 그가 인정하는 무의식을 세분하여 전의식*das Vorbewußte*과 본래의 무의식으로 구분하게 되었는지를 간략하게 이야기하기는 더 어려운 일이다. 경험의 직접적인 표현인 이론에, 자료를 다루는 데 유용하며 직접적인 관찰 대상이 될 수 없는 사태들과 관련된 가설을 보충하는 것이 합당하게 생각되었다고 말하는 것으로 족할 수도 있겠다. 이것은 정신분석학보다 역사가 오랜 과학들에서 이용된 방법과 같은 것이다. 무의식을 세분하는 것은 정신적 장치를 다수의 기관이나 체계로 구성하려는 시도와 연관이 있다. 이 시도는 이들 기관이나 체계의 관계를 공간적으로 표현하기는 하지만, 실제 뇌 해부와 연결 지으려 하지는 않는다(소위 지형적 관점). 이 생각과 이와 비슷한 생각들은 정신분석학의 사변적 상부 구조로서, 그것의 어느 부분이든 그것이 부적절하다고 입증되는 즉시 아무런 손상도 없고 미련도 없이 폐기되거나 다른 것으로 대체될 수 있는 것이다. 그 밖에도 보다 밀접하게 관찰과 관련된 것들에 대해 할 이야기가 많다.

나는 내가 신경증의 원인과 이유에 대해 연구하면서 연구 대상자의 성적 충동과 성욕에 대한 저항 간의 갈등을 점점 더 자주 보게 되었음을 앞서 말했었다. 성욕의 억압이 일어나고 이 억압으로부터 그것의 대체물로서 증상이 발생하는 병원(病原)적 상황을 찾는 과정에서, 나는 환자의 오래전 생애로 거슬러 올라가 마침내 그의 아동기 초기에 이르게 되었다. 그리고 시인들과 인간 본성에 대한 연구자들이 언제나 주장해 왔던 것이 사실임이 밝혀졌다. 인생의 초기에 심어진 인상은 비록 대부분이 망각됨에도 불구하고 개인의 발전에 지울 수 없는 흔적을 남기며, 특히 뒤에 일어나는 신경증적 질환의 성향을 확정한다는 것이다. 그러나 이들 유아기의 체험에서 중요한 것은 언제나 성적 흥분과 이에 대한 반응이었으므로, 나는 유아 성욕 *die infantile Sexualität*이라는 사실에 직면하게 되었다. 이는 또 하나의 새로운 사실이었으며, 가장 강력한 인간의 편견 중 하나와 반대되는 것이었다. 이 편견에 따르면, 아동기는 성욕이 없는 〈순수한〉 것이며 〈육감〉이라는 악마와의 싸움은 사춘기의 질풍노도 시기에나 비로소 시작하는 것이다. 이따금 어린아이에게서 성적인 활동을 보게 되면, 사람들은 이를 퇴보 또는 조숙한 타락의 징조나 자연의 기이한 변덕으로 생각했다. 정신분석학의 탐구 결과 중에서, 성 기능이 생의 처음부터 시작되며 아동기에 이미 그 중요한 현상이 나타난다는 주장만큼 많은 반박과 분노를 불러일으킨 것도 없었다. 그러나 정신분석학의 어떤 분석적 발견도 이 주장만큼 그렇게 쉽고 완전하게 입증될 수는 없는 것이었다.

내가 계속해서 유아 성욕에 대해 더 깊이 들어가기 전에, 한동안 내가 빠져들었고 나의 연구 전체에 곧 치명적인 결과를 가져올 수도 있었던 오류를 고백해야 할 것이다. 그 당시 내가 사용했던 기술적 방법에 의해서 대부분의 환자는 그들이 아동기에 성인으로부터 받았던 성적 유혹의 장면들을 재생해 내었다. 여성의 경우 유혹자의 역할은 언제나 아버지에게 주어져 있었다. 나는 이런 말을 믿었고, 이들 아동기의 성적 유혹의 체험에서 나중에 일어나는 신경증의 원천을 발견했다고 생각했다. 아버지, 큰아버지나 작은아버지, 오빠와의 이러한 관계가 확실히 기억을 할 수 있는 나이가 되기까지 지속된 몇몇 사례로 인해 나의 확신은 강화되었다. 누군가 내가 이렇게 쉽게 믿어 버린 것에 대해 불신하면서 머리를 젓는다 해도, 그가 완전히 잘못 생각하고 있다고 말할 수는 없겠다. 그렇지만 그 당시는 날마다 다가오는 수많은 새로운 사실을 아무런 치우침이 없이 수용하기 위해 내가 의도적으로 비판을 억제하던 시기였다는 점을 말하고 싶다. 그러나 이런 유혹의 장면들이 환자들이 지어낸 실제로 일어나지 않은 이야기이며, 아마도 환자들에게 그렇게 하도록 강요한 환상에 불과하다는 것을 내 스스로 깨달아야만 했을 때, 나는 한동안 어찌할 바를 몰랐다.[32] 나의 기법과 그것의 결과에 대한 믿음은 강한 타격을 받았다. 그렇지만 이런 장면들은 내가 올바르다고 생각한 기술적인 방법을 통해 얻은 것이었고, 그 내용은 내 연구가 출발했던 증상과 의심의 여지 없이 연관을 맺고 있는 것이었다. 내가 정신을 차렸을 때, 나는 이런 경험으로부터 올바른 결론을 이끌어 내었

32 프로이트는 1897년 9월 21일 플리스에게 보낸 편지에서 이런 오류의 발견에 대해 말한다. 프로이트의 입장 변화를 보여 주는 최초의 명백한 언급은 「성욕에 관한 세 편의 에세이」에서의 암시 이외에 「신경증의 병인에서 성욕이 작용하는 부분에 대한 나의 견해」(프로이트 전집 10, 열린책들)에서 나타나고 있다. 위와 비슷한 설명은 「정신분석 운동의 역사」에서도 찾아볼 수 있다. 이 문제에 대한 프로이트의 후기 입장에 대해서는 「여자의 성욕」(본서와 프로이트 전집 7, 열린책들)과 『새로운 정신분석 강의』(프로이트 전집 2, 열린책들) 참조.

다. 즉 신경증적 증상은 실제의 체험과 직접적으로 관련 있는 것이 아니라 희망 섞인 환상과 관련 있고, 신경증에는 물질적인 실재보다 정신적인 실재가 보다 중요하다는 것이다. 나는 지금도 내가 환자들에게 그런 유혹의 환상을 강요했다고, 즉 〈암시〉했다고 생각하지는 않는다. 여기서 나는 처음으로 오이디푸스 콤플렉스Ödipus-Komplex와 마주치게 되었는데, 이것은 나중에 가서는 아주 중요한 것이 되었지만, 그때만 해도 나는 그것이 그렇게 환상으로 위장되어 있어 깨닫지 못하고 있었다. 또한 아동기의 유혹이 신경증의 병인에 앞서 서술했던 것보다는 비록 적은 정도이기는 하지만 일정한 역할을 한다는 것이 확인되었다. 다만 유혹자는 대부분 나이가 위인 어린아이들이었다.

그러나 나의 오류는, 리비우스Livius가 이야기한 로마 왕정기의 전설을 원래 그대로, 즉 초라하고 아마도 언제나 그렇게 명예롭지는 못했던 시대와 상황의 기억에 대한 하나의 반작용으로 여기지 않고 역사적 사실로 믿는 사람이 저지른 실수와 같은 것이었다. 이 오류가 제거된 이후, 어린아이의 성생활을 연구할 길이 열리게 되었다. 그때부터 정신분석학을 다른 지식 영역에 적용하고 정신분석학의 자료로부터 생물학적 사건의 아직 알려지지 않은 부분을 알아낼 수 있게 되었다.

성 기능은 생이 시작될 때부터 존재했다. 처음에 그것은 생명의 다른 중요한 기능들에 의존되어 있다가 나중에 그들로부터 독립을 하게 된다. 그것은 복잡하고 긴 발달 과정을 거쳐 우리가 성인의 성생활로 알고 있는 것이 된다. 성 기능은 처음에는 일련의 본능 요소Triebkomponent들의 활동으로 나타난다. 이 본능 요소들은 신체의 성감대에 의해 좌우되고, 부분적으로는 반대쌍으로 나타나며(가학성Sadismus 대 피학성Masochismus, 보려는 충동 대 보이려는 충동), 서로 독립적으로 쾌락을 추구하고, 그 대상을 대부분 자기 자신의 신체에서 찾는다. 따라서 성 기능은 처음에 어떤 중심을 갖고 있지 않으며 주로 자가 성애적이다. 나중에야 비로소 성 기능에 있어 종합적 구조가 나타난다. 최초의 조직화 단계는 구순적 요소들의 지배하에 있고, 이어서 가학적 항문기*sadistisch-anale Phase*가 뒤따르며, 제3단계에서야 성기가 우위를 점하면서 성 기능은 생식의 목적에 사용된다. 이런 발달 과정을 거치는 동안 많은 본능 요소가 이 생식 목적에 쓸모없는 것으로 여겨져 옆으로 밀려나거나 다른 목적에 이용되고, 다른 요소들이 그 목적에서 벗어나 성기의 조직에 들어온다. 나는 성적 본능의 에너지를 — 그리고 오직 이것만을 — 리비도*Libido*라고 불렀다. 이제 나는 리비도가 앞서 서술한 발달 과정을 언제나 순탄하게 지나가는 것은 아니라고 가정해야 했다. 어떤 요소가 지나치게 강하거나 너무 일찍 충족을 체험함으로써 특정한 발달 시점에서 리비도의 고착*Fixierung*이 일어날 수 있다. 후에 억압이 일어나는 경우 리비도는 이 시점들로 되돌아가려 하는데(퇴행*Regression*), 여기로부터 또한 증상의 분출이 일어난다. 또한 나중에 나는 고착 시점의 위치가 신경증의 선택, 즉 훗날에 나타나는 발병 형태에도 결정적이라는 것을 깨달았다.

정신생활에 큰 역할을 하는 대상의 발견 과정이 리비도의 조직화와 나란히 진행된다. 자가 성애의 단계 이후, 남자아이와 여자아이 모두에게 있어 최초의 사랑 대상은 어머니이다. 처음에 어린아이는 어머니의 영양 공급 기관과 자신의 신체를 구별하지 못할 것이다. 나중에는 유아기의 처음 몇 년 사이에 오이디푸스 콤플렉스라는 관계가 형성되는데, 여기서 남자아이는 어머니에게 그의 성적 소망을 집중시키고 아버지에 대해서는 경쟁자로서 적

대적인 충동을 발전시킨다. 여자아이도 이와 유사한 태도를 취한
다.[33] 오이디푸스 콤플렉스의 모든 변형과 결과가 의미를 갖는데,
선천적으로 타고난 양성(兩性)적 구조가 영향을 미쳐 동시적으로
존재하는 충동의 수는 증가한다. 어린아이가 성적 차이를 명확히
깨닫기까지는 상당한 기간이 걸린다. 이 시기의 성적 연구를 통
해 어린아이는 전형적인 성 이론들을 만들어 내는데, 이 이론들
은 자신의 신체적 조직이 불완전하기 때문에 진실과 오류가 뒤섞
여 있고, 성생활의 문제들(스핑크스의 수수께끼 — 어디서 아이
가 나오느냐는 문제)은 해결되지 못한다. 따라서 아이의 첫 대상
선택은 근친상간적이다. 여기서 기술한 발달 과정 전체는 잠깐
사이에 지나간다. 인간 성생활의 가장 기이한 성격은 중간에 휴
식기가 있는 성욕의 2단계적 발단이다. 생후 네다섯 살에 그것은
최초의 정점에 도달한다. 그런 다음 이러한 성욕의 조기 만개는
사라진다. 이제까지 활기를 띠던 충동들은 억압되고 사춘기에 이
르기까지 지속되는 잠재기Latenzzeit가 시작된다. 이 시기에 도덕,
수치, 혐오감과 같은 반동 형성들Reaktionsbildungen이 구축된다.[34]

33 (1935년판에서 추가된 각주) 유아적 성 충동에 대한 정보는 남자에 대한 연
구에서 얻은 것으로, 이로부터 연역된 이론은 남자아이에 관한 것이었다. 양성에 어떤
완전한 유사성을 발견할 수 있다고 기대하는 것은 극히 자연스러운 것이었다. 그러나
그렇지 않다는 것이 밝혀졌다. 계속된 탐구와 반성의 결과, 남자와 여자의 성적 발달
사이에는 심각한 차이가 있음이 드러났다. 여자아이의 첫 성적 대상은 (남자아이와
마찬가지로) 어머니이다. 그런데 한 여자가 정상적 발달의 종착에 이르기 전에, 그녀
는 성적 대상뿐만 아니라 주도적인 성 기대(性器帶, Genitalzone) 또한 바꿔야 한다. 이
런 상황으로 인해 남자의 경우에는 나타나지 않는 어려움과 억제의 가능성이 발생한
다 — 원주. 프로이트는 사실상 자서전의 출판 이전에, 특히 「오이디푸스 콤플렉스의
소멸」(1924)라는 글에서 양성의 성적 발달의 대칭에 대해 회의를 표명하기 시작했다.
그의 새로운 견해는 이보다 약간 뒤에 쓰인 성 간의 분화 효과를 다루는 「성의 해부학
적 차이에 따른 몇 가지 심리적 결과」에서 더 상세히 전개되고 있다.
34 (1935년에 추가된 각주) 잠재기는 생리적 현상이다. 그러나 유아적 성욕의
억압을 기도하는 문화 조직 내에서만 잠재기는 성생활을 완전히 중단시킬 수 있다. 대
부분의 원시인들에게서는 그렇지 않다 — 원주.

2단계로 나뉜 성 발달 과정은 모든 생명체 중 오직 인간만이 가지고 있는 특징인 것처럼 보인다. 이로 인해 인간의 신경증적 성향이 생물학적으로 결정될 수도 있다. 사춘기에 들어서면 유년기 초기의 충동과 대상 리비도 집중*Objektbesetzung*이 다시 활성화되고, 오이디푸스 콤플렉스의 감정적 유대도 활성화된다. 사춘기의 성생활에서는 유년기 초기의 충동들과 잠재기의 억제가 서로 싸운다. 유아적 성 발달의 정점에서 이미 일종의 성기(性器)적 조직이 만들어지지만, 이때는 남자의 성기만이 어떤 역할을 할 뿐이고 (소위 남근적 우위) 여자의 성기는 아직 발견되지 않은 상태이다. 이때 남성이냐 여성이냐가 아니라 남근을 가지고 있느냐 거세되었느냐에 의해 성이 구분된다. 이와 결부되어 나타나는 거세 콤플렉스*Kastrationskomplex*는 성격과 신경증 형성에 매우 중대한 의미를 지닌다.

　　여기에서 인간의 성생활에 대한 나의 발견을 축약하여 서술하면서, 나는 이해를 돕기 위해 여러 다른 시기에 이루어졌고 『성욕에 관한 세 편의 에세이』의 재판들에서 보충과 수정의 형식을 빌려 서술했던 결론들을 함께 모았다. 종종 강조와 비난의 대상이 되었던 성욕 개념을 확장하는 본질이 어디에 있는지, 위에 서술된 것으로부터 쉽게 알 수 있기를 바란다. 이 확장은 이중적인 것이다. 첫째, 성욕을 성기와 맺는 밀접한 관계로부터 분리시켜 쾌락을 목표로 하고 2차적으로나 생식에 봉사하는 보다 포괄적인 신체 기능으로 보았다. 둘째, 우리의 언어 사용에서 〈사랑〉이라는 모호한 말로 불리는 다정하고 호의적인 모든 충동을 성 충동으로 간주했다. 그러나 나는 이들 개념의 확장이 새로운 것이라기보다는 원상 복구라고 본다. 이 확장은 목적에 맞지 않게 우리가 그런 방향으로 움직여 왔던 개념의 제한을 제거함을 의미한다.

성욕을 성기와 분리시켜 보는 것은 아이와 성도착자의 성 활동을 정상인의 성 활동과 동일한 관점에서 보게 되는 장점이 있다. 아이의 성 활동은 이제까지 완전히 무시되었고, 성도착자의 성 활동은 인식되기는 했지만 그저 도덕적 분개의 대상일 뿐 아무런 이해도 받지 못했다. 정신분석학의 입장에서 보면, 가장 특이하고 가장 심한 반발감을 불러일으키는 성도착도 성기 우위에서 벗어나 리비도 발전의 원시기에서와 같이 자립하여 쾌락 획득에 몰두하는 성적 구성 본능*Partialtrieb*의 표현으로 설명된다. 이러한 성도착 중 가장 중요한 것인 동성애는 이런 이름으로 불릴 만한 이유가 거의 없다. 동성애의 원인은 인간의 구조적 특징인 양성(兩性)과 남근 우위에까지 거슬러 올라간다. 모든 사람에게 있는 일부분의 동성애적 대상 선택은 정신분석에 의해 증명될 수 있다. 어린아이가 〈다형태적으로 도착적〉이라 불린다면, 이는 관습적으로 일반에서 사용되는 표현을 기술한 것일 뿐이지 어떤 도덕적 평가를 말한 것이 아니다. 그런 가치 판단은 정신분석과는 거리가 멀다.

내가 주장한 두 번째 성욕 개념의 확장은, 이들 모든 다정한 감정적 충동이 원래는 완전히 성적인 욕구였으나 후에 〈그 목적이 억제되거나 승화된〉 것이라는 정신분석학의 연구 결과를 통해 정당성을 획득한다. 성적 본능들이 이렇게 영향을 받을 수 있고 목적에서 벗어날 수 있기 때문에, 그것들은 다양한 문화적 활동에 적용될 수 있으며 사실 문화적 활동에서 중요한 공헌을 한다.

어린아이의 성욕에 대한 놀라운 발견들은 처음에는 성인에 대한 분석을 통해 얻은 것이다. 그러나 대략 1908년부터는 어린아이들을 직접 관찰함으로써 이 발견들은 그 세세한 면에서 완전하게 확인될 수 있었다. 어린아이들이 규칙적으로 성적 활동을 한다는 것을 확인하기는 실로 너무 쉬워서, 어떻게 그렇게 오랫동안 이 사실들을 간과하고 무성(無性)적 유아기*die asexuelle Kindheit*라는 전설을 유지할 수 있었는지에 대해 묻지 않을 수 없다. 이는 대부분의 성인이 자기 자신의 유아기에 대해 망각한다는 사실과 관련이 있다.

4

저항, 억압, 무의식, 성생활의 병원적 의미 및 유아기 체험의 중요성 등에 관한 이론은 정신분석학의 이론적 구조에서 주요한 구성 부분들이다. 유감스럽게도 나는 여기서 개별 부분들만을 서술하고, 그것들이 어떻게 서로 결합되고 연결되는지에 대해 서술하지 못했다. 이제 정신분석의 방법 기술이 점차 어떻게 변화되어 왔는지를 서술할 차례이다.

우선 환자를 몰아붙이고 용기를 북돋아 줌으로써 그의 저항을 극복하는 일은, 의사가 무엇을 기대할 수 있는지에 대해 최초의 방향을 잡기 위해서 불가피한 것이었다. 그러나 그것은 의사나 환자 양측에 너무 힘든 것이었으며, 당연히 뒤따르는 회의로부터 벗어나지 못한 것처럼 보였다. 그래서 그것은 어떤 의미에서는 그것과 반대되는 다른 방법으로 대체되었다. 환자로 하여금 어떤 특정한 주제에 대해 무슨 말을 하게끔 몰아붙이는 대신, 나는 환자에게 자유 연상*die freie Assoziation*에 자신을 내맡기도록, 다시 말해 어떤 의식적인 목적을 떠올리지 않았을 때 떠오르는 것을 말하도록 요구했다. 다만 환자는 말 그대로 그의 지각에 떠오르는 모든 것을 알려야 하고, 어떤 단상은 중요치 않다거나 관련이 없다거나 전혀 의미가 없다거나 하는 동기에 따라 제거해 버리는 비판적 거부에 빠지지 말아야 했다. 이렇게 보고를 함에 있어 환자가 솔직할 것을 요구하는 것은 다시 강조할 필요가 없다. 그것은 바로 분석적 치료의 전제이기 때문이었다.

정신분석학의 기본 규칙을 따르면서 자유 연상의 방법으로 내가 기대했던 성과, 즉 저항에 의해 억압되고 거리를 두었던 자료를 의식에로 이끌어 내는 일을 할 수 있었다는 것이 의아하게 보일 수 있겠다. 그러나 깊이 생각해야 할 것은, 자유 연상이 사실은 자유로운 것이 아니라는 점이다. 환자가 그의 사유 활동을 어떤 특정한 주제에 집중하고 있지 않다 할지라도, 그는 분석 상황의 영향하에 놓여 있는 것이다. 따라서 이러한 상황과 관계 있는 것만이 환자에게 떠오른다고 가정할 수 있다. 억압된 것을 재생하는 데 대한 환자의 저항은 이제 두 가지 방식으로 표현된다. 첫째로 그것은 비판적 이의 제기를 통해 나타나는데, 정신분석학의 기본 규칙은 이러한 이의 제기를 겨냥한다. 그러나 환자가 이 규칙에 따라 장애를 극복한다 하더라도, 저항은 또 다른 방식으로 표현된다. 이때 저항은 분석되는 사람에게 억압된 것 자체는 결코 떠오르지 않게 하고, 단지 억압된 것에 암시적으로 근접한 것만을 떠오르게 할 것이다. 그리고 저항이 강할수록, 환자가 보고하게 되는 대체 연상은 분석가가 원래 찾고자 하는 것에서 멀어진다. 자기편에서 어떤 강제적 노력 없이 침착하게 귀 기울여 들으며 그의 경험을 바탕 삼아 일반적으로 어떤 것이 앞으로 다가올지 준비하는 분석가는, 이제 환자가 드러내는 자료를 두 가지 가능성에 따라 이용할 수 있다. 한편으로 저항이 약할 경우, 분석가는 암시로부터 억압된 것 자체를 알아낼 수 있다. 다른 한편으로 저항이 강할 경우, 분석가는 주제와 동떨어진 것처럼 보이는 연상들에서 이 저항의 성격을 인식할 수 있다. 그런 다음 분석가는 환자에게 이 저항을 알려 줄 수 있다. 저항의 덮개를 벗기는 일은 그것을 극복하기 위한 첫걸음이다. 이렇게 해서 분석 작업의 테두리 내에서 해석 기술*Deutungskunst*이 등장하는데, 이것을 잘하기 위해서는 요령과 연습이 필요하지만 그것을 배우는 것이 어렵지는 않다. 자유 연상의 방법은 이전 방법에 비해 많은 장점을 지니고 있는데, 노력이 적게 든다는 장점만 있는 것이 아니다. 이 방법은 피분석자에 대한 강요를 최소한의 정도로 줄이고, 실제적인 현재 상황과의 접촉을 잃지 않으며, 신경증의 구조에서 어떤 요소도 간과되지 않고, 분석가의 어떤 기대도 그것에 영향을 주지 않도록 하기 위한 포괄적인 보증이다. 분석의 과정과 자료의 배정을 정하는 일이 본질적으로 환자에게 위임되어 있다. 따라서 특정한 증상과 콤플렉스를 체계적으로 다루는 일은 불가능하게 된다. 최면법이나 독촉법의 과정과는 정반대로, 상호 연관된 것을 치료의 상이한 시점과 상이한 곳에서 경험하게 된다. 그러므로 분석적 치료는 청중에게는 — 사실 청중이란 있을 수 없다 — 완전히 불투명한 것이다.

이 방법의 또 다른 장점은, 그것이 결코 실패하는 일이 없다는 것이다. 연상의 종류에 대해 어떤 요구 조건을 제시하지 않는 한, 연상은 이론적으로 언제나 가능할 수밖에 없다. 그렇지만 규칙적으로 그러한 실패가 일어나는 경우가 나타나기는 한다. 그러나 이러한 경우도 그것을 분리해 내어 해석할 수 있다.

이제 나는 분석의 모습에 본질적인 특징을 부여하고 기술적으로나 이론적으로 가장 중요한 의미를 가질 수 있는 한 가지 요소를 서술하겠다. 모든 분석적 치료에서는 의사가 개입하지 않아도 환자와 분석가 간에는 긴밀한 감정적 관계가 형성된다. 이 관계는 실제 상황에서는 설명되지 않는다. 그것은 긍정적일 수도 있고 부정적일 수도 있으며, 열정적이며 완전히 육감적인 사랑에서부터 반항, 원망, 증오의 극단적 표현에 이르기까지 다양하다. 이를 간략히 불러 전이 *Übertragung*라고 하는데, 그것은 곧 환자에게서 치유에 대한 바람을 대체한다. 그리고 전이는 그것이 다정하고 온건한 것인 한, 의사가 영향력을 발휘하는 담지자이고 분석이라는 공동 작업의 동력이다. 나중에 그것이 열정적으로 변하거나 적의감으로 전환되면, 전이는 저항의 중요한 도구가 된다. 이 경우, 환자의 연상 능력을 마비시키고 치료의 성공을 위협하는 일이 발생할 수도 있다. 그러나 이러한 전이를 피하려는 것은 무의미하다. 전이 없는 분석이란 불가능한 일이기 때문이다. 분석이 전이를 만들어 내고 전이는 분석 시에만 일어나는 것으로 생각해서는 안 된다. 전이는 다만 분석에 의해 밝혀지고 분리될 뿐이다. 그것은 일반적인 현상이고, 의사가 영향력을 미치려는 모든 것에서 그 성패를 결정한다. 그것은 실로 한 인간과 그의 인간적 환경 간의 관계 전체를 지배한다. 최면술사들이 암시 가능성이라 불렀고 최면적 교감의 담지자이며, 감정 정화법이 그것의 예측 불가능성으로 인해 골머리를 앓았던 것과 동일한 역동적 요인을 전이에서 어렵지 않게 찾아볼 수 있다. 감정적 전이의 경향이 없거나 그것이 조발성 치매 *Dementia praecox*와 편집증 *Paranoia*에서처럼 완전히 부정적으로 변한 경우, 환자에게 정신적으로 영향을 미치는 일은 불가능하게 된다.

정신분석학이 다른 정신 치료법과 같이 암시(또는 전이)의 방법을 가지고 작업한다는 것은 확실히 맞는 말이다. 그러나 다른 점은 정신분석에서는 그것이 — 암시나 전이 — 치료의 성패를 결정하도록 내맡기지 않는다는 사실이다. 오히려 그것은 환자가 어떤 정신적 작업을 수행하도록 — 자신의 전이 저항을 극복하도록 — 하는 데 이용된다. 이것은 환자의 정신적 경제를 지속적으로 변화시키는 것을 의미한다. 분석가는 환자가 전이를 의식하도록 하고, 환자가 자신의 가장 초기의 대상 집착 감정, 즉 유아기의 억압에서 기원하는 감정 관계들을 그의 전이 태도 속에서 재체험하고*wiedererlebt* 있음을 그에게 설득함으로써 전이는 해소된다. 전이를 이렇게 사용함으로써, 그것은 가장 강력한 저항의 무기에서 최상의 분석적 치료의 도구가 된다. 그렇지만 전이를 잘 사용하는 일은 분석 기술에서 가장 어렵고도 중요한 부분이다.

자유 연상법과 이와 결부된 해석 기술의 도움을 빌려, 정신분석학은 실천적으로는 중요하지 않아 보이지만 실제로는 과학적 작업에서 완전히 새로운 위치와 타당성으로 이끄는 한 가지 일을 성공적으로 해낼 수 있었다. 꿈이 의미를 갖는다는 것을 증명해 내고, 그것의 의미를 알아내는 일이 가능해진 것이다. 고전적 고대에서 꿈은 미래를 예시하는 것으로 높이 평가되었다. 근대 과학은 꿈에 대해 아무런 관심도 갖지 않으려 하고 그것을 미신에 맡겨 버리며, 그것을 순전히 〈신체적〉 행위, 즉 그렇지 않으면 잠자는 정신생활의 경련이라고 여겼다. 진지한 과학적 작업을 성취한 어떤 사람이 〈꿈의 해석자〉로 등장할 수도 있다는 것은 불가능한 일이었다. 그러나 꿈을 이렇게 배척하는 것에 상관하지 않고 그것을 해명되지 못한 하나의 신경증적 증상, 즉 망상적 관념이나 강박 관념으로 취급한다면, 그리고 꿈의 표면적인 내용을 추상하고 그것의 개별 심상들을 자유 연상의 대상으로 만든다면, 이때 근대 과학과는 다른 결과에 도달한다. 꿈꾸는 사람의 수많은 연상을 통해 우리는 어떤 사유 형성물에 대한 지식을 얻는다. 이 사유 형성물은 더 이상 불합리하다거나 혼란스럽다고 말할 수 없으며, 완전한 정신적 산물에 상응하는 것으로, 발현된 꿈은 단지 이 형성물의 왜곡되고 축약되고 오해된 번역, 대부분 시각적 그림들로의 번역일 뿐이다. 이 잠재적 꿈-사고들 *die latenten Traumgedanken*은 꿈의 의미를 지니고 있다. 발현된 꿈-내용은 다만 연상이 그에 기댈 수 있을 뿐이지 해석의 기반은 될 수 없는 하나의 기만이나 겉치레에 불과하다.

이제 수많은 물음에 대해 답을 내려야 했다. 이들 중에 가장 중요한 물음들은 꿈-형성에 도대체 어떤 동기가 있는가, 어떤 조건 하에서 꿈을 꾸게 되는가, 어떤 방법으로 언제나 의미로 가득 찬 꿈-사고가 흔히 의미 없는 꿈으로 전환되는가 등이었다. 나는 이들 물음 모두를 1900년에 출판된 『꿈의 해석 *Traumdeutung*』에서 해결하려고 했다. 여기서는 지면 관계로 이 연구를 짧게 요약할 수밖에 없다. 꿈의 분석을 통해 경험하게 된 잠재적 꿈-사고들을 연구하면, 그들 중 꿈꾸는 사람이 이해할 수 있고, 잘 알려진 다른 것들과는 특별히 구별되는 하나를 발견하게 된다. 이들 다른 것들은 깨어 있는 생활의 잔재들이다(이는 기술적으로 하루의 잔재라고 불린다). 반면 특별히 돋보이는 꿈-사고에서는 종종 매우 불쾌한 감정을 유발하는 소원 충동을 보게 되는데, 그것은 꿈꾼 사람의 깨어 있을 때의 생활과는 거리가 멀어서 꿈꾼 사람은 놀라거나 화가 나서 그것을 부정한다. 이런 충동이 꿈 본래의 형성자이다. 그것이 꿈-생성에 필요한 에너지를 조달하고, 하루의 잔재를 재료로 이용한다. 이렇게 해서 생겨난 꿈은 충동의 충족 상황을 상상하게 되고, 꿈은 그것의 소원 성취이다. 수면 상태의 본성에 있는 어떤 것이 이 과정을 조장하지 않았다면, 이 과정은 불가능했을 것이다. 수면의 정신적 전제 조건은, 자아가 수면을 원하는 태도를 취하고 생활의 모든 관심사에서 정신적 에너지를 거두는 것이다. 이와 동시에 운동성으로의 모든 접근 경로가 차단되므로, 자아는 그렇지 않으면 억압의 유지에 썼을 에너지의 소모를 줄일 수 있다. 밤에 이렇게 억압이 완화되는 것을 이용하여 무의식적 충동은 꿈과 함께 의식으로 들어오는 것이다. 그러나 자아의 억압적 저항은 수면 중에도 완전히 제거되는 것이 아니라 다만 감소되었을 뿐이다. 이 저항의 일부는 〈꿈-검열Traumzensur〉로 남아서 무의식적 충동이 본래의 적절한 형태로 표현되는 것을 막는다. 꿈-검열이 엄격하기 때문에 잠재적 꿈-사고들은 어쩔 수 없이 변화되고 약화되어 꿈의 금지된 의미는 알 수 없게 된다. 이것이 발현된 꿈으로 하여금 그 두드러진 특징들을 지니도록 만드는 꿈-왜곡Traumentstellung의 설명이다. 따라서 〈꿈은 (억압된) 소원의 (위장된) 성취이다〉라고 말할 수 있다. 여기서 이미 꿈이 신경증적 증상과 같이 구성되어 있음을 알 수 있다. 꿈은 자아 속에서 일어난 억압된 본능적 충동과 검열하는 힘의 저항 간에 타협의 산물이다. 꿈은 증상과 동일한 기원을 가지고 있기 때문에 증상과 마찬가지로 이해할 수 없고 동일하게 해석을 필요로 하는 것이다.

꿈꾸는 것의 일반적 기능을 알아내는 일은 쉽다. 그것은 잠자는 사람을 깨울 수 있는 외부 또는 내부의 자극을 일종의 진정을 통해 막아 내어 방해받지 않고 잠잘 수 있도록 하는 목적을 지니고 있다. 외부의 자극은 새롭게 해석되고 어떤 무해한 상황에 짜맞추어져 방어된다. 잠재적 꿈-사고들이 검열의 통제를 벗어나지 않는 한, 잠자는 사람은 본능적 요구의 내부 자극을 허락하고 꿈-형성에 의해 그것이 충족되도록 허용한다. 그런데 통제를 벗어날 위험이 있고 꿈이 너무 분명해지면, 잠자는 사람은 꿈을 중단하고 놀라서 깨어난다(불안-꿈Angsttraum). 외부의 자극이 너무 강해서 물리칠 수 없을 때에도 이와 같은 꿈 기능의 실패가 일어난다(각성-꿈Wecktraum). 나는 꿈의 검열이 작용하여 잠재적

사고가 발현된 꿈-내용으로 전환하는 과정을 꿈-작업Traumarbeit
이라고 불렀다. 이 과정은 전의식(前意識)적 사고 자료를 특이한
방식으로 처리하는 것인데, 이 과정에서 자료의 구성 요소들이
압축되고verdichtet, 자료의 정신적 강조가 전위되고verschoben, 전
체가 시각적 그림들로 전환·극화되고dramatisiert, 오해를 수반하
는 2차적 가공die sekundäre Bearbeitung에 의해 보충된다. 꿈-작업
은 정신생활의 더 깊고 무의식적인 층에서 일어나는 과정에 대한
뛰어난 본보기인데, 이 과정은 우리가 아는 정상적인 사고 과정
과 상당히 다른 것이다. 또한 꿈-작업은 수많은 초기 단계의 특징
을 드러내는데, 가령 주로 여기서 성적인 상징법Symbolik의 사용
이 그렇다. 이는 후에 정신적 활동의 다른 영역에서 다시 발견
된다.

꿈의 무의식적인 본능적 충동이 하루의 잔재, 즉 깨어 있을 때
해결하지 못한 관심사와 연관되어 있으므로, 이 충동에 의해 형
성된 꿈들은 분석 작업에 대해 이중적인 가치를 지닌다. 한편으
로 해석된 꿈은 억압된 소원의 성취임이 밝혀진다. 다른 한편으
로 그것은 낮 동안의 전의식적 사고 활동을 계속하여 임의의 내
용을 채울 수 있는데, 가령 어떤 결의, 경고, 숙고, 그리고 다시금
어떤 소원 성취를 표현할 수 있다. 분석에서 꿈은 두 방향으로, 즉
분석되는 사람의 의식적 과정과 무의식적 과정 모두에 대한 지식
을 얻는 데 이용된다. 또한 분석은 이런 사정으로부터 꿈을 통해
유아기 생활의 잊혀진 자료에 접근할 수 있다는 이점을 가지게
되는데, 이를 통해 유아적 망각은 대부분 꿈의 해석에 의해 극복
된다. 여기서 꿈은 예전에 최면에 부가되었던 과제의 일부를 수
행한다. 이에 반해 나는 내가 했다고 하는 주장, 즉 꿈-해석에 의
해 모든 꿈이 성적인 내용을 지녔거나 성적인 추동력에 원인이

있다는 것이 밝혀졌다는 주장을 한 적이 결코 없다. 배고픔, 목마름, 배설의 욕구가 억압된 성적 충동이나 이기적 충동과 마찬가지로 충족의 꿈을 만들어 냄은 쉽사리 알 수 있다. 어린아이들은 우리의 꿈 이론의 타당성을 검증하는 데 편리한 사례를 제공해 준다. 여러 상이한 정신적 체계가 아직 분명하게 구분되지 않았고 억압이 아직 깊숙이 형성되지 않은 어린아이들에게서, 우리는 낮에 남겨진 어떤 소원적 충동이 위장되지 않고 충족되는 것일 뿐인 꿈들을 자주 접하게 된다. 강제적인 욕구의 영향하에서는 성인도 이러한 유아적 유형의 꿈을 꿀 수 있다.[35]

정신분석은 꿈의 해석과 비슷한 방식으로 인간이 자주 저지르는 작은 실수 — 이는 증상 행위라고 불린다 — 에 대한 연구를 이용한다. 나는 1904년에 단행본 형태로 출판된 『일상생활의 정신 병리학 *Zur Psychopathologie des Alltagslebens*』에서 이에 대해 연구했다. 널리 읽힌 이 저서의 내용은, 이들 현상이 우연적인 것이 아니며 생리학적 설명을 넘어서 유의미하고 해석 가능하며, 억제되거나 억압된 충동과 의도를 이들 현상으로부터 추리하는 것이 정당하다는 것이었다. 그러나 꿈-해석과 이 연구가 지니는 뛰어난 가치는, 그것이 분석적 작업에 도움이 된다는 데 있는 것이 아니라 그것의 다른 성격에 있다. 이제까지 정신분석은 병리적 현상의 해결에만 열중하고, 이 현상을 설명하기 위해 종종 다루는 소재의 중요성과는 아무런 비례 관계도 없는 가정을 해야만 했었다. 그러나 정신분석이 이제 분석에 착수한 꿈은 병리적 증상이 아니다. 꿈은 정상적 정신생활의 현상이어서 모든 건강한 사람에게서

35 꿈-기능이 자주 실패로 돌아가는 것을 고려하면, 꿈을 소원 성취의 한 시도라고 보는 것은 적절하다. 꿈을 잠자는 동안의 정신생활이라고 한 아리스토텔레스의 오래된 정의는 아직도 유효하다. 내가 나의 책 제목을 『꿈』이라 하지 않고 『꿈의 해석』이라 한 것은 그럴 만한 이유가 있었던 것이다 — 원주.

일어날 수 있는 것이다. 만일 꿈이 증상과 같이 구성되어 있다면, 그리고 꿈의 설명이 본능적 충동, 대체 형성과 타협 형성, 의식과 무의식이 거처하는 여러 정신적 체계와 같은 가정들을 요구한다면, 정신분석은 더 이상 정신 병리학의 보조 학문이 아니다. 오히려 정신분석은 정상인의 이해를 위해서라도 반드시 있어야만 하는 더 새롭고 철저한 정신 연구의 단초이다. 정신분석의 전제들과 결과들은 정신적인 사건의 다른 영역에 적용될 수 있는 것이다. 정신분석에는 세계적 관심에 이르기까지 길이 넓게 열려 있다.

5

나는 정신분석학의 내적 성장에 대한 서술을 멈추고, 여기서는 그것의 외적 운명에 대해 이야기하고자 한다. 내가 이제까지 말한 정신분석학의 성과는 대부분 나 자신의 연구 성과였다. 그러나 나는 이런 연관에서 나중에 나온 결과들을 첨가했고, 내 제자들과 추종자들의 업적을 나 자신의 것과 구별하지 않았다.

브로이어와 헤어진 후 10년 넘게 나에게는 추종자가 없었다. 나는 완전히 고립되어 있었다. 빈에서는 기피 인물이 되었고 외국에서는 나를 알아주지 않았다. 1900년에 출판된 『꿈의 해석』에 대한 서평은 전문 학술지에서 거의 찾아볼 수 없었다. 「정신분석 운동의 역사Zur Geschichte der psychoanalytischen Bewegung」라는 글에서 나는, 빈의 정신 의학계의 태도를 보여 주는 예로 한 조수와의 대화를 적은 적이 있다. 그는 나의 이론에 반대하는 책을 썼지만 『꿈의 해석』은 읽지도 않았던 것이다. 병원에서 사람들이 말하기를, 책을 읽는 수고를 들일 가치가 없다고 했다는 것이었다. 후에 교수가 된 이 사람은, 내가 그와 나눴던 이 대화의 내용을 부정하고 내 기억의 진실성조차 의심하려고 들었다. 그러나 나는 그당시 내가 한 대화의 보고에서 한마디도 바꿀 필요를 느끼지 않는다.

매사에 부딪치는 일이 필연적임을 깨닫게 되자 나의 예민한 감정은 줄어들었다. 아울러 나의 고립도 점차 끝나 가고 있었다. 우선 빈의 내 주변에는 작은 제자의 무리가 모여들었다. 그리고 취리히의 정신 의학자들인 블로일러[36]와 그의 조수 융C.G.Jung 등이 정신분석에 강한 관심을 가지고 있다는 소식을 1906년 이후 듣게 되었다. 이어 우리는 개인적인 친분 관계를 맺게 되었고, 1908년 부활절에는 이 새로운 학문과 관련된 친구들이 잘츠부르크에 모였다. 여기서 우리는 이러한 사적인 학술 회의를 정기적으로 개최하고 잡지를 발간할 것에 합의했는데, 이 잡지는 『정신분석과 정신 병리학 연구 연보Jahrbuch für psychoanalytische und psychopathologische Forschungen』라는 이름으로 융이 편집을 맡았다. 블로일러와 나는 발행인이었다. 이 잡지는 세계 대전의 발발과 더불어 정간되었다. 스위스의 정신 의학자들이 합류함과 동시에 독일의 도처에서도 정신분석에 대한 관심이 일어났다. 정신분석은 수많은 평론의 대상이 되었고 학술 회의장에서 열정적인 토론이 벌어졌다. 그렇지만 정신분석의 수용은 어디에서도 호의적이지 않았고 선의를 가지고 기다리는 것이 아니었다. 정신분석이 알려지자마자 독일 학계는 하나같이 그것을 배척하고 나섰다.

물론 오늘날에도 나는 정신 의학, 심리학, 정신과학 일반에 대한 정신분석의 가치에 대해 후대가 최종적으로 어떤 판단을 내릴지 알 수 없다. 그렇지만 우리가 살아왔던 시대의 역사가 언젠가 쓰인다면, 그 역사가는 당시 학계를 대표하는 사람들의 태도가 독일의 학문에 명예로운 것은 아니었다고 인정할 수밖에 없다고 생각한다. 여기서 나는 그들이 정신분석학을 배척했다는 사실이

---

36 Eugen Bleuler(1857~1939). 유명한 정신과 의사. 취리히에 있는 부르크휠츨리 공립 정신 병원의 원장.

나 이를 배척하는 그들의 단호함에 대해서 말하는 것이 아니다. 이 두 가지는 쉽게 이해될 수 있으며 예상할 수 있었던 것이고, 최소한 반대자의 인격에 어떤 그늘을 드리우는 것도 아니었다. 그러나 그들이 보여 준 교만의 정도와 비양심적인 논리의 무시 정도, 그들의 공박이 보여 준 야비함과 저속함에 대해서는 용서의 여지가 없다. 15년이 지난 지금에도 내가 이렇게 과민한 반응을 터뜨리는 것이 어린아이 같다고 말할지도 모르겠다. 나도 내가 이에 덧붙여 더 할 말이 없었다면 그렇게 하지 않았을 것이다. 수년 후 세계 대전 중에 적국들이 하나같이 독일 민족에 대해 내가 위에서 언급한 것을 종합하는 야만적이라는 비난을 제기했을 때, 나 자신이 경험한 것에 비추어 이러한 비난을 반박할 수 없었던 것이 아직도 내 마음을 아프게 만든다.

나의 반대자 중 한 사람은, 자신의 환자가 성적인 것들에 대해 말하기 시작하면 곧바로 입을 닫게 만든다고 소리 높여 자랑했는데, 그는 신경증 발생에서 성욕이 하는 역할에 대해 판단할 수 있는 권리를 이런 기법으로부터 도출할 수 있다고 굳게 믿었다. 정신분석학의 이론에 따르면, 너무나 쉽게 설명되어 그에 대해 오류를 저지를 수도 없는 정동적 저항 이외에 내가 볼 때 이해를 어렵게 만드는 주요한 장애는, 반대자들이 정신분석을 나의 사변적 상상의 산물로 보고 정신분석의 구축을 위해 오랜 시간에 걸쳐 참을성을 가지고 아무런 선입견 없이 행했던 연구를 믿지 않으려는 데 있었다. 그들의 견해로는 정신분석이 관찰이나 경험과는 아무런 관련이 없으므로, 그들 역시 자신들의 경험 없이도 이를 배척할 수 있다고 생각했다. 이런 믿음을 그렇게 확신하지는 못했던 다른 사람들도, 그들이 부인하는 것을 보지 않으려고 현미경을 들여다보지 않는 고전적인 저항의 수법을 되풀이했다. 대부분의 사람들이 어떤 새로운 사태에 직면하여 그들 나름대로의 판단을 내려야 할 때, 그들이 얼마나 부정확하게 처신하는지는 참으로 기이한 일이다. 나는 수년 동안 그리고 오늘날에도 〈선의의〉 비평가들로부터, 여기까지는 정신분석이 맞지만 이 점에서부터 과장과 부당한 일반화가 시작된다는 말을 들어 왔다. 그러나 내가 알고 있는 바로는 이렇게 경계선을 긋는 것보다 어려운 일이 없으며, 그런 비평가들 자신이 며칠 전이나 몇 주 전에는 이 사태에 대해 완전히 아는 바가 없는 사람들이었다.

정신분석학에 대한 학계의 이단 판결은 분석가들이 더 밀접하게 단결하는 결과를 가져왔다. 1910년 뉘른베르크에서 개최된 제2차 회의에서 페렌치S. Ferenczi의 제안에 따라 여러 지역 그룹으로 나뉘거나 하나의 학회장이 이끄는 〈국제 정신분석학회 Internationale Psychoanalytische Vereinigung〉가 결성되었다. 이 학회는 세계 대전 동안에도 살아남아 오늘날에도 존속하는데, 오스트리아, 독일, 헝가리, 스위스, 영국, 네덜란드, 러시아, 인도에 각각 하나의 지부를, 그리고 미국에는 2개의 지부를 두고 있다. 나는 융이 초대 학회장으로 선출되도록 힘썼는데, 이는 나중에 밝혀지듯이 아주 불행한 선택이었다. 그 당시 정신분석학은 두 번째 잡지를 갖게 되었는데, 그것은 아들러Adler와 슈테켈Stekel이 편집하는 『정신분석 중앙지Zentralblatt für Psychoanalyse』(1911)였다. 바로 뒤이어 세 번째 잡지인 『이마고Imago』가 발간되었는데, 그것은 의사가 아닌 작스H. Sachs와 랑크O. Rank가 편집한 것으로, 정신분석을 정신과학에 적용하는 것을 목적으로 했다. 그 직후 블로일러는 정신분석을 옹호하는 논문을 발표했다(「프로이트의 정신분석학Die Psychoanalyse Freuds」, 1910). 정신분석을 둘러싼 논쟁에서 이렇게 한 번쯤 정당하고 솔직한 논리가 발언되었다는 것은 기쁜 일이었으나, 블로일러의 논문은 완전히 만족스러운 것은 아니었다. 그것은 너무 공평한 척하려 했다. 우리의 과학에 양가 감정*Ambivalenz*이라는 귀중한 개념이 도입된 것이 바로 그의 덕분이라는 것은 우연한 일이 아니다. 후에 발표한 논문들에서 블로일러는 정신분석의 이론 체계에 대해 비판적인 태도를 취하고 그것의 본질적인 부분을 회의하거나 거부하게 되어, 나는 정신분석 중에 그가 인정하는 것이 얼마나 남아 있는지 놀라서 자문하지 않을 수 없었다. 그럼에도 불구하고 그는 나중에 〈심층 심리학〉에 대해 매우 호의적인 표현을 할 뿐만 아니라, 정신 분열증에 대한 그의 방대한 서술도 이 심층 심리학에 근거해서 하고 있다. 그리고 블로일러는 〈국제 정신분석학회〉에 오래 머물지 않았다. 그는 융과의 불화 때문에 학회를 떠났고, 이로써 부르크횔즐리 사람들은 정신분석학과 인연을 끊게 되었다.

공식적으로 거부됨에도 불구하고 정신분석이 독일과 다른 나라들에 전파되는 것을 막을 수는 없었다. 나는 다른 곳(「정신분석 운동의 역사」)에서 정신분석의 발전 단계를 추적하고, 그 대변자들로 등장했던 사람들의 이름을 열거한 바 있다. 1909년에 나와 융은 스탠리 홀G. Stanley Hall의 초빙을 받아 미국으로 가서 매사추세츠주 우스터시의 클라크Clark 대학에서 — 그는 이 대학의 총장이었다 — 대학 창립 20주년 기념 행사로 1주일 동안 (독일어로) 강의를 했다. 홀은 매우 존경받는 심리학자이자 교육학자로서 이미 수년 전부터 정신분석학을 그의 강의에 도입하고 있었다. 그에게는 권위 있는 사람을 불러왔다 다시 보내 버리는 일을 마음에 들어 하는 어떤 실력자의 기질이 있었다. 우리는 그곳에서 하버드 대학의 신경학자인 퍼트넘을 만났는데, 그는 고령에도 불구하고 정신분석을 열렬히 지지하면서 모든 이가 존경하는 그의 인품을 동원하여 정신분석의 문화적 가치와 그 의도의 순수성을 옹호해 주었다. 강박 신경증적 성향에 대한 반동으로 주로 윤리적인 경향을 지녔던 이 뛰어난 인물에게서 우리가 한 가지 유감스럽게 생각한 것은, 그가 정신분석을 어떤 특정한 철학 체계와 결부시켜 도덕적 노력에 이용할 수 있다고 기대하는 것이었다. 철학자 윌리엄 제임스William James와의 만남 또한 나에게 오래도록 남는 인상을 심어 주었다. 나는 우리가 함께 산책할 때 일어났던 장면을 결코 잊을 수 없다. 그는 산책 중에 갑자기 멈춰 서더니 나에게 자신의 손가방을 건네주고, 자신은 막 시작된 협심증 발작을 해결하고 뒤따라갈 테니 나보고 먼저 가라는 것이었다. 그는 1년 후 심장 질환으로 사망했다. 나는 그 사건 이후, 다가올 죽음을 그와 같이 아무 두려움 없이 맞이하기를 원하고 있다.

그 당시 나는 53세여서 젊고 건강하다고 느꼈고, 신세계로의 짧은 방문은 나의 자신감에 유익한 것이었다. 유럽에서 나는 천대받는다고 여겼으나, 여기에서는 최상급의 학자들이 나를 대등한 사람으로 대해 주었다. 내가 『정신분석에 대하여Über Psychoanalyse』라는 다섯 번의 강의를 하기 위해 우스터에서 강단에 올랐을 때는 믿어지지 않는 백일몽이 실현되는 것과 같았다. 이제 정신분석은 더 이상 망상이 아니라 현실의 중요한 일부가 되었다. 우리가 방문한 이래 정신분석은 미국에서 그 영향력을 잃지 않았다. 그것은 일반인들에게 대단한 인기를 누리게 되었고, 학계에 있는 많은 정신과 의사도 그것을 의학 수업의 중요한 부분으로 인정했다. 그러나 유감스럽게도 정신분석학은 그곳에서도 그 내용이 희석되었다. 정신분석과 아무런 관계도 없는 갖가지 오용이 정신분석이란 이름과 동일시되고, 기술이나 이론을 철저히 교육시킬 기회도 없었다. 또한 미국에서는 정신분석이 행동주의와 부딪치게 되었는데, 이것은 심리적 문제 일반을 제쳐 버리는 어리석음을 범하고 말았다.

유럽에서는 1911년과 1913년, 두 번에 걸쳐 정신분석으로부터의 이탈 운동이 일어났다. 주동 인물은 그때까지 이 젊은 과학에서 훌륭한 역할을 해왔던 알프레트 아들러Alfred Adler와 융이었다. 두 인물은 아주 위험스러워 보였고 급속히 추종자의 무리를 크게 형성해 갔다. 그러나 그들이 이렇게 강세를 보인 것은 그 내용 때문이 아니라, 실제적인 자료를 부정하지 않는다 하더라도 불쾌감을 자아낸다고 여겨지는 정신분석의 결과들로부터 벗어날 수 있다는 유혹 때문이었다. 융은 정신분석의 사실들을 추상적이고 비개인적이고 비역사적인 것으로 재해석하려 시도했고, 이를 통해 그는 유아 성욕과 오이디푸스 콤플렉스에 대한 인정과 아동기 분석의 필요성을 피해 갈 수 있기를 바랐다. 아들러는 정신분석으로부터 더 멀리 벗어나는 듯이 보였다. 그는 성욕 일반의 의의를 거부하고, 성격 형성 및 신경증 형성의 원인을 오직 인간의 권력욕과 구조적 열등감에 대한 보상 욕구에서 찾고자 하여, 정신분석이 심리학적으로 가져온 모든 새로운 발견을 날려 버렸다. 그러나 그가 버린 것들은 변경된 다른 이름으로 그의 폐쇄적인 체계에 다시 들어올 수밖에 없었다. 그의 〈남성 항거der männliche Protest〉는 부당하게 성적으로 해석된 억압과 다른 것이 아니다. 이 두 이단자들은 아주 가벼운 비판을 받았다. 나는 다만 아들러나 융이 그들의 이론을 〈정신분석〉이라고 부르는 것을 포기하도록 하는 데 성공했을 뿐이다. 10년이 지난 오늘날 이 두 시도가 큰 해를 입히지 않고 지나갔다고 말할 수 있겠다.

하나의 공동체가 몇 가지 핵심적인 점에서의 일치에 근거하고 있는 것이라면, 이 공동의 기반을 버린 사람들이 공동체로부터 배제되는 것은 자명한 일이다. 그럼에도 불구하고 나의 이전 제자들이 탈퇴한 것을 가지고 내가 관용이 없음을 상징하는 것으로, 내 책임으로 보거나 내가 지고 있는 운명의 표현으로 보는 일이 종종 있다. 이에 대해서는 다음을 지적하는 것으로 족할 것이다. 나를 떠난 융, 아들러, 슈테켈 및 다른 소수의 사람과 달리 아브라함Abraham, 아이팅곤Eitingon, 페렌치, 랑크Rank, 존스Jones, 브릴Brill, 작스Sachs, 목사 피스터Pfister, 판 엠던van Emden, 라이크Th. Reik 등과 같은 많은 수의 인물이 15년 동안이나 나와 공동으로 연구하면서 대부분 여전히 빛이 바래지 않은 친교를 맺어 오고 있다. 나는 여기서 정신분석학의 문헌으로 이미 명성을 떨치고 있는 초기 제자들의 이름만을 열거했을 뿐이다. 다른 이들을 빼놓았다 해서 내가 그들을 무시하는 것은 아니다. 사실 나중에야 동참한 젊은 사람들 중에서 크게 기대를 걸 만한 재능 있는 사람들이 있다. 그러나 내가 여기서 주장하고 싶은 것은, 자신은 틀리는 일이 없다는 생각에 사로잡힌 비관용적인 사람이 지적으로 탁월한 다수의 사람에게 지속적으로 영향력을 행사하기는 불가능하다는 것이다. 게다가 나처럼 실제로 남을 유혹하는 매력을 지니지 못한 사람일 경우에는 더욱더 그렇다.

그렇게 많은 다른 조직을 붕괴시켰던 세계 대전도 우리의 〈국제 학회〉에는 손상을 입히지 못했다. 전후 최초의 모임은 1920년 중립지인 헤이그에서 열렸다. 네덜란드 사람들이 굶주리고 궁핍한 중부 유럽 사람들을 따뜻하게 맞이해 주는 것은 감동적이었다. 또한 내가 알기로는 파괴된 세계에서 그 당시 처음으로 영국인과 독일인이 과학적인 관심 때문에 같은 자리에 앉는 일도 생겼다. 전쟁은 다른 서방 국가들에서와 같이 독일에서조차 정신분석에 대한 관심을 증가시켰다. 전쟁 신경증을 관찰하게 되면서 의사들은 마침내 신경증적 장애에 대해 정신분석이 지니는 의미에 눈을 뜨게 되었다. 〈병의 이득〉과 〈병으로의 도피〉와 같은 우리의 심리학적 개념들이 급속히 인기를 끌게 되었다. 독일 제국의 붕괴 전에 마지막 회의인 1918년 부다페스트 회의에서 중부 유럽의 연합국 정부들은 공식적인 대표를 파견했는데, 그들은 전쟁 신경증의 치료를 위한 정신분석 병원의 설립에 합의했다. 그러나 그 일은 실현되지 않았다. 또한 우리의 훌륭한 회원인 안톤 폰 프로인트Anton von Freund 박사가 부다페스트에 정신분석 이론과 치료 센터를 설립하려던 포괄적인 계획도 뒤이어 일어난 정치적 변혁과 이 대체 불가능한 인물의 이른 죽음으로 인해 무산되고 말았다. 그의 생각의 일부는 후에 막스 아이팅곤Max Eitingon이 1920년 베를린에 정신분석 종합 병원을 세움으로써 실현되었다. 볼셰비키가 지배하던 짧은 기간 동안에 페렌치는 헝가리에서 정신분석학의 공식적인 대변자로서 부다페스트 대학에서 성공적인 교수 활동을 할 수 있었다. 전후 우리의 반대자들은 득의에 차서, 전쟁의 경험이 정신분석의 주장이 옳지 않다는 결정적인 논거를 제시한다고 선언했다. 전쟁 신경증을 통해 신경증적 질환의 병원으로 성적 계기가 불필요하다는 사실이 입증되었다는 것이다. 그러나 그것은 경솔하고 성급한 승리의 개가였다. 왜냐하면 한편으로 그 누구도 정신 신경증의 한 사례조차 철저히 분석해 보지 않았기 때문이다. 따라서 그것의 동기에 대해 확실히 아는 바가 없었으므로 이런 불확실한 것으로부터 어떤 결론도 끌어내지 말아야 했을 것이다. 다른 한편으로 정신분석은 이미 오래전부터 자기애Narzismus와 자기애적 신경증의 개념을 가지고 있었다. 이 개념은 리비도가 대상 대신에 자기 자신의 자아에 고착되는 것을 내용으로 한다. 따라서 이러한 이유로 인해 사람들은 일반적으로 정신분석이 성욕의 개념을 지나치게 확대한다고 비난하게 된다. 그러나 논쟁에서 편안함을 느끼게 되자, 그들은 정신분석의 이러한 과정을 잊고는 다시금 정신분석이 성욕을 너무 좁게 파악하고 있다고 비난하는 것이다.

초기 카타르시스 요법의 시기를 도외시한다면, 내가 볼 때 정신분석의 역사는 두 개의 시기로 나뉜다. 첫 번째 시기에 나는 혼자였고 모든 연구를 나 홀로 해야 했다. 이 시기는 1895년 또는 1896년부터 1906년 또는 1907년에 이르는 시기이다. 그 이후부터 현재에 이르는 두 번째 시기에는 나의 제자들과 공동 연구자들의 업적이 갖는 의미가 계속 증대하여, 중병으로 인해 인생의 종착점에 다가가고 있는 나는 이제 활동을 끝내고 내부적으로 안정을 취할 생각을 하게 되었다. 바로 그런 이유로 인해 내가 이 〈자서전〉에서, 나 혼자만의 활동으로 채워졌던 첫 번째 시기의 점차적인 정신분석의 구축과 같이 두 번째 시기에 이루어진 정신분석의 발전을 그렇게 자세히 다룰 수 없다. 다만 나는 여기서 내가 그것의 발견에 두드러진 역할을 했던 새로운 발견들, 무엇보다도 자기애, 본능 이론 및 정신 이상의 응용 영역에 대해 언급할 자격이 있다고 생각한다.

우선 경험이 쌓일수록 오이디푸스 콤플렉스가 신경증의 핵심임이 더 분명해졌다는 것을 말해야겠다. 그것은 유아적 성생활의 정점이자 그 이후의 모든 발달이 그로부터 출발하는 결절점이었다. 그러나 분석을 통해 신경증에서 고유한 요인을 찾겠다는 기대는 이로써 사라지게 되었다. 융이 그의 정신분석 초기에 정확히 표현했듯이, 신경증은 그것에만 고유한 특수 내용을 지니고 있지 않으며, 신경증 환자는 정상인이 다행히 잘 극복하는 것들에서 실패하는 사람이라는 것을 확언할 수밖에 없었다. 이러한 깨달음은 결코 실망스러운 것은 아니었다. 그것은 다른 깨달음, 즉 정신분석이 발견한 심층 심리는 바로 정상적 정신생활의 심리라는 깨달음과 완전히 합치하는 것이었다. 연구는 화학자들에게서와 같이 우리에게서도 진행되었다. 물질들의 큰 질적 차이는 동일한 원소들의 결합 비율에서 양적 변화에 원인이 있다는 생각이 그것이다.

오이디푸스 콤플렉스에서 리비도는 부모의 심상과 결부되어 있음이 밝혀졌다. 그러나 이러한 대상 모두가 없었던 시기가 있었다. 이로부터 리비도 이론에서 근본적인 상태에 관한 개념이 생겼는데, 그것은 리비도가 자신의 자아를 채우는 상태, 즉 리비도가 자아를 대상으로 삼는 상태이다. 이 상태를 〈자기애〉라고 부를 수 있다. 좀 더 생각해 보면, 자기애가 완전히 지양되는 것이 아니다. 일생 동안 자아는 대상 리비도 집중이 흘러나오고 대상으로부터 리비도가 다시 역류해 들어오는 리비도의 큰 저장고이다.[37] 따라서 자기애적 리비도는 끊임없이 대상 리비도로 전환되고 다시 그 반대가 된다. 이러한 전환이 어느 정도에 이를 수 있는가에 관한 뛰어난 예는, 자기희생에까지 이르는 성적 열애 또는 승화적 열애에서 찾을 수 있다. 이제까지는 억압 과정에서 억압된 것에만 주의했던 반면에, 이런 생각을 함으로써 억압하는 것도 올바로 파악할 수 있게 되었다. 억압은 자아 속에 작용하는 자기 보존 본능(자아 본능, *Ichtrieben*)에 의해 일어나며, 리비도적 본능들에 대해 일어난다고 말해 왔다. 이제 자기 보존 본능도 리비도적 성격을 지니고 있다는 것, 즉 그것도 자기애적 리비도임을 알게 되었으므로 억압 과정은 리비도 자체 내에서 일어나는 과정으로 보게 되었다. 자기애적 리비도는 대상 리비도에 대립하

37 이에 대한 논의는 「자아와 이드」(본서 수록)에서 찾아볼 수 있다.

고 있어서, 자기 보존의 관심은 대상애의 요구, 따라서 좁은 의미로 성욕의 요구에 대항해 자신을 방어하는 것이다.

심리학에서는 적절한 본능 이론에 대한 요구가 무엇보다도 시급하게 느껴졌다. 이 이론의 기반 위에서 후속 이론을 세울 수 있었기 때문이다. 그러나 그와 같은 것이 없었으므로 정신분석학은 본능 이론을 더듬어 찾아가는 시도를 해야 했다. 처음에 정신분석학은 자아 본능(자기 보존, 배고픔)과 리비도적 본능(사랑)을 대립시켰으나, 후에 이를 자기애적 리비도와 대상 리비도의 대립으로 대치시켰다. 이로써 최종적인 결정이 내려진 것은 확실히 아니다. 생물학적으로 생각해 보면, 단 한 종류의 본능만을 가정하는 것에 만족하는 일은 금기처럼 보이기 때문이다.

최근 몇 년간의 저서에서 ──『쾌락 원칙을 넘어서*Jenseits des Lusprinzips*』, 『집단 심리학과 자아 분석*Massenpsychologie und Ich-Analyse*』, 『자아와 이드*Das Ich und das Es*』── 나는 오래 억제하고 있었던 사변적 성향을 마음껏 발산하여 본능 문제에 대한 새로운 해결을 계획하게 되었다. 나는 자기 보존 본능과 종족 보존 본능을 에로스라는 개념으로 통합하고, 이를 소리 없이 움직이는 죽음 본능 내지는 파괴 본능과 대립시켰다. 일반적으로 본능은 살아 있는 것의 일종의 탄력성으로, 한때 존재했으나 어떤 외부의 방해에 의해 제거된 어떤 상황을 복구하려는 충동으로 간주된다. 이처럼 본질적으로 보수적인 본능의 성격은 〈반복 강박*Wiederholungszwang*〉현상에 의해 예증된다. 에로스와 죽음 본능의 협력과 대립적 작용으로 인해 우리 삶의 그림이 그려진다.

이런 이론적 구성이 쓸 만한 것인지는 아직 불확실하다. 이 이론적 구성은 정신분석에서 가장 중요한 이론적 생각 중 하나를 확정하려는 노력에 의해 인도된 것이긴 하지만, 그것은 정신분석을 훨씬 넘어서는 것이다. 나는 정신분석학의 리비도나 본능의 개념들처럼, 한 과학의 최상 개념들이 그렇게 정확하지 못하다면 그 과학을 심각하게 받아들일 수 없다는 경멸적인 말을 여러 번 들어 왔다. 그러나 이런 비난은 사태를 완전히 오해한 데서 온 것이다. 명확한 기본 개념들과 정확하게 윤곽이 그려진 정의는, 그것이 지적인 체계 구성의 테두리 내에서 어떤 사실 영역을 파악하려는 한 오직 정신과학에서만 가능하다. 심리학이 속해 있는 자연 과학에서는 상위 개념들의 그러한 명확함은 불필요하고, 사실상 불가능하다. 동물학과 식물학은 동물과 식물에 대한 정확하고 적절한 정의로부터 출발하지 않는다. 생물학은 오늘날에도 생명체의 개념을 확실한 내용으로 채우고 있지 못하다. 심지어 물리학조차도 물질, 힘, 중력 및 다른 물리학적 개념들이 기대한 만큼 명확하고 정밀해질 때까지 기다려야 했다면, 그것은 전혀 발전하지 못했을 것이다. 자연 과학 분과들의 기본 생각이나 상위 개념들은 처음에는 언제나 부정확한 채로 있고, 다만 그것들이 나온 현상 영역을 지적함으로써 잠정적으로 설명될 뿐이다. 그것들은 관찰 자료를 계속 분석한 결과 비로소 분명해지고 그 내용이 채워지며 모순이 없게 되는 것이다. 나는 사람들이 정신분석을 다른 과학과 마찬가지로 다루길 거부한다는 것을 매우 공정하지 못한 일로 생각해 왔다. 이런 거부는 가장 고집스러운 반박으로 표현되었다. 정신분석학은 끊임없이 불완전하고 불충분하다고 비난받아 왔다. 관찰에 기초를 둔 과학이 사실을 조금씩 조금씩 찾아내고 문제도 단계적으로 해결해 나갈 수밖에 없다는 것은 뻔한 일이다. 또한 오랫동안 인정받지 못했던 성 기능을 내가 인정하려고 노력하자, 정신분석 이론은 〈범성론(汎性論)〉이라고 낙인찍혔다. 그리고 내가 이제까지 무시되었던 어린 시절의 우연적

인상이 갖는 역할의 중요성을 강조하자, 나는 정신분석이 구조적이고 유전적인 요인들을 부정하려고 한다는 말을 들었다. 나는 꿈에도 그렇게 할 생각이 없었는데 말이다. 이것은 어떤 희생을 치르더라도, 무슨 수단을 써서라도 반대하자는 의미였다.

나는 이미 내 이론의 생산 초기 단계에서 정신분석적 관찰로부터 일반적인 관점에 도달하려는 시도를 했다. 1911년에「정신적 기능의 두 가지 원칙Formulierungen über die zwei Prinzipien des psychischen Geschehens」이라는 작은 글에서, 나는 확실히 독창적이지는 않지만 정신생활에 있어 쾌락-불쾌 원칙*Lust-Unlustprinzip*의 지배와 소위 현실 원칙*Realitätsprinzip*에 의한 쾌락-불쾌 원칙의 대체를 강조했다. 후에 나는 일종의 초심리학*Metapsychologie*을 시도했다. 나는 역학, 지형학, 경제학이라는 세 개의 축에 따라 모든 정신 과정을 평가하는 고찰 방식을 이렇게 불렀는데, 이것이 내게는 심리학이 도달할 수 있는 가장 원대한 목표라고 여겨졌다. 이러한 시도는 미완성으로 그쳤다. 나는 몇 편의 논문 ──「본능과 그 변화Triebe und Triebschicksale」,「억압에 관하여Die Verdrängun」,「무의식에 관하여Das Unbewußte」,「슬픔과 우울증Trauer und Melancholie」등 ── 이후에 그 시도를 중단하고 말았는데, 아마 잘한 일일 것이다. 왜냐하면 이러한 이론적 확인을 하기에는 아직 시기상조였기 때문이다.[38] 최근의 사변적 저작에서 나는 병리적 사실을 정신분석적으로 평가한 토대 위에 우리의 정신적 장치들을 분류하고자 시도하고, 그것을 자아*das Ich*, 이드*das Es*, 초자아*das Über-Ich*로 나눴다(『자아와 이드』, 1922).[39] 초자아는 오이디

---

38 어니스트 존스가 보여 주듯이, 이 모든 글들은 소실된 다른 7편의 논문들과 함께 1915년에 실제로 쓰였다.

39 「자아와 이드」(본서 수록) 참조.

푸스 콤플렉스의 계승자이며, 인간의 윤리적 요구의 대변자이다.

내가 이 최근의 연구 시기에 참을성 있는 관찰에 등을 돌리고 순전히 사변에 전념했다는 인상을 받지 않았으면 좋겠다. 오히려 나는 언제나 분석적 자료와 내적인 접촉을 유지해 왔고, 특수하게 임상적이거나 기술적인 주제들을 다루는 것을 중단하지 않았다. 내가 관찰로부터 멀어졌을 때도, 나는 본래의 철학에 접근하는 일은 조심스럽게 피해 왔다. 구조적으로 불가능했던 것이 나의 이러한 회피를 매우 용이하게 했다. 나는 언제나 페히너G. Th. Fechner의 사상에 귀를 기울였고 중요한 점들에서 이 사상가를 따랐다.[40]

정신분석학이 여러 점에서 쇼펜하우어Schopenhauer의 철학과 일치하는 것은 ─ 그는 정동의 우위와 성욕의 탁월한 중요성을 주장했을 뿐만 아니라 억압의 기제 자체도 알고 있었다 ─ 내가 그의 이론을 알았기 때문이 아니다. 나는 내 생애에서 아주 늦게야 쇼펜하우어를 읽었다. 정신분석학이 어렵게 이룩한 결과와 놀랍게도 자주 일치하는 추측과 통찰을 제기한 또 다른 철학자인 니체Nietzsche를, 나는 바로 그 이유 때문에 오랫동안 피했다. 내게 중요했던 것은 누가 앞섰느냐라기보다는 속박되지 않는 것이었기 때문이다.

신경증은 정신분석의 최초 대상이자 오랜 기간 동안 유일한 대상이었다. 이 질환을 정신병에서 분리해 기질적 신경 질환과 결부시키는 의사들이 하는 치료가 잘못된 것이라는 점은 정신분석학자들에게는 의심의 여지가 없었다. 신경증의 이론은 정신 의학에 속하며, 정신 의학 입문에서 빼놓을 수 없는 것이다. 그런데 정

---

40 페히너의 영향은 특히 「쾌락 원칙을 넘어서」(프로이트 전집 11, 열린책들)에서의 〈지속의 원칙〉과 『꿈의 해석』에서의 정신적 지형학의 개념에서 나타난다.

신병에 대한 정신분석적 연구는 그러한 노력이 치료적으로 성공할 가능성이 없으므로 배제되는 것처럼 보였다. 정신병 환자들은 일반적으로 긍정적인 전이의 능력을 갖고 있지 못하므로, 정신분석의 주요 수단을 사용할 수 없다. 그럼에도 다른 접근 방법이 발견된다. 한 발도 나아가지 못할 정도로 전이가 전혀 없는 것은 아니다. 주기적 우울증, 가벼운 과대망상적 변형, 부분적 정신 분열증에서 정신분석은 의심의 여지 없이 성공을 거두었다. 많은 경우에서 오랫동안 정신 신경증과 조발성 치매Dementia praecox 사이에서 진단이 오락가락한다는 것은 최소한 과학에 이득이 되었다. 왜냐하면 이러한 치료 시도는 그것이 중단될 수밖에 없을 때까지 아주 중요한 정보를 제공해 주기 때문이다. 그러나 여기서 가장 일반적으로 관찰되는 것은, 신경증에서는 힘든 작업을 통해 심층에서 끌어내야 하는 것이 정신병에서는 누구나 볼 수 있게 외부에 드러나 있다는 점이다. 이런 이유로 인해 정신 병원은 정신분석학적 주장의 많은 것을 입증해 보이기에 가장 좋은 대상이다. 그러므로 정신분석이 정신병적 관찰 대상에 이르는 길을 곧 발견하리라는 것은 틀림없다. 일찍이 나는 과대망상적 치매증의 한 사례에서, 신경증의 경우와 동일한 병원적 요소들과 정동적 콤플렉스들이 존재함을 확인할 수 있었다.[41]

응은 치매증 환자에게서 나타나는 수수께끼 같은 고정 관념들을 환자의 생활사와 관련시킴으로써 설명했다. 그리고 블로일러는 정신분석이 신경증 환자에게서 찾아낸 것과 같은 기제들이 여러 정신병에도 존재함을 보여 주었다. 그 이후 정신병을 이해하기 위한 분석학자들의 노력은 중단되지 않았다. 특히 자기애 개념을 가지고 작업하게 된 이후 이곳저곳에서 신경증의 울타리를

41 〈방어 신경 정신증〉에 관한 두 번째 논문의 제3부 참조(1896b).

넘어 볼 수 있게 되었다. 아마 가장 큰 성과는 아브라함이 우울증을 설명하는 데서 이룩한 성과일 것이다. 오늘날 이 분야에서 우리의 지식 모두가 치료적 힘으로 전환되지는 못하고 있다. 하지만 순전히 이론적인 획득이라도 무시할 수 없다. 그것이 실제로 이용될 때까지 기다려야 할 것이다. 결국에는 정신병 학자들도 그들의 임상 자료가 보여 주는 증명력을 거부할 수 없다. 현재 독일의 정신병학에서는 분석적 관점에 의한 일종의 〈평화적 침투 *pénétration pacifique*〉가 일어나고 있다. 그들은 정신분석가가 되지 않는다든지, 〈정통〉 학파에 속하지 않는다든지, 이 학파의 과장에 동의하지 않는다든지, 특히 과도한 성적 요소를 믿지 않는다든지 하는 공언을 계속하지만, 젊은 연구자들의 대부분은 정신분석 이론의 이런저런 부분을 수용하여 그들 나름대로 자료에 적용하고 있다. 모든 징조는 이런 방향으로 계속 발전해 나가리라는 것을 암시하고 있다.

6

나는 오랫동안 정신분석을 무감각하게 대하던 프랑스에, 이것이 어떤 반동적 징후를 보이며 도입되는가에 대해 멀리서 추적하고 있다. 이는 마치 이전에 내가 체험했던 상황이 재생되고 있는 것처럼 보인다. 그러나 그러한 상황은 또한 그 특유의 특징도 지니고 있다. 믿어지지 않을 만큼 단순한 반박들이 목소리를 높였는데, 가령 프랑스의 섬세한 감각은 정신분석학의 용어들이 현학적이고 조잡하다는 데 기분이 상했다. (레싱의 불멸의 기사 리코들 라 마를리니에르[42]를 생각해 보라!) 그런 발언 때문에 다른 표현은 더 심각하게 들린다. 그것은 소르본 대학의 심리학 교수조차 그의 체면을 깎아내리는 일이 아니라고 생각한 듯 보인다. 그것은 라틴 기질과 정신분석학의 사유 방식이 도대체가 맞지 않는다는 것이다. 이로써 정신분석의 추종자로 여겨지는 앵글로 색슨계 동맹국들이 확실히 희생된다. 이 말을 듣는 사람이라면 누구

---

42 Riccaut de la Marlinière. 『민나 폰 바른헬름*Minna von Barnhelm*』에 나오는 희극적인 프랑스 병사로 카드 놀이에서 그의 손재주가 속임수라고 묘사되는 것을 듣고 놀란다. 〈아니, 아가씨! 그것을 《속임수》라고 부르시오? 운수를 고치는 것, 손가락 끝에 행운을 잡는 것, 바로 가까운 미래를 아는 것, 이것을 독일인들은 《속임수》라고 부릅니까? 속임수라니! 아, 얼마나 빈곤한 언어란 말이오, 독일어는 얼마나 조잡한 언어냔 말이오!〉

나 튜턴 기질은 정신분석학이 생기자마자 그것을 마음속으로 껴 안았다고 믿을 수밖에 없을 것이다.

프랑스에서 정신분석학에 대한 관심은 순수 문학을 하는 사람 들에게서 시작되었다. 이를 이해하기 위해서는 꿈의 해석과 더불 어 정신분석학이 순수 의학적인 문제의 경계를 넘어섰다는 것을 생각해야만 한다. 정신분석학이 독일에서 등장하고 나중에 프랑 스에서 모습을 드러내며, 그것은 문학, 미학, 종교사, 선사학(先史 學), 신화, 민속학, 교육학 등과 같은 영역에 다양하게 응용되었 다. 이 모든 것은 의학과 거의 관련이 없으며, 다만 정신분석이 매 개함으로써만 의학과 연결된다. 이런 이유로 나는 여기서 이들을 자세히 다룰 이유가 없다. 그러나 이들을 완전히 무시할 수는 없 는데, 그 이유는 한편으로 그들이 정신분석의 가치와 본질에 대 한 올바른 관념을 갖는 데 필수적이기 때문이다. 다른 한편으로 는 내 스스로 일생의 업적을 쓰기로 과제를 정했기 때문이다. 이 러한 응용의 대부분의 기원은 나의 연구들에까지 거슬러 올라간 다. 여기저기에서 나는 비의학적인 관심을 충족시키기 위해 이러 한 길의 첫걸음을 내디뎠다. 후에 다른 사람들이, 의사들뿐만 아 니라 전문가들까지도 내 길의 흔적을 좇아 해당 영역에 더 깊이 들어갔다. 그러나 원래 계획에 따르면, 나는 정신분석의 응용에 서 내가 기여한 부분만을 보고하기로 되어 있으므로, 나로서는 독자에게 이들 응용의 확장과 그 의미에 대해 매우 불완전한 그 림을 보여 줄 수밖에 없다.

오이디푸스 콤플렉스로부터 나는 일련의 자극을 받았는데, 점 차 이 콤플렉스가 어디에나 있다는 것을 깨닫게 되었다. 그런 끔 찍한 소재의 선택, 아니 그것의 창조, 그 이야기의 시적 서술이 주 는 충격적인 영향과 운명적 비극의 본질이 수수께끼와 같았다면,

이 모든 것은 다음과 같은 통찰에 의해 설명되었다. 즉 정신적 사건의 법칙성이 이 콤플렉스에서 그것의 완전한 정동적인 의미와 함께 파악되고 있다는 것이다. 운명과 신탁은 내적 필연성의 체현일 뿐이었다. 영웅이 자신도 모르게 그리고 자신의 의도와는 반대로 죄를 짓는 것은, 그의 범죄적 성향의 무의식적 본성이 제대로 표현된 것으로 이해된다. 이런 운명적 비극으로부터『햄릿』과 같은 성격 비극을 해명하기 위해서는 한 걸음만 더나아가면 된다. 이 성격 비극은 그 의미도 제시하지 못하고 저자의 동기도 알아내지 못한 채 3백 년 동안이나 사람들의 경탄을 받아 왔다. 그런데 저자가 만들어 낸 신경증 환자가 현실 세계의 수많은 동료와 마찬가지로 오이디푸스 콤플렉스에서 좌절하고 만다는 것은 기이한 일이다. 왜냐하면 햄릿은 오이디푸스적 욕망의 내용이 되는 두 가지 행위를 어떤 다른 사람에게 복수해야 할 과제로 맡는데, 이유를 알 수 없는 죄책감으로 인해 그의 팔이 마비되기 때문이다. 셰익스피어는『햄릿』을 그의 아버지가 죽은 직후에 썼다.[43] 이 비극의 분석에 대한 나의 암시는 나중에 어니스트 존스에 의해 충분히 전개되었다.[44] 후에 오토 랑크는 극작가들의 소재 선택에 대한 그의 연구의 출발점으로 동일한 예를 들었다. 그는 〈근친상간-주제〉에 관한 그의 큰 저서에서, 작가들이 얼마나 자주 오이디푸스적 상황의 주제를 서술 대상으로 선택했는지를 보

---

43 (1935년도에 추가된 각주) 이것은 내가 확실히 철회하고 싶은 추정이다. 나는 스트랫퍼드 출신의 배우 윌리엄 셰익스피어William Shakespeare가 그렇게 오랫동안 그의 저작이라 여겨졌던 작품들의 저자라고 더 이상 믿지 않는다. 루니I. Th. Looney의 저서인『셰익스피어의 정체 Shakespeare Identified』(1920)의 출간 이래, 나는 이 가명의 배후에는 에드워드 드 베어Edward de Vere, Earl of Oxford가 숨겨져 있다고 확신한다 — 원주.

44 『햄릿과 오이디푸스 콤플렉스 문제 Das Problem des Hamlet und der Ödipus-Komplex』(1911).『꿈의 해석』초판 서문 참조.

여 줄 수 있었고, 세계 문학에서 이 소재의 변용, 수정, 완화를 추적할 수 있었다.[45]

이때부터 시와 예술 창작 일반의 분석에 착수한 것은 자명했다. 상상의 나라는 현실 생활에서 포기해야 했던 본능 충족에 대한 대체물을 얻기 위해 쾌락 원칙에서 현실 원칙으로 넘어가는 고통스러운 이행으로 만들어지는 하나의 〈보호 구역〉임을 알게 되었다. 예술가는 신경증 환자와 마찬가지로 충족되지 않는 현실로부터 이 상상의 세계로 후퇴했던 것이다. 그러나 그는 신경증 환자와는 달리 그곳에서 되돌아와 현실에 굳건히 발을 디딜 줄 알고 있다. 그의 창조물인 예술 작품들은 꿈과 마찬가지로 무의식적 소원의 상상적 충족이다. 또한 예술 작품들은 꿈과 마찬가지로 타협의 성격을 갖는데, 그것들도 억압의 힘과 공공연하게 갈등을 빚는 것은 피해야 하기 때문이다. 그러나 이들은 비사회적이고 자기애적인 꿈-생성과는 달리 다른 사람들의 참여를 고려하고 있으며, 이들 타인에게서도 동일한 무의식적 소원 충동을 일으키고 충족시킨다. 나아가 예술 작품은 형식적 미를 지각하는 데서 오는 쾌락을 〈상여 유혹 Verlockungsprämie〉으로 이용한다. 정신분석학이 해낼 수 있었던 것은 예술가들의 생활 인상들, 우연한 운명 및 저작을 서로 연관 지음으로써 예술가의 체질과 그 속에서 작용하는 본능 충동, 즉 그에게 있는 일반적이고 인간적인 것을 구성하는 일이다. 이러한 의도에서 나는, 가령 레오나르도 다빈치 Leonardo da Vinci를 연구 대상으로 삼았다. 이 연구는 그가 말한 단 하나의 아동기 기억에 바탕을 두고 그의 그림 「성 안나를 포함한 세 사람」을 설명하는 것을 주목적으로 삼았다.[46]

45 『시와 전설에 나타난 근친상간 모티프 Das Inzest-Motiv in Dichtung und Sage』 (1912) 참조.

나중에 내 친구들과 제자들은 예술가와 그들의 작품에 대해 이와 유사한 수많은 분석을 했다. 예술 작품의 향유가 이렇게 해서 얻어진 분석적 이해에 의해 손상받는 일은 일어나지 않았다. 그러나 여기서 분석에 대해 너무 많은 걸 기대하는 것처럼 보이는 일반인에게 한 가지 고백해야 할 사실은, 정신분석이 가장 관심의 대상이 되는 두 가지 문제를 해명하지 못한다는 것이다. 정신분석은 예술적 재능의 본질을 전혀 해명하지 못하며, 예술가가 작업하는 수단, 즉 예술적 기법을 발견하는 일도 정신분석의 일이 아니다.

나는 또한 그 자체로는 특별한 가치가 없는 옌젠W. Jensen의 『그라디바Gradiva』라는 작품에서 창작된 꿈이 실제의 꿈과 똑같은 해석을 허용하며, 꿈-작업을 통해 우리가 알게 된 무의식의 기제가 작가의 작품 생산에서도 작용한다는 것을 입증해 보였다.[47] 나의 책 『농담과 무의식의 관계Witz und seine Beziehung zum Unbewußte』는 『꿈의 해석』으로부터 직접 파생된 곁가지였다. 그 당시 내 연구에 관심을 갖고 있던 유일한 친구는 나의 꿈-해석이 종종 〈농담〉의 인상을 준다고 말했다.[48] 이러한 인상을 해명하기 위해서 나는 농담에 대한 연구를 시작했고, 그 결과 농담의 본질이 그것의 기술적 수단에 있으며, 이 수단은 압축Verdichtung, 전위 Verschiebung, 반대물이나 아주 사소한 것으로 서술하는 것 등과 같은 꿈-작업의 〈작업 방식〉과 동일하다는 것을 발견했다. 이 연구에 이어서 농담을 듣는 이가 어떻게 해서 고도의 쾌락을 갖게 되는가에 대한 경제적 연구가 이루어졌다. 이에 대한 대답은, 쾌락

---

46 「레오나르도 다빈치의 유년의 기억」 참조.
47 「빌헬름 옌젠의 〈그라디바〉에 나타난 망상과 꿈」 참조.
48 이 친구는 빌헬름 플리스Wilhelm Fließ이다.

의 보상이 제공될 것이라는 유혹 이후에 억압을 위한 에너지 소모가 일시적으로 중단됨으로써 쾌락이 온다는 것이다(사전 쾌락 *Vorlust*).

나 스스로는 종교 심리학에 대한 나의 공헌을 더 높게 평가한다. 이 연구는 1907년 강박 행위와 종교적 관행 또는 의식이 놀랍도록 유사하다는 인식에서 시작되었다. 아직 깊은 연관을 알지 못하고서 나는 강박 신경증을 왜곡된 사적 종교로, 그리고 종교를 소위 보편적 강박 신경증이라고 불렀다. 그 후 1912년에 융이 신경증 환자의 정신적 생산과 원시인의 정신적 생산 간에 광범위한 유사성이 있다고 강조하며 지적한 것을 기회로, 나는 이 주제에 관심을 돌리게 되었다. 『토템과 터부 *Totem und Tabu*』라는 제목의 책으로 엮어진 4편의 논문에서 나는 근친상간을 꺼리는 것이 문명인에게서보다 원시인에게서 더 심하며, 그에 대한 특수한 방어 규칙을 만들어 냈음을 상술했다. 그리고 나는 도덕적 제약이 등장하는 최초의 형식인 터부 금지 *Tabuverbote* 가 감정의 양가성과 갖는 관계를 연구하고, 물활론(物活論)이라는 원시적 세계관에서 정신적 실재의 과대평가 원칙, 즉 마술이 그것에 바탕을 두고 있는 〈사고의 전능 *Allmacht der Gedanken*〉 원칙을 발견했다. 나는 도처에서 강박 신경증과 비교를 하고, 얼마나 많은 원시적 정신생활의 전제들이 이 기이한 질환에서 여전히 작동하고 있는지를 보여주었다. 그러나 무엇보다 내가 관심을 가졌던 것은 원시 부족 최초의 조직 제도인 토템 제도 *Totemismus* 인데, 여기에서 초보적 사회 질서는 몇 안 되는 터부 금지의 절대적 지배와 융합된다. 여기서 숭배되는 존재는 원래 언제나 씨족의 시조라고 주장되는 동물이다. 여러 가지 증거를 볼 때, 가장 발달한 민족을 포함하여 모든 민족은 이 토템 제도의 단계를 거쳐 갔다고 결론을 내릴 수 있다.

이 분야에서의 나의 연구에 있어 문헌적 주 원천은 프레이저J. G. Frazer의 유명한 저서들 —『토테미즘과 족외혼속*Totemism and Exogamy*』,『황금 가지*The Golden Bough*』— 이다. 그러나 프레이저는 토템 제도의 해명에는 큰 기여를 하지 않았다. 그는 이 대상에 대한 자신의 견해를 근본적으로 여러 번 바꾼 바 있고, 다른 민속학자들과 선사 연구가들도 마찬가지로 이 문제에서 확신이 없는 것처럼 보였다. 나의 출발점은 토템 제도의 두 가지 터부 명령, 즉 토템을 죽이지 말 것이며 같은 토템족에 속하는 여자와 성관계를 갖지 말라는 명령이 오이디푸스 콤플렉스의 두 가지 내용, 즉 아버지의 제거와 어머니를 여자로 삼는 것과 놀랍게도 일치한다는 점이었다. 이렇게 해서 토템 동물을 아버지와 동일시하려는 생각이 일어났다. 실제로 원시인들은 토템 동물을 씨족의 시조로 숭배함으로써 명확히 그렇게 했다. 다음에는 정신분석의 측면에서 온 두 가지 사실이 도움이 되었다. 그 하나는 페렌치가 어린아이에게서 얻은 행운의 관찰로, 이를 통해 〈토템 제도의 유아적 복귀〉에 대해 말할 수 있게 되었다. 다른 하나는 어린아이들의 초기 동물 공포증에 대한 분석으로, 그것은 오이디푸스 콤플렉스에 기인한 아버지에 대한 공포가 전위된 대상, 즉 아버지의 대치물이 동물이라는 것을 거듭 보여 주었다. 이것으로 아버지의 살해가 토템 제도의 핵심이며, 종교 형성의 출발점이라는 것을 인식하기에는 부족한 점이 거의 없었다.

그리고 부족한 점은 로버트슨 스미스W. Robertson Smith의 저서『셈 족의 종교*The Religion of the Semites*』를 읽음으로써 채워졌다. 물리학자이자 성서 연구가인 이 천재적인 인물은 토템 종교의 본질적인 부분으로 소위 〈토템 만찬〉을 예로 들었다. 1년에 한 번, 보통 때에는 성스러운 것으로 여겨지는 토템 동물을 부족 성원이 모두 참여한 가운데 엄숙하게 죽이고, 먹고, 애도한다. 이 애도에 이어 큰 축제가 벌어진다. 인간은 원래 무리를 지어 살았으며 이 무리 각각은 단 하나의 강력하고 폭력적이고 질투심에 가득 찬 남자의 지배하에 있었다는 다윈의 추측을 고려했을 때, 나에게는 이 모든 구성 부분들로부터 다음과 같은 하나의 가설, 아니 하나의 공상이라 할 만한 것이 떠올랐다. 원초적인 무리의 아버지는 무제약적인 전제자여서 모든 여자를 점유하고 경쟁자가 될 수 있는 위험한 아들들을 죽이거나 쫓아 버렸다. 어느 날 아들들이 회동하여 그들의 적이자 동시에 이상이기도 한 아버지를 급습하여 죽이고 먹어 버렸다. 그 일 이후 그들은 아버지의 유산을 계승할 수 없었다. 왜냐하면 서로가 서로에게 방해가 되었기 때문이다. 실패와 후회스러운 마음의 영향을 받아 그들은 그들 간에 약정하는 법을 배우게 되고, 이러한 일이 재발되는 것을 방지하는 토템 제도의 규칙을 만들어 하나의 형제 씨족으로 연합했다. 그리고 그들은 아버지를 죽이는 동기가 되었던 여자들에 대한 소유를 포기했다. 이제 그들은 낯선 여자들을 찾을 수밖에 없게 되었다. 이것이 토템 제도와 밀접히 연관된 족외혼의 원천이었다. 토템 만찬은 끔찍한 행위의 기념 행사인 바, 이 행위로부터 인류의 죄의식(원죄)이 나오며 사회 조직과 아울러 종교 및 윤리적 제약이 시작되었던 것이다.

이런 가능성을 역사적 사건으로 보든 보지 않든 간에, 이제 종교의 형성은 아버지 콤플렉스의 기반 위에 놓이게 되고 이 콤플렉스를 지배하는 양가성 위에 서 있는 것으로 설명되었다. 토템 동물에 의한 아버지의 대체가 끝난 이후, 공포와 증오, 숭배와 시기의 대상이었던 원초적 아버지 자체는 신의 원형이 되었다. 아들의 아버지에 대한 반항심과 그리움은 서로 싸우면서 언제나 새롭게 타협을 본다. 이 타협을 통해 한편으로 아버지의 살해 행위가 속죄되고, 다른 한편으로는 이 행위의 이득이 확보된다. 이러한 종교관은 기독교의 심리적 기초를 특히 잘 해명해 준다. 실제 기독교에서는 토템 만찬의 의식이 아직도 거의 왜곡되지 않고 성찬(聖餐)의 형태로 존속한다. 이 마지막 인식은 내가 한 것이 아니라 로버트슨 스미스와 프레이저가 이미 한 것임을 명백히 밝혀 둔다.

라이크Th. Reik와 민속학자 로하임G. Roheim은 『토템과 터부』에서의 내 생각을 이어받아, 이를 발전시키고 심화 내지는 수정했다. 나 자신은 후에 신경증적 고통이라는 주제하에서도 중요한 의미를 갖는 〈무의식적 죄책감〉을 연구하면서, 그리고 사회 심리학과 개인 심리학을 밀접히 연결시키려고 노력하면서, 이 문제로 몇 번 되돌아간 적이 있다.[49] 또한 최면 가능성을 설명하기 위해서 나는 인류의 원초 무리 시기로부터 물려받은 고대 유산을 도입했다.[50]

그 밖에 정신분석의 다른 응용은 비록 일반적인 관심을 끄는 것이었으나, 나는 이에 직접 참여하지는 않았다. 개별 신경증 환자의 상상으로부터 신화, 전설, 동화에서 나타나는 것과 같은 집단과 민족의 상상적 창조에 이르는 길은 넓게 열려 있다. 신화학은 오토 랑크의 연구 분야가 되었다. 신화의 해석, 신화의 기원을 이미 알려진 유아기의 무의식적 콤플렉스에서 찾는 일, 별에 의한 설명을 인간 동기들에 의한 설명으로 대체하는 일 등이 많은 경우 정신분석적 노력의 결과이다. 또한 나의 추종자들 중 많은 사람이 상징론을 주제로 삼아 연구했다. 상징론은 정신분석에 많은 적대감을 가져다주었다. 많은 무미건조한 연구자는 정신분석

49 「자아와 이드」, 「집단 심리학과 자아 분석」 참조.
50 「집단 심리학과 자아 분석」 참조.

이 꿈의 해석을 통해 보인 상징론에 대한 인정을 결코 용납할 수 없었다. 그러나 정신분석이 상징론의 발견에 책임을 질 필요는 없다. 상징론은 다른 영역들(민속, 전설, 신화)에서 오래전에 알려진 것이었고, 〈꿈의 언어〉에서보다는 여기에서 더 큰 역할을 하기 때문이다.

정신분석을 교육학에 응용하는 일에 내가 개인적으로 한 몫은 없다. 그러나 아동의 성생활과 정신 발달에 대한 분석적 연구 결과는 교육자들의 주의를 끌었고, 그들로 하여금 그들의 과제를 다른 시각에서 보게 만든 것은 당연한 일이다. 교육학에서 이러한 방향으로 지칠 줄 모르고 개척해 나갔던 사람은 취리히의 개신교 목사인 피스터였다. 그는 정신분석에 관한 일을 하면서도 이와 함께, 비록 승화된 것이기는 하지만 종교성을 계속 유지하는 일을 잘 조화시켰다. 그와 같이 일한 사람 중에서 빈에는 후크-헬무트Hug-Hellmuth 박사와 베른펠트S. Bernfeld 박사가 있다.[51] 건강한 아이의 예방적 교육과, 아직 신경증적이지는 않지만 발달이 빗나간 아이의 교정을 위해 정신분석을 응용함으로써 실천적으로 중요한 결과를 갖게 되었다. 정신분석의 시행을 의사에게 맡기고 비전문가를 이로부터 배제하는 것은 더 이상 불가능하게 되었다. 사실 특별한 교육을 받지 않은 의사는 의사 자격증이 있다해도 분석에 있어서는 문외한이다. 그리고 의사가 아닌 사람도 제대로 준비를 하고 때로는 의사의 도움을 받는다면 신경증 환자를 분석적으로 치료하는 과제를 수행할 수 있다.

그 성공에 저항하는 것이 헛된 일이 되어 버린 정신분석의 발전에 의해 정신분석이라는 말 자체가 모호하게 되었다. 원래 특

---

51 (1935년에 추가된 각주) 이후 멜라니 클라인Melanie Klein 여사와 내 딸 아나 프로이트Anna Freud의 연구에 의해 아동 분석은 비약적으로 발전했다 ─ 원주.

정한 치료 방법을 지칭했던 것이, 이제는 무의식적 정신에 관한 과학의 이름이 되었다. 이 과학이 어떤 문제를 홀로 완전히 해결하는 일은 매우 드물다. 그러나 이 과학은 다양한 지식 영역에 중요한 공헌을 하는 소임을 지니고 있는 것으로 보인다. 정신분석학의 응용 분야는 그것이 엄청난 의미를 갖고 보완한 심리학만큼이나 넓다.

이제 나는 나의 필생의 연구가 가져온 잡동사니를 되돌아보며, 내가 여러 가지를 시작하고 많은 자극도 주었다고 말할 수 있다. 장차 이들로부터 무엇인가 나와야 할 것이다. 나 자신도 그것이 대단한 것이 될지 되지 않을지는 알지 못한다. 그러나 내가 우리 인식의 중요한 진보를 위한 길을 열어 놓으리라는 희망은 말할 수 있을 것이다.

후기(1935)

내가 알기로 이 〈자서전〉 총서의 편집자는, 얼마간의 시간이 경과한 후에 이들 글 중의 하나에 후속편이 따를 것이라는 사실을 예상하지 못했을 것이다. 실제로 그런 일이 벌어진 것이 이번이 처음일 수도 있다. 내가 이렇게 후속편을 쓰게 된 것은, 한 미국의 출판사가 이 작은 책을 새 판으로 찍어 대중에게 선보이기를 원했기 때문이다. 이 책은 처음에 1927년 미국에서 『자전적 연구*An Autobiographical Study*』라는 제목으로 출판되었다. 그러나 미숙하게도 다른 글과 함께 엮이어 실렸고, 다른 글의 제목인 「비전문가 분석의 문제」에 의해 〈자서전〉은 가려지게 되었다.

이 글에는 두 가지 주제가 관통하고 있는데, 그것은 나의 생애와 정신분석의 역사이다. 이 둘은 서로 밀접히 연관된다. 이 〈자서전〉은 어떻게 정신분석이 나의 생애 대부분의 내용이 되었는가를 보여 주고, 당연하지만 과학과 나의 관계 이외에 나의 개인적인 체험은 관심거리가 될 것이 없다는 가정을 따른다.

이 〈자서전〉을 쓰기 얼마 전에 나는 악성 질환이 재발해서 삶이 곧 끝날 것만 같아 보였다. 그러나 외과 의사의 기술이 1923년 나를 구원했고, 그래서 나는 고통에서 벗어난 것은 아니지만 삶을 영위하고 연구도 계속할 수 있게 되었다. 그 이후 10여 년이 지나는 동안 나는 분석과 집필 작업을 중단하지 않았다. 이는 제 12권으로 완결된 독일어판 전집이 입증한다. 그러나 이전에 비해 중요한 차이를 발견하게 되었다. 나의 발전에서 엉켜 있었던 줄기들이 서로 분리되기 시작하고, 후에 갖게 된 관심들이 후퇴하고 과거의 관심들이 다시 부상했다. 최근 10년 동안 나는 분석적 연구의 많은 중요한 부분을 내놓았다. 가령 그것은 『억압, 증상 그리고 불안 Hemmung, Symptom und Angst』(1926)에서 보인 불안 문제의 수정이나 〈페티시즘〉을 말끔히 설명하는 데 성공한 것 등이다. 그러나 내가 두 종류의 본능(에로스와 죽음의 본능)을 제시하고 정신적 인격을 자아, 초자아, 이드로 나눈 이래(1923), 정신분석에 더 이상 결정적인 공헌을 한 바가 없다고 말해도 좋을 것이다. 이후에 내가 쓴 것은 없어도 아무런 해가 되지 않는 것이거나 곧 다른 사람이 썼을 것이었다. 이는 퇴행적 발달의 한 부분이라 부를 수 있는 나에게 일어난 어떤 변화와 관계가 있다. 자연 과학, 의학, 정신 치료를 거치는 일생 동안의 우회로를 지나고 나서, 나의 관심은 내가 스스로 사고할 수 있을 만큼 깨어 있지 못한 어린 아이였을 때 나를 사로잡았던 문화적 문제로 되돌아갔다. 정신분석적 연구의 절정기였던 1912년에 나는 이미 『토템과 터부』를 집필하면서, 정신분석에서 얻은 새로운 통찰을 종교와 인류의 기원을 연구하는 데 이용하려고 시도했었다. 그 이후 나온 두 개의 에세이, 즉 『어느 환상의 미래 Die Zukunft einer Illusion』(1927)와 『문명 속의 불만 Das Unbehagen in der Kultur』(1929)에서 이러한 연구 방향을 계속 밀고 나갔다. 인류사의 사건들, 즉 인간 본성, 문화 발전 및 태곳적 체험의 잔유물(종교는 그것의 두드러진 대변자이다) 간의 상호 작용은 정신분석이 개별 인간에게서 자아, 이드, 초자아 간의 역동적 갈등을 반영하는 것에 불과하며, 다만 더 넓은 무대에서 동일한 과정을 반복하고 있다는 것이 분명해졌다. 『어느 환상의 미래』에서 나는 종교에 대한 부정적인 평가를 제시했다. 나중에 나는 종교를 좀 더 정당하게 다루는 공식을 찾아냈다. 종교의 힘이 종교가 포함하고 있는 진리 속에 있다는 것을 인정하면서도, 나는 그 진리가 실체적인 진리가 아니라 역사적인 진리임을 입증했던 것이다.

정신분석에서 출발하여 그것을 훨씬 넘어서는 이러한 연구들은 정신분석학 자체보다도 더 많은 대중의 공감을 얻었을 것이다. 이들 연구는 독일 민족과 같은 위대한 민족이 경청하는 저술가들에 내가 속한다는 잠깐 동안의 환상을 불러일으키는 데 한몫을 했을 것이다. 천부적인 독일 민족의 대변자 중 한 사람인 토마스 만Thomas Mann이 내용이 충만하고 호의적인 글을 통해 현대 정신사에서 한자리를 나에게 부여한 것이 1929년이었다. 얼마 후 프랑크푸르트 암 마인 시청에서 내가 1930년도 괴테상을 수상하는 자리에 나의 딸 아나가 대리인으로 참석해 성대한 대접을 받았다. 이것이 나의 시민적 삶의 절정이었다. 바로 직후 우리 조국은 좁아지고, 국가는 우리를 알려고 하지 않았다.

여기서 나의 자서전 기록을 끝내는 것이 허락되리라. 그 외에 나의 사생활, 싸움들, 실망 및 성공에 관해서는 대중이 더 알아야 할 권리가 없다. 여하튼 나는 나의 몇몇 저서에서 ―『꿈의 해석』, 『일상생활의 정신 병리학』― 동시대인이나 후대를 위해 자신의 삶을 기술하는 사람들이 으레 그랬던 것보다 더 개방적이고 솔직했었다. 하지만 그렇다고 사람들이 나에게 감사를 표하는 것도 아니다. 이런 경험에 비추어 나는 누구에게도 나와 같이 하라고 권하지는 못하겠다.

지난 10년간 정신분석의 운명에 대해 몇 마디 덧붙여야겠다!

정신분석이 계속 존속하리라는 점에는 의심의 여지가 없다. 그것은 지식의 한 분야와 치료법으로서 그 생명력과 발전 능력을 입증했다. 〈국제 정신분석학회〉로 조직되어 있는 정신분석의 지지자들 수는 상당히 증가했다. 빈, 베를린, 부다페스트, 런던, 네덜란드, 스위스와 같은 원래 있었던 지부 이외에 파리, 캘커타, 일본에 2개, 미국에 여러 개, 예루살렘, 남아프리카, 스칸디나비아에 2개 지부가 더 생겼다. 이들 지부는 자체 기금을 가지고 통일된 교수안에 따라 정신분석을 가르치는 교습소를 운영하고, 경험이 많은 분석가와 학생이 형편이 좋지 못한 환자들을 무료로 진료하는 이동 병원을 운영하고 있거나 설립하려 노력하고 있다. 국제 정신분석학회의 회원은 2년에 한 번씩 모여, 과학적 논문을 발표하고 조직의 문제를 결정한다. 내가 더 이상 참석할 수 없었던 제13차 회의가 1934년 루체른Luzern에서 열렸다. 회원의 연구 노력은 모두에게 공통된 것으로부터 다양한 방향으로 갈라져 나간다. 어떤 사람은 심리학적 지식의 해명과 심화에 중점을 두는 반면, 다른 사람들은 의학과 정신 의학을 관련짓는 데 열중한다. 실천적인 관점에서는 일부의 분석가들이, 대학이 정신분석을 인정하고 그것이 의학 교과 과정에 포함되도록 하는 것을 목표로 삼고 있다. 다른 분석가들은 대학 밖에 남아 있는 것에 만족하면서, 정신분석의 교육학적 의미가 의학적 의미에 의해 퇴색되는 것을 방지하려고 한다. 때로는 어떤 분석가가 정신분석적 발견들이나 관점들 중 단 하나만을 강조하고 다른 것들을 희생하려고 시도하다가 고립되는 일이 반복적으로 일어나곤 한다. 그러나 전체의 모습은 높은 수준에서 진지한 과학적 연구가 이루어지고 있다는 기쁜 인상을 주고 있다.

한승완 옮김

아나 O. 양(브로이어)

이 사례가 수록된 『히스테리 연구』는 1895년 라이프치히와 빈에서 첫 독일어판이 출간되었다. 1909년에는 첫 번째 영어 번역판(브릴 번역)이 Studies in Hysteria라는 제목으로 『히스테리와 그 밖의 정신 신경증에 관한 논문집』에 실렸다(아나 O., 에미 폰 N., 카타리나의 사례와 브로이어의 이론적인 장 제외). 1936년에는 프로이트가 1925년 부가한 각주 외에는 완역되어 뉴욕에서 출간되었다.

본 연구서의 기본이 되는 아나 O.의 치료는 1880년부터 1882년까지 요제프 브로이어에 의해 이루어진 것이다. 그때 이미 브로이어는 커다란 병원을 가진 의사로서, 또 과학적 성과를 이룬 사람으로서 빈에서 큰 명성을 얻고 있었다. 그러나 프로이트는 단지 의사로서의 자격만을 갖추고 있었을 뿐이다. 두 사람은 수년 전부터 서로 친구였다. 치료는 1882년 6월 초에 끝났고 그해 11월 브로이어는 프로이트에게 이 놀라운 이야기를 들려주었다. 프로이트에게는 (당시 그의 주요 관심사가 신경계의 해부에 관한 것들이었음에도 불구하고) 그 이야기가 상당히 인상깊었다.

아마도 프로이트의 업적 중에 가장 중요한 것은 인간의 마음을 과학적으로 탐구하는 첫 번째 도구를 고안했다는 사실일 것이다. 그리고 본 책에서 가장 흥미로운 것 중 하나는 그 도구가 초기에 어떻게 발달하였는가 하는 것을 우리가 되짚어볼 수 있게 해준다는 것이다. 이 책은 단지 일련의 장애물을 극복해 가는 이야기를 들려주고 있는 것이 아니다. 오히려 극복해야 하는 일련의 장애물들을 〈발견〉하는 것에 관한 이야기인 것이다. 브로이어의 환자였던 아나 자신이 그 첫 번째 장애물을 보여 주었고 또한 그것을 극복하였다—그 장애물은 바로 이 히스테리 환자의 기억상실이었다.

처음 아프기 시작했을 때(1880년) 아나는 스물한 살이었다. 먼 친척 중에 정신병을 앓은 사람이 있었던 것으로 미루어 볼 때, 아나는 유전적으로 약간 심한 신경증적 소인이 있지 않았나 싶다. 그녀의 부모는 둘 다 정상이었다. 아나도 어렸을 때는 건강했고 자라면서도 신경증적 증상들을 전혀 보인 적이 없었다. 그녀는 눈에 띄게 지능이 높고, 놀라울 정도로 사물을 빨리 파악했으며, 직관력이 뛰어났다. 이해하기 힘든 정신적 양식도 잘 소화해 낼 수 있을 정도로 지적 능력이 뛰어났고(비록 학교를 떠난 뒤에는 정신적 양식을 얻지 못했지만), 또 필요할 때 그 능력이 잘 발휘되었다. 또한 놀라운 시적 재능과 상상력을 지녔지만, 이는 날카롭고 비판적인 상식의 범위를 벗어나지 않았다. 이러한 분별력 때문에 그녀는 결코 암시에 걸릴 사람이 아니었다. 토론만이 그녀에게 영향을 줄 수 있었고, 단지 우기는 것만으로는 그녀를 설득할 수 없었다. 그녀는 정신력이 강하고 정열적이고 고집이 셌다. 어떤 때는 지나치게 완고해지기도 했는데, 이럴 때는 타인들에게 친절하고 그들을 배려해야 한다는 생각으로 간신히 자제할 수 있었다.

그녀가 지닌 본질적인 성격 요인 중 하나는 동정심에서 우러난 친절함이었다. 병을 앓고 있는 중이라 해도 그녀는 여러 명의 가난하고 병든 사람을 보살필 수 있었고, 그렇게 함으로써 강력한 본능을 만족시킬 수 있었기에 결국 그녀 자신에게도 크게 도움이 되었다. 기쁠 때나 슬플 때나 그녀의 감정 상태는 항상 약간 지나친 경향이 있었다. 따라서 때때로 그녀는 기분에 좌우되기도 했다. 놀라울 정도로 그녀는 성적으로 미발달 상태였다. 나는 그 누구도 남의 생활을 이렇게 잘 알지 못하리라고 말할 수 있을 정도로, 이 환자의 삶에 대해서 잘 알고 있었다. 그런 내가 보기에 그녀는 한 번도 사랑에 빠져 본 적이 없었다. 그리고 그녀가 병을 앓는 동안 겪은 수많은 환각 중에서도 정신생활의 그 요소(성적 요소)는 끼지 않았다.

이 소녀는 지적인 활기로 넘쳐났지만 청교도적 사고방식을 지닌 가족과 함께 매우 단조로운 생활을 영위하고 있었다. 그녀는 단조로운 생활을 흥미롭게 만들기 위해 자신이 〈개인 극장〉이라고 부른 백일몽으로 윤색하고 있었다. 아마도 이것으로 인해 그녀가 병에 걸린 것이 아닐까 싶다. 사람들이 그녀가 주위에 함께 있다고 생각할 때, 실상 그녀는 자신의 상상 속에서 동화의 삶을 살고 있었다. 그렇지만 누군가 그녀에게 말을 걸면 그녀는 항상 자기가 있던 자리로 돌아오기 때문에 아무도 눈치채지 못했다. 집안일은 나무랄 데 없이 잘하는 동안에도 그녀는 거의 끊임없이 이러한 공상을 계속했다. 이제 나는 그녀가 정상적일 때 습관적으로 백일몽에 빠졌던 것이 어떻게 해서 병으로 진행되었는지, 그 경로를 묘사해 보고자 한다.

병의 경로는 명백하게 구분되는 다음 몇 가지 단계를 밟았다.

(A) 잠복: 1880년 7월 중순부터 대략 같은 해 10월 10일까지. 보통 이 단계에서는 병이 겉으로 드러나지 않는다. 그러나 이 사례의 경우 그 독특한 성격 때문에 완전하게 접근할 수 있었다. 그

러나 그 자체는 사례의 병리에 아무런 흥미를 더하지 못한다. 이 잠복기에 관해 곧 서술하기 시작할 것이다.

(B) 외부로 나타난 병: 특이한 종류의 정신병, 즉 착어증, 교차성 사시, 심한 시력 장애, 마비(수축 형태로 나타남) ── 사지의 오른쪽 상단과 양쪽 하단에는 완전 마비, 왼쪽 상단에는 부분 마비, 목 근육에는 진행성 마비. 오른쪽 사지의 수축이 점차 경감. 약간의 호전을 보였으나 4월, 심한 심리적 외상으로 중단됨(환자의 아버지의 죽음). 곧 다음 단계로 이어짐.

(C) 계속되는 몽유기와 어느 정도의 정상 상태가 번갈아서 나타남. 여러 만성 증상이 1881년 12월까지 지속되었다.

(D) 1882년 6월에 이르기까지 병적 상태와 증상들이 점차 없어짐.

1880년 7월, 환자가 매우 좋아했던 아버지가 흉막 주위 농양[1]에 걸렸다. 병이 낫지 않고 1881년 4월에 사망했다. 아버지가 병에 걸린 뒤 처음 1개월간 아나는 아버지를 극진히 간호했다. 그리하여 그녀 자신의 건강도 극도로 나빠졌을 때 그 누구도 크게 놀란 사람이 없었다. 그 누구도, 아마 환자 자신조차도 자신에게 무슨 일이 일어나고 있는지를 몰랐던 모양이다. 그러나 결국 쇠약해진 상태, 빈혈, 입맛을 잃는 등의 증세가 심해져서, 결국에는 더 이상 아버지를 계속 간호할 수 없었다. 이렇게 된 가장 직접적인 원인은 매우 심한 기침이었는데, 이 때문에 그녀는 처음으로 진찰을

1 신체 조직의 괴사로 인해 고름이 생기는 병.

받게 되었다. 전형적인 신경성 기침 *tussis nervosa*이었다. 얼마 안 있어 그녀는 오후만 되면 쉬고 싶어 했고, 저녁때면 거의 수면과 비슷한 상태에 빠졌으며, 그 후에는 매우 흥분된 상태를 보였다.

12월 초 교차성 사시가 나타났다. 어느 안과 의사가 이것을 외시신경의 마비 탓이라고 (잘못) 설명해 주었다. 12월 11일 결국 환자는 침대에 눕고 말았고, 4월 1일까지 일어나지 못했다.

새로 발생한 것이 분명한 심각한 장애들이 연이어 빠르게 진행되었다. 그런 장애들은 다음과 같다. 즉 오른쪽 후두부의 두통, 흥분하면 심해지는 교차성 사시, 벽이 넘어지는 것 같다는 호소(사안근의 질환), 분석하기 어려운 시각 장애와 함께 목의 앞부분에 마비 증상이 나타나 나중에는 환자가 머리를 움직이려면 어깨를 올린 뒤 어깨 사이로 머리를 파묻고, 등 전체를 움직여야 했다. 오른쪽 다리의 상부에서 수축과 지각 마비가 나타났고 얼마 후에는 하부에서도 이 같은 증세가 나타났다. 이 지각 마비는 점점 퍼지고 내전되어 안쪽으로 돌아갔다. 후에 같은 증상이 왼쪽 다리 말단에 나타나고, 마지막에는 왼팔에도 나타났으나, 손가락은 어느 정도 움직일 수 있는 힘이 있었다. 또한 어깨의 관절도 움직이기 힘들어졌다. 수축이 팔 윗부분의 근육에서 최고조에 달했다. 지각 마비는 팔꿈치 부위에서 극에 달했는데, 후에 이것을 면밀히 테스트할 수 있었다. 병의 초기에는 지각 마비를 제대로 테스트할 수 없었는데, 그 이유는 환자의 불안감에서 비롯된 저항 때문이었다.

나는 환자가 이런 상태일 때 치료를 맡게 되었고, 내가 다루어야 할 심리적 장애의 심각성을 즉시 인식했다. 두 가지의 완전히 상이한 의식 상태가 예고도 없이 매우 자주 교차되어 나타났는데, 병이 진행됨에 따라 더욱 두 의식 상태의 구분이 확연해졌다. 첫 번째 의식 상태에 있을 때는 그녀는 주위를 인식할 수 있었다. 우울하고 불안하기는 했지만, 두 번째 의식 상태 때보다 정상이었다. 하지만 두 번째 의식 상태에 있으면 그녀는 환각에 빠졌고 〈못된〉 여자였다. 사람들에게 욕을 퍼붓고, 방석을 던지기도 했으며, 수축 때문에 힘들었음에도 잠옷 단추를 뜯어내고 겨우 움직일 수 있는 손가락으로 천을 찢는 등 행패가 심했다. 그녀가 병적인 의식 상태에 있었을 때 방의 내부를 바꾸거나 누군가가 출입했다면, (정상적인 상태로 돌아오면) 필름이 끊겼었다고 호소하면서 의식적 생각의 흐름에 공백이 있다고 말하곤 했다. 자신이 미쳐 가는 것 같다고 호소할 때, 주위 사람들은 그 사실을 부정하면서 그녀를 진정시키려고 했기 때문에, 그녀는 베개를 집어 던지면서 사람들이 자신을 혼란에 빠뜨린 채로 놓아 둔다고 비난했다.

이러한 〈부재*absence*〉[2]는 그녀가 병상에 눕기 전에도 이미 관찰된 바 있다. 즉 문장 중간에서 이야기를 멈추고는 마지막 단어를 반복하다가 잠시 후에 다시 이야기를 계속하곤 했다. 이러한 중지는 방금 묘사한 차원으로 발전할 때까지 점차 늘었다. 그리고 병이 절정에 이르는 동안, 수축이 왼쪽 몸으로 퍼진 다음에는 하루 중 그녀가 어느 정도 정상인 시간이 매우 짧아졌다. 또한 비교적 의식이 명료한 순간에도 장애가 그녀를 덮쳤다. 기분의 변화가 극도로 빨라서, 과도하게 그러나 아주 일시적으로 기분이 고양되었다가 금방 또 심한 불안과 모든 치료에 대한 고집스러운 반항, 검은 뱀에 관한 끔찍한 환각에 빠졌다. 그녀에게는 자신의 머리카락이나 리본 같은 것들이 검은 뱀으로 보였다. 그럴 때 그녀는 스스로에게 바보같이 굴지 말라고 자꾸 타일렀다. 지금 보이는 것은 그저 머리카락일 뿐이라는 등의 말을 계속하면서 자신

2 프랑스어임.

의 정신이 꽤 명료할 때 그녀는 머릿속이 혼란스럽고 아무런 생각을 할 수가 없으며 눈이 안 보이고 귀가 안 들리며, 진짜 자신과 나쁜 짓을 강제로 하게 하는 악한 자신, 두 개의 자신이 있다는 식의 호소를 하곤 했다.

오후부터 해가 저문 후 약 한 시간이 지날 때까지는 비몽사몽 상태에 빠져 지냈다. 그 후에 깨어나서는 무엇인가가 자기를 괴롭힌다고 호소하곤 했다 — 아니면 그냥 비인칭으로 그냥 〈괴롭힌다, 괴롭힌다〉라는 말만을 반복했다. 수축 상태가 진행되면서 심각한 언어 기능의 해체가 나타났다. 처음에는 그녀가 단어를 찾는 데 힘들어한다는 것을 알아챌 수 있을 정도였는데, 이 어려움이 점차 커졌다. 나중에는 문법과 구문론을 제대로 사용하지 못했고, 동사 변화도 하지 못했다. 결국에는 부정사만을 사용했는데, 대부분의 경우 약변화 과거분사로 된 틀린 용법이었다. 또한 정관사이건 부정관사이건 관사는 모두 빠뜨렸다.

시간이 흐르면서 그녀는 거의 모든 단어를 잊어버렸다. 네다섯 가지의 언어를 낑낑거리면서 구사하려고 했지만 거의 이해할 수 없는 수준이었다. 글로 쓰려고 할 때도 (나중에는 수축 때문에 아무것도 쓸 수 없었지만) 마찬가지였다. 2주 동안 그녀는 완전히 바보가 되었고, 말을 하려고 계속 무진 애를 써도 한마디도 할 수 없었다. 이제 처음으로 장애의 심리 기제가 분명해졌다. 내가 알고 있는 대로, 그녀는 무엇인가에 매우 기분이 상해 있었고, 그에 대해서 말하지 않기로 결심한 것이다. 내가 이것을 짐작으로 맞히고 강제로 그것에 대해 말하게끔 했더니 그 어떤 말도 할 수 없게끔 만들었던 억압이 사라졌다.

이러한 변화는 1881년 3월 왼쪽 다리의 운동력이 되살아난 시기와 우연히도 일치한다. 착어증도 나아졌다. 그러나 이번에는 영어로만 말했다 — 비록 자신은 그 사실을 모르고 있었지만. 그녀는 당연히 말귀를 못 알아듣는 간호사와 다투었다. 수개월이 지난 뒤에야 나는, 그녀 자신이 영어로 말한다는 사실을 그녀에게 납득시킬 수 있었다. 그러면서도 그녀 자신은 독일어로 말하는 주위 사람들의 말을 알아들을 수는 있었다. 단지 극심한 불안에 빠진 순간에만 언어력이 완전히 엉망이 되든지 모든 종류의 언어를 마구 혼동해서 썼다. 컨디션이 최상이고 편안할 때는 프랑스어와 이탈리아어를 사용했다. 이럴 때와 영어로 이야기할 때 사이에는 완전한 기억 상실이 일어났다. 사시도 나아지기 시작해 그녀가 크게 흥분한 순간에만 나타났다. 또한 자신의 머리를 다시 잘 지탱할 수 있게 되었다. 4월 1일 그녀는 처음으로 병상에서 일어났다.

4월 5일, 사랑하던 아버지가 죽었다. 그녀가 병을 앓고 있는 동안 그녀는 아버지를 잠깐 몇 번 만난 것이 다였다. 이것은 그녀가 겪은 체험 중 가장 심한 심리적 외상이었다. 격렬한 흥분이 분출된 다음에는 연이어 인사불성 상태가 약 이틀 동안 계속 되었다. 그런 뒤 상태가 크게 변했다. 처음에 그녀는 훨씬 침착해졌고 불안감도 감소되었다. 극심하지는 않았지만, 오른쪽 팔다리의 수축과 지각 마비가 계속되었다. 시야가 매우 좁아져 그녀가 좋아하는 꽃다발을 받고도 단지 한 번에 꽃 한송이씩만 볼 수가 있었다.

사람들을 알아보지 못한다는 호소도 했다. 보통은 의식적으로 노력하지 않고도 사람 얼굴을 알아볼 수 있었다고 그녀가 말했다. 지금은 아주 낑낑대면서 사람 얼굴을 알아보기 위한 〈인식 작업 *recognizing work*〉[3]을 해야 했다. 자신에게 〈이 사람의 코는 이러이러하고 그의 머리카락은 이러이러하니, 아무개임에 틀림없다〉라

---

3 원본에 영어로 표기되어 있다.

는 식의 말을 해야 했다. 그녀에게는 모든 사람이 자신과 아무런 관계가 없는 밀랍 인형처럼 보였다. 그녀와 가까운 친척이 함께 있는 것에 대해 매우 불편해했고, 이러한 부정적인 태도는 점차 강해져 갔다.

전에는 만나면 반가워했던 누군가가 방에 들어오면 처음 얼마간은 그를 알아보고 사물을 분간할 수 있었으나, 곧 원래의 자신만의 상념으로 빠져 들곤 했기 때문에 방문객은 그녀에게 더 이상 보이지 않았다. 방문했을 때 그녀가 항상 알아보는 사람은 나뿐이었다. 나와 이야기하고 있는 도중의 그녀는 항상 현실을 접하고 있었고, 환각 증세로 인한 〈부재〉가 갑작스럽게 대화를 중지시키는 때를 제외하고는 생동감이 있었다.

이제 그녀는 영어로만 말하며, 누가 독일어로 이야기하면 알아듣지 못하게 되었다. 주위 사람들도 그녀와는 영어로 말해야 했다. 간호사조차도 어느 정도 영어로 의사소통하게끔 되었다. 아나는 프랑스어와 이탈리아어를 읽을 수 있었다. 그녀가 프랑스어나 이탈리아어로 된 글을 소리 내어 읽어야 했을 때는 놀랍게도 즉흥적으로, 그것도 아주 유창하게 영어로 번역해서 읽었다.

그녀는 다시 글을 쓰기 시작했는데, 매우 독특한 방식을 사용했다. 상대적으로 덜 뻣뻣한 왼팔로 글씨를 썼는데, 셰익스피어의 책에서 알파벳을 본뜬 로마자의 인쇄체를 사용했다.

전에도 조금만 먹었지만 이제는 식사를 완전히 거부하게 되었다. 그러나 내가 먹여 주는 것만은 허용했기 때문에 곧 더 많은 음식을 먹기 시작했다. 식사 후 그녀는 입을 헹구었으며 어떤 이유에서인지 아무것도 먹지 않았어도 입을 헹구었다 — 이것은 그녀가 그런 일에 대해 얼마나 무신경한지를 말해 준다.

오후의 비몽사몽 상태와 해가 진 후의 깊은 수면 상태는 오랫동안 계속되었다. 그 뒤 그녀가 자신을 설득해서 일어나게 되면 (이에 관해서는 후에 설명할 것이다) 정신이 명료하고 평화롭고 명랑했다.

이러한 비교적 견딜 만한 상태는 오래 지속되지 않았다. 아버지가 죽고 나서 10일 정도 지났을 때 고문 의사가 방문했다. 내가 그에게 그녀의 특이한 증세들을 보여 주는 동안 모르는 사람에게 으레 그러듯이 그녀는 완전히 이 사람을 무시했다. 내가 프랑스어 교과서를 영어로 읽게 했을 때 그녀는 웃으면서, 〈이건 마치 시험 같네요 *That's like an examination*〉[4]라고 말했다. 그 의사가 대화에 끼어들어 그녀의 관심을 끌려고 했지만 소용없었다. 이것이 바로 순전히 〈음성 환각〉으로, 그 이후에도 실험을 위해 여러 번 시도했다. 결국 그 의사가 그녀의 얼굴에 담배 연기를 뿜은 다음에야 그녀의 음성 환각을 깨고 주의를 끄는 데 성공할 수 있었다. 갑자기 그녀는 이 처음 보는 사람을 쳐다보더니 문으로 달려가 열쇠를 빼고 바닥에 정신을 잃고 쓰러졌다. 이어서 마구 화를 내며 발작한 다음 심한 불안 발작이 뒤따르는 바람에 진정시키느라 애를 먹었다. 불행히도 나는 그날 밤 빈을 떠나 여행을 가야 했는데, 며칠 후 여행에서 돌아왔을 때 나는 환자의 상태가 훨씬 더 악화되었음을 발견했다. 그동안 그녀는 전혀 먹지 않고 불안감에 빠져 있었고, 그녀의 환각적 〈부재〉는 끔찍한 모습, 죽은 사람들의 머리와 해골 등으로 가득 차 있었다. 그녀는 마치 이러한 것들을 현재 경험하고 있는 것처럼 행동했고, 부분적으로는 말로 표현했기 때문에 그녀 주위의 사람들 또한 환각의 내용을 알게 되었다.

규칙적으로 나타나는 병의 순서는 다음과 같다. 오후에는 비몽사몽 상태가, 일몰을 전후해서는 깊은 최면 상태로 이어졌는데,

4 원본에 영어로 표기되어 있다.

그녀는 이 상태를 〈구름 *clouds*〉[5]이라고 불렀다. 그녀가 그날 중에 체험한 환각을 말로 표현할 수 있는 날에는 깨어나 정신이 명료해졌고, 마음이 진정되었으며 명랑했다. 그런 때면 이성을 되찾은 채 일을 할 수 있었고, 글을 쓴다든가 그림을 그린다든지 하면서 밤늦게까지 앉아 있곤 했다. 새벽 네 시경에는 잠자리에 들었다. 다음 날 같은 일들이 같은 순서로 반복되곤 했다. 그것은 정말로 놀라운 대비였다. 낮에는 환각에 쫓기는 전혀 무책임한 환자, 밤에는 아주 명료한 정신을 가진 처녀가 되었던 것이다.

그녀가 밤에 기분 좋은 상태에 있어도 신체 상태는 계속 악화되기만 할 뿐이었다. 강한 자살 충동이 나타났기 때문에 계속 3층에 살도록 놓아 두는 것이 위험할 듯했다. 그리하여 그녀 자신의 반대에도 불구하고 그녀를 빈 인근의 시골집으로 옮겼다(1881년 7월 7일의 일이다). 나는 거처를 옮겨야 한다고 그녀에게 위협조로 말한 적이 한 번도 없었으나 그녀는 이사를 끔찍하게 여겼고, 말로 표현하지는 않았지만 두려운 마음으로 기다리고 있었다. 이 사건으로 인해 불안감이 그녀의 심리 상태를 얼마나 강하게 지배하는지를 다시 한번 확인했다. 아버지가 돌아가신 후 곧 진정하게 된 것처럼, 두려워했던 일이 실제로 일어난 다음 그녀는 진정했다. 그럼에도 불구하고 이사 직후 사흘간 전혀 자거나 먹지 않고 자살을 여러 번 기도했다(정원에서 자살 시도를 하는 한 위험할 것이 없었다). 창을 부수는 등 난동을 피웠고, 〈부재〉가 수반되지 않는다는 점에서 그녀가 쉽게 구분할 수 있었던 타입의 환각에도 빠졌다. 이런 소동 후 그녀는 조용해졌고, 간호사가 자신에게 음식을 먹이게끔 내버려 두었으며, 밤에 클로랄[6]을 먹기도 했다.

---

5 원본에 영어로 표기되어 있다.
6 수면제의 일종이다.

이 사례에 관한 설명을 계속하기 전에 다시 한번 뒤로 돌아가서 지금까지 지나가는 투로 언급했던 이 사례의 특이한 점 한 가지에 관해 서술하고자 한다. 이미 말했듯이 지금까지 병이 든 상태에서 이 환자는 매일 오후 비몽사몽 상태에, 그 뒤 해가 지면 깊은 수면 상태인 〈구름〉 속에 빠진다. (이 순서는 그녀가 몇 달간 아버지를 간호하고 있을 때 굳어진 것이라고 여겨진다. 밤에 아버지의 병상을 지켜봐야 했고, 아침까지 안절부절못하면서 귀를 기울이며 초조하게 뜬눈으로 지새우기 일쑤였다. 오후에는, 간호사들이 으레 그러하듯 잠시 쉬려고 누웠다. 이러한 수면-각성 패턴이 자기 자신이 병들어서까지 이어지고 수면이 최면으로 대치된 후에도 오랫동안 지속되었다.) 한 시간가량의 깊은 수면 후에 그녀는 눈은 그대로 감은 채 안절부절못하게 되고 몸을 이리저리 뒤척이면서 〈괴롭히고 있어. 괴롭히고 있어〉를 되풀이했다. 또한 낮에 〈부재〉 상태에서 그녀가 어떻게 해서 어떤 상황이나 사건을 만들어 내고 있는가 하는 것을 알 수 있었는데, 그녀가 웅얼거리는 몇 마디 말이 실마리를 준 덕분이었다. 처음에는 우연으로 시작되었지만 나중에는 고의적으로 일으킨 일인데, 그녀 주위의 누군가가 그녀가 〈괴롭히고 있어〉라고 호소하는 동안 그 실마리가 된 단어들을 반복해 말했다. 즉시 그녀가 거기 끼어들어 어떤 상황을 묘사해 주거나 어떤 이야기를 들려주었다. 처음에는 주저주저했고 착어증적 횡설수설을 했지만 오래 이야기하면서 점점 나아져 나중에는 독일어를 정확하게 구사하게 되었다. (이것은 앞에서 언급한 대로 그녀가 영어로만 말하기 전인 초창기의 일이다.) 그녀의 이야기는 항상 슬픈 내용이었고, 그중 몇 가지 이야기는 매혹적이었는데, 한스 안데르센의 〈그림 없는 그림책〉 스타일이었다. 아마도 그 책이 모델인 것 같다. 으레 이야기의 처음이나 중요 시점에, 불안한 마음으로 병상 옆에 앉은 소녀가 등장한다. 그렇지만 다른 주제로 이야기를 꾸미기도 했다. 이야기를 끝낸 뒤 얼마 안 있어 그녀는 깨어나서는 확실히 진정된 상태, 혹은 그녀가 이름 붙이길 〈gehäglich〉[7]라는 상태로 되었다. 밤이 되어 다시 안절부절못하고 아침이 되어 두어 시간 자고 난 다음에는, 다른 종류의 생각에 잠기는 것이 관찰되었다. 어떤 이유이건 저녁 최면 때 그녀가 이야기를 해줄 수 없을 경우에는 나중에 진정을 못 했고, 다음 날 두 가지의 이야기를 해주어야 했다.

이 현상의 본질적인 면 — 즉 그녀의 〈부재〉 상태가 높아지고 강화되어 저녁때 자기 최면에 도달한다는 점, 그녀가 상상해 낸 산물의 심리적 자극으로서의 효과, 최면 동안 자극에 관해 언급함으로써 자극이 완화되거나 제거된다는 점 — 은 그녀를 관찰한 18개월을 통틀어 항상 그렇게 계속되었다.

당연히 아버지가 돌아가신 뒤 이야기가 더욱 비극적으로 전개되었다. 그렇지만 몽유병 같은 상태가 앞에서 기술한 대로 지리멸렬해진 후, 그녀 자신의 정신 상태가 악화되자 저녁때 그녀의 이야기는 다소 자유롭게 생각해 낸 시적인 조합물로서의 성격이 없어지고 끔찍하고 무서운 환각들로 변해 버렸다(낮에 환자의 행동을 통해서 이 환각들을 들여다볼 수 있었다). 내가 이미 기술한 대로 그녀가 두려움과 공포에 떨면서도 이 끔찍한 영상을 다시 불러일으키고 그에 관해 말로 묘사한 다음에 그녀의 마음은 완전히 안정되곤 했다.

그녀가 시골에 머무는 동안 내가 매일 그녀를 방문할 수 없었

---

7 〈편안한〉을 뜻하는 올바른 독일어 *behäglich* 대신 자신이 만든 이 신조어를 사용했다.

을 때, 사태는 다음과 같이 전개되었다. 나는 주로 저녁때 방문했는데, 물론 그녀가 최면 상태에 있으리라고 예상하고 그렇게 한 것이다. 그녀는 지난번 방문 이후 쌓아 두었던 상상의 산물들을 내게 다 쏟았다. 좋은 결과를 위해서는 이것이 완전해야 했다. 이것을 마친 뒤에 그녀는 완벽하게 진정되었고, 이튿날에는 상냥해지고 다루기 쉬워졌으며, 부지런해지고 명랑해지기까지 했다. 그러나 두 번째 날에 그녀는 점차 음울해지고 고집스러워지며 불쾌해했다. 셋째날에는 훨씬 더했다. 이런 상태에 있을 때 그녀에게 말을 거는 것은 쉬운 일이 아니었고, 최면 상태에서도 마찬가지로 어려웠다.

그녀는 이러한 과정을 진지하게 말할 때는 〈대화 치료*talking cure*〉라는 적절한 이름을 붙였지만, 장난 삼아 말할 때는 〈굴뚝 청소*chimney-sweeping*〉[8]라고 불렀다. 자신의 환각에 대해 이야기하면 자신의 모든 완고한 언행과 〈에너지〉라고 묘사한 것들을 잃어버린다는 것을 그녀는 알고 있었다. 비교적 긴 공백 후 그녀가 기분이 나쁠 때는 대화를 거부하곤 했다. 그럴 때면 나는 어르고 달래면서, 또한 그녀가 자신이 지어낸 이야기를 시작할 때 버릇이 된 형식을 사용하기도 하면서 그녀의 입을 열기 위해 애를 썼다. 그러나 그녀는 주의 깊게 내 손을 만져서 내 정체를 확인하기 전까지는 결코 이야기를 시작하지 않았다.

이야기를 통해서도 진정되지 않는 밤에는 클로랄의 도움을 빌려야 했다. 이전에도 몇 번 시도했지만, 그녀에게 5그램을 주어야 했고, 수면이 시작되기 전, 몇 시간 동안 중독 상태가 계속되었다. 내가 있을 때는 이것이 기분 좋은 상태일 수 있었지만, 내가 없으면 매우 불쾌해하면서 흥분과 불안감으로 점철되었다. (이 심한

8 이 두 용어는 원본에 모두 영어로 표기되어 있다.

중독 상태는 그녀의 수축 상태에 아무런 영향을 주지 않았다.) 그녀가 자신의 환각을 말로 표현함으로써 수면에는 이르지 못했으나 진정시킬 수 있었기 때문에 나는 마약 사용을 피할 수 있었다. 그녀가 시골에서 지낼 때 최면 상태에서 평온을 얻지 못한 밤에는 너무도 견디기 힘들어 클로랄에 의존할 수밖에 없었다. 그러나 점차로 그 복용량을 줄일 수 있었다.

지속적인 비몽사몽 상태는 다시 돌아오지 않았다. 그러나 두 가지 의식 상태가 교대로 계속 나타났다. 그녀는 대화 도중에 때때로 환각에 빠지기도 하고 도망치기도 하고 나무에 오르기도 하는 등의 행동을 보였다. 누가 그녀를 붙잡으면, 그사이 무슨 일이 일어났는지 모르는 채 재빨리 중단된 문장을 계속 이어 나갔다. 이 모든 환각은 최면 중에 나타났고 그녀 스스로 보고한 것이다.

그녀의 상태가 전반적으로 나아졌다. 음식도 간호사가 어려움 없이 먹였다. 그러나 빵을 요청했다가 빵이 그녀의 입술에 닿자마자 거절한 적은 있다. 다리의 수축 마비는 크게 완화되었다. 판단력이 향상되어 그녀를 방문했던 의사인 내 친구 B 박사를 따르게 되었다. 그녀는 선물 받은 뉴펀들랜드 개를 무척 사랑했는데, 이것이 그녀에게 큰 도움이 되었다. 그렇지만 한번은 다음과 같은 일이 있었다. 그녀의 개가 고양이를 공격한 적이 있었는데, 이때 이 병약한 처녀가 왼손에 채찍을 들고 그 커다란 개를 늘씬하게 패주어서 고양이를 구해 주는 장면은 가관이었다. 후에 그녀는 가난하고 병든 사람들을 돌보아 주었는데 이는 그녀에게 큰 도움이 되었다.

휴가 동안 수주에 걸친 여행을 마치고 돌아왔을 때 나는 〈부재〉, 다시 말해 〈제2상태〉 동안에 만들어진 심상의 복합체가 갖는 효과들, 즉 병의 원인이 되는 효과와 흥분시키는 효과에 관한 설득력 있는 증거를 얻었다. 또한 이 복합체가 최면 상태 동안 말로 표현됨으로써 제거된다는 확증을 얻었다. 몇 주의 공백기 동안 〈대화 치료〉가 시행될 수 없었는데, 이는 나 말고 다른 누구에게 털어놓도록 설득시키는 것이 불가능했기 때문이다. 다른 면에서는 좋아했던 B 박사조차도 불가능했다. 내가 돌아왔을 때 그녀는 의기소침해서 비참한 지경에 있었다. 생기가 전혀 없고 말을 들으려고도 하지 않았으며 성질을 부렸고, 심지어는 악의에 가득 차 있었다. 저녁때 그녀의 이야기를 통해 그녀의 상상력과 시상이 메말라 버렸다는 것을 분명히 알 수 있었다. 그녀가 보고한 것에서는 점점 환각들과 관련 있는 이야기들이 많아졌다. 예를 들어 지난 며칠 동안 그녀를 괴롭혔던 것들에 관한 이야기였다. 그녀가 보고한 이야기들은 공상의 형태로 표현되었지만 시적으로 세련되기보다는 상투적인 이미지에 불과했다.

그러나 내가 그녀를 일주일간 다시 빈에서 지내도록 주선해 주고, 매일 저녁 나에게 세 편에서 다섯 편의 이야기를 들려주도록 하자 사태는 호전되었다. 이런 식으로 내가 마무리하자 비로소 내가 부재중이던 그 몇 주 동안 누적되었던 모든 것이 잘 풀렸다. 이제야 이전의 리듬이 다시 회복된 것이다. 그녀가 자신의 환상을 말로 표현하고 난 그날은 온순해지고 명랑해졌으나, 둘째날에는 다소 짜증을 내고 덜 온순했다. 셋째날에는 확실하게 〈못된〉 여자가 되었다. 그녀의 사기는 그녀가 마지막으로 언어적 표현을 한 이후 시간이 지날수록 점점 밑으로 떨어져 갔다. 이것은 그녀가 상상한 산물들 모두, 그리고 그녀 마음의 병적인 부분들로 인해 동화된 사건들도 모두 하나하나의 심리적 자극으로 계속 작용했기 때문이다. 각 자극이 언어로 표현되면 더 이상 작용하지 않았다.

가을에 환자가 빈으로 돌아왔을 때(그녀가 처음에 병에 걸릴 때 살던 집이 아닌 다른 집으로 간 것이지만) 그녀의 심신 상태는 그런대로 괜찮았다. 왜냐하면 병을 일으킬 심리적 자극이 될 만한 체험들이 거의 없었기 때문이다. 실로 매우 인상적인 체험만이 심리적 자극으로 남아 있었다. 그녀가 새로운 자극에 대해 정기적으로 말로 표현함으로써 새로운 자극들이 그녀 마음에 영구히 짐을 지우는 것을 막으면서 나는 지속적으로 차도가 있기를 바랐다. 그러나 나는 곧 실망하기 시작했다.

12월에 그녀의 심리 상태가 눈에 띄게 악화되었다. 또다시 흥분이 되어 침울해지고 짜증을 냈다. 〈정말로 좋은 날〉은 더 이상 없었다. 그녀 마음속에 〈들러붙을〉 만한 그 어떤 것도 찾지 못했던 때조차보다도 상태가 안 좋았다. 12월 말 크리스마스 무렵 특히 안절부절못했다. 크리스마스 주일 내내 저녁때 내게 이야기해 준 것 중에 새로운 것은 없었고, 단지 1880년(1년 전)의 크리스마스 동안 심한 불안과 정서에 스트레스를 받으면서 매일매일 다듬었던 상상의 산물에 관해서만 이야기했을 뿐이다. 일련의 이야기를 마친 뒤 그녀는 꽤 나아졌다.

그녀가 아버지 곁을 떠나 병상에 누운 지도 어언 1년이 흘렀다. 이때부터 그녀의 상태는 점차 명료해졌고, 매우 특이한 체계를 형성해 갔다. 교대로 나타나던 두 의식 상태는, 아침부터 시작해 하루가 진행되면서 그녀의 〈부재〉(다시 말해 그녀의 제2차 상태의 출현)가 항상 점점 더 자주 나타나고, 그러다 저녁때쯤 되면 완전히 부재 상태에 빠졌다 — 이전에 이 교대되는 두 의식 중 첫 번째 것은 정상이고, 두 번째 것은 소외된 장애 상태란 점에서 서로 달랐다. 그러나 이제는 더 차이가 나는 점이 있는데, 그것은 첫 번째 상태에서 1881~1882년의 겨울 동안 그녀는 다른 사람들과 마찬가지로 살았고, 1880~1881년의 겨울 동안 두 번째의 의식 상태로 지냈다는 점이다. 그녀는 차후[9]의 모든 일을 잊었다. 그럼에도 거의 항상 그녀의 의식 속에 남아 있던 것으로 보인 것은, 아버지가 돌아가셨다는 사실이다. 그녀의 의식은 새 집에 있으면서도 전에 살던 방에 있다는 환각에 빠질 정도로 강하게 지난해로 돌아가 있었다. 그래서 그녀가 문 쪽으로 가다가 옛날 방의 문이 있던 위치에 해당하는 창가로 가 그곳에 놓여 있던 스토브에 부딪히기도 했다. 한 의식 상태에서 다른 의식 상태로의 전환이 저절로 일어났는데, 실은 지난해를 생생하게 상기시켜 주는 그 어떠한 감각-인상이라도 쉽게 그러한 전환을 일으켰을 것이다. 누군가 그녀의 눈앞에 오렌지를 들고 있기만 해도(오렌지는 그녀가 처음 아팠을 때의 주식이었다) 그녀는 1882년이나 1881년으로 돌아갔다. 그러나 이러한 지난 과거로의 전환이 전반적이거나 막연한 형태로 일어난 것은 아니고 지난겨울 그대로 매일매일을 살았다. 그녀가 매일 저녁 최면 상태에서 1881년의 같은 날에 그녀를 흥분시켰던 것들에 대해 이야기하지 않았거나 혹은 그녀의 어머니가 가지고 있었던 1881년의 일기가 환각의 근거가 되는 사건의 발생이 실제로 일어났었다는 것을 증명해 주지 않았다면 나로서는 오직 추측에 머무를 수밖에 없었을 것이다. 이런 식으로 전년도를 다시 사는 일은 1882년 6월 병이 결정적으로 낫게 될 때까지 계속되었다.

여기서 상당히 흥미롭게 관찰할 수 있는 부분은 이렇게 그녀의 제2차 상태에 속하는 재생된 심리 자극들이 그녀의 제1차 상태, 즉 상대적으로 정상인 상태를 침범하는 것이다. 예를 들어 어느 날 아침 환자는 웃으면서 도대체 뭐가 문제인지는 모르지만 내게 화가 난다고 했다. 일기 덕분에 영문을 알 수 있었다. 그리고 아니

9 1881년 봄 이후를 말한다.

나 다를까 저녁 최면 때 다시 한번 이런 일이 일어났다. 그런데 1881년 같은 날에 내가 환자를 굉장히 화나게 한 일이 있었다. 또 다른 예를 들면 언젠가 그녀는 자신의 눈에 이상이 있다고 내게 말했다. 즉 색이 다르게 보인다는 것이다. 그녀는 자신이 갈색 옷을 입고 있는 것으로 알고 있는데, 지금은 그것이 청색으로 보인다는 것이다. 우리는 곧 시각 테스트를 통해서 그녀가 시각 테스트 용지의 모든 색은 옳게 그리고 선명하게 분간할 수 있는데, 단지 그 의복에 관계된 색에만 장애를 일으키고 있다는 것을 알게 되었다. 그 이유는, 1881년의 바로 그날 그녀가 아버지를 위해 잠옷을 만드느라 바빴었는데 그 잠옷의 재질은 현재 그녀가 입고 있는 옷과 같은 천이었으며, 청색이었던 것이다. 이것은 불시에 떠오르는 기억들이 이미 전부터 그녀에게 작용하고 있었다는 것을 우연하게, 그러나 분명히 보여 주는 것이다. 즉 정상적인 상태의 이러한 혼란이 이미 더 일찍부터 일어나고 있었으며 그 기억들이 제2차 상태에서 단지 천천히 소생하고 있었던 것이다.[10]

따라서 저녁 최면은 그녀에게 커다란 부담을 주었다. 왜냐하면 우리는 그녀가 현재 상상한 산물뿐 아니라 1881년의 사건들과 〈괴로움 vexations〉[11]에 관해서도 이야기해야 했기 때문이다(다행히도 1881년의 상상적 산물은 이미 다루었다). 그러나 여기에 더해서 환자와 의사가 해야 하는 작업은 똑같은 방식으로 제거해야 하는 제3의 별도 문제들 때문에 엄청나게 증가될 수밖에 없었다. 제3의 문제들은 1880년 7월부터 12월까지 병의 잠복기와 관련된 심리적 사건들로서 사실 전체 히스테리 현상을 일으킨 장본인이었다. 그리고 이 심리적 사건들이 언어로 표현되었을 때 증상은

10 비슷한 현상이 체칠리 M. 부인의 사례에도 등장한다.
11 원문에 영어로 표기되어 있다.

사라졌다.

이것이 처음으로 일어났을 때 — 다시 말해 저녁 최면 때 이러한 우연적이고 자발적인 언어 표현을 사용한 결과, 꽤 오랫동안 지속되던 혼란이 사라졌을 때 — 나는 크게 놀랐다. 더위가 기승을 부리던 여름이었는데, 환자는 심한 갈증에 시달렸다. 이유도 모른 채 환자는 아무것도 마실 수 없게 된 자신을 발견했다. 그녀가 그토록 갈구하던 물이 든 잔을 들어 올릴 수는 있었으나, 잔이 입술에 닿자마자 마치 공수병 환자인 양 잔을 밀쳐 버렸다. 이때 2~3초 동안 〈부재〉 상태에 있었음이 분명하다. 그녀는 고통스러운 갈증을 해소하기 위해 멜론 따위의 과일만 먹었다. 이런 현상은 6주가량 지속되었다. 그러던 어느 날 최면 중에 그녀는 자신이 별로 좋아하지 않았던 영국 여자 친구에 관해 온갖 혐오감을 드러내 보이면서 불평했다. 언젠가 그녀의 방에 들어갔더니 작은 개 — 끔찍한 짐승 — 가 잔에 든 물을 마시고 있더라는 것이다. 당시 환자는 예의상 아무 말도 하지 않았다고 했다.

쌓인 울분을 마음껏 표현한 뒤 그녀는 마실 것을 요청하고는 많은 양의 물을 힘들이지 않고 마신 뒤 잔을 입에 댄 채 최면에서 깨어났다. 그 뒤부터는 물을 마시지 못하던 증세가 사라졌고, 다시 재발하지도 않았다. 이와 마찬가지로 극심하게 고집스럽던 변덕도 그것을 일으켰던 체험에 관해 이야기를 한 이후로 사라졌다. 초기부터 나타났던 그녀의 만성적 증세, 즉 오른쪽 다리의 수축도 마찬가지 방식으로 많이 완화되면서 그녀는 큰 차도를 보였다.

히스테리 현상을 일으켰던 사건들이 최면 중에 재생되자마자 히스테리 현상들이 사라지더라는 발견은, 그 논리적 일관성이나 체계적 적용에서 더 바랄 것이 없는 완벽한 치료 기법을 끌어냈다. 이 복잡한 사례에서 각 증세는 하나하나 별개로 취급되었다.

증세가 나타났던 모든 경우를 역순으로 기술한다. 즉 환자가 병상에 눕기 전부터 시작해 처음에 그 증세가 나타나도록 한 사건으로까지 거슬러 올라간다. 이 사건에 관해서 이야기하면 증세는 영원히 사라진다.

이런 방식으로 그녀의 마비된 수축과 지각 마비, 여러 시각 장애, 청각 장애, 신경통, 기침, 손떨림 등 그리고 마지막으로 언어 장애가 〈이야기를 함으로써 해소되었다.〉 시각 장애 중에서 다음의 것들은 따로따로 제거시켰다. 교차성 사시와 복시, 양 눈이 모두 오른쪽으로 일탈한 결과 어떤 것을 집으려고 손을 뻗으면 손이 항상 그 물건의 왼쪽으로 가게 되는 증상, 시야의 협착, 중심성 약시, 거시증, 아버지 대신 죽은 사람의 머리가 보이는 증상, 글을 읽지 못하는 증상, 몇 개의 산발적인 현상(예를 들면 마비된 수축이 몸의 왼쪽으로 확대된 것 따위의)은 그녀가 병상에 누워 있는 동안에 발전된 것들인데, 이 분석 절차를 가지고는 다루지 않았다. 추측하건대 사실상 그 현상들은 직접적인 심리적 원인이 된 것 같지 않다.

증상들을 유발한 최초의 원인을 그녀의 기억에서 먼저 끌어냄으로써 작업을 단축시키는 것은 전혀 실행 가능성이 없음이 판명되었다. 우선은 그녀 자신이 그 원인을 찾지 못하고 점차 혼란스러워해서, 그녀가 하는 대로 차분하고 꾸준하게 끌어올린 기억의 실을 거꾸로 더듬어 올라가는 것보다 속도가 훨씬 느렸다. 그러나 이 방법을 저녁때 최면 동안 실행하는 것이 너무 오래 걸렸는데, 그 이유는 두 가지 다른 종류의 체험을 〈이야기로 해소하기〉가 그녀로서는 너무 힘들고 혼란스럽고, 회상이 생생해질 때까지 시간이 필요했기 때문이다. 그리하여 우리는 다음과 같은 절차를 개발해 냈다. 나는 아침에 그녀를 방문해 최면을 걸었다(경험을 통해 가장 단순한 최면법을 발견했다). 그다음에 나는 그녀에게 현재 치료 중인 증상에 생각을 집중할 것과 나타난 장면을 바로 내게 말해 줄 것을 요청했다. 빠르고 간단명료하게 환자는 관련 있는 외적 사건을 계속 말했고, 나는 그것을 받아 적었다. 그날 저녁때 최면 상태에서 그녀는 내 기록의 도움을 받아 이러한 상황들에 관해 꽤 자세한 설명을 해주었다.

다음의 예를 보면 그녀가 철저한 방식으로 이 일을 했던 것을 알 수 있다. 누군가 그녀에게 말을 건넸을 때 듣지 못하는 것이 보통이었다. 듣지 못하는 습관은 다음과 같이 분류할 수 있다.

(1) 생각을 빼앗긴 채 멍하니 있을 때 누군가 들어오면 듣지 못하는 경우. 사람이나 상황이 언급되고 종종 날짜까지 언급되는 이런 일이 일어난 적이 108번 있었음. 첫 사건: 그녀의 아버지가 들어올 때 듣지 못함.

(2) 여러 사람이 말하고 있을 때 알아듣지 못하는 경우. 27회. 첫 번째 사건: 이번에도 또 아버지와 아는 사람.

(3) 혼자 있을 때 누군가 직접 말을 걸어도 못 듣는 경우. 50회. 발단: 아버지가 그녀에게 포도주를 달라고 했으나 소용없었음.

(4) 몸이 흔들려서 귀가 먹는 경우(마차 속에서 흔들린다든지 해서). 15회. 발단: 어느 날 밤 그녀가 병실 문에서 엿듣고 있는 것을 남동생이 발견하고 화를 내면서 그녀의 몸을 흔들었음.

(5) 소음으로 인한 두려움으로 귀가 머는 경우. 27회. 발단: 그녀의 아버지가 뭔가를 잘못 삼켜 사레가 들려 목이 메이는 발작이 일어남.

(6) 깊은 〈부재〉 상태에 빠져 있는 동안 귀가 먹는 경우. 12회.

(7) 오랫동안 너무 열심히 들은 탓에 귀가 멀어 누군가 말을 걸면 듣지를 못하는 경우. 54회.

물론 이 모든 사례가 다 멍한 상태라든지 〈부재〉 혹은 공포로 거슬러 올라갈 수 있다는 점에서 서로 꽤 비슷하다. 그렇지만 환자의 기억 속에서는 확연히 구분되었다. 혹시라도 그녀가 에피소드들의 순서를 틀리면 정정해서 바른 순서를 밝혀야 했다. 만약이 정정이 이루어지지 않으면 보고가 중단되었다. 그녀가 이야기한 사건들은 너무 재미없고 의미를 발견하기 힘든 것이었으며, 굉장히 세밀한 부분까지 진술되었기 때문에 그녀가 지어냈다고는 생각할 수 없었다. 그녀가 이야기한 대부분의 사건은 순수한 내적 경험으로 구성되어 있어 실제로 그 사건이 일어났는지의 여부를 가릴 수 없는 것들이다. 또 어떤 사건들(혹은 그 사건들과 연관되는 상황)은 그녀 주변에 있는 사람들의 기억 속에도 남아 있는 것들이었다.

이 예들도 또한 〈이야기를 함으로써〉 증상이 없어질 때 늘 관찰되었던 특징을 보였다. 즉 그녀가 특정 증상에 관한 이야기를 할 때 그 증상은 더욱 강렬하게 나타났다. 따라서 그녀가 듣지 못하는 증상을 분석하는 동안 그녀는 어느 부분에 이르러서 귀가 먹게 되었다. 그때 나는 글로써 그녀와의 대화를 계속할 수밖에 없었다.[12] 최초의 유발 원인은 아버지를 간호하는 동안 그녀가 습관적으로 경험했던 기이한 것 따위였다. 예를 들어 그녀가 무엇을 빠뜨린다든지 하는 것이었다.

기억하는 작업이 늘 쉽게 이루어졌던 것은 아니어서 때때로 환자는 애를 많이 써야 했다. 어떤 때는 기억이 떠오르지 않아 전체 진행이 중단된 적도 있었다. 대체로 그런 경우는 환자에게는 특별히 무서운 환각과 관련된 것이다. 그녀는 아버지를 간호하는

12 이 현상은 나중에 프로이트가 길게 논의하게 된다. 프로이트는 이것을 〈대화중의 결합〉이라고 했다.

동안 아버지의 머리가 죽은 사람의 머리가 된 환각을 본 적이 있었다. 그녀와 주위 사람들은 그 당시를 기억하고 있었는데, 그때는 겉보기에 그녀가 건강했을 때이다. 당시 그녀는 친척집을 방문했다가 돌아와 문을 여는 순간 의식을 잃고 그 자리에 쓰러졌다. 치료 과정에서 그에 관한 기억이 잘 떠오르지 않아 치료의 진전을 가져올 양으로 또 한 번 같은 장소에 가 보았는데, 방 안으로 들어서자마자 바닥에 또 정신을 잃고 쓰러졌다. 그다음의 저녁 최면 때 우리는 큰 진전을 보았다. 그녀가 방 안으로 돌아왔을 때 문 반대쪽에 걸린 거울에 비친 자신의 창백한 얼굴이 보였다. 그러나 그녀가 본 것은 그녀 자신이 아니라 죽은 사람의 얼굴을 한 아버지였다 — 이 예에서 보듯 우리는 공포로 인해 떠오르지 않던 그녀의 기억이 환자나 의사의 강요로 인해 끌려 올라오는 경우를 자주 보았다.

다음의 예는 특히 그녀의 상태가 상당히 논리적인 일관성이 있음을 보여 준다. 이미 설명한 대로 이 기간에 그녀는 밤에 늘 〈제2차 상태〉— 1881년에 살고 있다 — 에 있었다. 어느 날 그녀는 밤에 일어나 누가 또 자신을 집 밖으로 옮겼다고 주장하면서 난리를 치는 통에 집 안 전체가 발칵 뒤집혔다. 그 이유는 간단했다. 전날 밤에 대화 치료를 하는 동안 시각 장애가 나아졌고, 그녀의 〈제2차 상태〉도 나아졌던 것이다. 따라서 밤에 그녀가 잠에서 깨어났을 때 자신이 낯선 방에 있는 것으로 생각했던 것이다. 왜냐하면 그녀 가족은 1881년 봄에 이사했기 때문이다. 그 이후로 항상 저녁때 나는 (그녀의 요청으로) 그녀의 눈을 감겨 주고, 다음 날 아침 내가 와서 깨우기 전까지는 눈을 뜨지 못하도록 암시를 주었더니 이러한 불쾌한 사건은 일어나지 않게 되었다. 이 소동은 딱 한 번 더 되풀이되었다. 그때 환자는 꿈을 꾸면서 울었고,

그 때문에 깨어나면서 눈을 떴던 것이다.

병의 준비기인 1880년 여름을 힘들게 분석해 나간 이후로 나는 이 히스테리 사례의 잠복과 병인에 관한 완벽한 통찰을 얻었다. 이제 내가 얻은 통찰을 짧게 서술하고자 한다.

1880년 7월 그녀의 아버지가 시골에 머무는 동안 심한 흉막하 농양(胸膜下膿瘍)을 앓고 있었다. 아나는 그녀의 어머니와 역할을 분담하여 아버지를 간호했다. 그녀는 밤에 고열에 시달리던 아버지에 대한 불안감 때문에 잠에서 깨어났다. 그녀는 수술 집도를 위해 빈으로부터 도착 예정이었던 외과 의사를 기다리면서 초조해하고 있었다. 그녀의 어머니는 잠시 다른 곳에 있었고, 아나는 의자 등받이에 오른팔을 올려놓은 채 병상을 지켰다. 그녀는 백일몽 상태에 빠졌고, 검은 뱀 한 마리가 벽에서 나와 아버지 쪽으로 가서 물려고 하는 것을 보았다(실제로 집 뒤쪽에 뱀이 있었고, 이전에 그 뱀들 때문에 그녀가 놀랐을 가능성이 매우 크다. 그래서 그 뱀들이 환각의 소재를 제공했을 것이다). 그녀는 뱀을 쫓아버리려고 했지만 마비된 듯 몸이 움직이지 않았다. 의자 뒤에 있던 그녀의 오른팔이 저렸기 때문에 마비가 되어 감각이 없었다. 그녀가 오른팔을 내려다보았을 때 손가락들이 죽은 사람의 머리를 한(손톱 부분) 작은 뱀들로 변했다(그녀가 뱀을 쫓기 위해 마비된 오른팔을 사용하려고 했고, 그 결과 무감각과 마비가 뱀의 환각과 결합되었을 것이다). 뱀이 사라지자 공포의 와중에서도 그녀는 기도하려고 했다. 그러나 말이 나오지 않았다. 그 어떤 언어로도 말할 수가 없었다. 마침내 영어로 된 어린이용 성구[13]를

---

13 「예비적 보고서」에서 그녀가 생각해 낸 것이 기도였다고 서술되어 있다. 물론 모순이 되는 것은 아니다.

생각해 냈고, 그런 다음 영어로 기도할 수 있게 되었다. 마침내 그녀는 기다리고 있던 의사가 탄 기차의 기적 소리에, 마력의 주문에서 깨어났다.

그다음 날 게임을 하던 중 그녀는 덤불숲에 고리를 던졌다. 고리를 주우려고 들어갔을 때 구부러진 나뭇가지가 뱀의 환각을 다시 불러일으켰고, 동시에 그녀의 오른팔이 뻣뻣하게 경직되었다. 그 이후로 어떤 뱀 비슷한 형체를 한 물체를 보고 환각에 사로잡힐 때마다 오른팔의 경직이 일어났다. 그러나 수축과 마찬가지로 이러한 환각은 그날 밤 이후로 점점 더 자주 생기기 시작했던 〈부재〉 동안에만 나타났다. (수축은 12월에 환자가 기운이 완전히 없어져 병상을 떠날 수 없을 때가 되어서야 굳어졌다.)

내가 지금은 어디에 기록했는지 찾지도 못하고 기억도 나지 않는 특정 사건의 결과로, 오른팔의 수축 말고도 오른쪽 다리의 수축이 새로 생겼다.

자기 최면 형태의 〈부재〉에 빠지는 경향이 이때부터 형성되었다. 내가 서술했던 바로 그다음 날 아침 그녀는 외과 의사가 도착하기를 기다리면서 멍한 상태에 빠져 있었다. 그리하여 마침내 외과 의사가 방에 들어왔을 때는 소리를 듣지 못했다. 지속적인 불안감 때문에 그녀는 잘 먹지도 못하고 점점 더 메스꺼운 증세가 심해졌다. 이것은 차치하더라도 그녀는 강한 정서 상태 동안 각각의 히스테리 증상이 나타났다. 각각의 경우에 순간적인 〈부재〉 상태가 수반되었는지는 확실하지 않지만 깨어 있을 때 그전에 무슨 일이 일어났는지 전혀 모르고 있는 점으로 보아 그랬을 가능성이 있다.

하지만 그녀가 보인 증상 중 어떤 것은 〈부재〉 상태가 아니라 단지 〈깨어 있는〉 중에 강한 정서를 경험할 때 나타난 것 같다. 만약 후자가 사실이라면 그 증상이 마찬가지 방식으로 반복될 것이다. 그래서 그녀에게 나타난 온갖 상이한 시각 장애에 대해 다소 명백한 각 결정 원인으로 거슬러 올라갈 수 있었다. 예를 들어 한번은 그녀가 아버지 병상 옆에 앉아 눈물을 흘리고 있을 때 갑자기 아버지가 몇 시냐고 물었던 적이 있다. 제대로 보이지 않았다. 그래서 보려고 무진 애를 썼다. 시계를 눈 가까이 갖다 대기까지 했다. 그때 시계의 정면이 갑자기 굉장히 커 보였다 — 이것이 그녀의 거시증과 교차성 사시를 설명해 준다. 또한 그녀는 아버지가 눈물을 보지 못하도록 울음을 억지로 참으려고 했었다.

말다툼을 하는 동안 대답을 억누르다가 성문(聲門) 경련을 유발했고, 비슷한 상황이 일어날 때마다 이 증상이 반복되었다.

그녀의 언어 구사력의 상실도 (1) 그녀가 밤에 처음으로 환각을 경험한 이후, 공포심이 일어난 결과, (2) 말을 억지로 억누른 다음(적극적 억압), (3) 어떤 것에 대해 부당하게 비난받은 뒤, (4) 모든 유사 상황에서(그녀가 기분이 몹시 상했을 때) 일어났다. 아버지의 병상 곁을 지키던 어느 날 그녀는 이웃집에서 들려오는 댄스 음악을 듣고 갑자기 그곳에 가보고 싶다는 생각이 들었지만 자책하면서 이를 극복했을 때, 처음으로 기침을 하기 시작했다. 그 뒤로는 병에 걸려 있던 내내 그녀는 리듬 있는 음악 소리가 들릴 때마다 신경성 기침으로 반응하게 되었다.

내 기록이 불완전하여 다양한 히스테리 증세가 나타난 여러 경우를 일일이 다 열거할 수 없는 것이 유감이다. 그녀는 아까 언급한 증상 하나만 제외하고 모든 증세에 대해 이야기했고, 이미 말했듯이 그녀가 처음 그 증세가 나타났을 때에 관해 서술한 뒤에는 각 증세가 사라졌다.

이런 식으로 병이 완치되었다. 시골로 이사가고 나서 1년이 되던 날(6월 7일)까지는 치료가 종결되어야 한다고 환자 자신이 결연히 결정했다. 그리하여 그녀는 6월 초가 되자 〈대화 치료〉에 더 정력적으로 몰입했다. 마지막 날 — 아버지의 병실을 본따 방 안 재배치 방법을 동원하여 위에서 서술한 끔찍한 환각을 재생시킬 수 있었다. 이 환각이 바로 그녀의 병 전체에서 뿌리가 되는 것이었다. 원래의 장면에서는 영어로만 생각하고 기도할 수 있었다. 그러나 이 장면을 재생시킨 다음에는 독일어로 말을 할 수 있게 되었다. 또한 이전에 보였던 다른 여러 증상으로부터도 자유로워졌다.[14] 이후로 그녀는 빈을 떠나 잠시 여행했다. 그렇지만 그 이후로 꽤 많은 시간이 흐른 다음에야 그녀는 정신적 균형을 완전히 회복할 수 있었다. 일단 회복한 뒤로 그녀는 완벽하게 건강했다. 내가 지금까지 흥미로운 세부 사항들을 꽤 많이 생략하기는 했지만 그럼에도 아나의 병력은 다른 정형적인 히스테리 병에 비해 굉장히 양이 많아질 수밖에 없었다. 그러나 세부 사항을 생략한 채 이 사례에 관해 서술하는 것은 불가능했고, 이 사례의 특징들은 이렇게 길게 서술할 가치가 있을 정도로 아주 중요하다. 이 사례가 중요한 이유는 극피동물의 알이 생태학적으로 중요한 것과 마찬가지이다. 극피동물의 알이 생태학적으로 중요한 이유는 성게[15]가 특별히 흥미로운 동물이어서가 아니라 성게알의 원형질이 투명해서 관찰하기가 좋기 때문이다. 그 알을 관찰한 데서 얻어진 사실을 근거로 불투명한 원형질을 가진 알에서 일어나는

14 원본에는 이곳에 공백이 있다. 프로이트는 아나의 치료를 종결지은 것에 관해 서술하려고 했던 것이다. 어니스트 존스Ernest Jones가 쓴 프로이트의 생애를 보면 이 치료는 성공적으로 끝났고, 환자는 갑자기 브로이어에게 성적인 긍정적인 전이를 강하게 드러냈다고 한다. 이 전이는 분석되지 않았다. 프로이트는, 브로이어가 이 사례의 발표를 그토록 오랫동안 미루었고, 더 이상 프로이트의 연구에 협력하지 않았던 이유가 이 때문이라고 믿었다.

15 극피동물의 일종이다.

일들을 추측해 볼 수 있다. 현재의 사례가 흥미로운 이유도 발병의 원인이 매우 분명하고 이해하기 쉽기 때문이다.

그녀가 아직 병이 들지 않았을 때 앞으로 닥칠 히스테리 병을 유발한 두 가지 심리적 소인이 있다.

(1) 단조로운 가정 생활과 적절한 지적 직업의 부재로 인해 그녀가 사용하지 않은 정신적 활기와 에너지가 넘쳐났는데, 이러한 활기와 에너지는 계속적인 상상 활동 속에서 출구를 발견했다.

(2) 이 때문에 백일몽(그녀의 〈개인 극장〉)이 습관화되었으며, 이는 그녀의 정신적 인격을 분열시키는 밑바탕이 되었다.

그렇지만 이 정도의 분열은 아직까지는 정상 범주 안에 있다. 다소 기계적인 일을 하고 있을 때의 몽상이나 숙고는 그 자체로 병적인 의식 분열을 뜻하지 않는다. 왜냐하면 예를 들어 누가 말을 건다든지 해서 몽상이나 숙고가 방해를 받으면 정상적인 의식의 통일 상태가 복구되기 때문이다. 또한 원칙적으로 그 어떤 기억 상실도 일어나지 않기 때문이다.

그렇지만 아나의 경우에는 이러한 습관이 바로 불안감과 공포감이 자리를 잡을 수 있었던 터전이 되었다. 내가 서술한 대로 강한 정서 때문에 환자의 백일몽이 환각적 〈부재〉로 변형되었던 것이다. 참으로 주목할 만한 것은, 병의 초기에 나타났던 증세들이 이미 그전에 주요한 특성을 나타내 보이고 있었고, 후에도 거의 2년 동안 변함없이 남아 있었다는 점이다. 제2의 의식 상태는 처음에는 일시적인 〈부재〉로 나타났고, 나중에는 〈이중 의식〉으로 체계화되었다. 말의 억제는 불안감으로 인해 생겼고, 영어 구절

덕분에 불안감을 분출할 수 있었다. 나중에는 착어증과 모국어 구사력의 상실이 유창한 영어로 대치되었다. 마지막으로 압박으로 인한 오른팔 마비가 점차 진전되어 오른쪽의 수축성 마비와 지각 마비로 되었다. 방금 언급한 수축성 마비와 지각 마비가 생긴 메커니즘은 샤르코의 외상성 히스테리 이론과 완전히 일치한다. 그는 가벼운 외상이 최면 상태에서 발생할 수 있다고 했다.

그러나 샤르코가 일부러 시험 삼아 일으킨 마비는 바로 생겨서 고정되고 또 심한 외상성 쇼크로 외상성 신경증을 앓는 사람들이 보이는 마비도 즉시 일어나는 반면, 아나의 신경계는 4개월 동안이나 저항하는 데 성공했다. 그녀의 수축 증상은, 이에 수반되는 다른 증상들과 마찬가지로, 그녀의 〈제2차 상태〉의 짧은 〈부재〉 동안만 일어났고, 정상 상태에서는 그녀가 자기 몸을 마음대로 조절할 수 있었고, 감각도 완전했다. 그래서 그녀 자신이나 주위 사람들이 아무것도 알아차리지 못했는데, 물론 주위 사람들의 주의가 아나의 병든 아버지에게 쏠려 있어 아나에게 제대로 신경 쓰지 못한 것도 사실이다.

맨 처음의 환각적 자기 최면 이후 전면적 기억 상실을 수반한 부재와 히스테리 현상은 점점 더 자주 생기면서 같은 종류의 증상들이 새로 생길 기회가 늘어 갔고, 이미 형성된 증상들이 점점 더 강하게 굳어졌다. 이에 더해 그 어떤 갑작스러운 불쾌한 정서도 〈부재〉와 같은 결과를 가져오기도 했다. (물론 그 어떤 병의 사례에서도 그러한 정서가 일시적인 〈부재〉를 야기할 수 있다.) 또한 우연으로 병적 연상과 감각 및 운동 장애가 생겼다가 그 이후로 정서와 함께 나타났다. 그러나 이때까지는 이것이 단지 순간적으로만 일어났다. 환자가 병상에 완전히 드러눕기 전부터 그녀는 이미 히스테리 현상의 전체 증상들을 다 발달시켰던 것이다.

그러나 이 사실을 아무도 알아채지 못했다. 영양 부족, 불면, 계속적인 불안으로 인한 체력 쇠진 탓으로 완전히 탈진된 후에야, 그리고 제2차 상태에서 지내는 시간이 정상 상태보다도 더 길어지기 시작했을 때에야 비로소 그녀의 히스테리 현상이 정상 상태도 침범하고 간헐적인 급성 증상에서 만성 증상으로 변했다.

이 시점에서 환자의 진술을 얼마나 신뢰할 수 있는가, 히스테리의 근원이 되는 사건이나 형태가 정말 그녀가 말한 대로인가하는 의문이 생긴다. 좀 더 중요하고 근본적인 사건에 관한 한 그녀가 진술한 내용의 진실성은 내게 의심의 여지가 없었다. 〈이야기를 한〉 뒤 증상이 소멸해 버렸다는 것이 그 증거가 아니겠느냐고 할지 모르지만 나는 그 사실을 증거로 삼을 수는 없다. 왜냐하면 암시가 증상 소멸을 일으켰다고 볼 수도 있기 때문이다. 하여간 내가 느끼기에는 환자가 늘 진실되며 신뢰할 수 있었다. 그녀가 내게 말해 준 것들은 그녀 자신의 가장 신성한 것과 밀접히 얽혀 있었다. 다른 사람들을 통해 경험할 수 있는 것들은 모두 사실임이 확인되었다. 설사 아무리 뛰어난 여자라도 이 사례가 보이는 만큼의 일관성 있는 이야기를 지어낼 수는 없을 것이다. 그러나 엄밀히 말해 그녀의 일관성 때문에 (너무나도 완전히 믿었기에) 실제로는 촉발 원인이 아닌데도 어떤 요인이 한 증상의 촉발 원인이라고 그녀가 믿었음에 틀림없다. 그러나 이 의구심 역시 합당치 않다고 본다. 그녀가 언급한 그 많은 원인 모두가 매우 의미 깊다는 점과, 그들과 연관된 것들이 비이성적인 특성을 띠고 있는 점이 그 사실성을 대변해 준다. 환자는 왜 댄스 음악이 기침을 유발하는지 이해하지 못했다. 그리고 그 이유를 분석하는 것은 의미가 없었다. (내 생각에 우연히 양심의 가책이 성문 경련을 일으켰고, 그녀가 춤추는 것을 매우 좋아했기 때문에 운동 충동이 이 성문 경련을 신경성 기침으로 변형시켰을 가능성이 크다.) 그러한 연유로 나는 환자의 보고가 매우 신뢰성이 있고 사실과 부합된다고 본다.

여기서 우리가 고려해 보아야 할 사항은, 다른 환자들에게서도 히스테리가 유사한 방식으로 생긴다고 가정하는 것, 또 제2차 상태가 그리 뚜렷이 체계적으로 나타나지 않는 경우라도 그 전개 과정이 유사하다고 가정하는 것이 어느 정도 타당한가 하는 점이다. 내가 서술한 대로 매우 특이하게도 그녀는 최면 때 일어났던 일을 기억했고 자신이 기억한 것들을 말해 주었는데, 만약 이러한 특이성이 아니었더라면 이 사례의 경우, 환자나 의사가 병의 전개 과정을 전혀 알지 못할 수도 있었을 것이다. 그녀는 깨어 있는 동안에는 이 모든 것을 몰랐다. 따라서 환자가 깨어 있을 때 진찰한 것을 근거로 사례 전체가 어떤지에 관한 결론에 다다르는 것은 불가능하다. 왜냐하면 아무리 의욕이 넘치더라도 그 상태에서는 아무런 정보를 줄 수가 없기 때문이다. 그리고 이미 지적했듯이 환자 주변 사람들은 병이 진행 중이라는 것을 거의 눈치채지 못했다. 그러므로 아나 양의 사례에서 그녀의 자기 최면이 제공했던 것과 같은 절차를 다른 환자들에게 쓸 때만이 그 환자의 상태를 볼 수 있게 된다. 잠정적으로 우리는 다음과 같은 견해만 제시할 수 있을 뿐이다. 여기서 서술된 것과 비슷한 일련의 사건이, 발병 메커니즘을 우리가 몰랐을 적에 추측했던 것보다도 사실은 훨씬 자주 일어난다는 것이다.

아나가 병상에 눕게 되고, 그녀의 의식이 계속 정상 상태와 〈제2차〉 상태 사이를 오락가락하고 있을 때, 따로따로 시작되었던 증상들과 그때까지 잠복해 있던 증상들이 모두 한꺼번에, 만성 증상들로 변하여 나타났다. 여기에 이들과는 다른 원인으로 보이는 한 집단의 새로운 현상이 더해졌다. 즉 왼쪽 다리의 마비성 수축과 머리를 올려 주는 근육의 마비였다. 내가 이 증상들을 다른 증상들과 구분 지은 까닭은 이 증상들의 경우 일단 소멸되고 나면 결코 재발하지 않았기 때문이다. 일시적이든 아주 가볍든 간에, 또한 전체 히스테리 병의 최종 단계나 회복 단계에서도 전혀 재발하지 않았던 것이다. 반면 다른 증상들은 어느 기간 동안 나타나지 않다가 다시 두드러졌다. 또 하나의 차이는, 최면 분석 동안 그녀가 이 마비성 수축과 근육 마비에 관해 언급한 적이 없었고, 따라서 정서적 근원이나 공상적 근원으로 거슬러 올라간 적이 없다는 것이다. 그러므로 내 생각에 이 증상들은 다른 증상들과 동일한 심리 과정 때문에 생긴 것이 아니고 히스테리 현상의 신체적 기초가 되는 미지의 상태가 2차적으로 확장된 탓으로 돌려야 한다.

병에 걸린 전체 기간 중에 그녀의 두 가지 의식 상태가 나란히 계속되고 있었다. 첫 번째 의식 상태는 심리적으로 꽤 정상적이고, 두 번째 의식 상태는 공상의 산물과 환각이 풍부하다는 점에서, 또 기억의 공백이 크고 연상상의 억제와 통제가 부족하다는 점에서 마치 꿈과도 같다. 이러한 제2차 상태에서 환자는 정신 이상 상태에 있다. 환자의 정신 상태가 전적으로 이 제2차 상태의 정상 상태로의 침입에 달렸다는 사실은 히스테리 정신병 증세의 적어도 어떤 부분에 관해서는 중요한 시사점을 던진다. 저녁 최면 때마다 보면 제2차 상태의 산물이 〈무의식 속에서〉[16] 자극으

---

16 이 책은 〈무의식〉이라는 용어를 정신분석적 의미에서 사용한 첫 번째 발표문인 것 같다. 물론 이 용어는 이전에 다른 작가들, 특히 철학자들이(하르트만E. von Hartmann의 『무의식의 철학Philosophie des Unbewußten』, 1869) 이미 자주 사용했다. 브로이어가 이 용어를 강조한 이유는 아마도 프로이트를 인용했다는 뜻일 것이다. 프로이트 자신도 이 책에서 이 용어를 사용했다. 그는 또한 잠재 의식das Latentbewußte이라

로 작용하지 않는 한에는, 그녀의 정신 상태가 전적으로 맑고 정연하며 그녀의 느낌이나 의지도 정상이라는 것이 증명된다. 마음의 짐을 더는 이러한 최면 과정 사이사이에 틈이라도 보이면 심각한 정신병 증세가 나타나곤 하는데, 이것은 공상의 산물이 그녀가 〈정상 상태〉에 있을 때의 심리적 사건에 어느 정도로 영향을 미치는지 보여 준다. 하나는 정신적으로 정상이고 다른 하나는 미친, 그러한 두 가지 인격으로 환자가 쪼개져 있다는 식으로 상황을 설명하게 되는 것을 피하기는 어렵다.

내 견해로는, 현 사례에서 두 가지 상태가 확실하게 분리되어 있다는 점은 여러 다른 히스테리 환자의 설명 불가능했던 문제들이 어떻게 생겨났는가 하는 것을 좀 더 분명하게 보여 준다. 아나 자신이 이름 붙인 대로 〈사악한 자기〉가 만든 부산물이 얼마나 도덕적 습관에 영향을 끼쳤는지가 현 사례에서는 특히 눈에 띈다. 만약 이러한 부산물이 계속적으로 제거되지 못했다면 그녀는 악성 히스테리 환자가 되어 버렸을 것이다 — 즉, 고집 세고 게으르며 사귀기 힘들고 성질이 못된 환자 말이다. 그러나 실제로는 그러한 자극을 제거한 결과 그녀의 진짜 성격, 즉 이 모든 형용사의 반대인 특성이 바로 나타났던 것이다.

그녀의 두 상태가 확연히 분리되었음에도 제2차 상태가 제1차 상태에 침입한 것은 물론 그 어떤 때라도, 설사 환자가 매우 나쁜 상태에 있더라도 그녀 말에 따르면, 예리하고 침착한 관찰자가 그녀의 뇌 한구석에 앉아 모든 미친 짓거리를 보고 있었던 것이다. 정신병 증상이 실제로 진행되는 동안에도 이 명료한 사고를 계속 유지한 탓에 이 명료한 사고의 존재가 매우 이상한 방식으

는 용어도 사용한다. 브로이어 역시 이 용어를 사용하고, 사실은 프로이트보다도 더 자주 사용했다. 독자들이 알다시피 프로이트는 후에 이 용어의 사용을 반대했다.

로 표현되었다. 히스테리 현상이 멈춘 이후 환자가 일시적인 우울증에 빠졌을 때 그녀는 어린애 같은 공포와 자책하는 모습을 보였는데, 개중에는 그녀가 전혀 아픈 적이 없고, 그 모든 일이 꾸며진 것이었다고 생각하는 것도 포함된다. 우리가 이미 알고 있듯이, 비슷한 일이 빈번히 관찰된 바 있다. 이런 종류의 장애가 완치되고 두 가지 다른 의식 상태가 다시금 하나로 합쳐졌을 때 환자들이 과거를 돌이켜보면 말도 안 되는 이 모든 짓거리를 의식하고 있었던 분열되지 않은 단일한 인격체로서의 자기 자신들을 보게 된다. 이때 환자들은 만약 자신들이 그러기를 원했다면 그러한 짓거리들을 예방할 수 있었을 것이라고 생각하며, 따라서 마치 자기들이 의도적으로 장난을 한 것처럼 느끼는 것이다 ─ 여기서 고려해야 할 것은, 제2차 상태 동안 지속된 이 정상적인 생각이 그 크기에서 굉장히 변화가 심했고, 완전한 결여 상태에 있던 적도 매우 자주 있었으리라는 점이다.

병의 시작부터 종결까지 제2차 상태에서 비롯된 모든 자극, 그리고 그 결과들까지 최면 시의 언어적 표현으로 영구히 제거되었다는 놀라운 사실에 대해서는 이미 서술한 바 있다. 여기서 나는, 이 사실이 내가 환자에게 암시를 걸어 강요한, 나 자신에 의한 허구가 아니라는 보증을 덧붙이고자 한다. 나는 이 사실에 전적으로 놀랐고, 이런 식으로 증상들이 제거된 다음에야 비로소 나는 그 사실로부터 치료 기법을 발전시켰다.

히스테리의 최종적인 완치에 대해 몇 가지 의견을 더 말하고자 한다. 이미 내가 언급한 대로 최종 단계에서는 환자의 정신 상태가 꽤 악화되고 동요된다. 현 사례에 관한 나의 소견으로는, 그때까지 조용하게 있던 제2차 상태의 여러 산물이 의식 속으로 강하게 밀고 들어오더라는 것이다. 그리고 처음에는 그 산물들이 제

2차 상태 때만 기억났지만, 정상 상태에 부담을 주고 동요시킨다는 것이다. 만성 히스테리가 정신병으로 종결되는 다른 사례들의 경우에서도 같은 근원을 찾을 필요는 없는지의 여부는 앞으로 밝혀져야 할 일이다.

김미리혜 옮김

II. 꿈, 실수, 농담

꿈-해석의 방법: 꿈 사례 분석

Die Traumdeutung(1900)

이 장이 수록된 『꿈의 해석』은 1900년 초판이 처음 출간되었으며, 1909년 제2판을 시작으로 1922년까지 내용 수정과 첨가를 거듭하며 7판을 발행하였다. 1925년에는 『저작집 *Gesammelte Schriften*』 제2권과 제3권의 일부로 실렸으며, 1930년에는 제8판을 발행하게 되었다. 또한 1942년에는 『전집 *Gesammelte Werke*』 제2권과 제3권에 수록되었다. 영어 번역본은 1913년 브릴의 번역으로 출간되었으며, 1938년에는 『지크문트 프로이트의 기본 저작집 *The Basic Writings of Sigmund Freud*』의 일부로 발간되었다. 또한 1950년에는 『표준판 전집 *The Standard Edition of the Complete Psychological Works of Sigmund Freud*』 제4권과 제5권의 일부로 실렸다.

이 장(章)의 표제를 보면 내가 꿈-해석의 어떤 전통을 따르려는지 알 수 있다. 내 계획은 꿈을 해석할 수 있다는 것을 보여 주는 것이었다. 내가 지금까지 다룬 꿈 문제들의 해명에 기여한 바가 있다면, 그것은 원래의 과제를 해결하는 과정에서 뜻밖에 얻은 부수적 소득에 지나지 않는다. 꿈이 해석될 수 있다는 나의 가정은 즉시 지배적인 꿈-이론, 아니 셰르너의 이론을 제외한 모든 꿈-이론과 정면으로 대립한다. 〈꿈을 해석한다〉는 것은 꿈에 〈의미〉를 부여한다는 것, 즉 기타 정신 활동들과 마찬가지로 동등하고 중요한 고리로서 우리 정신 활동의 사슬 속에 연결되어 있는 무엇으로 꿈을 대체하는 것을 뜻하기 때문이다. 그러나 우리가 이미 알고 있는 바와 같이 학문적인 꿈-이론들은 꿈-해석의 문제에 전혀 여지를 남기지 않는다. 그러한 이론들의 견지에서는 꿈은 결코 정신 활동이 아니라, 정신 기관에서의 징후를 통해 알려지는 일종의 신체적 사건이기 때문이다. 그러나 예로부터 대중들은 그와 다르게 생각해 왔다. 사람들은 군이 일관성 있게 행동할 필요가 없는 자신들의 당연한 권리를 누렸다. 그들은 꿈이 이해할 수 없는 부조리한 것이라고 시인하면서도, 꿈이 의미 없는 것이라고 선언할 결심은 하지 않는다. 그 대신 막연한 예감에 이끌려, 꿈에는 분명 숨어 있는 의미가 있으며 다른 사고 과정을 대신하는 사명을 띠고 있다고 추정하는 듯 보인다. 그러니 그들에게는 꿈의 숨어 있는 의미를 찾아내기 위해서 대용물이 무엇을 대체하고 있는지 올바르게 밝혀내는 것이 문제이다.

이런 이유에서 대중들은 옛부터 꿈을 〈해석하려고〉 노력하였으며, 그 과정에서 근본적으로 판이한 두 가지 방법을 시도했다.

첫 번째 방법은 전체로서의 꿈-내용에 주목하여, 어떤 관점에서 원본과 유사하면서 의미가 명료한 다른 내용으로 대체하고자한다. 이것이 〈상징적인〉 꿈-해석이다. 물론 이 방법은 이해할 수없을 뿐만 아니라 혼란스러운 꿈의 경우 처음부터 성공할 가능성이 없다. 이 방법의 좋은 실례는 구약 성서에 나오는 요셉의 파라오 해석 꿈이다. 일곱 마리의 마른 암소가 뒤쫓아 와 일곱 마리의 살찐 암소를 먹어 치운다. 이것은 이집트에서 7년간 이어진 풍년 끝에 7년에 걸친 기근이 찾아와 그동안 비축해 둔 풍요한 물자를 다 먹어 치운다는 예언을 상징적으로 대신한다. 시인들이 만들어낸 인위적인 꿈들은 대부분 이러한 상징적 해석을 위한 것이다. 그것들은 시인들이 품고 있는 사상을 우리가 경험으로 알고 있는 꿈의 특성에 부합하도록 위장하여 묘사하기 때문이다.[1] 꿈이 주로 미래와 관계되어 앞날을 예감한다는 의견은 — 이것은 일찍이 꿈이 승인받았던 예언적 의미의 잔재이다 — 상징적 해석이 발견

---

1   (1909년에 첨가한 각주) 나는 빌헬름 옌젠Wilhelm Jensen의 중편 소설 『그라디바Gradiva』에서 우연히 몇 개의 인위적인 꿈을 발견했다. 이 꿈들은 나무랄 데 없이 완벽하게 구성되어 있으며, 인위적으로 만들어 낸 것이 아니라 실제 살아 있는 사람이 꾼 것처럼 해석할 수 있었다. 내가 문의하자, 시인은 내 꿈-이론을 읽어 보지 못했다고 확인해 주었다. 나는 내 연구와 이 작가의 창작 사이의 이러한 일치를 내 꿈 분석이 옳다는 증명으로 평가했다(「빌헬름 옌젠의 『그라디바』에 나타난 망상과 꿈」[프로이트 전집 14, 열린책들], 프로이트 편 『응용 심리학 논총Schriften zur angewandten Seelenkunde』 제1권[1907]) — 원주.

해 낸 꿈의 의미를 〈그렇게 될 것이다〉를 통해 미래로 옮겨 놓는 계기가 된다.

그런 상징적인 해석의 길을 어떻게 찾아낼 수 있을까. 여기에는 물론 이렇다 할 지침이 없다. 성공 여부는 재치 있는 착상, 순간적 직관에 달려 있다. 그 때문에 상징에 의한 꿈-해석은 특별한 재능을 필요로 하는 듯 보이는 기예(技藝)가 될 수 있었다.[2] 또 다른 대중적 꿈-해석 방법은 그러한 요구와는 거리가 멀다. 이 방법은 꿈을 일종의 암호 문서처럼 다루기 때문에, 〈암호 해독법〉이라 부를 수 있을 것이다. 암호 문서에서 모든 부호는 이미 정해져 있는 암호 해독의 열쇠에 따라 잘 알고 있는 의미의 다른 부호로 번역된다. 예를 들어 내가 편지와 장례식 등이 나오는 꿈을 꾸었다 치자. 『해몽서Traumbuch』를 찾아보면, 〈편지Brief〉는 〈불쾌감 Verdruß〉으로, 〈장례식Leichenbegängnis〉은 〈약혼Verlobung〉으로 번역할 수 있다는 것을 알 수 있다. 내게 남아 있는 일은 해독해 낸 중심 낱말들을 토대로 관계를 만들어 내 미래의 것으로 받아들이는 것이다. 달디스의 아르테미도로스[3]는 꿈-해석에 관한 글에서 이러한 암호 해독법을 흥미롭게 변화시켜 순전히 기계적인 번역으로서의 특성을 어느 정도 수정하고 있다.[4] 그는 꿈-내용뿐 아니

2   (1914년에 추가된 각주) 일찍이 아리스토텔레스가 최고의 꿈 해석가는 유사점들을 가장 적절히 파악하는 사람이라고 말한 바 있다. 꿈-형상들은 물에 비친 영상들처럼 움직임에 따라 일그러져 있으며, 일그러진 형상에서 진실한 것을 인식할 수 있는 사람이 가장 잘 파악하기 때문이라는 것이다(뷕센쉬츠 B. Büchsenschütz, 『고대의 꿈과 꿈-해석Traum und Traumdeutung im Altertum』, 1868) — 원주. 아리스토텔레스의 『꿈의 예언』 참조.

3   아르테미도로스의 『해몽서』 참조

4   (1914년에 첨가한 각주) 우리의 시간 계산법에 따라 2세기 초 출생했다고 추정되는 달디스의 아르테미도로스가 그리스·로마 세계에서 가장 완벽하고 주도면밀한 꿈-해석을 후세에 남겨 주었다. 테오도어 곰페르츠Theodor Gomperz가 『꿈-해석과 마법Traumdeutung und Zauberei』(1866)에서 강조했듯이, 그는 직접 관찰하고 경험한 사실을 토대로 꿈을 해석하는 것을 중요하게 생각했으며, 자신의 방법을 다른 속임수와

라 꿈꾸는 사람의 인품이나 생활 환경까지도 고려한다. 따라서 동일한 꿈-요소라고 하더라도 부자, 기혼자, 연설가일 때와 가난한 자, 미혼자, 상인인 경우는 의미가 다르다. 이 방법의 근본적인 점은 해석 작업에서 꿈 전체가 아니라, 꿈-내용의 각 부분 자체에 관심을 기울이는 것이다. 그래서 꿈은 마치 특정한 사명을 요구하는 부분들의 집합체처럼 보인다. 물론 암호 해독법을 만들어 낸 원동력은 전후 관계없이 혼란스러운 꿈들이다.[5]

엄격하게 구분지었다. 곰페르츠의 글에 따르면 그의 해석술 원칙은 마술과 일치하는 연상 원칙이었다. 꿈속의 사물은 그것이 상기시키는 것, 좀 더 자세히 말하면 해몽가에게 상기시키는 것을 의미한다! 이 과정에서 어쩔 수 없이 자의성과 불확실성이 따르는 이유는, 꿈-요소가 해몽가에게 여러 가지 사물을 상기시킬 뿐 아니라 또한 해몽가마다 다른 것을 상기시키기 때문이다. 내가 다음에 설명할 분석 기술은 꿈꾼 사람에게 직접 해석 작업을 부과한다는 점에서 근본적으로 고대의 기술과 차이를 보인다. 그것은 해당 꿈-요소와 관련해 꿈 해석가가 아니라 꿈꾼 사람에게 떠오르는 것을 고려한다. 선교사 트핑크디J. Tfinkdji(『메소포타미아의 꿈과 꿈의 해석(해몽) 기술에 대한 에세이』, 1913)가 최근 보고한 글에 따르면, 근세 동양의 꿈 해석가들도 꿈꾼 사람의 협력을 많이 요구한다고 한다. 그는 메소포타미아 지방의 아랍인들 사이에서 활동하는 해몽가들에 관해 증언한다. 〈꿈을 정확하게 해석하기 위해 능숙한 꿈 해몽가들은 올바른 해명에 필요하다고 생각되는 모든 상황을 자문을 구한 당사자로부터 알아낸다……. 간단히 말해 이 꿈 해몽가들은 단 한 가지도 놓치려 들지 않으며, 원하는 질문에 대한 답변을 다 듣기 전에는 해석을 해주지 않는다.〉 이러한 질문 중에는 가까운 가족 성원(부모, 아내, 자녀)에 대한 자세한 문의 및 다음과 같은 상투적 질문이 빠지지 않는다. 〈어젯밤 꿈꾸기 전이나 꿈꾸고 나서 아내와 잠자리를 같이 했습니까?〉 〈꿈을 해석하는 중심적인 방법은 그 꿈을 반대로 설명하는 것이다〉 — 원주.

5 (1909년에 추가된 각주) 나는 알프레트 로비체크Alfred Robitsek 박사에게 힘입어 동양의 꿈 해몽서들이 대부분 낱말 음운의 일치나 유사함에 따라 꿈-요소들을 해석한다는 사실에 주목하게 되었다. 사실 우리의 해몽서들은 그것들을 서투르게 베낀 것에 지나지 않는다. 우리 언어로 번역하면 그러한 유사성이 소실될 수밖에 없기 때문에, 널리 읽히는 우리의 대중적『해몽서』들에서 그렇게 이해할 수 없는 내용이 많은 것이다. (1911년에 추가된 각주) 고대 동양 문화의 말장난과 낱말 유희의 특별한 의미에 관해서는 후고 빙클러Hugo Winckler(유명한 고고학자)의 글에 자세히 설명되어 있다. 고대에서부터 전해 내려온 가장 아름다운 꿈-해석 사례는 낱말 유희에 근거하고 있다. 아르테미도로스는 이렇게 이야기한다. 〈나는 아리스탄드로스가 마케도니아의 알렉산드로스 대왕에게 아주 훌륭한 해석을 해주었다고 생각한다. 알렉산드로스 대왕은《티로스Tyros》를 포위하고서 쉽사리 함락이 되지 않아 불쾌하고 우울한 기분이었을 때, 자신의 방패 위에서《사티로스Satyros》가 춤추는 꿈을 꾸었다. 아리스탄

이 주제를 학문적으로 논하게 되면, 대중적인 두 가지 꿈-해석 방법이 무용지물이라는 것에는 추호도 의심의 여지가 없다. 상징적인 방법은 적용 범위가 한정되어 있어 보편타당한 설명이 불가능하다. 암호 해독법에서는 모든 것이 〈열쇠〉, 즉 꿈 해몽서의 신뢰성 여부에 달려 있다. 그러나 그것을 보증해 주는 것이 전혀 없다. 따라서 철학자와 정신과 의사들의 의견에 찬성해 꿈-해석의 문제를 비현실적인 상상 속의 과제로 치부해 버리고 싶은 기분이 들 수 있다.[6]

그러나 나는 한 가지 오류를 인식하게 되었다. 흔히 그렇듯이 이 문제에서도 예부터 완강하게 고집해 온 일반 대중들의 믿음이 오늘날 통용되는 학문의 판단보다 사물의 진실에 더 가깝게 보인다고 깨닫게 된 것이다. 나는 실제로 꿈에는 의미가 있으며, 학문적인 꿈-해석 방법이 가능하다고 주장할 수밖에 없다. 내가 이러한 방법을 알게 된 것은 다음과 같은 경위를 통해서이다.

몇 년 전부터 나는 치료 목적으로 히스테리성 공포증*Phobie*, 강박 관념 등의 정신 병리학적 형성물들을 해명하기 위해 노력해 왔다. 그것은 내가 요제프 브로이어Josef Breuer의 중요한 글을 통

드로스는 우연히 티로스 근처에서 시리아인을 공격하는 왕을 수행하고 있었다. 그는 사티로스라는 말을 사*sa*와 티로스*tyros*로 분석함으로써, 왕이 포위를 더 힘차게 몰아붙여 그 도시의 주인이 되도록 했다〉(그리스어에서 사 티로스*sa tyros*는 〈티로스가 너의 것이다〉라는 의미이다). 그 밖에도 꿈은 언어 표현과 밀접하게 결부되어 있다. 따라서 모든 언어는 자신만의 고유한 꿈 언어를 가진다는 페렌치의 말은 백번 옳다. 일반적으로 꿈은 다른 언어로 번역할 수 없으며, 그 때문에 나는 이 책 역시 마찬가지라고 생각했다. (1930년에 추가된 각주) 그런데도 뉴욕의 브릴A. A. Brill 박사가 최초로 시도한 이후 그의 뒤를 이은 다른 사람들도 『꿈의 해석』 번역에 성공하고 있다 ― 원주. 페렌치의 『꿈의 정신분석*Die Psychoanalyse der Träume*』(1910) 참조.

6 나는 이 책을 탈고한 후 슈툼프E. J. G. Stumpf의 글을 입수하게 되었다(『꿈과 그 해석*Der Traum und seine Deutung*』, 1899). 그의 글은 꿈이 의미 있는 것이며 해석 가능하다는 것을 증명하려는 의도에서 내 연구와 일치한다. 그러나 그는 방법의 보편타당성에 대한 증명 없이 비유하는 상징적 표현에 의존하여 해석한다 ― 원주.

해 질병의 징후로 느껴지는 이러한 형성물들의 경우 해명과 해결이 일치한다는 것을 알게 된 이후의 일이다.[7] 환자의 정신 활동에서 그런 병적 표상의 원인이 된 요소들을 찾아낼 수 있으면, 그 표상은 소멸되고 환자는 해방된다. 평상시 우리가 치료에 기울이는 노력은 무력하기만 하고 그런 병적 상태들은 수수께끼에 둘러싸여 있기 때문에, 모든 어려움을 무릅쓰고라도 브로이어가 내디딘 길을 완전히 해명할 수 있을 때까지 끝까지 밀고 나가자는 생각은 아주 매혹적으로 생각되었다. 이 방법의 기술이 어떻게 이루어졌고 노력한 결과가 무엇이었는지는 다음번에 자세히 설명할 기회가 있을 것이다. 나는 이와 같은 정신분석 연구 도중 꿈의 해석에 부딪히게 되었다. 환자들에게 특정한 주제와 관련해 머리에 떠오르는 생각과 착상들을 빼놓지 않고 의무적으로 이야기하라고 하자, 그들은 꿈 이야기도 들려주었다. 그래서 나는 병적 관념에서 역으로 기억을 더듬어 추적할 수 있는 심리적 연결 고리 속에 꿈을 끼워 넣을 수 있다는 것을 알게 되었다. 꿈 자체를 증상으로 다루어 병적 관념을 위해 만들어 낸 해석 방법을 꿈에 적용하자는 생각이 쉽게 떠올랐다.

그러기 위해서는 환자 측에서 일종의 심리적 준비가 필요하다. 환자는 심리적 지각을 위해 주의력을 집중하고, 평소 떠오르는 생각을 걸러 내는 비판을 배제하도록 노력해야 한다. 주의력을 집중해 자신을 관찰하기 위해서는 마음을 가라앉히고 눈을 감는 것이 유리하다. 그리고 뇌리에 떠오르는 사고를 절대로 비판하지 말라고 환자에게 신신당부해야 한다. 즉 정신분석의 승패는 머리에 떠오르는 모든 것에 주의를 기울이고 남김없이 이야기하는 것에 달려 있다고 환자에게 말한다. 환자는 중요하지 않거나 주제

7 나와 브로이어의 『히스테리 연구』 참조 — 원주.

와 관계없다고 생각하기 때문에, 또는 터무니없다고 여겨 떠오르는 생각을 억누르는 일이 있어서는 안 된다. 그리고 떠오르는 생각들을 아무런 편견 없이 다루어야 한다. 꿈이나 강박 관념 등을 원하는 대로 해명하지 못한다면, 그것은 바로 비판 때문일 것이다.

정신분석 작업 도중 나는 깊이 사고하는 사람의 심리 상태는 자신의 심리적 움직임을 관찰하는 사람의 심리 상태와는 전적으로 다르다는 사실을 깨닫게 되었다. 자신을 관찰하는 사람의 평온함과는 반대로 깊이 사고하는 사람의 긴장된 표정과 주름진 이마가 증명하듯이, 사고할 때는 주의 깊게 자신을 관찰할 때보다 심리적으로 더 많은 활동을 하게 된다. 두 경우 다 주의력을 집중해야 하지만, 깊이 사고하는 사람은 자신의 비판적 기능 또한 작동시키고 있다. 그는 떠오르는 생각들을 인지한 후 이러한 생각의 일부를 비판을 통해 거부하거나 즉시 중단시켜, 일단 시작된 사고의 흐름을 따르지 않는다. 또한 전혀 의식하지 않는 사고, 다시 말해 지각하기 전 억눌러 버리는 사고들도 있다. 그와 반대로 자신을 관찰하는 사람은 오로지 비판을 억누르기 위해 노력한다. 이것이 성공하면 평상시 파악할 수 없었던 수많은 생각들이 의식에 떠오른다. 이와 같이 자기 인식을 위해 새로이 얻은 재료의 도움을 빌려 병적 관념과 꿈의 형성물들을 해석할 수 있다. 알고 있는 바와 같이 문제는 심리적 에너지(활발한 주의력)의 분배에서 잠들기 전의 상태와 (최면에 걸린 상태도 마찬가지이다) 일종의 유사성을 공유하는 심리적 상태를 만들어 내는 것이다. 잠이 들면서 표상들의 흐름에 영향을 끼치는 자의적인 (물론 비판적이기도 한) 활동이 이완되기 때문에 〈의도하지 않은 표상들〉이 떠오른다. (이러한 이완이 일어나는 이유를 우리는 〈피로〉의 탓으로 돌리곤 한다.) 그리고 의도하지 않은 상태에서 떠오른 표상들은 시각적, 청각적 형상으로 변화한다(슐라이어마허의 『심리학』을 비롯한 다른 견해 참조).[8] 꿈과 병적 관념들의 분석에 이용되는 상태에서 환자들은 의도적이고 자의적으로 그러한 활동을 포기하고, 비축된 심리적 에너지(또는 그 일부)를 의도하지 않은 상태에서 막 떠오른 사고들을 주의 깊게 추적하는 데 활용해야 한다. 그 사고들은 표상으로서의 특성을(이 점이 잠이 든 상태와의 차이이다) 그대로 유지하고 있다. 〈그런 식으로《의도하지 않은》표상들을《의도적인》표상으로 만드는 것이다.〉

많은 사람들에게 외관상 〈자유롭게 떠오르는〉 것처럼 보이는 생각들에 대해 요구되는 정신적 태도를 채택하고 통상 그러한 생각들에 반대하여 작동하는 비판적 기능을 포기한다는 것은 사람들에게 매우 힘든 일처럼 보인다. 〈의도하지 않은〉 사고들은 떠오르지 못하도록 방해하는 격렬한 저항을 불러일으키곤 한다. 그러나 우리가 위대한 시인이면서 철학자인 프리드리히 실러의 말을 믿는다면, 시적 창작 역시 이와 유사한 태도를 전제로 하는 것이 분명하다. 실러는 쾨르너에게 보낸 편지의 한 구절에서 자신의 부족한 창조력을 한탄하는 친구에게 이렇게 대답한다(이 구절을 찾아낸 사람은 오토 랑크Otto Rank이다). 〈내가 보기에 자네 비탄의 원인은 자네의 오성(悟性)이 상상력을 강요하기 때문인 것 같네. 비유를 통해 구체적으로 설명해 보겠네. 오성이 용솟음치는

---

8 (1919년에 추가된 각주) 질베러는 표상들이 시각 형상으로 변화하는 과정을 직접 관찰하여 꿈-해석에 중요한 기여를 했다. 질베러의 「상징적인 환상 현상들을 불러일으키고 관찰하는 방법에 대한 보고Bericht über eine Methode, gewisse symbolische Halluzinations-Erscheinungen hervorzurufen und zu beobachten」(1909), 「환상과 신화 Phantasie und Mythos」(1910), 「각성의 상징과 일반적인 발기 상징Symbolik des Erwachens und Schwellen symbolik überhaupt」(1912) 참조 ― 원주.

관념들을, 말하자면 입구에서부터 너무 엄격하게 시험하는 것은 좋지 않은 일일 뿐 아니라 정신의 창조 활동에도 해가 되는 듯싶네. 관념이라고 하는 것은 따로 떼어놓고 보면 별 볼일 없고 또 아주 괴이할 수 있지만, 이어지는 다른 관념에 의해 중요해지거나 똑같이 사소하게 보이는 다른 관념들과 결합하여 아주 유용한 구성원을 만들어 낼 수 있다네. 오성은 한 관념이 다른 관념들과 결합한 것을 보게 될 때까지 오래 붙잡고 있지 않으면 다 판단할 수 없다네. 그와 반대로 창조적인 두뇌의 경우, 오성은 입구의 감시에서 물러난다고 생각하네. 관념들이 《앞을 다투어》 쏟아져 나오고, 그런 다음에야 오성은 한꺼번에 훑어보고 검사한다네. 스스로 뭐라고 부르든지 간에 자네 같은 비평가들은 순간적이고 일시적인 무모함 앞에서 부끄러워하거나 두려움을 느끼지만, 사실 이러한 무모함은 독창적으로 창조하는 사람들에게는 다 있는 것이고 지속되는 시간에 따라 사고하는 예술가와 꿈꾸는 사람이 구분된다네. 그러니 자네들이 재능이 없다는 탄식은 너무 일찍 거부하고 엄격하게 구분짓기 때문이라네〉(1788년 12월 1일 자 서한).

그러나 실러의 표현대로 〈오성이 입구의 감시에서 물러나는 것〉, 즉 비판 없이 자신을 관찰하는 상태에 들어가기는 전혀 어려운 일이 아니다.

내 환자들은 일단 방법만 가르쳐 주면 대부분 성공한다. 나 자신도 떠오르는 생각들을 글로 적으면서 잘만 뒷받침하면, 완벽하게 해낼 수 있다. 비판적 활동을 저하시켜 얻을 수 있으며 자기 관찰의 강도를 높이는 데 이용되는 심리적 에너지의 양은 어떤 주제에 주의를 기울이는지에 따라 상당히 편차가 심하다.

이 방법을 적용하기 위해 첫걸음을 내디디면, 꿈 전체가 아니라 꿈-내용의 일부에만 주의를 기울여도 된다는 것을 알 수 있다.

아직 제대로 훈련을 쌓지 못한 환자에게 꿈과 관련해 무슨 생각이 떠오르냐고 물으면, 대개 정신적으로 아무것도 포착하지 못한다. 그러나 꿈을 여러 부분으로 분할시켜 제시하면, 환자는 각 꿈-부분Traumpartie의 〈배후 사고Hintergedank〉라고 표현할 수 있는 일련의 생각들을 떠올린다. 따라서 내가 행하는 꿈-해석 방법은 이 첫 번째 중요한 조건에서부터 역사적, 전설적으로 유명한 대중들의 상징 해석 방법과 큰 차이를 보이면서, 두 번째 〈암호 해석법〉에 보다 접근한다. 후자처럼, 내 방법은 〈전체적〉 해석이 아니라 〈부분적〉 해석이다. 그리고 처음부터 꿈을 복합적인 성격을 지닌 심리적 형성물들의 집합체로 파악한다는 점에서 암호 해석법과 일치한다.

나는 지금까지 신경증 환자들을 정신분석하면서 1천 개 이상의 꿈을 해석했지만, 이 재료를 꿈-해석의 기술과 이론을 소개하는 데 응용하고 싶지는 않다. 건강한 사람들의 꿈을 추론하는 데 이용할 수 없는 신경증 환자들의 꿈이라는 이의 제기에 무력하다는 사실 말고도, 그러한 사례 해석을 기피할 수밖에 없는 또 다른 이유가 있다. 이러한 꿈들이 지향하는 주제는 말할 것도 없이 신경증의 근거가 된 병력(病歷)이다. 그 때문에 언제나 꿈꾸게 된 배경을 길게 설명하고, 정신 신경증의 실체와 병을 유발한 조건들을 깊이 파고들어야 한다. 그런데 이런 일들은 그 자체로 새로울 뿐 아니라 많은 의구심을 불러일으키는 것이기 때문에 자칫 꿈 문제에서 주의를 벗어나게 할 우려가 있다. 내 의도는 꿈 문제를 해결하여 신경증 심리학의 어려운 문제들을 해명하기 위한 준비 작업을 구축하는 데 있다. 그러나 내 주요 재료인 신경증 환자들의 꿈을 포기하면, 나머지에 대해서는 그렇게 까다로울 필요가 없다. 나머지는 간혹 나와 교분 있는 건강한 사람들에게서 듣거나 꿈-생활 관련 문헌에 사례로 기록되어 있는 꿈들뿐이다. 유감스럽게도 나는 이러한 꿈들의 경우 그 의미를 밝혀내기 위해 꼭 필요한 분석을 하지 못했다. 내 방법은 주어진 꿈-내용을 확정된 해법에 따라 번역하는 대중적 암호 해독법처럼 간단한 것이 아니다. 오히려 나는 같은 꿈-내용도 사람과 전후 관계에 따라 다른 의미가 숨어 있을 수 있다는 것을 각오한다. 그래서 나는 나의 꿈에 의존하기로 했다. 이것은 정상적이라 할 수 있는 사람이 꾼 것이며, 평범한 삶의 다양한 동기와 관련된 풍부하고 편안한 재료이다. 결코 자의성을 배제할 수 없다면서, 그러한 〈자기 분석 *Selbstanalyse*〉의 신뢰성에 의혹을 제기하는 사람이 틀림없이 있을 것이다. 내 판단에 의하면 타인들보다 자신을 관찰하는 편이 더 유리하다. 어쨌든 자기 분석에 의해 꿈-해석을 어느 정도까지 해낼 수 있는지 시도해 볼 수는 있다. 그 외에 내 마음속에서 극복해야 하는 또 다른 어려움이 있다. 정신생활의 내밀한 부분을 그렇게 많이 드러내는 것을 망설이는 것은 자연스러운 일이며, 동시에 다른 사람들의 오해에서 안전할 것이라는 보장도 없다. 그러나 그 점 역시 무시할 수 있어야 한다. 델뵈프는 이렇게 말한다. 〈모든 심리학자는 어둠 속의 문제에 빛을 밝힐 수 있다고 믿으면, 자신의 약점까지도 고백해야 한다.〉[9] 그리고 독자들 또한 처음에는 내가 털어놓는 비밀에 흥미를 느끼겠지만, 얼마 안 가 이를 통해 밝혀지는 여러 가지 심리학적 문제에 관심을 집중할 거라고 나는 추정한다.[10]

9 델뵈프의 『수면과 꿈』 참조.

10 어쨌든 나는 위에서 말한 것을 제한해, 나 자신의 꿈에 대한 완전한 해석을 이야기한 적은 거의 없다고 말하지 않을 수 없다. 독자들의 사려 깊은 이해심을 그리 기대하지 않았다는 게 옳은 것 같다 — 원주.

따라서 나의 꿈 중 하나를 선택해 그것을 토대로 내 해석 방법을 설명할 생각이다. 이러한 꿈들은 모두 배경 설명이 필요하다. 이제 나는 잠시 내 관심사를 자신의 것으로 여기고, 나와 더불어 내 삶의 세세한 부분까지 주의를 집중하도록 독자들에게 부탁한다. 꿈의 숨어 있는 의미에 관심을 기울이기 위해서는 무조건 마음을 하나로 만들어야 하기 때문이다.

배경 설명

1895년 여름 나는 우리 가족과 친분이 두터운 한 젊은 부인의 정신분석 치료를 한 적이 있었다. 이와 같은 이중 관계가 의사, 특히 정신과 의사에게는 여러 가지로 불안한 감정의 원천이 될 수도 있다는 것은 쉽게 이해될 것이다. 의사의 개인적 관심은 커지는 반면, 권위는 감소한다. 치료에 실패할 경우 환자 가족과의 오랜 우정에 금이 갈 위험도 다분하다. 치료는 부분적인 성공으로 끝났다. 환자는 히스테리성 공포에서는 벗어났지만, 신체 증상이 다 사라진 것은 아니었다. 당시 나는 히스테리성 병력의 완치를 표시하는 기준에 확신이 없는 상태였으며, 환자에게 당사자로서는 받아들이기 어렵다고 생각되는 해결책을 요구했다. 그렇게 의견이 어긋난 가운데 우리는 여름을 맞아 치료를 중단했다. 어느 날 아주 절친한 젊은 동료가 앞에서 말한 환자 — 이르마 — 와 그녀의 가족이 머물고 있는 시골을 방문한 다음 나를 찾아왔다. 나는 그녀의 안부를 물었고, 그는 〈전보다는 약간 나아졌지만 썩 좋지는 않다〉고 답변했다. 나는 오토의 말과 어조가 불쾌했던 것을 기억하고 있다. 환자에게 너무 많은 것을 기대하게 만든 것이 아니냐는 등의 비난이 말속에 섞여 있다는 생각이 들었다. 나는 오토가 내게 반감을 품고 있다면, 그것은 ─ 정당하든 부당하든 ─ 환자 가족들의 영향 때문이라고 추정했다. 전부터 그들이 내 치료를 달가워하지 않는다고 짐작하던 터였다. 그러나 나 스스로 당혹스러운 느낌을 명백히 깨닫지 못했기 때문에, 그에 관해 뭐라 말하지는 않았다. 그날 저녁 나는 우리 두 사람의 친구이며 당시 우리 가운데 지도적 인물이었던 의사 M에게 변명 삼아 건네주기 위해 이르마의 병력을 기록했다. 그날 밤 (새벽녘이었던 것 같다) 다음과 같은 꿈을 꾸었으며, 깨어난 즉시 기록해 두었다.[11]

1895년 7월 23~24일의 꿈

〈넓은 홀 ─ 우리는 많은 손님들을 접대하고 있다 ─ 손님 가운데 이르마가 눈에 띈다. 나는 즉시 그녀를 한쪽 구석으로 데려가 그녀의 편지에 답변하고, 《해결책》을 아직 받아들이지 않은 것을 비난한다. 나는 그녀에게 말한다. 「당신이 아직도 통증을 느낀다면 순전히 당신 잘못입니다.」 그녀가 대답한다. 「내가 지금 목하고 위, 배가 얼마나 아픈지 알기나 해요? 꼭 짓누르는 것만 같아요.」 나는 깜짝 놀라 그녀를 바라본다. 그녀의 얼굴은 창백하고 퉁퉁 부어 있다. 신체 기관에 병이 있는데 내가 모르고 지나친 것은 아닐까 하는 생각이 머리를 스친다. 나는 그녀를 창가로 데려가 목 안을 들여다본다. 그러자 그녀는 틀니를 끼운 여자들처럼 거부하는 몸짓을 한다. 나는 그녀가 그럴 필요는 전혀 없다고 생각한다. 마침내 그녀가 입을 크게 벌린다. 나는 우측에서 커다란

---

11 (1914년에 추가된 각주) 이것은 내가 상세히 분석한 최초의 꿈이다 ─ 원주. 프로이트는 상세하지는 않지만 어쨌든 자신의 꿈을 분석한 최초의 시도를 『히스테리 연구』에서 소개한 바 있다.

반점을 하나 발견한다. 다른 쪽에는 코의 하갑개골(下甲介骨)을 본뜬 것 같은 기이한 주름진 형상에 회백색의 커다란 딱지가 앉아 있는 것이 보인다. 나는 급히 의사 M을 부른다. 그는 다시 진찰하고 틀림없다고 확인한다. ……M의 모습은 평소와 아주 다르다. 얼굴은 몹시 창백하고 다리는 절며 턱수염도 없다. ……그녀 옆에는 어느 틈에 친구 오토도 와 있다. 다른 친구 레오폴트가 그녀의 몸 여기저기를 타진(打診)한 후 좌측 하부에서 탁음이 들린다고 말한다. 그러고는 좌측 어깨의 침윤(浸潤)된 피부 부위를 가리킨다(옷을 입고 있는데도 나 역시 그처럼 그것을 감지한다). ……M은 말한다.「감염된 것이 틀림없어, 그렇지만 별일은 아니야, 이질 증상이 나타나면서 병독이 배출될 걸세…….」우리는 즉시 어디서 감염되었는지 알아낸다. 친구 오토가 얼마 전 그녀의 몸이 좋지 않았을 때 프로필 약제, 프로필렌…… 프로피온 산…… 트리메틸아민(이 화학 방정식은 특별히 굵은 활자로 쓰여 있다)을 주사한 것이다. ……그런 주사는 그렇게 경솔하게 놓는 법이 아니다. ……필경 주사기 역시 청결하지 않았을 것이다.〉

다른 많은 꿈들에 비해 이 꿈에는 장점이 하나 있다. 전날의 어떤 사건과 연루되어 있으며 주제가 무엇인지 즉시 분명하게 드러난다. 배경 설명을 읽어 보면 잘 알 수 있다. 오토에게 들은 이르마의 안부와 밤 늦게까지 기록한 병력이 자는 동안에도 내 정신 활동을 계속하게 한 것이다. 그렇지만 배경 설명과 꿈-내용을 아는 사람도 꿈이 무엇을 의미하는지는 짐작할 수 없을 것이다. 나 자신도 알지 못한다. 나는 이르마가 꿈속에서 하소연한 증상을 의아하게 생각한다. 내가 치료한 증상은 그것이 아니기 때문이다. 프로피온 산 주사에 관한 말도 안 되는 생각과 M의 위로에는 절로 웃음이 나온다. 꿈은 끝에 가까워지면서 처음보다 모호하고 어수선한 듯 보인다. 이런 모든 것의 의미를 알기 위해서는 상세한 분석을 하려는 결심이 필요하다.

분석

〈홀 — 우리는 많은 손님들을 접대하고 있다.〉 그해 여름 우리는 칼렌베르크[12]와 맞닿은 언덕 위 외딴 집 벨뷔에서 지냈다. 과거 그 집은 오락 시설용으로 건축한 것이었으며, 그래서 방들이 홀처럼 유달리 천장이 높았다. 이 꿈 역시 벨뷔에서 꾸었으며, 정확히 말하면 내 아내의 생일 파티가 열리기 이틀 전이었다. 낮에 아내는 생일날 여러 명의 친구가 찾아올 것이라고 예상했다. 그 중에는 이르마도 있었다. 따라서 내 꿈은 이러한 상황을 미리 예견한 것이다. 아내의 생일날이고, 우리는 이르마를 포함하여 많은 손님들을 벨뷔의 넓은 홀에서 접대한다.

〈나는 그녀가 내 해결책을 받아들이지 않은 것을 비난한다. 나는 말한다.「당신이 아직도 통증을 느낀다면 순전히 당신 잘못입니다.」〉 나는 깨어 있는 동안에도 충분히 그렇게 말할 수 있었을 것이다. 아니면 이미 했는지도 모른다. 당시 나는 환자들에게 증상의 숨어 있는 의미를 알려 주면 내 임무를 다하는 것이라는 생각을 가지고 있었다(훗날 이것이 잘못된 생각이라는 것을 깨닫게 되었다). 그들이 성공을 좌우하는 해결책을 받아들이고 받아들이지 않고는 내 책임이 아니라고 믿었다. 어쩔 수 없었다고는 하지만 잘 모르는 상태에서 치료를 성공시켜야 했던 시절 그나마 마음 편하게 지낼 수 있었던 것은 이제는 다행히 극복한 그 오류 덕

12　빈 근처에 있는 유명한 휴양지.

분이다. 그러나 내가 꿈속의 이르마에게 하는 말에서, 그녀가 여전히 느끼는 통증에 대해 유난히 책임지고 싶어 하지 않는다는 것을 알 수 있다. 이르마 자신의 잘못이라면, 내 잘못은 아닌 것이다. 꿈의 저의를 이런 방향에서 찾아야 하지 않을까?

〈목과 배, 위가 아프고 짓누르는 것만 같다는 이르마의 하소연.〉 위의 통증은 이르마가 느끼는 증상 가운데 하나였다. 그러나 그리 심한 정도는 아니었다. 그보다는 메스꺼움과 구토감에 대해 하소연했다. 목의 통증과 복통, 짓누르는 것 같은 증세는 그녀에게 별로 대수롭지 않았다. 왜 꿈속에서 이런 증상을 선택하게 되었는지 의아한 생각이 들었지만, 당장은 이유를 알 길이 없다.

〈그녀의 얼굴이 창백하고 퉁퉁 부어 있다.〉 이 환자의 얼굴은 늘 불그스름했다. 여기에서 나는 다른 인물이 그녀로 대체된 것은 아닐까 추측한다.

〈신체 기관에 병이 있는데 내가 모르고 지나친 것은 아닐까 생각하고 깜짝 놀란다.〉 이것은 거의 신경증 환자들만을 보고, 다른 의사들이라면 기관(器官) 질병으로 다룰 많은 징후들의 원인을 히스테리에서 찾는 데 익숙해 있는 전문의라면 결코 벗어날 수 없는 두려움이다. 독자들은 내 말을 쉽게 믿을 수 있을 것이다. 마음 한편에서 내 놀라움이 과연 솔직한 것인가 하는 의심이 — 어디서 오는지는 나도 모른다 — 살짝 고개를 쳐든다. 이르마가 겪는 통증의 원인이 기관에 있다면, 내게는 그것을 치료할 의무가 없는 것이다. 내 치료는 히스테리성 통증을 제거할 뿐이다. 따라서 사실상 내가 오진한 것이었기를 바라는 것처럼 생각된다. 그렇다면 치료가 실패하더라도 비난을 면할 수 있을 것이다.

〈나는 그녀를 창가로 데려가 목 안을 들여다본다. 그녀는 틀니를 낀 여자들처럼 거부한다. 나는 그녀가 그럴 필요는 전혀 없다고 생각한다.〉 내게는 이르마의 구강(口腔)을 검사할 기회가 전혀 없었다. 꿈속의 이 장면에서 얼마 전 어떤 여자 가정 교사를 진료한 기억이 떠올랐다. 그녀는 처음 보았을 때 젊고 아름답다는 인상을 주었지만, 입을 벌리게 하자 의치를 숨기려 들었다. 이는 다른 환자들을 진찰했던 일들과 드러나 보았자 양측 모두에 기분 좋을 일 없는 사소한 비밀에 대한 기억들과 연결되었다. 〈그녀가 그럴 필요는 전혀 없다〉는 것은 먼저 이르마를 향한 위로의 말이다. 그러나 나는 또 다른 의미를 추측한다. 주의 깊게 분석하면 예상되는 배후의 생각을 다 밝혀 냈는지 아닌지 감지할 수 있다. 창가에 서 있는 이르마의 자세에서 불현듯 다른 체험이 떠오른다. 이르마에게는 내가 아주 높이 평가하는 절친한 여자 친구가 한 명 있다. 어느 날 저녁 그 친구 집을 방문했을 때, 그녀는 꿈속의 장면에서처럼 창가에 서 있었다. 그녀의 주치의인 예의 의사 M은 그녀의 입 안에 디프테리아성 설태(舌苔)가 끼였다고 설명했다. 그렇게 해서 의사 M이란 인물과 설태가 꿈에 등장한 것이다. 친구 역시 이르마와 마찬가지로 히스테리 징후를 추정할 만한 많은 이유가 있다고 최근 몇 달 동안 생각했던 기억이 문득 떠오른다. 이르마가 직접 그렇게 털어놓았다. 그렇다면 나는 그녀의 상태에 관해 무엇을 알고 있는가? 꿈속의 이르마처럼 히스테리에 의해 목이 조이는 것 같은 고통을 겪고 있다는 한 가지 사실뿐이다. 따라서 나는 꿈에서 내 환자를 친구와 교체한 것이다. 친구가 히스테리 증상에서 벗어나게 해달라고 내게 요구하는 상상을 여러 번 했다는 생각이 떠오른다. 그러나 나는 그녀가 몹시 내성적이기 때문에, 그런 일은 일어나지 않을 거라고 생각했다. 꿈에서 본 것처럼 그녀는 〈거부한다〉. 아니면 〈그럴 필요 없다〉고 다르게 설명할 수 있을 것이다. 지금까지 사실 그녀는 다른 사람의 도움 없이 자신의 상태를 극복할 수 있을 만큼 충분히 강한 모습을 보여 왔다. 이제 이르마와 그녀의 친구에게서 찾아볼 수 없는 몇 가지 특징만이 남아 있다. 그것은 〈창백한 혈색, 퉁퉁 부은 얼굴〉 그리고 〈의치〉이다. 의치는 앞에서 말한 여자 가정 교사를 생각나게 했다. 나는 〈불량한〉 치아로 만족하고 싶어진다. 그런데 그런 특징들이 해당될 수 있는 또 다른 인물이 머리에 떠오른다. 그녀 역시 내 환자는 아니다. 또한 내게는 그녀를 환자로 받아들이고 싶은 생각이 별로 없다. 그녀가 내 앞에서 수줍어하는 것을 알고 있어 환자가 되면 다루기 힘들거라고 여기기 때문이다. 그녀의 얼굴은 평상시 창백한데, 언젠가 유난히 행복한 한때를 보낸 다음 퉁퉁 부어 있었다.[13] 그러므로 나는 내 환자 이르마를 그녀처럼 치료를 했을 다른 두 인물과 비교한 것이다. 내가 꿈속에서 그녀를 친구로 대체한 것에는 무슨 의미가 있을까? 이를테면 내가 그들을 바꾸고 싶어 하는 것일까? 친구 쪽에 호감을 더 많이 가지고 있거나, 그녀의 지성을 더 높이 평가하는지도 모른다. 즉 나는 내 해결책을 받아들이지 않았기 때문에, 이르마를 어리석게 여기는 것이다. 친구는 좀 더 현명해서 말을 더 잘 들을 것이다. 〈마침내 입을 크게 벌린다〉, 그녀는 이르마보다 더 많은 것을 이야기할 것이다.[14]

〈나는 목에서 하얀 반점과 딱지 덮인 코 하갑개골을 본다.〉 하얀 반점은 디프테리아와 동시에 이르마의 친구를 상기시키지만,

13   아직 해명하지 않은 〈복통〉에 대한 하소연 역시 이 제3의 인물에서 원인을 찾을 수 있다. 말할 것도 없이 이 인물은 바로 내 아내이다. 복통은 그녀가 수줍어한다는 것을 내게 분명히 깨닫게 해준 어떤 한 계기를 상기시킨다. 나는 이 꿈속에서 이르마와 내 아내를 그다지 사랑스럽게 다루지 않았다고 고백한다. 그러나 성실하고 온순한 환자의 이상형에 비추어 두 사람을 판단했다는 말을 변명으로 덧붙인다 — 원주.

14   나는 이 부분의 숨어 있는 의미를 모두 추적할 수 있을 만큼 충분히 해석하지 않았다는 느낌이 든다. 세 여인의 비교를 계속하면, 원래의 논지에서 너무 많이 벗어날 것이다. 모든 꿈에는 규명할 수 없는 부분이 최소한 한 군데는 있다. 이것은 마치 미지의 것과 연결되는 배꼽 같은 것이다 — 원주.

그 외에도 근 2년 전 내 장녀가 앓았던 중병(重病)과 그 힘든 시기에 느꼈던 공포 역시 연상시킨다. 코 하갑개골의 딱지는 나의 건강에 대한 염려를 주지시킨다. 당시 나는 성가신 코 점막 종창(腫脹)을 억제하기 위해 자주 코카인을 사용하고 있었으며, 나를 따라 코카인을 사용한 어떤 여성 환자의 코 점막이 넓은 부위에 걸쳐 마비되었다는 소리를 바로 며칠 전 들었다. 나는 1885년 최초로 코카인을 권장한 이후[15] 심한 비난을 받았다. 1895년 일찍 세상을 떠난 내 친한 친구 하나는 그 약제를 남용하여 죽음을 재촉했다.

〈나는 급히 의사 M을 부르고, 그는 다시 진찰한다.〉 이 장면은 단순히 M이 우리 사이에서 차지하는 위치와 일치할 수 있다. 그러나 〈급히〉라는 말이 특별한 설명을 요구할 정도로 주의를 끈다. 여기에서 의사로서 겪었던 한 슬픈 체험이 기억난다. 언젠가 나는 당시 무해한 것으로 생각되었던 약제(설포날)를 계속 처방했는데, 그 결과 한 환자가 심한 중독 현상을 일으켜 급히 경험 많은 연상의 동료에게 도움을 요청한 적이 있었다. 내가 실제로 이 사건을 염두에 두고 있다는 것은 부수적 상황을 통해 증명할 수 있다. 결국 중독 때문에 세상을 떠난 그 환자는 내 장녀와 이름이 같았던 것이다. 지금까지 나는 그 점을 미처 생각하지 못했다. 그것은 마치 운명의 보복인 양 생각된다. 인물들의 상호 교체가 다른 의미에서 계속되는 것처럼 보인다. 이 마틸데 대신 저 마틸데, 눈에는 눈, 이에는 이라는 식이다. 내가 의사로서 성실하지 못했다고 자책할 수 있는 기회란 기회는 모두 찾아내고 있는 듯 보인다.

15   사실 프로이트가 최초로 코카인 연구를 발표한 것은 1884년이다. 프로이트의 코카인 연구에 대한 상세한 내용은 어니스트 존스 E. Jones의 『프로이트: 삶과 업적』 제1권(1953)에서 찾아볼 수 있다.

〈의사 M의 얼굴은 창백하고 턱수염이 없으며 다리를 절뚝거린다.〉 그의 좋지 않은 안색이 친구들을 자주 걱정하게 만드는 것만큼은 사실이다. 나머지 두 특성은 다른 사람에게서 유래한 것이 틀림없다. 외국에 살고 있는 내 형님이 생각난다. 그 형은 턱수염을 깨끗하게 밀었으며, 내 기억이 맞다면 꿈속의 M과 아주 비슷하게 생겼다. 그리고 그가 좌골(坐骨) 부위의 관절염 때문에 다리를 전다는 소식을 며칠 전 들었다. 내가 꿈에서 두 인물을 한 사람으로 결합시킨 것에는 이유가 있었다. 사실 유사한 이유에서 내가 두 사람에게 기분이 상해 있었다는 기억이 떠오른다. 내가 최근 두 사람에게 어떤 제안을 했는데, 둘 다 거절했던 것이다.

〈환자 옆에는 어느 틈에 친구 오토가 와 있다. 다른 친구 레오폴트는 그녀를 진찰하고, 좌측 하부에서 탁음을 확인한다.〉 친구 레오폴트 역시 의사이면서 오토의 친척이다. 두 사람은 전공이 같다는 이유로 매사에 비교되는 운명적인 경쟁자이다. 내가 소아 정신과 과장으로 재직하고 있었을 때, 두 사람은 2년 동안 나를 도와 일했다. 꿈속에서 재현된 것 같은 장면은 당시 자주 볼 수 있었던 광경이다. 내가 오토와 증세의 진단에 관해 논의하고 있으면, 레오폴트는 어린이를 다시 한번 진찰해 예기치 않은 도움을 주곤했다. 그들 두 사람은 검시관 브레지히와 그의 친구 카를[16]처럼 성격이 판이했다. 한 사람은 〈민첩하게〉 행동했고, 다른 사람은 느리고 조심스러운 반면 철저했다. 내가 꿈에서 오토와 신중한 레오폴트를 대립시킨다면, 그것은 분명 레오폴트를 칭찬하기 위한 것이다. 말을 잘 듣지 않는 환자 이르마와 더 현명하다고 생각되는 그녀의 친구를 비교한 것과 유사하다. 이제 나는 꿈속에서

---

16 프리츠 로이터Fritz Reuter의 소설 『내 견습생 시절의 이야기Ut mine Stromtid』에 나오는 두 주인공.

사고들이 이어지는 경로 중의 하나를 깨닫는다. 그것은 병을 앓고 있는 아이에게서 소아과 병원에 이르는 경로이다. 〈좌측 하부의 탁음〉은 레오폴트의 철저함에 감탄했던 어떤 사건과 세세한 부분까지 일치한다는 인상을 준다. 그 밖에 병독이 다른 부위로 전이(轉移)된 것이 아닌가 하는 생각이 뇌리를 스친다. 그러나 그것은 내가 이르마 대신 치료하고 싶은 환자와 관련된 것일 수 있다. 잘 생각해 보면, 그 부인이 결핵에 걸린 것처럼 보였기 때문이다.

〈좌측 어깨의 침윤된 피부 부위.〉 나는 이것이 나 자신의 어깨 류머티즘이라는 것을 즉시 알 수 있다. 나는 밤 늦게까지 자지 않을 때면 어김없이 그 증세를 느끼곤 한다. 꿈속에서의 말 역시 모호하게 들린다. 〈나 역시 그처럼 그것을…… 감지한다〉. 이 말은 직접 자신의 몸에서 감지한다는 뜻이다. 게다가 〈침윤된 피부 부위〉라는 표현이 이상하다는 생각이 든다. 〈좌측 후부 상단 침윤〉이라고 표현하는 것이 관례이다. 이것은 폐, 즉 다시 결핵과 관련이 있는 것 같다.

〈옷을 입고 있는데도.〉 물론 이 말은 그저 삽입구에 지나지 않는다. 소아과 병동에서는 당연히 어린이들의 옷을 벗기고 진찰한다. 그것은 성인 여성 환자들을 진찰할 때와는 어떤 면에서 반대된다. 언제나 환자들의 옷을 벗기지 않고 진찰하는 경우 명의라고들 이야기한다. 그 이상의 것은 나도 알 수 없다. 솔직히 말해 더 이상 이 문제에 깊이 들어가고 싶지 않다.

〈의사 M은 말한다. 「감염되었지만 별일은 아니야. 이질 증상이 나타나면서 병독(病毒)이 배출될 걸세.」〉 처음에 이 말은 우스꽝스럽게 들린다. 그러나 다른 것들처럼 신중히 분석해야 한다. 좀 더 자세히 고찰하면 어떤 의미가 드러난다. 내가 환자에게서 발견한 것은 국부적인 디프테리티스였다. 내 딸이 병에 걸렸을 때, 디프테리티스와 디프테리아에 관해 토론을 벌였던 일이 기억난다. 디프테리아는 국부적인 디프테리티스에서 시작해 전신으로 감염된 경우이다. 레오폴트는 탁음을 통해 전신이 감염되었다는 것을 확인한다. 따라서 병독을 전이시킨 여러 개의 병소(病巢)를 생각할 수 있다. 사실 나는 디프테리아의 경우 그런 병독 전이가 일어나지 않는다고 믿는다. 그보다는 농혈증(膿血症)이 아닐까 생각한다.

〈별일은 아니야.〉 이 말은 위로이다. 나는 이 위로의 전후 관계를 다음과 같이 연결지을 수 있다고 생각한다. 꿈의 끝 부분은 환자의 통증이 심각한 기관 감염에서 유래한다는 내용을 담고 있다. 그렇게 함으로써 나 또한 책임에서 벗어나려 한다고 짐작된다. 디프테리티스 질병이 낫지 않는 것에 심리 요법이 책임질 수는 없다. 그러나 오로지 책임을 모면하기 위해 이르마에게 그렇게 심한 중병을 덮어씌우다니 당혹스러운 일이다. 그것은 너무 잔인해 보인다. 그래서 좋은 결말을 약속할 필요가 있는 것이다. M이란 인물의 입을 통해 위로의 말을 하게 한 것은 나쁜 선택이 아닌 듯하다. 여기에서 나는 꿈 위에 군림하고 있는데, 이것은 해명이 필요한 일이다.

그런데 왜 이 위로가 터무니없는 소리일까?

〈이질.〉 병독이 장(腸)을 통해 제거될 수 있다는 것은 이론적으로 아주 엉뚱한 생각이다. 사리에 맞지 않게 설명하고 병리학적으로 이상하게 관계짓기 좋아한다고 의사 M을 내가 조소하고 싶은 것일까? 이질과 관련해 다른 일이 생각난다. 몇 달 전 나는 특이한 변비로 고통받는 한 젊은 남자를 떠맡았다. 다른 동료들이 〈영양실조에 의한 빈혈〉로 치료한 환자였다. 나는 히스테리가 문제된다는 것을 인식했으며, 정신 요법보다는 바다 여행을 해보라고 권유했다. 며칠 전 그가 이집트에서 절망적인 편지를 보내왔다. 그곳에서 새로운 병에 걸렸는데, 의사가 디프테리아라고 설명했다는 것이다. 나는 그 진단이 히스테리에 속아 넘어간 무지한 동료의 오진이라고 추측한다. 그렇지만 내가 그 환자에게 히스테리성 장염에다 기관 장염까지 걸리게 했다는 비난을 면할 수 없었다. 게다가 이질*Dysenterie*은 꿈에서 거론되지 않은 디프테리아*Diphtherie*와 발음이 유사하게 들린다.

그렇다, 이질 증세가 추가될 거라는 등 위로의 말을 하게 함으로써 의사 M을 놀리려 한 것이 틀림없다. 그가 몇 년 전 어떤 동료에 관해 웃으면서 그 비슷한 이야기를 했던 기억이 있기 때문이다. 그는 이 동료와 함께 위중한 어느 환자의 용태를 논의하는 자리에 참석했다. 그는 매우 낙관하는 듯한 동료에게 환자의 소변에서 단백질이 검출된 사실을 지적해야 한다고 느꼈다. 그러나 그 동료는 전혀 당황하지 않고 침착하게 답변했다. 〈별일 아닙니다. 단백질은 곧 배출될 겁니다!〉 따라서 꿈의 이 부분에 히스테리를 잘 모르는 동료들에 대한 조롱이 숨어 있다는 것은 의심의 여지가 없다. 그것을 증명하려는 것처럼 순간 머리를 스치는 생각이 있다. M이 그의 환자, 이르마 친구의 증상이 결핵이 아닐까 우려하는데, 사실은 히스테리 때문이라는 것을 알고 있을까? 그가 이 히스테리를 알아냈을까 아니면 그것에 〈속아 넘어갔을까?〉

그렇다면 이 친구를 험하게 다루어야 할 무슨 동기가 있는 것일까? 그것은 아주 간단하다. M은 이르마가 그랬던 것처럼 내 〈해결책〉에 찬성하지 않았다. 따라서 나는 이르마에게는 당신이 여전히 통증을 느낀다면 순전히 당신 잘못이라는 말로, 의사 M에게는 말도 안 되는 위로를 입에 올리게 함으로써 두 사람에게 복수한 셈이다.

〈우리는 즉시 어디서 감염되었는지 알아낸다.〉 꿈에서 즉시 알아낸다는 구절은 이상하다. 레오폴트가 처음으로 감염된 사실을 증명했기 때문에, 우리는 바로 전만 해도 몰랐다.

〈친구 오토가 그녀의 몸이 좋지 않았을 때 주사를 놓았다.〉 오토는 잠시 이르마 가족들과 머무르는 동안 이웃 호텔로 불려가 갑작스럽게 몸이 편치 않은 어떤 사람에게 주사를 놓았다고 실제로 이야기했었다. 주사라는 말에서 코카인에 중독되었던 불행한 친구에 대한 기억이 다시 떠오른다. 나는 그 친구에게 모르핀을 끊는 동안 내복약으로만 그 약품을 사용하라고 충고했다. 그러나 그는 망설임 없이 코카인 주사를 맞았던 것이다.

〈프로필 약제…… 프로필렌…… 프로피온 산.〉 나는 어떻게 이런 것들을 생각하게 되었을까? 병력을 기록하고 꿈을 꾼 그날 저녁, 내 아내는 〈파인애플〉[17]이라고 씌어 있는 리큐르 술병을 땄다. 술병은 친구 오토의 선물이었다. 그는 기회 있을 때마다 선물하는 습관이 있었다.[18] 그가 언젠가는 여자 덕에 그 버릇을 고치게 되기를 바란다. 나는 리큐르에서 퓨젤 유(油) 냄새가 심하게 나 맛보기를 거절했다. 아내는 하인들에게 술병을 선물하겠다고 말했지만, 신중하게 나는 하인들 역시 중독되면 안 된다는 박애주의자 같은 말로 그것을 금지했다. 퓨젤 유 냄새(아밀……)가 프로필, 메틸 등등의 일련의 내 기억을 일깨웠고, 이 기억이 꿈에 프로필 약제를 제공한 것이 분명했다. 그러나 동시에 나는 아밀 냄새를

---

17 더욱이 〈파인애플Ananas〉은 기이하게도 내 환자 이르마의 성(姓)과 발음이 유사하다 — 원주.

18 (1909년 추가되었다가 1925년 삭제된 각주) 꿈은 이런 점에서 예언적인 것으로 판명되지 않았다. 그러나 다른 점에서는 예언적이었다. 내 환자의 〈해결할 수 없는〉 위 통증, 즉 내 책임이라고 비난받고 싶지 않았던 통증이 담석(膽石)에 의해 생겨난 심각한 질병의 전조로 밝혀진 것이다 — 원주.

맡고서 프로필 꿈을 꾸는 치환을 시도하고 있다. 그런 종류의 치환은 유기 화학에서나 허용될 수 있을 것이다.

〈트리메틸아민.〉 꿈속에서 나는 이 물질의 화학 방정식을 본다. 어쨌든 이것은 내 기억이 애써 노력했다는 증명이다. 게다가 이 방정식은 문맥상 특히 중요하다고 강조하려는 듯 굵은 활자로 쓰여 있다. 그런 식으로 주의를 끈 트리메틸아민은 내게 무엇을 말하려는 것일까? 한 친구와 나눈 대화가 뇌리에 떠오른다. 그 친구와는 몇 년 전부터 서로 계획 중인 연구에 대해 잘 알고 있는 사이이다.[19] 당시 그는 내게 성 화학(性化學)에 대한 생각을 털어놓았으며, 무엇보다도 성적 신진대사의 산물 가운데 하나가 트리메틸아민이라고 논했다. 따라서 이 물질은 성생활이라는 문제로 내 생각을 유도한다. 이것은 내가 치유하고자 하는 신경 질환의 발병에 큰 의미가 있다고 보는 요인이다. 내 환자 이르마는 젊은 미망인이다. 내가 그녀의 증상을 치료하지 못해 변명해야 하는 경우, 그녀의 친구들이 어떻게든 바꾸어 주고 싶어 하는 이 사실에 의지하면 가장 좋을 것이다. 그 밖에도 이 꿈은 아주 특이하게 구성되어 있다! 꿈속에서 내가 이르마 대신 치료하는 다른 부인 역시 젊은 미망인이다.

나는 트리메틸아민의 화학 방정식이 꿈속에서 강조된 이유를 짐작한다. 이 하나의 낱말 속에 많은 중요한 것들이 집약되어 있다. 트리메틸아민은 강력한 성적 요인뿐 아니라 한 인물을 암시한다. 나는 내 견해가 세상에서 외면당했다고 느끼더라도, 그 한 사람만 동의하면 만족할 수 있다. 내 인생에서 그렇게 중요한 역

---

19   여기에서 말하는 친구는 베를린의 생물학자이며, 비강(鼻腔)과 인후 분야 전문가인 빌헬름 플리스이다. 그는 이 책의 출판 이후 몇 년 동안 프로이트에게 많은 영향을 주었다.

할을 하는 친구가 꿈속의 사고 흐름에 나타나지 말란 법이 있겠는가? 당연히 없다. 그는 비염과 비강염의 영향에 관한 뛰어난 전문가이며, 코 하갑개골과 여성 생식기의 주목할 만한 여러 관계를 학문적으로 규명했다(이르마의 목에 보이는 세 개의 곱슬곱슬한 모양). 나는 위 통증의 원인이 코에 있는지 알아보기 위해 그에게 이르마를 진찰해 달라고 부탁했다. 그러나 사실은 그 자신도 코의 염증으로 고생하고 있어 내 걱정을 사고 있다. 꿈의 병독 전이에서 떠오른 농혈증은 분명 그것과 관계있을 것이다.

〈그런 주사는 그렇게 경솔하게 놓는 법이 아니다.〉 여기에서 경솔하다는 비난은 친구 오토를 겨냥하고 있다. 나는 그가 말과 눈빛으로 내게 반감을 입증하는 듯 보였던 그날 오후 그런 비슷한 생각을 했다고 믿는다. 이를테면 왜 저렇게 쉽게 남의 말을 곧이들을까,. 왜 저렇게 경솔하게 판단할까 등의 생각을 떠올렸을 것이다. 그 밖에도 이 구절은 생각 없이 코카인 주사를 맞기로 결심해 세상을 떠나 버린 친구를 재차 암시한다. 나는 이미 말한 것처럼 그 약제로 주사 놓을 생각은 전혀 없었다. 나는 오토에게 그런 화학 물질을 경솔하게 취급한다고 비난하면서, 불행한 마틸데의 이야기를 다시 언급하고 있다는 것을 깨닫는다. 이 사건에서 나 역시 같은 비난을 들을 수 있다. 여기에는 내 성실성을 증명하는 사례뿐 아니라 그 반대의 경우들도 모여 있다.

〈필경 주사기 역시 청결하지 않았을 것이다.〉 이번에도 오토를 향한 비난이지만, 원인은 다른 데 있다. 나는 매일 두 차례씩 모르핀 주사를 놓아 주는 82세 된 노부인[20] 아들을 어제 우연히 만났다. 그녀는 지금 시골에 머물고 있는데, 아들은 어머니가 정맥염

---

20 이 노부인은 이 시기 프로이트의 글에 자주 나타난다. 『일상생활의 정신 병리학』(프로이트 전집 5, 열린책들) 참조.

(靜脈炎)에 걸렸다는 소식을 전해 주었다. 나는 그 말을 들으면서 주사기가 불결해 침윤된 것이라고 생각했다. 2년 동안 단 한 번도 그녀에게 침윤시키지 않은 것은 내 자랑이다. 물론 나는 주사기를 청결히 소독하기 위해 항상 애쓰고 있다. 즉 그렇게 성실한 것이다. 내 생각은 정맥염에서 임신 중 정맥 울혈로 고생했던 내 아내에게로 옮겨 간다. 아내와 이르마, 죽은 마틸데와 관련된 세 가지 유사한 상황이 내 기억에 떠오른다. 이러한 일치 때문에 내가 꿈에서 세 사람을 서로 대체할 수 있는 권리를 갖게 된 것이 분명하다.

이것으로 나는 꿈-해석을 끝마쳤다.[21] 이 작업을 하는 동안 나는 꿈-내용과 그 배후에 숨어 있는 꿈-사고를 비교할 때마다 떠오르는 생각들을 전부 억누르기 위해 노력했다. 그러는 동안 꿈의 〈의미〉를 깨닫게 되었다. 나는 꿈을 꾸게 된 동기와 꿈을 통해 실현된 의도 역시 알아낼 수 있었다. 꿈은 전날 저녁 일어난 일들(오토가 가져온 소식과 병력의 기록)이 내 안에서 일깨운 몇 가지 소원을 성취시킨다. 꿈의 결론은 아직 치유되지 않은 이르마의 병에 대한 책임이 내가 아니라 오토에게 있다는 것이다. 오토는 완치되지 않은 이르마에 관한 말로 나를 화나게 했고, 꿈은 비난을 그에게 되돌려 줌으로써 그에게 복수하는 것이다. 꿈은 이르마의 용태에 대한 이유를(일련의 근거 제시) 다른 곳에서 찾으면서 나를 책임에서 벗어나게 한다. 꿈은 어떤 사태를 내가 원하는 대로 묘사한다. 〈따라서 그 내용은 소원 성취이고, 동기는 소원이다.〉

여기까지는 아주 명백하다. 그러나 꿈의 세세한 부분 역시 소

21 (1909년에 추가된 각주) 다들 이해하겠지만, 해석 작업 동안 내 뇌리에 떠오른 모든 생각을 다 말한 것은 아니다 — 원주.

원 성취의 관점에서 이해할 수 있다. 나는 의사로서 경솔한 처치를 오토에게 전가시켜(주사) 나에 대한 그의 성급한 반감에 복수할 뿐 아니라, 퓨젤 유 냄새 나는 조악한 리큐르에 대해서도 보복을 계획한다. 꿈속에서 나는 두 가지 비난을 하나로 결합시키는 표현을 찾아낸다. 그것은 프로필렌 약제 주사이다. 그러나 이것으로 만족하지 않고 더 신뢰하는 경쟁자를 그와 대치시킴으로써 내 복수는 계속된다. 마치 나는 너보다 그를 더 좋아한다고 말하는 것처럼 보인다. 그러나 내 분노의 대상은 오토 한 사람만이 아니다. 나는 더 현명하게 말을 잘 듣는 사람과 교체함으로써 고분고분하지 않는 환자에게도 복수한다. 또한 의사 M의 반대도 묵과하지 않고, 그가 이런 일에는 무지하다는(〈이질 증세가 나타날 것이라는 등〉) 내 의견을 명백히 암시한다. 그렇다, 마치 그에게 등을 돌리고 더 잘 아는 다른 사람(트리메틸아민에 관해 이야기해 준 내 친구)에게 호소하는 것처럼 보인다. 이것은 이르마와 오토를 외면하고 그녀의 친구와 레오폴트를 선택한 것과 같다. 이 사람들이 사라지고 내가 선택한 다른 세 인물이 그들을 대신하면, 나로써는 이유 없는 비난에서 벗어날 수 있는 것이다! 꿈은 이런 비난이 근거 없다고 아주 장황하게 증명한다. 이르마의 통증은 내 책임이 아니다. 내 해결책을 거부하였으므로 그녀 자신의 잘못이다. 이르마의 통증은 나와 전혀 상관이 없다. 기관에서 유래한 것으로, 심리 요법으로는 치료할 수 없기 때문이다. 이르마의 질병은 나로서는 어찌해 볼 도리 없는 과부라는 사실(트리메틸아민!)로 충분히 설명된다. 또한 그것은 오토가 적합하지 않은 약제를 부주의하게 주사했기 때문에 생긴 것이다. 나라면 결코 그런 주사를 놓지 않을 것이다. 이르마의 질병은 노부인의 정맥염처럼 불결한 주사기 때문인데, 나는 결코 그런 실수는 하지 않는다. 나는 이르마의 질병에 대한 이러한 설명들이 나 자신의 책임을 모면하는 데 초점을 맞추고 있을 뿐, 서로 부합하지 않는다는 것을 잘 알고 있다. 심지어 그것들은 서로 배제하기까지 한다. 전체적으로 이 변명은 ─ 꿈은 변명에 지나지 않는다 ─ 이웃에게 빌린 솥을 망가뜨려 고발당한 남자의 변명을 생생하게 상기시킨다. 첫째 그는 솥을 원래 그대로 돌려주었으며, 둘째 솥은 빌렸을 때 이미 구멍이 나 있었고, 셋째 이웃에게 솥을 빌린 적조차 없다는 것이다. 그러나 상황은 그만큼 더 유리해 이 세 가지 변명 중 하나만이라도 확실하다고 증명되면, 그 남자는 무죄를 인정받을 수 있다.

이 꿈에는 다른 주제가 몇 가지 더 들어 있는데, 그것들이 이르마 병에 대한 내 책임 회피와 어떤 관계인지는 분명치 않다. 즉 내 딸의 병, 딸과 이름이 같은 환자의 병, 코카인의 독성, 이집트 여행 중인 환자의 감염, 아내와 형과 의사 M의 건강에 대한 염려, 나의 신체 질병, 축농증에 걸린 멀리 있는 친구의 안부 등이다. 그러나 이 모든 것에 주목하면, 자신과 다른 사람들의 건강에 대한 염려와 의사로서의 성실성이라는 표제의 한 사고 범위로 모아진다. 나는 오토가 이르마의 용태를 전해 주었을 때 느꼈던 분명치 않은 곤혹스러운 감정을 잘 기억하고 있다. 꿈에 들어 있는 여러 생각들에서 뒤늦게나마 그때의 순간적인 느낌을 표현하는 말을 끄집어낼 수 있을 것이다. 그것은 내게 이렇게 말하는 것처럼 들린다. 너는 의사로서 네 의무를 충분히 진지하게 받아들이지 않는다, 너는 성실하지 않다, 너는 네 스스로 약속한 것을 지키지 않는다. 그래서 내가 얼마나 성실하며 가족과 친구, 환자들의 건강에 얼마나 마음을 쏟고 있는지 증명하기 위해 그런 일련의 생각들을 이용했을 것이다. 이러한 사고 재료 중에는 내 변명보다 친구 오토에게 전가시킨 책임을 주장하는 난처한 기억들도 있어 주의를 끈다. 말하자면 재료는 공평하지만, 꿈의 토대를 이루는 광범위한 소재와 이르마의 병에 책임이 없기를 바라는 소원에서 비롯된 협소한 꿈의 주제 사이에는 분명한 관계가 있다.

나는 꿈의 의미를 완벽하게 밝혔으며 해석에 빈틈이 없다고 주장하고 싶지는 않다.

이 꿈을 좀 더 다루어 더 많은 설명을 이끌어 내고 그것이 제기하는 새로운 수수께끼를 논할 수 있을 것이다. 나는 그 밖의 사고 흐름을 추적하기 위해 꿈의 어느 부분에서 시작해야 하는지도 알고 있다. 그러나 자신의 꿈을 해석하는 경우 고려해야 하는 여러 가지 이유 때문에, 이것으로 해석을 마칠 수밖에 없다. 너무 조심스러운 것이 아니냐고 성급하게 질책하려는 사람이 있다면, 나보다 더 솔직할 수 있는지 직접 시도해 보아야 할 것이다. 지금 나는 새로이 얻은 인식으로 만족한다. 내가 여기에서 제시한 꿈-해석 방법을 따르는 사람은, 꿈이 실제로 의미를 가지고 있으며 연구가들이 원하는 것처럼 결코 단편적인 두뇌 활동의 표현이 아니라는 것을 알 수 있다. 〈꿈을 해석해 보면 꿈이 소원 성취임을 인식할 수 있다.〉[22]

김인순 옮김

[22] 프로이트는 이 꿈을 꾼 집이 있는 벨뷔를 다시 한번 방문한 다음, 1900년 6월 12일 자 플리스에게 보내는 편지에서 이렇게 이야기한다. 〈자네는 언젠가 그 집에 다음과 같은 문구가 새겨진 대리석 탁자가 놓이는 것을 상상할 수 있겠는가?

> 1895년 7월 24일 이 집에서
> 지크문트 프로이트에게 꿈의
> 비밀이 드러나다.

지금 이 순간에는 그럴 가능성이 거의 보이지 않네.〉

실수 행위들

Vorlesungen zur Einführung in die Psychoanalyse(1916~1917 [1915~1917])

이 책은 1915년 10월에서 1916년 3월, 1916년 10월에서 1917년 3월에 걸쳐 빈 대학에서 강의한 내용을 집대성한 것으로, 제1차 세계 대전 당시 정신분석이 차지하고 있던 위치와 프로이트의 정신분석학에 대한 관점 변화의 실태 조사로서의 성격을 가진다. 프로이트는 이 책에서 불안, 원초적 환상, 꿈-형성, 도착 등의 문제를 다루며, 일상생활에서 익숙해져 있는 실수 행위들과 꿈의 메커니즘에 대해 광범위하게 설명하고 있다.

프로이트는 『정신분석 강의』에서 『일상생활의 정신 병리학』, 『꿈의 해석』 등에서 다룬 내용을 다시 한번 정리하고 있으며, 이후 그의 생각의 변화는 『새로운 정신분석 강의』에 나타나 있다.

이 책은 1916년에서 1917년에 걸쳐 첫 번째 독일어판이 출간되었으며, 1940년 『전집Gesammelte Werke』 제11권에 실렸다. 영어 번역본은 A General Introduction to Psychoanalysis라는 제목으로 1920년에 출간되었으며, 1963년에는 『표준판 전집The Standard Edition of the Complete Works of Sigmund Freud』 제15권과 16권에 실렸다.

신사 숙녀 여러분, 이제 실수 행위들이 나름대로 의미를 갖는다는 사실을 우리가 지금까지 연구한 결과로 평가하고, 또 우리가 다음에 연구할 작업의 토대로 받아들여도 좋을 것 같습니다. 다시 한번 강조하고 싶은 것은 ── 사실 우리의 목표를 달성하기 위해 주장 같은 것을 내세울 필요는 없지만 ── 모든 개개의 실수 행위들에 의미가 있다고 주장할 생각은 없습니다. 나 자신은 비록 그럴 가능성이 농후하다고 생각하고 있지만 말입니다. 우리가 그러한 의미를 실수 행위의 여러 가지 형태에서 비교적 빈번하게 증명할 수 있다면 그것으로 충분합니다. 의미의 관점에서 볼 때 이러한 여러 가지 형태의 실수 행위들은 무엇보다도 아주 다양한 관계를 보여 줍니다. 잘못 말하기나 잘못 쓰기 등에서는 순전히 생리적인 이유를 갖는 실수 행위들도 자주 나타날 수 있습니다. 그러나 망각에 근거를 두고 있는 종류들(이름이나 계획을 잊어버리기, 잘못 놓아두기 같은 것들)은 그러한 원인에 의한 것이라고 생각할 수가 없습니다. 전혀 의도가 없는 듯이 보이는 그러한 분실도 있을 수 있습니다. 우리의 일상 속에서 일어나는 〈오류〉들은 극히 일부분만이 우리의 관찰 대상에 포함됩니다. 우리가 계속해서 실수 행위란 심리적인 행위이며, 두 개의 다른 의도들 사이의 간섭을 통해서 발생한다는 사실에서 출발하기 위해서는 이러한 한계를 분명히 인식하고 있어야 합니다.

이것이 정신분석학 최초의 결과입니다. 그러한 간섭이 일어날 수 있다는 것과 그에 따라 실수와 같은 현상들이 결과로 나타날 수 있다는 가능성에 대해서 심리학은 이제까지 아무것도 알지 못했습니다. 우리는 심리적 현상계(現象界)의 영역을 현저히 넓게 확장시켰고, 이전에는 심리학에 포함되지 않았던 현상들까지도 심리학에 끌어들인 것입니다.

실수 행위들이란 〈심리적 행위들psychische Akte〉이라고 하는 주장에 잠시만 더 머물러 봅시다. 그것은 실수 행위가 의미를 갖는다고 하는 우리의 그전 언명보다 더 많은 것을 시사하고 있습니까? 나는 그렇다고 생각하지 않습니다. 그것은 오히려 더욱 불확실하고 모호해졌을 뿐입니다. 인간의 정신 활동에서 관찰할 수 있는 모든 것은 때때로 정신적 현상으로 지칭되기도 합니다. 여기서 곧바로 문제되는 것은 개개의 정신적 현상이 직접적으로 육체적이고 유기체적이며, 또 물질적인 작용에서 출발하는가 하는 점이고, 어떤 경우에 그 연구가 심리학에 해당되지 않는가입니다. 혹은 그것이 일단은 다른 정신적 과정들에서 비롯하지만, 사실 그 배후에 있는 모종의 장소에서 일련의 유기체적인 작용들이 촉발되는 것이 아닌가의 여부입니다. 마지막의 사태와 관련해서 우리가 잘 알고 있는 어떤 현상을 정신적인 과정으로 지칭한다면, 우리의 언명을 다음과 같은 형태로 표현하는 것이 더욱 유익할 듯합니다. 즉 〈그 현상은 의미를 갖고 있다〉라고 말하는 것입니다. 〈의미〉라고 하는 단어를 우리는 뜻Bedeutung, 의도Absicht, 경향Tendenz, 그리고 심적인 관련성 속에서 그 현상이 차지하는 어떤 위치 등으로 이해하고 있습니다.

실수 행위와 매우 비슷하게 보이지만 그러나 실수 행위라는 이름에는 전혀 들어맞지 않는 다른 현상들도 많이 있습니다. 우리는 그것들을 〈우연 행위Zufallshandlung〉 또는 〈증상 행위Symptomhandlung〉라고 부르고 있습니다. 실수 행위와 똑같이 그것들은 〈무(無)동기〉, 〈무의미〉, 〈중요치 않음〉의 특성들을 갖고 있지만, 그 외에도 〈불필요〉라는 특성을 한결 분명하게 보여 주고 있습니다. 이러한 행위들이 실수 행위와 구별되는 것은, 그 행위와 충돌을 일으키고 그로 인해서 방해를 받는 제2의 의도가 없다는 점입니다. 그것들은 또 다른 한편으로 우리가 정서적 운동의 표현으로 분류하는 몸짓들과 운동들에 아무런 장애 없이 몰입합니다. 이러한 우연 행위들에는 언뜻 보기에 아무런 목표도 없어 보이는 행동들, 마치 놀면서 하는 듯한 행동이나 옷을 입을 때의 행위들, 우리 몸의 부분들이 서로 닿거나 우리 손에 미치는 물건들을 만지작거리는 행동들, 또는 그러한 행동을 중단하는 행위, 더 나아가 우리가 흥얼거리는 멜로디 등 그 모든 것들이 속합니다. 나는 여러분 앞에서 이러한 모든 현상들이 의미 있는 것이며 실수 행위들과 마찬가지 방법으로 연구해 보면 해석이 가능한 것이고, 더욱 중요한 다른 정신적 과정들의 아주 작은 징조이며 또한 완전히 유효한 심리적 행위라는 주장을 하려 합니다. 그러나 나는 정신적 현상들의 영역에서 이렇게 새로이 확장되고 있는 문제에 오래 머무르고 싶은 생각은 없으며 실수 행위의 문제로 다시 되돌아가려 하는데, 바로 그것에서부터 정신분석에 훨씬 더 중요한 문제를 매우 분명하게 풀어낼 수 있을 것입니다.[1]

실수에 관해서 우리가 제기만 해놓고 아직까지도 대답하지 않은 가장 흥미로운 문제는 아마도 다음과 같은 사실일 것입니다.

1   우연 행위와 증상 행위에 대해서는 『일상생활의 정신 병리학』 참조.

우리는 실수 행위란 두 개의 의도, 그중 하나는 방해받는 의도이
고 다른 하나는 방해하는 의도로 불릴 수 있는 서로 다른 의도들
의 간섭의 결과라고 말한 바 있습니다. 방해받는 의도는 계속되
는 질문에 어떠한 단초도 제공하지 않습니다. 그러나 그와 다른
또 하나의 의도에 대해서, 우리는 우선 다른 것에 대한 방해물로
나타나는 이러한 의도란 도대체 어떠한 것인가에 대해 연구하려
고 하며, 두 번째로 이렇게 방해하는 의도는 방해받는 의도와 어
떤 관계에 있는가를 알아내려고 합니다.

잘못 말하기를 다시금 이러한 종류의 모든 실수의 대표격으로
취급하는 것과, 첫 번째 문제보다는 두 번째 문제에 대해서 먼저
대답하는 것을 허용해 주시기 바랍니다.

잘못 말하기에 있어서 방해하려는 의도는 방해받는 의도와 내
용적인 관계에 놓여 있을 수 있습니다. 그럴 때 방해하려는 의도
는 방해받는 의도와 모순되며 방해받는 의도를 교정하거나 보완
하려고 합니다. 혹은 더욱 모호하고 흥미로운 경우는, 방해하는 의
도가 방해받는 의도와 내용적으로 아무런 관계가 없을 때입니다.

이러한 두 가지 관계 중에서 첫 번째 것에 대한 증거는 우리에
게 이미 잘 알려져 있는 비슷한 경우들에서 쉽게 찾아볼 수 있습
니다. 정반대의 말이 튀어나오는 잘못 말하기의 거의 모든 경우
에 방해하는 의도는 방해받는 의도의 반대 의향을 표출시키며,
실수는 두 개의 서로 양립할 수 없는 의도들 사이의 갈등의 표현
이라고 할 수 있습니다. 〈나는 이로써 회의의 개회를 선포하지만
차라리 회의가 끝나 버렸으면 하고 바란다〉라는 것이 의장이 발
언한 잘못 말하기의 의미인 것입니다. 뇌물 사건으로 고발된 한
정치적 신문은 〈우리가 항상 최대한 공정하게*in uneigennützigster
Weise* 일반 대중의 안녕을 대변해 왔다는 것을 우리의 독자들이

증명해 줄 것입니다〉라고 쓴 기사를 내보냄으로써 스스로를 변호하고자 했습니다. 그러나 이러한 변론을 작성할 것을 위임받은 편집장은 〈매우 이기적으로*in eigennützigster Weise*〉라고 쓰고 말았습니다. 그것은 그가, 〈비록 그렇게 써야 하기는 하겠지만 내가 알고 있는 것은 그것과 달라〉라고 생각했다는 것을 의미합니다. 황제에게 무조건*rückhaltlos* 진실을 말할 것을 요구하려던 국회 의원은, 자신의 용감성이 해가 될지도 모른다는 자기 내부의 목소리를 듣고는 *rückhaltlos*(주저하지 않고)를 *rückgratlos*(줏대 없이)로 잘못 말하고 말았습니다.[2]

결합과 축약의 인상을 주며 여러분에게도 잘 알려진 경우들에서는 그것으로 제2의 경향이 첫 번째 경향과 함께 부각되는 정당화와 보충적 언급, 그리고 앞의 얘기를 계속하려는 동기들이 작용하고 있습니다. 〈그러자 모든 것이 드러나고 말았다. 그렇지만 내친김에 차라리 그것은 《추잡한 일》이었다고 말해 버리지 뭐.〉 그럼으로 해서 〈모든 것이 *Vorschwein*으로 밝혀졌습니다〉라는 말이 나오게 된 것입니다. 〈그것을 이해하는 사람들은 《다섯 손가락》 안에 셀 수 있을 정도입니다. 아니지, 그것을 이해하는 사람은 오로지 《한 사람》밖에 없어. 그러니까 《한 손가락》으로 셀 수 있습니다.〉 혹은 〈내 남편은 그가 원하는 것은 무엇이든지 먹고 마실 수 있어요. 그렇지만 당신도 아시다시피 그가 무언가를 원하는 것을 《내》가 도대체 어떻게 참아 줄 수 있겠어요? 그러니까 그는 《내》가 원하는 것은 무엇이든지 먹고 마실 수 있지요.〉

그러므로 이러한 모든 경우에서 잘못 말하기는 방해받는 의도의 내용에서 발생하는 것이거나 그것에 연계되는 것입니다.

또 다른 종류의 두 개의 간섭적인 의도 간의 관계는 조금 낯설

2 1908년 독일 제국 의회에서 있었던 일이다 — 원주.

게 느껴집니다. 방해하는 의도가 방해받는 의도의 내용과 아무런 관계가 없다면, 그것은 도대체 어디서 오는 것이며 바로 그 자리에 방해물로 나타나게 만드는 그것은 어디에서 연유하는 것일까요? 이러한 현상을 해명할 수 있는 유일한 방법인 관찰 결과에 따르면, 방해 작용은 해당되는 사람이 바로 그전에 몰두했던 사고 과정에서 연유하며, 이는 그의 발언 중에 이미 표현되었든지 아니었든지 상관없이 후속 결과가 일어난다는 것을 알 수 있습니다. 그러므로 그것에는 실제로 후발음*Nachklang*이라는 명칭을 붙여 줄 수 있겠습니다. 그러나 그것이 꼭 튀어나온 말의 후발음이라는 뜻은 아닙니다. 여기에도 방해받는 것과 방해하는 것 사이의 연상적 관련성이 없는 것은 아니지만, 그것이 내용에서 주어지는 것은 아니고 오히려 인위적으로 때때로 몹시 강요된 연결 방법에서 연유하는 것입니다.

이에 대해 내가 실제로 관찰한 바 있는 아주 간단한 예를 들어 보겠습니다. 나는 언젠가 이탈리아의 아름다운 돌로미텐 지방을 여행하다가 관광객의 옷차림을 한 빈에서 온 두 명의 부인을 만난 적이 있습니다. 우리는 얼마간 동행하면서 여행자로서 생활하는 데 있어서의 즐거움에 대해서 이야기했으며, 또한 여행 중의 불편함에 대해서도 대화를 나누었습니다. 그중 한 부인은 하루를 보내는 이러한 방식에 여러 가지로 안락하지 못한 점이 꽤 있음을 인정했습니다. 〈사실이에요. 햇볕 속에서 온종일 걷는다는 것은 정말 유쾌하지 못해요. 블라우스와 속옷이 땀에 흠뻑 젖는다니까요〉라고 말했습니다. 이 말을 하면서 그녀는 잠시 동안 말이 막혀 버린 듯 뜸을 들였습니다. 그리고 나서 〈그렇지만 속바지*Hose*[3]에 돌아가서 옷을 갈아입을 수 있게 되면……〉이라고 이어

---

3 이때 *Haus*라고 말하려던 것이 잘못 발음된 것이다. 즉 〈집에 돌아가서〉라고 말

말했습니다. 우리는 이러한 말실수를 분석해 보지는 않겠습니다. 그러나 내가 생각하기에 여러분은 그것을 쉽게 이해할 수 있을 것입니다. 그 부인은 옷가지를 계속해서 열거하려고 했던 것이며 〈블라우스, 속옷, 그리고 속바지〉라고 말하려던 참이었습니다. 그러나 그렇게 하면 점잖지 못하다는 인상을 줄까 봐 속바지라는 말을 빼버린 것입니다. 그러나 내용적으로는 전혀 관련이 없는 다음 문장에서 밖으로 나오지 못한 그 단어가 〈집에*nach Hause*〉라는 단어와의 연관성 속에서 비슷한 발음의 변형으로 튀어나와 버린 것입니다.

이제는 지금까지 오랫동안 아껴 두었던 중요한 질문을 할 차례입니다. 그렇듯 이상한 방법으로 다른 것을 방해하면서 표출되어 나오는 이러한 의도란 도대체 어떠한 의도입니까? 말할 것도 없이 거기에는 매우 여러 가지 의도가 있을 수 있습니다. 그러나 우리는 그중에서 공통점을 찾아보려고 합니다. 잘못 말하기에 대한 수많은 경우를 연구해 보면, 그것들은 곧 세 개의 군(群)으로 분류될 수 있습니다. 제1군에 속하는 경우들은 말하는 사람에게 방해하려는 경향이 인지될 뿐만 아니라, 그 밖에도 잘못 말하기에 앞서서 그 의도가 본인에게 인지되는 경우입니다. 그러므로 〈*Vorschwein*〉이라는 잘못 말하기의 경우에, 말하는 사람은 그 해당 사건에 대해 〈추잡한 일〉이라는 판단을 스스로 내렸을 뿐 아니라, 그가 후에 철회하기는 했지만 그 사건에 대해 분명히 언어적인 표현을 하려는 의도가 있었음을 인정하고 있는 것입니다. 제2군의 경우, 말하는 사람은 방해하려는 경향이 자신에 의해서 비롯되었다는 사실을 인정합니다. 하지만 그것이 잘못 말하기에 바하려고 한 것이다.

로 앞서서 그에게 영향을 미쳤다는 사실에 대해서는 그 자신이
아무것도 모릅니다. 그는 그의 잘못에 대한 우리의 해석을 받아
들이지만 그럼에도 어느 정도는 그에 대해서 자기 자신도 놀라워
하고 있는 것입니다. 이러한 행동의 경우들은 잘못 말하기의 예
에서보다는 다른 실수들 중에서 훨씬 더 쉽게 발견할 수 있습니
다. 제3군은 방해하려는 의도에 대한 해석이 화자에 의해서 격렬
하게 부정되는 경우들이 해당됩니다. 그는 그런 의도가 잘못 말
하기에 앞서서 자신의 내부에서 움직였다는 사실을 반박할 뿐만
아니라, 그러한 의도는 자신에게 완전히 낯선 것이라고 주장할
것입니다. 앞에 예로 들었던 〈트림을 하자aufstoßen〉의 경우를 상
기해 보십시오. 내가 방해하려는 의도를 밝혀내었을 때 그 사람
으로부터 받았던 불손한 항의를 여러분은 기억하고 계실 것입니
다. 우리가 이러한 경우들에 대해 의견의 일치에 도달하지 못했
다는 것을 여러분은 또한 알고 계실 것입니다. 나는 그 축사한 사
람의 반론에 개의치 않으면서 흔들리지 않고 굳게 나의 해석을
고수할 것이지만, 여러분은 아마도 그의 거친 항의에서 강한 인
상을 받은 나머지 차라리 그러한 해석을 포기하고 그것을 분석적
방법에 선행하는 순전히 생리적인 행위로 놔두는 편이 더 낫지
않을까라고 생각하실지도 모릅니다. 나는 무엇이 여러분을 움츠
러들게 했는지 알 수 없습니다. 나의 해석은, 화자 자신은 전혀 알
고 있지 못하지만 간접 증거를 통해 추론해 낼 수 있는 어떤 의도
가 화자에게서 표현되어 나올 수 있다는 가정까지도 포함하고 있
습니다. 이렇게 생경스럽기 그지없고 중대한 결과를 가져올지도
모를 가정 앞에서 여러분은 멈칫하고 있는 것입니다. 나는 그것
을 이해할 수 있으며 또 어느 정도까지는 여러분의 생각에 동의
합니다. 그러나 한 가지만은 확실하게 해둡시다. 그렇듯 여러 가

지 경우에서 확인된 실수에 대한 견해를 일관되게 유지하려면, 앞서 거론된 좀 생소한 듯한 가정에 대해서도 여러분은 결단을 내려야만 합니다. 여러분이 그렇게 하지 못한다면, 좀처럼 얻기 힘들었던 실수 행위에 대한 이해에 도달하려는 생각을 다시금 포기해야만 합니다.

이러한 세 개의 군을 하나로 통합시키는 것, 즉 잘못 말하기의 세 가지 메커니즘에서 공통적인 것은 무엇인가를 조금 더 살펴보기로 합시다. 그것은 다행스럽게도 오인의 여지가 없는 것입니다. 제1, 제2군에서는 화자에 의해서 그 방해하려는 경향이 인정됩니다. 이러한 경향이 인지되는 것 이외에도 맨 첫 번째에서는 그것이 잘못 말하기 바로 전의 시점에서 의식된다는 것입니다. 그러나 이 두 개의 경우에서 〈이 방해하는 경향은 억압됩니다. 화자는 그것을 말로 나타내지 않겠다는 결심을 합니다. 그때 그에게 잘못 말하기라는 현상이 일어납니다. 억압된 그 경향은 화자의 의지에 반하여 말로 표현되는데, 그것은 화자에 의해 허용된 의도의 표현을 수정하거나 혼합해 나타나기도 하고, 바로 그 자리를 대신하면서 나타나기도 합니다.〉 이것이 바로 잘못 말하기의 메커니즘입니다.

내 입장에서는, 실수의 제3군의 과정도 바로 지금 묘사된 메커니즘에 잘 들어맞게 표현할 수 있습니다. 이 세 개의 유형들은 하나의 의도가 여러 가지 다른 편차를 보이면서 얼마나 깊숙이 억압되었느냐에 따라 구별된다고 가정하기만 하면 됩니다. 첫 번째에서는 그 의도가 분명히 존재하고 있고 화자가 발언하기 전에 그에게 의식됩니다. 그러고 나서 의도는 억압되지만 대신에 잘못 말하기란 방식을 통해서 보상을 받습니다. 제2군에서는 그 거부는 더 멀리까지 도달합니다. 그 의도는 말하기 전에 이미 더 이상의식되지 않게 되는 것입니다. 그러나 그것이 그렇게 해도 결코 퇴치되지 못하고 잘못 말하기의 발생에 관여한다는 것은 정말 놀라운 일이 아닐 수 없습니다. 그러나 이 행위로 인해서 제3군의 과정을 해명하는 것은 조금 더 쉬워졌습니다. 실수 행위에서는 오래전에, 어쩌면 매우 오래전부터 억압되어서 더 이상 의식되지 않는, 그 때문에 화자에 의해 즉각적으로 거부될 가능성이 있는 어떤 경향이 표출될 수 있다는 것을 나는 용감하게 가정해 보려고 합니다. 그렇지만 여러분은 제3군의 문제를 아예 제쳐 놓으십시오. 여러분은 다른 경우들을 관찰한 것만을 가지고도 그것을 토대로, 〈무언가를 말하고 싶어 하는, 분명히 존재하는 의도를 억압하는 과정이 잘못 말하기를 촉발시키는 필수 불가결의 조건〉이라는 결론을 이끌어 낼 수 있을 것입니다.

이제는, 실수 행위의 이해와 관련해서 많은 진전이 이루어졌다고 주장해도 좋을 것입니다. 우리는 그것이 의미와 의도를 가진 정신적인 행위라는 것과 두 개의 서로 다른 의도들의 간섭을 통해서 발생된다는 사실뿐만 아니라, 이 중 하나의 의도는 다른 의도를 방해함으로써 자신을 표현하기 위하여 어느 정도 억압된다는 것을 알게 되었습니다. 다른 말로 한다면, 그것은 자신이 방해하는 의도가 되기 전에 그보다 먼저 방해받아야만 한다는 것입니다. 우리가 실수 행위라고 부르는 그러한 현상을 이로써 완전하게 설명한 것은 아닙니다. 우리는 계속되는 질문들이 떠오르고 있는 것을 봅니다. 또, 더욱 깊은 이해에 도달하면 할수록 새로운 질문의 단초들이 그만큼 더 많이 생겨나리라는 것도 예감하고 있습니다. 예를 들어 우리는, 왜 사태가 좀 더 단순하게 진행될 수는 없는지 반문할 수도 있습니다. 어떤 경향을 표출시켜 주는 대신에 그것을 억압해야 하는 어떤 의도가 있다고 한다면, 이 억압이 완전히 성공해서 그것의 어떤 흔적도 찾아볼 수 없게 해야 할 것입니다. 또 그것은 실패할 수도 있는데, 그렇게 되면 억압된 경향이 완전히 표출되는 경우도 있을 것입니다. 그러나 실수 행위는 타협의 산물입니다. 그것은 그 두 개의 의도에 있어서 모두 절반의 성공과 절반의 실패를 의미합니다. 위험스러운 의도는 완전히 억압된 것도 아니고 또 — 개별적인 경우는 예외로 하고 — 온전히 자신을 관철시키지도 못합니다. 우리는 그러한 간섭 혹은 타협적 결과가 이루어지기 위해서는 대단히 특별한 조건들이 존재할 것이라고 생각해 볼 수 있습니다. 그러나 그것이 도대체 어떤 종류의 것인지를 우리는 예감해 볼 수조차 없습니다. 나는 또 우리가 실수에 관한 더욱 깊은 연구를 통해서 이러한 잘 알려지지 않은 관계를 밝혀낼 수 있을 것이라고도 생각하지 않습니다. 어쩌면 그전에 인간의 정신 활동의 더욱 어두운 다른 영역을 깊이 연구하는 것이 더 필요할지도 모릅니다. 우리가 거기에서 만나게 되는 유추 관계들이야말로 비로소 실수들을 더욱 확실하게 밝혀내기 위하여 요청되는 가정들을 세우는 데 필요한 용기를 우리에게 줄 수 있을 것입니다. 우리가 이러한 영역에서 끊임없이 씨름하게 되는 아주 작은 징조들을 이해하는 작업도 그 자체의 위험을 항상 갖고 있습니다. 정신 질환에는 그러한 작은 징조들의 평가가 무제한적으로 추구되고 있는 복합적 편집증die kombinatorische Paranoia이라는 것이 있습니다. 나는 물론 이러한 토대 위에서 구축된 결론들이 대체로 옳다고 주장하지는 않겠습니다. 그러한 위험에서 우리를 지켜 줄 수 있는 것은 오로지 우리의 관찰을 더욱 넓은 부분까지 확대해 나가는 것입니다. 정신 활동의 여러 다양한 영역에서 비슷한 인상들을 계속적으로 확보해 나가는 것, 그것이 관건이라고 말할 수 있겠습니다.

실수 행위에 대한 분석은 이쯤에서 그만두기로 합시다. 한 가지 점만은 여러분에게 확실하게 강조해 두고 싶은데, 그것은 우리가 지금까지 이러한 현상들을 다루어 왔던 그 방법을 모범적인 것으로 머릿속에 간직해 두시라는 것입니다. 우리 심리학의 의도가 무엇인지를 여러분은 이러한 예에서 간파할 수 있었을 것입니다. 현상들을 단순히 묘사하거나 분류하는 데 그치지 않고 그것들을 영혼 속에서 힘이 상호 작용하는 징조로 해석하고, 함께 혹은 서로 대립하는 방향으로 움직이면서 목표를 향해 나아가는 경향들의 표현으로 이해하려는 것입니다. 우리는 정신적 현상들의 〈역동적인 해석〉을 위해 노력하고 있습니다. 우리의 견해에 의하면, 이러한 경향성은 단지 우리가 가정하고 있을 뿐이기는 하지만 인지되는 현상들에 비해 더욱 중요한 것이라고 말할 수 있다는 것입니다.

실수 행위의 문제들에 더욱 깊이 들어가고 싶은 생각은 없습니다. 그러나 이러한 영역의 넓은 부분들을 잠시 한번 일별하고, 거기에서 잘 알려진 것들을 재발견하며 몇몇 새로운 것을 추적하는 것이 좋겠습니다. 그러면서 이미 처음에 작성했던 잘못 말하기의 세 개의 군으로의 분류에 따라[4] 잘못 쓰기와 잘못 읽기, 잘못 듣기, 또 잊어버린 대상에 따른 소분류(고유 명사, 외래어, 계획, 인상들)가 포함된 잊기, 착각, 잘못 놓기, 분실 등을 다루어 보겠습니다. 우리의 관찰 영역에 들어오는 오류들은 부분적으로 잊어버리기와, 부분적으로는 착각과 연관이 있습니다.

---

4 두 번째 강의 도입부 참조. 이 세 개의 군을 pp. 86~87에서 논의된 세 개의 군과 혼동해서는 안 된다. 거기서는 잘못 말하기의 태도에 관한 전혀 다른 문제가 논의되고 있다.

잘못 말하기에 대해서는 이미 매우 상세하게 다루어 왔지만 몇 가지 사항을 덧붙여야 하겠습니다. 전혀 흥미를 끌지 못한다고는 단정할 수 없는 작은 감정적 현상들이 잘못 말하기와 연관되어 있습니다. 자청해서 기꺼이 잘못 말하려고 하는 사람은 없습니다. 사람들은 종종 자기 자신이 잘못 말한 것을 흘려듣지만 다른 사람이 잘못 말한 것은 절대로 그렇게 하지 않습니다. 잘못 말하기도 어떤 의미에 있어서는 전염성이 있습니다. 다른 사람이 잘못 말한 것을 들었을 때, 그것을 넘어서서 스스로도 잘못 말하기라는 현상에 빠지지 않고 말을 계속 이어 나간다는 것은 절대로 쉬운 일이 아닙니다. 잘못 말하기의 아주 사소한 경우들, 즉 그 속에 숨겨진 정신적 과정에 대해서 별다른 특별한 해명을 제공할 수 없는 것들과 관련해서 그 동기를 들여다보는 것은 그다지 어렵지 않습니다. 예를 들어 어떤 이유에서인가 그 단어에 생겨난 방해로 인해서 어떤 사람이 장모음을 짧게 발음했을 때, 그는 그 뒤에 따라오는 단모음을 길게 늘여 발음하는 경우가 생기는데, 그렇게 함으로써 그 이전의 것을 보상하려 하면서 새로운 잘못을 범하는 것입니다. 같은 예로, 그가 어떤 복합 모음을 이상하게 분명치 않게 발음했을 경우, 즉 예를 들어 *eu*(오이), 혹은 *oi*(오이)를 *ei*(아이)로 발음했을 때 그는 뒤따라오는 *ei*(아이)를 *eu*(오이)나 *oi*(오이)로 변환시킴으로써 처음의 잘못을 복구하려고 시도할 것입니다. 그때에 결정적으로 중요한 것은, 그 연사가 자신의 모국어를 제멋대로 취급하고도 아무렇지도 않게 여기고 있다고는 생각하지 않을 청중에 대한 고려인 것 같습니다. 두 번째의 보상적인 의미의 왜곡 현상은 청중들에게 첫 번째 왜곡 현상에 주의를 돌리게 하고, 그 자신에게도 또한 그러한 자신의 잘못이 간과되지 않았다는 것을 그들에게 확인시키고자 하는 의도를 갖고 있는 것입니다. 잘못 말하기의 가장 흔하고 단순하며 사소한 경우들은 별로 눈에 띄지 않는 내용에 나타나는 단축과 선발음(先發音)들입니다. 예를 들어 사람들은 좀 긴 듯한 문장에서, 의도하고 있는 말의 마지막 단어를 미리 발음함으로써 말실수를 하고는 합니다. 그것은 그 말을 성급히 마치고자 하는 듯한, 어느 정도 인내심이 결여된 듯한 인상을 주는데, 일반적으로 그 문장이 담고 있는 뜻에 반대하는 어느 정도의 거부감이나 그 말 전체에 대한 거부감이 있음을 확인시켜 줍니다. 이렇게 해서 우리는 잘못 말하기에 대한 정신분석학의 견해와 천박한 생리학의 견해 사이의 차이점들이 뒤섞여 버리는 경계상에 서 있는 경우에 다다르게 되었습니다. 우리는 이 경우들에서 말의 의도를 방해하는 경향이 존재한다고 가정합니다. 그러나 여기서는 그 존재만이 암시될 뿐, 그 스스로 무엇을 지향하고 있는가를 가르쳐 주지 못합니다. 그것이 일으키는 방해는 그 어떤 음운 현상이나 연상 작용에 뒤따른 것이며, 무엇을 말하려는 의도에서 주의력이 약간 빗나간 것으로 파악될 수 있겠습니다. 그렇지만 주의력 장애도, 연상 경향도 그 과정의 본질을 정확히 설명해 주고 있지는 못합니다. 이것은 다시 말하려는 의도를 방해하는 어떤 의도의 존재에 대한 암시가 될 수 있을 뿐입니다. 좀 더 특징적인 다른 모든 잘못 말하기의 예에서는 그 본질을 추측해 내는 것이 가능했지만, 이번에는 그 작용에서 그 본질을 추측해 내는 것이 쉽지 않습니다.

이제 내가 다루려고 하는 잘못 쓰기Verschreiben는 잘못 말하기와 너무도 일치하기 때문에 어떠한 새로운 관점도 기대할 수가 없습니다. 그저 하나의 작은 후기(後記) 정도로만 파악하는 것이 좋겠습니다. 매우 흔하게 나타나는 현상으로서, 뒤에 오는 단어, 특히 마지막 단어 쓰기에서의 작은 잘못, 단축, 생략 등은 다시금 글쓰기를 싫어하는 일반적인 경향성이나 그 일을 어서 끝내 버리고 싶은 인내심의 부족 등을 나타낸다고 하겠습니다. 그러나 잘못 쓰기의 더 특징적인 효과들을 살펴보면 방해하려는 경향성의 본질과 의도를 간파할 수 있습니다. 일반적으로 어떤 편지글에서 잘못 쓴 것이 발견되었을 때는, 그것을 쓴 사람의 상태가 완전히 정상은 아니었다고 짐작됩니다. 하지만 그렇게 그를 움직인 것이 무엇이었는지 항상 확인되지는 않습니다. 잘못 쓰기는 잘못 말하기와 마찬가지로 그것을 쓴 그 사람에게는 잘 인식되지 못합니다. 그런데 다음의 관찰은 매우 눈에 띄는 것이라고 할 수 있습니다. 자신이 쓴 모든 편지를 발송하기 전에 한 번 더 죽 읽어 보는 습관을 가진 사람들이 있습니다. 반면에 전혀 그렇게 하지 않는 사람들도 있습니다. 그러나 그들도 예외적으로 어쩌다 한 번 그렇게 하게 되면, 그때마다 항상 눈에 띄는 잘못을 발견하고 고치게 되는 일이 빈번합니다. 이것은 어떻게 설명할 수 있겠습니까? 그것은 마치 이 사람들이 편지를 작성할 때 자기가 잘못 쓴 부분이 있다는 것을 알고 있었던 것처럼 보입니다. 우리는 정말 그렇다고 믿어도 될까요?

잘못 쓰기의 실제적인 의미에는 매우 흥미로운 문제점이 있습니다. 여러분은 아마도 H라는 살인자의 예를 기억하고 계실 것입니다. 그는 박테리아 연구가로 자처했는데, 과학 실험실에서 매우 위험한 병원균을 배양하는 데 성공했습니다. 그러나 그는 그렇게 해서 만들어진 배양균을 자기와 가까운 사람들을 그와 같은 최신식 방법으로 제거해 버리는 데 사용했습니다. 이 사람은 언젠가 한번 그 연구소의 소장에게 자기가 얻은 그 배양액이 별로 효과가 없다고 불평한 적이 있었는데, 그때 그 문장을 〈생쥐와 마르모트에 대한 나의 실험에 의하면 *bei meinen Versuchen an Mäusen oder Meerschweinchen*〉이라고 써야 할 것을 〈사람들에 대한 나의 실험에 의하면 *bei meinen Versuchen an Menschen*〉이라고 분명하게 잘못 썼던 것입니다. 이러한 잘못 쓰기는 그 연구소 의사들의 눈에도 띄었지만, 내가 알기로 그들은 그것에 대해 아무런 조치도 취하지 않았습니다. 자, 여러분은 이에 대해 어떻게 생각하십니까? 그 의사들이 그 잘못 쓰기를 차라리 자백으로 받아들이고 수사를 하도록 조처를 취해서 그 살인자의 행위를 때맞추어 저지하도록 해야 하지 않았을까요? 이 경우에는 실수 행위에 대한 우리의 학설을 몰랐던 것이 결국 실제적으로 중요한 실책의 원인이 된 것은 아닐까요? 그러한 잘못 쓰기가 나의 눈에 띄었다면 나는 그것을 틀림없이 매우 수상쩍은 일로 생각했을 것입니다. 그러나 이를 자백으로 받아들이고 이용하는 것에는 매우 중대한 문제가 가로놓여 있습니다. 잘못 쓰기는 틀림없이 하나의 간접 증거입니다. 그러나 그것 자체로서는 수사를 하게 하는 데 충분치가 않습니다. 그 사람이 사람들에게 그 약을 주사하겠다는 생각에 몰두했다는 것을 그 잘못 쓰기는 분명히 보여 주고 있습니다. 그러나 그 생각이 명확하게 남을 해치려는 의도로서의 의미를 가진 것인지, 아니면 실제적으로는 아무런 의미를 지니지 않은 몽상에 불과한 것인지는 판단하기가 어렵습니다. 그렇게 잘못 쓴 사람이 최상의 주관적인 정당성을 가지고 이러한 몽상을 부정하면서, 그것을 자기와는 전혀 생소한 어떤 것으로 간주하고 부인해 버리는 것도 얼마든지 가능합니다. 우리가 추후에 심리적인 실재(實在)와 물리적인 실재의 차이점을 파악하게 되면 여러분은 이 가능성을 훨씬 잘 이해할 수 있게 될 것입니다. 이것은 다시 한번, 어떤 실수에 생각지도 못했던 의미가 그 후에 첨가되는 또 하나의 예가 되는 것입니다.

잘못 읽기에서는 잘못 말하기나 잘못 쓰기의 심리적 상황과는 뚜렷이 구별되는 다른 상황과 만나게 됩니다. 두 개의 서로 경쟁하고 있는 경향성 중의 하나가 여기서는 감각적인 자극으로 대체되고, 아마도 그래서 덜 저항적이 되는 것 같습니다. 사람이 무엇인가를 읽어야만 한다는 것은, 무언가를 쓰려고 계획했던 것과 같은 자기 자신의 정신 활동의 산물은 아닙니다. 그러므로 대다수의 경우에서 잘못 읽기는 완전히 대체 작용*Substitution*만으로 끝나 버릴 때가 많습니다. 사람들은 읽어야 할 단어를 다른 것으로 대체시키는데, 이때 원래의 문장과 잘못 읽기로 인해서 생겨난 효과와는 내용적으로 아무런 관계가 없는 경우가 대부분이고, 일반적으로 발음 유사성 때문에 그런 일이 발생합니다. 리히텐베르크의 경우처럼, *angenommen*(가정하면) 대신에 Agamemnon으로 읽는 것이 이 잘못 읽기의 가장 대표적인 예라고 할 수 있습니다. 잘못 읽기를 생성케 한 경향성, 그 방해하는 의도를 알아내기 위해서는 잘못 읽혀진 텍스트를 완전히 무시하고 다음 두 개의 질문을 통해서 분석적 연구를 도출하는 것이 바람직합니다. 즉 잘못 읽기의 효과로 바로 그때 어떤 연상이 떠오르느냐 하는 것과, 어떠한 상황에서 그러한 잘못 읽기가 생겨났느냐 하는 질문입니다. 후자에 대한 지식 자체만으로도 잘못 읽기를 충분히 규명할 수 있습니다. 예를 들어 용변을 보고 싶다고 느낀 어떤 사람이 낯선 도시를 헤매다가 1층에 붙어 있는 커다란 간판에서 〈*Klosetthaus*(화장실)〉라는 단어를 읽었다고 가정해 봅시다. 그는 그 간판이 왜 그렇게 높이 걸려 있는지 잠시 동안 의아해하다가, 문득 거기에는 엄밀하게 말해서 〈*Korsetthaus*(코르셋 전문점)〉라는 간판이 달려 있는 것을 발견하게 됩니다. 원문과 상관없는 내용을 잘못 읽게 되는 다른 경우들에서는 매우 상세한 분석이 요구되는데,

그것은 정신분석적인 기술의 훈련이나 그것에 대한 신뢰감이 없이는 실행하기 어려운 것입니다. 잘못 읽기를 해명하는 것은 그러나 대개의 경우보다 쉽습니다. 〈Agamemnon〉의 경우에 그렇게 대체된 단어는 그 방해가 어떠한 사고 속에서 연유된 것인지를 즉각적으로 드러내 주고 있습니다. 지금과 같은 전쟁 시에는, 예를 들어 도시의 이름이나 장군들의 이름, 사람들 주위에서 끊임없이 떠도는 군사적인 용어들을 도처에서 읽게 되는 일이 매우 흔해서 그와 비슷한 단어 영상이 마음속에 떠오르게 됩니다. 낯설거나 조금 흥미 없는 것 대신에 어떤 사람이 관심을 두고 있고 관여하고 있는 내용이 자리를 차지하는 것입니다. 사고의 잔영(殘影)들이 새로운 지각을 흐려 놓는 것입니다.

잘못 읽기에서는 이와 다른 경우들도 있습니다. 그것은 방금 읽은 원문 자체가 방해하려는 경향을 일으켜 내용 자체를 반대로 해석하도록 만드는 것입니다. 사람들은 때때로 원치 않는 것을 읽어야 할 때가 있는데, 분석을 해보면 그렇게 읽어야 할 것을 거부하는 강렬한 소원이 그것을 변형시키는 데 한몫했다는 것을 알게 됩니다.

맨 처음에 언급됐던 가장 흔한 잘못 읽기의 경우에는, 실수의 메커니즘에서 중요한 역할을 하는 것으로 우리가 지목했던 두 가지 요소, 즉 두 개의 경향성들이 서로 갈등하고 그중 하나가 억압 ── 그것은 다음에 실수의 효과를 통해 이렇게 억압당한 것을 보상받는데 ── 되는 현상이 제대로 부각되지 못했습니다. 잘못 읽기에서는 이와 반대되는 어떤 것을 찾을 수 있다는 의미가 아니고, 이러한 잘못을 초래하는 사고 내용의 긴급성이 그 사고 내용이 이미 경험했을 억압보다 훨씬 눈에 띈다는 뜻입니다.

그러나 바로 이 두 가지 요소는 망각에 의한 실수의 여러 가지 상황에서 가장 알기 쉽게 나타납니다. 계획했던 것을 잊어버리는 것은 (우리가 들은 바에 의하면) 문외한들에 의해서도 논란거리가 되지 않을 정도로 그 해석이 명백합니다. 계획을 방해하는 경향성은 매번 그에 반대되는 의도로서 그렇게 하지 않고 싶어 하는 의지이며, 그에 대해서 우리가 알고 싶은 것은 단지, 그것이 왜 꼭 그렇게 은폐된 채로 표출되어야 하는 것인가 하는 점입니다. 어쨌든 이러한 반대 의지*Gegenwille*의 존재는 의심의 여지가 없습니다. 때때로 이렇게 자신을 은폐해야 할 필요성이 있는 반대 의지의 동기를 알아내는 데 성공할 때가 있습니다. 그리고 그때마다 그것은 실수를 통해서 숨겨진 자신의 의도를 달성하는데, 만일 그것이 공개적인 반박으로 나타났을 경우 부인되었을 것은 뻔한 이치입니다. 어떤 계획과 그 실행 사이에 중요한 심적 상황의 변화가 발생했을 경우에는 자연적으로 계획의 실행은 문제조차 되지 않으며, 그럴 때 그 계획을 망각한다 하더라도 그것은 실수라고 할 수 없습니다. 사람들은 그것에 대해서 더 이상 의아해하지 않으며 그 계획을 기억해 내는 것은 불필요했을 것이라는 사실을 직관적으로 깨닫습니다. 그렇게 되면 그 계획은 계속적으로 혹은 잠정적으로 소멸되어 버립니다. 계획의 망각은 그 같은 단절이 있었으리라고 믿을 수 없는 경우에만 실수 행위로 불릴 수 있습니다.

계획을 잊어버리는 따위의 이 같은 경우들은, 일반적으로 너무도 단순하고 투명하기 때문에 우리의 연구를 자극할 만한 것이 별로 없습니다. 그러나 이러한 실수의 연구를 통해서 두 가지 점에서는 새로운 것을 배울 수가 있습니다. 망각, 그러니까 어떤 계획을 실행에 옮기지 않는 것은 그에 적대적인 어떤 반대 의지를 시사하는 것이라고 우리는 언명한 바 있습니다. 그것은 틀림없는 사실입니다. 그러나 그 반대 의지는 우리의 연구 결과에 의하면 두 가지 종류로 구별할 수 있습니다. 하나는 직접적인 반대 의지이고 다른 하나는 간접적인 반대 의지입니다. 후자, 즉 간접적 반대 의지가 무엇을 의미하는지는 한두 개의 예를 통해서도 간단하게 설명할 수 있습니다. 후원자가 자기의 피후원자를 위한 추천서를 제3자에게 전달하는 것을 잊었다면, 이것은 그가 피후원자에 대해서 원래 아무런 흥미를 못 느끼고 있었고, 그러므로 그를 추천하는 일에 대해 별다른 의욕이 없었기 때문에 발생한 일일 것입니다. 피후원자는 어쨌든 후원자의 망각을 그러한 의미로 해석할 것입니다. 그러나 그것은 더 복잡한 문제일지도 모릅니다. 계획을 수행하는 데 대한 반대 의지가 다른 쪽 방향에서 올 수도 있고 또 다른 지점에서 그 일이 시작되었을 수도 있습니다. 그것은 피후원자와 아무런 관련이 없이 추천서를 건네받아야 할 제3자를 향한 것인지도 모릅니다. 그러므로 여기서 우리의 해석을 실제적인 용도에 사용하는 데 어떠한 문제가 수반될 수 있는지 여러분은 깨달았을 것입니다. 피후원자는 망각의 의미를 제대로 해석했음에도 불구하고 지나치게 미심쩍어한 나머지 자신의 후원자에게 무례하게 굴 수도 있습니다. 다른 경우에, 어떤 사람이 자기가 지키겠다고 약속하고 또 사실 지키려고 굳게 마음먹었던 만남을 잊어버렸다면, 가장 개연성이 큰 이유는 그 사람과의 만남을 싫어하는 감정일 것입니다. 그런데 그에 대한 분석을 한 결과, 방해하려는 경향은 그 사람에 대한 것이 아니라 만나기로 한 장소를 향한 것이고, 그 장소와 관련되어 있는 고통스러운 기억으로 인해 그 장소를 피하려 했음이 입증될 수도 있습니다. 그리고 또 다른 경우에 어떤 사람이 편지를 부치는 것을 잊었다면 그에 대한 반대 경향은 편지의 내용에서 연유한 것일지도 모릅니다.

그러나 또 다음과 같은 경우도 절대로 배제할 수 없습니다. 즉 그 편지 자체는 전혀 해롭지 않으나 그 편지의 내용 중 어떤 것이 그 전에 언젠가 쓴 다른 편지를 상기시켰고, 바로 그것이 그 반대 의지에 직접적인 원인을 제공했을 가능성 말입니다. 그럴 경우 사람들은, 반대 의지는 예전의 편지에 의한 것이고 원래는 아무것도 이상할 것이 없던 지금의 편지로 전이*Übertragung*된 것이라고 말할 것입니다. 그러므로 여러분은 우리의 정당한 해석을 평가함에 있어서 조심스럽고 신중한 태도가 요구된다는 것을 통찰할 수 있을 것입니다. 심리학적으로는 동등한 가치를 지닌 것도 실제적 현실에서는 매우 다양한 의미를 가질 수 있습니다.

이와 같은 현상들이 여러분에게는 매우 이상하게 생각될 것입니다. 여러분은 어쩌면 〈간접적〉 반대 의지가 그 과정을 이미 어떤 병리적인 것으로 특징짓는다고 가정하고 싶으실지도 모르겠습니다. 내가 여러분에게 확실하게 말씀드리고 싶은 것은, 그러한 반대 의지가 규범적이고 건강한 현상 속에서도 나타난다는 것입니다. 나의 말을 어쨌든 오해하지는 말아 주십시오. 우리의 분석적인 해석이 믿을 수 없는 것이라고 스스로 고백하려는 것이 절대로 아닙니다. 계획의 망각이라는 문제에서 논의된 모호성은, 그 경우를 분석적으로 연구해 보지 않고 단지 우리의 일반적인 전제들에 근거해서 해석했을 때만 발생합니다. 그 당사자를 분석해 보면 그때마다 언제나 그것이 직접적인 반대 의지인지, 아니면 어딘가 다른 곳에서 연유하는 것인지 충분한 확신을 갖고 알아낼 수 있었던 것입니다.

두 번째 문제는 다음과 같은 것입니다. 어떤 계획을 잊어버리는 것은 반대 의지 때문이라는 사실을 대다수의 경우에서 확인할 수 있다면, 우리가 추론해 낸 반대 의지를 피분석자가 인정하지 않고 부인해 버리는 그러한 경우들에까지 이러한 해석을 적용시켜 보겠다는 용기를 얻을 수 있을 것입니다. 이에 대한 예로서는 빌린 책을 돌려주는 것을 잊는 일이라든가, 청구서나 빌린 돈을 갚는 것을 잊어버리는 일 따위 등과 같은 아주 빈번하게 발생하는 사례들이 있습니다. 우리는 그 당사자가 책을 아주 자신의 소유물로 만들고자 했다거나 돈을 갚지 않으려고 했다는 의심을 하며 그를 용감하게 비난할 수 있을 것입니다. 당사자는 그러한 의도를 부정하기는 하지만 자신의 행동에 대해 어떤 다른 해명을 내놓을 수 없는 상태입니다. 이로써 우리는, 〈그가 그러한 의도를 갖고 있었지만 단지 그 사실을 자각하지 못했을 뿐이고, 그 의도가 망각이라는 효과를 통해 나타났으므로 그것으로 충분하다〉라고 말할 것입니다. 그러나 그는 계속해서, 자신은 단지 잊어버렸을 뿐이라고 항의할 것입니다. 여러분은 여기서, 우리가 이미 그 전에 한 번 겪은 적이 있었던 그 상황이 다시 나타났음을 알게 될 것입니다. 그렇게도 여러 상황에 걸쳐 정당한 것으로 증명됐던 실수에 대한 우리의 해석을 일관되게 밀고 나가기 위해서는 어쩔 수 없이, 사람들에게는 자기도 모르는 사이에 자신에게 작용되는 어떤 경향이 있다는 것을 가정할 수밖에 없습니다. 그러나 그렇게 함으로써 우리는 삶과 심리학을 지배하는 모든 견해에 대하여 모순된 위치에 서게 되는 것입니다.

외국어 단어 망각뿐 아니라 〈고유 명사나 외래 명사의 망각〉은 마찬가지로 그에 대한 반대 의지에 기인한다고 할 수 있는데, 그런 경향은 직접 혹은 간접적으로 해당되는 이름에 대한 반감 때문입니다. 그러한 직접적인 거부감의 감정에 대해서는 전에 이미 여러분에게 여러 가지 예를 들어 설명한 바 있습니다. 그러나 이 경우에는 망각 현상이 간접적인 원인에 의해 특히 더 빈번하게 발생하고, 그것을 확인하기 위해서는 대개 매우 조심스러운 분석이 요구됩니다. 예를 들어 현재와 같은 전쟁 시에는, 우리가 이전에 즐기던 기호들을 포기해야만 하는 강요된 상황이 전개되고 있고, 고유 명사를 기억하는 능력도 기묘한 현상으로 인해 몹시 손상을 받고 있습니다. 얼마 전에 나는 모라비아 지방의 도시 빈센츠의 이름을 아무리 해도 기억해 낼 수 없었는데, 분석해 본 결과 그 까닭은 그에 대한 어떠한 직접적인 적개심 탓이 아니라, 단지 그 이름이 내가 그전에 몇 번이나 기분좋게 지냈던 적이 있는 오르비에토Orvieto의 비센지Bisenzi 궁전과 발음이 비슷했기 때문이었습니다. 이렇게 이름을 기억하지 못하게 만드는 경향의 동기로서 여기에서 처음으로 하나의 원칙을 만나게 되는데, 그것은 후에 신경증적인 증후의 원인으로서 매우 중대한 의미가 있는 것으로 밝혀질 것입니다. 그것은 어떤 것을 떠올리는 기억에 대한 거부감으로서, 그 기억은 유쾌하지 못한 느낌과 관련되어 있어서 그것을 재생할 경우 이러한 불쾌감이 다시 되살아날 우려가 있습니다. 기억 혹은 다른 심리적 행위에서 발생하는 불쾌감을 피하려는 이러한 의도는, 불쾌감에서의 심리적 도피로 이름 망각뿐 아니라 다른 많은 실수 행위, 즉 하던 일의 중단, 오류, 그 밖의 다른 것들에 작용하는 결정적인 동기로 인정해도 좋을 것입니다.

이름 망각은 정신 생리적으로 특별히 마음을 가볍게 해주는 것 같습니다. 그래서 불쾌한 동기가 작용한 것으로 확인되지 않는 경우들에까지 나타납니다. 어떤 사람이 한번 이름 망각의 경향성을 보일 때 그를 분석적으로 연구해 보면, 그가 그 이름을 좋아하지 않기 때문에, 혹은 그것이 그에게 어떤 좋지 않은 것을 생각나게 하기 때문이라는 이유 말고도, 그와 같은 이름이 그와 어떤 내적인 관계를 갖고 있는 다른 연상들의 집단에 속하기 때문에 그 이름이 그에게 기억되지 않는다는 것을 확인하게 됩니다. 그 이름은 거기에 꼼짝없이 묶여 그 순간에 활동하고 있는 다른 연상에 막혀서 거부되는 것입니다. 여러분이 기억법[5]이라는 기교를 생각해 보시면, 다른 때에는 사람들이 망각에서 보호하기 위하여 의도적으로 만들어 내는 똑같은 연관들에 의해서 망각 현상이 이루어진다는 사실을 놀라움과 함께 확인할 수 있습니다. 이에 대한 가장 극명한 예는 사람의 이름을 잊어버리는 경우에서 나타나는데, 한 사람의 이름이 여러 다른 사람들에게 전혀 다른 여러 가지의 심리적 가치를 갖고 있으리라는 것은 자명한 사실일 것입니다. 예를 들어 테오도어라는 이름의 경우를 생각해 봅시다. 여러분 중 어떤 사람에게 이 이름은 특별한 그 무엇도 의미하지 않을 것입니다. 그러나 또 다른 사람들에게 그 이름은 자기 아버지나 남자 형제나, 남자 친구 혹은 자신의 이름이 될 수가 있습니다. 어떤 낯선 사람이 이 이름을 갖고 있다 하더라도 전자의 사람들에게는 그 이름이 잊혀질 위험이 별로 없지만, 후자에 해당하는 사람들은 자신과 내밀한 관계를 맺고 있는 이름을 낯선 사람 앞에서 밝히지 않으려는 경향을 끊임없이 보인다는 사실을 분석적인 경험을 통해 알 수 있을 것입니다. 이처럼 연상에 의해서 기억하기를 꺼려하는 경향들이 불쾌 원칙*Unlustprinzip*[6]의 작용이나 그 외에 간접적인 메커니즘과 일치할 수도 있다는 것을 염두에 두면, 비로소 일시적으로 이름을 망각하는 원인의 복합적인 요인에 대해서 적절하게 이해할 수 있을 것입니다. 사안에 따른 치밀한 분석은 여러분에게 이 모든 복합성을 남김없이 밝혀 줄 것입니다.

---

5 기억력을 향상시키는 기술적인 방법의 하나.
6 『꿈의 해석』(프로이트 전집 4, 열린책들) 참조. 이후에 쾌락 원칙*Lustprinzip*으로 일컬어진다.

〈인상이나 체험의 망각〉은 불편한 것을 기억에서 멀리하려는 경향이 어떻게 작용하는가를 이름 망각보다 더욱 극명하고도 온전하게 보여 줍니다. 인상이나 체험한 내용을 이처럼 망각하는 현상은, 물론 그 모두가 다 실수라고 할 수는 없는 것이고 우리의 습관적인 경험의 척도에 비추어서 매우 이상하고 부당하게 보일 때만 실수 행위의 범주에 넣을 수 있습니다. 예를 들어 너무나도 선명하고 중요한 인상과 관련되어 있거나, 그렇지 않으면 전체적인 연관성 속에서 무리 없이 기억되는 것들 사이에서 그것이 빠짐으로 해서 기억상의 괴리(乖離)가 발생할 때, 이를 실수라고 말할 수 있습니다. 우리에게 매우 확실하게 깊은 인상을 남긴 체험들, 이를테면 우리의 첫 유년 시절의 사건들을 왜, 그리고 어떤 방식으로 잊어버릴 수 있느냐 하는 것은 완전히 또 다른 문제로서, 그때에도 불쾌감을 자극하는 것에 대한 방어가 어떤 역할을 했으리라고는 짐작되나 그것으로 모든 것이 해명되지는 않습니다.[7] 불쾌한 인상들이 쉽게 잊혀진다고 하는 것은 의심할 수 없는 사실입니다. 여러 심리학자는 그 사실에 주목했고 저 위대한 다윈C. Darwin도 이 사실에서 커다란 인상을 받은 나머지, 자신의 이론과 배치되는 듯한 관찰 사례들을 아주 세심하게 기록해 놓는 것을 〈황금률〉로 삼기까지 했습니다.[8] 왜냐하면 바로 이러한 관찰 결과들이야말로 그의 기억 속에 머물러 있지 않으려 한다는 것을 확신했기 때문입니다.

망각을 수단으로 기억하고 싶지 않은 것을 방어한다는 원칙에 대해서 처음 듣게 되는 사람은 거의 예외 없이, 자신은 오히려 고

---

7 유년기의 기억 상실에 대해서는 이후에 논의된다.
8 다윈의 자서전을 참조하라. 『찰스 다윈의 자서전1809~1882 *The Autobiography of Charles Darwin 1809~1882*』(1958).

통스러운 기억이야말로 얼마나 잊기 어려운 것인지 절실하게 체험한 적이 있노라고 말하면서 이의를 제기할 것입니다. 예를 들어 상처를 받은 기억이나 굴욕을 느꼈던 기억은 자신을 괴롭히기 위해서 자신의 의지와는 별개로 끊임없이 회상된다는 것입니다. 이러한 사실도 맞기는 합니다. 그러나 이 같은 반론을 제기하는 것은 적절치 않습니다. 정신 활동은 서로 적대하는 경향들이 서로 갈등하고 어우러지는 장소라는 것이며 — 역동적인 표현을 쓰지 않는다면 — 그것은 모순들과 서로 적대적인 쌍들로 이루어져 있다는 사실을 적시에 고려하기 시작했다는 점이 중요합니다. 어떤 특정한 경향의 존재를 증명한다는 것이 곧 그것과는 적대적인 다른 것을 배제시킬 수 있음을 뜻하지는 않습니다. 그 두 가지 경향성들은 공존할 수 있는 여지가 있습니다. 문제되는 것은 단지, 이러한 대립들이 어떤 관계에 놓여 있는가 하는 것과 어떤 작용이 어느 관계에서 촉발되며, 또 다른 작용은 또 어떤 다른 관계에서 나오는 것이냐 하는 점입니다.

〈분실과 잘못 놓기〉는 그것의 다의성, 다시 말해서 이러한 실수들을 일으키는 경향들의 복잡성으로 인해 우리에게 특히 흥미롭습니다. 이 모든 경우들에 공통적인 것은 무언가를 잃어버리고 싶어 한다는 의지인데, 무슨 이유와 목적으로 그러한 것인지는 각각 다릅니다. 어떤 물건이 못 쓰게 되었을 때나 그것을 좀 더 나은 다른 것으로 바꾸고 싶을 때 사람들은 물건을 잃어버립니다. 또 그것이 더 이상 마음에 들지 않게 되어 버렸거나 지금은 관계가 나빠져 버린 어떤 사람에게서 받은 것일 때, 또 더 이상 생각하고 싶지 않은 상황에서 갖게 된 물건일 때도 그것을 잃어버리게 됩니다. 물건을 떨어뜨린다거나 못 쓰게 만들기, 깨뜨리기 등도 같은 목적에서 비롯된 것입니다. 억지로 낳게 된 아이나 사생아들은 정상적으로 부모에게 받아들여진 아이들보다 훨씬 허약하다는 사실을 사회생활의 경험으로 알 수 있습니다. 이와 같은 결과를 얻기 위해서는, 양육을 떠맡은 보모가 그들을 충분히 제대로 돌보지 않았다는 사실조차도 필요치 않습니다. 양육하는 데 조심성이 약간만 부족해도 얼마든지 그런 결과가 나옵니다. 물건을 간수하는 것도 아이들을 다루는 것과 같아서 조금만 관심을 덜 쏟아도 그렇게 되는 것입니다.

어떤 물건이 그 가치에는 손상을 입지 않았음에도 두려움의 대상이 되는 다른 손상을 막기 위해 어떤 희생을 치를 의도가 있을 때, 그 물건은 분실될 수밖에 없는 운명을 맞게 됩니다. 운명에 마법을 거는 것과 같은 그런 행위는, 분석 작업의 결과에 따르면 우리들 가운데 매우 빈번하게 나타나며, 우리가 물건을 분실하게 되는 것과 같은 그러한 행위는 결국 자발적인 희생이라고 할 수 있습니다. 이와 마찬가지로 분실 역시 반항과 자기 징벌 *Selbstbestrafung*의 목적에 쓰일 수도 있습니다. 간단히 말해서, 분실을 통해서 어떤 물건을 자기에게서 없애 버리는 것이 좀 더 멀리서 작용하는 동기임은 간과될 수 없습니다.

〈착각〉도 다른 잘못들과 마찬가지로 거부당한 소원을 충족시키기 위해 종종 쓰입니다. 그 의도는 그때 행복한 우연이라는 가면을 쓰고 나타납니다. 내 친구들 중 한 사람이 경험했던 일로서, 예를 들어 어떤 사람이 하기 싫은 기분을 명확하게 느끼면서 도시 근교로 기차를 타고 가서 누군가를 방문해야 했을 때 기차를 잘못 바꿔 타게 되어 다시금 그 도시로 되돌아왔던 경우라든지, 또는 어떤 사람이 여행 도중에 중간 정거장에서 좀 오랫동안 머물고 싶었음에도 불구하고 해야 할 어떤 일 때문에 그렇게 할 수 없었으나 자신이 타야 할 기차를 잘못 보거나 놓친 나머지 할 수 없이 자기가 원했던 체류를 하게 된 경우, 그것은 모두 행복한 우연이라고 할 수 있습니다. 또 내 환자 중의 한 사람은 내가 그에게 애인과 전화 통화하는 것을 금지했음에도 〈실수로〉 또는 〈다른 것을 생각하다가〉 틀린 번호를 말했기 때문에, 실은 나에게 전화를 하려 한 것이었지만 갑자기 자기 애인과 연결되었던 일도 있었습니다. 직접적 실수의 매우 재미있고 실질적인 의미가 있는 사례는 어떤 엔지니어의 경험이 제공해 주고 있는데, 그것은 물건의 파손에 관한 이야기입니다.

얼마 전에 나는 몇 명의 동료들과 대학의 실험실에서 복잡한 탄성 실험을 하고 있었는데, 그 연구는 우리가 자발적으로 떠맡은 것이었지만 기대했던 것보다 더 많은 시간을 끌기 시작했습니다. 어느 날 내가 나의 동료인 F와 다시 실험실에 갔을 때, 그는 이렇게 많은 시간을 낭비한다는 것이 오늘따라 어찌나 성가시게 생각되는지 모르겠다는 심정을 털어놓았습니다. 그는 집에서 해야 할 다른 일들이 많다는 것이었습니다. 나는 그의 말에 동의하는 것 이외에 달리 할말이 없었고, 지난주에 일어났던 사건을 빗대어서 반은 농담조로 〈기계가 다시 고장나서 작업을 중단하고 집에 일찍 갈 수 있었으면 좋겠어〉라고 말했습니다.

작업 분류에 따라 F는 압축기의 밸브를 조정하는 일을 떠맡았습니다. 그것은 집적기(集積機)에서 밸브를 조심스럽게 열고는 압축기의 실린더에 천천히 압축 용액을 흘려 넣는 일이었습니다. 실험 지도인은 압력계 옆에 서서 지켜보고 있다가 일정한 압력에 도달하게 되자 큰 소리로 〈그만〉 하고 외쳤습니다. 이 명령에 따라 F는 밸브를 붙잡고 있는 힘을 다해 그것을 왼쪽으로 돌렸습니다 (그러나 모든 밸브는 예외 없이 오른쪽으로 돌려야 잠겨지게 되어 있는 것입니다). 그러자 갑자기 집적기의 전 압력이 압축기에 작용하게 되었고, 연결 장치는 그만한 압력에 견딜 수 있을 만큼 만들어지지 않았으므로 그 즉시 파이프가 폭발하고 말았습니다. 그것은 아주 사소한 기계 고장에 지나지 않았지만, 어쨌든 우리는 그날 일을 중단하고 집으로 돌아갈 수밖에 없었습니다.

여기에서 무엇보다 특이한 일은, 얼마 후에 우리가 이 일에 대해서 서로 얘기할 기회가 있었는데, 나는 그 일을 그렇게도 뚜렷하게 기억하고 있었음에도 F는 그때 내가 한 말을 전혀 기억하지 못하고 있다는 것이었습니다.

여기서 여러분이 추측할 수 있는 것은, 여러분의 집에서 하인들이 집주인인 여러분이 가장 아끼는 물건들을 손상시키는 경우, 그런 일들이 항상 그렇게 악의 없는 우연만은 아닐 것이라는 사실입니다. 사람들이 자기 자신을 스스로 다치게 하거나 자기 자신의 모든 존재를 위험에 빠뜨리는 것이 매번 우연일 수 있는가 하는 물음을 여기서 제기할 수 있습니다. 그것은 여러분이 때때로 관찰한 것을 분석하는 일을 통해서 그 가치를 검증해 볼 수 있는 좋은 자극을 제공해 줍니다.

나의 친애하는 청중 여러분, 이것들이 실수 행위에 관하여 말할 수 있는 전부라고 할 수는 없습니다. 탐구하고 논의해야 할 것들이 아직도 많습니다. 우리가 지금까지 탐구한 성과를 통해서 여태까지 여러분이 취하고 있던 입장에서 어느만큼의 충격을 경험하게 되었거나 새로운 것에 대한 가설을 받아들일 준비를 갖추게 되었다면 그것만으로도 충분합니다. 그 외에는 아직도 명확하지 않은 것들이 너무도 많습니다. 실수 행위에 대한 연구만을 가지고 우리의 모든 명제들을 증명해 보일 수도 없으며, 이 자료에 대한 증명에만 의존할 수도 없습니다. 우리의 연구 목적에 따른 실수 행위의 가장 큰 가치는, 그것이 매우 흔한 것으로서 우리 차 신에게서도 쉽게 발견될 수 있는 현상이며, 그것이 발생하는 데 어떠한 신체적인 질병이 꼭 전제되지 않는다는 사실에 근거하고 있습니다. 끝으로 아직까지 대답되지 않은, 여러분이 제기해 올 단 하나의 질문에 대해서만 한마디 덧붙이겠습니다. 우리가 수많 은 사례에서 보아 왔듯이 사람들이 실수를 좀 더 자세히 이해하 게 되고 그 의미를 꿰뚫어 볼 수 있는 것처럼 행동하면서도, 그들 이 같은 현상을 놓고 우연이다, 의미가 있다 혹은 의미가 없다라 고 판단하면서 실수 행위에 대한 정신분석학적인 해명에 대해서 어떻게 그다지도 격렬하게 반대할 수 있는지요?

여러분 말이 맞습니다. 그것은 정말 신기한 일이고 꼭 해명되 기를 요구하고 있습니다. 나는 여러분에게 그 해명을 직접 손에 쥐어 주지는 않겠습니다. 그 대신에 여러분이 천천히 전체적인 관련성을 파악할 수 있게 하고, 그러한 관련성을 통해서 내가 개 입하지 않아도 여러분이 그에 관한 해명을 할 수 있도록 하겠습 니다.

임홍빈·홍혜경 옮김

농담의 즐거움 메커니즘과 심리적 기원

Der Witz und seine Beziehung zum Unbewußten(1905)

프로이트가 〈농담의 문제를 연구하게 된 개인적 계기〉는 1899년 『꿈의 해석』의 교정쇄를 읽은 빌헬름 플리스Wilhelm Fließ가 꿈에 너무 많은 농담이 포함되어 있다고 비판했던 것과 관계된다. 그러나 그의 관심이 이 시기에야 일깨워졌던 것은 아니다. 프로이트가 농담에 관해 일찍부터 관심을 갖고 있었다는 점은 그가 플리스에게 보낸 편지들에서 〈최근 유대인들을 주제로 한 일화들을 모으기 시작했다〉라고 쓴 데서도 알 수 있다. 프로이트 이론의 기본적인 많은 예들이 이때 수집된 것이다.

또한 이 시기에 그는 테오도어 립스Theodor Lipps의 영향을 받게 되었다. 이 책의 시작 부분에서도 언급되듯이, 1898년에 나온 『희극과 유머Komik und Humor』라는 특수한 대상을 다루는 립스의 저작이 프로이트의 연구를 자극했다.

1905년 6월 4일자 빈의 일간지 『시대』에 이미 긍정적인 긴 서평이 실린 것으로 보아 이 책은 6월 초 이전에 발간되었을 것으로 추정된다. 당시 출간되었던 프로이트의 여타의 대작들이 많은 수정을 거친 것과는 달리, 이 책은 재판에서 대여섯 개의 짧은 보충문이 첨가된 것 외에는 전혀 수정되지 않았다(편의상 이 책에서는 프로이트가 긴 장들을 나눈 절에 대해 번호를 붙였다). 그러다가 20년이 지난 후 그는 짧은 논문 「유머」를 통해 그 실마리를 다시 건드리게 된다. 이 논문에서 그는 여전히 해명되지 못한 문제를 새롭게 전개된, 정신에 대한 구조적 시각을 빌려 해명하려 시도한다.

이 책은 아주 재미있는 소재들로 가득 차 있으며, 그 상당 부분은 프로이트의 다른 저술들에는 나타나지 않는 것들이다. 『꿈의 해석』을 제외한 그 어떤 곳에서도 복잡한 심리 과정에 대한 이만큼 섬세한 서술은 발견되지 않는다.

이 책은 1905년 도이티케 출판사에서 처음 출간되었고, 그 후 『저작집 Gesammelte Schriften』 제9권(1925)과, 『전집 Gesammelte Werke』 제6권(1940)에 실렸다. 영어로는 Wit and its Relation to the Unconscious라는 제목으로 브릴 A. A. Brill에 의해 번역되어 1916년에 뉴욕에서, 1917년에 런던에서 각각 출간되었고, 1938년에는 『지크문트 프로이트의 주요 저작』에 실리기도 했다. 그리고 또 1960년에는 제임스 스트레이치에 의해 Jokes and their Relation to the Unconscious라는 제목으로 번역되어 『표준판 전집 The Standard Edition of the Complete Psychological Works of Sigmund Freud』 제8권에 실렸다.

1

일단은 농담이 우리에게 제공하는 특유의 즐거움이 어떤 원천에서 나오는지 우리가 확실히 알고 있다고 상정해 두자. 우리는 농담의 사고 내용에서 오는 만족감을 농담 본연의 즐거움과 혼동할 위험에 빠질 수 있지만, 농담 본연의 즐거움에도 본질적으로 두 가지 원천, 즉 농담 기술과 경향성이 있다는 사실을 안다. 이제 우리가 알고 싶은 것은 그러한 즐거움 효과의 메커니즘, 즉 이 원천들에서 즐거움이 어떤 방식으로 나오느냐 하는 것이다.

경향성 농담을 통해 이 문제에 접근하는 것이 악의 없는 농담보다 훨씬 쉬워 보이기에 일단 경향성 농담부터 살펴보기로 하자.

경향성 농담의 즐거움은 다른 식으로는 충족될 수 없었던 경향성을 충족하는 데서 나온다. 이런 충족이 즐거움의 원천이라는 사실에 대해선 더 이상의 해명이 필요 없어 보인다. 다만 농담이 어떤 식으로 그런 충족을 불러일으키는지는 특수한 조건과 연결되어 있고, 우리는 이 조건들로부터 더 많은 해명 자료를 얻을 수 있을 것이다. 여기서는 두 경우가 구분된다. 그중 좀 더 단순한 것은 외적 장애물이 경향성의 충족을 방해하고, 농담을 통해 이 장애물을 우회하는 경우다. 예를 들어 어머니가 궁정에서 일한 적이 있느냐는 왕의 질문에 돌아온 대답이 그렇고, 돈 많은 사업가 둘이 잔뜩 기대하며 자신들의 초상화를 보여 주었을 때 미술 평론가가 〈그런데 구세주는 어디 있습니까?〉 하고 되묻는 능청스러운 대답이 그렇다. 첫 번째 농담의 의도는 자신이 받은 모욕을 똑같은 방식으로 갚아 주는 것이고, 두 번째 농담은 기대한 평가 대신 상대에게 경멸감을 안겨 주는 것이다. 이런 의도에 방해가 되는 것은 전적으로 외적인 요소, 즉 모욕당한 당사자들의 현실적인 권력이다. 어쨌든 이런 경향성 농담이 아무리 우리의 욕구를 충족시켜 준다고 하더라도 강력한 웃음을 유발하지 못한다는 점은 눈에 띄는 대목이다.

외적 요소가 아닌 내적 장애물이 경향성의 직접적인 목표 달성을 방해하는 경우, 즉 내면의 동요가 경향성을 가로막는 경우는 상황이 다르다. 이 조건은 우리가 앞서 살펴본 N씨의 공격적인 농담에서 잘 드러나는 듯하다. N이라는 인물의 내면에서는 비방에 대한 강력한 충동이 고도의 미적 문화에 의해 억제되고 있으니 말이다. 그런데 이런 내적 장애물, 즉 내적 저항은 농담을 통해 극복되고 제거된다. 이로써 외적 장애물의 경우와 마찬가지로 경향성의 충족이 가능해지고, 억압과 그와 연결된 〈정신적 막힘〉 상태는 해소된다. 그런 점에서 두 경우의 즐거움 메커니즘은 동일하다.

이 대목에서 우리는 내적 장애와 외적 장애의 심리적 상태에서 나타나는 차이를 좀 더 깊이 파고들고 싶은 충동이 인다. 내적 장애를 제거하는 과정에서는 비할 바 없이 큰 즐거움이 생겨날 것 같은 추측이 우리 머릿속에 어른거리기 때문이다. 그러나 지금은 이쯤에서 자제하고, 우리에게 본질적인 것으로 비치는 한 가지 사실만 확인하는 것으로 만족했으면 좋겠다. 그러니까 외적 장애의 사례와 내적 장애의 사례는 다음으로 구분된다는 것이다. 내적 장애는 이미 존재하는 억압을 극복하는 데 반해, 외적 장애는 새로운 억압의 생성을 저지한다. 정신적 억압을 생산하고 유지하려면 〈정신적 비용〉이 들 거라는 사실은 누구나 쉽게 추측할 수 있다. 그래서 경향성 농담의 두 예에서 우리가 즐거움을 느꼈다면 〈그건 정신적 비용을 절약한 결과〉일 것이다.

이로써 우리는 말 농담의 기술에서 처음 알게 된 〈절약〉의 원칙을 다시 만나게 된다. 말 농담의 기술에서는 되도록 단어를 사용하지 않거나 가능한 한 동일한 단어를 사용하는 것에서 절약의 원칙을 발견했다면, 여기서는 정신적 비용의 절약이라는 훨씬 더 포괄적인 의미의 절약을 발견한다. 〈정신적 비용〉이라는 아직은 불확실한 이 개념의 더 상세한 규정을 통해 농담의 본질에 한층 더 가까이 다가갈 수 있을 거라는 생각이 든다.

경향성 농담의 즐거움 메커니즘을 다루면서 우리가 해결하지 못했던 얼마간의 불확실성은 단순한 것에 앞서 더 복잡한 것을, 악의 없는 농담에 앞서 경향성 농담을 먼저 다룬 것에 대한 지당한 징벌이라고 생각한다. 〈억제 비용 또는 억압 비용의 절약〉이 경향성 농담에서 쾌락 효과의 비밀로 보인다는 점을 명심하면서 이번에는 악의 없는 농담의 쾌락 메커니즘으로 관심을 돌려 보자.

우리는 농담의 내용이나 경향성 때문에 우리의 판단에 지장을 줄 염려가 없는 악의 없는 농담의 적절한 예를 통해 농담 기술 자체가 즐거움의 원천이라는 결론을 끌어낸 바 있는데, 이제는 그 즐거움이 정신적 비용의 절약에서 기인한 것인지 검증해 보려 한다. 이 농담의 한 그룹, 즉 언어유희의 그룹에서 기술의 본질은 단어의 의미보다 단어의 소리에 정신적 주의력을 기울이게 하는 것, 즉 사물 표상과의 관계로 주어진 의미 대신 청각적인 단어 표상에 관심을 기울이게 하는 데 있었다.[1] 이로써 정신적 작업은 짐을 덜게 되었지만, 그에 따른 수고 때문에 우리가 말의 진지한 사용에서 그런 편안한 방법을 쓰지 못하게 된 것도 충분히 짐작할 수 있다. 또한 우리는 정신적 비용을 어느 한 곳에 집중시킬 가능성이 제한된 사고 활동의 병적인 상태가 실제로 단어 의미 대신 그런 종류의 단어 소리 표상을 전면에 부각시키고, 그런 환자는 단어 표상의 〈내적〉 연상 대신 〈외적〉 연상에 따라 마치 정형화된 관용구처럼 말을 해나가는 것을 관찰할 수 있다. 단어를 아직 사물로 취급하는 데 익숙한 어린아이의 경우에도 단어 소리가 같거나 비슷하면 동일한 의미를 찾으려는 경향을 엿볼 수 있는데, 이 경향은 어른들의 경우 웃음을 터뜨리게 하는 많은 실수의 원천이 된다. 똑같거나 비슷한 단어를 사용함으로써 하나의 표상 영역에서 그와 동떨어진 다른 표상 영역으로 이르는 것이 농담에서 뚜렷한 만족감을 제공한다면(가령 〈홈 룰라드〉 농담의 경우, 음식의 표상 영역에서 정치 영역으로 옮겨 간다) 그 만족감은 정신적 비용의 절약에서 기인하는 것으로 보는 편이 타당할 듯하다. 동일한 단어로 연결된 두 표상 영역이 서로 낯설고 떨어져 있을수록, 그리고 농담의 기술적 수단을 통해 사고 과정이 더 많이 절약될수록 그런 〈합선(合線)〉에서 오는 농담의 즐거움은 더욱 커지는 것처럼 보인다. 게다가 농담이 진지한 사고에 의해 배척되거나 조심스럽게 꺼려지는 연결 수단을 사용하고 있다는 점도 기억해 두자.[2]

---

1 프로이트는 대상의 의식적 표상이라 불리던 것을 〈단어 표상*Wortvorstellung*〉과 〈사물 표상*Sachvorstellung*〉으로 나누었는데, 이 구분은 정신병리학적 관점에서 볼 때 중요하다.「무의식에 관하여」참조.

2 현재의 텍스트 서술보다 더 앞서 나가도 된다면 나는 이 대목에서 〈좋은〉 농담

일원화, 동일한 소리, 반복 사용, 관용구의 변형, 인용문에 대한 빗댐 같은 농담 기술의 두 번째 그룹에서 공통적 성격으로 추출할 수 있는 것은, 우리가 이미 알고 있는 것 대신 뭔가 새로운 것을 기대하는 상황에서 항상 이미 알고 있는 것을 다시 발견하게 된다는 사실이다. 이미 알고 있는 것의 재발견은 무척 재미있다. 그런 즐거움을 절약으로 인한 즐거움으로 인식하고, 정신적 비용의 절약과 연결시키는 것은 별로 어려워 보이지 않는다.

이미 알고 있는 것의 재발견, 즉 〈재인식〉이 무척 재미있다는 것은 보편적으로 인정된 사실로 보인다. 그로스C. Groos는 이렇게 말한다.[3]

옷을 입는 행위처럼 지나치게 습관화되어 있는 경우가 아니라면 어디서건 재인식은 쾌락의 감정과 연결되어 있다. 친숙함이라는 성질에 이미 부드러운 만족감이 수반되어 있다. 그 옛날 파우

또는 〈나쁜〉 농담이라고 부르는 일반적인 언어 사용에서 표준이 될 만한 조건을 하나 밝히고 싶다. 만일 내가 중의적인 단어나 별로 변형되지 않은 단어를 사용해서 하나의 표상 영역에서 다른 표상 영역으로 단숨에 옮겨 가는 데 성공하기는 했지만 두 영역 사이에 뭔가 의미 있는 연관이 나타나지 않는다면 그건 〈나쁜〉 농담이다. 나쁜 농담에서는 그 한 단어만이 동떨어진 두 표상을 잇는 유일한 연결점이자 포인트다. 앞서 언급한 〈홈 룰라르〉가 한 예다. 반면에 〈좋은〉 농담의 경우는 위에서 말한 어린아이들의 기대가 그대로 유지되고, 단어들의 유사성과 함께 실제로 의미의 본질적인 유사성이 동시에 나타난다. 다음 농담이 그렇다. 〈번역자는 반역자다.〉 이 농담에서는 외적 연상으로 연결된 두 개의 동떨어진 표상이 둘 사이의 본질적 유사성을 말해 주는 굉장히 재치 있는 관련성을 만들어 낸다. 외적 연상은 내적 연관성을 대체할 뿐이고, 내적 연관성을 드러내거나 해명하는 데 이용된다. 〈번역자〉는 〈반역자〉와 말만 비슷한 것이 아니라 창작자의 입장에서 보면 번역 자체가 일종의 반역이기 때문이다.

여기서 논의된 구분은 나중에 언급될 〈익살〉과 〈농담〉의 구분과 일치한다. 그렇다고 〈홈 룰라르〉 같은 예들을 농담의 본질에 관한 논의에서 배제하는 것은 옳지 않을 듯하다. 농담 특유의 즐거움을 고려하면, 〈나쁜〉 농담도 결코 농담으로서 나쁘지 않다. 즉 즐거움의 생성에 부적합하지는 않다는 것이다 — 원주.

3 『인간의 유희들 Die Spiele der Menschen』(1899), 153면 — 원주.

스트가 섬뜩한 만남을 뒤로하고 다시 연구실로 들어서면서 느꼈던 그런 부드러운 만족감이…….

재인식 행위가 이렇게 쾌락을 불러온다면 사람들이 그런 쾌락 때문에 그 능력을 연습하고 유희적으로 실험하려는 생각에 빠지게 된다는 것도 충분히 상상할 수 있다. 실제로 아리스토텔레스는 예술 향유의 토대를 재인식의 기쁨에서 찾았다. 이 원칙이 아리스토텔레스가 생각한 것만큼 광범한 의미를 갖지는 못하더라도 결코 간과할 수 없다는 것은 자명해 보인다.

그로스는 이어 유희에 관해 논구한다. 유희의 특성은 장애물을 설치한 다음, 그러니까 〈정신적 막힘〉 상태를 만들어 낸 다음 그것을 인식 행위로 제거함으로써 재인식의 즐거움을 높이는 데 있다. 그런데 그는 이러한 유희들을 토대로 인식에서 오는 즐거움을 권력과 어려움의 극복에서 오는 쾌락으로 환원함으로써 인식 자체가 즐거운 것이라는 생각에서 벗어나 버린다. 나는 인식의 즐거움이 권력과 어려움 극복의 즐거움에서 기인한다는 사실을 부차적인 것으로 여긴다. 그래서 좀 더 단순한 견해, 즉 인식은 정신적 비용의 경감을 통해 그 자체로 즐거운 것이고, 이 즐거움에 뿌리를 둔 유희는 쾌락을 극대화하기 위해 〈정신적 막힘〉의 메커니즘을 사용한다는 견해를 회피할 이유가 없다고 본다.

시문학에서 각운과 두운, 후렴, 그리고 비슷한 단어들이 반복되는 다른 형식들도 동일한 즐거움의 원천, 즉 〈이미 알고 있는 것의 재발견〉을 활용하고 있다는 점 역시 일반적으로 알려진 사실이다. 농담의 〈반복적 사용〉과 많은 점에서 비슷한 이러한 기술들에서 〈권력 감정〉은 주목할 만한 역할을 하지 않는다.

인식과 기억의 밀접한 관계를 고려하면 〈기억 쾌락〉이 있을 거라는 가정도 결코 무모해 보이지 않는다. 즉 기억하는 행위 자체에도 비슷한 원천의 쾌락 감정이 수반된다는 것이다. 그로스도 이런 가정을 배척하지는 않는 듯하지만, 기억 쾌락을 또다시 〈권력 감정〉에서 도출해 낸다. 그는 거의 모든 유희에서 즐거움의 주요 원천을 이 〈권력 감정〉에서 찾는데, 나는 그런 생각에 동의하지 않는다.

지금껏 언급하지 않았던 농담의 또 다른 기술적 보조 수단도 〈이미 알고 있는 것의 재발견〉을 토대로 하고 있다. 〈시사성〉의 요소가 그것인데, 이것은 무척 많은 농담에서 즐거움의 풍부한 원천으로서 농담의 역사에서 몇 가지 특성을 설명해 준다. 물론 이런 시사성의 조건에서 완벽하게 자유로운 농담들도 있고, 우리 자신도 농담을 연구하면서 대부분 그런 것만 다루어야 한다는 강박감을 느끼기도 한다. 하지만 잊어선 안 되는 것은, 우리가 그런 영구적인 농담보다는 다른 농담, 즉 긴 설명이 필요할 뿐 아니라 그런 설명으로도 시간이 지나면 이전과 똑같은 웃음 효과를 내지 못해서 지금은 써먹기 곤란한 시사적 농담들을 들으면서 훨씬 더 크게 웃는다는 사실이다. 이 농담들 속에는 당시에 일반적인 관심을 끌었던 〈시사적〉 인물과 사건들을 빗대는 암시가 담겨 있는데, 그 관심이 사라지고 문제시되던 사안이 해소되면 이 농담들도 즐거움 효과의 일부를, 경우에 따라서는 상당한 몫을 상실하게 된다. 예를 들어 나를 초대한 친절한 집주인이 손님들에게 내놓은 음식을 〈홈 룰라르*Home Roulard*〉라고 불렀던 농담이 그렇다. 이 농담은 〈홈 룰*Home Rule*〉이라는 말이 신문 정치면에 지속적으로 표제어로 장식되던 옛날만큼 오늘날엔 웃음을 유발하지 못한다. 지금이라면 나는 이 농담의 미덕을 이렇게 표현할 것이다. 〈홈 룰라르〉라는 말이 사고의 머나먼 우회로를 절약하면서 우리를 음식의 표상 영역에서 그와 동떨어진 정치의 표상 영역으로 이끌고 있다고 말이다. 하지만 당시라면 나는 이 설명을 다음과 같이 수정해야 했을 것이다. 이 단어는 우리를 음식의 표상 영역에서, 그와 동떨어져 있지만 끊임없이 우리가 부딪혀야 하는 문제이기에 지대한 관심을 가질 수밖에 없는 정치의 표상 영역으로 이끌고 있다고 말이다.

다른 농담도 살펴보자. 〈이 아가씨를 보니 드레퓌스가 생각나는군. 군(軍)은 그 여자의 《결백 Unschuld》을 믿지 않아.〉 여기서도 기술적 수단은 전혀 변하지 않았음에도 오늘날 이 농담의 효과는 빛이 바랜다. 낯선 비유를 통한 당혹감과 〈결백〉이라는 말의 중의성이 당시에는 떠들썩한 드레퓌스 사건으로 신선한 재미를 안겨 주었지만, 오늘날엔 그 사건의 시효성이 다함으로써 농담의 암시 효과까지 덩달아 사라져 버렸다.

이번에는 시사성이 있는 현재의 농담을 보자. 왕세자빈 루이제가 고타 화장장에 화장 비용을 문의하자 관리소 직원은 이렇게 답한다. 「보통은 5천 마르크이지만, 마마께서는 이미 한 번 전소되신 durchgebrannt 적이 있는 관계로 3천 마르크만 받겠습니다.」이 농담은 현재로선 지극히 매력적이지만, 아마 얼마 지나지 않아 농담으로서의 가치는 상당 부분 상실될 것이다. 게다가 또 얼마 더 있으면, 왕세자빈 루이제가 누구였고, 그녀가 〈전소했다는 것 Durchgebranntsein〉이 무슨 의미인지 주석을 달지 않고는 이 농담을 이야기할 수 없을 것이고,[4] 그와 함께 이 농담은 훌륭한 언어유희적 성격을 충분히 갖추고 있음에도 농담으로서의 기능은 사

4 독일어 〈durchbrenen〉에는 〈전소하다〉라는 뜻 외에 〈몰래 도망치다〉라는 뜻도 있다. 1903년 작센 공국에서 세자비 루이제가 치정 관계에 얽혀 남편에게서 달아나는 사건이 있었다. 이 스캔들은 그녀의 자서전 『내 삶의 이야기 My Own Story』(1911)에 상세히 기록되어 있다.

라질 것이다.

이처럼 세간에 회자되는 농담의 상당수는 융성기, 몰락기, 망각기로 이루어지는 일정한 유효 기간이 있다. 사고 과정에서 즐거움을 얻으려는 인간의 욕구는 당대의 새로운 관심사에 기대어 항상 새로운 농담을 만들어 낸다. 그런데 시사적 농담의 생명력은 농담 자체의 생명력이 아니라 암시 과정 속에서 다른 관심사들에서 빌려 온 것이고, 그 다른 관심사의 진전 상황에 따라 농담의 운명도 결정된다. 시간이 지나면 고갈되지만 당대에는 정말 풍성한 즐거움의 원천으로서 농담 고유의 즐거움의 원천 속으로 합류하는 시사성의 요소는 〈이미 알고 있는 것의 재발견〉과 동일시될 수는 없다. 여기서 중요한 것은 〈이미 알고 있는 것〉의 특별한 성격이다. 즉 참신하고 현재적이고 망각되지 않은 속성이 〈이미 알고 있는 것〉에 담겨 있어야 한다는 것이다. 꿈의 형성에서도 우리는 현재적인 것이 특별히 선호되는 현상을 볼 수 있고,[5] 현재적인 것의 연상에 즐거움의 보너스가 따로 특별히 주어지고, 그로써 연상이 한결 쉬워진다는 추측을 뿌리칠 수 없다.

페히너는 소재가 아닌 사고 관련성의 반복에 지나지 않는 일원화를 농담에서 특별한 즐거움의 원천으로 인정하면서 다음과 같이 말한다.[6]

내가 볼 때 우리가 여기서 주목하는 영역에서 중심적인 역할을 하는 것은 다양성의 통일적인 연관성 원칙이지만, 여기에 속하는 사례들이 제공할 수 있는, 독특한 성격의 만족감을 증폭시키려면

---

5 『꿈의 해석』 다섯 번째 장 「꿈에서 최근의 것과 사소한 것」 및 일곱 번째 장 참조.
6 『미학 입문*Vorschule der Ästhetik*』(1897) 제1권 17장 참조 — 원주.

이를 지원하는 부대조건들이 추가로 더 필요해 보인다.[7]

만일 이러한 관점이 세부적인 내용의 해명과 새로운 보편적 사실을 얻는 데 생산적이라는 사실이 입증된다면 우리는 동일한 사고 연관이나 동일한 언어 소재가 반복되는 사례, 또 이미 잘 알고 있는 것과 현재적인 것이 반복되는 모든 사례에서 느끼는 즐거움을 정신적 비용의 절약에서 유추할 수밖에 없다. 그렇다면 우리는 이 절약이 이루어지는 방식과 〈정신적 비용〉의 의미를 명확히 밝힐 필요가 있다.

사고 오류, 전이, 난센스, 반대를 통한 표현 등을 아우르는 농담(대부분 생각 농담) 기술의 세 번째 그룹은 언뜻 보면 특별한 특징이 있는 듯하고, 이미 알고 있는 것의 재발견이나 단어 연상으로 대상 연상을 대체하는 기술과는 아무런 유사성이 없는 것처럼 보인다. 그럼에도 정신적 비용의 절약이나 경감의 관점을 입증하는 것은 이 세 번째 그룹에서 훨씬 쉽게 이루어진다.

이미 들어선 사고의 경로를 고집하는 것보다 거기서 이탈하는 것, 차이점들을 대립시키는 것보다 통합하는 것이 한결 쉽고 편하다는 사실, 특히 논리학이 배척한 추론 방식을 밀고 나가는 것, 그리고 단어나 생각의 조합에서 그것들도 하나의 의미를 만든다는 조건을 도외시하는 것이 특히 더 편하다는 사실은 의심할 나위가 없고, 앞서 언급한 농담 기술들이 바로 그것을 보여 준다. 그런데 농담 작업의 그런 활동이 즐거움의 원천을 열어 준다는 주장은 의아함을 야기할 것이다. 왜냐하면 농담 밖에서 사고 활동의 그런 저급한 효과에 대해서는 불쾌한 방어적 감정만 일어날

---

7 페히너의 같은 책 17장의 제목은 이렇다. 〈영민하고 재치 있는 비유, 언어유희, 그리고 특히 유쾌함, 즐거움, 재미의 성격을 띠는 사례들〉 — 원주.

수 있기 때문이다.

하지만 우리가 짧게 줄여서 〈난센스의 즐거움〉으로 부를 수 있는 것은 진지한 삶에서는 전혀 눈에 띄지 않을 정도로 은폐되어 있다. 난센스의 즐거움을 증명하기 위해 우리는 그것이 뚜렷이 드러나는 두 가지 사례, 즉 어린아이들의 학습 양태와 독성적(毒性的), 즉 〈술〉이라는 독성 물질에 취한 상태에서 나타나는 성인의 행동을 들여다볼 생각이다. 모국어의 어휘를 습득할 무렵에 아이들은 이 어휘라는 소재를 〈실험적으로 갖고 노는 것〉(그로스의 표현)을 무척 즐기고, 리듬이나 운율에서 즐거움을 얻기 위해 의미 조건에 구애받지 않고 단어들을 자유롭게 조합한다. 그러나 이 즐거움은 차츰 금지의 장벽에 막혀 봉쇄되다가 결국 의미 있는 단어 연결들만 허용된 것으로 아이들에게 남게 된다. 물론 이후에도 단어 사용과 관련해서 습득된 그런 제약을 벗어나려는 시도는 계속된다. 예를 들면 특정한 부가어로 단어들을 일그러뜨리거나, 단어들의 형태를 모종의 왜곡으로 변형시키거나(첩어, 아이들의 속어), 또는 놀이 친구들끼리만 사용하는 은어를 만들어 내는 방식이 그러한데, 이는 특정 범주의 정신병 환자들이 하는 노력들과 비슷하다. 이런 놀이를 시작하게 된 동기야 무엇이건 간에 아이들은 이후의 발달 과정에서 그것이 이성에서 벗어난 난센스라는 의식과 함께 그 놀이에 빠지게 되고, 이성적으로 금지된 것의 매력에서 즐거움을 느끼고, 그러다 비판적 이성의 압력에서 벗어나는 데 그 놀이를 이용한다. 그러나 올바른 사고로 이끌고, 현실에서 참된 것과 거짓된 것을 구분하는 데 쓰이는 교육적 제약은 훨씬 더 폭력적이다. 때문에 사고와 현실의 강요에 대한 반발도 그만큼 더 깊고 더 오래 지속된다. 상상력이라는 현상도 이러한 차원에서 볼 수 있다. 그런데 아동기 말기와 사춘기에 이르는 학습기에는 비판적 힘이 상당히 성숙해져서 〈해방된 난센스〉의 즐거움을 직접적으로 표출하는 경우는 몹시 드물다. 그때부터 우리는 난센스를 입 밖에 쉽게 내지 못한다. 하지만 주로 남자아이들에게서 나타나는, 이런 말도 안 되는 허튼 행동을 하는 특징적 성향은 난센스 즐거움의 직접적인 후예로 보인다. 병적인 경우 이런 성향은 아이들의 일상적인 말과 대답을 지배할 정도로 쉽게 고조된다. 나는 신경증 증상을 보이는 몇몇 중고등학생들을 보면서, 그 아이들이 저지르는 실수에는 실제로 모르고 저지르는 것 못지않게 아이들 스스로 난센스의 즐거움을 무의식적으로 즐기려는 동기가 작용하고 있음을 확신할 수 있었다.

대학생들도 점점 참을 수 없는 것으로 변해 가고 무한정 자신들을 속박하려고 하는 사고와 현실의 강제에 반기를 드는 것을 포기하지 않는다. 대학생들의 우스갯소리 중 상당수가 이런 반발에 해당한다. 이 멋진 표현을 어느 작가가 했는지는 기억나지 않지만, 인간은 〈쉼 없이 즐거움을 찾는 존재〉이기에 한 번 맛본 즐거움을 포기하기란 무척 어렵다. 대학생들은 대학의 학습화 과정으로 인해 점점 사라져 가는 사고의 자유가 주는 즐거움을 동아리 촌극의 유쾌한 난센스로 지켜 내고자 한다. 나중에 시간이 훌쩍 지나 옛날 친구들을 한 학술회의에서 만나 대학생 시절로 돌아간 듯한 느낌이 들 때도 회의가 끝난 뒤 새로 얻은 지식들을 터무니없는 헛소리로 일그러뜨리는 동아리 소식지가 그들에게 그사이 엄청나게 커져 버린 사고의 억제에 대한 보상이 되어 줄 게 틀림없다.

〈동아리 촌극〉과 〈동아리 소식지〉[8]는 난센스의 즐거움을 몰아

---

8 동아리 촌극은 독일어 원어 그대로 옮기면 〈맥주 유황 *Bierschwefel*〉이고, 동아리 소식지는 〈술집 신문 *Kneipzeitung*〉이다. 술집에서 맥주를 마시며 촌극을 공연하고 소식지를 만들었다고 해서 그런 이름이 붙었다고 한다.

낸 이성적 비판이 이미 너무 강력해진 나머지 〈술〉이라는 독성 물질의 도움 없이는 잠시도 그 비판에서 자유로울 수 없음을 이름에서부터 증명하고 있다. 알코올이 인간에게 제공하는 가장 소중한 것은 바로 분위기 전환이다. 이 〈독성 물질〉이 인간에게 없어서는 안 되는 이유도 거기에 있다. 사람의 내면에서 생겨났건 아니면 술이라는 외부 물질에 의해 형성되었건 그러한 명랑한 분위기는 그전까지 인간을 억제하던 힘과 이성적 비판을 내려놓게 하고, 그로써 즐거움의 원천으로 가는 길을 다시 열어 준다. 분위기가 고양되면 농담에 대한 욕구가 줄어드는 것은 시사하는 바가 무척 크다. 그러니까 그전에는 농담이 난센스의 즐거움 같은 억제된 쾌락을 살리는 분위기를 만들려고 노력했다면 이제는 분위기가 농담을 대체하는 것이다.

농담은 줄고 즐거움은 커지고.[9]

어른들은 알코올의 영향으로 다시 어린아이로 돌아간다. 논리적 강요를 지킬 필요 없이 사고 과정을 자유자재로 처리함으로써 즐거움을 느끼는 아이로 말이다.

이로써 우리는 농담의 난센스 기술들이 즐거움의 한 원천이라는 사실을 명백히 밝혔다고 생각한다. 그와 함께 다시 한 번 강조하자면 이 즐거움은 정신적 비용의 절약과 논리적 강제의 경감에서 나온다.

세 그룹으로 나눈 농담 기술을 다시 돌아보면, 첫 번째 그룹은 사물 연상을 단어 연상으로 대체한 것이고, 세 번째 그룹은 과거의 자유를 복원하고 지적 교육의 강제에서 벗어나는 것으로 요약

9 아우어바흐의 창고에서 메피스토펠레스가 한 말. 『파우스트』 1막 5장.

할 수 있다. 이는 두 번째 그룹의 기술을 이루는 절약에 어느 정도 대립시킬 수 있는 정신적 경감이다. 그러니까 모든 농담 기술과 거기서 나오는 모든 즐거움은 이미 존재하는 정신적 비용의 경감과 앞으로 쏟아 부어야 할 정신적 비용의 절약이라는 두 가지 원칙에 뿌리를 두고 있다. 기술과 즐거움 획득이라는 이 두 종류는 적어도 전체적으로 보면 말 농담과 생각 농담의 구분과 일치한다.

2

앞의 논의 과정에서 우리는 뜻하지 않게 농담의 발전사 또는 심리적 기원에 관한 부분을 슬쩍 들여다보게 되었는데, 이제 이 문제를 좀 더 자세히 다루어 보고자 한다. 우리는 농담의 전(前) 단계들을 알고 있다. 그 단계들이 경향성 농담으로까지 발전하는 과정을 살펴보면 농담의 상이한 성격들 사이에 새로운 관련성이 드러날 가능성이 무척 크다. 농담 중에는 〈놀이〉니 〈익살〉이니 하고 부를 만한 것들이 있다. 〈놀이〉라는 이름을 일단 그대로 사용한다면, 이것은 단어를 사용하고 생각들을 연결하는 법을 배우는 아이들에게서 나타난다. 이 놀이의 뿌리는 아이들에게 자신의 능력을 스스로 배양하게 하는 충동으로 보인다(그로스의 『인간의 유희들』). 이때 아이들은 비슷한 것의 반복, 이미 알고 있는 것의 재발견, 동음 등에서 비롯되고, 정신적 비용의 예기치 않은 절약으로 표현될 수 있는 즐거움의 효과를 만난다. 아이들이 이 즐거움의 효과에 이끌려 그 놀이를 계속하고, 단어의 의미나 문장의 연관에는 구애받지 않고 그 놀이에 빠지는 것은 이상한 일이 아니다. 그렇다면 절약의 즐거움 효과에 고무되어 말과 생각을 갖고 노는 것은 농담의 첫 번째 전 단계일 것이다.

이 놀이는 비판이나 합리성이라 불릴 만한 요소가 강화되면서 급격히 종말을 고하고, 그와 함께 이제는 무의미하거나 말도 안 되는 것으로 배척당한다. 비판 때문에 놀이의 속행이 불가능해진 것이다. 만일 청소년기에 어린아이들의 명랑함과 비슷한 형태로 비판적 압박을 이겨 낼 만큼 유쾌한 분위기에 빠지지 않는 한, 이미 알고 있는 것의 재발견과 같은 원천에서 우연치 않은 방식으로 즐거움을 길어 올릴 가능성은 배제된다. 오직 앞서와 같은 유쾌한 분위기에 빠지는 경우에만 즐거움을 주는 예전의 놀이가 가능하다. 하지만 인간은 그런 분위기가 생기길 마냥 기다리지 않고, 거기서 유발되는 익숙한 즐거움을 포기하려 하지도 않는다. 결국 인간은 유쾌한 분위기의 생성과 무관한 다른 수단을 찾는다. 비판을 피하고 분위기를 바꾸려는 두 가지 노력이 농담으로의 발전에 결정적인 영향을 미친다.

이로써 농담의 두 번째 전 단계인 〈익살〉이 나온다. 여기서 중요한 것은 놀이로부터 계속 즐거움을 얻으면서 즐거운 감정의 생성을 막는 비판의 항변을 묵살하는 것이다. 이 목표에 도달하는 길은 하나뿐이다. 단어의 무의미한 조합이나 생각의 터무니없는 배치에도 의미가 담겨 있어야 한다는 것이다. 그런 조건을 충족시키는 단어와 생각들의 배치를 찾기 위해 농담 작업의 모든 기교가 총동원된다. 농담의 모든 기술적 수단은 익살에서도 이미 사용되고 있고, 일상적인 언어 사용에서도 익살과 농담이라는 말은 철저하게 구별되지는 않는다. 익살이 농담과 구분되는 점은 비판에서 벗어난 문장의 의미가 가치 있거나 새롭거나 훌륭한 것일 필요가 없다는 데 있다. 굳이 그렇게 말할 필요도 없고 말할 이유가 없는데도 그냥 그렇게 말하는 것뿐이다. 결국 익살에서 제일 중요한 것은 비판에 의해 금지된 것을 가능하게 했다는 사실이다.

예를 들어 슐라이어마허가 〈질투Eifersucht는 열심히mit Eifer 고통을 만들어 내는Leiden schafft 열정Leidenschaft〉이라고 정의한 것은 단순한 익살이다. 또한 18세기에 괴팅겐에서 물리학을 가르쳤던 케스트너 교수가 수강 신청하러 온 크리크Kriegk라는 학생에게 나이를 묻고 서른 살이라는 대답이 돌아오자 〈오우, 30년 전쟁Krieg을 직접 보게 되다니 영광입니다!〉 하고 말한 것도 익살이다.[10] 게다가 로키탄스키 박사[11]는 네 아들의 직업을 묻는 질문에 이렇게 답한다. 〈둘은 치료하고heilen, 둘은 울부짖습니다heulen〉(둘은 의사고 둘은 가수다)라고 익살스럽게 대답한다. 이 정보는 올바른 것이기에 공격받을 수 없다. 그런데 괄호 안의 표현 속에 담겨 있지 않은 것은 그 어떤 것도 첨가되지 않았다. 이 대답은 그저 일원화와 두 단어의 동음에서 파생되는 즐거움을 위해 다른 형식으로 말해졌을 뿐이다.

이제야 분명해지는 듯하다. 농담 기술을 평가할 때면 그 기술이 농담에만 국한된 것이 아니라는 점이 항상 마음에 걸렸다. 그러면서도 농담의 본질은 결국 그 기술에 달려 있는 것처럼 보였다. 환원으로 기술을 제거하면 농담의 성격과 즐거움도 사라졌기 때문이다. 그런데 이제 우리는 농담 기술로서 설명했던 것들(어떤 의미에서는 앞으로도 계속 〈농담 기술〉이라고 부를 수밖에 없을 것이다)이 오히려 농담에 즐거움을 안겨 주는 원천이라는 점을 깨닫는다. 그리고 다른 방식들이 그와 똑같은 목적을 위해 동일한 원천을 사용하는 것도 결코 이상하지 않다. 하지만 농담에만 고유하고 오직 농담에만 부여된 기술의 본질은 즐거움을 몰아

10 클라인파울의 『언어의 수수께끼』(학생의 이름 크리크Kriegk는 전쟁Krieg이라는 말과 발음이 같다. 이것을 서른 살 나이와 조합해서 그 유명한 30년 전쟁과 연결시켰다).
11 Carl Rokitansky(1804~1878). 오스트리아의 병리학자.

낼 비판의 항변에 대항해서 즐거움을 제공하는 수단의 사용을 보장하는 방식에 있다. 우리는 이 방식의 보편적인 성격에 대해 말할 수 있는 것이 별로 없다. 다만 앞서 언급했듯이 농담 작업은 단어와 사고를 갖고 놀던 어릴 적의 그 놀이가 비판의 시험을 통과할 수 있도록 적절한 단어와 사고 상황을 선택하는 데 본질이 있고, 이 목적을 위해서는 어휘들의 모든 특성과 사고 연관의 모든 상황이 능숙하게 활용되어야 한다는 것이다. 나중에 어쩌면 우리는 농담 작업의 성격을 특정한 속성으로 규정할 수 있을지 모른다. 하지만 당분간은 농담에 필요한 그러한 선택이 이루어지는 과정을 미제로 남겨 두기로 하자. 그런데 즐거움을 야기하는 단어 연결과 사고 연관을 비판으로부터 지켜 내는 농담의 능력과 경향성은 이미 익살에서도 본질적인 특징으로 드러난다. 익살의 능력도 처음부터 내적 억제를 제거하고 내적 억제 때문에 접근할 수 없었던 즐거움의 원천을 풍성하게 하는 데 그 본질이 있다. 우리는 익살이 발전 과정 내내 그 성격을 일관되게 유지하는 것을 보게 될 것이다.

또한 이제 우리는 다른 연구자들이 농담의 성격을 규정하고 즐거움의 효과를 해명하는 데 그렇게 중요한 의미를 부여한 〈무의미 속의 의미〉(서문 참조)에 올바른 자리를 찾아 줄 수 있다. 농담의 조건에서 확고한 두 가지 포인트, 즉 재미있는 놀이를 끝까지 관철하려는 경향과, 그 놀이를 이성적 비판으로부터 지키려는 노력이 우리에게 설명해 주는 것이 있다. 그러니까 개별 농담이 왜 어떤 관점에서는 무의미한 것으로 비치면서도 다른 관점에서는 굉장히 재치 있거나 최소한 받아 줄 만한 것으로 여겨지는지 그 이유가 즉각 설명되는 것이다. 농담이 이렇게 다르게 비치는 건 농담 작업의 문제다. 농담 작업이 제대로 성공하지 못하면 그것은 말도 안 되는 〈무의미한 것〉으로 배척된다. 그렇다고 농담의 즐거움 효과를 직접적이건, 아니면 〈당혹스러움과 깨달음〉의 과정을 통해서건 농담의 의미와 동시적인 무의미로부터 생겨나는 감정들의 충돌에서 끌어낼 필요는 없다. 마찬가지로 무의미하게 여겨지던 농담이 갑자기 재치 있는 것으로 바뀌는 과정에서 즐거움이 생겨나는 이유를 좀 더 깊이 다룰 필요도 없다. 농담의 심리적 기원이 우리에게 가르쳐 준 것은 이렇다. 농담의 즐거움은 언어유희나 무의미의 방출에서 생겨나고, 농담의 의미는 오직 그 즐거움을 비판의 제거 작업으로부터 지켜 내는 데 있다는 것이다.

농담의 이러한 본질적 성격의 문제는 이미 익살에서 해명되었다고 할 수 있다. 이제 우리는 익살이 경향성 농담의 수준으로까지 발전하는 과정에 주목할 것이다. 익살은 우리에게 만족감을 주려는 경향을 전면에 내세우고, 표현이 무의미하거나 완전히 알맹이가 없는 것으로 보이지 않는 정도로 만족한다. 표현 자체가 알맹이가 있거나 가치가 있을 때 익살은 〈농담〉으로 바뀐다. 지극히 단순하게 말해서, 우리의 관심을 끌 만한 가치가 있는 생각이 이제 그 자체로 우리의 만족감을 자극하는 형식으로 옷을 갈아입은 것이다.[12] 이런 식의 편입은 분명 의도 없이 이루어지지 않는다. 그렇다면 우리는 농담 생성의 토대가 되는 의도를 찾을 수 있도록 애써야 한다. 예전에 우리가 잠시 스쳐 지나가듯이 했던 관찰이 그 단서를 제공해 줄 것이다. 앞서 우리는 즐거움의 얼마만

---

12 익살과 본래적인 농담의 차이를 보여 주는 좋은 예가 있다. 오스트리아 〈시민 내각〉의 한 일원은 내각의 연대에 대한 물음에 다음과 같은 탁월한 농담으로 응수한다. 〈우리가 서로를 좋아하지*ausstehen* 않으면 어떻게 서로를 책임질*einstehen* 수 있겠습니까?〉 여기서는 동일한 소재를 살짝만 바꾸어 대립적으로 사용한 기술이 드러나 있고, 사고 내용도 올바르고 적절하다. 개인적인 화합 없이는 연대도 있을 수 없기 때문이다. 변형된 표현(*einstehen*과 *ausstehen*)의 대립적 성격은 사고 내용에 의해 주장된 양립 불가능성과 일치하고, 그것의 묘사에 사용되고 있다 — 원주.

큼이 농담 형식에서 유발되고, 얼마만큼이 탁월한 사고 내용에서 나오는지 명쾌하게 가를 수는 없지만, 훌륭한 농담은 전체적으로 유쾌하고 만족스러운 느낌을 준다고 언급한 바 있다. 우리는 늘 즐거움의 그런 몫에 속아서, 어떤 때는 농담 속에 담긴 생각에 감탄하느라 농담의 질을 과대평가하고, 어떤 때는 정반대로 재치 있는 외적 포장이 주는 만족감에 취해 생각의 가치를 과대평가한다. 우리는 우리에게 즐거움을 주는 것이 무엇이고, 우리가 무엇 때문에 웃는지 알지 못한다. 어쩌면 사실로 받아들여야 할, 우리 판단의 이런 불확실성이 농담 형성의 본래 동기일지 모른다. 사고가 농담의 형식을 찾는 것은 그 형식을 통해 우리의 관심을 유도할 수 있을 뿐 아니라 우리에게 더 의미심장하고 가치 있는 것으로 보일 수 있기 때문이다. 하지만 그보다 더 중요한 이유는 이 형식이 우리의 비판을 매수하고 혼란에 빠뜨리기 때문이다. 우리는 농담 형식에서 마음에 들었던 것을 사고 덕분으로 돌리는 경향이 있고, 그러면서도 우리에게 즐거움을 안겨 주었던 것을 틀렸다고 생각하면서 즐거움의 원천을 파묻어 버리지는 않는다. 농담이 우리를 웃게 했다면 우리 안에서는 비판에 지극히 불리한 조건이 생성된다. 왜냐하면 어느 지점부터 이미 놀이 자체에 만족하고, 농담이 온갖 수단을 동원해서 대체하고자 했던 그 분위기가 저절로 만들어지기 때문이다. 앞서 우리는 그런 농담이 아직 경향성 농담까지는 아닌, 악의 없는 농담으로 이름 붙여야 한다고 지적했음에도, 엄격히 말해서 익살만 경향성이 없다는 사실, 즉 즐거움을 생산하려는 의도만 있다는 사실을 잊어서는 안 된다. 사실 농담은 거기에 담긴 생각이 경향적이지 않고, 단순히 이론적 사고 관심에만 이용될지라도 경향성이 없는 경우는 결코 없다. 최소한 사고의 확장을 장려하고, 비판으로부터 사고를 지키려는 부차적인 의도라도 존재하니까 말이다. 여기서 농담은 자신을 억제하고 제한하는 힘, 즉 비판적 판단에 맞섬으로써 다시 본래적 성격을 드러내고 있다.

즐거움의 생성을 넘어서는 농담의 이러한 일차적 사용은 다른 사용들에 방향을 제시해 준다. 이제 농담은 저울의 접시가 팽팽하게 수평을 이룰 때 한쪽으로 기우는 데 결정적인 역할을 하는 정신적인 권력 요소로 인식된다. 정신적인 삶의 중요한 경향과 충동들은 자신의 목적을 위해 농담을 사용한다. 놀이로 시작했던 원래 비경향적 농담은 〈부차적으로〉 경향성과 관계를 맺는다. 경향성이란 정신적 삶에서 형성되는 어떤 것도 장기적으로는 결코 벗어날 수 없기 때문이다. 우리는 농담이 노출적, 적대적, 냉소적, 회의적 경향성에 사용될 수 있음을 이미 알고 있다. 음담패설에서 유래한 외설적 농담은 본래 성적인 분위기에 방해가 되는 제삼자를 즐거움이라는 수단으로 매수해서 우군으로 만들고, 여자로 하여금 그 우군 앞에서 발가벗긴 채 수치심을 느끼게 한다. 공격적인 경향성의 농담도 동일한 수단을 사용해서 처음에는 중립적이었던 청자를 자기편으로 끌어들여 함께 적을 증오하거나 경멸하게 만들고, 그로써 처음에는 한 명뿐이던 적의 적을 여럿으로 증폭시킨다. 외설적 경향성의 경우엔 농담이 보너스로 제공되는 즐거움을 통해 수치심과 예의범절에서 비롯된 심리적 제약을 극복하게 한다면, 적대적 경향성의 경우엔 평소라면 쟁점을 꼼꼼히 검토할 비판적 판단 자체를 무력화한다. 세 번째와 네 번째의 경우, 즉 냉소적 농담과 회의적 농담의 경우는 한편으론 논거를 강화함으로써, 다른 한편으론 새로운 형태의 공격을 촉진함으로써 청자가 믿어 왔던 진리와 제도에 대한 존경심을 뒤흔든다. 논증이 비판적 청자를 자기편으로 끌어들이려 한다면, 농담은 비판을 아예 옆으로 밀쳐 버리려 한다. 농담이 심리적으로 더 효과적인 방법을 선택했다는 데에는 의심의 여지가 없다.

경향성 농담의 성과를 개괄하는 과정에서 우리는 청자에 대한 농담의 작용이 전면에 부각되는 것을 어렵지 않게 확인할 수 있었다. 그것을 이해하는 데는 농담하는 사람, 아니 좀 더 정확히 말해서 농담을 떠올린 사람의 정신적 삶에서 차지하는 농담의 역할이 중요해 보인다. 우리는 앞서 농담의 정신적 과정을 두 인물로 나누어 연구하려는 의도를 내비친 바 있는데, 이제야 그럴 계기가 생겼다고 생각한다. 일단은 농담을 통해 고무된 청자의 정신적 과정이 대부분 농담하는 사람의 정신적 과정을 모방하고 있다고 추측하고 싶다. 청자가 극복해야 할 외적 장애물은 농담하는 사람의 내적 억제와 일치한다. 최소한 농담하는 사람의 경우엔 억제하는 내적 표상으로서 외적 장애물에 대한 예상이 존재한다. 경향성 농담을 통해 극복되는 내적 장애는 몇몇 사례에서 명백하게 나타난다. 예를 들어 N씨의 농담들에서 우리는 그것이 비방을 통해 청자에게 공격의 즐거움을 줄 뿐 아니라 무엇보다 그에게 공격성까지 불러일으킨다고 가정할 수 있다. 내적 억제나 압박의 유형 가운데 가장 광범한 형태로 나타난다는 면에서 특히 우리의 관심을 끄는 것이 있다. 〈억압*Verdrängung*〉이라 불리는 것인데, 이것은 우리의 억제된 충동과 그 부산물을 명료한 의식으로 끌어올리는 것을 방해한다. 이렇게 억압의 영향력 아래 있는 충동들의 원천에서 즐거움을 해방시키는 것이 바로 경향성 농담이다. 위에서 암시했듯이, 이런 식으로 외적 장애의 극복이 내적 억제와 억압에 뿌리가 닿아 있다면 경향성 농담은 농담의 모든 발전 단계 중에서 농담 작업의 핵심 성격, 즉 억압적인 요소의 제거를 통해 즐거움을 자유롭게 방출시키는 성격을 가장 뚜렷이 보여 준다고 할 수 있다. 경향성 농담은 억압된 충동의 도움으로 경향성을 강화한다. 아니, 달리 말해서 억제된 경향성에 전반적으로 복무한다.

우리는 이것이 경향성 농담의 성과라는 사실을 흔쾌히 인정할 수 있지만, 경향성 농담이 어떤 식으로 그런 성과를 거두는지에 대해선 아직 모른다. 경향성 농담의 힘은 언어유희와 방출된 무의미의 원천에서 끄집어낸 즐거움의 획득에 있다. 그런데 경향성 없는 익살에서 받은 인상에 따라 판단해 볼 때, 뿌리 깊은 억제와 억압을 해소할 수 있을 만큼 거기에 즐거움의 양이 많다고 보기는 어렵다. 사실 여기엔 단순한 힘의 작용이 아니라 좀 더 복잡한 작동 관계가 존재한다. 나는 내가 이 관계의 인식에 이르렀던 머나먼 우회로 대신 종합적인 지름길로 이 관계를 설명하고자 한다.

페히너는 『미학 입문』에서 〈미적 도움, 또는 상승의 원칙〉을 정립하면서 다음과 같이 상술했다.

자체로는 별 효과가 없어 보이는 즐거움의 조건들이 순조롭게 합쳐지면 개별 조건들의 본래 즐거움의 가치보다 더 큰 즐거움, 그것도 경우에 따라서는 훨씬 더 큰 즐거움이 나온다. 다시 말해 개별 작용들의 총합을 뛰어넘는 즐거움이다. 개별적 요소들이 너무 미약할 때조차 이런 식의 결합으로 쾌락의 총량을 늘리고, 쾌락의 한계를 넘어설 수 있다. 단 그것들이 다른 것들과 비교해서 편안함이라는 장점을 뚜렷이 갖고 있는 한.

나는 농담이라는 주제가 다른 많은 예술적 형상물에서 입증되는 이 원칙의 적절성을 확증할 기회를 많이 제공하지는 않는다고 생각한다. 농담을 통해 우리는 어쨌든 이 원칙에 근접하는 다른 사실을 알게 되었다. 그러니까 여러 요소들이 어울려 즐거움을 만들어 내는 상황에서는 각각의 요소들이 실제 결과에 얼마만큼 기여했는지 판가름할 수 없다는 것이다. 하지만 우리는 미적 상승의 원칙에서 전제된 상황을 변주함으로써 이 새로운 조건들에 대답할 가치가 있는 일련의 문제들을 추출할 수 있다. 예를 들면 이런 것들이다. 한 상황에서 즐거움의 조건이 불쾌감의 조건과 만날 경우 일반적으로 어떤 일이 일어날까? 그 결과와 그것의 전조를 좌우하는 것은 무엇일까? 경향성 농담은 이 가능성들 가운데 특수한 사례다. 어떤 특정한 원천에서 즐거움을 방출하려 했고, 방해받지 않는 상태에서도 그것을 방출하고자 하는 충동이나 흐름은 존재한다. 게다가 이러한 즐거움의 발현에 맞서는, 그러니까 그것을 저지하고 억제하려는 다른 흐름도 존재한다. 억제하는 흐름은 결과가 보여 주듯 억제되는 흐름보다 어느 정도는 더 강한 게 분명하지만, 그렇다고 억제되는 흐름이 제거되는 것은 아니다.

이제 동일한 과정으로 즐거움을 방출하는 두 번째 충동이 추가된다. 억제된 원천과는 다르지만 비슷한 방식으로 작용하는 원천에서 나오는 즐거움이다. 이런 경우 결과는 어떻게 나타날까? 도식적인 분석보다는 하나의 사례를 들어 설명하는 것이 우리에게 더 나은 방향을 가르쳐 줄 듯하다. 어떤 사람을 욕하고 싶은 충동이 있다고 치자. 그런데 미적인 문화에 기반을 둔 체면이나 예의 같은 것들 때문에 충동은 가로막히고, 욕은 표출되지 못한다. 혹시 감정이나 분위기 변화로 인해 그 충동이 폭발하게 되면 나중에 그것은 불쾌감으로 느껴질 것이다. 그래서 욕은 의식 밑에서 잠복한다. 그런데 욕설에 사용되는 말과 생각의 재료에서 좋은 농담을 끄집어낼 가능성, 다시 말해 앞서 말한 억압이 방해하지 않는 다른 원천에서 즐거움을 방출할 가능성은 여전히 있다. 하지만 그럴 경우에도 욕하는 것이 허용되지 않으면 이 두 번째 즐거움의 방출은 이루어지지 않을 것이다. 욕이 허용되는 상황에서야 즐거움의 이 새로운 방출은 이루어진다. 우리가 경향성 농담에서 알게 된 것은 억제된 경향성이 그런 상황에서 농담의 즐거움으로 인해 평소엔 월등했던 억압을 이길 힘을 얻게 된다는 것이다. 그로써 농담이 가능해지기에 모욕도 가능해진다. 그런데 획득된 만족감은 농담이 야기한 만족감과는 비교도 안 될 정도로 더 크다. 그전에 억제되었던 경향성이 한 치의 감소도 없이 온전히 표현되는 데 성공했다고 생각될 정도로 농담의 즐거움보다 훨씬 더 크다는 말이다. 경향성 농담의 경우 이런 상황에서 가장 큰 웃음을 불러일으킨다.

어쩌면 우리는 웃음 조건의 연구를 통해 농담이 억압을 이겨내는 데 도움을 주는 과정을 좀 더 일목요연하게 이해하게 될지 모른다. 그런데 경향성 농담이 미적 도움의 원칙에서 특수 사례라는 것도 우리는 이제 알고 있다. 다른 즐거움의 가능성이 차단되어 그 자체만으로는 어떤 즐거움도 만들어 낼 수 없는 상황에서는 즐거움을 증폭시킬 가능성이 추가된다. 그 결과가 첨가된 가능성의 즐거움보다 훨씬 더 큰 즐거움이고, 이는 마치 〈유혹의 보너스〉처럼 작용한다. 제공된 적은 양의 즐거움으로 평소엔 얻기 어려운 많은 양의 즐거움을 얻게 되는 것이다. 나는 이 원칙이 농담과는 동떨어진 정신적 삶의 다른 많은 영역에서 입증된 장치에 해당한다고 추측할 만한 충분한 근거를 갖고 있고, 큰 즐거움의 방출을 유발하는 데 기여하는 이 즐거움을 〈전희〉라고 부르고, 그 원칙을 〈전희 원칙〉이라고 부르는 것이 합당하다고 생각한다.[13]

13 프로이트는 『성욕에 관한 세 편의 에세이』에서 성행위의 전희를 상세히 논구한다.

우리는 이제 경향성 농담의 작동 방식을 다음과 같이 간단히 정리해 볼 수 있다. 경향성 농담은 전희에 해당하는 농담의 즐거움으로 억제와 억압을 제거함으로써 새로운 즐거움을 만들어 내기 위해 경향성을 장려한다. 농담의 발전 과정을 전체적으로 살펴보면 우리는 농담이 처음부터 완성에 이를 때까지 그 본질에 충실했다고 말할 수 있다. 농담은 말과 생각의 자유로운 사용에서 즐거움을 불러일으키는 놀이로 시작된다. 그러다 이성이 강화되어 언어유희는 무의미한 것으로, 생각 놀이는 터무니없는 것으로 저지되면 농담은 이 즐거움의 원천을 고수하면서 말도 안 되는 것의 방출에서 새로운 즐거움을 얻을 수 있도록 익살로 전환된다. 그러고 나면 아직 경향성을 띠지 않은 본래의 농담으로서 익살은 사고를 돕고, 비판적 판단의 반발에 맞서 사고를 강화한다. 이때 즐거움의 원천들을 뒤바꾸는 원칙이 도움이 된다. 그러다 마침내 농담은 전희의 원칙에 따라 심리적 장애를 제거하기 위해 억제와 맞서 싸우는 뚜렷한 경향성을 띠게 된다. 이성, 비판적 판단, 억제, 이것이 농담이 차례대로 싸워야 할 힘들이다. 농담은 본래적인 언어적 즐거움의 원천을 고수하고, 익살 단계에서부터 심리적 장애의 제거를 통해 새로운 즐거움의 원천을 열어 준다. 농담이 만들어 내는 즐거움은 놀이의 즐거움이건 제거의 즐거움이건 항상 정신적 비용의 절약에서 나오는 것이라고 판단할 수 있다. 이런 견해가 즐거움의 본질에 어긋나지 않고 거기다 생산적인 것으로 입증된다면 말이다.[14]

박종대 옮김

14 그 중요성에 비해 충분히 논의되지 않았던 난센스 농담을 짧게나마 여기서 다시 살펴볼 필요가 있을 듯하다.

우리는 〈무의미 속의 의미〉에 부여된 중요성을 고려할 때 모든 농담이 무의미한 난센스 농담이라고 주장하고픈 유혹에 빠지는 것이 사실이다. 하지만 그게 꼭 그렇지만은 않다. 사고 유희만 어쩔 수 없이 난센스로 넘어갈 뿐, 농담 즐거움의 또 다른 원천인 언어유희는 가끔 그런 인상을 줄 뿐 전체적으로는 그와 연결된 비판을 유발하지 않는다. 농담 즐거움의 두 뿌리(언어유희와 사고 유희에 기반을 둔 이것은 말 농담과 생각 농담의 구분과도 일치한다)는 농담의 보편적 원리를 간결하게 공식화하는 것을 어렵게 만든다. 언어유희는 앞서 열거한 인식적 요소 같은 것들로 명백한 즐거움을 만들어 내고, 그로 인해 아주 경미한 정도로만 억제의 영향을 받는다. 반면에 사고 유희는 그런 즐거움에서 유발되는 것이 아니고, 무척 강력한 억제를 받으며, 또한 그것의 즐거움은 심리적 장애의 극복에서 오는 즐거움일 뿐이다. 따라서 우리는 이렇게 말할 수 있다. 농담의 즐거움은 근원적인 놀이의 즐거움을 알맹이로, 심리적 장애의 제거에서 오는 즐거움을 외피로 삼고 있다고. 물론 우리는 난센스 농담의 즐거움이 억제에도 불구하고 하나의 무의미를 성공적으로 방출한 데서 비롯된다는 것을 바로 인지하지는 못한다. 다만 언어유희가 우리에게 즐거움을 선사했다는 것만큼은 즉각 알아챈다. 생각 농담에 남아 있는 무의미에는 당혹스러움을 통해 우리의 관심을 불러일으키는 부차적인 기능이 있다. 무의미는 농담의 작용을 강화하는 수단으로 사용되는데, 이는 당황스러움이 얼마간이라도 이해를 압도할 만큼 강력할 때만 가능하다. 그 밖에 농담의 무의미가 생각 속에 담긴 판단의 묘사에 사용될 수 있다는 사실은 앞서의 예들에서 밝힌 바 있다. 그러나 이 역시 농담에서 차지하는 무의미의 일차적 의미는 아니다.

(1912년에 추가된 각주) 우리는 무의미해 보이는 일련의 다른 농담도 난센스 농담에 포함시킬 수 있다. 아직 이름은 없지만 〈재미있어 보이는 헛소리〉 정도로 묶어도 무방한 농담들이다. 무수한 예들이 있지만 그중 두 가지만 소개하겠다.

식탁에 앉아 있던 남자는 주문한 생선 요리가 나오자 생선 위의 마요네즈를 양손으로 두 번 찍더니 머리카락을 쓸어 넘긴다. 옆 사람이 놀란 눈으로 바라보자 남자는 그제야 자신의 실수를 깨달은 양 이렇게 사과한다. 「죄송합니다. 저는 시금치인 줄 알았습니다.」

다른 사례.

한 사람이 인생은 쇠사슬 다리라고 말하자 다른 사람이 묻는다.
「어째서?」
이 말에 첫 번째 사람이 대답한다. 「내가 그걸 어떻게 알아?」

이 극단적인 예들의 효과는 분명하다. 농담이라는 인상을 불러일으켜 사람들로 하여금 무의미 뒤에 숨은 의미를 찾게 하는 것이다. 그러나 여기서는 어떤 의미도 발견되지 않는다. 그냥 무의미한 농담들이다. 다만 이런 기만적 수법으로 일순간 무의미한 것에서 오는 즐거움이 생겨난다. 이런 농담들은 의도가 전혀 없지는 않다. 그것은 일종의 속임수로서 청자를 헷갈리게 하고 화나게 함으로써 말하는 사람에게는 어느 정도의 즐거움을 안겨 준다. 그러면 청자도 스스로 그런 농담을 하는 화자가 되겠다고 마음먹으며 분을 삭인다 ― 원주.

III. 성욕, 성도착, 성차

성욕에 관한 세 편의 에세이(발췌)

Drei Abhandlungen zur Sexualtheorie(1905)

『꿈의 해석』과 더불어 인간의 삶의 본질을 파악하는 데 가장 크게 기여한 독창적인 작품의 하나로 꼽히는 이 글은, 1905년 처음 발표된 이후 약 20여 년에 걸쳐 수정 보완되면서 판을 거듭한 유명한 작품이다. 프로이트는 1890년대 중반 이후 어린아이의 성욕에 관심을 기울인 것으로 알려졌다. 불안 신경증과 신경 쇠약의 병인으로 성적인 요소가 중요하다는 사실을 임상을 통해 관찰한 그는, 이후 정신 신경증의 원인에도 성적인 요소가 개입되어 있다는 사실을 알게 된다.

그러나 초기의 성에 대한 프로이트의 관심은 다분히 생리학적이고 화학적인 관점이 지배적이었다. 그러다 1897년, 자기 분석을 통한 오이디푸스 콤플렉스의 발견과 그 이전까지 히스테리를 설명하면서 거론하던 유혹 이론, 즉 어린 시절 어른의 개입으로 인한 성적 유혹의 외상적 결과가 히스테리로 나타난다는 이론을 파기함으로써 그는 새로운 성 이론으로 나아가는 계기를 마련했다. 결국 그의 성욕 이론은, 성적 충동은 외부의 자극 없이도 어린 아이들에게 정상적으로 작용하는 충동이라는 새로운 인식과 더불어 출발한 것이었다.

이 논문은 1905년 도이티케 출판사에서 처음 출간되었으며, 그 후 수정을 거듭해 1922년에는 제5판이 발행되었다. 1924년에는 『저작집』 제5권에 재수록되었으며, 1926년에는 제6판을 발간, 『저작집』 제5권에 재수록되었다. 또한 1942년에는 『전집』 제5권에도 실렸다. 영어 번역본은 1910년 브릴 A. Brill이 번역하여 *Three Contributions to the Sexual Theory*라는 제목으로 뉴욕에서 발간되었으며, 1916년에는 *Three Contributions to the Theory of Sex*로 제목을 바꾸어 출간되었고, 1938년에는 『지크문트 프로이트의 기초 이론들*The Basic Writings of Sigmund Freud*』에 수록되었다. 또한 1949년에는 제임스 스트레이치가 번역하여 *Three Essays on the Theory of Sexuality*라는 제목으로 런던에서 출간되었고, 『표준판 전집』 제7권(1953)에도 수록되었다.

성적 일탈[1]

인간과 동물에게 성적 욕구가 있다는 사실은 생물학에선 성적 본능이라는 말로 표현된다. 그것은 배고픔, 즉 양분을 섭취하고자 하는 욕구와 비슷하다. 일상어에서는 배고픔과 비슷한 차원의 성적 욕구에 해당하는 말이 없지만, 학문에서는 〈리비도 Libido〉라는 표현이 사용된다.

일반인이 생각하는 성적 욕구의 본질과 특성은 명확하다. 성적 욕구란 어린아이 때는 없다가, 몸이 성숙하는 사춘기에 시작되고, 이성이 내뿜는 거부할 수 없는 매력과 관련해서 표출되고, 그 목표도 성적 결합이거나 아니면 최소한 그 결합으로 가는 과정의 모든 행위라는 것이다.

그런데 이런 일반적인 생각이 현실을 충실하게 반영하지 못하고 있다고 볼 이유는 충분하다. 그 견해를 세밀하게 분석해 보면 오류와 부정확성, 성급함이 차고 넘치기 때문이다.

1 이 첫 번째 에세이를 쓰는 데 기초가 된 자료는 다음과 같다. 크라프트-에빙 Krafft-Ebing, 몰Moll, 뫼비우스Moebius, 해블록 엘리스Havelock Ellis, 슈렝크-노칭v. Schrenck-Notzing, 뢰벤펠트Löwenfeld, 오일렌부르크Eulenburg, 블로흐I. Bloch, 히르시펠트M. Hirschfeld의 저작들, 그리고 히르시펠트가 엮은 『성적 중간 단계에 대한 연감』에 실린 논문들. 이 자료들에도 같은 주제에 관한 나머지 문헌들이 적시되어 있기에 여기서는 더 상세히 언급하지 않겠다. 성도착자에 관한 정신분석학적 인식은 자드거I. Sadger의 전언과 나 자신의 경험에 기반을 두고 있다 — 원주.

일단 두 가지 용어를 도입해 보자. 하나는 성적 매력을 발산하는 인물로서의 〈성적 대상〉이고, 다른 하나는 성적 본능이 열망하는 행위로서의 〈성적 목표〉다. 과학적으로 검증된 바에 따르면 성적 대상 및 성적 목표와 관련해서는 규범과의 관계를 면밀히 조사할 필요가 있는 수많은 일탈 행위가 존재한다.

1. 성적 대상과 관련한 일탈 행위

성적 욕구에 관한 이론을 설명하는 아름다운 우화가 있다. 원래 하나였던 인간이 여자와 남자라는 반쪽으로 나뉘었고, 사랑을 통해 다시 하나가 되려 한다는 것이다.[2] 때문에 여자가 아닌 남자를 성적 대상으로 삼는 남자들이 있고, 또 남자가 아닌 여자를 성적 대상으로 삼는 여자들이 있다는 이야기를 들으면 무척 충격을 받는다. 그런 사람을 가리켜 우리는 〈반대 성욕자〉 또는 〈이상 성욕자〉라고 부르고, 그런 행위를 〈성도착〉이라 한다. 이런 사람의 수가 정확히 얼마나 되는지는 파악하기 어렵지만 상당히 많아 보이는 것은 사실이다.[3]

---

2   플라톤의 『향연』에서 아리스토파네스가 털어놓은 이야기를 가리킨다. 그에 따르면 인간은 원래 원통형의 암수한몸으로 머리 둘에 손발이 네 개 달려 있었다고 한다. 그런데 인간들이 자기 힘을 믿고 기고만장하게 굴자 제우스가 인간을 반으로 쪼개 버렸다. 그 뒤로 인간은 평생 자신의 반쪽을 찾아 헤매고, 에로스가 그런 인간을 불쌍히 여겨 사랑 속에서 둘을 하나로 다시 결합시켜 준다고 한다.
3   성도착자의 수가 얼마나 되는지와 그것을 파악하려는 시도의 어려움에 대해서는 『성적 중간 단계에 대한 연감 Jahrbuch für sexuelle Zwischenstufen』에 실린 히르시펠트의 논문 「동성애자들의 수에 관한 통계학적 연구 Statistische Untersuchungen über den Prozentsatz der Homosexuellen」(1904)를 참조하기 바란다 — 원주.

(1) 성도착

성도착자들의 행동

성적 대상과 관련한 성도착자들의 유형은 다양하다.

a) 절대적 성도착자. 이들의 성적 대상은 오직 동성뿐이다. 이들에게 이성은 결코 성적 욕망의 대상이 되지 못한다. 이성에 대해서는 무덤덤하거나, 심지어 성적 혐오감을 느끼기도 한다. 남자 동성애자는 이성에 대한 혐오감으로 정상적인 성행위를 하지 못하거나, 하더라도 즐거움을 느끼지 못한다.

b) 양성애적 성도착자. 심리적으로 암수한몸인 사람들이다. 이들의 성적 대상은 동성일 수도 있고 이성일 수도 있다. 이런 유형의 성도착증에는 배타성이 없다.

c) 조건적 성도착자. 이들은 정상적인 성적 대상을 찾을 수 없는, 모방의 가능성만 주어진 특수한 외적 조건에서 동성을 성적 대상으로 삼고, 동성과의 성행위에서 만족을 느낀다.

자신의 특이한 성 충동에 대한 성도착자의 자기인식 역시 다양하다. 어떤 이들은 정상인의 이성애적 본능처럼 자신의 성도착증을 지극히 자연스러운 것으로 받아들이면서 정상인과 똑같은 권리를 강력히 주장한다. 하지만 또 다른 사람들은 자신이 성도착자라는 사실에 반발하면서 자신의 그런 성향을 병적 강박으로 느낀다.[4]

또 다른 변형들은 시간과 관계가 있다. 성도착적 특성은 개인의 기억이 닿을 수 있는 시점부터 죽 이어져 왔거나, 아니면 사춘기 전후의 특정 시점에야 자각하게 된다.[5] 이런 성향은 평생 유

---

4 자신의 성도착 강박 증세에 대해 반발한다는 것은 암시 치료나 정신분석으로 개선될 가능성이 있다는 것이다 — 원주.

지되기도 하지만, 일시적으로 사라지거나 정상적 발달 과정에서 나타나는 일회성 해프닝으로 그치기도 한다. 물론 오랫동안 정상적인 성생활을 하다가 늦게 나타나는 경우도 있고, 정상적인 성적 대상과 성도착적 성적 대상을 주기적으로 바꾸는 현상도 관찰된다. 그중에서 정상적 성적 대상과 좋지 않은 경험을 한 뒤 도착적 대상 쪽으로 리비도가 바뀌는 사례가 특히 관심을 끈다.

일반적으로 이런 다양한 일련의 변형들은 서로 독립적으로 나란히 존재한다. 가장 극단적인 형태는 성도착증이 아주 어린 시기에 발현되고, 그래서 당사자가 그런 특이 성향을 완전히 자신의 일부로 느끼는 경우다.

많은 전문가들이 여기서 거론된 사례들을 하나의 통일적 단위로 묶는 것을 거부하고, 그 집단들의 공통점 대신 차이점을 강조하는 쪽으로 나아가는데, 그건 그들이 선호하는 성도착증에 대한 판단과 관련이 있다. 다만 그런 분리가 타당하다고 하더라도 각 유형들 사이의 중간 단계가 충분히 존재하고, 그래서 일련의 집단이 자동으로 형성되는 것은 불가피해 보인다.

성도착증에 대한 이해

초기에는 성도착증이 신경성 변성(變性)[6]의 선천적 징후라는 견해가 주를 이루었고, 그런 평가는 의사들이 처음엔 신경증 환

---

5 성도착자가 언제 성도착적 성향이 처음 나타났는지 이야기하는 것을 믿을 수 없다는 것은 여러 측면에서 옳은 지적이다. 왜냐하면 성도착자가 자신의 이성애적 감정에 대한 증거들을 기억에서 억압했을 수 있기 때문이다. 정신분석학자들은 성도착증 사례들을 통해 이러한 의심이 사실임을 확인했고, 환자들이 잊어버렸던 어린 시절의 기억을 되살려 줌으로써 그들의 병력을 확실히 변화시켰다 ─ 원주.

6 생체 조직이나 세포가 이상 물질을 만나 그 모양이나 성질이 변하는 것을 가리킨다.

자나 그런 인상을 주는 사람들에게서 성도착적 증세를 발견했다는 사실과도 일치한다. 이 성격 규정에는 서로 독립적으로 판단 내려야 할 두 가지 가설이 언급되어 있다. 하나는 선천성이고, 다른 하나는 변성이다.

변성

변성 *Degeneration*이라는 말의 무분별한 사용을 반대하는 여러 목소리들이 있다. 그런데도 외상이나 감염이 원인이 아닌 모든 형태의 병상(病狀)을 퇴행성 변성으로 귀속시키는 것이 유행했다. 변성에 관한 발랑탱 마냥Valentin Magnan의 분류조차 신경 활동의 탁월한 일반화에서 변성의 개념이 사용될 여지를 열어 주었다. 상황이 이렇다 보니 〈변성〉에 관한 이런 판단에 어떤 이점이 있고 어떤 새로운 내용이 들어 있는지 당연히 의문이 제기될 수밖에 없다. 내가 볼 때는 다음의 경우에만 변성이라는 말을 쓰는 것이 좀 더 적절해 보인다.

1) 표준에서 벗어난 여러 심각한 일탈 현상이 동시에 나타나는 경우.

2) 업무 능력과 생존 능력이 전반적으로 심각하게 손상된 것처럼 보이는 경우.7

성도착자들이 이러한 좀 더 적절한 의미의 변성에 속하지 않는다고 보는 데는 몇 가지 근거가 있다.

---

7 뢰비우스는 「변성에 관하여Über Entartung」에서 변성의 진단은 무척 신중하게 접근해야 하고, 그 진단 결과에 실질적인 가치를 크게 부여할 수 없다고 밝힌다. 그의 말을 직접 들어 보자. 〈만일 여기서 몇 가지 특성을 살펴본 변성의 폭넓은 영역을 감안한다면 변성을 진단하는 일이 얼마나 가치가 없는 일인지 당장 알게 될 것이다〉 — 원주.

1) 성도착자는 성도착증 말고는 규범에서 심각하게 벗어난 다른 일탈 현상을 보이지 않는다.

2) 성도착증은 사회적 업무 능력이 손상되지 않은 사람이나, 지성이 고도로 발달하고 탁월한 윤리 의식을 가진 사람들에게서도 나타난다.[8]

3) 의사들이 경험한 환자들을 차치하고 시야를 좀 더 넓히면 다음 두 가지 방향에서 성도착증을 변성의 징후로 볼 수 없다는 것을 알게 된다.

a) 성적 대상과 관련한 성도착증이 고도의 문화를 구가했던 고대 민족들에게서도 빈번하게 나타났을 뿐 아니라 심지어 중요한 기능이 부여된 관습이었음에 주목해야 한다.

b) 성도착증은 야만족과 원시 민족들 사이에서도 널리 퍼져 있던 현상이다. 반면에 변성이라는 개념은 고도의 문명사회에 국한된다(블로흐의 견해). 그리고 유럽의 문명화된 민족들 사이에서조차 기후와 인종이 성도착증의 확산과 평가에 지대한 영향을 미쳤다.[9]

선천성

선천성이라는 말은 당연히 성도착자 중에서도 가장 정도가 심한 절대적 성도착자 부류에만 붙여졌다. 그것도 그들이 삶의 어떤 시기에도 다른 성적 성향을 드러내지 않았다는 확증 위에서

---

8 우리가 아는 세상에서 가장 뛰어난 남자들 가운데 몇몇도 성도착자, 그것도 어쩌면 절대적 성도착자였을 거라는 〈우라니스무스Uranismus〉(동성애) 연구의 대표자들이 하는 말을 인정해야 한다 — 원주.

9 성도착증 연구 분야에서는 병리학적 연구가 인류학적 연구로 대체되었다. 이런 변화에는 블로흐의 공이 크다(Bloch,「정신병리학적 성욕의 원인에 관한 논고 Beiträge zur Ätiologie der Psychopathia sexualis」제2권, 1902/3). 그는 고대 문명국가들에서 성도착증이 널리 퍼져 있던 사실을 강조했다 — 원주.

말이다. 하지만 다른 두 부류, 특히 조건적 성도착자들은 선천성의 개념으로 묶기 곤란하다. 그래서 성도착증의 선천성을 지지하는 사람들은 절대적 성도착자를 다른 부류로부터 떼어내려 하고, 그로써 성도착증의 보편적 특성에 대한 설명을 포기하고 만다. 이런 학자들의 견해에 따르면, 성도착증은 일부 집단에서는 선천적 성격을 띠는 데 반해 다른 집단에서는 다른 방식으로 생겨날 수 있다.

이러한 견해에 반대되는 것이 성도착증이란 후천적으로 습득한 성 충동의 성격을 띤다는 생각이다. 이 두 번째 견해의 근거는 다음과 같다.

1) 절대적 성도착자를 포함해 많은 성도착자들의 경우 삶의 이른 시기에 영향을 끼친 어떤 특별한 성적 인상이 있었는데, 그 인상의 지속적인 결과가 동성애적 성향으로 나타난다.

2) 다른 많은 사례들에서도 삶의 이른 시기건 늦은 시기건 성도착증의 고착화로 이끈 외부 영향(성도착적 성향을 촉진하는 영향이건 저지하는 영향이건 간에)을 확인할 수 있다. 그런 영향으로는 오직 동성들과의 교류, 전쟁 중의 남성 공동체, 감옥 생활, 이성 교류의 위험성, 독신, 성적 결함 등이 있다.

3) 성도착증은 최면 암시로 제거되기도 하는데, 그 성향이 선천성이라고 한다면 믿기 어려운 일이다.

이런 관점에서 보자면 성도착증의 선천성에 대한 근간은 심하게 흔들린다. 해블록 엘리스는 선천적 성도착증으로 간주된 사례들을 좀 더 면밀히 관찰하면 아마 리비도의 방향에 결정적으로 영향을 준 어린 시절의 체험이 드러날 것이고, 그 체험은 당사자의 기억에서만 사라졌을 뿐 적절한 자극을 주면 되살릴 수 있다고 주장한다. 이런 전문가들에 따르면 성도착증은 단지 삶의 여러 가지 외부 환경에 의해 결정되는, 성적 본능의 빈번한 변형으로 규정될 뿐이다.

그러나 일견 명백해 보이는 이 견해도 많은 사람이 똑같은 성적 영향(이른 청소년기의 유혹이나 상호 수음도 포함된다)을 받았음에도 불구하고 누구는 성도착 증세를 보이고, 누구는 평생 그런 성향을 보이지 않는다는 반박에 직면하면 흔들릴 수밖에 없다. 때문에 선천적이냐 후천적이냐 하는 양자택일로는 성도착증을 완벽하게 설명하지 못하거나, 아니면 그런 이분법을 성도착증의 모든 사례에 적용할 수 없다는 추정에 이르게 된다.

성도착증에 관한 설명

성도착증의 본질은 선천성으로도, 후천성으로도 설명되지 않는다. 전자의 경우는 성도착증에서 어떤 점이 선천적이냐고 묻지 않을 수 없는데, 그러려면 인간은 특정 성적 대상에 대한 성적 본능을 타고난다고 하는 조야하기 짝이 없는 설명을 받아들여야 한다. 반면에 후자의 경우는, 다양한 우발적 영향이 환자의 개인적 특성과 결합되지 않고도 그 자체로 성도착증을 일으킬 만큼 충분한지에 대한 의문이 제기된다. 하지만 앞에서 보았듯이 후천적 요인이 존재한다는 사실은 부인할 수 없다.

양성성(兩性性)

프랭크 리드스턴Frank Lydstone, 키어넌Kiernan, 슈발리에Chevalier 이후 성도착증의 가능성을 설명하기 위해 세간의 통념과는 다른 일련의 새로운 사고들이 원용되었다. 통념에 따르면 인간은 남자 아니면 여자로 태어난다. 하지만 과학적 연구는 다른 결과를 말해 준다. 성적 특징이 불분명하고, 그래서 성적 규정조차 불분명한 사례들이 있다는 것이다. 그것을 가장 뚜렷이 확인해 주는 것이 해부학이다. 해부학적 보고에 따르면 생식기에 남성과 여성의 특징이 동시에 나타나는 사람들(남녀추니)이 있다. 이때 두 생식기가 완전히 발달한 경우(완전 남녀추니)는 드물고, 대개 발육 부진의 왜소한 상태로 발견된다고 한다.[10]

이러한 비정상적인 예들의 중요성은 그것들이 정상적인 발달에 대한 우리의 이해를 의외의 방식으로 도와준다는 데 있다. 그러니까 해부학적으로 어느 정도의 남녀추니는 정상적인 범주에 속한다는 것이다. 실제로 모든 정상적인 남자와 여자에게서 자신의 성과 반대되는 성 기관의 흔적이 발견되는데, 이 기관들은 퇴화된 채 아무 기능 없이 흔적만 남아 있거나 아니면 다른 기능을 수행하는 기관으로 변형되어 있다.

오래전부터 알려져 온 이런 해부학적 사실에서 끄집어낼 수 있는 결론은 이렇다. 인간은 원래 양성적인 신체 구조를 가졌지만 진화 과정에서 퇴화된 성의 미세한 흔적만 남긴 채 각각 하나의 성으로 발달했으리라는 것이다.

이러한 가설을 심리적 영역으로 확대해서 성도착의 다양한 사례들을 모두 심리적 남녀추니의 표현으로 이해하고픈 생각이 불쑥 들었다. 게다가 이 문제를 해결하기 위해서는 성도착증이 남녀추니의 심리적·신체적 징후와 함께 전반적으로 발생한다는 사실만 밝히면 될 것 같았다.

그러나 기대는 빗나갔다. 가정된 심리적 양성과 증명된 해부학

---

10 육체적 남녀추니에 관한 다음의 최근 연구 자료를 참조하기 바란다. 타루피P. Taruffi, 「남녀추니와 생식 능력Hermaphroditismus und Zeugungsunfähigkeit」; 『성적 중간 단계에 대한 연감』에 실린 노이게바우어Neugebauer의 논문들 ─ 원주.

적 양성 사이에는 그렇게 밀접한 관계를 찾아보기 힘들었다. 물론 성도착자들에게서는 성 충동의 전반적인 저하(해블록 엘리스)와 성 기관의 가벼운 해부학적 퇴화 현상이 빈번하게 발견되었다. 하지만 빈번하기만 할 뿐 결코 규칙적이거나 일반적으로 나타나지는 않았다. 따라서 성도착증과 신체적 남녀추니는 전반적으로 무관하다는 점을 인정해야 한다.

그 외에도 사람들은 이른바 2차, 3차 성적 특징에 상당한 의미를 부여했고, 성도착자들에게서 그런 특징이 빈번하게 나타나는 점을 강조했다(해블록 엘리스). 물론 이 주장에도 타당한 면이 다수 있지만, 잊어서는 안 되는 것은 2차, 3차 성적 특징이 다른 성에서도 상당히 자주 나타날 뿐 아니라 성도착적 의미에서 성적 대상이 바뀌지 않으면서 양성의 징후를 생성한다는 사실이다.

심리적 남녀추니 이론은 만일 그 대상자에게 성적 대상의 성도착증과 함께 반대 성의 심리적 특성과 충동, 성격까지 나타난다면 그 실체를 인정받게 될 것이다. 그러나 그런 성격적 도착은 여자 성도착자들에게서만 어느 정도 일정하게 관찰될 뿐이다. 남자들의 경우에는 가장 완벽한 정신적 남성다움이 성도착증으로 이어질 수 있다. 심리적 남녀추니의 가설과 관련해서는 그 가설이 다양한 분야에서 상호 간의 경미한 조건성만 드러낸다는 점을 덧붙여야 한다. 이는 신체적 남녀추니도 마찬가지다. 할반J. Halban에 따르면 위축된 생식기관과 2차 성적 특징들도 서로 상당히 무관하다고 한다.

양성 이론의 한 대표적 이론가는 남성 성도착자에 대해 〈남자의 몸에 여자의 뇌〉를 가진 사람이라고 아주 거칠게 표현했다. 그러나 우리는 〈여자의 뇌〉의 특징을 잘 모른다. 또한 심리학적 문제를 해부학적 문제로 대체할 필요가 없고, 그럴 권리도 없다. 크

라프트-에빙의 설명은 울리히스Ulrichs의 설명보다 좀 더 정교한
듯하지만 본질적으로 크게 다르지 않다. 크라프트-에빙은 말한
다. 개인의 양성애적 소질은 신체적 성 기관과 더불어 남자의 뇌
중추와 여자의 뇌 중추에도 똑같이 영향을 미친다고. 이 중추는
소질 면에서는 이것과 독립된 생식샘의 영향을 받아 대개 사춘기
무렵에 발달한다. 하지만 남성과 여성의 뇌에 해당하는 것은 남
성과 여성의 중추에도 똑같이 해당한다. 게다가 우리는 뇌에서
언어를 담당하는 영역(중추)이 따로 있는지 모르는 것처럼 성 기
능만을 담당하는 영역이 따로 있는지도 알지 못한다.[11]

어쨌든 위의 논구에서 두 가지 생각이 분명해진다. 첫째, 양성

11 성도착증에 대한 설명으로 양성적 소질을 제시한 최초의 학자는 외젠 글레
Eugène Gley로 보인다(『성적 중간 단계에 관한 연감』 제6권 문헌 목록 참조). 그는
1884년 1월에 이미 『철학 잡지Revue philosophique』에 「성 충동의 일탈Les abérrations de
l'instinct sexuel」이라는 논문을 발표했다. 그 밖에 주목할 점은 성도착증의 원인을 양성
소질로 보는 다수 학자들이 이 요인을 성도착뿐 아니라 모든 정상인들에게도 적용
하고, 이를 토대로 성도착증을 성장 과정에서 겪은 장애의 결과로 간주한다는 것이다.
슈발리에(「성도착증Inversion sexuelle」, 1893)와 크라프트-에빙(「반대 성의 성적 감성
에 대한 설명Zur Erklärung der konträren Sexualempfindung」)은 말한다. 〈최소한 이 두 번
째 중추(열등한 성의 중추)의 잠재적인 존속을 증명하는〉 관찰들은 상당히 많다고. 또
아르두인Arduin 박사(「여성 문제와 성적 중간 단계Die Frauenfrage und die sexuellen
Zwischenstufen」라는 사람은 『성적 중간 단계에 관한 연감』(1900) 제2권에서 이런 주
장을 했다. 〈모든 인간 속에는 남자의 인자와 여자의 인자가 함께 들어 있다(『성적 중
간 단계에 관한 연감』, 1899, 제1권. 히르시펠트, 「동성애의 객관적 진단Die objektive
Diagnose der Homosexualität」p. 8~9 참조). 다만 성이 여성이냐 남성이냐에 따라, 한쪽
의 인자가 다른 쪽보다 비교할 수 없을 정도로 강하게 발달한다. 이성애적인 경우에
한해서 말이다.〉 헤르만 G. Herman(『기원, 생식의 법칙Genesis, das Gesetz der Zeugung』
9권, 「리비도와 마니아Libido und Mania」, 1903)도 모든 여자에게는 남성적인 인자와
특성이, 모든 남자에게는 여성적인 인자와 특성이 존재한다고 생각한다. 그 밖에 플리
스W. Fließ는 『삶의 과정Der Ablauf des Lebens』(1906)에서 성의 이중성이라는 의미로
양성 소질에 대해 독특한 의견을 내놓았다. 비전문가들은 인간의 양성 소질에 대한 이
런 가설이 요절한 철학자 바이닝거O. Weininger의 산물이라고 생각한다. 바이닝거가
별로 사려 깊지 못한 책『성과 성격Geschlecht und Charakter』(1903)에서 그런 생각을 내
비쳤기 때문이다. 그러나 내가 위에서 기술한 바에 따르면 이런 주장이 얼마나 근거
없는 것인지 알 수 있을 것이다 — 원주.

적 소질은 성도착자에게도 고려 대상이지만, 그 소질이 해부학적 구조를 넘어 어디에서 기인하는지는 모른다. 둘째, 문제의 핵심은 성 충동의 발달 과정에서 생기는 장애라는 것이다.

성도착자들의 성적 대상

심리적 남녀추니 이론은 성도착자들의 성적 대상이 일반인과 정반대라는 점을 전제로 한다. 다시 말해 성도착증 남자는 여자가 남자의 몸과 마음에 매료되는 것처럼 남성적 매력에 푹 빠진 채 자신을 여자로 느끼며 남자를 찾는다는 것이다.

그러나 이 이론이 상당수 성도착자에게 딱 맞아떨어진다고 하더라도 성도착증의 일반적 특성을 드러내는 데는 분명히 한계가 있다. 성도착증 남자의 대다수가 심리적으로 남성성을 유지하고, 반대 성의 2차적 성 특징을 별로 드러내지 않으면서 자신의 성적 대상에서는 여자의 심리적 특성을 찾는다는 것은 의심할 여지가 없다. 그렇지 않다면 성도착증 남자들에게 몸을 파는 남자 매춘부들이 고대에도 그렇지만 오늘날에도 여자들의 의상과 태도를 모방한다는 사실을 어떻게 이해할 수 있겠는가? 그렇지 않다면 이러한 모방은 성도착자들의 이상을 모욕하는 것이 될 테니까 말이다. 굉장히 남성적인 남자들이 성도착적 경향을 보였던 고대 그리스에서는 이 남자들의 사랑에 불을 지핀 것은 소년의 남성적 성격이 아니라 여자에 가까운 육체를 비롯해 수줍음, 얌전함, 그리고 배움과 도움이 필요할 것 같은 여성적 특성이었음이 분명하다. 소년은 성인이 되어야만 남자 어른들의 성적 대상에서 벗어날 수 있었는데, 어쩌면 그 자신도 나중에 〈남자아이 성애자〉가 되었을지 모른다. 그렇다면 이 경우를 비롯해 많은 다른 경우에서도 성적 대상은 동성이 아니라 양성적 특성의 결합, 즉 남자에 대한 갈망과 여자에 대한 갈망 사이의 절충이다. 물론 성적 대상의 육체가 남성 생식기를 가진 남자여야 한다는 기본 조건은 변하지 않겠지만. 아무튼 성도착자의 성적 대상은 자신의 양성적 본성이 반영된 것이다.[12]

12 (참고로 이 마지막 문장은 1915년에, 각주는 1910년에 추가되었다.) 정신분석은 지금껏 성도착증의 기원을 완전히 해명하지 못했으나, 그 생성의 정신적 메커니즘을 발견하고 거기서 더 나아가 고려해야 할 문제의 범위를 획기적으로 넓혔다. 조사했던 모든 사례를 통해 우리는 훗날의 성도착자들이 소아기에 단기적으로 무척 강하게 여자(대개 어머니)에게 집착하고, 그 시기가 지나면 스스로를 여자와 동일시하면서 자기 자신을 성적 대상화하는 것을 확인했다. 즉 나르시시즘에서 출발해서 어머니처럼 자신을 사랑해 줄, 자신과 비슷한 젊은 남자를 찾는 것이다. 게다가 이른바 성도착자라고 하는 사람들이 결코 여자들의 매력에 무감각한 것이 아니라 여자로 인해 유발되는 감정적 흥분을 남성적 대상에게 지속적으로 전이하는 것도 자주 확인할 수 있었다. 성도착증을 불러일으키는 이러한 심리적 기제는 평생 반복된다. 그들의 남자들에 대한 어쩔 수 없는 갈망은 여자들로부터의 끊임없는 도피에서 생기는 것으로 드러났다.

(1915년에 추가된 각주) 정신분석적 연구는 동성애자들을 변질된 특수 집단으로 여기면서 남들과 분리하려는 시도에 단호하게 반대한다. 정신분석은 명백한 성적 흥분 외에 다른 것들도 연구하면서 누구나 동성애적인 기질을 갖고 있고, 게다가 실제로 한 번쯤 무의식적으로 동성애를 실행한다는 사실을 발견했다. 동성에 대한 리비도적 애착은 일상적인 정신생활의 요소로서 그 역할이 결코 작지 않지만, 질병의 원인으로서는 반대 성에 해당되는 것보다 그 역할이 훨씬 크다. 정신분석적 입장에서는, 대상 선택이 성에 무관하다는 것, 즉 아동기나 원시시대, 또는 역사시대 초기에 관찰되는 것처럼 남성이건 여성이건 상관없이 자유롭게 대상을 선택하던 것이 이런저런 제한을 받으면서 정상적인 유형과 성도착적 유형을 발현시킨 것으로 보인다. 따라서 정신분석에서는 여자에 대해 남자만 느끼는 성적 매력도 근본적으로 몸의 화학 작용에 따른 자연스러운 결과로 받아들이지 않고 해명이 필요한 문제로 본다.

개인의 최종적인 성적 취향은 사춘기가 지나서야 결정되는데, 그것은 우발적 인자나 기질을 포함해, 아직은 다 밝혀지지 않은 많은 요인들이 함께 작용한 결과다. 물론 이 요인들 가운데 몇몇은 결과에 확고한 영향을 끼칠 정도로 비중이 아주 큰 게 분명하다. 그러나 일반적으로는 여러 결정적인 계기들이 결과의 다양성을 통해 사람들의 명확한 성적 태도에 반영된다. 성도착자의 경우, 아주 어린 시절의 기질과 정신적 메커니즘이 두드러지게 나타난다. 이들의 가장 본질적인 특징은 나르시시즘적인 대상 선택과 에로틱한 부위로 항문을 중시한다는 점이다. 그런데 이런 기질적 특성을 근거로 극단적인 형태의 성도착자들을 나머지 유형과 분리하는 것은 별무소득이다. 극단적 증상의 근거로 보기에 충분한 것들도, 경미한 수준이기는 하지만 과도기 유형이나 정상인의 기질에서도 발견되기 때문이다. 결과의 차이는 질적인 차이일 수 있지만, 정신분석은 결정 요인들 사이의 차이가 양적인 차원일 뿐이라는 사실을 보여 준다. 대상 선택에 영향을 미치는 우발적 요인들 가운데서 주목할 만한 것은 좌절(이른 시기의

여자들의 경우는 이런 상황이 한층 더 명확하다. 물론 여기서
도 더 면밀히 들여다보면 훨씬 다양한 결과가 나오겠지만, 대체

성적 위축감)이고, 거기다 부모의 존재 유무도 중요한 역할을 한다는 점을 눈여겨볼
필요가 있다. 일례로 어릴 때 엄한 아버지 없이 컸을 경우 성도착증에 빠지는 경우가
드물지 않다. 따라서 우리는 이렇게 주장할 수 있다. 성적 대상과 관련한 성도착증은
성적 특성의 혼합과 개념적으로 엄격하게 구분할 필요가 있다고. 게다가 이 둘 사이의
관계에도 상호 무관성이 일정 정도 명확하게 존재한다.

(1920년에 추가된 각주) 페렌치S. Fereczi는 「남성 동성애자(호모에로틱)의 질병
분류학Zur Nosologie der männlichen Homosexualität」(1914)이라는 논문에서 성도착의
문제에 대해 여러 가지 중요한 관점을 제시했다. 우선 그는 신체적 · 정신적 측면에서
동등한 가치가 없는 매우 다른 상태들을, 성도착 징후가 공통적으로 드러난다는 이유
만으로 동성애(〈호모에로틱)이라는 명칭으로 대체되어야 한다고 주장한다)로 한데
묶는 것에 반대한다. 그러면서 동성애를 최소한 두 유형으로 엄밀하게 구분할 것을 요
구한다. 즉 스스로 여자라고 느끼면서 여자처럼 행동하는 〈주관적 동성애자〉, 그리고
전형적인 남성이면서 성적 대상만 여자에서 남자로 바꾼 〈객관적 동성애자〉. 그는 첫
번째 유형을 마그누스 히르시펠트의 개념에 입각해서 진정한 〈성적 중간 단계〉로, 두
번째 유형을 강박장애 환자로 부른다(이 두 번째 명칭은 첫 번째보다 좀 더 부적절하
다). 여기서 성도착 성향에 반발하고 정신적 영향에 노출되는 경우는 객관적 동성애
자뿐일 것이다. 그러나 이 두 유형의 존재를 인정한다고 하더라도 많은 사람들의 경
우, 주관적 동성애와 객관적 동성애가 어느 정도씩 섞여 나타난다는 사실을 덧붙일 수
밖에 없다.

최근 몇 년에 걸쳐 슈타이나흐E. Steinach를 필두로 생물학 분야에서 동성애와 성
적 특성의 신체적 조건에 대한 연구가 활발히 진행되어 왔다. 우선 포유동물을 거세한
뒤 반대되는 성의 생식샘을 이식하는 실험을 통해 다양한 종의 수컷을 암컷으로, 암컷
을 수컷으로 바꾸는 데 성공했다. 이 변화는 몸의 성적 특징뿐 아니라 성 심리적인 태
도(주관적 동성애자와 객관적 동성애자 공히)에도 결정적인 영향을 미쳤다. 그런데
성을 결정하는 이 힘을 담당하는 곳은 성세포를 형성하는 생식샘이 아니라 이 기관의
간질성(間質性) 조직(성숙샘)이라고 한다.

한편 결핵으로 고환의 기능을 상실한 남자에게도 성적 변화가 일어났다는 사례가
보고되었다. 그 사람은 성생활에서 수동적인 동성애자처럼 여성적인 태도를 보였고,
신체적으로도 명백한 여성의 2차 성적 특징이 나타났다. 예를 들어 털이나 수염이 자
라지 않는다든지 가슴과 엉덩이가 부풀어 오른다든지 하는 변화였다. 그런데 그는 다
른 남성 환자로부터 건강한 고환을 이식받은 뒤로는 다시 남성적으로 행동하고, 리비
도도 정상적으로 여자들에게 향하기 시작했다. 동시에 신체적으로도 여성적인 특징
이 사라졌다(립쉬츠A. Lipschütz, 「성숙샘과 그 영향Pubertätsdrüse und ihre Wirkungen」,
1919).

이런 흥미로운 실험들이 성도착 이론에 새로운 근거를 제공했고, 이로써 동성애
치료의 보편적 길이 열렸다고 기대하는 것은 성급하고도 온당치 못한 주장이다. 플리
스는 이런 실험적 발견들로 고등동물의 일반적 양성 소질 이론이 용도 폐기되는 것은

로 여자들은 아주 적극적인 성도착자들만이 남자의 신체적·정신적 특성을 갖추고 있고, 성적 대상에게서 여성적인 것을 찾기 때문이다.

성도착자들의 성 목표

명심해야 할 것은 성도착자들의 성 목표는 결코 통일적으로 규정할 수 없다는 사실이다. 남자들의 경우 항문 성교는 성도착증과 결코 일치하지 않기에 자위가 그들의 유일한 성 목표가 될 때가 많고, 단순한 감정 발산을 비롯해 성 목표의 제한도 이성애자들보다 훨씬 더 자주 나타난다. 여자 성도착자들도 성 목표가 다양해 보이는데, 그중에서도 입의 점막 접촉을 선호하는 현상이 눈에 띈다.

결론

지금껏 서술한 내용으로 성도착증의 기원을 만족스럽게 설명했다고는 보지 않지만 그래도 이 연구로 상기 과제의 해결보다 더 중요한 인식을 얻은 것 같기는 하다. 즉 우리는 지금까지 성 충동과 성적 대상 사이의 관계를 실제보다 훨씬 더 밀접한 관계로 상상하고 있었다는 것이다. 우리는 비정상적으로 보이는 사례들을 조사한 결과 그들의 경우 성 충동과 성 대상 사이에 하나의 땜질이 있음을 알게 되었다. 성 충동에 이어 성 대상이 자연스럽게 따라올 거라고 믿는 정상인들의 획일적 사고에서는 간과할 위험이 큰 땜질이다. 따라서 우리의 머릿속에 확고하게 자리 잡은 성 충동과 성 대상 사이의 단단한 매듭을 조금 느슨하게 풀 필요가

아니라고 강조한다. 물론 일리가 있다. 그러나 내가 보기엔 오히려 그런 연구가 앞으로 더 나와야 양성 소질의 가정을 직접적으로 확증하는 결과가 나올 듯하다 — 원주.

있어 보인다. 우선 성 충동은 그 대상과 무관할 가능성이 크고, 그 기원도 성 대상의 매력에 기인한 것으로 보이지 않는다.

(2) 성 대상으로서 성적으로 미성숙한 사람과 동물들

정상적이지 않은 성 대상을 지향하는 사람들, 즉 성도착자라고 하더라도 일반인의 눈에는 다른 면에선 아주 건전한 개인들의 집단으로 비칠 수도 있지만, 성적으로 미숙한 사람(아동)을 성 대상으로 택하는 사람은 곧장 개별적 정신이상으로 간주된다. 오직 아동만을 성적 대상으로 삼는 경우는 예외적이다. 대개 아동은 겁 많은 성불구자가 대용물을 원하거나, 아니면 당장 해소해야 할 만큼 강렬한 성적 충동이 일면서 적합한 대상을 손에 넣을 수 없을 때 성 대상이 된다. 인간의 성 충동이 성 대상의 잦은 변형을 허용하고 그로써 그 대상의 가치를 떨어뜨린다는 사실은 성 충동의 본질을 해명하는 데 하나의 중요한 단서가 될 수 있다. 대상에 훨씬 강력하게 집착할 수밖에 없는 배고픔조차 정말 극단적인 경우에나 대상의 다양한 선택을 허용할 뿐이니까 말이다. 어쨌든 이런 언급은 특히 시골 사람들 사이에서 드물지 않게 나타나는 동물과의 성교에도 해당한다. 성적 매력이 종의 장벽을 뛰어넘은 경우다.

우리는 심미적 근거에서 이런 사람들을 성 충동의 다른 심각한 일탈처럼 정신병으로 판정하고 싶지만, 그게 그리 쉽지 않다. 경험에 따르면, 이들 두 성도착자에게서 나타나는 성 충동 장애는 건강한 사람들을 비롯해 그 어떤 인종과 신분에서도 일어날 수 있기 때문이다. 예를 들어 아동에 대한 성적 학대는 교사나 아이를 돌봐 주는 사람들에게서 가장 빈번하게 발생하는데, 이는 단지 그럴 기회가 가장 많이 주어져 있기 때문인 것으로 보인다. 정신병자는 그 일탈의 정도가 심하거나, 아니면 나중에는 오직 아동만 성적 대상으로 삼을 정도로 아동이 정상적인 성적 만족을 대신하는 경우에만 해당한다.

건강한 사람에서 정신장애에 이르는 등급 사다리와 성적 변이들 사이에 존재하는 이런 주목할 만한 관계는 생각할 거리를 던져 준다. 나는 성적 충동이 정상 상태에서도 고결한 정신 활동에 의해 통제되기 가장 힘든 충동 중 하나라고 생각한다. 내 경험에 비추어 볼 때 사회적으로건 윤리적으로건 정신적으로 비정상적인 사람은 항상 예외 없이 성생활에서도 비정상적이었다. 그런데 성생활에서는 비정상적이지만 다른 면에서는 지극히 정상적인 사람도 많다. 성욕이 약점일 수밖에 없는 인간 문화가 자기 속에 각인된 사람들이다.

이 모든 논구의 가장 일반적인 결론은 다음과 같다. 아주 다양한 조건에서, 그리고 놀랄 정도로 많은 개인들에게서 성 대상의 종류와 가치는 부차적인 문제이고, 성 충동에서 본질적인 상수는 다른 무엇이라는 사실이다.[13]

2. 성 목표와 관련한 일탈

정상적인 성 목표는 성교라는 행위를 통해 성적 긴장을 완화하고 성 충동을 일시적으로 해소하는 생식기끼리의 결합을 의미한다(이는 배고픔을 해소하는 것과 비슷한 만족감을 준다). 그런데

---

13   (1910년에 추가된 각주) 고대인의 성생활과 우리의 성생활 사이의 가장 뚜렷한 차이는 아마 고대인들은 본능 그 자체를 중시한 반면 우리는 그 대상으로 강조점을 옮겼다는 사실일 것이다. 고대인들은 본능을 찬양했고, 그 본능을 위해서라면 열등한 대상까지도 그 가치를 높일 준비가 되어 있었다. 그러나 우리는 본능적인 행위 그 자체는 경멸하고, 그 대상에 납득할 만한 가치가 있어야만 본능을 인정한다 — 원주.

지극히 정상적인 성행위 과정에서도 성도착증이라고 불리는 일탈 행위의 조짐이 보인다. 왜냐하면 만지거나 보는 행위처럼 성교에 이르는 과정에서 발생하는, 성 대상과의 중간 단계적 행위들도 일시적인 성 목표로 볼 수 있기 때문이다. 이러한 행위들은 한편으론 그 자체로 즐거움을 선사하고, 다른 한편으론 최종적인 성 목표에 도달하기까지 지속되어야 할 흥분을 고조시킨다. 특히 입술 점막끼리 접촉하는 키스는 해당 신체 부위가 생식기의 일부가 아닌 소화기관의 입구일 뿐임에도 고도로 발달한 문명국가들을 비롯해서 많은 민족들에게서 무척 큰 성적 의미를 가진다. 이와 함께 성도착을 정상적인 성생활과 연결하고, 그것들의 분류에 적용할 수 있는 계기들이 주어진다. 즉 성도착은 1) 성적 결합을 위한 것으로 정해진 신체 부위들의 해부학적 확장이거나, 2) 정상적으로 최종 성 목표로 나아가는 과정에서 신속하게 지나가야 할, 성 대상과의 중간 단계에서 이루어지는 지체다.

(1) 해부학적 확장

성 대상에 대한 과대평가

성 충동의 이상적 목표로서 성 대상에 대한 심리적 평가는 그 대상의 생식기로 한정되는 경우가 매우 드물다. 대개는 몸 전체로 확장될 뿐 아니라 성 대상에서 뿜어져 나오는 온갖 감정적 작용까지 포함하는 경향이 있다. 게다가 이런 식의 과대평가는 정신적인 영역으로까지 확대되어 성 대상의 정신적 능력과 완벽함에 사로잡혀서 판단력이 흐려지고 얼이 빠지거나, 아니면 상대방의 판단에 맹목적으로 따르는 형태로 나타난다. 이러한 맹목적인 사랑은 권위의 가장 근원적인 형태까지는 아니더라도 한 가지 중요한 원천이 된다.[14]

이런 성적 과대평가는 원래의 성 목표인 생식기의 결합으로 국한하는 것과는 잘 맞아떨어지지 않는 대신 성 목표를 다른 신체 부위로 확장하는 것을 도와준다.[15]

성적 과대평가라는 요소의 중요성은 남자들을 대상으로 한 연구에서 쉽게 인지된다. 우리는 남자들의 성생활에만 접근할 수 있기 때문이다. 반면에 여자들의 성생활은 한편으론 문화적 영향 때문에, 다른 한편으론 여자들의 전통적인 침묵과 솔직하지 못한 면 때문에 아직도 꿰뚫어볼 수 없는 어둠에 덮여 있다.[16]

입술과 입 점막의 성적인 사용

입을 성적 기관으로 사용할 경우 한 사람의 입술 또는 혀가 다른 사람의 생식기와 접촉할 때는 성도착으로 간주되지만, 두 사람의 입술 점막이 접촉할 때는 성도착이 아니다. 즉 이 두 번째 예외적인 경우는 정상적인 성생활의 범위에 드는 것이다. 인류 초창기부터 사용되어 온 것으로 보이는 다른 관행적인 행위들을 성

14 이와 관련해서 나는 최면에 걸린 사람이 최면술사에게 맹목적으로 따르는 장면이 자동으로 떠올랐다. 그 장면들을 보면서 나는 최면의 본질이 최면술사라는 인물에게 환자의 리비도를 무의식적으로 고정시키는 것이 아닐까 하는 추측을 하게 되었다. 성 충동의 마조히즘적 요소를 이용해서 말이다 ─ 원주.

(1910년에 추가된 각주) 페렌치는 「투사와 전이Introjektion und Übertragung」(1909)에서 이런 암시적 성격을 〈부모 콤플렉스〉와 연관 지었다. ─ 원주

15 (위에 실린 본문과 다음의 각주는 1920년에 약간 수정되었다.) 그런데 성적인 과대평가는 대상 선택의 메커니즘에서 생겨난 것이 아니라는 점을 지적하고 싶다. 그리고 나중에 우리는 다른 신체 부위들의 성 역할에 대한 다른 직접적인 설명을 접하게 될 것이다. 호헤Hoche와 블로흐가 생식기 외의 다른 신체 부위로 성적 관심을 확장하기 위해 끌어들인 〈자극 갈증〉이라는 개념은 내가 보기에 별로 맞아떨어지는 것 같지 않다. 리비도가 걸어가는 다양한 길들은 처음부터 서로 통하는 파이프들처럼 연결되어 있다. 우리는 부수적 흐름 현상을 고려해야 한다 ─ 원주.

16 (1920년에 추가된 각주) 전형적으로 볼 때 여자들은 남자들과 같은 〈성적 과대평가〉가 없다. 다만 자기가 낳은 아이에 대해서는 그런 과대평가를 하지 않는 경우가 거의 없다 ─ 원주.

도착이라고 역겨워하는 사람들은 그런 성 목표를 받아들이지 못하게 하는 명백한 혐오감에 굴복한 것이다. 그런 혐오감의 경계는 인습적일 때가 많다. 그래서 아름다운 아가씨에게 뜨겁게 키스할 수 있는 남자도 어쩌면 그 여자와 칫솔을 같이 쓰는 것은 역겨워할 수 있다. 스스로에게는 역겹지 않은 자신의 구강이 여자의 구강보다 청결하다고 생각할 근거가 전혀 없음에도 말이다. 따라서 우리는 여기서 성 대상의 리비도적인 과대평가를 방해하지만 다른 한편으로는 리비도를 통해 극복할 수 있는 역겨움의 요소에 주목하게 된다. 역겨움 속에는 성 목표를 제한하는 여러 힘들 가운데 하나가 보인다. 이 힘들은 대체로 생식기 자체에서 멈춘다. 이성의 생식기도 그 자체로 역겨움의 대상이 될 수 있다는 것은 의심할 여지가 없다. 그런 태도는 히스테리 환자(특히 여자 환자)에게서 자주 나타난다. 하지만 성 충동이 강한 사람은 그런 역겨움을 기꺼이 극복한다.

항문의 성적인 사용

항문을 이용한 성행위를 성도착이라고 낙인찍는 이유는 앞에서 언급한 경우들보다 더 뚜렷한 역겨움을 주기 때문이다. 그럼에도 내가 다음과 같이 말한다고 해서 편파적이라고 생각하지는 말아 주길 바란다. 즉 이 신체 기관이 배설을 담당하고 그 자체로 역겨운 배설물과 직접 접촉하는 것을 역겨움의 근거로 대는 사람들은 남성 생식기가 오줌을 누는 데 사용된다는 이유로 역겹다고 하는 히스테리컬한 여자들보다 크게 설득력이 있다고 보기는 어렵다는 것이다.

항문 점막의 성적 역할은 결코 남자들 사이의 행위에만 국한되지 않는다. 항문 선호를 두고 성도착적 특성이라고 볼 만한 이유는 없다. 오히려 반대로, 남성들의 항문 성교는 여성과의 행위를 흉내 내는 것에 그 역할의 뿌리가 있는 듯하다. 반면에 상호 간의 수음은 성도착자들의 행위에서 가장 흔히 발견되는 성 목표다.

다른 신체 부위의 의미

다른 신체 부위로의 성적 확장은 아무리 그 변형이 많아도 원칙적으로 새로운 것을 제공해 주지 못할뿐더러 오직 갖가지 방식으로 성적 대상을 취하는 것만이 목적으로 보이는 성 충동에 관한 지식을 추가하지도 못한다. 그런데 이런 해부학적 확장에는 성적 과대평가 외에 일반적으로 잘 알려져 있지 않은 두 번째 요인이 작용한다. 그러니까 실제 행위에서 흔하게 사용되는 입과 항문 점막 같은 신체 부위는 사실상 그 자체로 하나의 생식기로 여겨지고 다루어져야 한다는 것이다. 우리는 나중에 이 요구가 성 충동의 발달 과정에서 어떻게 정당화되고, 특정한 병리적 상태의 증상학 속에서 어떻게 충족되는지 알게 될 것이다.

성 대상의 부적절한 대체물로서 페티시즘

정상적인 성 대상이 그것(정상적인 성 대상)과 관련이 있기는 하지만 정상적인 성 목표에 이용되기에는 극히 부적절한 다른 대상으로 대체되는 사례들이 특히 주목을 끈다. 분류의 관점에서 보자면 성 충동의 일탈 면에서 몹시 흥미로운 이 집단은 성 대상과 관련한 성 일탈로 언급하는 편이 더 나을지도 모른다. 그러나 우리는 성 목표의 포기와 결부된 이 현상들의 뿌리를 이루는 성적 과대평가의 요소를 알게 되기까지는 그것을 미루어 왔다.

성 대상의 대체물은 일반적으로 성 목표에는 별로 적합하지 않은 신체 일부(발과 털)나, 성 대상과 관련이 있는, 그것도 그 대상의 성과 관련이 있는 물건(옷가지나 흰 속옷)이다. 이런 대체물을 원시인이 신의 화신이라 믿으며 숭배하던 물신과 비슷한 것으로 보는 것도 일리가 없지는 않다.

성 목표를 이루기 위해 성 대상에서 페티시즘적인 조건(예를 들면 특정한 머리카락 색깔, 옷, 심지어 신체적 결함)이 하나라도 필요한 경우, 정상적이건 도착적이건 성 목표를 포기한 페티시즘으로 넘어간다. 병리학적 증상을 드러내는 성 충동의 다른 어떤 변형도 페티시즘만큼 우리의 관심을 끌지는 못한다. 그만큼 그로 인해 야기되는 현상이 독특하다. 정상적인 성 목표를 향한 어느 정도의 충동 감소(성 기능 부전)가 모든 사례의 전제 조건처럼 보인다.[17] 정상적인 것과의 연결은 성 대상에 대한 심리적으로 필수적인 과대평가, 즉 성 대상을 연상시키는 모든 것으로 불가피하게 확장된 과대평가를 통해 이루어진다. 따라서 어느 정도의 페티시즘은 정상적인 사랑에서도 일반적으로 존재한다. 특히 정상적인 성 목표가 달성될 수 없거나 저지당한 사랑의 단계에서는.

> 그녀의 가슴에서 목수건을 풀어서 줘,
> 내 사랑의 양말대님도!
>
> 괴테의 『파우스트 *Faust*』 중에서

물건에 대한 집착이 그런 조건들을 넘어 고착화해서 정상적인 성 목표를 대신할 때, 더욱이 그 물건이 특정 인물에게서 분리되어 그 자체로 유일한 성 대상이 될 때 병리학적인 단계가 시작된

---

17 (1915년에 추가된 각주) 성 기능 부전은 체질적 조건에 따른 결과로 보인다. 그러나 정신분석은 이것이 우발적 조건으로서 어린 시절의 성적 위축에서 오는 것임을 밝혀냈다. 즉 정상적인 성 목표에서 퇴짜를 당한 경험 때문에 대체물을 찾게 되었다는 것이다 — 원주.

다. 이것이 바로 성 충동의 단순한 변종이 병리학적 일탈로 넘어가는 일반적인 조건이다.

비네A. Binet가 최초로 주장했고 나중에 수많은 연구들로 증명되었듯이, 페티시한 물건의 선택에는 대개 아주 어린 시절에 받은 성적 느낌의 지속적인 영향이 나타나는데, 이는 〈사람은 항상 첫사랑으로 되돌아간다〉라는 속담처럼 정상적인 첫사랑의 끈질긴 힘에 비견될 만하다. 이런 사실은 페티시즘이 단순히 성 대상에 한정되는 경우에 특히 명백하다. 어린 시절의 성적 느낌에 대한 의미는 나중에 다른 자리에서 접하게 될 것이다.[18]

다른 사례들을 보면, 페티시한 물건을 통해 성적 대상의 대체로 이끄는 것은 당사자가 보통 자각하지 못하는 상징적 〈사고 연결〉이다. 이런 사고 연결의 과정들은 항상 확실하게 증명되는 것은 아니다(예를 들어 발은 신화에도 등장하는 아주 오래된 성적 상징물이고,[19] 모피의 페티시한 역할은 아마 여자의 치구에 난 털, 즉 음모에 그 뿌리가 있는 듯하다). 하지만 그렇다고 하더라도 이 같은 상징성이 아동기의 성적 경험과 항상 무관한 것은 아니다.[20]

18 (1920년에 추가된 각주) 점점 깊이 파고드는 정신분석 연구는 비네의 주장에 합당한 비판을 제기한다. 그의 모든 관찰은 페티시한 물건과의 첫 만남을 내용으로 하는데, 그 물건이 어떻게 그런 의미를 갖게 되었는지에 대한 부수적인 설명은 전혀 없이 그냥 그런 성적 관심을 불러일으켰다고 한다. 게다가 비네는 어린 시절의 이 모든 성적 인상이 대여섯 살 이후의 일이라고 하는데, 정신분석은 병리학적 집착이 그렇게 늦게 나타날 수 있는지에 대해 의문을 품는다. 실은 페티시한 물건에 대한 최초의 기억 뒤에는 가라앉고 잊힌 성 발달의 단계가 있다는 것이 올바른 설명으로 보인다. 페티시한 물건과 〈덮개-기억〉으로 대변되는 이 단계는 페티시한 물건의 찌꺼기이자 침전물이다. 유년 시절에 해당하는 이 단계의 페티시즘적 전환과 페티시한 물건 그 자체의 선택은 기질적으로 결정된다 — 원주.

19 (1910년에 추가된 각주) 신발이나 슬리퍼는 여성 생식기의 상징이다 — 원주.

20 (1910년에 추가된 각주) 정신분석은 페티시즘의 이해에서 아직 공백으로 남아 있는 부분 중 하나를 채워 넣었다. 그러니까 페티시한 물건의 선택과 관련해서 억압을 통해 잃어버린, 대변 냄새에 성적 흥분을 느끼는 분변기호증적 쾌감의 의미를 일깨운 것이다. 발과 털은 불쾌한 냄새 때문에 배척당한 뒤 페티시한 물건으로 부상한,

(2) 일시적 성 목표의 고착화

새로운 목표의 등장

정상적인 성 목표의 도달을 어렵게 하거나 뒤로 미루게 하는 모든 내적·외적 요소, 즉 발기불능, 성 대상을 찾는 데 드는 비싼 대가, 성행위의 위험성 등으로 인해 사람들은 종종 준비 단계에서부터 지체하다가 정상적인 목표 대신 새로운 성 목표로 돌아서는 경향을 보인다. 충분히 이해할 수 있는 일이다. 그런데 좀 더 면밀히 들여다보면 이러한 새로운 목표들 가운데 가장 낯설어 보이는 것조차 항상 정상적인 성 과정에서 이미 징후가 나타났음을 알 수 있다.

만지는 것과 보는 것

상대를 어느 정도 만지는 것은 정상적인 성 목표를 달성하기 위해선 꼭 필요한 일이다. 잘 알려져 있다시피 성 대상과의 피부 접촉은 그 자체로 쾌감을 주는 동시에 새로운 흥분을 불러일으킨다. 따라서 성행위가 진행 중일 때 접촉 단계에 오래 머무는 것은 성도착으로 보기 어렵다.

이는 결국 〈만지는 것〉에서 파생하는 〈보는 것〉에도 비슷하게 적용된다. 시각적 인상은 리비도의 흥분을 가장 빈번하게 일깨우는 통로이자, 또한 이런 식의 목적론적 고찰 방식이 허용된다면

강한 냄새를 풍기는 대상들이다. 따라서 발 페티시즘과 관련한 성도착에서는 오직 더럽고 역겨운, 냄새 나는 발이 성적 대상이다. 발을 선호하는 페티시즘에 관한 또 다른 설명은 소아 성 이론에 나온다. 발은 여자의 남근, 즉 여자에게 없어져서 몹시 아쉬운 남근을 대체한다 — 원주.

(1915년에 추가된 각주) 그사이 발 페티시즘의 여러 사례를 통해 밝혀진 바에 따르면, 원래 생식기에 맞추어져 있던 시각적 욕구, 즉 아래쪽에서부터 그 대상에 가까이 다가가려던 시각적 욕구가 금지와 억압을 통해 중도에 제지되었고, 그 때문에 발이나 신발이 페티시한 물건으로 자리 잡게 되었다. 이때 어린아이들은 여자에게도 남자 생식기가 있는 것으로 생각한다 — 원주.

성 대상을 아름답게 발전시킴으로써 자연선택을 가능하게 하는 통상적인 과정이다. 문명의 발달과 함께 몸을 가리는 현상이 점점 심해질수록 성적 호기심은 더욱 자극되고, 가려진 신체 부위를 벗김으로써 성 대상을 완성하려 애쓴다. 물론 이런 호기심은 생식기에서 몸 전체로 관심을 돌리는 순간 예술적인 영역으로 전환 또는 승화될 수 있다.[21] 성적으로 강조된 〈보는 것〉이라는 이 중간 단계의 성적 목표에 지체하는 것은 대부분의 정상적인 사람들에게서도 일정 정도 나타난다. 또한 이러한 지체는 리비도의 일부를 좀 더 고차원적인 예술적 목표로 돌릴 가능성을 제공하기도 한다. 반대로 시각적 욕구가 성도착이 되는 경우도 있다. a) 그 욕구가 오직 생식기에만 국한된 경우, b) 과도한 혐오감과 관련된 경우(남의 배설 장면을 훔쳐보면서 쾌감을 느끼는 관음증), c) 정상적인 성 목표에 이르는 준비 단계로서가 아니라 아예 그 욕구가 정상적인 성 목표를 대신하는 경우. 보는 즐거움이 성 목표를 대신하는 경우는 노출증 환자들에게서 특히 두드러지게 나타난다. 내가 몇 차례의 분석으로 유추하자면 그 환자들은 자신의 행위에 상응하는 대가로 타인의 생식기를 보기 위해 자신의 생식기를 노출하는 듯하다.[22]

21 프로이트가 출판물에 〈승화〉라는 표현을 쓴 것은 여기가 처음이라고 한다. 물론 그전의 논문 「도라의 사례 연구」(1901)에 두 번 나오기는 하지만, 이 논문은 이 책보다 늦게 출간되었다.
(1915년에 추가된 각주) 내가 보기에 〈아름답다〉라는 말은 성적 흥분에 그 뿌리가 있는 개념으로서 원래는 성적으로 자극시키는 것(이른바 〈매력〉)을 의미한다. 이것은 보는 것만으로도 가장 강한 성적 흥분을 불러일으키는 생식기조차도 원래는 결코 〈아름답지〉 않다는 사실과 관련이 있다 — 원주.
22 (1920년에 추가된 각주) 정신분석을 해보면 이 도착증을 비롯해 대부분의 성도착증에 예상치 못할 정도로 다양한 동기와 의미가 있음을 알 수 있다. 예를 들어 노출 강박은 거세 콤플렉스와 밀접하게 연결되어 있다. 즉 그것은 자신의 (남성) 생식기가 완전하다는 것을 끊임없이 강조하는 수단이자, 그런 생식기가 없는 여자들에 대한 소아적 우월감을 반복적으로 표현하는 수단이다 — 원주.

보거나 보여 주는 것에 집중하는 성도착의 경우에는 무척 특이한 성격이 나타나는데, 이 부분에 대해서는 바로 다음에 이어지는 성적 일탈에서 좀 더 중점적으로 살펴보게 될 것이다. 다만 간략하게 말하자면 이런 성도착의 성 목표는 두 가지 형태, 즉 능동적 형태와 수동적 형태로 나뉜다.

시각적 욕망의 대척점에 있고, 경우에 따라서는 그 욕망에 짓눌리기도 하는 힘은 앞에서 살펴본 역겨움과 비슷한 차원의 수치심이다.

사디즘과 마조히즘

성도착증을 통틀어 가장 흔하고 중요한 도착증은 성 대상에게 고통을 주거나 고통을 받으려는 성향이다. 크라프트-에빙은 그것이 능동적이냐 수동적이냐에 따라 사디즘과 마조히즘으로 명명했다. 다른 학자들은 〈고통 도착증*Algolagnie*〉이라는 좀 더 협소한 의미의 용어를 선호하는데, 이 용어는 고통으로 인한 쾌감, 즉 잔인성을 강조하는 데 비해 크라프트-에빙이 선택한 명칭은 모든 형태의 굴욕과 굴종 속에서 느끼는 쾌감을 전면에 내세운다.

능동적인 고통 도착증에 해당하는 사디즘은 그 뿌리가 정상적인 것 속에 있음은 쉽게 증명된다. 남자들의 성욕에는 대부분 공격성이 섞여 있다. 일종의 찍어 누르려는 성향인데, 이것의 생물학적 의미는 성 대상의 저항을 구애 행위와는 다른 방식으로 제압하려는 필요성에 있는 것으로 보인다. 그런 면에서 사디즘은 성 충동의 공격적인 요소에 해당한다. 독립적으로 변하고 과장되고, 그리고 자리 이동을 통해 주도적 위치를 빼앗는 공격적 요소말이다.

일반적으로 사디즘이라는 개념은 성 대상에 대해 처음엔 단순히 적극성을 띠다가 점점 폭력적으로 변하는 태도에서부터 오직 성 대상을 굴복시키고 학대하는 데서 만족을 느끼는 사례까지 아우른다. 그러나 엄밀히 말하자면 성도착이라고 부를 만한 것은 후자의 극단적 현상뿐이다.

반면에 마조히즘이라는 용어는 성생활과 성 대상에 대한 모든 수동적 태도를 포괄한다. 가장 극단적인 형태가 성 대상이 상대방에게 육체적 또는 정신적 고통을 받으면서 쾌감을 느끼는 경우다. 성도착으로서의 마조히즘은 사디즘보다 정상적인 성 목표에서 더 멀리 떨어져 있는 것처럼 보인다. 우선 마조히즘이 독립적으로 생긴 것이냐, 아니면 일반적으로 사디즘의 변형으로 생긴 것이냐 하는 의문이 제기된다.[23] 마조히즘이 당사자 본인이 성 대상의 역할을 대신하는 사디즘의 연장에 지나지 않는다는 의견도 꽤나 많다. 마조히즘적 성도착의 극단적 사례들에 대한 임상 분석은 원래 수동적인 성적 태도를 과장하고 고착화하는 상당수 요인들(거세 콤플렉스, 죄책감 등)이 그 안에 함께 작용하고 있음을 보여 준다.

여기서 환자들이 이겨 내는 고통은 저항적 힘으로서 리비도를 막아섰던 역겨움과 수치심의 대열에 합류한다.

사디즘과 마조히즘은 성도착증 중에서도 특별한 위치를 차지한다. 그것들의 기조를 이루는 능동성과 수동성의 대립이 성생활

23 (1924년에 추가된 각주) 마조히즘에 대한 내 판단은 정신 기관의 구조와 그 기관에서 작용하는 충동들에 관한 몇몇 특정 가설에 토대를 둔 나중의 성찰을 통해 광범하게 바뀌었다. 우선 나는 원래적 또는 성욕 자극적 마조히즘을 인정하게 되었고, 거기서 두 가지 형태, 즉 여성적 마조히즘과 도덕적 마조히즘이 나온다고 판단했다. 그리고 실생활에서는 거의 사용되지 않는 사디즘이 환자 자신에게로 향함으로써 원래적 마조히즘에 덧붙여지는 부차적 마조히즘이 생겨난다. 「마조히즘의 경제적 문제」, 『국제정신분석학회지』 제10권, 1924(프로이트 전집 11, 열린책들) 참조 — 원주.

의 일반적 속성에 속하기 때문이다.

인간의 문화사를 보면 잔인성과 성 충동이 밀접하게 연결되어 있다는 것은 의심할 여지가 없다. 하지만 그 관계를 설명함에 있어서 리비도의 공격적인 요소를 강조하는 것 외에는 더 이상 특별히 밝혀진 것이 없다. 일부 학자들에 따르면 성 충동에 깔린 이런 공격적인 요소는 원래 식인 풍습적 욕망의 잔재라고 한다. 즉 개체발생학적으로 더 오래된 다른 거대한 욕구를 충족시키는 데 사용되는 지배 기구에의 동참이라는 것이다.[24] 그 밖에 모든 고통은 그 자체로 쾌감의 가능성을 품고 있다는 주장도 있다. 일단 여기서는 이 성도착적 경향에 대한 설명이 만족스럽게 이루어지지 못했을 뿐 아니라 어쩌면 하나의 결과를 만들어 내려고 여러 심리적 흐름을 하나로 묶을 가능성도 있다는 사실을 확인하는 선에서 만족하고 넘어가자.[25]

그런데 이 성도착에서 가장 눈에 띄는 특성은 그것의 능동적 형태와 수동적 형태가 통상적으로 같은 사람에게서 동시에 나타난다는 사실이다. 성관계 때 상대에게 고통을 주는 데서 쾌감을 느끼는 사람은 마찬가지로 자신이 성관계에서 당하는 고통도 쾌감으로 받아들일 자질이 있다. 그래서 사디스트는 언제나 사디스트인 동시에 마조히스트다. 성도착의 능동적 측면 또는 수동적 측면 중 하나가 더 강력하게 발달해서 자신의 두드러진 성적 성향으로 자리 잡더라도 말이다.[26]

24 (1915년에 추가된 각주) 성 발달 과정에서 〈성기 이전 단계〉에 대한 나중의 언급을 참조하기 바란다. 거기에 이런 견해가 기술되어 있다 — 원주.

25 (1924년에 추가된 각주) 마지막으로 인용된 연구에서 나는 사디즘과 마조히즘이라는 대립 쌍에 본능의 기원에 뿌리를 둔 특별 지위, 즉 다른 성도착 집단과 특별히 구분되는 지위를 부여했다 — 원주.

26 이 주장에 대해 많은 증거를 제시하는 대신 해블록 엘리스의 『성 감정Das Geschlechtsgefühl』(1903)에 나오는 한 대목을 인용하겠다. 〈크라프트-에빙조차 인용한

이렇듯 성도착적 성향 가운데 어떤 것은 통상적으로 서로 대립되는 성향과 나란히 나타나는 것을 알 수 있는데, 이는 나중에 제시될 자료들과 관련해서 이론적으로 상당히 중요한 의미를 지닌다.[27] 게다가 사디즘과 마조히즘이라는 대립 쌍의 존재를 공격성의 요소로만 직접 유추할 수 없음은 자명하다. 그래서 한 인간 안에 동시에 존재하는 이런 대립 쌍을 양성적 속성으로 통합된 남성적인 것과 여성적인 것의 대립과 연결시키는 시도가 필요해 보인다. 정신분석에서는 능동성과 수동성의 대립으로 볼 때가 많은 대립이다.

3. 모든 성도착과 관련한 일반적인 내용

변형과 질병

처음에는 성도착을 특이 사례와 특별한 조건의 관점에서만 연구했던 의사들이 동성애의 경우와 똑같이 그것들에 변성이나 질병의 성격을 부여하는 것은 당연한 흐름으로 보인다. 그런데 이 견해는 동성애보다 일반적인 성도착에 적용하는 것이 한결 쉽다. 일상적인 경험에 따르면, 이런 위반 현상의 대부분, 또는 적어도 그중 덜 심각한 현상은 건강한 사람의 성생활에서도 일반적으로 나타날 뿐 아니라 당사자들 또한 그것을 다른 사사로운 일들과 별로 다르게 받아들이지 않는다. 만일 적절한 상황이 주어진다면 정상적인 사람도 정상적인 성 목표를 그런 도착적 행위로 한동안

바 있는, 사디즘과 마조히즘에 관해 알려진 모든 사례들에 따르면 (콜린, 스콧, 페레가 이미 증명한 바 있는) 두 현상 집단의 흔적이 항상 동일한 한 개인에게서 나타난다) ─ 원주.

27 (1915년에 추가된 각주) 나중에 언급할 〈양향성(兩向性, *Ambivalenz*)〉을 참조하기 바란다 ─ 원주.

대체하거나, 아니면 둘 다 병행할 수 있을 것이다. 건강한 사람치고 정상적인 성 목표 외에 성도착으로 간주될 수 있는 행위를 하지 않는 사람은 없다. 이러한 보편성을 감안하면 성도착이라는 말을 비난의 뜻으로 사용하는 것은 부당한 일이다. 만일 우리가 성생활의 영역에서 우리의 심리적 범주 안에 있는 단순한 변형들을 병적인 증상과 명확하게 구분하려고 하면 그 즉시 현재로선 해결할 수 없는 특별한 난관에 봉착하게 될 것이다.

그럼에도 이런 성도착 중에는 새로운 성 목표의 질과 관련해서 특별한 평가를 요하는 것이 여럿 있다. 그중 어떤 것들은 내용적으로 정상적인 것과 너무 동떨어져 있어서 병적이라고 부르지 않을 수 없다. 특히 배설물을 핥거나 시체와 성교하는 행위처럼 성충동이 참기 어려울 정도의 수치심과 구역질, 공포, 고통 같은 저항을 부르는 경우가 그렇다. 하지만 이런 경우에도 그들을 확실한 예단을 갖고 정신병자나 다른 종류의 심각한 비정상으로 섣불리 단정해서는 안 된다. 여기서도 우리는 평소엔 정상적으로 행동하는 사람조차 모든 본능 중에서도 가장 통제할 수 없는 본능의 지배를 받는 성생활의 영역에서는 환자로 드러나는 경우가 있다는 사실을 간과할 수 없다. 반면에 삶의 다른 영역에서 명확하게 비정상적으로 행동하는 사람은 예외 없이 성적으로도 비정상적인 행동을 하곤 한다.

다수의 사례에서 알 수 있듯이, 성도착에서 병적인 성격은 새로운 성 목표의 내용이 아니라 정상적인 성 목표와의 관계에서 드러난다. 만일 성도착이 정상적인 성 목표와 성 대상을 동반하지 않는다면, 그것도 상황의 유불리에 따라 성도착이 조장되거나 정상적인 것이 저지되는 것이 아니라 환경과 상관없이 성도착이 정상적인 것을 완전히 몰아내고 대체한다면, 간단히 말해 성도착의 배타성과 고착화가 뚜렷이 나타난다면 그것은 대체로 병적인 증상으로 판단하는 것이 타당하다.

성도착의 정신적 요인

성 충동의 변화에서 정신적 요인이 가장 많이 작용하는 것은 아마 극심한 혐오감을 유발하는 성도착의 경우일 것이다. 이 경우 행위의 소름 끼치는 결과에도 불구하고 본능의 이상적 가치를 그 정신 작용에서 박탈할 수는 없다. 어쩌면 이 일탈 현상보다 사랑의 무한한 힘이 강력하게 나타나는 경우는 없을지 모른다. 가장 고결한 것과 가장 비천한 것이 가장 밀접하게 연결된 곳이 바로 성의 영역이다(〈하늘에서 세상을 가로질러 지옥으로〉).[28]

두 가지 결론

성도착에 대한 연구를 통해 우리는 성 충동이 모종의 정신적인 힘들과 맞서 싸워 이겨 내야 하고, 그 힘들 가운데 가장 두드러진 것이 수치심과 역겨움이라는 사실을 알게 되었다. 추측건대 이 힘들은 정상으로 간주되는 것 안에 성 충동을 묶어 두는 역할을 하고, 만일 어떤 개인에게 성 충동이 완전히 성숙하기 전에 그 힘들이 일찍 발달할 경우 그 사람의 성 충동의 발달 방향을 결정하는 것도 아마 그 힘들일 것이다.[29]

두 번째로 우리가 끌어낸 결론은 성도착 중 몇몇이 여러 동기의 결합으로만 이해할 수 있다는 사실이다. 만약 그런 성도착증

28 괴테의 『파우스트』 서막에 나오는 구절이다.
29 (1915년에 추가된 각주) 다른 한편 성적 발달을 저지하는 이 힘들(수치심, 역겨움, 도덕성)은 성 충동이 인류의 정신 발생 과정에서 경험한 외부적인 금제의 역사적 침전물로 볼 수도 있다. 우리는 그 힘들이 개인의 발달 과정에서 교육과 외부적 영향의 수신호에 따라 자동으로 발현하는 것을 관찰할 수 있다 — 원주.

을 분석하는 게 가능하다면, 그러니까 여러 요소로 분해하는 것이 가능하다면 그것들은 합성의 성격을 띠고 있는 것이 분명하다. 여기서 우리는 성 충동 자체가 결코 하나의 단순한 사안이 아니라 성도착 속에서 다시 흩어졌던 여러 요소들이 합성된 것이라는 단서를 얻을 수 있다. 그래서 우리는 임상 관찰을 통해 정상인들의 단조로운 행동에서는 관찰할 수 없었던 〈융합〉의 개념에 주목하게 되었다.[30]

4. 신경증 환자들의 성 충동

정신분석

우리는 한 특정한 방법으로만 접근할 수 있는 한 기원에서 정상인에 가까운 사람들의 성 충동을 인식하는 데 중요한 도움이 되는 것을 얻을 수 있다. 이른바 정신신경증 환자들(히스테리, 강박신경증, 신경쇠약으로 잘못 알려진 증상, 조발성 치매, 편집증)의 성생활에 관해 오도되지 않은 완벽한 정보를 얻는 방법은 단한 가지뿐이다. 즉 그 사람들을 정신분석적으로 조사하는 것이다. 이 조사에 사용된 치료법은 1893년 요제프 브로이어Josef Breuer 와 내가 도입한, 당시에는 〈카타르시스〉라 불렸던 치료법이다.

다른 논문들에서 이미 썼지만 이 자리에서 다시 밝히자면, 내 경험으로 미루어 볼 때 이런 정신신경증의 뿌리는 성 충동이었다.

---

30 (1920년 제4판에 추가된 각주) 성도착의 기원에 관해 미리 한 마디 하자면, 페티시즘의 경우와 마찬가지로 성도착이 고착되기 전에는 정상적인 성 발달의 싹이 존재했다고 볼 만한 이유가 충분하다. 지금까지의 정신분석 결과 몇몇 사례에서는 성도착이 오이디푸스 콤플렉스로 가는 발달 과정에서 생긴 잔재라는 사실이 밝혀졌다. 이 콤플렉스가 억압된 뒤로 성 충동의 가장 강력한 요소들에 대한 억압이 다시 시작된 것이다 — 원주.

물론 그런 성 충동의 에너지가 병적 현상(증상)을 일으키는 힘을 제공한다는 뜻이 아니다. 다만 그 에너지가 신경증의 유일한 상수이면서 가장 중요한 에너지원이기 때문에 그 증상 속에 어떤 식으로든, 즉 전적으로건 우세한 형태건 아니면 부분적으로건 환자의 성생활이 드러난다는 점을 강조하고 싶은 것이다. 그 증상들은 내가 다른 곳에서 표현했듯이 환자들의 성적 활동과 관련이 깊다. 이런 주장에 대한 증거는 25년 전부터 차곡차곡 축적되어 온, 히스테리 환자와 다른 신경증 환자들에 대한 정신분석 자료다. 이 정신분석의 결과들에 대해서는 다른 곳들에서 개별적으로 상세히 보고했고, 앞으로도 계속 보고할 것이다.[31]

정신분석은 히스테리 환자의 증상이 정서적으로 특별한 의미가 있는 일련의 정신 과정이자 소망, 추구의 대체물(〈옮겨 쓰기〉와 유사하다)이라는 가정에 근거해서 그 증상들을 제거한다. 그 증상들은 특별한 심리적 과정(억압) 때문에 의식으로 받아들여질 수 있는 심리 활동을 통한 제거가 실패했다. 그래서 무의식 상태로 남아 있는 이 생각 덩어리들은 나름의 정서적 가치에 합당한 표현, 즉 외부로의 발산을 추구하고, 히스테리의 경우 신체적 현상의 변환 과정, 즉 히스테리 증상을 통해 표출된다. 결국 특수 기법을 이용해서 이 증상들을 정서와 관련된 새롭게 의식된 관념들로 아주 기술적으로 환원할 수 있을 때 예전에는 무의식 상태에 있던 심리적 요인들의 본질과 기원을 정확히 알 수 있다.

---

31 (1920년에 추가된 각주) 앞으로 내가 만일 이 주장을 다시 수정한다면 그건 앞선 주장을 철회하는 차원이 아니라 오직 더욱 보강하는 것이 될 것이다. 신경증은 한편으론 리비도적인 본능의 요구에, 다른 한편으론 이 본능에 대한 반응으로서 〈자아〉의 반발에 근거를 두고 있다 ― 원주.

정신분석의 결과들

이런 식으로 히스테리 증상들이 성 충동의 원천에서 에너지를 얻는 충동들의 대체물이라는 사실이 밝혀졌다. 이는 모든 정신신경증 환자의 전형으로 간주된 히스테리 환자들의 발병 전 특성과 발병 동인에 대해 우리가 알고 있는 사실과도 완전히 일치한다. 우리는 히스테리의 특성을 통해 정상치의 범주를 넘어서는 성적 억압, 즉 이미 우리에게 수치심과 역겨움, 도덕성의 형태로 알려진 성 충동에 대한 강력한 저항을 확인할 수 있다. 또한 이러한 억압은 성적 문제를 이성적으로 분석하는 것을 본능적으로 회피하는 형태로도 나타나는데, 이런 회피가 두드러질 경우 성적으로 성숙한 연령에 이를 때까지도 성에 관해 아무것도 모르는 사람이 된다.[32]

피상적으로 관찰하면, 히스테리의 이러한 본질적 특징은 두 번째 요인, 즉 성 충동의 압도적인 발달을 통해 가려질 때가 드물지 않다. 그러나 정신분석은 예외 없이 이 요인을 찾아내고, 히스테리의 모순투성이 수수께끼들을 그 안에 내재된 대립 쌍, 즉 과도한 성적 욕구와 지나친 성적 혐오를 확인함으로써 해결할 수 있다.

히스테리적 소인이 있는 사람은 너무 빠른 성적 성숙이나 삶의 외부 환경으로 말미암아 실제로 성적 요구가 심각하게 발생하는 경우에 발병한다. 그럴 경우 본능의 압박과 성욕에 대한 반감 사이에서 그 질병이 출구로서 튀어나온다. 그런데 이 질병은 갈등을 해소하는 것이 아니라 리비도적인 충동을 증상으로 바꿈으로써 갈등을 회피하려 든다. 예외가 있다면 히스테리 환자, 가령 남자

32 『히스테리 연구』(프로이트 전집 3, 열린책들). J. 브로이어는 자신이 카타르시스 치료법을 처음 사용한 환자에 대해 이렇게 말한다. 그 사람은 〈성적 요소들이 깜짝 놀랄 정도로 발달하지 못한 상태였다〉 — 원주.

가 단순한 감정적인 움직임, 즉 성적 관심과 무관한 갈등으로 인해 병이 나는 경우뿐이다. 하지만 정신분석을 통해 일반적으로 증명된 사실은, 환자에게 정상적인 해결을 위한 정신 과정을 방해함으로써 그 병을 일으키는 것이 갈등의 성적 요인이라는 점이다.

신경증과 성도착

이러한 내 견해에 대한 반박의 상당 부분은 아마 내가 정신신경증 증상으로 유추하는 섹슈얼리티*Sexualität*[33]가 정상적인 성 충동에 일치하는 것으로 비친다는 사실에 근거하는 듯하다. 그러나 정신분석은 훨씬 더 많은 것을 보여 준다. 그에 따르면, 신경증 증상들은 이른바 〈정상적〉이라고 하는 성 충동의 희생 위에서만(전적인 희생이건 부분적 희생이건) 생겨나는 것이 아니라 사람들이 넓은 의미로 〈도착적〉이라 부를 수 있는 충동들의 표현이라는 것이다. 만일 그 증상들이 의식의 조종 없이 직접적으로 환상과 행위 속에 드러난다면 말이다. 따라서 신경증 증상들은 부분적으로 비정상적인 섹슈얼리티의 희생으로 형성된다. 이런 의미에서 신경증은 성도착의 음화(陰畫)라고 할 수 있다.[34]

정신신경증 환자들의 성 충동은 우리가 지금껏 정상적인 것의 변형으로, 병적인 성생활의 표출로 연구해 온 모든 일탈 현상을 엿보게 한다.

---

33 섹슈얼리티는 우리말로 옮기기 퍽 까다로운 말이다. 단순히 성행위를 지칭하는 〈섹스〉와 달리 성적 행동, 성적 현상, 성적 욕망, 성적 본능까지 폭넓게 아우르고, 생리적 현상을 넘어 심리적·사회적·문화적 요소까지 고려해야 하는 개념이기 때문이다.

34 우호적인 환경이 조성되면 행위로 전환되는, 명확하게 의식된 성도착의 판타지, 타인에게 적대적으로 투사되는 편집증적 망상 공포, 그리고 정신분석을 통해 그 증상의 배경이 밝혀진 히스테리의 무의식적 판타지는 내용적으로 세세한 부분까지 서로 일치한다 ─ 원주.

a) 신경증 환자들의 무의식적 정신세계에서는 예외 없이 도착적 충동과 동성에 대한 확고한 리비도가 나타난다. 병적 증상을 판단하는 데 이런 요소들이 어떤 의미가 있는지 평가하려면 깊은 논의가 필요할 것이다. 다만 내가 장담할 수 있는 건 무의식적 성도착의 경향은 어디서건 빠지지 않고 등장하며, 그게 특히 남성 히스테리를 규명하는 데 도움이 된다는 사실이다.[35]

b) 정신신경증 환자들에게서는 무의식 속에서, 또 증상 유발 요인으로서 해부학적 일탈의 성향을 확인할 수 있다. 그중에서도 특히 빈번하고 두드러진 일탈은 입과 항문의 점막이 생식기 역할을 대신하는 경우다.

c) 정신신경증의 증상 유발 요인 가운데 굉장히 큰 역할을 하는 것은 대개 대립 쌍 속에서 나타나는 〈부분 충동〉이다. 새로운 성 목표의 전령으로 알려진 이 부분 충동은 관음증적 충동, 노출증적 충동, 잔인함에 대한 적극적·소극적 충동을 가리킨다. 여기서 마지막 충동은 증상들의 본질적 고통을 이해하는 데 꼭 필요하고, 거의 예외 없이 환자들의 사회적 행동 일부를 지배한다. 리비도와 잔인성의 이런 결합을 통해 사랑이 증오로, 애정이 적대감으로 바뀌는 일이 일어나는데, 이는 신경증의 많은 사례들에서 나타나는 특징이다. 물론 편집증도 비슷해 보인다.

이 결과들은 몇 가지 특별한 사실들로 인해 한층 더 관심을 끈다.

35 정신신경증도 이성애적 성향이 철저히 억압된 명백한 성도착과 관련된 경우가 많다. 이런 생각에 자극을 준 사람은 빌헬름 플리스였다고 해도 과언이 아니다. 그러니까 내가 개별 사례들을 통해 어느 정도 그 점을 확인한 상태에서 베를린에서 플리스를 만났는데, 그의 이야기를 들으면서 정신신경증 환자들에게 나타나는 성도착적 성향의 필수적 보편성에 주목하게 된 것이다 ― 원주.

(1920년에 추가된 각주) 이 주장은 아직 충분히 인정받지 못하고 있지만 모든 동성애 이론에 분명 결정적인 영향을 미칠 것이다 ― 원주.

a) 반대 충동과 짝을 이룰 수 있는 충동이 무의식 속에서 발견될 경우 그 반대 충동도 통상적으로 함께 작용하는 것으로 확인된다. 그러니까 모든 〈능동적〉 성도착은 그에 상응하는 〈수동적〉 짝을 동반한다. 예를 들어 무의식적 노출증 환자는 동시에 관음증 환자이기도 하고, 억압된 사디즘적 충동으로 괴로워하는 사람은 마조히즘적 성향의 원천에서 나오는 또 다른 요인을 갖고 있기 마련이다. 〈능동적〉 성도착 행위와의 이러한 완벽한 일치는 매우 주목할 만하다. 물론 실제 증상에서는 대립되는 성향 중 하나가 주도적인 역할을 한다.

b) 정신신경증적 특징이 좀 더 명확하게 드러나는 사례에서는 이런 성도착적 충동 가운데 하나만 발달하는 경우는 드물다. 대개 여러 가지 성도착 충동이 동시에 나타나거나, 아니면 모든 충동의 흔적이 한꺼번에 나타난다. 그런데 개별 본능들의 강도는 다른 본능의 발달 정도와 무관하다. 여기서도 우리는 능동적 성도착에 관한 연구를 통해 서로 상응하는 정확한 쌍을 확인할 수 있다.

5. 부분 충동과 성감대

능동적 성도착과 수동적 성도착 연구에서 지금까지 알아낸 것들을 종합해 보면 능동적·수동적 성도착의 기원을 일련의 〈부분 충동들〉로 보는 편이 타당해 보인다. 물론 이 부분 충동들은 어떤 것도 일차적인 성질이 아니고, 또 다른 해체를 허용한다. 〈충동〉이라는 말은 일단 개별적 외부 자극으로 생겨나는 흥분과 달리, 끊임없이 몸속으로 흘러 들어오는 자극원의 심리적 표출로 이해할 수 있다. 그래서 충동은 정신과 육체 사이의 경계에 있는 개념중 하나다. 충동의 본질에 대한 가장 단순하고 그럴듯한 가정은 그게 그 자체로 어떤 질적 가치가 있는 것이 아니라 단지 정신생활에 영향을 미치는 척도로 보인다는 점이다. 충동들을 구분 짓고 그것들에 특별한 성질을 부여하는 것은 바로 그 충동들의 신체적 근원과 목표와의 관계다. 충동의 근원은 한 기관에서 일어나는 흥분이고, 충동의 직접적인 목표는 이 기관의 흥분을 해소하는 데 있다.[36]

충동 이론에서 우리가 피해 갈 수 없는 또 하나의 잠정적 가정은 신체 기관들의 흥분이 화학적 성질 차이로 인해 두 종류로 나타난다는 사실이다. 여기서 두 종류 중 하나를 우리는 특별히 성적 흥분이라고 부르고, 해당 기관을 바로 거기서 흘러나오는 성적 부분 충동의 〈성감대〉라고 부른다.[37]

구강과 항문을 성적으로 사용하는 성도착의 경우 성감대의 역할을 바로 알아볼 수 있다. 즉 입과 항문이 모든 점에서 생식기의 일부처럼 기능하고 있는 것이다. 히스테리에서는 이 신체 부위와 그에 인접한 점막 부위가 아주 비슷한 방식으로 새로운 감각과 신경 감응 변화(발기에 비견될 수 있는 과정이다)의 중심을 이룬다. 마치 정상적인 성 과정에서 흥분 상태에 빠진 생식기처럼 말이다.

생식기의 부속 기관이자 대용물로서 성감대의 중요성은 정신 신경증 중에서도 히스테리에서 가장 극명하게 드러난다. 물론 다른 질환에서는 그 중요성이 떨어진다는 뜻이 아니다. 다만 강박

36 (1924년에 추가된 각주) 충동 이론은 정신분석학에서 가장 중요하면서도 가장 체계가 덜 잡힌 부분이다. 나는 나중에 「쾌락 원칙을 넘어서」와 「자아와 이드」(프로이트 전집 11, 열린책들)에서 충동 이론을 더 한층 발전시켰다 — 원주.

37 (1924년에 추가된 각주) 현재로선 특정한 신경증 질환 사례에 대한 연구에서 도출한 이 가정을 증명하기가 쉽지 않다. 그렇다고 이 가정 자체를 생략하면 충동에 관해 논거 있는 이야기를 하는 것이 불가능할 것이다 — 원주.

신경증이나 편집증 같은 질환의 경우 증상이 신체를 통제하는 특정 중추 기관에서 한층 멀리 떨어진 정신 기관의 영역에서 생기기 때문에 확인하기가 어려울 뿐이다. 강박신경증의 경우는 새로운 성 목표를 만들어 내면서도 성감대와 무관해 보이는 자극들의 중요성이 좀 더 눈에 띈다. 반면에 관음증과 노출증에서는 눈이 성감대이고, 고통과 잔인성의 요소를 품은 성 충동에서는 피부가 같은 역할을 맡는다. 즉 피부는 감각을 담당하는 특별한 신체 부위로서 성행위 시 일종의 점막으로 전환되어 뛰어난 성감대가 되는 것이다.[38]

6. 정신신경증에서 성도착이 우세해 보이는 이유

앞선 논구들로 인해 정신신경증 환자들의 섹슈얼리티에 대해 어쩌면 오해를 할지도 모르겠다. 정신신경증 환자들이 성적 행동에서 성도착자와 비슷한 양상을 보이고, 그런 만큼 정상적이지 않은 것처럼 비칠 수도 있기 때문이다. 사실 성도착이라는 의미를 아주 넓게 적용한다면, 이 환자들의 기질적 소인엔 과도한 성적 억압과 지나치게 강렬한 성 충동 외에도 특이한 성도착적 경향이 있을 가능성이 크다. 하지만 비교적 경미한 사례를 조사해 보면 이 가정이 꼭 그렇지만은 않거나, 아니면 최소한 병적인 결과를 판단할 때 다른 방향에서 영향을 미치는 요소를 고려해야 한다는 사실이 드러난다. 대부분의 정신신경증 환자들은 정상적인 성생활의 요구하에서 사춘기 이후에야 발병한다(여기서 억압은 무엇보다 정상적인 성생활에 맞추어져 있다). 아니면 더 지나

---

38 여기선 성 충동을 〈접촉 충동〉과 〈사정 충동〉으로 나눈 몰Moll의 견해를 기억해야 한다. 접촉 충동이란 피부 접촉에 대한 욕망을 가리킨다 — 원주.

서 발병하기도 하는데, 리비도가 정상적인 과정으로는 충족되지 않을 때 그렇다. 하지만 두 경우 모두 리비도는 본류가 막힌 물줄기와 같은 상태에서 어쩌면 지금껏 비어 있을 지류들을 채워 나간다. 이로써 정신신경증 환자들의 겉으론 강해 보이지만 실제로는 음성적인 성도착적 경향도 지류적인 성격을 띨 수 있고, 어떤 경우건 지류적인 성도착을 강화한다. 사실 우리는 내면 요소로서 성적 억압을 자유의 속박이나 정상적인 성 대상으로의 접근 불가능, 또는 정상적 성행위의 위험성 같은 외부 요소들의 대열에 합류시켜야 한다. 상황이 달랐더라면 정상으로 남았을지도 모를 개인에게서 성도착을 불러일으킨 그 외부 요소들의 대열에 말이다.

결정적인 요소는 신경증의 개별 사례마다 다를 수 있다. 즉 어떤 경우에는 선천적으로 성도착 성향이 강한 것이, 어떤 경우에는 리비도가 정상적인 성 목표와 성 대상에서 밀려남으로써 도착적 성향이 지류 형태로 고양되는 것이 결정적일 수 있다. 실제로는 협업 관계에 있는 것을 대립 관계로 파악하는 것은 잘못이 아닐 수 없다. 신경증은 언제나 기질과 경험이 같은 방향으로 협력할 때 가장 심각한 결과로 나타난다. 또한 기질이 분명한 경우에는 실제 경험을 통한 지원 없이도 신경증이 생겨날 수 있지만, 다른 한편으론 평균적인 기질을 가진 사람이라도 실생활에서 무언가 큰 충격을 받으면 신경증에 걸릴 수 있다. 이러한 관점은 다른 영역의 선천적인 기질과 우발적인 경험의 병인론적 의미에도 똑같은 방식으로 적용된다.

그런데 특히 강하게 발달한 성도착적 경향이 정신신경증적 기질의 특성에 속한다고 가정할 경우 이런저런 성감대, 즉 이런저런 부분 충동의 선천적 우세에 따라 그런 기질들의 다양성을 구분할 가능성이 열리게 된다. 다만 성도착적 소인과 특별한 질병

사이에 어떤 관계가 있는지는 이 분야의 다른 많은 문제와 마찬가지로 아직 미해결로 남아 있다.

7. 성욕의 유치증(幼稚症)에 대한 주목

우리는 정신신경증의 증상 유발 요인으로서 도착적 충동을 증명함으로써 성도착자의 부류에 넣을 수 있는 사람들의 수를 획기적으로 늘렸다. 그런데 신경증이 무척 많은 인간 군상에 해당할 뿐 아니라 온갖 형태의 신경증 환자와 건강한 사람들이 서로 빈틈없이 연결되어 있다는 사실도 고려해야 한다. 결국 〈우리 모두는 어느 정도 히스테리 환자〉라는 뫼비우스의 말은 옳을 수 있다. 이로써 우리는 성도착이 굉장히 넓게 퍼져 있다는 사실을 통해 성도착적 소인도 희귀한 특수 사례가 아니라 정상적으로 여겨지는 기질의 일부에 해당한다고 가정하지 않을 수 없다.

앞에서 보았듯이, 성도착이 선천적 요인이냐 아니면 후천적 경험으로 생기느냐는 문제는 비네가 페티시즘에 관해 가정한 것처럼 논란이 많다. 다만 현재 상태에서 확실하게 말할 수 있는 것은 성도착의 배후에 선천적인 요소가 있기는 하지만, 그게 사실은 모든 사람이 공통적으로 타고나는 무언가라는 사실이다. 물론 그런 소인은 개인별로 강도의 차이를 보이고, 환경적 영향으로 더 커질 수 있다. 관건은 성 충동의 타고난 기질적 뿌리다. 어떤 경우엔 이 뿌리가 성적 행동의 실질적인 중심으로 발전하고(성도착), 또 다른 경우엔 이 뿌리가 불충분한 압박을 받으면서(억압) 병적 증상이라는 우회의 방법으로 성적 에너지의 상당 부분을 흡수할 수 있다. 또한 이 두 극단 사이의 바람직한 사례로서 그 기질적 뿌리가 효과적인 제한과 다른 수정 작업을 통해 이른바 정상적인 성생활이라고 하는 방향으로 발전할 수 있다.

거기다 덧붙이자면, 모든 성도착의 싹으로 추정되는 기질은 어린아이 때 나타난다. 물론 아이 때는 모든 충동이 별로 대단치 않은 정도로만 나타나지만 말이다. 신경증 환자들의 섹슈얼리티가 어린아이 상태에 머물러 있거나, 어린아이 상태로 돌아간다는 주장이 사실이라면 우리의 관심은 당연히 어린아이의 성적인 생활로 향해야 할 것이다. 이제부터 성도착과 신경증, 또는 정상적인 성생활에 이르기까지 어린아이들의 성 발달 과정에 영향을 미치는 요인들을 추적할 것이다.

박종대 옮김

페티시즘

Fetischismus(1927)

프로이트는 페티시즘에 대한 관심을 『성욕에 관한 세 편의 에세이』에서 처음 드러냈지만, 그때만 해도 그것을 단순히 소아기 성적 인상의 여파로만 보았다. 이 글 역시 그런 견해를 확장하고 있지만, 페티시즘의 초심리학적 면에 관심을 기울였다는 점에서 주목할 만하다.

이 논문은 1927년 『연감 1928 *Almanach für das Jahr 1928*』에 처음 발표되었으며, 같은 해 『국제정신분석학회지』 제13권 4호에도 실렸다. 또한 『전집』 제14권(1948)에도 수록되었다. 영어 번역본은 1928년 리비어Joan Riviere가 번역하여 "Fetishism"이라는 제목으로 『국제정신분석 저널』에 실렸으며, 『논문집』 제5권(1950), 『표준판 전집』 제21권(1961)에도 수록되었다.

최근 몇 년 동안 나는 물건을 선택할 때 페티시[1]의 지배를 받는 다수 남성들을 분석할 기회가 있었다. 그런데 이 사람들이 페티시 때문에 정신분석을 의뢰해 왔다고 생각할 필요는 없다. 페티시에 집착하는 사람들은 자신의 그런 성향을 비정상적인 것으로 인식하기는 하지만 병으로 느끼는 경우는 드물기 때문이다. 그들은 오히려 그런 성향에 아주 만족해 하고, 심지어 그것이 자신의 성생활에 심적 안정을 준다고 칭찬하기도 한다. 따라서 페티시는 대체로 다른 문제를 해결하다가 부수적으로 발견된 소견이다.

다들 알겠지만, 이 사례들은 내밀한 부분까지 세밀하게 공개하기는 곤란하다. 그 때문에 우연한 환경이 어떤 방식으로 페티시의 선택에 기여했는지도 밝힐 수 없다. 다만 그중에서 가장 특이한 사례는 한 청년이 〈코의 광채〉를 페티시의 조건으로 삼은 경우다. 여기엔 모두가 깜짝 놀랄 만한 이유가 있었다. 이 환자는 영국의 보육원에서 지내다가 독일로 왔고, 여기서 모국어를 거의 다 잊어버렸는데, 그게 원인으로 작용한 것이다. 설명하면 이렇다. 아주 어린 시절에 생성된 이 페티시는 원래 〈코를 흘낏 보는 것 glance〉이었는데, 영어의 〈glance〉가 독일어 〈Glanz〉(광채)로 바꿔

1 fetish. 특정 물건을 통해 성적 쾌감을 얻는 것을 말한다.

면서 〈코의 광채〉가 되었다. 그러니까 남들은 인지하지 못하는 특별한 광채를 자기 마음대로 코에다 부여함으로써 코가 그의 페티시가 된 것이다.

정신분석 결과 페티시의 의미와 목적은 모든 사례에서 똑같은 것으로 드러났다. 그 의미와 목적은 무척 자연스럽고 필수적이어서 나는 페티시즘의 모든 사례에 일반적으로 적용할 수 있는 동일한 해결책까지 마련할 수 있었다. 하지만 내가 만일 여기서 페티시가 남근의 대체물이라고 결론적으로 말한다면 틀림없이 실망하는 사람들이 있을 것이다. 그래서 얼른 다음의 말을 덧붙여야 한다. 즉 페티시는 아무 남근의 대체물이 아니라 아주 어린 시절에 큰 의미가 있었지만 나중에는 사라져 버린 특별하고 구체적인 남근의 대체물이다. 다시 말해서 정상적인 삶의 과정 속에서는 사라질 수밖에 없었던 남근의 상실을 막으려는 욕구가 페티시를 유발한다는 것이다. 좀 더 자세히 말하자면, 페티시란 남자아이가 한때 그 존재를 믿었을 뿐 아니라 결코 포기하지 않으려 했던(그 이유를 우리는 잘 안다) 여자의 남근, 즉 어머니의 남근을 위한 대체물이다.[2]

그 과정은 이렇다. 남자아이는 여자에게 자신과 같은 남근이 없다는 사실을 받아들이길 거부하면서 절대 그럴 리가 없다고 생각한다. 만일 여자가 거세를 당해 남근이 없는 것이라면 자신의 남근도 거세당할 위험이 있기 때문이다. 게다가 자연이 하필 이 기관에 미리 장착해 놓은 나르시시즘의 일부가 그런 거세의 위험에 반기를 든다. 나중에 어른이 되어 〈국가와 교회가 위험에 빠

---

2 이러한 해석은 1910년에 이미 『레오나르도 다빈치의 어린 시절 기억 *Eine Kinderheitserinnerung des Leonardo da Vinci*』에서 특별한 근거 제시 없이 발표된 바 있다 — 원주.

졌다〉는 아우성이 터져 나오면 이와 비슷한 패닉을 경험할지 모른다. 내가 잘못 생각하는 것이 아니라면, 아마 라포르그René Laforgue는 이 경우에 이렇게 말할 것이다.[3] 남자아이는 여자에게 남근이 없다는 사실을 인지한 것을 〈암소화(暗所化)〉[4]한다고. 새로운 용어란 어떤 새로운 사실의 구성요건을 설명하거나 강조할 때 정당화되는 법인데, 지금 이 경우에는 해당하지 않는 듯하다. 정신분석학에서 가장 오래된 용어인 〈억압〉이 앞서 언급한 병리학적 현상을 이미 잘 설명해 주고 있기 때문이다. 만일 억압이라는 말에서 관념의 운명과 감정의 운명을 명확하게 떼어 놓고, 감정의 영역에만 억압이라는 용어를 사용하고자 한다면 관념의 운명에는 〈부인(否認)〉이라는 말이 적절해 보이지,[5] 〈암소화〉는 결코 어울리지 않는다. 왜냐하면 이 용어는 시각적 인상이 망막 뒤의 암점(暗點)에 맺히는 바람에 전혀 상이 생기지 못하는 것처럼 지각 작용이 완전히 지워지는 것 같은 느낌을 주기 때문이다. 하지만 우리가 살펴보려는 페티시즘은 이와 정반대다. 즉 여성의 남근 부재를 이미 지각하고 있지만, 이를 부인하는 행동이 매우 적극적인 형태로 나타나고 있는 것이다. 여자의 몸을 관찰한 뒤에도 여자에게 남근이 있다는 믿음을 변함없이 고수하는 것은 옳

3 나는 라포르그가 절대 이렇게 말하지는 않으리라고 가정할 만한 충분한 이유가 있다는 점을 덧붙임으로써 본문의 말을 수정한다. 라포르그 본인의 말에 따르면(「억압과 암소화Verdrängung und Skotomisation」, 1926) 암소화는 정신분석학적 개념을 정신병에 적용하는 과정에서 나온 용어가 아니라 조발성 치매를 설명하는 과정에서 나온 용어이고, 따라서 정신병의 발달이나 신경증 발병을 설명하는 데는 잘 맞아떨어지지 않는다. 이 글에서는 그런 점을 분명히 하고자 한다 ─ 원주.

4 암소화Skotomisation는 지각 작용 자체를 마치 망막 암점증에 걸린 것처럼 눈에 보이지 않게 지워 버리는 것을 의미한다. 정신분석학적으로 설명하자면, 방어기제에 따라 현실이나 현실 일부를 부정하거나, 있을 수 없는 일로 여기는 것을 가리킨다.

5 프로이트가 여기서 사용하고 있는 〈억압〉과 〈부인Verleugnung〉의 뜻은 분명히 다르다. 억압은 내면의 본능적 욕구에 대한 방어를 의미하고, 부인은 외부 현실의 요구에 대한 방어를 의미한다.

지 않다. 아이는 그 믿음을 지켜 왔지만 포기했다. 원치 않은 사실 인정의 중압감과 반대 소망 사이의 갈등 속에서 아이는 무의식적인 사고 법칙이 지배하는 곳(일차 과정6)에서만 가능한 타협에 도달한다. 그러니까, 그럼에도 불구하고 여자에겐 정신적으로 남근이 있다는 것이다. 과거의 남근과 더 이상 똑같은 것이 아니지만 말이다. 다른 무언가가 여자의 남근 대신 등장해서 그 대체물로 자리를 잡으면 이제 예전의 남근으로 향하던 관심이 거기에 쏠린다. 그런데 이 대체물로 향한 관심은 예전에 비해 엄청나게 크다. 왜냐하면 거세 공포로 인해 이 대체물은 마치 거대한 기념비처럼 만들어졌기 때문이다. 게다가 모든 페티시스트에게서 나타나는 여자의 실제 생식기에 대한 소외감도 억압의 지울 수 없는 낙인처럼 남아 있다. 이제 우리는 페티시가 무슨 일을 하고, 무엇을 통해 유지되는지 전체적인 그림을 그릴 수 있다. 즉 페티시는 거세 위협에 대한 승리와 방어의 표시이고, 성 대상으로서 여자를 견딜 만하게 해주는 특성을 여자들에게 부여함으로써 페티시스트가 동성애자가 되는 것을 막아 주는 것이다. 나중의 삶에서 페티시스트는 이 생식기 대체물의 또 다른 장점을 누린다. 남들은 페티시의 의미를 전혀 모르기 때문에 거부감을 보이지 않으며, 페티시는 일상에서 쉽게 구할 수 있을 뿐만 아니라 페티시와 연결된 성적 만족감을 편하게 얻을 수 있다는 것이다. 다시 말해 다른 남자들은 구애의 수고를 들여야 간신히 얻을 수 있는 것을 페티시스트는 별 수고 없이 얻는 것이다.

수컷이라면 누구나 여자의 생식기를 보면서 거세 공포를 느낄 듯하다. 하지만 누구는 왜 이런 공포로 인해 동성애자가 되고, 누구는 왜 자기만의 페티시로 그 공포를 막아 내고, 또 나머지 대다

6 *Primärvorgänge*. 무의식에서 생겨나는 모든 사고와 감정, 행위를 가리킨다.

수 사람들은 왜 그것을 무난히 극복하는지 그 이유를 우리는 정확히 설명하지 못한다. 아마 여러 복합적인 요인들이 있지만, 그런 희귀한 병리학적 현상에 결정적으로 작용하는 요인을 우리가 아직 모르기 때문인 듯하다. 현재로선 왜 그런 현상이 대다수 사람에게는 일어나지 않는지에 대한 설명은 제쳐 두고, 일단 실제로 일어난 현상들에만 초점을 맞추는 것에 만족할 수밖에 없다.

우리는 상실된 여자 남근의 대체물로 선택되는 신체 기관이나 물건이 보통 그전에 남근의 상징물로 여겨지는 것일 거라고 쉽게 예상할 수 있다. 그러나 그럴 때도 많지만, 그게 결정적인 요인은 분명 아니다. 오히려 페티시의 결정에는 트라우마성 기억 상실증에서 기억의 단절을 연상시키는 과정이 작동하는 듯하다. 트라우마를 불러일으킨 그 끔찍한 목격 직전의 마지막 인상이 페티시로 고정되는 것이라면 여기서도 여자 생식기에 대한 관심은 지금까지처럼 중단된다. 그래서 발이나 신발을 페티시로 택한 사람은 호기심 많던 어린 시절에 발밑에서 여자 생식기를 훔쳐본 경험 때문일 때가 많다. 또 모피나 우단은 여자의 음모와 관련이 있다. 그러니까 이 부위만 지나면 그렇게 갈망하던 여자의 남근을 볼 수 있는 것이다. 페티시로 가장 흔하게 선택되는 속옷은 여자가 옷을 벗는 순간, 그러니까 여자에게 남근이 있다고 아직 믿는 마지막 순간과 관련이 있다. 나는 페티시를 결정하는 요인이 무엇인지 매번 확실하게 말할 수 있다고 주장하는 것은 아니다. 다만 거세 콤플렉스의 존재를 아직도 의심하는 사람들, 또는 여자 생식기에 대한 공포에는 다른 이유가 있다고 믿는 사람들, 예를 들어 그게 출생의 트라우마에 대한 가상의 기억에서 유래한 것이라고 믿는 사람들에게 페티시즘을 연구해 볼 것을 절실한 마음으로 권한다. 내게는 이런 것들 말고 페티시를 연구해야 할 이론적 관심이 하나 더 있다.

최근에 나는 순수 사변적 과정을 통해 신경증과 정신병의 본질적 차이를 발견했다. 즉 신경증은 자아가 현실을 위해 이드의 일부를 억압하는 것이고, 정신병은 이드에 휩쓸려 현실 일부에서 벗어나는 것이다. 이 문제는 나중에 다시 한 번 다루게 될 것이다.[7] 아무튼 그 뒤 얼마 지나지 않아 나는 그런 결론이 너무 성급했다고 후회할 만한 일이 생겼다. 두 청년의 정신분석 과정에서 나는 두 사람이 아버지의 죽음(한 사람은 두 살 때, 다른 사람은 열 살 때)을 그 당시부터 인정하지 않아 왔다는 사실, 즉 〈암소화했다〉는 사실을 알게 되었다. 하지만 둘 중 누구도 정신병으로 진전되지는 않았다. 두 사람의 경우, 중요한 현실 일부가 자아에 의해 부인된 것은 분명하다. 여자가 거세됐다는 불편한 사실을 페티시스트들이 부인하는 것처럼 말이다. 나는 비슷한 일이 소아기에도 결코 드물지 않다는 사실을 인지하기 시작했고, 신경증과 정신병의 성격 규정에 오류가 있음을 인정하지 않을 수 없었다. 물론 해결책은 있었다. 정신적인 영역을 좀 더 정밀하게 세분화하면 내 결론도 입증될 수 있다. 즉 어른에게는 심각한 손상으로 이어질 수 있는 일이 어린아이에게는 허용될 수도 있다는 것이다. 하지만 계속 연구를 진행하다 보니 그 모순점을 다른 식으로 해결할 가능성에 이르게 되었다.

즉 두 청년은 페티시스트들이 여자의 거세 사실을 암소화하는 것처럼 아버지의 죽음을 기억에서 지워 버렸다. 그런데 아버지의 죽음을 인정하지 않은 건 그들의 내면세계에 존재하는 하나의 흐름일 뿐이었다. 그들의 내면에는 이것 말고도 아버지의 죽음을

---

7 『신경증과 정신병Neurose und Psychose』(1924); 『신경증과 정신병의 현실 상실 Der Realitätverlust bei Neurose und Psychose』(1924).

282 III. 성욕, 성도착, 성차

완벽하게 인지한 다른 흐름도 있었다. 그러니까 현실에 충실한 입장과 소망에 충실한 입장이 병존하고 있는 것이다. 두 청년 중 한 사람은 이 분열로 인해 중간 정도의 강박신경증을 앓고 있었다. 다시 말해 삶의 모든 상황에서 두 가지 생각, 즉 아버지가 아직 살아 있어서 자신의 삶을 방해하고 있다는 생각, 그리고 아버지가 돌아가셔서 자신에게 선친의 후계자가 될 권리가 있다고 하는 생각, 이 둘 사이에서 오락가락하고 있었다. 그렇다면 정신병은 이 두 생각 중 하나, 즉 현실에 충실한 흐름이 없는 경우로 볼 수 있다.

페티시즘으로 다시 돌아가자면, 페티시스트들도 여자의 거세 문제에서 그와 비슷한 분열된 태도를 보인다는 증거는 매우 많다. 순수한 페티시즘의 사례에서는 페티시 속에 거세의 부인과 인정이 동시에 담겨 있다. 수영복으로 입기도 하는 〈치부 가리개〉를 페티시로 삼은 한 남자의 사례가 그랬다. 이 옷가지는 생식기를 덮고 그로써 생식기의 차이를 가리기도 하는데, 정신분석 결과 거기엔 여자가 거세되었다는 의미와 거세되지 않았다는 의미가 동시에 담겨 있었다. 또한 그 옷가지는 남자의 거세 가능성도 허용한다. 이처럼 이 치부 가리개 뒤에는 모든 가능성이 숨어 있다. 남자가 이것을 페티시로 선택한 데는 어렸을 때 아담과 이브의 음부를 가린 무화과 잎을 본 것이 영향을 끼친 것으로 보인다. 상반된 것들이 이중적으로 연결된 이런 페티시는 당연히 수명이 아주 길다. 다른 페티시의 경우는 페티시스트가 현실이나 상상 속에서 이 페티시로 도모하려고 하는 것 속에 이런 분열이 담겨 있다. 페티시스트가 페티시를 숭배한다는 점만 강조하는 것은 충분치 않은 설명이다. 많은 사례들에서 그는 거세의 표현에 비견될 방식으로 페티시를 다룬다. 이는 특히 아버지와의 동일시 경향이 강해서 아버지의 역할을 대신하려는 사람에게서 많이 나타난다. 이런 사람은 어릴 때 여자의 거세 원인을 아버지에게 돌리기 때문이다. 거세의 부정 및 거세의 인정과 맞물려 있는, 페티시에 대한 애정과 적대감은 다양한 사례들에서 어느 하나가 다른 하나보다 확연히 눈에 띌 정도로 불균등하게 섞여 있다. 이런 측면에서 우리는 희미하게나마 여자의 땋은 머리를 자르려고 하는 페티시즘을 이해할 수 있다. 즉 여기엔 자신이 부인한 거세를 스스로 실행하려는 욕구가 깔려 있다. 이 행동에는 서로 어울릴 수 없는 두 가지 주장이 합쳐져 있다. 즉 여자가 아직도 남근을 갖고 있다는 주장과 아버지가 여자를 거세했다는 주장이 그것이다. 사회심리학적으로 페티시즘과 같은 계열로 볼 수 있는 또 다른 변형은 중국인들의 전족 풍습이다. 여자의 발을 천으로 꽁꽁 동여매어 자라지 못하게 한 다음 그렇게 작아진 발을 페티시로 삼는 것이다. 거기엔 일종의 거세 행위에 해당하는 그런 행동을 여자들이 순순히 따라 준 것에 대한 감사의 의미가 담겨 있기도 하다.

결론적으로 말해서, 페티시의 표준적인 원형은 남자의 남근이고, 여자로 환원하면 그 기관의 열등한 원형인 클리토리스다.

박종대 옮김

여자의 성욕

Über die weibliche Sexualität(1931)

  이 글은 1925년에 전에 발표한 「성의 해부학적 차이에 따른 몇 가지 심리적 결과」가 영국의 정신분석학계에 큰 반향을 불러일으키자 프로이트가 다시 한 번 같은 주제로 쓴 것이다. 특히 말미에서 다른 학자들을 비판한 대목은 프로이트의 글에서는 흔치 않은 일로 자신의 주장에 대한 확고한 입장을 잘 보여 준다.

  이 논문은 1931년 『국제정신분석학회지』 제17권 3호에 처음 발표되었으며, 『저작집』 제12권(1934), 『전집』 제14권(1948)에 수록되었다. 영어 번역본은 1932년 잭슨이 번역하여 "Concerning the Sexuality of Women"이라는 제목으로 『계간 정신분석』 제1권 1호에 수록되었으며, 존 리비어가 번역하여 "Female Sexuality"라는 제목으로 『국제정신분석 저널』 제13권 3호에 실렸다. 또한 『논문집』 제5권(1950), 『표준판 전집』 제21권(1961)에도 수록되었다.

1

    정상적인 오이디푸스 콤플렉스 국면에서는 어린아이가 반대 성의 부모에게 애정을 보이고, 동성 부모와의 관계에서는 적대감을 드러내는 것을 볼 수 있다. 남자아이의 경우는 이런 결과를 확인하는 데 어려움이 없다. 아이에게 최초의 사랑 대상은 어머니이고, 그 상태는 계속 유지된다. 게다가 아이의 성애적 욕구가 커져 가고, 아버지와 어머니의 관계를 좀 더 깊이 알게 되면서 아버지는 아이에게 경쟁자가 될 수밖에 없다. 하지만 여자아이의 경우는 다르다. 여자아이에게도 최초의 사랑 대상은 어머니다. 그러던 것이 어떻게 아버지에게로 사랑이 바뀌는 것일까? 어떻게, 언제, 왜 어머니로부터 돌아서게 되는 것일까? 우리는 여자의 성욕이 최초의 주도적 생식기 부위인 클리토리스를 버리고 새로운 생식기 부위인 질로 넘어가는 과제를 통해 복잡해진다는 것을 이미 오래전에 알고 있다. 거기다 이제는 두 번째 변화, 즉 원래의 사랑 대상인 어머니를 버리고 아버지로 넘어가는 이행 과정 역시 여자의 발달 과정 못지않게 특징적이고 중요해 보인다. 하지만 이 두 과제가 서로 어떤 식으로 연결되어 있는지는 아직 밝혀진 바가 없다.

익히 알려져 있듯이, 아버지에게 강한 집착을 보이는 여성은 무척 많다. 물론 그렇다고 그런 여성들이 모두 신경증 증상을 보이는 것은 아니다. 나는 이 여성들을 관찰하여 여자의 성욕에 대한 나름의 견해를 갖게 되었는데, 이제 그 내용을 여기서 보고하고자 한다. 특히 내 눈에 띈 것은 두 가지 사실이다. 첫째, 정신분석적 결과에 따르면 아버지에 대한 애착이 유난히 강한 여성은 그전에도 비슷한 강도와 열정으로 어머니에게 매달렸던 사람들이다. 게다가 이 두 번째 시기에서는 사랑의 대상이 아버지로 바뀌었다는 사실만 제외하면 다른 새로운 특징은 거의 추가되지 않았다. 그러니까 어머니와의 원초적 관계가 더 다양하게 확장된 것뿐이었다.

둘째, 여자아이가 어머니에게 애정적으로 매달리는 기간 자체도 그동안 과소평가되어 왔다. 그 기간은 여러 사례에서 네 살까지, 한 사례에서는 다섯 살까지 이르렀다. 그렇다면 첫 성적 개화기의 상당 부분을 차지하는 셈이다. 우리는 이제 상당수 여자들이 어머니에 대한 본래적 애착에서 벗어나지 못하고, 그래서 나중에도 남자로 사랑의 대상을 정상적으로 바꾸지 못할 가능성을 고려해야 한다.

이로써 우리가 지금껏 별로 주목하지 않았던 여성의 오이디푸스 전 단계가 새로운 의미로 부상한다.

우리가 신경증의 발발 원인으로 생각하는 고착화와 억압이 이 시기에도 존재하기 때문에 오이디푸스 콤플렉스가 신경증의 핵심이라는 명제의 보편성을 철회할 필요가 있어 보인다. 물론 이런 수정이 못마땅하게 여겨지는 사람은 굳이 그럴 필요까지 없다. 그 명제를 보완할 다른 방법이 있기 때문이다. 즉 한편으론 오이디푸스 콤플렉스가 부모와 아이의 모든 관계를 포괄한다는 점을 추가하고, 다른 한편으론 여자는 부정적 콤플렉스가 지배하는 그 시기를 극복해야만 정상적이고 긍정적인 오이디푸스의 상황에 도달하게 된다고 말하는 것이다. 실제로 오이디푸스 전 단계에서 여자아이에게 아버지는, 비록 그 적대감이 남자아이의 수준까지는 아니더라도 성가신 경쟁자와 크게 다르지 않은 존재다. 우리는 남자와 여자와 성 발달 사이의 원만한 상사 관계에 대한 모든 기대를 이미 오래전에 포기했다.

여자아이의 오이디푸스 전 단계에 대한 분석은 한 마디로 놀라움 그 자체였다. 마치 그리스 문명 뒤에 미노스-미케네 문명이 있다는 사실을 처음 발견한 것처럼 말이다.

나로서는 어머니에 대한 애착의 이 첫 시기를 분석하는 것이 무척 어렵게 느껴졌다. 마치 가혹한 억압의 통제를 받고 있는 게 아닌가 싶을 정도로 오래되고, 모호하고, 재현이 거의 불가능했다. 하지만 이런 느낌은 어쩌면 내가 남자여서 그런 건지도 모른다. 그러니까 남자인 내게서 치료받은 여성 환자들은 언급된 그 시기에서 도망쳐 아버지 애착 시기에만 매달릴 수 있었기 때문이다. 반면에 잔 람플-더흐로트Jeanne Lampl-de Groot나 헬레네 도이치 같은 여자 의사들은 환자들이 의사를 어머니로 전환해서 보기가 한결 용이하기에 그 시기의 일들을 좀 더 쉽고 명료하게 인지할 수 있었던 것으로 보인다. 또한 나는 한 사례를 완벽하게 들여다볼 수가 없었고, 그래서 지극히 일반적인 결과들만 전달하는 데 그치면서 새롭게 얻은 인식들 가운데 극히 일부만 거론할 생각이다. 그중 하나가 어머니에 대한 애착의 시기가 히스테리 병인론과 밀접한 관련이 있는 것으로 추정된다는 것이다. 이는 다음 사실을 고려하면 별로 놀랍지 않다. 즉 이 시기와 신경증은 여성성의 특별한 성격에 속한다는 사실, 그리고 더 나아가 어머니에 대한 의존성에서 훗날 여성 편집증의 싹이 발견된다는 사실을 고려하면 말이다.[1] 그 싹은 바로 어머니에게 살해될지도(잡아먹힐지도) 모른다는, 충격적이면서도 일상적인 두려움인 것처럼 보인다. 이 두려움은 어린 시절 교육과 보살핌에 따르는 다양한 규제로 인해 아이 속에서 어머니를 향해 생겨난 적개심에서 비롯된 것으로 가정할 수 있다. 또한 초기의 정신적 조직화를 통해 그런 투영의 메커니즘이 촉진되는 것처럼 보인다.

2

앞서 나는 새로 발견한 두 가지 사실을 제시했다. 하나는 아버지에 대한 여자의 강한 애착이 그전에 어머니에 대한 강한 애착의 유산일 뿐이라는 것이고, 다른 하나는 어머니에 대한 애착의 시기가 의외로 오래 지속된다는 것이다. 이제 나는 이 결과들을 우리가 잘 아는 여자의 성욕 발달 과정에 끼워 넣기 위해 다시 앞으로 거슬러 올라갈 생각이다. 그 과정에서 어느 정도의 반복은 불가피하며, 남자의 상황과 지속적으로 비교하는 것도 우리의 서술에 도움이 될 수 있다.

우선 인간의 본래적 소인으로 간주되는 양성성이 남자보다 여자에게서 훨씬 두드러진다는 사실은 두말할 나위가 없을 정도로 분명하다. 남자에겐 오직 성기 하나만이 주도적으로 성 기능을 담당한다면, 여자에게는 그런 곳이 두 군데 있다. 여자의 본래적

---

1 러스 맥 브런스윅Ruth Mack Brunswick이 「부정망상의 분석Die Analyse eines Eifersuchtswahnes」(1928)에서 보고한 한 유명한 사례에 따르면 오이디푸스 콤플렉스 이전 시기의 고착화에서 이 부정망상(배우자의 부정을 의심하는 편집증적 증세)이 나온다고 한다 ─ 원주.

인 성 기관인 질과, 남근과 유사한 클리토리스가 그것이다. 우리는 질이 수년 동안 없는 듯이 지내다가 사춘기에 이르러 예민하게 반응한다고 일반적으로 믿고 있다. 물론 최근에는 그보다 어린 시기에도 질의 흥분이 일어난다는 관찰자들의 목소리가 점점 늘고 있는 것은 사실이다. 그럼에도 여자의 경우, 어린 시절 생식기에서 진행되는 본질적인 활동은 클리토리스에서 일어나는 것이 틀림없다. 여자의 성생활은 일반적으로 두 국면으로 나뉜다. 남성적 성격을 띤 첫 번째 국면과 오직 여성적 성격만 띤 두 번째 국면이다. 그래서 여자의 성에서는 한 국면에서 다른 국면으로 넘어가는 과정이 존재한다. 남자에게서는 그와 유사한 과정이 전혀 보이지 않는다. 그런데 남성적 속성의 클리토리스가 이후의 성생활에서도 무척 변화무쌍하고, 뭐라 만족스럽게 설명할 수 없는 방식으로 그 기능을 계속 유지한다는 점에서 여자의 또 다른 복잡한 속성이 생겨난다. 당연히 우리는 여자의 이런 독특함의 생물학적인 근거를 알지 못한다. 그렇다고 이런 속성에 목적론적인 의도를 부여하는 것은 더더욱 적절치 않아 보인다.

이 첫 번째 큰 차이와 더불어 또 다른 차이는 대상 찾기의 영역에서 나타난다. 남자의 경우, 어머니는 영양 공급과 보살핌의 영향으로 인해 자연스레 아이의 첫 번째 사랑 대상이 되고, 그 상태는 어머니와 본질적으로 비슷하거나 어머니를 연상시키는 다른 존재가 나타날 때까지 지속된다. 여자의 경우도 첫 번째 사랑 대상은 어머니임이 분명하다. 그런 면에서 대상 선택의 근원적 조건은 모든 아이들이 동일하다. 그런데 여자는 성장의 마지막 단계에서 아버지를 새로운 사랑 대상으로 선택하게 된다. 즉 여자의 성적 변화에 발맞추어 성적 대상도 바뀌는 것이다. 여기서 연구의 새로운 과제가 생겨난다. 이런 변화는 어떤 경로로 일어나는가? 이 변화는 얼마나 철저하게, 또는 얼마나 불완전하게 이루어지는가? 이 발전 과정에서는 어떤 다양한 가능성들이 나오는가?

남녀 간의 또 다른 차이는 오이디푸스 콤플렉스와 연결되어 있다. 여기서 우리는 오이디푸스 콤플렉스에 관한 우리의 진술이 엄밀하게 보면 오직 남자아이에게만 해당하고, 남녀의 태도에서 유사성을 강조하는 〈엘렉트라 콤플렉스〉[2]라는 용어는 거부하는 것이 옳다는 느낌을 받는다. 한쪽 부모에게만 애정을 보이고 다른 쪽 부모에게는 경쟁자의 증오를 내보이는 운명적 관계는 오직 남자아이에게서만 볼 수 있다. 이들의 경우, 여자 생식기를 직접 목격한 것이 거세의 가능성을 알게 되는 결정적 계기로 작용한다. 즉 거세 공포는 오이디푸스 콤플렉스에 변화를 강요하고, 초자아의 생성을 유발하고, 개인이 문화 공동체 속으로 편입되는 것을 목표로 하는 일련의 과정을 이끈다. 아버지의 존재를 초자아로 내면화한 뒤에는 또 다른 과제, 즉 원래 초자아를 정신적으로 대변하는 인물들로 아버지를 대체하는 과제를 해결해야 한다. 이렇게 독특한 발달 과정에서 소아 성욕의 제한으로 이끄는 것은 생식기에 대한 자기애적 관심, 다시 말해 남근 보존의 관심이다.

남자들에게 남아 있는 오이디푸스 콤플렉스의 영향은 여자들에 대한 경멸적 태도다. 그들은 여자들을 거세된 존재로 보기 때문이다. 극단적인 경우 이러한 경멸적 태도는 대상 선택의 제약

2 Elektrakomplex. 프로이트가 내세우고 융이 이름 붙인 정신분석학적 용어. 딸이 아버지에게 애정을 품고, 어머니에게는 경쟁자로서 반감을 보이는 경향을 가리킨다. 이 명칭은 그리스 신화에서 아가멤논의 딸 엘렉트라가 보여 준 아버지에 대한 애착과 어머니에 대한 증오에서 유래했다. 미케네의 왕 아가멤논은 10년 동안의 트로이 전쟁을 마치고 귀국한 날 밤, 아내 클리타임네스트라와 간부(姦夫) 아이기스토스에게 살해당한다. 그러자 아가멤논의 딸 엘렉트라는 아버지의 죽음을 복수하기 위해 동생 오레스테스와 힘을 합쳐 어머니와 간부를 죽인다.

으로 나아갈 수 있으며, 신체적 요소들의 지원까지 곁들여지면 배타적 동성애로 발전할 수도 있다. 여자에게는 거세 콤플렉스의 영향이 완전히 다르게 나타난다. 여자는 자신의 거세 사실을 인정하고, 이로써 남자의 우월함과 자신의 열등함을 받아들인다. 하지만 다른 한편으론 이 불쾌한 사실에 반기를 들기도 한다. 이런 분열적 태도에서 세 가지 발달 양상이 나타난다. 첫째, 성욕에 대한 전반적인 반감이다. 남자아이의 성기와 비교함으로써 위축된 여자아이는 클리토리스에 불만을 느끼면서 남근적 행동을 포기하고, 이로써 성욕뿐 아니라 다른 영역에서의 남성적 활동까지 상당 부분 그만둔다. 둘째, 반항적인 자기 관철 의지 속에서 위협받는 자신의 남성성에 집착하게 된다. 언젠가 다시 남근을 갖게되리라는 희망은 정말 믿기지 않을 만큼 늦은 시기까지 이어지고, 삶의 목표로 승격된다. 온갖 시련을 이겨 내어 남자가 되는 판타지는 삶의 긴 시간 동안 성격 형성에 중요한 영향을 미치기도 한다. 여자의 이런 〈남성성 콤플렉스〉는 명확한 동성애적 대상 선택으로 이어질 수 있다. 셋째, 아버지를 사랑의 대상으로 선택함으로써 오이디푸스 콤플렉스의 여성적 형태로 나아간다. 여자의 정상적인 최종 모습은 이 우회적인 세 번째 과정을 통해서야 도달할 수 있다. 이런 점에서 여자의 오이디푸스 콤플렉스는 기나긴 발달 과정의 최종 결과이고, 거세의 영향으로 파괴되는 것이 아니라 오히려 만들어지고, 남자들에게는 파괴적으로 작용하는 적대적 영향에서 벗어난다. 게다가 여자들은 이 콤플렉스를 극복하지 못할 때가 무척 많다. 그래서 오이디푸스 콤플렉스의 붕괴에서 생겨나는 문화적 결과도 미미하고 보잘것없다. 그렇다면 오이디푸스 콤플렉스와 거세 콤플렉스의 상호 관련성에서 비롯한 이런 차이가 사회적 존재로서 여자의 성격을 규정한다고 해도 그리

틀린 말은 아닐 듯싶다.[3]

오이디푸스 전 단계라고 불리는 어머니에 대한 배타적 애착 단계는 남자보다 여자에게 훨씬 더 중요한 의미가 있다. 예전에는 도저히 이해가 되지 않던 여성 성생활의 많은 현상들도 이 시기로 소급해서 해석하면 완벽하게 이해가 된다. 예를 들어 많은 여자들이 결혼 전에는 아버지의 모델에 따라 남편을 선택하거나 남편을 아버지의 자리에 놓지만, 실제 결혼 생활에서는 과거 어머니와의 나쁜 관계를 남편에게 반복한다. 남편은 아버지와의 관계를 물려받아야 하지만, 실제로는 어머니와의 관계를 물려받은 것이다. 이는 퇴행의 명백한 사례로 볼 수 있다. 본래적인 관계는 어머니와의 관계이고, 그것을 토대로 아버지와의 관계가 구축된다. 그러다 결혼 생활에서 그 본래적인 것이 억압을 뚫고 나온다. 정서적 애착이 어머니에게서 아버지로 넘어가는 것은 여성성의 발달에 핵심을 이룬다.

우리는 많은 여자들의 청소년기가 어머니와의 갈등으로 채워져 있듯이 그들의 성숙기가 남편과의 갈등으로 점철되어 있는 느낌을 받는다. 그렇다면 앞에서 언급한 것들을 토대로 이런 결론을 끄집어낼 수 있다. 즉 어머니에 대한 적대적 태도는 오이디푸스 콤플렉스에 내재된 경쟁 심리의 결과가 아니라, 오이디푸스 전 단계에서 비롯되어 오이디푸스 상황에서 강화되고 적용되었

3 남성 페미니스트뿐 아니라 우리의 여성 정신분석가 동료들도 이 견해에 동의하지 않으리라는 것을 충분히 예상할 수 있다. 그들은 이런 학설들이 남자의 〈남성성 콤플렉스〉에서 나왔으며, 여성을 폄하하고 탄압하려는 남성의 타고난 성향을 이론적으로 정당화하는 데 이용하고 있다고 반박할 것이다. 그러나 이런 정신분석적 논쟁은 도스토옙스키의 유명한 말 〈양극단을 가진 작대기〉를 떠올리게 한다. 그러니까 내 주장에 반대하는 사람들은 나름 이렇게 타당한 주장을 펼칠 것이다. 즉 뜨겁게 열망하는 양성 평등에 어긋나는 것은 여성들이 받아들이지 않으리라는 것이다. 사실 정신분석에서 양극단의 문제는 이런 논쟁을 벌인다고 해서 해결될 일이 아니다 — 원주.

다는 것이다. 이는 정신분석을 통해 직접적으로 확인된 내용이기도 하다. 이제 우리는 그렇게 강렬한 집착으로 사랑하던 어머니에게서 등을 돌리게 만든 메커니즘으로 관심을 돌려야 한다. 물론 그런 결과에 이르기까지는 하나의 요인이 아닌, 일련의 요인이 복합적으로 작용할 것이다.

이 요인들 가운데에서 소아기 성욕의 상황들로 결정되고, 남자아이들의 성애적 삶에도 비슷한 방식으로 적용되는 몇 가지가 눈에 띈다. 그중 가장 앞자리를 차지하는 것이 타인, 즉 아버지를 비롯한 경쟁자들과 형제자매에 대한 질투다. 소아기의 사랑은 한계가 없고, 남들과 사랑을 나누는 것에 만족하지 못하고 독점을 요구한다. 그런데 이 사랑에는 또 다른 특징이 있다. 어린아이의 사랑은 본질적으로 목표가 없고, 완전한 만족을 느낄 수도 없다는 것이다. 때문에 그 사랑은 결국 실망으로 끝나고 적대적 태도에 자리를 내줄 운명에 처한다. 궁극적인 만족을 느낄 수 없다는 것은 이후의 삶에 또 다른 결과를 초래할 수 있다. 또한 이 요인은 목표가 가로막힌 사랑에서처럼 리비도의 중단 없는 지속을 보장할 수 있지만, 발달 과정의 압박 속에서 리비도가 새로운 태도를 취하기 위해 불만족스러운 태도를 버리는 일이 정기적으로 발생한다.

어머니에게서 등을 돌리게 하는 훨씬 특수한 다른 동기는 남근이 없는 피조물에 대한 거세 콤플렉스의 영향에서 나온다. 여자아이는 언젠가 자신이 신체적으로 열등하다는 사실을 발견한다. 남자 형제가 있거나, 주위에 다른 남자애가 있을 경우에 당연히 그 사실을 더 빨리, 더 쉽게 인지한다. 우리는 이러한 인지에서 나오는 세 가지 발달 방향을 이미 알고 있다. 첫째, 성생활의 전반적인 중단. 둘째, 반항이라도 하듯 남성성에 대한 과도한 집착. 셋째, 종국적인 여성성으로의 방향 전환. 이런 발달 방향들의 시점을 특정하거나 전형적인 발달 과정을 확정하는 것은 쉽지 않다. 거세 사실을 발견하는 시점도 각각 다르고, 여러 다른 요인도 일정하지 않고 우연적이다. 또한 여자아이의 남근적 활동도 고려해야 하고, 이런 활동이 발견되느냐 발견되지 않느냐, 그리고 그 발견 이후에 얼마만큼 억제가 이루어지는지도 참작해야 한다.

여자아이들은 대개 남근적 활동, 즉 클리토리스의 자위행위를 스스로 알아서 발견하고, 처음엔 그런 자위행위 속에 판타지도 없다. 그런데 어머니나 유모, 보모가 아이를 씻기면서 클리토리스의 감각을 일깨움으로써 그들을 유혹자로 삼는 판타지가 시작된다. 여자아이들의 수음이 남자아이들에 비해 드물고, 처음부터 그 욕구가 강하지 않은지는 확실치 않다. 다만 그럴 가능성이 있을 뿐이다. 실질적인 유혹도 충분히 빈번한데, 그것은 대체로 다른 아이들, 아니면 아이를 달래거나 재우거나 자신에게 의존하게 만들려는 보호자들에게서 비롯된다. 유혹이 끼어들면 대체로 발달 과정의 자연스러운 진행은 방해를 받는다. 또한 유혹은 포괄적이고 지속적인 결과를 남길 때가 많다.

우리가 듣기로, 자위의 금지는 자위를 포기하게 하는 계기가 된다. 그러나 동시에 자위를 금지한 사람, 즉 어머니나 나중에 어머니와 이미지가 겹치는 어머니 대리자에 대한 반항의 동기가 되기도 한다. 금지에도 불구하고 반항적으로 자위를 계속하는 것은 남성성으로 나아갈 길을 열어 주는 듯하다. 아이가 비록 자위를 억누르지 못할 경우에도 겉으론 아무 힘이 없는 것 같은 이 금지의 영향은, 어떤 희생을 치르더라도 망쳐진 만족감에서 벗어나려는 이후의 노력 속에서 나타난다. 성숙한 처녀의 대상 선택조차 이 집요한 자위 금지로부터 영향을 받을 수 있다. 자유로운 성적 행동을 못하게 된 것에 대한 원망이 어머니로부터 멀어지는 데 큰 역할을 한다. 이 반항의 동기는 어머니가 딸의 순결을 지키려는 의무를 느끼는 사춘기 이후에도 다시 영향을 끼친다. 물론 잊지 말아야 할 것은, 어머니가 남자아이의 자위행위에도 비슷한 방식으로 대응하고, 이로써 남자아이에게도 어머니에 대한 강력한 반항의 동기를 제공한다는 사실이다.

남자의 생식기를 보고 자신의 신체적 결함을 알게 된 여자아이는 이 달갑지 않은 사실을 주저하면서 마지못해 받아들인다. 그러면서 언젠가는 자신도 그런 생식기를 갖게 되리라는 기대에 매달리고, 그 기대는 상당히 긴 시간 동안 희망으로 간직된다. 어쨌든 아이는 처음엔 거세를 자기만의 개인적 불행이라 여긴다. 그러다 나중에야 그게 자신만의 문제가 아니라 다른 아이들, 더 나아가 어른들에게도 해당한다는 것을 알아차린다. 여자 생식기의 이런 일반적인 부정적 특성을 알게 되면서 어머니를 포함해 여성성에 대한 심각한 폄하가 나타난다.

여자아이들이 거세의 인상과 자위행위의 금지에 보이는 반응들에 대한 이런 설명이 독자들에게 매우 혼란스럽고 모순적으로 느껴지는 것은 충분히 이해할 만하다. 하지만 이건 전적으로 나의 잘못이라고 할 수는 없다. 사실 어떤 현상을 두고 보편타당한 설명을 하기란 불가능에 가깝다. 개인마다 반응은 천차만별이고, 또 같은 사람에게서 상반된 태도가 나타나는 경우도 많다. 자위행위의 금지라는 최초의 외부 개입과 함께 갈등이 시작되고, 그때부터 성 기능의 발달이 수반된다. 첫 번째 국면의 정신적 과정과 이후의 정신적 과정을 구분하는 것이 무척 어려운 점도 또 다른 난관으로 작용한다. 첫 국면의 정신적 과정은 두 번째 정신적 과정으로 은폐되고 기억 속에서 왜곡되는 경우가 많다. 예를 들어 여자아이는 나중에 거세 사실을 자위행위에 대한 벌로 생각하고, 그 벌을 아버지가 내렸다고 여길 수도 있다. 물론 둘 다 사실이 아니지만 말이다. 남자아이들도 대개 거세를 위협하는 사람이 어머니임에도 실질적인 두려움은 아버지로부터 느낀다.

어쨌든 어머니에 대한 애착의 이 첫 단계 끄트머리쯤에 어머니에게서 등을 돌리게 되는 강력한 동기로서, 어머니가 자신에게 제대로 된 남근을 주지 않았다는 원망, 즉 자신을 여자로 태어나게 한 것에 대한 원망이 고개를 쳐들기 시작한다. 그다음으로 우리가 들은 원망은 다소 뜻밖이다. 즉 어머니가 충분히, 그리고 만족할 만큼 오랫동안 젖을 주지 않았다는 것이다. 오늘날과 같은 문명 환경에서는 충분히 있을 수 있는 이야기이지만, 정신분석에서는 그런 원망이 더 두드러진다. 그런데 이런 원망은 어린아이들 일반이 느끼는 불만의 표현처럼 보이기도 한다. 일부일처제의 문명사회에서 아이들은 6개월에서 9개월 사이에 젖을 뗀다. 반면에 원시사회의 어머니들은 대개 2~3년 동안 아이에게 헌신적으로 젖을 먹인다. 그래서 우리의 아이들은 어머니의 젖을 충분히, 그리고 오랫동안 빨지 못해서 영원히 불만족스러운 상태에 있는 것처럼 보인다. 물론 그렇다고 원시사회의 아이들처럼 오랫동안 젖을 빤 아이들이 그런 원망을 갖지 않으리라는 보장은 없다. 소아기 리비도의 탐욕은 그만큼 강력하기 때문이다!

여자아이가 어머니로부터 돌아서는 현상에 대해 정신분석이 지금껏 찾아낸 일련의 동기들을 정리하면 이렇다. 즉 어머니는 아이에게 제대로 된 남근을 선사하지 못했고, 젖을 충분히 먹이지 않았고, 사랑을 남들과 나누도록 강요했고, 그로써 사랑에 대한 아이의 기대를 충족시켜 주지 못했고, 또 처음엔 아이의 성적 활동을 촉발시키더니 나중에는 금지한 것이 그 동기들이라는 것이다. 하지만 이 모든 것들도 어머니에 대한 최종적인 적대감을 정당화하기엔 불충분해 보인다. 그중 일부는 소아기 성욕의 불가피한 성격에서 나온 것이고, 또 다른 일부는 이해할 수 없는 감정 변화들을 나중에 인위적으로 합리화한 것이다. 어쩌면 어머니에 대한 애착은 최초의 강렬한 사랑이기에 필연적으로 무너질 수밖에 없는 것인지도 모른다. 마치 정열적인 사랑으로 맺어진 첫 결혼이 실패로 돌아가는 일이 많듯이 말이다. 두 경우 다 피할 수 없는 실망과 갈등이 쌓이면서 사랑은 좌절을 맛본다. 두 번째 결혼이 대체로 첫 번째 결혼보다 무난한 것도 그 때문일지 모른다.

우리는 감정 속에 존재하는 모순이 보편타당한 심리적 법칙이고, 또 한 사람에 대한 지극한 사랑 없이는 극심한 증오도 없고, 그런 증오 없이는 그런 사랑도 없다고까지 주장할 수는 없다. 정상적인 성인이라면 의심할 바 없이 이 두 감정을 분리할 수 있고, 따라서 사랑의 대상을 증오하지도 않고, 적을 사랑하지도 않는다. 그러나 이는 나중에 성숙한 뒤의 이야기다. 소아기 사랑의 첫 단계에서는 앞서 말한 그런 모순적 감정이 하나의 규칙처럼 자리 잡고 있는 게 분명하다. 심지어 어릴 적의 이런 특성을 평생 유지하는 사람도 많고, 강박신경증 환자의 경우에는 사랑 대상과의 관계에서 사랑과 증오가 짝을 이루어 나타나는 것이 특징이다. 게다가 원시 종족들도 이런 모순감정의 지배를 받는다고 할 수 있다. 그렇다면 어머니에 대한 여자아이의 강한 애착은 이런 모순적 성격을 띠고 있는 것이 틀림없고, 다른 요인들까지 겹쳐지면 이 모순감정으로 인해, 즉 소아기 성욕의 일반적 특성으로 인해 어머니에게서 떨어지는 방향으로 내몰릴 수밖에 없다.

이 설명에 대해선 즉각 이런 의문이 제기될 수 있다. 남자아이도 여자아이 못지않게 어머니에게 강한 애착을 갖는데, 왜 남자아이들의 애착은 훼손되지 않고 유지될 수 있을까? 이에 대한 답도 질문만큼이나 빨리 준비되어 있다. 남자아이들은 모든 적대감을 아버지에게로 돌림으로써 어머니에 대한 모순감정을 적절히 처리할 수 있기 때문이다. 하지만 남자아이들의 오이디푸스 전 단계에 대해 더 철저한 연구가 이루어지기 전에는 이런 대답을 해서는 안 된다. 게다가 방금 알게 된 이 과정들에 대해 우리가 아직 제대로 알고 있지는 못하다는 사실을 고백하는 편이 좀 더 신중해 보인다.

3

또 다른 의문은 이렇다. 여자아이가 어머니에게 원하는 것은 무엇일까? 어머니에 대한 배타적 애착 시기의 성적 목표는 어떤 종류일까? 정신분석을 통해 추출해 낸 답은 예상과 일치했다. 어머니를 향한 여자아이의 성적 목표는 능동적인 동시에 수동적인 성격을 띠고 있으며 아이가 거치는 리비도의 단계를 통해 정해진다는 것이다. 여기서 특히 관심을 끄는 것은 능동성과 수동성의 관계다. 어린아이의 경우, 성욕의 영역뿐 아니라 정신적 경험의 모든 영역에서 수동적으로 받은 인상이 능동적인 반응을 불러일으키는 것은 쉽게 관찰된다. 다시 말해 아이들은 자신을 두고 이리저리 행해졌던 것을 스스로 직접 한 번 해보고자 하는 것이다. 이는 외부 세계를 정복하려는 작업의 일부로서 스스로에게 부과한 과제다. 그래서 괴로운 내용 때문에 회피하고자 했던 그런 인상들을 반복하려는 시도로 이어질 수 있다. 아이들의 놀이도 그런 의도에 부합한다. 즉 능동적 행위를 통해 수동적 경험을 보완하고, 이로써 수동적 경험을 상쇄하려는 것이다. 의사가 억지로 아이의 입을 벌려 목구멍 상태를 검진했다고 가정해 보자. 아이는 집에 돌아와 의사 놀이를 하면서 자기가 의사 앞에서 그랬던 것처럼 자기 앞에서 꼼짝 못하는 동생에게 자기가 당한 그 폭력적인 행동을 반복하려고 한다. 이 예에서 우리는 수동적 역할에 대한 반감과 능동적 역할에 대한 선호 심리를 분명히 엿볼 수 있다. 물론 수동성에서 능동성으로의 전환이 모든 아이들에게 똑같은 강도로 일어나는 것은 아니다. 가령 그런 전환이 전혀 일어나지 않는 경우도 있다. 우리는 아이들의 이런 태도에서 아이가 성욕 속에서 드러내는 남성성과 여성성의 상대적인 강도에 대해 하나의 결론을 도출해 낼 수 있다.

아이가 어머니에게서 겪는 첫 번째 성적 경험, 또는 성적 색채가 짙은 경험은 당연히 수동적 성격을 띤다. 아이는 어머니의 도움으로 젖을 빨고, 음식을 먹고, 몸을 씻고, 옷을 입고, 그 밖의 다른 일도 전적으로 어머니에게 의존한다. 아이의 리비도 중 일부는 이런 경험에 계속 집착하면서 그와 연결된 만족감을 즐기지만, 리비도의 다른 일부는 그 경험들을 자꾸 능동적인 것으로 바꾸려 한다. 처음엔 그냥 젖이 물려지던 것이 적극적으로 젖을 빠는 행위로 대체되는 것이 그런 예 중 하나다. 다른 관계에서도 아이는 능동적 독자성, 즉 지금까지는 자신에게 일어나기만 했던 것을 이제 자신이 직접 해보는 것에 만족해 하거나, 아니면 놀이에서 수동적 경험을 능동적으로 반복하는 것에 만족해 하거나, 아니면 자신이 적극적 주체가 되어 대상인 어머니에게 뭔가를 해보기도 한다. 이 마지막 행동의 경우, 사실 나는 경험을 통해 그게 어떤 의심도 허용하지 않을 정도로 명백하게 확인되기 전까지는 오랫동안 믿지 않았다.

우리는 여자아이에게서 어머니를 씻기고 입히거나, 응가를 누이고 싶다는 말을 들은 적이 거의 없다. 물론 이따금 〈이제부터는 내가 엄마고, 엄마는 내 아이야, 알았지?〉 하고 말하는 아이들이 있기는 했지만, 대체로 여자아이들은 그런 적극적인 소망을 인형 놀이를 통해 간접적으로 해소한다. 이 놀이에서 여자아이는 엄마 역을 맡고, 인형은 아이 역을 맡는다. 남자아이들과는 대조적으로 여자아이들이 특히 인형 놀이를 좋아하는 것은 보통 일찍 깨어난 여성성의 징후로 해석된다. 틀린 말은 아니지만, 간과하지 말아야 할 것이 있다. 즉 인형 놀이에서 드러나는 것은 여성성의 능동성이고, 여자아이들이 인형 놀이를 선호하는 것은 아버지에 대한 무시와 더불어 어머니에 대한 배타적 애착의 증거라는 것이다.

어머니에 대한 여자아이들의 이런 깜짝 놀랄 성적 적극성은 시간 순서대로 보면 어머니를 향한 구강기적 추구, 사디즘적 추구, 마지막으로 남근기적 추구 속에서 표출된다. 여기서 이것들을 상세히 설명하기는 어렵다. 왜냐하면 이 추구들에는 모호한 충동적 흐름들이 자주 나타나는데, 이런 흐름이 나타날 당시 아이들은 그것을 정신적으로 이해할 수 없고, 그래서 나중에야 그 부분을 해석해야 할 뿐 아니라 정신분석으로 되살린다고 하더라도 원래의 내용을 그대로 담고 있다고 보기 힘들기 때문이다. 가끔 우리는 그런 충동적 흐름이 나중에 아버지라는 대상에게 전이되는 것을 보기도 하는데, 본디 그 흐름은 아버지에게로 갈 것이 아니기에 오히려 이 상황을 이해하는 데 방해만 된다. 공격성을 띤 구강기적 소망과 사디즘적 소망은 이른 시기의 억압에 의해 강요된 형태 속에서 불안, 그러니까 어머니에게 죽임을 당할지도 모른다는 불안으로 나타나고, 이 불안은 결국 아이의 입장에선 어머니가 죽었으면 하는 소망으로 이어진다. 이런 불안이 아이가 짐작하는 어머니에 대한 무의식적 적대감에 얼마만큼 근거하고 있는지는 말하기 어렵다(지금껏 나는 잡아먹힐지도 모른다는 불안을 남자들에게서만 발견했고, 그것을 아버지하고만 관련시켰다. 하지만 이제는 이것이 어쩌면 어머니를 향한 구강기적 공격성이 아버지에게로 전이된 것이 아닐까 하는 생각이 든다. 아이는 자신을 먹여 준 어머니를 잡아먹고 싶어 한다. 아버지의 경우는 그런 소망을 불러일으킬 만한 명확한 동기가 보이지 않는다).

내가 오이디푸스 전 단계를 연구했던, 어머니에게 강한 애착을 보이는 여자들은 하나같이 이런 말을 했다. 어머니가 자신에게 관장을 할 때 두려움과 분노의 비명을 내지르며 극렬하게 저항했다는 것이다. 이런 반응은 어쩌면 아이들에게서 자주 나타나거나, 아니면 아이들의 일반적인 행동일 수 있다. 나는 이런 격렬한 반발의 원인을 러스 맥 브런스윅의 발언을 통해 알게 되었다. 비슷한 문제를 나와 동시에 연구하던 브런스윅은 관장 직후에 아이들에게서 나타나는 분노의 폭발을 생식기 자극 뒤의 오르가슴과 비교하고 싶다고 말했다. 관장할 때의 두려움은 깨어난 공격욕의 변형으로 이해할 수 있다는 것이다. 나도 그렇게 생각한다. 또한 사디즘적-항문 성애적 단계에서는 창자 부위의 강한 외부 자극이 공격욕의 분출을 유발하고, 이 공격성은 직접적인 분노나 억압을 통한 불안으로 표출된다는 점에 동의한다. 물론 이러한 반응은 어느 시기에 이르면 사라지는 것처럼 보인다.

남근기의 수동적 움직임 가운데 두드러지는 것은 여자아이들이 전반적으로 어머니를 성적 유혹자로 지목한다는 사실이다. 그러니까 어머니(또는 어머니를 대신하는 보호자)가 그들의 몸을 씻거나 어루만져 줄 때 생식기에 강한 흥분을 느꼈다는 것이다. 게다가 어머니들도 두세 살짜리 딸을 관찰한 결과를 내게 이렇게 들려주었다. 아이들이 그런 느낌을 좋아하고, 심지어 만지고 비비는 행위의 반복으로 그런 느낌을 더욱 강화해 줄 것을 요구한다는 것이다. 내가 보기엔, 훗날 딸들의 판타지에서 아버지가 성적 유혹자로 자주 등장하는 것도 모두 어머니들이 이런 식으로 불가피하게 딸에게 남근기로 들어가는 길을 열어 주었기 때문인 듯하다. 그러니까 여자아이가 어머니에게서 등을 돌리는 것과 함께 성생활도 아버지에게로 넘어가는 것이다.

어머니에게 반발하는 강렬한 능동적 소망도 마침내 남근기에서 성취된다. 이 시기의 성적 활동은 클리토리스의 자위행위에서 절정을 이룬다. 이때 어머니를 떠올릴 가능성이 무척 크지만, 그게 아이에게 성 목표에 관한 생각을 떠올리게 하는지, 그리고 그 목표가 어떤 것인지는 내 경험으론 짐작이 되지 않는다. 그런 목표는 동생이 태어남으로써 아이의 관심에 새로운 동력이 생겼을 때에야 분명히 알 수 있다. 여자아이들은 남자아이들과 마찬가지로 엄마에게 새 아기를 만들어 준 사람이 자기라고 생각한다. 또한 이 사건에 대한 반응과 동생에 대한 태도 역시 남자아이들과 다를 게 없다. 이 말은 터무니없이 들릴 수도 있겠지만, 어쩌면 아직 생소해서 그런 것뿐일 수도 있다.

어머니에게서 등을 돌리는 것은 여자아이의 성장 과정에서 굉장히 중요한 발걸음이다. 그것은 단순히 대상 전환 이상의 의미를 담고 있다. 우리는 이미 그 과정과 동기들에 대해 설명했는데, 여기서 덧붙이자면, 어머니에게서 등을 돌리는 것과 발맞추어 능동적 성 충동은 현저하게 줄고 대신 수동적 성 충동이 대폭 증가하는 것이 관찰된다. 사실 능동적인 흐름은 좌절당하면 크게 동요한다. 다시 말해 현실에서 이룰 수 없다는 게 분명해지면 쉽게 리비도를 포기해 버린다. 물론 수동적 흐름에도 실망은 없지 않다. 어머니에게서 등을 돌리는 것과 함께 클리토리스의 자위행위가 중단되는 경우도 잦다. 또한 지금껏 이어져 온 남성성의 억압과 함께 성 흐름의 상당 부분이 영구적 손상을 입을 때도 많다. 아버지로의 대상 전환은 수동적 흐름의 도움으로 이루어진다. 이흐름에 전반적인 이상이 생기지만 않는다면 말이다. 이젠, 극복된 오이디푸스 전 단계에 있던 어머니 애착의 잔재에 의해 제한되지 않는 한 여자아이 앞엔 여성성의 발달로 나아가는 통로가활짝 열려 있다.

지금까지 설명한 여자의 성적 발달에 관한 부분들을 종합해 보면 여자의 성욕 전반에 관한 특정한 판단을 억누를 길이 없다. 다만 우리는 남자아이들과 똑같은 리비도의 힘이 여자아이들에게도 작용하는 것을 발견했고, 그것이 여자아이건 남자아이건 한동안 똑같은 길을 걸으면서 똑같은 결과를 낳는다는 사실도 확신하게 되었다.

그렇다면 리비도의 힘을 (여자아이의 경우) 처음의 목표에서 벗어나게 하고, 남성적인 의미의 능동적인 힘까지 여성성의 경로로 이끄는 것은 생물학적 요인들이다. 성적 흥분이 특정 화학 물질의 작용으로 생기는 것이라는 생각을 지울 수 없기에 생화학이 언젠가 남성의 성적 흥분을 야기하는 물질과 여성의 성적 흥분을 야기하는 물질을 밝혀낼 수 있을 거라는 기대가 솟구친다. 그러나 이런 기대는 현미경으로 히스테리와 강박신경증, 우울증 등의 병원체를 따로따로 찾아낼 거라는 희망(다행히 이제는 누구도 이런 희망을 갖지 않는다) 못지않게 순진한 생각으로 보인다.

성(性) 화학의 사정도 간단치 않은 게 분명하지만, 어쨌든 심리학의 입장에서는 우리 몸속에 성적 자극 물질이 하나가 있건 둘이 있건, 아니면 무수히 많건 그건 상관없다. 정신분석이 우리에게 가르쳐 주는 것은 이렇다. 능동적 목표와 수동적 목표, 그러니까 만족의 종류를 알고 있는 단 하나의 리비도를 갖고 계속 연구해 나가라는 것이다. 나머지 문제는 능동적 목표와 수동적 목표의 대립 속에, 그중에서도 특히 수동적 목표를 가진 리비도의 흐름들 속에 담겨 있다.

4

이 논문의 주제인 여자의 성욕을 다룬 정신분석적 자료들을 살펴보면 내가 여기서 거론한 모든 것들이 이미 거기에 언급되어 있음을 알 수 있다. 그래서 접근하기가 쉽지 않은 연구 분야에서 나름의 경험이나 개인적 견해에 관한 보고가 그리 가치 있는 것이 아니라면 구태여 이런 글을 추가로 발표할 필요는 없을 것이다. 또한 나는 관련 내용을 좀 더 명확하게 파악했고, 좀 더 세심하게 분류했다. 다른 사람들의 논문 중에는 여자의 성욕을 다루면서 초자아나 죄의식 문제를 동시에 논의함으로써 설명이 일목요연하지 않고 혼란스러운 것들이 더러 있었다. 나는 그런 일을 피했다. 또한 이 성장 단계에서 파생된 여러 결과들을 설명할 때 여자아이가 아버지에 대한 실망 때문에 이미 과거에 돌아섰던 어머니에 대한 애착으로 되돌아가거나, 삶의 과정에서 반복해서 입장을 바꿀 때 생기는 복잡한 문제들도 다루지 않았다. 나는 이 글역시 다른 많은 논문들 가운데 하나일 뿐이라고 여기기에 굳이다른 글들에 대한 상세한 인정은 필요 없다고 생각한다. 대신 다른 논문들과의 유의미한 일치점을 포함해서 그보다 더 중요한 몇몇 차이점을 강조하는 데 그칠 생각이다.

아브라함의 논문 「여자의 거세 콤플렉스에 관한 견해」(1921)

는 정말 탁월하다. 다만 여자아이들이 초기에 보이는 어머니에 대한 배타적 애착 요소를 추가했으면 어땠을까 싶다. 잔[4] 람플-더흐로트의 논문[5]에 대해서도 나는 그 본질적인 부분에 동의한다. 흐로트도 남자아이와 여자아이의 오이디푸스 전 단계가 완전히 똑같다는 사실을 인식했고, 어머니에 대한 성적(남근기적) 활동을 관찰을 통해 입증했다. 또한 어머니로부터 등을 돌리는 것의 원인을 여자아이가 인지한 거세의 영향으로 보았고, 그 영향으로 여자아이가 이전의 성적 대상과 결별하면서 자위행위도 그만두게 된다고 생각했다. 이 전 과정을 요약하자면 여자아이는 〈긍정적인〉 오이디푸스 콤플렉스 단계로 들어서기 전에 〈부정적인〉 오이디푸스 콤플렉스 단계를 거친다는 것이다. 다만 내가 잔 람플-더흐로트의 논문에서 아쉽게 생각하는 부분은 어머니로부터의 돌아섬을 단순히 대상 교체로만 설명하면서, 그게 아주 뚜렷한 적대감의 신호들과 함께 일어난다는 점에 주목하지 않았다는 사실이다. 이 적대감을 충분히 인지한 것은 헬레네 도이치의 최근 논문 「여성의 마조히즘과 불감증과의 관계 Der feminine Masochismus und seine Beziehung zur Frigidität」(『국제정신분석학회지』 16권, 1930)다. 여기서 저자는 여자아이들의 남근적 활동과 어머니에 대한 강렬한 애착을 인정했고, 아버지로의 전환이 이미 어머니에게서 활성화되었던 수동적 흐름의 길 위에서 일어난다고 설명했다. 다만 헬레네 도이치도 그보다 일찍 발표한 책 『여성의 성 기능에 관한 정신분석 Psychoanalyse der weiblichen Sexualfunktionen』(1925)에서는 오이디푸스 도식을 오이디푸스 전 단계로까

4   저자의 바람에 따라 나는 『국제정신분석학회지』에 A. L. de Groot로 소개된 이름을 이렇게 수정했다 — 원주.

5   「여성적 오이디푸스 콤플렉스의 발달사 Zur Entwicklungsgeschichte des Ödipuskomplexes der Frau」(『국제정신분석학회지』 13권, 1927) — 원주.

지 적용하는 것에서 자유롭지 못했고, 그 때문에 여자아이의 남근적 행동을 아버지와의 동일시로 해석했다.

페니헬O. Fenichel은 「오이디푸스 콤플렉스의 예비 성기기 전사(前事)Zur prägenitalen Vorgeschichte des Ödipuskomplexes」(1930)에서 정신분석 자료들 가운데 어떤 부분이 오이디푸스 전 단계의 변경되지 않는 내용인지, 또 어떤 부분이 퇴행적으로 또는 다른 식으로 왜곡된 것인지 알아내는 작업의 어려움을 강조했다. 맞는 말이다. 다만 페니헬은 람플-더흐로트와 달리 여자아이들의 남근적 활동을 인정하지 않았고, 멜라니 클라인Melanie Klein이 「오이디푸스 갈등의 초기 단계들Frühstadien des Ödipuskonfliktes」(1928)에서 제시한 오이디푸스 콤플렉스의 〈예비 전이〉도 부인했다. 클라인은 오이디푸스 콤플렉스가 두 살 초반에 시작되는 것으로 보았다. 어린아이의 발달에 관한 모든 견해를 수정해야 할 정도로 파격적인 이 시점 결정은 실제론 우리가 성인에 대한 분석으로 알아낸 결과들과 일치하지 않는다. 특히 오이디푸스 전 단계에서 여자아이들이 어머니에게 보이는 긴 애착 기간에 관한 내 소견과도 합치되지 않는다. 다만 이 영역에서 생물학적 법칙에 따라 확고하게 뿌리를 내리고 있는 것과 우연한 경험에 따라 얼마든지 바뀔 수 있는 것 사이를 우리가 아직 명확하게 구분할 수 없다는 점을 고려하면 이런 모순은 어느 정도 완화되는 듯하다. 유혹의 영향이야 오래전부터 잘 알려져 있지만, 그 밖의 다른 요소들, 예를 들어 동생의 출생 시점, 남녀 차이의 발견 시점, 성행위 장면의 직접적인 목격, 부모의 성적인 구애나 퇴짜 행위 등은 아이의 성적 발달을 가속화할 수 있다.

일부 저자들의 경우, 나중의 성장 과정에만 집중하다 보니 아이들에게서 처음 나타나는 근원적인 리비도의 의미를 무시하는 경향이 있다. 그래서 그들은 극단적으로 말해서, 아주 어릴 때의 리비도에는 모종의 방향을 제시하는 역할밖에 남아 있지 않고, 이 과정에서 분출되는 강렬한 (심리적) 인상들은 이후의 퇴행과 반동 형성에 의해 부정된다는 식으로 설명한다. 예를 들어 카렌 호나이Karen Horney는 「여성성으로부터의 도피Flucht aus der Weiblichkeit」(『국제정신분석학회지』 12권, 1926)에서 이렇게 말한다. 여자아이들의 일차적 남근 선망은 과대평가되는 측면이 강하고, 나중에 남성적 흐름이 강하게 발달하는 것은 여성적 흐름을 가로막는 데 사용되는, 특히 아버지에 대한 애착을 가로막는 데 사용되는 이차적 남근 선망 때문이라는 것이다. 이는 내 생각과 일치하지 않는다. 퇴행과 반동 형성으로 나중에 성 충동이 확실히 강화되기는 하더라도, 또한 합류한 리비도 요소들의 상대적 강도를 가늠하는 것이 어렵다고 하더라도, 나는 최초의 리비도적 흐름에 이후의 어떤 충동보다 더 월등한 힘, 아니 헤아릴 수 없는 무한한 힘이 있다는 사실을 간과해서는 안 된다고 생각한다. 아버지에 대한 애착과 남성성 콤플렉스 사이에 대립이, 즉 능동성과 수동성, 남성성과 여성성의 일반적 대립이 존재한다는 것은 분명 맞는 말이다. 하지만 그중 하나만이 일차적이고, 다른 것은 단순히 방어만을 위해 존재하는 것이라고 가정하는 것은 옳지 않아 보인다. 게다가 만일 여성성에 대한 방어력이 그렇게 강력하다면 아이의 남근 선망 속에서 처음으로 표출되고, 그래서 그런 이름까지 얻은 남성성의 흐름 말고 대체 어디서 그 힘을 얻을 수 있겠는가?

어니스트 존스Ernest Jones의 견해도 비슷하게 반박할 수 있다. 즉 그는 「여성 성욕의 초기 발달The Early Development of Female Sexuality」(1927)에서 여자아이들의 남근기 단계가 실질적인 성

장 단계라기보다 부차적인 방어적 반응에 지나지 않는다고 주장
했는데, 이는 성장의 역동성에도, 성장의 시간적 순서에도 맞지
않는다.

박종대 옮김

나르시시즘 서론

Zur Einführung des Narzißmus(1914)

프로이트가 쓴 편지를 보면 그가 이 글을 구상하기 시작한 것은 1913년 6월이었고, 같은 해 9월 셋째 주 로마에서 휴가를 보내던 중 초고를 완성했음을 알 수 있다. 그러나 프로이트는 1914년 2월 말이 되어서야 원고를 다듬기 시작해서 약 한 달 후 최종 원고를 완성했다.

이 논문의 제목을 그대로 번역하면 〈나르시시즘이란 개념의 도입에 관하여〉라고 해야 옳다. 사실 프로이트는 이 글을 쓰기 이전에도 나르시시즘이란 용어를 사용했다. 프로이트의 전기를 쓴 어니스트 존스가 전하는 바에 따르면, 1909년 11월 10일 빈에서 열린 정신분석학회에서 프로이트는 자가 성애와 대상애의 중간 단계로 나르시시즘이란 개념의 도입이 필요하다는 것을 주장한 것으로 알려진다. 또 비슷한 시기에 「성욕에 관한 세 편의 에세이」 제2판의 출간을 준비 중이던 것으로 보아(서문에는 날짜가 1909년 11월로 되어 있다), 이 2판의 각주에 등장한 나르시시즘이란 용어가 아마 프로이트가 나르시시즘이란 단어를 공개적으로 언급한 최초의 것이 아닌가 한다(2판이 출간된 것은 1910년 초로 추정된다). 또 1910년 5월 말에 「레오나르도 다빈치의 유년의 기억」이 출간되었는데, 프로이트는 이 책의 세 번째 장의 중간쯤에 나르시시즘에 관하여 비교적 길게 설명하고 있다. 프로이트가 본 논문의 앞부분에서 언급한 오토 랑크의 나르시시즘에 관한 연구서가 출간된 것은 1911년이었다. 그 밖에 나르시시즘에 관한 프로이트 자신의 언급은 〈슈레버〉 증례 연구 「편집증 환자 슈레버 ― 자서전적 기록에 의한 정신분석」 세 번째 장과 「토템과 터부」의 세 번째 장에서 찾아볼 수 있다.

이 글은 프로이트의 논문 가운데 가장 중요한 논문의 하나로 꼽히고 있으며, 프로이트의 사상 전개에 있어서도 중심이 되는 논문 가운데 하나로 평가되고 있다.

이 논문은 1914년 『정신분석과 정신 병리학 연구 연보』 제6권에 처음 실렸으며, 1924년 국제 정신분석 출판사에서 출간되었다. 또한 『저작집』 제6권(1925), 『전집』 제10권(1946)에도 실렸다. 영어 번역본은 1925년 베인스C. M. Baines가 번역하여 "On Narcissism: an Introduction"이라는 제목으로 『논문집』 제4권에 실렸으며, 『표준판 전집』 제14권(1957)에도 수록되었다.

1

나르시시즘이라는 용어는 네케Paul Näcke[1]가 자신의 몸을 마치 성적(性的) 대상을 대하듯 하는 사람들의 태도, 말하자면 스스로 성적 만족을 느낄 때까지 자신의 몸을 바라보고 쓰다듬고 애무하는 사람들의 태도를 지칭해서 처음 사용한 말이다. 사실 이런 정도까지 진전된 나르시시즘은 개인의 성생활 전체를 황폐하게 하는 성도착과 다를 바 없다. 이런 의미에서 볼 때 온갖 형태의 성도착증Perversion을 연구하는 과정에서 만날 수 있는 그 증상의 여러 특징과 흡사한 특징을 나르시시즘도 내보이게 될 것이라고 추측할 수 있다.

정신분석적 관찰을 통해 나르시시즘에 빠진 사람들이 내보이

1 1920년에 「성욕에 관한 세 편의 에세이」(본서와 프로이트 전집 7, 열린책들)에 추가한 한 각주에서 프로이트는 〈나르시시즘〉이란 용어를 네케가 처음으로 소개했다는 이 부분은 잘못된 것으로, 사실은 엘리스Havelock Ellis가 처음 소개한 것이라고 말했다. 그러나 그 후에 엘리스 자신은 한 짧은 논문(1927)에서 프로이트의 그 말은 사실이 아니며, 나르시시즘의 소개에는 자신도 기여한 바가 있지만 네케의 공도 있다고 주장했다. 그의 설명에 따르면, 그 자신은 1898년에 어떤 심리적 태도를 설명하기 위해 〈나르시서스 같은〉이란 말을 사용했으며, 네케는 1899년에 성도착을 설명하기 위해 〈나르치스무스Narcismus〉라는 용어를 사용했다는 것이다. 〈나르시시즘〉이란 뜻으로 프로이트가 사용한 독일어는 Narzißmus이다. 더 정확한 독일어 표현은 Narzißismus가 되어야 하겠지만, 프로이트는 「편집증 환자 슈레버 — 자서전적 기록에 의한 정신분석」(본서 수록)에서 발음의 편의상 자신은 Narzißmus를 사용한다고 했다.

는 개개의 특징들이 다른 장애를 겪고 있는 많은 다른 사람들(가령 자드거I. Sadger가 지적했듯이 동성애자들) 가운데서도 발견된다는 사실이 밝혀졌다. 따라서 나르시시즘으로 설명할 수 있을 리비도*Libido*의 표출이 더욱 넓은 범위에서 이루어진다는 가정이 가능했으며, 더 나아가 나르시시즘은 인간의 정상적인 성적 발달 과정에서 나타나는 하나의 태도일 수 있다는 추측도 가능했다.[2] 신경증 환자들에 대한 정신분석 작업이 매우 어렵다는 사실도 그런 추측을 더욱 뒷받침해 주었다. 왜냐하면 신경증 환자들에게서 발견된 나르시스적 태도가 그 환자들을 정신분석을 통해 교정할 수 있는 가능성을 방해하는 요인으로 작용하는 듯이 보였기 때문이다. 이런 의미에서 나르시시즘은 성도착이 아니라, 모든 살아 있는 생명체가 어느 정도 당연히 보유하고 있는 자기 보존 본능 *Selbsterhaltungstrieb*이라는 이기주의를 리비도가 보완해 주는 것으로 이해할 수 있다.

정신분석가들이 근원적이면서도 정상적인 나르시시즘을 연구하게 된 절박한 동기는, 조발성 치매*Dementia praecox*(크레펠린 E. Kraepelin의 용어)나 정신 분열증*Schizophrenie*(블로일러의 용어)으로 알려진 증상을 리비도 이론의 틀 속에서 이해하려는 노력이 이루어지면서부터 생겨났다. 그런 종류의 환자들 — 나는 그들을 이상 정신*Paraphrenie* 환자로 부르자고 제안해 왔다 — 은 두 가지 근본적인 특성을 내보인다. 과대망상증*Größenwahn*과 외부 세계(사람이나 사물)에 대한 외면이 그것이다. 특히 이 두 특성 가운데 외부 세계에 대한 외면이라는 특성 때문에 그들은 정신분석의 영향을 받지 않아서, 우리 정신분석가들이 아무리 노력을 기울여

---

2 오토 랑크의 「나르시시즘에 관한 한 논고 Ein Beitrag zum Narzißismus」(1911) 참조 — 원주.

도 치료가 불가능하게 된다. 그런데 외부 세계에서 눈을 돌리는 이 이상 정신 환자들의 특성은 좀 더 자세하게 설명할 필요가 있다. 히스테리*Hysterie* 환자와 강박 신경증*Zwangsneurose* 환자 역시 병이 어느 정도 진척되면 현실과의 관계를 포기한다. 그러나 정신분석을 통해 드러난 바에 따르면, 그런 환자들도 사람이나 사물과의 성애적 관계는 결코 포기하지 않고 자신의 환상 속에 그대로 유지하고 있다. 말하자면 그런 환자는 현실적 대상을 자신의 기억 속에서 끄집어낸 상상의 대상으로 대체하거나 현실적 대상을 상상의 대상과 뒤섞어 버리는 것이다. 또 다른 한편으로는, 그런 현실적 대상들과 관련해서 그가 애초부터 지니고 있던 어떤 목적을 그냥 포기해 버리는 것이다. 바로 이와 같은 리비도의 상태에 대해서만 우리는 융이 분간 없이 사용한 리비도의 〈내향성〉이란 표현을 적용할 수 있다. 그러나 이상 정신 환자의 경우는 다르다. 그는 자신의 리비도를 외부 세계의 사람이나 사물에서 철수시켰을 뿐만 아니라 그 외부 대상들을 환상 속의 다른 대상으로 대체시키지도 않는다. 만일 어떤 대상의 대체가 이루어진다면 그것은 부차적인 것에 불과하며, 또 리비도를 대상으로 다시 되돌리려는 회복 노력의 일부에 지나지 않는 것이다.[3] 여기에서 다음과 같은 의문이 제기될 수 있다. 그럼 정신 분열증의 경우 외부 대상에게서 벗어난 리비도는 어떻게 된 것일까? 해답은 정신 분열증의 상태 속에 나타나는 과대망상적 특징에서 찾을 수 있다. 이 과대망상은 대상 리비도*Objektlibido*를 희생한 대가로 생겨난 것이다. 외부 세계에 등을 돌린 리비도는 자아로 방향을 돌려 나

3 이 부분과 관련해서는 〈슈레버〉 증례 연구 분석의 세 번째 장에 나오는 〈세계 종말〉에 관한 논의를 참조할 것. 또한 아브라함의 논문 「히스테리와 조발성 치매의 성심리적 차이Die psychosexuellen Differenzen der Hysterie und der Dementia praecox」(1908) 도 참조할 것 ─ 원주.

르시시즘이라고 불릴 수 있는 태도를 만들어 낸다. 그러나 과대망상 그 자체는 새롭게 만들어진 것이 아니라, 이미 그 이전부터 존재해 왔던 한 상태가 확대되고 더욱 분명하게 나타난 결과이다. 그러므로 우리는 대상 리비도 집중*Objektbesetzung*(대상을 향한 리비도의 발현)의 후퇴로 생겨난 나르시시즘을, 갖가지 영향으로 잠복해 버린 근원적인 나르시시즘 위에 첨가된 부차적인 나르시시즘으로 파악하게 된다.

다시 한번 부연하지만, 나는 여기서 정신 분열증의 문제를 설명하거나 더 자세히 파헤치는 것이 아니다. 다만 정신분석에 나르시시즘이란 개념의 도입을 정당화하기 위해 다른 여러 곳에서 언급했던 것들을 한데 종합해 보려는 마음뿐이다.

이와 같은 리비도 이론의 확장 — 내가 보기엔 정당한 확장이다 — 은 세 번째 분야, 즉 어린이와 원시인(原始人)들의 정신적 삶에 대한 관찰과 이해를 통해 더욱 뒷받침된다. 특히 원시인들의 정신적 삶에서 우리는 하나하나 개별적으로 살펴보았을 때 과대망상이라고 부를 수 있는 특징들을 발견했다. 그들의 소망과 정신 작용의 힘에 대한 과대평가, 〈사고의 전능성(全能性)〉, 언어에는 마술의 힘이 있다는 믿음, 그리고 이와 같은 과대망상적 전제들을 논리적으로 적용시킨 것처럼 보이는 외부 세계에 대처하는 기술, 즉 〈마술〉 등이 그것들이다.[4] 우리는 정신적 삶의 발달 과정이 더욱 분명하게 드러나지 않는 오늘날의 어린아이들에게서도 외부 세계에 대한 이와 흡사한 태도를 찾을 수 있다고 기대했다.[5] 따라서 우리는 다음과 같은 생각을 할 수 있었다. 원래 사

---

4 이 주제를 다루고 있는 「토템과 터부」(프로이트 전집 13, 열린책들)를 참조할 것 — 원주.

5 페렌치S. Ferenczi가 1913년에 쓴 논문 「현실 감각의 발달 단계Entwicklungs-stufen des Wirklichkeitssinnes」를 참조할 것 — 원주.

람에게는 자아*das Ich*를 향한 리비도 집중*Libidobesetzung*이 존재하며, 그중 일부가 나중에 대상을 향해 발현된다. 그런데 자아를 향한 리비도 집중은 근본적으로 사라지지 않고 계속 존재하는 것이며, 이런 관점에서 자아를 향한 리비도 집중과 이후에 나타나는 대상 리비도 집중*Objektbesetzung*과의 관계는 원형 동물인 아메바의 몸통과 그 몸통이 내뻗는 위족(僞足)의 관계와 마찬가지다.[6] 신경증 증상을 출발점으로 삼아 시작된 우리의 연구에서 이와 같은 리비도의 상태는 처음부터 드러나지 않았다. 우리의 눈에 띈 것은 단지 대상을 향한 리비도의 발현, 즉 대상을 향했다가 다시 되돌아오는 그런 리비도의 상태였다. 또한 우리는 자아 리비도*Ichlibido*와 대상 리비도*Objektlibido*[7] 사이의 대조를 알아낼 수 있었다. 즉 어느 한쪽의 리비도가 많이 발현되면 다른 쪽을 향한 리비도는 그만큼 부족하게 된다는 것이다. 사람의 성숙 단계에서 대상 리비도가 가장 크게 발현되는 시기는 사랑을 할 때이다. 말하자면 그때가 자기 자신을 포기하고 대상을 향해 리비도를 집중시키는 시기인 것이다. 반면에 우리는 편집증*Paranoia* 환자의 〈세계 종말〉 환상(혹은 자기기만)[8]에서 그 반대의 경우를 볼 수 있다. 마침내 정신 에너지의 분화(分化)와 관련해서 우리는 이런 결론에 도달했다. 나르시시즘의 상태가 지속되는 동안에는 정신 에너지가 한데 모여 있으며, 섬세하지 못한 대강의 분석으로는 정신 에너지의 구분이 불가능하다는 것이다. 결국 대상 리비도 집중이

6 프로이트는 이와 유사한 비유를 『정신분석 강의』 중 스물여섯 번째 강의에서도 예로 든 바 있다. 여기에 표현된 일부 견해는 나중에 수정되었다.

7 이곳에서 처음으로 프로이트는 리비도를 자아 리비도와 대상 리비도로 구분했다.

8 이와 같은 〈세계 종말〉 환상에는 두 개의 메커니즘이 작용한다. 하나는 리비도 전체가 사랑하는 대상을 향해 발현되는 경우이고, 또 하나는 리비도가 다시 자아로 되돌아오는 경우이다 — 원주.

일어나야만 성적(性的) 에너지 — 리비도 — 와 자아 본능 에너지의 구분이 가능하다는 것이 우리의 생각이다.[9]

논의를 더 계속하기 전에, 우리가 다루고자 하는 주제의 어려움의 원인이 된 가장 중요한 의문 두 가지를 먼저 해결할 필요가 있다. 첫째, 우리가 지금 언급하고 있는 나르시시즘과 리비도의 초기 상태인 자가 성애*Autoerotismus*는 서로 어떤 관련이 있는가?[10] 둘째, 만일 근원적인 리비도의 발현이 자아를 향한 것임을 인정한다면 성적 리비도와 비성적 에너지인 자아 본능의 에너지를 구분할 필요가 있는가? 달리 말해, 정신 에너지는 동일한 종류의 에너지라는 사실을 설정하면 자아 본능의 에너지와 자아 리비도를 구분 짓고, 자아 리비도와 대상 리비도를 구분 짓는 그 어려움을 피할 수 있지 않겠는가?[11] 첫 번째 물음과 관련해서 말하자면, 우리로서는 애초부터 개인에게는 자아와 비교될 만한 어떤 단일성(單一性)은 존재할 수 없었으며, 따라서 자아가 계속 발달해야 한다고 가정하지 않을 수 없었다는 사실을 나는 지적하고자 한다. 그러나 자기애의 본능이 처음부터 존재하고 있으며, 따라서 나르시시즘이 형성되기 위해서는 자기애에 무엇인가 새로운 정신 작용이 부가되어야 했다.

두 번째 물음에 대해 명확하게 대답하라는 요구는 모든 정신분석가들에게 분명 불안감을 안겨 주는 요구이다. 정신분석가라면 무익한 이론적 논쟁에 휘말려 관찰을 도외시하는 일은 생각도 하기 싫어할 것이다. 그러나 어떤 의문을 명증(明證)하게 풀어 보려는 노력 또한 소홀히 할 수는 없다. 사실 자아 리비도, 자아 본능

9 본능에 관한 프로이트 견해의 전개 과정은 「본능과 그 변화」의 편집자 서문을 참고하기 바란다.

10 프로이트의 「성욕에 관한 세 편의 에세이」 중 두 번째 에세이를 참조할 것.

11 이 부분에 관해서도 「본능과 그 변화」의 편집자 서문을 참조할 것.

에너지 등과 같은 개념들은 쉽게 이해될 수 있는 것들도 아니고 내용이 풍부한 것도 아니다. 따라서 그런 개념들 사이의 관계를 거론하는 사변적 이론은 먼저 기초가 되는 개념들을 좀 더 명확하게 정의 내리는 일부터 시작되어야 한다. 그런데 내 생각엔 바로 그것이 사변적 이론과 경험적 해석 위에 세워진 과학의 차이점이다. 경험적 해석을 바탕으로 한 과학은 사변적 이론이 지닌 장점, 즉 매끄럽고 논리적으로 흠 하나 없는 토대를 부러워하지 않는다. 오히려 전개 과정 속에 더욱 분명하게 이해될 수 있거나 아니면 다른 적절한 것으로 대체할 수도 있는 그런 막연하고 상상 불가능한 개념들을 기꺼이 받아들이고 그것에 만족해하는 것이다. 왜냐하면 그런 개념들은 과학의 토대가 아니며, 모든 것의 바탕이 아니기 때문이다. 오로지 관찰만이 과학의 토대가 될 수 있을 뿐이다. 그러므로 그런 개념들은 전체 구조의 토대가 아니라 상부이며, 그런 연유로 구조 자체에 아무런 손상 없이 다른 것으로 대체할 수도 있고, 또 파기해 버려도 무방한 것들이다. 오늘날의 물리학에서도 그와 같은 일이 벌어지고 있다. 물질, 힘의 중심, 인력(引力) 등등의 물리학 개념들도 그와 유사한 정신분석학의 개념들만큼이나 논란의 여지가 많은 개념들이기 때문이다.[12] 〈자아 리비도〉나 〈대상 리비도〉 같은 개념의 가치는 그 개념들이 신경증이나 정신병 과정의 본질적인 특징들을 연구한 결과로 파생된 것이라는 사실에 있다. 리비도를 자아에 고유한 리비도와 대상을 향한 리비도로 구분하는 것은 성적 본능과 자아 본능을 구별 지었던 최초의 가정에서 파생된 필연적 귀결이다. 어쨌든 내가 이런 구분을 하지 않을 수 없었던 것은 순수 전이 신경증

12 이런 프로이트의 생각은 「본능과 그 변화」의 첫 단락에서 더욱 확대되어 나타난다.

Übertragungsneurose(히스테리와 강박 신경증)에 대한 분석 때문이었다. 다른 방법으로 그런 신경증 현상을 설명하려는 시도가 완전히 실패로 끝나고 말았던 것이다.

연구 방향을 설정하는 데 도움이 될 만한 본능 이론이 전혀 없는 상황에서는, 그것이 깨지든 아니면 사실로 확증이 되든 어떤 가정(가설)을 그 논리적인 결론까지 끌고 가는 것이 용인되기도 하며, 때로는 반드시 거쳐야 할 일이기도 하다. 물론 분화 이전의 정신 에너지[13]가 리비도가 되기 위해서는 어떤 대상에 대한 집중적인 발현의 과정이 있어야 한다는 점에서, 성적 본능과 자아 본능의 구별이 그 자체만으로 명확하게 나타나지 않는다는 점은 인정한다. 하지만 성적 본능과 다른 본능, 즉 자아 본능 간에는 본래 차이가 있다고 가정하면, 그것이 전이 신경증의 분석에도 유용할 뿐더러 다른 점에서도 긍정적인 측면이 있다. 우선 1차적으로 이런 개념의 구분은 일반적으로 사람들이 구분 짓는 배고픔과 사랑의 차이와 비슷하다. 그리고 두 번째로는 이런 구분에는 〈생물학적〉인 고려가 담겨 있다. 각 개인은 실제로는 이중의 생활을 영위한다. 하나는 자신의 목적을 추구하는 삶이고, 또 하나는 개인의 의지에 반해서, 아니면 적어도 어쩔 수 없이 종(種)의 연쇄 사슬의 한 구성원으로 영위하는 삶이다. 개인은 성을 자신의 목적에 속하는 것으로 간주한다. 반면에 다른 시각에서 보면, 그는 그의 생식 세포질에 부착된 장식품에 지나지 않는다. 자신이 누린 쾌락*Lust*의 대가로 그는 자신의 에너지를 생식 세포질의 처분에 맡기기 때문이다. 그는 불멸의 실재(實在)를 안고 사는 유한한 존재이다. 말하자면 상속 재산을 물려받았다가 죽고 나면 다시 그 재산을 물려줘야 하는 일시적인 재산 상속자에 불과한 존재이다.

13 이 개념은 「자아와 이드」(프로이트 전집 11, 열린책들)에도 다시 나타난다.

성적 본능을 자아 본능과 구분하는 일은 바로 이와 같은 개인의 이중적 기능을 반영하고 있을 뿐이다.[14] 세 번째로 우리는 잠정적인 성격의 모든 심리학의 개념들이 언젠가는 당연히 어떤 유기적인 하부 구조를 토대로 확립되어야 한다는 점을 기억해야 한다. 이런 점에서 보면 성적 기능을 수행하고 개인의 삶을 종족의 삶으로 확대시키는 바탕을 마련해 주는 것은 특수한 물질과 화학적 과정이라는 생각이 가능해진다. 우리는 이 특수한 화학 물질을 특수한 정신적 힘으로 대체함으로써 그 가능성을 설명하려는 것이다.

대체로 나는 심리학과는 본질적으로 차이가 나는 다른 모든 것들, 심지어 생물학적 사고까지도 모두 심리학에서 배제하려고 노력했다. 바로 그런 이유로 나는 여기서 자아 본능과 성적 본능이 구별된다는 가설(즉 리비도 이론)이 어떤 심리학적 기초 위에 세워진 가설이 아니라, 근본적으로 생물학적 근거에 토대를 두고 있음을 솔직하고 분명하게 고백하고자 한다. 그러나 만일 정신분석 작업을 통해 본능에 관한 또 다른 유용한 가설이 도출된다면, 나는 그 리비도 이론의 가설을 기꺼이 내버릴 수 있다. 그런데 지금까지는 그런 일이 일어나지 않았다. 이것은 어쩌면 좀 더 근본적이고 장기적인 관점에서 성적 에너지 — 리비도 — 가 일반적으로 정신 속에서 활동 중인 에너지가 분화되어 생긴 결과물에 지나지 않는다는 사실을 보여 주는 것이라는 주장을 하게 만드는 빌미가 될 수도 있다. 그러나 그렇게 주장하는 것은 우리의 작업과는 아무런 상관관계가 없다. 그런 주장과 관련이 있는 문제는 우리 관찰의 문제점에서 너무 동떨어져 있을 뿐만 아니라 우리로

---

14   바이스만A. Weismann의 생식 세포질 이론과 심리학의 관계에 대해 프로이트는 「쾌락 원칙을 넘어서」(본서 수록)에서 상당히 길게 논의했다.

서도 잘 알지 못하는 사항들이다. 따라서 그런 주장을 긍정하는 일이나 논박하는 일 모두 무익한 일에 지나지 않는다. 말하자면 성적 본능과 자아 본능이 원초적으로 동일하다는 주장은 우리의 분석적 관심과 아무런 상관관계가 없다. 이는 인류의 모든 종족이 근원적으로는 모두 친족 관계를 맺고 있다는 주장이, 유산의 법적 상속권을 주장하는 데 필요한 친족 관계 증명과 아무런 상관관계가 없는 것과 마찬가지이다. 그와 같은 종류의 사변은 모두 무익한 추론일 뿐이다. 더욱이 본능 이론에 대한 최종 결론을 내려 줄 다른 과학의 등장을 기다리고 있을 수도 없기에, 오히려 〈심리학적〉 현상의 종합을 통해 생물학의 기본 문제들을 해명하도록 노력하는 일이 우리의 목적에 더 적합하지 않을까 생각해 본다. 물론 오류의 가능성이 있긴 하다. 그러나 우리가 처음에 채택한[15] 가설, 즉 자아 본능과 성적 본능이 서로 대조된다는 가설(전이 신경증 분석 결과 불가피하게 설정할 수밖에 없었던 가설)의 논리적인 함축을 계속 추적하는 일을 연기해서는 안 된다. 또한 그 가설이 모순이 없는 것으로 판명이 나는지, 아니면 아무런 결실이 없는 무용한 것으로 드러나는지, 정신 분열증과 같은 다른 질병에도 그 가설이 적용될 수 있는지도 계속 따져 보아야 할 것이다.

물론 리비도 이론이 정신 분열증을 설명하는 데 실망만 안겨 줄 뿐이라는 사실이 입증된다면 사정은 달라진다. 융C. G. Jung이 바로 그와 같은 주장을 폈고,[16] 그래서 나는 어쩔 수 없이 리비도 이론에 대한 논의를 펼칠 수밖에 없었다. 사실 나는 전제에 대한 아무런 논의 없이 〈슈레버〉의 증례 분석에서 취한 방법을 끝까지

---

15 1924년 이전 판에서는 〈처음 채택한ersterwählte〉이라고 표기되었지만, 그 이후 판에서는 아마 잘못 인쇄된 듯 〈처음 언급한ersterwähnte〉이라고 표기되었다.

16 융의 『리비도의 변화와 상징Wandlungen und Symbol der Libido』(1912) 참조 — 원주.

계속 밀고 나가고 싶었다. 융의 주장은 적어도 아직은 시기상조였다. 그가 자신의 주장을 뒷받침하기 위해 내세운 근거도 별로 없었다. 먼저 그는, 〈슈레버〉 분석의 어려움 때문에 불가피하게 리비도의 개념을 확대하고(즉 리비도에서 성적 내용을 배제하고), 리비도를 일반적인 정신적 관심과 동일시*Identifizierung*할 수밖에 없었다는 나의 고백을 자기주장의 근거로 내세웠다. 그런 융의 잘못된 해석에 대해서는 융의 작업을 철저하게 비판한 페렌치가 이미 그 오류를 하나하나 다 지적한 바 있다.[17] 나는 단지 그런 페렌치의 비판을 확인하면서 내가 융의 주장대로 리비도의 이론을 후퇴시킨 것은 아니라고 다시 한번 분명히 언급해 둘 뿐이다. 융의 또 다른 주장, 즉 리비도의 후퇴가 본질적으로 정상적인 현실 기능[18]의 상실을 초래한다고 볼 수 없다는 주장은 근거 있는 주장이 아니라 일방적인 단언에 지나지 않는다. 그런 주장은 논점을 회피하고 논의를 불가능하게 만드는 언사다. 과연 그런 주장이 가능한지, 가능하다면 어떻게 가능한 것인지를 면밀히 검토해 봐야 할 문제이기 때문이다. 융은 그런 주장 다음에 펴낸 주요 논문(「정신분석 이론 설명에 대한 기고Versuch einer Darstellung der psychoanalytischen Theorie」, 1913)에서, 내가 이미 오래전에 넌지시 암시했던 해결책을 이렇게 언급하기는 했다. 〈동시에 좀 더 깊게 고려할 필요가 있는 사항이 있다(그런데 우연히도 이것은 프로이트가《슈레버》의 분석에서 거론했던 대목이기도 하다). 그것은 성적 리비도의 내향성이 자아에 대한 리비도 집중으로 이어지고, 어쩌면 이것이 현실감의 상실을 초래하는 것인지도 모른다는 점이다. 이런 식으로 현실감 상실에 대한 심리학을 설명하는 것

---

17 페렌치의 「융의 〈리비도의 변화와 상징〉에 대한 서평」(1913) 참조 — 원주.
18 이것은 P. 자네의 『신경증』에 나오는 〈*la fonction du réel*〉에서 따온 표현이다.

은 정말 그럴듯해 보인다.〉 그러나 이 문제에 대해 융은 더 이상
의 깊은 논의를 전개하지는 않았다. 그러면서 몇 줄 뒤에서는, 그
와 같은 설명이 결국에는 〈조발성 치매에 관한 심리학이 아니라
금욕 생활을 하는 수도사의 심리학이 되고 말 것〉이라며 그 가능
성을 일축해 버렸다. 이와 같은 부적절한 비유가 문제 해결에 아
무런 도움도 주지 못한다는 사실은 〈조그만 성적 관심이라도 모
조리 물리치려고 애쓰는〉(대중적인 의미의 〈성적〉 관심) 그런 수
도사가 반드시 병적인 리비도의 발현을 내보이지는 않을 거라는
생각에서 충분히 가늠할 수 있다. 당연히 그런 수도사는 인간에
대한 성적 관심을 완전히 포기한 사람일 수도 있다. 하지만 그는
자신의 리비도를 안으로 안으로만 투사Projektion하여 환상 속에
빠져들거나 자아로 되돌리는 일 없이, 신과 자연 그리고 동물에
대한 더욱 고양된 관심으로 승화시킬 수도 있는 사람이다. 따라
서 융의 비유는 성적인 원인 때문에 파생된 관심과 그 밖의 다른
관심의 구분 가능성을 사전에 미리 배제하는 것 같아 보인다. 더
나아가 우리가 기억해야 할 것은, 스위스 학파가 그들의 그 소중
한 작업에도 불구하고 조발성 치매에 관해서 오직 두 가지 점밖
에 해명하지 못했다는 사실이다. 하나는 건강한 사람이나 신경증
에 걸린 사람 모두에게 나타나는 콤플렉스가 조발성 치매에도 나
타난다는 것이고, 또 하나는 조발성 치매에서 나타나는 환상이
종족 신화와 유사하다는 것이다. 그러나 스위스 학파는 조발성
치매의 메커니즘에 대해 더 이상 밝혀낸 것이 없다. 그러므로 우
리는 조발성 치매를 설명하는 데 리비도 이론이 아무런 쓸모가
없고, 이런 점은 다른 신경증성 질환에도 마찬가지라는 융의 주
장을 반박할 수가 있는 것이다.

2

나르시시즘 연구에 어떤 각별한 어려움이 있다면, 그것은 나르시시즘에 대한 직접적인 연구 방법에 있는 것 같다. 우리가 나르시시즘에 접근하는 주요 방법은 아마도 이상 정신에 대한 분석을 통해 가능할 것이다. 전이 신경증에 대한 분석을 통해 우리가 리비도적인 본능 충동*Triebregung*을 추적할 수 있었듯이, 조발성 치매나 편집증을 통해 우리는 자아 심리학*Ichpsychologie*에 대한 통찰을 얻을 수 있다. 정상적인 현상에서는 그렇게 단순한 듯 보이는 것을 이해하기 위해 또다시 우리는 왜곡과 과장으로 점철된 병리학 분야에 기댈 수밖에 없다. 동시에 나르시시즘에 대한 더 나은 이해를 얻을 수 있는 다른 접근 방법들도 있다. 여기서 나는 이런 모든 것들을 기질병(器疾病)에 대한 연구, 건강 염려증(심기증[心氣症])에 대한 연구, 그리고 남녀의 애정 생활에 대한 관찰 등의 순서로 논의하고자 한다.

기질병이 리비도의 분배에 미치는 영향력을 알아보기 위해 나는 페렌치가 구두(口頭)로 제시한 제안을 따르고자 한다. 신체 내 장기의 통증과 불쾌감으로 고통을 받는 사람은 외부 세계의 대상이 자신의 고통과 아무런 관계가 없는 한 그 대상들에 대한 관심을 포기한다는 것은 잘 알려진 사실이고 또 우리 역시 당연한 사실로 여긴다. 좀 더 면밀한 관찰을 통해 우리가 알아낸 것은, 그런 사람은 사랑하는 대상에게서도 관심을 철회한다는 사실이다. 고통을 당하는 동안엔 사랑을 중단하는 것이다. 물론 이런 사실이 너무도 진부하다고 해서 그것을 리비도 이론으로 해석하지 못할 이유는 없다. 그렇다면 우리는 이렇게 말할 수 있다. 병으로 고통을 받고 있는 사람은 자신의 리비도를 자아로 집중시킨 뒤, 병에서 회복되면 다시 그 리비도를 밖으로 발산한다. 치통으로 고생하던 시인 빌헬름 부슈Wilhelm Busch는 〈어금니의 그 좁은 구멍 안에 내 영혼이 집중되어 있다〉고 말한 적이 있다. 이 말은 그의 리비도와 자아에 대한 관심이 같은 운명이고, 또다시 서로 구분할 수 없는 상태에 있음을 보여 준다. 우리가 흔히 보게 되는 병든 사람들의 이기주의가 리비도와 자아에 대한 관심 모두를 덮어 버리는 것이다. 사실 이것은 당연한 일이다. 우리도 같은 상황이라면 아마 똑같이 행동할 것이기 때문이다. 사랑의 감정이 아무리 강하더라도 병으로 몸이 아프게 되면 그 감정이 사라지고 대신 무관심과 냉담함이 그 자리를 차지하는 과정은, 희극 작가들이 적절한 수준에서 주요 테마로 활용하고 있는 심리의 흐름이기도 하다.

이런 점에서는 수면의 상태 역시 질병과 흡사하다. 수면도 리비도를 자아로 후퇴시키는, 더 자세히 말하면 잠자고 싶은 욕망으로 끌어들이는 나르시시즘적 리비도의 발현을 보여 준다. 꿈의 이기주의가 이런 맥락에 잘 어울린다. 아무튼 두 경우에서 우리는 자아의 변화로 일어나는 리비도 분배에도 변화가 일어나는 예를 보게 된다.

건강 염려증Hypochondrie은 신체적으로 괴롭고 고통스러운 느낌 속에 나타난다는 점에서나, 리비도의 분배에 미치는 영향에서나 기질병과 유사하다. 건강 염려증 환자는 외부 세계의 대상으로 향했던 관심과 리비도 모두를 후퇴시키는(특히 리비도의 후퇴가 더 두드러지게 나타난다) 대신, 자신이 온 신경을 쓰고 있는 신체 기관에 그 관심과 리비도를 집중시킨다. 그런데 여기서 건강 염려증과 기질병의 차이가 분명해진다. 기질병의 경우 고통의 감각이 입증 가능한 (신체상의) 변화를 통해 느껴지는 것인 반면, 건강 염려증의 경우는 그렇지 않기 때문이다. 하지만 우리가 어떤 신체상의 변화가 건강 염려증의 경우에도 존재한다고 단호하게 말할 수 있다면, 그것은 신경증 진행 과정에 대한 우리의 일반적인 생각과도 일치한다고 할 수 있다.

그렇다면 그와 같은 신체상의 변화란 무엇인가? 여기서 우리는 우리의 경험에 의존할 수밖에 없다. 우리는 경험을 통해 건강 염려증에 걸렸을 때 느낄 수 있는 신체적 감각에 비견될 만한 어떤 불쾌한 성격의 신체적 감각을 다른 신경증에서도 느낄 수 있다는 것을 알고 있다. 전에 나는 건강 염려증을 신경 쇠약증 *Neurasthenie*과 불안 신경증*Angstneurose* 다음으로 제3의 〈실제적〉 신경증*Aktualneurose*으로 분류하고 싶다는 말을 한 적이 있다.[19] 다른 신경증의 경우에 정도가 약하긴 하지만 어느 정도의 건강 염려증이 동시에 형성된다고 해도 그렇게 틀린 말은 아닐 것이다. 그것의 좋은 예를 우리는 불안 신경증과 불안 신경증을 토대로 생기는 히스테리에서 찾을 수 있다. 경미한 통증의 감각을 느낄

19 아마 〈슈레버〉의 증례 연구에서 처음 암시된 것이 아닌가 싶다. 프로이트는 이 주제를 나중에 『정신분석 강의』 중 스물네 번째 강의에서도 다루고 있다. 그보다 먼저 프로이트는 이미 심기증과 다른 〈실제적〉 신경증의 문제에 접근한 적이 있다. 「신경 쇠약증에서 〈불안 신경증〉이라는 특별한 증후군을 분리시키는 근거에 관하여」 (프로이트 전집 10, 열린책들)를 참조하라.

수 있고, 또 어떤 식으로든 변형된 상태에 있으면서도 일반적인 의미로 보아 병에 걸린 것이 아닌 신체 기관의 전형(典型)이 바로 흥분된 상태에 있는 성기(性器)이다. 성기는 흥분되면 피가 몰려 부풀어 오르고 축축이 젖으면서 온갖 감각의 중심이 된다. 그러면 이제 신체의 어느 부분이든 성적 자극을 정신에 전달하는 그 부분의 활동을 〈성감(性感)〉이라고 칭하자. 그런 다음에 우리의 성욕 이론의 기초가 된 여러 사항을 통해 우리가 익히 알아 왔던 사실, 즉 신체의 어떤 특정 부위 — 성감대(性感帶) — 가 성기를 대신할 수 있고 또 성기와 비슷한 작용을 할 수 있다는 사실을 다시 한번 생각해 보자.[20] 이제는 여기서 한 단계 더 앞으로 나아가기만 하면 된다. 말하자면 이제 우리는 모든 신체 기관들이 지닌 한 가지 보편적인 특징을 성감이라고 말할 수 있으며, 어떤 특정 부위에서는 그 성감이 증가되기도 하고 줄어들기도 한다고 말할 수 있다. 이처럼 신체 기관에서의 그런 모든 성감의 변화와 비슷하게 자아 속에서의 리비도 집중도 변화한다고 할 수 있다. 그와 같은 변화의 요인들이 우리가 건강 염려증을 일으킨다고 믿는 원인이며, 또한 신체 기관의 실제 질병의 경우와 똑같이 리비도 분배에도 영향을 미치는 것들이다.

이런 식으로 계속 생각하다 보면, 우리는 실제 건강 염려증뿐만 아니라 신경 쇠약증이나 불안 신경증과 같은 다른 신경증의 문제에 직접 부딪히게 된다. 따라서 우리의 논의를 여기서 멈추도록 하자. 생리학적 연구 영역까지 깊숙이 들어가는 것은 순수한 심리학적 탐구의 범위에서 벗어나는 일이기 때문이다. 나는 단순히, 앞에서 논의한 그런 시각에서 보면 건강 염려증과 이상 정신의 관계가 신경 쇠약증이나 불안 신경증과 같은 다른 〈실제

20 「성욕에 관한 세 편의 에세이」를 참조하라.

적〉 신경증과 히스테리나 강박 신경증의 관계와 유사하다는 추측을 할 수 있다고 언급할 뿐이다. 말하자면 다른 신경증들이 대상 리비도에 의존하듯이 건강 염려증은 자아 리비도에 달려 있으며, 자아 리비도에서 비롯된 건강 염려증에 의한 불안은 신경증에 의한 불안과는 상대적이라고 추측할 수 있는 것이다. 더 나아가 전이 신경증에서 병에 걸리고 증상이 나타나는 메커니즘 — 내향성에서 퇴행으로 이어지는 과정 — 이 대상 리비도의 억제[21]와 관련이 있다는 생각에 익숙한 우리로서는 자아 리비도의 억제라는 개념에도 가까이 접근할 수 있으며, 또한 그 개념을 건강 염려증이나 이상 정신 현상과 연결 지을 수도 있다.

여기서 우리는 이와 같은 자아 내 리비도의 억제가 왜 불쾌하게 느껴지는가 하는 의문을 당연히 제기할 수 있을 것이다. 이 의문에 대한 대답으로 나는, 불쾌한 느낌이란 평소보다 높은 정도의 긴장감의 표출, 바꾸어 말하면 다른 경우에서와 마찬가지로 여기서도 일정한 양의 물리적 현상이 불쾌라는 심리적 성질로 변환된 것이라고 설명하는 것으로 만족하겠다. 그렇지만 불쾌감의 발생에 결정적인 역할을 하는 것이 물리적 현상(사건)의 절대적인 크기(양)가 아니라, 그 절대적인 크기가 갖는 어떤 특정의 기능일 수 있다.[22] 여기서 우리는 우리의 정신적 삶이 나르시시즘의 한계를 넘어 리비도를 어떤 대상으로 향하게 하는 데 필요한 것이 무엇인가 하는 문제로 들어갈 수 있다.[23] 이런 생각에서 우리가 얻어 낸 문제 해결의 단서는, 자아로의 리비도 집중이 어느 정도의 수준을 넘어설 때 다른 대상으로 리비도를 향하게 할 필요성이 제

21 「신경증 발병의 유형들」(프로이트 전집 10, 열린책들)의 처음 부분을 참조할 것 — 원주.
22 이 문제는 「본능과 그 변화」에서 더욱 상세하게 다루어지고 있다.
23 이 문제에 관해서도 역시 「본능과 그 변화」를 참조할 것.

기된다는 것이다. 강한 이기주의는 병에 걸리는 것을 막아 주는 하나의 보호막일 수 있다. 그러나 병에 걸리지 않기 위해서는 결국엔 사랑을 해야 한다. 만일 어떤 좌절 때문에 사랑을 할 수 없다면 우리는 병에 걸릴 수밖에 없다. 이것은 하이네H. Heine가 세계 창조의 심리적 발생론을 언급한 다음과 같은 시구에도 나타난다.

질병은 모든 창조적 욕구의
궁극적 근거.
창조하면서 나의 병이 나았고
창조하면서 나는 건강해졌네.[24]

우리는 불쾌하게 느껴질 수도 있고 질병을 일으키는 원인이 될 수도 있을 자극이나 흥분을 극복하도록 만들어진 최고의 장치가 우리의 정신 기관이라는 사실을 깨달았다. 정신 속에서 그런 자극들을 처리한다는 것은 스스로가 직접 외부로 배출될 능력이 없는, 혹은 어느 순간엔 그런 배출이 바람직하지 않은 자극들을 내면으로 배출하는 데 크게 도움이 된다. 그런데 그와 같은 내적 처리 과정이 현실적 대상에 대해 이루어지든, 상상에 의해 만들어진 대상에 대해 이루어지든 아무런 차이가 없다. 다만 차이가 난다면 그것은 나중에, 즉 리비도가 비현실적 대상으로 전환(내향성)한 경우 리비도의 억제를 유발할 때 나타난다. 이상 정신자의 경우, 자아로 돌아선 리비도에 대한 그 비슷한 내적 처리 과정이 일어나는 것은 과대망상 때문이다. 그리고 자아 내의 리비도 억제가 병의 원인이 되고 동시에 우리에게 병에 걸렸다는 인상을 주어 회복의 과정을 밟게 만드는 것은, 바로 그 과대망상이 무너

---

24   하이네의 『새로운 시Neue Gedicht』에서 「창조의 노래 7 Schöpfungslieder VII」.

졌을 때일 것이다.

나는 여기서 이상 정신 환자의 메커니즘을 좀 더 깊숙이 파고 들어 가고, 더불어 우리가 고려해 봄직한 견해들을 종합해 보겠다. 이상 정신과 전이 신경증 사이에 차이가 있다면 그것은 내가 보기에, 이상 정신증의 경우 좌절에 의해 해방된 리비도가 환상 속의 대상에 계속 머무르지 않고 대신 자아로 되돌아온다는 사실에 있는 것 같다. 그런데 과대망상이란 바로 자아로 돌아오는 리비도의 양을 심리적으로 극복하는 일에 해당되는 것이다. 따라서 과대망상은 전이 신경증에서 발견되는 환상을 향한 내향성에 상응한다고 할 수 있다. 만일 이런 심리적 기능이 제대로 작동하지 않는다면 그로 인해 이상 정신의 건강 염려증이 생겨나는데, 바로 이 건강 염려증은 전이 신경증에서 느끼는 불안 증세와 동질(同質)의 증상이다. 전이 신경증에서의 불안에 대해 우리는 그것이 심리적 처리 과정, 즉 전환, 반작용, 혹은 방어 구축(공포) 등으로 해결될 수 있다는 사실을 알고 있다. 마찬가지로 이상 정신의 경우에도 그에 상응하는 과정을 통해 회복 노력이 이루어진다. 그런데 그 심리적 처리 과정이 바로 이상 정신의 두드러진 질병 증상으로 나타나는 것이다. 이상 정신이 그렇게 자주는 아니지만 종종 대상에서 리비도를 〈부분적으로만〉 분리하기 때문에, 우리는 그 질병의 현상을 다음과 같은 세 부류로 구분할 수 있다. (1) 정상적인 경우, 혹은 신경증 상태(잔여 현상), (2) 병적인 경우(리비도가 대상에게서 분리되는 경우, 그리고 더 나아가 과대망상, 건강 염려증, 감정 장애를 비롯한 온갖 종류의 퇴행*Regression*을 내보이는 경우), (3) (조발성 치매나 지독한 이상 정신에서 나타나는) 히스테리나 (편집증에서의) 강박 신경증과 비슷하게 다시 한 번 리비도가 대상에 집착하는 회복 단계의 경우. 여기서 이 새로운 리비도 집중은 그것이 다른 단계에서, 그리고 다른 조건하에서 시작된 것이라는 점에서 처음의 리비도 집중과는 다르다.[25] 그리고 우리는 이 새로운 리비도 집중이 일어나는 전이 신경증과 자아가 정상인 경우의 전이 신경증의 차이를 통해 우리의 정신 기관에 대한 더욱 심오한 통찰을 얻을 수 있어야 한다.

우리가 나르시시즘 연구로 들어설 수 있는 세 번째 방법은 남녀 간에 아주 다양하게, 서로 다르게 나타나는 애정 생활의 관찰을 통해서이다. 대상 리비도가 처음에는 자아 리비도를 감춰 우리가 그 자아 리비도를 관찰하지 못하도록 했듯이, 유아(幼兒)들(그리고 자라나는 아이들)의 대상 선택*Objektwahl*과 관련해서 우리가 처음에 주목한 것은, 그 아이들이 성적 대상을 자신들의 만족 경험에서 이끌어 낸다는 사실이었다. 그런데 그 최초의 자기애적 성적 만족*die sexuelle Befriedigung*들은 자기 보존의 목적에 기여하는 주요 기능과 관련해 경험되는 것들이었다. 말하자면 성적 본능이라는 것은 처음부터 자아 본능의 만족과 결부되어 나타나는 것이며, 나중에서야 그 성적 본능이 자아 본능에서 독립하게 되는 것이다. 심지어 성적 본능이 자아 본능에서 이탈하여 나온 뒤에도, 우리는 애초에 있었던 두 본능 사이의 연관 관계를 그 어린아이가 선택한 최초의 성적 대상이 자기를 먹여 주고, 보살펴 주고, 보호해 주었던 사람, 즉 어머니나 어머니의 역할을 했던 사람이라는 사실에서 엿볼 수 있다. 그런데 흔히 〈부모 의존*Anlehnungstypus*〉 유형[26]이라고 불리는 이와 같은 대상 선택의 유형과 더불어, 우리

25 이 부분에 대한 더 상세한 언급은 「무의식에 관하여」(프로이트 전집 11, 열린책들)의 끝부분에 나와 있다.
26 말 그대로 번역하면 〈의존형〉으로 영어로는 *anaclitic type*으로 표현할 수 있다. 이 〈의존형〉이란 말이 활자로 인쇄화되어 처음 쓰인 것이 바로 여기다. 어린아이

는 전혀 예상치 못했던 제2의 유형을 정신분석 연구를 통해 밝혀냈다. 특히 성도착자나 동성애자들과 같이 리비도의 전개에 장애를 겪은 사람들에게서 우리는, 그들이 사랑 대상*Liebeobjekt*을 선택할 때 그들의 어머니가 아닌 자기 자신을 모델로 하여 선택한다는 사실을 알아냈다. 분명한 것은 그들이 스스로를 사랑 대상으로 추구하고 있으며, 따라서 당연히 〈나르시시즘적〉이라고 불려야 하는 대상 선택의 유형을 보이고 있다는 것이다. 그리고 우리는 이런 관찰을 통해 나르시시즘의 가설을 채택해야 하는 가장 뚜렷한 근거를 찾은 셈이다.

그러나 우리는 사람들을 그들의 대상 선택이 부모 의존 유형이냐 나르시시즘적 유형이냐에 따라 분명히 구분되는 두 유형으로 나누려고 하는 것은 아니다. 오히려 우리는 각 개인마다 선호도의 차이는 있겠지만 이 두 종류의 대상 선택 모두가 모든 인간들에게 다 열려 있는 선택이라고 가정한다. 인간은 애초부터 자기 자신과 자신을 돌봐 주는 여자라는 두 성적 대상을 지니고 있다. 그렇기에 우리는 모든 사람들에게는 근원적으로 나르시시즘의 성향이 있으며, 어떤 경우에는 그 나르시시즘이 대상 선택에서 지배적인 역할을 하기도 한다고 설명하는 것이다.

남성과 여성을 비교해 보면, 대상 선택과 관련해서 비록 보편적인 것은 아니지만 근본적으로 차이가 나는 것을 알 수 있다. 꼬집어 얘기하면 부모 의존 유형의 대상 사랑은 남성들의 특징이며,

가 최초로 성적 대상에 접근하는 것은 자신의 영양 섭취 본능에 따른 것이라는 생각은 「성욕에 관한 세 편의 에세이」 제1판에서도 찾아볼 수 있다. 그러다 1915년판이 나온 뒤에야 이 〈의존형〉에 관한 추가 언급이 나타난다. 〈슈레버〉 증례 연구의 세 번째 장 시작 부분에 나오는 *angelehnte*라는 단어도 비슷한 의미로 쓰인 것이나, 그곳에는 여기에서 언급하고 있는 기본 가설은 거론되지 않고 있다. 그리고 분명히 기억해야 할 것은 여기서 쓰인 〈의존〉이란 표현이 성적 본능의 자아 본능에 대한 의존을 말하는 것이지, 아이가 자기 어머니에게 의존하는 것이 아니라는 사실이다.

눈에 띌 정도로 성적 대상을 과대평가하는 경향을 보인다. 이런 대상 사랑은 어렸을 적의 근원적인 나르시시즘에서 파생된 것으로, 그 나르시시즘이 성적 대상으로 전이된 것이라고 할 수 있다. 그런데 이처럼 성적 대상을 과대평가하다 보면 사랑을 할 때 특징적으로 나타나는 성향, 즉 신경증적 강박 관념에 빠진 듯한 상태를 내보일 수가 있다. 여기서 우리가 추적할 수 있는 것은, 리비도가 사랑 대상으로 집중되어 자아의 빈곤이라는 결과가 초래되었다는 점이다.[27] 그러나 우리가 자주 만나고, 가장 순수하며 진정한 유형이라고 할 수 있는 여성들에게서는 다른 과정이 전개된다. 여성들의 경우는 사춘기의 시작과 더불어 그동안 눈뜨지 못한 상태에 있던 여성의 성 기관이 성숙해지면서 원초적인 나르시시즘의 강화가 일어나는 것 같다. 그런데 이와 같은 나르시시즘의 강화는 성에 대한 과도한 가치 부여를 수반하면서 진정한 대상 선택을 어렵게 한다. 여성들의 경우, 특히 성장하면서 훌륭한 미모를 지니게 되는 경우, 어느 정도의 자기만족을 형성하면서 대상 선택과 관련하여 그들에게 부과된 사회적인 제약을 보상받으려고 한다. 엄격히 말하면, 그런 여성들이 그들을 사랑하는 남성들과 비슷한 정도의 열정을 가지고 사랑하는 것은 바로 그들 자신인 것이다. 또한 그런 여성들의 욕구는 사랑하는 데 있지 않고 사랑받는 것에 있다. 자연히 그런 여성들이 호감을 갖는 상대는 이 조건을 충족시켜 줄 수 있는 남성들이다. 남성들의 애정 생활에서 그런 여성들이 차지하는 중요성은 높게 평가되기 마련이다. 대개 그런 여성들은 대단히 아름다운 용모를 지니고 있기 때문에 미적인 이유에서, 그리고 그런 여성들이 지닌 매우 흥미로

27 프로이트는 이 문제를 「집단 심리학과 자아 분석」(프로이트 전집 12, 열린책들)에서 사랑에 관한 논의를 하는 가운데 다시 거론하고 있다.

운 심리 구조로 인해 남성들에게는 아주 매력적인 대상으로 다가온다. 더욱이 그 자신의 나르시시즘의 일부를 포기하고 대상 사랑을 추구하고 나선 사람에게는 다른 사람의 나르시시즘이 큰 매력으로 느껴지는 것이 분명한 듯 보이기 때문이다. 한 어린아이의 매력은 크게는 그 아이의 나르시시즘, 자기만족, 접근 불가능성에 있다. 이는 고양이나 커다란 맹수처럼 우리에게 아무런 관심도 없는 몇몇 동물들이 지닌 매력과도 같다. 심지어 문학 작품 속에 나타나는 중죄인이나 익살꾼들도 자기 자아를 위축시키는 것이 무엇이든 그것을 자아에서 제거하려는 일관된 나르시시즘을 통해 우리의 흥미를 유발시키기도 한다. 이것은 마치 우리는 이미 오래전에 포기해 버렸던 일정 정도의 리비도를 요지부동으로 유지하고 있는 그들이 행복한 심리 상태를 유지하고 있다며 부러워하는 것과 다를 바가 없다. 그러나 나르시시즘 성향의 여성들이 지닌 매력은 정반대이다. 상대 남성이 그런 여성들에 대해 갖는 여러 가지 불만, 그 여자가 과연 자기를 사랑할까 하는 회의, 수수께끼처럼 알 수 없는 여자의 마음에 대한 불평 등의 상당 부분은 바로 이와 같은 대상 선택의 차이에서 기인한다.

여성의 애정 생활 유형에 대한 지금까지의 서술이 여성을 폄하하려는 나의 어떤 의도적인 생각에서 비롯된 것이 아니라고 여기서 다짐하듯 선언하는 것은 적절치 못한 듯하다. 어떤 의도나 목적을 가지고 자기주장을 펴는 것은 나와는 거리가 멀다. 더욱이 나는, 서로 다른 방향으로 전개되는 남녀의 애정 생활의 차이가 매우 복잡한 생물학적 기능의 분화에서 비롯된 것이라는 점을 잘 알고 있다. 더 나아가 남성 유형(類型)에 따라 사랑을 하고, 그 유형 특유의 성적 대상에 대해 과대평가를 전개하는 여성들이 상당히 많다는 사실도 나는 기꺼이 받아들일 준비가 되어 있다.

사실 남성들에게 냉정한 태도를 보이는 나르시시즘적인 여성들의 경우에도 온전한 대상 사랑으로 향하는 길이 없는 것은 아니다. 그들이 아기를 낳으면 자신의 신체 일부가 낯선 외부의 대상으로 여겨지며, 따라서 자신의 나르시시즘에서 출발하여 자신이 낳은 아기에게 온전한 대상애를 다 쏟아부을 수가 있는 것이다. 물론 아이를 낳기 전에 (2차적인) 나르시시즘에서 대상 사랑으로 발전해 가는 단계를 취하는 여성들도 있다. 그들은 사춘기가 되기 전에 남성성을 느끼며, 또 어느 정도는 남성의 성장 단계를 따라 성숙해 간다. 여성으로 성숙해지면서 그런 남성성의 추구가 중단되긴 하지만, 그래도 그들은 남성의 이상형 — 이 이상형은 그들이 한때 간직했던 소년 취향의 본성이 그대로 살아남은 것이다 — 에 대한 갈망을 여전히 보유하게 되는 것이다.[28] 다음은 대상 선택으로 나아가는 길에 대한 간략한 개관으로 지금까지 내가 암시적으로 언급했던 것을 종합한 내용이다.

　　어느 한 사람의 사랑 대상은 다음과 같이 나타날 수 있다.
　　(1) 나르시시즘적 유형인 경우
　　　　(a) 현재의 자신(그 자신).
　　　　(b) 과거의 자신.
　　　　(c) 자신이 바라는 미래의 모습.
　　　　(d) 한때 자신의 일부였던 사람.

　　28　프로이트는 이후의 많은 논문에서 여자의 성욕에 관한 자신의 견해를 계속 전개해 나갔다. 1920년에 발표한 「여자 동성애가 되는 심리」(본서와 프로이트 전집 9, 열린책들), 1925년의 「성의 해부학적 차이에 따른 몇 가지 심리적 결과」(프로이트 전집 7, 열린책들), 1931년의 「여자의 성욕」(본서와 프로이트 전집 7, 열린책들), 그리고 1933년의 『새로운 정신분석 강의』(프로이트 전집 2, 열린책들) 중 서른세 번째 강의 등을 참조하면 도움이 될 것이다.

(2) 부모 의존 유형인 경우

(a) 자신에게 젖이나 밥을 먹여 주는 여자.

(b) 자신을 보호해 주는 남자.

그리고 (a)나 (b)의 역할을 대신해 주는 여러 사람.

첫 번째 유형에서 (c)의 경우는 이 글의 후반부에서 설명될 것이다.

그리고 남성 동성애자들의 나르시시즘적 대상 선택에 관한 설명은 다른 맥락에서 설명되어야 할 부분임을 밝혀 둔다.[29]

우리의 리비도 이론의 전제 가운데 하나인 어린아이들의 근원적 나르시시즘은 직접적인 관찰보다는 다른 관점에서의 추론을 통해 이해하는 것이 더 쉽다. 자식들에 대한 부모들의 애정 어린 태도를 보면, 우리는 부모들의 그런 태도가 그들이 이미 오래전에 포기했던 그들 자신의 나르시시즘을 다시 부활시키고 재현하는 행위라는 사실을 인정하지 않을 수 없다. 이것은 우리가 대상 선택의 문제와 관련해서 이미 나르시시즘의 징후라고 인정했던 부분, 즉 과대평가에 의한 대상에 대한 신뢰가 부모들의 정서적인 태도를 지배하고 있음을 잘 보여 준다. 따라서 그 부모들은 자기 자식들을 아주 완벽한 존재로 여기는 충동 — 자식을 냉정하게 관찰하지 못하는 — 에 사로잡히게 되며, 자연히 자식의 모든 결점을 감추고 기억에서 지워 버리게 된다(자식이 성적 존재임을 부인하는 것도 이와 관련이 있다). 더욱이 그런 부모들은 자식들 편에 서서, 자신들의 경우는 스스로가 지닌 나르시시즘적 태도를

29 프로이트는 이 문제를 이미 레오나르도에 관한 연구에서 거론한 바 있다. 1910년에 발표된 「레오나르도 다빈치의 유년의 기억」(프로이트 전집 14, 열린책들) 참조.

억제하면서까지 어쩔 수 없이 존중해 왔던 전통 문화의 습득도 자식들에게는 유보하며, 그들 스스로가 오래 전에 포기했던 모든 특권을 자식에게 다시 부여하려는 경향을 보인다. 말하자면 자식은 부모보다 더 좋은 시대를 누려야 하고, 부모들 입장에선 인생에서 아주 중요한 것으로 생각되는 일들이 많이 있겠지만 자식이 그것들에 구속을 받아서는 안 된다는 것이다. 질병이나 죽음이 자식들에게 닥쳐서는 안 되며, 재미있게 놀지 못하게 하거나 기를 꺾는 일도 있어서는 안 된다. 그리고 자식을 위해서라면 자연의 법칙이나 사회적인 법칙의 적용도 과감히 포기해야 한다. 진정으로 다시 한번, 우리 스스로도 한때 즐겁게 누렸던 〈아기 폐하His Majesty the Baby〉30의 지위를 자식이 누려야 하며, 자식이 모든 존재의 중심이자 핵심이 되어야 하는 것이다. 그리고 아이는 부모가 이루지 못한 꿈을 이뤄야 한다. 남자아이는 자기 아버지를 대신하여 위대한 사람이 되고 영웅이 되어야 하며, 여자아이는 어머니가 이루지 못한 꿈에 대한 뒤늦은 보상으로 잘생긴 왕자와 결혼해야 한다. 이 모든 것은 현실의 압박을 심하게 받아 자아의 불멸성이 위협을 받는 부모의 나르시시즘이 자식에게서 피난처를 찾아 안정된 위치를 유지하려는 것에 불과하다. 너무도 감동적이지만 근본적으로는 유치한 속성을 지닌 부모의 사랑이란, 결국 부모의 나르시시즘이 대상애로 변모되어 그 과거의 속성을 그대로 내보이는 것에 불과하다. 다시 살아난 부모의 나르시시즘, 이것이 바로 부모의 사랑이기 때문이다.

30 원문에도 그대로 영어로 실렸다. 아마 이 표현은 영국 왕립 미술관에 소장된 같은 제목의 에드워드 7세 시대의 유명한 그림에서 따온 것이 아닌가 싶다. 그 그림에는 런던의 두 경찰관이 유모차를 끌고 복잡한 길을 건너는 어느 유모를 위해 차량의 통행을 멈추게 하는 광경이 그려져 있다. 한편 「작가와 몽상」에는 〈자아 폐하His Majesty the Ego〉라는 표현이 나오기도 한다.

3

어린아이가 근원적으로 지니고 있는 나르시시즘이 어떤 장애
에 부딪히는가, 그 장애에서 자신을 보호하기 위해 아이가 내보
이는 반응은 어떤 것인가, 그리고 그렇게 반응을 보이면서 아이
는 어떤 과정을 겪게 되는가 — 이런 주제들은 앞으로 더 많이 연
구해야 할 주요 분야로, 여기서는 다루지 않으려고 한다. 그러나
이 분야에서 가장 중요한 부분을 굳이 끄집어내 설명하자면, 우
리는 〈거세 콤플렉스*Kastrationskomplex*〉(남자아이들의 경우는 남
근 공포증, 여자아이들의 경우는 페니스 선망*Penisneid*으로 나타
난다)라는 개념을 적용하여 어린 시절 성적 활동을 억제당한 결
과와 연관 지어 다룰 수가 있다. 보통의 정신분석 연구를 통해 우
리는 자아 본능에서 떨어져 나온 리비도적 본능*der libidinöse Trieb*
이 자아 본능과 대치되면서 겪게 되는 그 변화의 과정을 추적할
수 있다. 그러나 거세 콤플렉스라는 특수한 분야를 놓고 정신분
석 연구를 하면, 우리는 서로 분리되지 않고 혼합되어 작용하는
그 두 본능이 나르시시즘적 관심으로 제 모습을 나타내는 시기가
언제인지, 그리고 그때의 심리적 상황이 어떤 것인지를 추론할
수 있다. 아들러는 바로 그런 맥락에서 〈남성 항거*der männliche*
Protest〉라는 개념을 도출해 냈다.[31] 아들러는 이 〈남성 항거〉라는

개념을 성격 형성에서나 신경증 발발에서 그 동기가 되는 유일한 요인으로까지 간주했으며, 나아가 그것을 나르시시즘적인 경향, 즉 리비도적인 근거에서 설명한 것이 아니라 사회적 가치 평가에서 설명했다. 사실 〈남성 항거〉의 존재와 그 중요성은 정신분석 연구의 시초부터 인정되어 온 것이다. 단지 정신분석에서는 아들러와는 달리 이 〈남성 항거〉를 본질적으로 나르시시즘적 성격을 띠고 있으며, 거세 콤플렉스에서 비롯된 것이라고 설명해 왔던 것이다. 〈남성 항거〉는 다른 많은 요인과 함께 성격 형성에 관여하고 있다. 하지만 아들러가 신경증을 설명한 방식, 즉 신경증은 자아 본능을 강화시켜 준다고 한 그의 설명만을 고려해 볼 때, 신경증 문제를 설명하는 데는 이 〈남성 항거〉가 전혀 적절치가 않다. 거세 콤플렉스가 신경증 치료에 거세게 저항하는 남성들에게서 특히 두드러지게 나타난다고 해도, 나는 신경증의 발생을 거세 콤플렉스라는 좁은 테두리에 놓고 설명하는 것은 대단히 적절치 못한 방법이라고 본다. 우연히 알게 된 한 신경증 사례에서 나는 〈남성 항거〉, 혹은 우리가 말하는 거세 콤플렉스가 어떠한 발병 요인으로 작용하지도 않고, 심지어 그 콤플렉스가 전혀 나타나지도 않았다는 사실을 발견했던 것이다.[32]

31   아들러의 「삶과 신경증에서의 심리적 자웅 동체Der psychische Herma-phroditismus im Leben und in der Neurose」(1910) 참조.

32   에도아르도 바이스Edoardo Weiss 박사가 제기한 문제에 답하는 형식으로 쓰인 1926년 9월 30일자 편지에서 프로이트는 다음과 같이 말했다. 〈나르시시즘에 관한 논문에서 제가 내세운 주장에 대해 박사님이 제기하신 질문, 그러니까 거세 콤플렉스가 원인으로 작용하지 않는 신경증이 있는지의 여부에 관한 박사님의 질문을 받고 당황스러웠습니다. 당시 어떤 생각을 하고 그런 말을 했는지 잘 기억이 나질 않습니다. 그러나 지금 분명한 것은, 거세 콤플렉스가 원인이 아닌 신경증의 예를 제가 제시할 수 없다는 점입니다. 당연히 그 당시의 그런 표현을 지금이라면 쓰지 않았을 겁니다. 하지만 그 주제에 관해서는 아직 모르는 바가 많기 때문에 뭐라고 명확하게, 최종적인 답변을 드릴 수가 없군요〉(바이스 박사와의 서신 교환 내용과 바이스 박사의 프로이트에 대한 회상이 담긴 『조언자로서의 지크문트 프로이트 — 어느 정신분석 선구자에

정상적인 성인을 관찰해 보면 우리는 그들이 이전에 내보였던 과대망상이 점차 완화되고, 그들의 유아기 적 나르시시즘을 엿볼 수 있는 심리적 특징들도 많이 사라져 있음을 알 수 있다. 그렇다면 그들의 자아 리비도는 어떻게 된 것일까? 자아 리비도 전체가 대상 리비도 집중으로 옮겨 갔다고 가정할 수 있을까? 우리의 전체 논의 과정에 비추어 보면 그럴 가능성은 없다. 다만 억압 *Repression*의 심리학에서 우리는 그 문제에 대한 해답의 실마리를 찾을 수 있을 것이다.

우리는 리비도적 본능 충동이 주체(개인)의 문화적, 윤리적 이념과 충돌할 때 그 리비도적 충동이 병발성(病發性) 억압으로 바뀐다는 사실을 알아냈다. 그렇다고 문제가 되는 그 개인이 그와 같은 문화적, 윤리적 이념들에 관해 단순히 지적인 측면에서만 알고 있을 뿐이라고 말하려는 것은 아니다. 그는 그 이념들을 자신에게 도움이 되는 하나의 기준으로 인정할 뿐 아니라, 그 이념들의 요구 사항에도 기꺼이 복종하기 때문이다. 우리가 언급한 바와 같이 억압은 자아에서 시작된다. 더 엄밀하게 말하면, 억압은 자아를 스스로 존중하는 데서 비롯된다. 한 개인이 누리거나 의식적으로 이끌어 내는 인상, 경험, 충동, 소망이 다른 사람의 그것들과 동일하더라도 대단한 분노 속에 거부될 것이며, 또 그것들이 의식 속에 들어서기 전에 억제될 수가 있다.[33] 억압의 전제 조건에 따라 드러나는 두 사람의 차이는 리비도 이론으로 설명할 수 있는 쉬운 용어로 표현될 수 있다. 즉 한 사람은 자신의 내면에 〈이상(理想)〉을 설정하여 그 〈이상〉에 따라 자신의 실제적 자아를

대한 회상들』[1970] 참조). 〈남성 항거〉를 주장한 아들러 박사의 견해에 대한 프로이트의 비판은 「정신분석 운동의 역사」(프로이트 전집 15, 열린책들)와 「〈어떤 아이가 매를 맞고 있어요〉」(프로이트 전집 10, 열린책들)에서도 찾아볼 수 있다.

33 프로이트의 논문 「억압에 관하여」(프로이트 전집 11, 열린책들)를 참조할 것.

측정하는 반면, 또 다른 한 사람은 그와 같은 이상을 전혀 설정하지도 않는 것이다. 그런데 여기서, 자아의 관점에서 볼 때 이상형의 형성이 바로 억압의 전제 조건이 되는 것이다.[34] 이 이상적 자아가 이제는 어린 시절 실제적 자아가 누렸던 자기애의 목표가 된다. 말하자면 한 개인의 나르시시즘이 이 새로운 이상적 자아로 자리를 옮겨 나타나게 되고, 따라서 이 이상적 자아는 유아기의 자아처럼 모든 가치와 완벽함을 부여받게 된다. 리비도와 관련된 영역에서는 늘 그렇듯이, 사정이 이렇게 되면 사람은 자기가 한때 누렸던 만족을 스스로 포기할 수 없음을 다시 한번 내보이게 된다. 사람은 자신이 어렸을 적에 누렸던 나르시시즘적 완벽함을 놓치기 싫어한다. 그리고 성장하면서 다른 사람들의 훈계나 스스로의 비판적 판단에 의한 각성(覺醒)을 통해 어떤 장애에 부딪혀 더 이상 그 완벽함을 유지할 수 없게 될 때면, 그것을 자아 이상Ichideal이라는 새로운 형태에서 다시 회복하려고 노력한다. 그가 자기 앞에 하나의 이상으로 투사한 것은 어린 시절 그 스스로가 자신의 이상이라고 생각했던, 그러나 이제는 상실하고 없는 바로 그 어린 시절의 나르시시즘을 되찾게 해주는 대체물인 것이다.

이제는 당연히 이와 같은 이상의 형성과 승화Sublimation 사이의 관계를 살펴보아야 한다. 승화는 대상 리비도와 관련된 과정이며 본능이 성적 만족이라는 목표가 아닌, 그로부터 멀리 떨어진 어떤 다른 목표로 방향을 잡아 가는 과정이다. 이 과정에서 중

---

34 「집단 심리학과 자아 분석」의 한 각주에서 프로이트는 억압의 원인을 군거 본능에서 찾는 트로터W. Trotter(『평화 시와 전쟁 시의 군거 본능 Instinct of the Herd in Peace and War』[1916] 참조)에 관해 언급하면서, 트로터의 그러한 생각은 자아에게는 이상의 형성 자체가 억압의 요인이 된다는 자신의 주장과 모순되는 것이 아니라 그것을 달리 표현한 것에 지나지 않는다고 했다.

요한 것은 성욕에서의 이탈, 즉 성욕에서 벗어나는 일이다. 반면에 이상화(理想化)는 〈대상〉 그 자체와 관련된 과정이다. 이상화에 의해 대상은 그 속성의 변화 없이 개인의 마음속에서 확대되고 드높여지는 것이다. 이런 이상화는 대상 리비도의 영역에서뿐만 아니라 자아 리비도의 영역에서도 가능하다. 예를 들어 한 대상에 대해 성적으로 과대평가하는 것은 그 대상을 이상화시키는 것과 다를 바 없다. 이처럼 승화가 본능과 관련되고, 반면에 이상화*Idealisierung*가 대상과 관련된 것인 한, 두 개념은 서로 구분될 수 있다.[35]

그런데 자아 이상의 형성과 본능의 승화는 우리의 오해를 불러일으킬 만큼 종종 혼동되고 있다. 가령 자신의 나르시시즘을 자아 이상의 숭배로 대체한 사람이라고 해서 반드시 자신의 리비도적 본능을 승화시키는 것은 아니다. 이상적 자아가 그와 같은 승화를 요구하긴 하지만 강요할 수는 없다. 승화는 이상화에 의해 촉진될 수도 있는 특수한 과정이긴 하지만, 그것의 실행은 그런 이상화의 촉진 작용과는 전혀 무관한 독립적인 과정이기 때문이다. 자아 이상의 발달과 근원적인 리비도 본능의 승화 사이에 가장 큰 차이가 나는 경우가 바로 신경증 환자의 경우다. 일반적으로 어느 정도 온건하고 절제된 야망을 가진 평범한 사람들보다는 자신의 리비도를 불합리하게 위치시키는 이상주의자들을 설득하는 것이 훨씬 더 어려운 것도 그런 이유 때문이다. 더 나아가 자아 이상의 형성과 승화가 신경증의 원인과 맺는 관계는 사뭇 다르다. 앞에서 살펴보았듯이, 자아 이상의 형성은 자아의 요구를 극대화하고 따라서 억압의 가장 강력한 요인이 되지만, 승화는 억압과는 무관하게 그런 자아의 요구를 만족시키는 하나의 방편이자 탈

35 「집단 심리학과 자아 분석」에서도 이 이상화의 문제가 다시 거론된다.

출구인 셈이다.[36] 자아 이상을 통해 나르시시즘적인 만족감을 얻게끔 보장해 주고, 또 그런 목적으로 실제적 자아를 끊임없이 감시하며 자아 이상의 기준에 맞추어 평가하는 어떤 특수한 정신 기관이 있다.[37] 물론 무슨 대단한 발견이라며 놀랄 일은 아니다. 만일 그런 기관이 존재한다면 우리는 그것을 〈발견〉했다고는 할 수 없고, 그냥 그 존재를 〈알아낸〉 것에 불과하기 때문이다. 우리가 〈양심〉이라고 부르는 것이 이미 그런 특징적 속성들을 획득하고 있다는 사실을 떠올리기만 해도 충분히 납득할 수 있는 얘기다. 아무튼 그런 정신 기관이 있다는 사실을 알게 됨으로써, 우리는 편집증적 질병에서 아주 두드러진 증상으로 나타나고 하나의 독립된 형태의 질병이나 전이 신경증 속에 삽입된 형태로 출현하기도 하는 증상, 이른바 〈누군가가 자신을 주시하고 있다는 망상〉, 좀 더 정확히 말해서 〈감시당하고 있다는 망상〉을 이해할 수 있게 되었다. 이런 증상을 내보이는 환자들은 자신의 내면에서 제삼자가 그에게 들려주는 목소리(가령 〈지금 그녀가 다시 그 생각을 하고 있어〉, 〈그 남자가 지금 나가고 있어〉 등)를 통해 감시 기능을 가진 정신 기관이 존재한다는 사실을 알게 된다. 따라서 자연히 그는 자신의 생각을 다른 사람이 알고 있을 뿐만 아니라 심지어 감시, 감독하고 있다며 불평하는 것이다. 이런 불평은 사실 정당한 것이며, 정말 있는 그대로를 말한 것이다. 우리의 모든 의도를 감시하고 알아내고 비판하는 어떤 힘이 실제로 존재하기 때문이다. 실제로 그런 힘은 정상적인 삶을 사는 우리 모두에게서도 찾을 수 있다.

36 승화와 성적인 대상 리비도의 나르시시즘적 리비도로의 전환 관계는 「자아와 이드」에서 다시 논의된다.

37 이 감시자와 자아 이상의 조화에서 프로이트가 후에 언급한 〈초자아*Über-Ich*〉의 개념이 발전되어 나온다. 「집단 심리학과 자아 분석」, 「자아와 이드」 참조.

누군가에게 감시당하고 있다는 망상은 그런 힘이 퇴행적 형태로 나타난 것이다. 그러므로 왜 환자가 그 힘에 대해 반발을 하는지, 그 이유와 발생 원인이 그대로 드러나는 셈이다. 왜냐하면 어떤 한 개인에게 자아 이상(양심은 자아 이상을 대신하여 감시자의 역할을 한다)의 형성을 촉발시킨 것이 부모의 비판적 영향력(이것은 그에게 목소리로 전달된다)이기 때문이다. 그리고 세월이 흐르면서 그에게 그런 비판적 영향력을 행사하는 사람들의 수는 점점 늘어나기 마련이다. 그를 가르치고 훈육했던 사람들과 그의 주변 환경 속에 있는 수많은 사람들, 그리고 그의 동료들과 이웃들이 바로 그들이다. 여론도 빼놓을 수 없다.

이런 식으로, 본질적으로 동성애적*homosexuell*이었던 리비도의 대부분이 나르시시즘적 자아 이상의 형성에 개입하며, 더 나아가 자아 이상을 보존하려는 노력 속에서 탈출구와 만족을 찾는다. 양심 기관은 근본적으로 처음에는 부모의 비판, 나중에는 사회적 비판이 구체적으로 실현된 것이다. 그리고 그 과정은 외부에서 오는 어떤 금지나 장애를 받아 자신의 의도나 생각을 억압하려는 성향이 나타날 때마다 계속 반복된다. 말하자면 비판적 목소리뿐만 아니라 불특정 다수의 영향이 질병에 의해 다시 부각되어 나타나고, 그에 따라 다시 양심이 퇴행적으로 발달한다는 뜻이다. 그런데 부모의 영향력에서부터 시작되는 그런 모든 외부의 영향에서 벗어나고자 하는 환자의 욕망(질병의 근본적 특성과 일치한다)에서, 그리고 자신의 동성애적 리비도를 그런 영향에서 후퇴시키고자 하는 성향에서 〈검열 기관〉에 대한 반발이 일어나는 것이다.

편집증 환자가 제기하는 불평을 살펴보면, 양심에 의한 자기비판*Selbstkritik*은 근본적으로 그 토대가 된 자기 관찰*Selbstbeobachtung*

과 일치함을 알 수 있다. 달리 말하면 양심의 기능을 떠맡은 정신 활동이 철학에 그 지적 작업의 재료를 제공하는 내면 연구에도 똑같이 나타난다는 것이다. 이런 점에서 나름의 사변적 체계를 구축하려는 편집증 환자들의 독특한 성향도 어느 정도 이해 가능한 것인지도 모른다.[38]

만일 양심과 철학적 성찰로까지 이어지는 그와 같은 비판적 관찰 기관의 활동에 대한 증거가 다른 영역에서도 발견된다면, 그것은 확실히 우리에게 매우 중요한 일이다. 나는 여기서 꿈-이론 *Traumlehre*을 보충할 수 있는 대단히 가치 있는 설명 가운데 하나로, 헤르베르트 질베러Herbert Silberer가 〈기능적 현상〉이라고 말한 것을 거론하고 싶다. 우리가 잘 알고 있듯이, 질베러는 잠자는 상태와 깨어 있는 상태 사이의 중간 상태에서 사고가 시각적 영상으로 바뀌는 것을 직접 관찰할 수 있다고 했다. 그러면서 그는 그러한 상황에서 재현되는 것이 사고 내용*Gedankeninhalt*이 아니라 잠에서 깨어나려고 애를 쓰는 그 사람의 실제 상황(가령 잠을 이겨 내려는 의지, 피로 등)이라고 주장했다. 마찬가지로 질베러는 꿈의 결론이나 꿈의 일부 내용은 단순히 꿈꾸는 자가 잠을 잘 때나 깨어 있을 때 경험했던 어떤 지각을 나타내는 것일 수도 있다는 사실을 보여 주었다. 이런 사실을 통해 질베러가 입증하고자 했던 것은 바로 꿈-형성 과정 속에서 관찰 — 감시를 당하고 있다는 편집증 환자의 망상이라는 의미에서 — 이 행하는 역할이었다. 물론 그런 역할이 일정한 것은 아니다. 내가 그런 관찰의 역할을 간과한 것은 아마도 나 자신의 꿈에서는 관찰이 그리 큰 역

38   여기서 내가 단지 의견을 제시하는 식으로 한 가지 덧붙이자면, 이러한 관찰 기관의 형성과 강화에는 그 뒤에 이어지는 (주관적) 기억의 생성, 그리고 무의식 과정과는 아무런 상관이 없는 시간 요소가 포함되어 있을지도 모른다는 점이다 — 원주.

할을 하지 않았기 때문이었을 것이다. 하지만 철학적인 재능을 타고나 자기 성찰에 익숙한 사람에게는 그 관찰의 역할이 분명 두드러지게 나타날 수도 있다.[39] 여기서 우리는 꿈-사고의 변형을 강요하는 검열 기능의 지배하에 꿈-형성이 이루어진다는 사실을 상기할 수 있다. 물론 그러한 사실을 알아냈을 때 우리는 그 검열 기능을 어떤 특수한 힘이라고 생각하지 않았으며, 다만 자아를 지배하는 억압적 성향의 한 부분으로 꿈-사고를 향해 그 힘을 뻗친 부분을 가리키기 위해 그 용어를 선택했다. 우리가 만일 자아의 구조 속으로 더 깊이 파고든다면 우리는 자아 이상 속에, 그리고 양심의 그 힘찬 발언 속에 꿈-검열관[40]이 있음을 깨달을 수 있다. 그러므로 만일 이 검열관이 잠자는 동안에도 어느 정도 경계를 늦추지 않고 있다면, 자기 관찰과 자기비판의 활동 —〈이제 그는 너무 졸려서 아무 생각도 할 수 없다〉,〈이제 그가 깨어나려고 한다〉 등과 같은 생각과 더불어 진행되는 활동 — 이 꿈-내용*Trauminhalt* 형성에 나름의 영향을 미치게 된다는 사실을 우리는 충분히 이해할 수가 있는 것이다.[41] 이쯤에서 이제 우리는 정상인과 신경증 환자들이 내보이는 자존심(이기심)에 관해 이야기할 수 있다.

---

39 질베러의「상징적 환각 현상을 불러일으키고 관찰하는 방법에 대한 보고 Bericht über eine Methode, gewisse symbolische Halluzinationserscheinungen hervorzurufen und zu beobachten」(1909),「각성 상징과 발기 상징Symbolik des Erwachens und Schwellensymbolik überhaupt」(1912) 참조.

40 여기서 프로이트는 그가 보편적으로 사용하던〈검열*Zensur*〉이란 단어 대신에 인칭형인〈검열관*Zensor*〉이란 단어를 사용했다. 이 두 단어의 구분은『정신분석 강의』 중 스물여섯 번째 강의에서 분명하게 나타나는데, 거기에서 프로이트는 자기 관찰 기관을 자아 검열관, 혹은 양심이라고 하면서 밤 동안에 꿈-검열*Traumzensur*을 행하는 것이 바로 이 자아 검열관이라고 밝혔다.

41 이러한 검열 기관을 자아에서 분리하는 것이 의식과 자의식이라는 철학적 구분의 토대를 마련해 줄 수 있는지의 여부를 내가 여기서 결정할 수는 없다 — 원주.

우선 자존심은 자아의 크기를 나타내는 표현이라고 할 수 있다. 그런데 그 크기를 결정하는 여러 요소가 무엇이든 그것은 상관없다. 한 사람이 소유하거나 성취한 모든 것들, 그가 경험을 통해 확인한 전능함이라는 원초적인 느낌의 잔재 등이 그의 자존심을 높여 준다.

성적 본능과 자아 본능 사이의 차이를 고려해 볼 때, 우리는 자존심이 나르시시즘적 리비도와 아주 밀접한 의존 관계에 있음을 인정해야 한다. 이것은 다음의 두 가지 근본적인 사실에 의해 뒷받침된다. 하나는 이상 정신에서는 자존심이 상승되고 전이 신경증에서는 자존심이 떨어진다는 사실이다. 또 다른 하나는 애정 관계에서 사랑받지 못하면 자존심이 떨어지고 반면에 사랑을 받으면 자존심이 올라가게 된다는 사실이다. 우리가 언급했듯이, 나르시시즘적 대상 선택에서의 목표와 대상에 대한 만족 여부는 바로 얼마만큼 사랑을 받느냐 하는 것에 달려 있다.[42] 더 나아가 우리는 어느 대상에 대한 리비도의 집중적인 발현이 자존심을 드높여 주지 않는다는 것을 쉽게 관찰할 수 있다. 사랑하는 대상에게 의존한다는 것은 자존심을 낮추는 일이다. 사람이 사랑을 할 때면 다분히 겸손해지기 때문이다. 말하자면 사랑을 하는 사람은 자신의 나르시시즘 일부를 상실한 것이며, 그 상실된 나르시시즘은 사랑을 받는 것에 의해 보완이 된다. 이런 점에 비추어 보면, 자존심은 사랑에서 나르시시즘적인 요소와 관계가 있는 듯이 보인다.

어떤 정신적 장애나 신체적 장애 때문에 성적으로 무능력해지거나 사랑을 할 수 없게 된다면 자존심이 몹시 상하게 되는 결과가 초래된다. 나는 전이 신경증 환자들이 경험하는 열등의식의

---

42   이 문제는 「집단 심리학과 자아 분석」에서 더 포괄적으로 다루어지고 있다.

원인 가운데 하나가 바로 여기에 있는 게 아닌가 생각한다. 그러나 사실 열등의식의 주요 원인은 자아에서 빠져나온 리비도의 많은 양이 다른 대상을 향해 집중적으로 발현된 결과로 발생한 자아의 빈곤, 즉 더 이상 통제 불가능한 성적 성향 때문에 생긴 자아의 손상 때문이라고 보는 것이 옳다.

적극적으로 정신적 삶을 영위하는 사람이 자신의 신체 기관의 어느 한 부분에 열등의식을 느낄 때, 그 열등의식이 그로 하여금 과도하다 싶을 정도의 보상 행위를 하게 만든다고 한 아들러의 주장은 옳다.[43] 그러나 아들러의 주장을 그대로 받아들여 모든 훌륭한 업적을 다 신체 기관에 대한 원초적인 열등의식에서 기인하는 것으로 해석하려 한다면 그것은 지나친 과장이다. 모든 화가들이 다 시력이 약한 불리한 조건을 지니고 있는 것도 아니며, 모든 웅변가가 처음에 말더듬이였던 것도 아니기 때문이다. 또한 〈뛰어난〉 신체 기관 덕에 뛰어난 업적을 쌓은 경우도 곳곳에서 찾아볼 수 있다. 신경증의 병인(病因)을 살펴보면, 신체 기관의 약점이나 신체 기관의 발육 부진이 별 중요한 영향을 미치지 못하는 것으로 나타난다. 이것은 현재의 지각 내용이 꿈-형성에 아무런 영향을 미치지 못하는 것과 마찬가지이다. 다만 신경증은 그와 같은 약점을 다른 적절한 핑곗거리와 마찬가지로 하나의 핑계나 구실로 활용하고 있을 따름이다. 만일 신경증에 걸린 한 여자가 자기가 못생겨서, 혹은 기형이라서, 혹은 매력이 없어서 어느 누구도 사랑해 주지 않았고, 그 때문에 자기가 병에 걸릴 수밖에 없었다고 말한다면, 우리는 자칫 그 말을 그대로 믿을 수도 있다. 하지만 꼭 그런 것만은 아니라는 사실을 우리는 곧 알 수 있다. 보통

---

43 아들러의 『기관의 열등감에 대한 연구*Studie über Minderwertigkeit von Organen*』 (1907) 참조.

이상으로 아름답고 매력적이어서 남자들에게 인기 있는 여자의 경우에도 신경증에 걸리고 성(性)에 대해 대단한 거부감을 보이는 예가 많기 때문이다. 히스테리에 걸린 여성들의 대부분이 매력이 넘치는 전형적인 미인들인 반면, 하층 계급에 속하는 못생긴 사람들, 신체적으로 결함이 있거나 기형인 사람들에게서 신경증 질병에 걸린 경우를 찾기가 쉽지 않다는 사실도 유념해야 할 것이다.

자존심과 에로티시즘 — 리비도의 대상 집착 — 과의 관계는 다음과 같이 간명하게 기술할 수 있다. 우선 우리는 사랑에 따른 리비도의 대상 집착이 자아 동조적(同調的)이냐, 아니면 그와 같은 리비도의 발현이 억압되었느냐에 따라 두 가지 경우를 구분해서 설명해야 한다. 첫 번째의 경우(즉 리비도가 자아 동조적으로 활용된 경우), 사랑은 자아의 다른 활동과 마찬가지로 평가된다. 사랑을 하는 행위 그 자체는 그것이 갈망이나 결핍과 관련되는 한 자존심을 낮춰 준다. 반면에 사랑을 받는 것, 즉 자신의 사랑을 되돌려 받고 사랑하는 대상을 소유하는 것은 자존심을 다시 한번 높여 준다. 두 번째의 경우, 즉 리비도가 억압될 때는 사랑에 따른 리비도의 집중적 발현이 자아의 심각한 빈곤으로 느껴지기 때문에 사랑의 만족은 불가능하게 된다. 따라서 자아를 다시 풍요롭게 하기 위해서는 리비도를 사랑의 대상에게서 후퇴시켜야 한다. 말하자면 대상 리비도가 자아로 다시 되돌아나 나르시시즘으로 변형되어야 다시 한번 행복한 사랑을 느낄 수 있는 것이다. 그러나 진정으로 행복한 사랑이란 대상 리비도와 자아 리비도가 구분되지 않는 원초적 상태에 있을 때 가능한 일임을 또한 상기해야 할 것이다.

이 글에서 다루는 주제가 중요하면서도 대단히 포괄적인 것이기 때문에 내가 다소 두서없이 몇 마디 더 추가한다고 해서 큰 무리는 없을 것 같다.

자아의 발달은 근원적인 나르시시즘에서 멀어져야 가능하지만, 동시에 그것은 다시 원래의 나르시시즘 상태로 돌아가려는 강한 욕구를 낳게 된다. 근원적 나르시시즘에서의 이탈은 외부에서 강요된 자아 이상으로 리비도가 재배치되어야 가능하며, 만족은 그 이상적 자아의 실현을 통해서 얻을 수 있다.

동시에 자아는 대상을 향해 리비도를 집중시킨다. 자아는 자아 이상 때문에 빈곤해지는 것과 마찬가지로, 이와 같은 대상으로의 리비도 발현으로 빈곤해지게 된다. 그리고 자아는 이상의 실현을 통해 풍요로워지듯이 대상에 대한 만족을 통해 다시 풍요롭게 된다.

자존심의 한 부분은 근원적인 것, 즉 유아기 나르시시즘의 잔재이다. 자존심의 또 한 부분은 경험을 통해 강화된 전능성(자아 이상의 실현)에서 생겨난다. 그리고 또 다른 부분은 대상 리비도의 만족에서 형성된다.

자아 이상은 검열 기능을 통해 어떤 대상을 거부하는 식으로 대상을 통한 리비도의 만족에 강력한 전제 조건을 부과한다. 그런 자아 이상이 형성되지 않은 경우는 문제의 성적 성향이 성도착의 형태로 나타나게 된다. 다른 성향과 마찬가지로 성적 성향과 관련해서 어렸을 때처럼 다시 한번 자신의 이상을 성취하는 것이 자신의 행복으로 알고 사람들이 추구하는 바로 그것이다.

사랑을 한다는 것은 자아 리비도가 대상으로 흘러들어 가는 것을 의미한다. 이럴 때 사랑은 억압을 물리치고 성도착을 다시 불러들이는 힘을 지니게 된다. 사랑은 성적 대상을 성적 이상으로까지 끌어올린다. 부모 의존형 대상 선택 유형의 경우 사랑은 유아기 때의 사랑의 조건을 충족시키는 것과 같은 이유로 일어나기 때문에, 우리는 그 조건을 충족시키는 것이 무엇이든 다 이상화된다고 말할 수 있다.

성적 이상은 자아 이상과 재미있는 보조적인 관계를 맺고 있다. 나르시시즘적 만족이 현실적인 난관에 부딪혔을 때 성적 이상은 그 만족을 대신하는 것으로 이용될 수 있기 때문이다. 그럴 경우 사람은 나르시시즘적 유형의 대상 선택과 마찬가지로 현재가 아닌 과거의 자신을 사랑하거나, 아니면 자신이 전혀 가지고 있지 않은 탁월함을 지닌 대상을 사랑하게 된다(앞에서 언급한 나르시시즘적 유형의 대상 선택에서 〈자신이 바라는 미래의 모습〉 참조). 이러한 형태의 사랑에 해당하는 공식을 만든다면, 아마 〈이상에 비추어 자신의 자아가 지니고 있지 못한 탁월함을 어느 대상이 지니고 있을 때 그 대상을 사랑한다〉 정도로 기술할 수 있을 것이다. 이처럼 편의적으로 사랑의 대상을 선택하는 일은 어느 대상에게 과도할 정도로 리비도를 집중시켜 자아가 빈곤해지고, 따라서 자아 이상의 실현이 불가능한 신경증 환자에게는 특히 중요한 의미를 지닌다. 왜냐하면 신경증 환자는 그런 사랑을 통해 자신에게 없는 어떤 탁월함을 지닌 대상을 나르시시즘적 유형의 대상 선택에 따라 자신의 성적 이상(理想)으로 선택함으로써, 대상 리비도 집중에서 벗어나 다시 나르시시즘으로 돌아오는 길을 모색할 수 있기 때문이다. 이것이 바로 사랑에 의한 치료이다. 그리고 일반적으로 신경증 환자는 이 치료법을 분석에 의한 치료법보다 더 선호한다. 실제로 환자는 다른 치료법의 메커니즘을 신뢰하지 않는다. 보통 그는 사랑에 의한 치료의 기대를 가슴에 담아 두고는, 자신을 치료하는 의사에게도 그것을 그대로 말한다. 자연히 지나친 억압의 결과로 빚어진 사랑의 불능(不能)이 분석에 의한 치료 계획을 방해하는 꼴이 되는 것이다. 분석 치료에 의해 그가 부분적으로 억압에서 벗어났다고 해도 그는 사랑 대상을 선택하기 위해, 자신이 사랑하는 사람과의 삶을 통해 자신의 병이 치료되기를 기대하면서 더 이상의 분석 치료를 받지 않으려고 한다. 전혀 예상치 못한 결과가 빚어지는 것이다. 그러나 이런 경우라도 환자가 정말 필요에 의해 자기를 도와주는 사랑하는 사람에게 지나치게 의존하는 위험을 초래하지 않는다면, 우리는 그나마 그 결과에 만족할 수 있다.

자아 이상은 집단 심리학의 이해로 향하는 중요한 통로를 열어 놓고 있다. 이 자아 이상이 개인적인 측면 이외에 사회적인 측면도 지니고 있기 때문이다. 자아 이상은 바로 한 가족의 공통 이상이기도 하고, 한 계급이나 민족의 공통 이상이기도 하다. 자아 이상은 한 개인의 나르시시즘적 리비도를 구속할 뿐만 아니라 상당한 양의 동성애적 리비도[44]도 구속한다. 이런 식으로 동성애적 리비도는 다시 자아로 귀속된다. 그런데 이런 이상을 실현시키지 못한 결과로 생겨난 불만족은 동성애적 리비도를 방출시키며, 그렇게 방출된 리비도는 죄의식(사회적 불안)으로 전환된다. 본래 이러한 죄의식은 부모가 내리는 벌에 대한 두려움이었다. 아니 좀 더 정확히 말해서 부모의 사랑을 잃을지도 모른다는 두려움이라고 해야 할 것이다. 그러다 나중에는 대상이 부모에게서 불특정 다수의 동료로 바뀌게 되는 것이다. 따라서 자아의 손상과 자아 이상의 영역에서 초래되는 만족의 좌절에 의해 빈번하게 생겨나는 편집증은, 자아 이상 내에서 이상의 형성과 승화가 서로 일

---

44 집단 구조에서 동성애의 중요성은 「토템과 터부」에서도 암시된 바 있고, 나중에 「집단 심리학과 자아 분석」에서도 다시 거론된다.

치하는 것처럼, 그리고 편집증적 정신 장애에서 승화와 이상의 전환이 위축되는 것과 마찬가지로 더욱 쉽게 이해될 수 있는 현상이다.

윤희기 옮김

IV. 사례 연구

쥐 인간(발췌)

Bemerkungen über einen Fall von Zwangsneurose(1909)

〈쥐 인간〉의 증례는 프로이트가 발표한 강박 신경증에 관한 연구 중 가장 자세하고 또 유명하다. 1907년 10월 1일 시작된 이 환자의 치료 도중에 프로이트는 몇 차례 이 증례를 빈 정신분석학회에 보고했고, 1908년 4월 잘츠부르크에서 개최된 제1회 국제 정신분석학회에서 4시간에 걸쳐 보고했다. 그후로도 약 1년간 치료는 계속되었으며, 1909년 여름 프로이트는 출판을 위해 이 환자의 병력을 정리했다.

이 논문은 1909년 『정신분석과 정신 병리학 연구 연보』 제1권 2호에 처음 실렸으며, 1913년 『신경증에 관한 논문집 Sammlung kleiner Schriften zur Neurosenlehre』 제3권에 수록되었다. 또한 『저작집 Gesammelte Schriften』 제8권 (1924), 『네 가지 정신분석적 병력 연구 Vier Kran-kengeschichten』(1932), 『전집』 제7권(1941)에도 실렸다. 영어 번역본은 1925년 앨릭스 스트레이치와 제임스 스트레이치 Alix and James Strachey가 번역하여 "Notes upon a Case of Obsessional Neurosis"라는 제목으로 『논문집』 제3권에 실렸으며, 『표준판 전집』 제10권(1955)에도 수록되었다

강박증적인 관념과 그 해석

강박증적인 관념은 꿈과 같이 동기도 없고 뜻도 없는 것처럼 보인다. 첫 번째 과제는 그것들을 환자의 정신 세계에서 어떤 의미와 자리를 갖도록 하여, 그것들이 이해되고 또 당연한 것으로 보이게 만드는 것이다. 그것들을 알아들을 수 있는 말로 바꾸는 것은 불가능한 일처럼 보이지만, 우리는 이런 착각에 빠지면 안 된다. 아무리 터무니없어 보이고 괴상한 강박증적 관념이라도, 충분히 깊게 조사하면 그 의미를 알아낼 수 있다. 풀어내는 방법은 강박증적인 관념과 시간적으로 일치하는 환자의 경험을 찾아내는 것이다. 다시 말하면, 특정한 강박증적인 관념이 처음 나타난 때를 묻고, 어떤 상황에서 나타나는 경향이 있는지 물어보는 것이다. 강박증적인 관념이 아직 자리 잡지 않은 경우에는 그것을 없애는 것이 간단해진다. 일단 강박증적인 관념과 어떤 환자의 경험이 연결되어 있다는 것을 알아내면, 우리가 다루고 있는 병리 구조에 대해 알고 싶은 것이나 알 가치가 있는 것은 모두 — 그 의미, 시작된 기제, 그리고 환자의 마음에 있는 강한 동기에서 유래된 것 등 — 알 길이 열린다는 것을 우리는 쉽게 인정할 수 있다.

이 환자에게 자주 나타난 자살 충동은 아주 명확한 예가 되므로 먼저 이야기하겠다. 이 경우는 이야기하는 동안 거의 저절로 분석이 되었다. 한번은 그가 그의 여자가 없어서 몇 주일 동안 공부하지 못한 적이 있었다고 내게 말했다. 그 여자는 자신의 할머니를 간호하기 위해 멀리 떠나 있었다. 아주 어려운 부분을 공부하고 있을 때 다음과 같은 생각이 떠올랐다.

〈만약 네가 가능한 한 빨리 이번 학기의 시험을 보라는 명령을 받는다면 그대로 할 수 있을지도 모른다. 그러나 만약 너의 목을 면도칼로 자르라는 명령을 받는다면 어떻게 할 거지?〉

그리고 그는 자신에게 이미 그 명령이 주어졌다는 것을 깨달았다. 그래서 서둘러 면도칼을 가지러 선반으로 가다가 다음과 같은 생각이 들었다.

〈아니지, 이게 그렇게 간단한 것이 아니야. 먼저 그 노파를 죽여야 돼.〉[1] 그러고는 심한 두려움으로 인해 주저앉았다.

이 경우 그의 강박증적인 관념과 생활의 관계는 그의 이야기의 시작을 보면 알 수 있다. 그가 그 여자와 하루라도 빨리 결혼하기 위해 열심히 공부하고 있을 때 그 여자는 그의 곁에 없었다. 공부를 하는 동안 그는 그 여자를 보고 싶은 열망에 휩싸여 버렸고, 그 여자가 없는 이유를 따져 보게 되었다. 그래서 만약 그가 정상적인 사람이었다면 그녀의 할머니에게 조금 화가 났을 것이다.

〈그 노파는 하필 내가 그녀를 이다지도 보고 싶어 할 때 아플게 뭐람?〉

이와 비슷하지만 그 정도가 훨씬 심한 그 무엇이 그의 마음을 스쳐 갔기 때문에 다음과 같은 절규가 나타났으리라고 추측할 수 있다.

---

1 뜻을 확실히 하자면 〈죽여야 돼〉 앞에 〈먼저〉를 덧붙여 〈먼저 죽여야 돼〉라고 해야 한다 ── 원주.

〈아! 내 사랑을 빼앗아 가다니, 이 늙은이를 가서 죽이고 싶구나.〉 그와 동시에 다음의 명령이 나타났다.

〈죽어 버려라, 그런 비열한 살의를 품다니!〉

이러한 모든 과정이 이 강박증 환자에게는 매우 강렬한 감정을 수반하여 반대의 순서로 의식화되었다.

벌에 해당하는 명령이 먼저 나오고, 그다음에 죄책감에 해당하는 말이 튀어나온 것이었다. 나는 이렇게 설명해도 무리가 없다고 생각하며, 또 이렇게 설명하기 위해 여러 가지 가정이 필요하지도 않다고 생각한다.

더 오래전에 시작되었던 한 충동은 간접적인 자살 충동이라고 할 수 있는데, 이것은 그리 쉽게 설명할 수 없다. 왜냐하면 이 충동은 우리의 의식에는 매우 역겨운 현실과 표면적으로는 연관되어 있는 것처럼 보이기 때문이다. 그가 여름휴가를 떠나 있던 어느 날, 갑자기 자신이 너무 뚱뚱하니2 살을 빼야겠다는 생각이 들었다. 그래서 그는 후식이 나오기 전에 식탁에서 일어나, 8월의 뜨거운 태양 아래 모자도 쓰지 않은 채 빨리 달리기 시작했다. 그러고는 땀을 뻘뻘 흘리면서 더 이상 달릴 수 없을 때까지 산을 달려 올라갔다. 이렇게 미친 듯이 살을 빼려고 하는 도중에 한번은 자살 충동이 가식 없이 그대로 드러났다. 그가 가파른 벼랑에 서 있을 때 갑자기 뛰어내리라는 명령이 들렸다. 그대로 했으면 죽었을 것이 확실했다. 환자는 이 의미 없는 강박 행동을 설명할 수가 없었다. 그런데 문득 그가 사모하는 여자와 함께 휴양지에 와 있는데, 영국에서 온 그 여자의 사촌이 그 여자에게 매우 관심을 쏟고 있어서, 환자는 그 사촌에게 질투를 느꼈다는 생각이 떠올랐다. 그 사촌의 이름은 리처드Richard였는데, 영국의 관습대로

2 〈뚱뚱하다〉는 독일어로 〈dick〉이다.

딕Dick이라고 불렸다. 환자는 이 딕을 죽이고 싶었던 것이다. 그는 자신이 용납할 수 없을 정도로 질투가 났고, 그 사촌에게 화가 나 있었다. 그래서 그에 대한 벌로 자신에게 위와 같이 살을 빼라는 명령을 했던 것이다. 이 강박증적인 충동은 이미 살펴보았던 직접적인 자살 명령과 매우 다르게 보이지만, 한 가지 중요한 공통점이 있다. 그것은 두 가지 모두 우리 환자의 의식 세계로 나올 수는 없었던 굉장한 분노에 대한 반응이었다는 것이며, 또 그 분노는 그의 사랑을 방해하는 사람에 대한 것이었다는 사실이다.[3]

우리 환자의 다른 강박증 증상은 그 여자와 관계되는 것이기는 하지만, 그 기제가 다르고 원천인 본능도 다른 종류였다. 그 여름 휴양지에 있는 동안 그는 살빼기 작전 이외에도 여러 가지 강박증적인 행동을 계속했다. 어느 날 그가 그 여자와 보트 놀이를 하고 있을 때 바람이 세게 불었다. 그는 〈그녀에게 아무 일도 일어나서는 안 된다〉[4]는 명령이 마음에 떠올라 그 여자에게 자기의 모자를 씌웠다. 이것은 〈보호 강박증〉이었는데, 이 강박증은 그 외에 다른 형태로도 나타났다. 천둥 번개가 치던 어느 날에 그들은 함께 앉아 있었는데, 그는 번개가 치고 천둥이 울리기 전마다 마흔이나 쉰까지 〈세어야 한다〉는 생각에 사로잡혔다. 왜 그래야만 되는지는 그도 몰랐다. 그 여자가 떠나기로 되어 있던 날, 길을 걷다가 돌 하나가 발에 채였다. 몇 시간 뒤면 그 여자가 탄 마차가

---

3 이름이나 단어가 충동이나 환상 같은 무의식을 증상으로 나타내는 데 쓰이는 예는 강박증에서는 신경증에서만큼 자주 있는 것이 아니다. 그렇지만 내가 분석한 환자들 중에 리처드Richard라는 이름을 비슷하게 이용했던 예가 기억난다. 그 환자는 동생과 말다툼을 한 후에 돈하고는 인연을 끊고 싶다는 둥의 말을 하며 돈을 없애는 방법에 대해 되풀이 생각하게 되었다. 그의 동생 이름이 리하르트Richard였는데, 〈richard〉는 프랑스어로 〈부자〉라는 뜻이었다 ─ 원주.

4 〈그가 잘못해서 그런 일이 벌어졌다는 말을 들을지도 모르니까〉라는 말을 덧붙여야 뜻이 통한다 ─ 원주.

이 길을 지날 텐데, 그 돌에 걸려 재난이 생길 수도 있다는 생각이 들어 돌을 길 밖으로 치워야만 했다. 그러나 조금 후에 그 행동이 어처구니없다는 생각이 들어 되돌아가서 그 돌을 길 한가운데 제자리에 다시 가져다 〈놓아야만 했다〉. 또 그 여자가 떠난 후에 그는 〈이해해야 된다〉는 강박증에 시달렸는데, 이것 때문에 주위 사람들이 곤욕을 치렀다. 즉 그는 그렇게 하지 않으면 매우 귀중한 보물을 잃는다는 듯이, 그에게 한 말은 음절 하나하나까지 정확하게 이해하려고 안간힘을 썼다. 그래서 그는 〈방금 뭐라고 했지?〉하고 반복해서 물었다. 그리고 상대방이 다시 말해 주면, 처음에는 그렇게 들리지 않았다는 생각이 들어서 만족할 수 없었다.

그가 여름휴가 전 빈에서 그 여자와 헤어질 때 그녀가 무슨 말을 했는데, 그는 그 여자가 함께 모인 친구들 앞에서 그와 헤어지겠다고 발표하려 한다는 말로 알아들었다. 그래서 그는 매우 우울해했다. 여름 휴양지에서 그는 그 여자와 이 이야기를 의논할 기회가 있었는데, 그 결과 그가 오해했었으며, 사실 그 여자는 그가 여러 사람에게 우습게 보이는 것을 막으려 했을 뿐이었다고 이해하게 되었다. 그래서 그는 다시 행복해졌다. 그의 〈이해해야 한다〉는 강박증은 이 사건에서 영향을 받은 것이 분명하다. 즉 그것은 그가 자신에게 〈이것을 경험 삼아 다시는 남을 오해해서 쓸데없는 마음고생을 하지 말아야지〉 하고 다짐한 것 같다. 이 결정은 한 가지 일을 다른 일에까지 일반화한 것일 뿐만 아니라, 가장 중요한 사람인 그 여자가 그 자리에 없었기 때문일지는 모르나, 다른 모든 덜 중요한 사람들에게 전치(轉置)되기도 한 것이다. 그리고 그 강박증은 그가 그 여자의 말에 만족했기 때문에 일어난 것만은 아니다. 왜냐하면 그 강박증은 다시 말한 것이 원래의 말을 정확하게 되풀이한 것인지 의심하는 것으로 끝나므로, 다른 뜻이 포함되어 있다고 보아야 하기 때문이다.

지금까지 이야기한 다른 종류의 강박증적 행동은 다른 요소를 중심으로 연구해야 한다. 그의 〈보호해야 한다〉는 강박증적인 행동은 정반대의 충동, 즉 그 여자와 그 문제를 분명히 밝히기 전에 그가 그녀에게 느꼈던 적개심에 대한 반응으로 나타났다고밖에는 말할 수 없다. 다시 말해 그것은 그 충동에 대한 후회와 뉘우치는 마음의 표현이었던 것이다. 천둥 번개가 칠 때 수를 세는 강박증적 행동은, 그의 말에 따르면 누군가 죽을지도 모른다는 두려움에 대한 방어라고 해석할 수 있다. 우리는 먼저 해석해 본 강박증으로 보아, 우리 환자의 적개심은 특히 폭력적이고 의미 없는 분노의 성질을 가지고 있다는 것을 알게 되었다. 그리고 그들이 화해를 한 후에도 그 여자에 대한 분노는 여전히 그의 강박증적 증상을 만들어 내는 데 영향을 미치고 있었다는 것을 알게 되었다. 그는 자기가 이번에는 그 여자의 말을 똑바로 알아들었는지, 또 그 여자의 말을 그녀가 아직 그를 사랑하고 있다는 증거로 이해해도 되는지를 여전히 의심하고 있었다. 그래서 일반적으로 그가 말을 정확하게 들었는지 의심하는 의심 발작증이 생겼던 것이다. 사랑하는 이의 가슴속에는 사랑과 미움의 싸움이 벌어지고 있었다. 그리고 그 두 감정의 대상은 한 사람이었던 것이다. 이 싸움은 그가 그 여자가 지나갈 길에 있던 돌을 치우는 강박적이고도 상징적인 행동과 그녀가 탄 마차에 재난이 닥쳐 그 여자가 다치도록 그 돌을 다시 제자리에 가져다 놓는 행동, 즉 사랑의 행동을 취소하는 행동으로 나타났다. 이 두 번째의 강박증적 행동을 단순히 그가 생각한 대로 병적인 행동을 비판하여 부인하기 위해 한 행동이라고만 해석하는 것은 옳지 않다. 이 행동이 강박증적인 느낌과 함께 나타났다는 것을 보면, 그 동기는 첫 번째 행동의 동기와 반대지만 이 행동 역시 병적이라고 할 수밖에 없다.

두 개의 행동이 계속해서 나타나며, 뒤의 행동이 앞의 행동을 무효로 만드는 효과를 가지게 하는 것은 강박증에서 거의 항상 있는 현상이다. 환자는 당연히 이를 오해하고 그것들을 설명하기 위해 각각 다른 이유를 가져다 붙인다. 간단히 말하자면 합리화하는 것이다.[5]

그러나 그 행동들은 힘이 비슷한 두 가지 반대 방향의 충동들을 나타내는 것이다. 그리고 내가 지금까지 본 바에 의하면, 그 반대되는 충동들은 항상 사랑과 미움이었다. 이런 종류의 강박증적 행동은 증상을 만들어 내는 새로운 방법을 보여 주기 때문에 이론적으로 특히 흥미를 끈다. 히스테리에서는 보통 서로 반대되는 경향을 모두 동시에 표현하는 해결책을 찾아낸다 — 일석이조인 것이다.[6]

그런데 강박증에서는 두 가지 반대되는 경향이 각각 만족할 표현을 찾는데, 하나씩 연속적으로 나타나며 그 반대되는 표현을 논리적으로 연관 지으려 한다. 그 상반된 사항 사이의 논리적 관련은 대체로 보편적 논리에는 맞지 않는 것이다.[7]

5   어니스트 존스, 「일상생활의 합리화Rationalization in Everyday Life」(1908) 참조 — 원주.

6   「히스테리성 환상과 양성 소질의 관계」(프로이트 전집 10, 열린책들) 참조 — 원주.

7   다음 이야기는 다른 강박증 환자가 나에게 해준 것이다. 그 환자가 쉰브룬 Schönbrunn의 공원에서 산책을 하다가 땅바닥에 있던 나뭇가지에 발이 걸렸다. 그는 그것을 집어 길을 따라 있는 울타리로 던져 버렸다. 집으로 가는 길에 그는 갑자기 그 나뭇가지가 울타리 밖으로 삐죽 나와 있어서 지나가는 사람을 다치게 할 수도 있겠다는 생각이 들었다. 그는 전차에서 뛰어내려 서둘러 그 공원으로 다시 가서, 그 자리를 찾아 나뭇가지를 원래 있던 자리에 놓아야만 했다. 그 환자만 빼고 다른 사람들은 그 나뭇가지가 울타리 안에 있는 것보다 길바닥에 있는 것이 오히려 지나가는 사람에게 위험한 것이라고 생각할 것이었다. 이 두 번째 행동은 절대적인 행동으로 그가

우리 환자의 사랑과 미움 사이의 갈등은 다른 곳에서도 나타났다. 그의 믿음이 다시 살아났을 때 그는 기도문을 만들었다. 이 기도문은 점점 길어져서 드디어 한 시간 반이 걸리게 되었다. 그는 그 이유가, 발람이 거꾸로 한 것같이 기도 중에 다른 말이 끼어들어 그 뜻을 반대로 만들곤 했기 때문이라는 것을 알게 되었다.[8]

예를 들어 그가 〈신이여, 그를 보호하소서〉라고 기도하면, 악마가 서둘러 나와 〈하지 마소서〉로 만드는 것이었다.[9] 그러다가 하루는 저주를 해야겠다는 생각이 났다. 왜냐하면 그때도 역시 그 반대되는 말이 끼어들 것이라고 확신했기 때문이었다. 그의 기도에 의해 억압되었던 원래의 의도가 마지막에 나타난 그의 생각을 통해 드러났던 것이다. 결국 그는 기도를 그만두고 여러 가지 기도문의 첫 글자나 음절을 따서 만든 짧은 주문을 외우는 것으로 그 당혹스러운 상황에서 벗어났다. 그리고 그는 다른 것이 끼어들지 못하도록 이 주문을 아주 빨리 외웠다.

그는 한번은 나에 대한 감정 전이와 연관하여 같은 갈등이 나타난 꿈을 꾸었다. 그의 꿈은 다음과 같다. 그의 꿈속에서 나의 어머니가 돌아가셨다. 그는 나에게 조의를 표하고 싶었으나, 그러다가 버릇없이 웃어 버릴까 봐 두려웠다. 전에도 그런 적이 있었던 것이다. 그래서 〈조의를 보낸다p.c.〉라고 써서 카드를 보내기로 했다. 그런데 카드를 쓰는 도중 글자가 〈축하를 보낸다p.f.〉로 바뀌어 버렸다.[10]

강박적으로 행한 것이었다. 그에게는 그 행동이 남을 위하는 동기를 가진 행동으로 여겨졌다 — 원주.

8 발람은 저주하러 왔다가 축복을 했다(「민수기」 22~23장).

9 독실한 신자의 마음에 떠오르는 불경한 생각의 예와 비교해 볼 것 — 원주.

10 슬픈 경우에 어쩌지 못하고 웃는 일이 심심치 않게 일어난다. 이것은 전혀 이해할 수 없는 현상으로 생각되어 왔다. 그러나 이 꿈을 보면 왜 그런 일이 일어나는지 설명할 수 있다 — 원주. p.c.와 p.f.는 각각 *pour condoler*와 *pour féliciter*의 약자이다.

그가 가진 그 여자에 대한 두 가지 감정의 대립은 매우 심해서, 그가 전혀 의식하지 못했다고 하기는 어렵다. 그러나 이 감정의 대립이 나타난 강박증 증상을 보면, 그가 그 여자에 대해 가지고 있는 나쁜 감정이 얼마나 깊은지 정확히 모르고 있었다는 것을 알 수 있다. 그 여자는 10년 전에 그의 구혼을 거절한 적이 있다. 그 후로 그는 자신이 어떤 때는 그 여자를 깊이 사랑한다고 믿었고, 어떤 때는 그 여자에게 거의 관심이 없다고 느끼기도 했다. 치료 도중에 그가 그녀와 결혼을 하는 방향으로 움직여야 할 것 같으면, 언제나 자기는 역시 그 여자를 그다지 좋아하지 않았다는 확신이 떠올라 치료에 저항했다. 이런 저항은 곧 허물어지곤 했다. 한번은 그 여자가 많이 아파서 누워 있었다. 그는 매우 걱정을 했는데, 그의 마음속에 그 여자가 언제까지나 그렇게 누워 있었으면 좋겠다는 소망이 스쳐 지나갔다. 그는 이 생각을 다음과 같은 궤변으로 설명했다. 즉 그는 단지 그 여자가 반복해서 심한 병에 걸릴 것을 두려워하는 마음에서 자신이 벗어나기 위해, 그 여자가 계속 그렇게 아프기를 바랐을 뿐이라고 했다.[11] 또 가끔 그는 자신이 〈복수의 환상〉이라고 생각하는 공상에 빠지곤 했는데, 그는 그것을 부끄러워했다. 예를 들면 그는 그녀가 자기에게 구혼하는 남자의 사회적 지위를 중요하게 생각한다고 믿었다. 그래서 그는 그 여자가 공무원과 결혼했다고 상상을 했다. 그리고 자기가 그녀의 남편과 같은 부서에 들어가서 그보다 훨씬 빠르게 승진해 그 남편이 자기의 부하가 되었다고 상상했다. 하루는 계속된 그의 상상 속에서 그녀의 남편이 정직하지 못한 일을 저질렀다. 그래서 그 여자가 그의 발아래 몸을 던지며 남편을 구해 달

11 그 여자가 그가 하는 대로 따라올 수밖에 없기를 바라는 마음이 이 강박적인 생각이 만들어진 이유이다 — 원주.

라고 애원했다. 그는 그녀에게 그러마고 약속을 했다. 그리고 사실 그가 공무원이 된 이유는, 그 여자를 사랑했기 때문에 혹시 이런 일이 있을까 싶어서였다고 말했다. 그리고 이어서 이제 그는 할 일을 다했으니 그의 자리에서 사퇴하겠다고 말했다.

그는 또 그 여자가 그가 한 일인 줄 모르고 그의 도움을 받는 경우도 상상했다. 이럴 때 그는 뒤마의 소설에 나오는 몽테크리스토 백작처럼 그의 사랑만이 있는 줄 알았고, 그의 관대한 행위의 동기와 목적은 충분히 알아차리지 못했다. 그 동기와 목적이란 그의 복수에 대한 갈증을 억압하자는 것이었다. 더욱이 그는 가끔 자신이 좋아하는 여자에게 좀 못된 짓을 하고 싶은 충동을 느꼈다고 말했다. 그런데 이런 충동은 그 여자와 함께 있을 때는 중지되었고, 그녀가 없을 때만 나타났다.

병의 직접적인 원인

하루는 환자가 지나가는 말로 한 가지 사건을 이야기했는데, 내 생각에는 바로 그것이 그의 병의 직접적인 원인이었던 것 같다. 어쩌면 직접적인 원인은 아니더라도, 최소한 병이 시작되기 바로 직전에 일어난 사건이었다. 그의 병은 6년 전에 시작되어 그 날까지 계속되고 있었다. 그 자신은 그가 중요한 이야기를 꺼냈다는 것에 대해 전혀 감을 잡지 못하고 있었다. 그뿐 아니라 그 사건을 한 번도 중요하게 생각해 본 적이 없었다. 그러나 그 사건을 잊은 적은 없었다. 그의 이러한 태도는 이론적으로 살펴볼 필요가 있다.

히스테리에서 병의 직접적인 원인은 유아기의 경험과 마찬가지로 망각되는 것이 원칙이다. 망각된 그 유아기의 경험이 있기 때문에, 병의 원인이 된 사건은 감정의 힘을 히스테리 증상으로 변하게 할 수 있는 것이다. 그리고 완전히 망각되지 않은 경우에는, 원인이 된 최근의 충격적인 사건에 대한 기억은 조금씩 망가져서 가장 중요한 부분이 기억에서 없어진다. 우리는 이 망각 현상을 보면 억압이 일어났다는 것을 알 수 있다. 그런데 강박증은 다르다. 신경증이 생기는 근본 원인이 되는 유아기의 경험은 망각된다고 해도 완전히 망각되지 않는 것이 보통이다. 그리고 병의 직접적인 원인이 되는 사건은 히스테리와는 반대로 그대로 기억된다. 억압이 일어나기는 하는데, 실제로는 조금 간단하다고 할 수 있는 기제로 일어난다. 즉 그 충격적인 사건은 기억되나, 그에 따른 감정이 사라지는 것이다. 그 결과 남아 있게 되는 것은 전혀 감정이 깃들이지 않은 사건의 내용뿐이고, 환자는 그것을 별로 중요하지 않게 생각한다. 히스테리와 강박증은 심리적 과정에 차이가 있는데, 그 심리적 과정은 우리가 겉으로 나타난 현상을 보고 재구성할 수 있다. 심리적 과정은 달라도 그 결과는 거의 항상 똑같다. 왜냐하면 감정 없이 기억되어 있는 내용은 거의 다시 생각나는 일이 없고, 또 환자의 정신 작용에 거의 아무런 영향도 미치지 않기 때문이다. 한쪽은 항상 그것을 알고 있었던 기분이라고 이야기하며 다른 쪽은 오래전에 잊어버렸다고 이야기한다는 사실을 근거로 우리는 우선 두 가지 다른 억압,[12] 즉 강박 신경증과 히스테리의 억압을 구별한다.[13]

이런 이유로 강박 신경증 환자들이 진짜 이유를 말하면서도 그의 자책감이 그 이유에 해당한다는 것을 전혀 눈치채지 못하는 일이 종종 있다. 그 자신은 자책감을 다른 이유에서 온 것으로 알

[12] 프로이트는 그의 저술 「억압, 증상 그리고 불안」(프로이트 전집 10, 열린책들) 제11장에서, 억압이라는 단어는 히스테리에서 나타나는 기제에만 써야 한다는 제안을 했다. 그리고 정신적인 갈등을 다루는 데 사용되는 다른 모든 기제를 나타내는 말로는 방어라는 단어를 다시 사용했다. 그러므로 나중에는 여기서 〈두 가지 다른 억압〉이라는 표현 대신 〈두 가지 다른 방어〉라고 썼을 것이다.

[13] 강박 신경증에서는 앎에 두 가지가 있다고 하겠다. 환자가 외상성 충격을 알고 있다고 해도 말이 되고, 모르고 있다고 해도 역시 말이 된다. 왜냐하면 그가 그 사건을 잊지 않았다는 관점에서는 그가 알고 있는 것이지만, 그가 그 사건의 의미를 모르고 있다는 관점에서는 그가 모르고 있다고 할 수 있기 때문이다. 이런 예는 일상생활에서 많이 볼 수 있다. 쇼펜하우어가 자주 가던 식당의 종업원들은 어떤 의미로는 그를 알고 있었다. 그렇게 알려진 것을 빼면, 그 당시에는 프랑크푸르트 안팎으로 그는 별로 알려져 있지 않았다. 그런데 그 종업원들은 우리가 지금 〈쇼펜하우어를 안다〉고 말할 때와 같은 뜻으로는 그를 알지 못했다 — 원주.

고 있는 것이다. 이유가 되는 사건을 이야기할 때 그들은 가끔 놀라기도 하고 또는 자랑스러워하기도 하면서, 〈그건 별일이 아니라고 생각했는데요〉라고 덧붙인다. 몇 년 전 내가 본 첫 번째 강박 신경증 환자도 이런 현상을 보였다. 나는 그 환자를 보면서 강박 신경증의 본질을 이해하게 되었다. 그 환자는 공무원이었는데 셀 수도 없이 많은 것에 가책을 받고 있었다. 그가 바로 쇤브룬의 공원에서 나뭇가지와 관련된 강박증적인 행동을 보였던 사람이다. 나는 그가 치료비로 내는 돈이 언제나 깨끗하고 구김이 없다는 것을 알아차렸다. (이 일이 일어난 시기는 오스트리아에서 은화가 쓰이기 이전이었다.) 나는 그에게 그가 재무성에서 새 돈을 가져오니까 누구든 그가 공무원인 줄 알아보겠다고 말했다. 그랬더니 그는 자기 돈은 새 돈이 아니라 그가 집에서 다림질한 것이라고 일러 주었다. 그리고 그는 누구에게든 더러운 지폐를 주지 않는 것이 그의 양심에 따른 철칙이라고 했다. 그는 더러운 지폐에는 여러 가지 위험한 균이 있어서, 그것을 받는 사람에게 해를 미칠 수 있기 때문이라고 설명했다. 그때쯤 나는 그의 신경증이 그의 성생활과 관계가 있으리라는 추측을 하고 있었기 때문에, 어느 날 그에게 그의 성생활은 어떠냐고 물었다.

「아, 괜찮죠. 그 방면으로는 운이 나쁘지 않죠. 몇몇 괜찮은 집 안에 나는 마음씨 좋은 아저씨라고 알려져 있죠. 가끔 여자아이를 한 명씩 시골을 구경시켜 준다고 데리고 나가죠. 그러고는 어찌어찌해서 집으로 가는 기차를 놓쳐 자고 갈 수밖에 없는 상황이 되게 합니다. 언제나 방은 두 개를 잡죠 ─ 모든 일을 아주 훌륭하게 처리합니다. 그렇지만 여자아이가 자러 가고 나면, 그 아이의 방으로 가서 내 손으로 아이의 성기를 만집니다.」

「한데 당신의 더러운 손으로 아이의 성기를 만지면 아이에게 해를 끼칠 것이라고 걱정되지 않았습니까?」

이 말을 듣고 그는 화를 냈다.

「해를 끼친다구요? 아니 성기를 만지는 것이 어떻게 해가 된다는 말입니까? 그 아이들 중 해를 입은 아이는 하나도 없었다구요. 그 아이들도 모두 즐겼단 말이에요. 그중 몇 명은 결혼도 했구요. 그것 때문에 해를 입은 아이는 아무도 없어요.」

그는 나의 지적을 매우 기분 나쁘게 받아들였다. 그 후 그는 다시 오지 않았다. 그는 지폐를 쓰는 데는 결벽함을 보이고, 그를 믿고 딸려 보낸 아이들을 욕보이는 것에 대해서는 염치없는 태도를 보였는데, 이런 태도는 그의 자책감이 전치되어서 그렇게 나타나는 것이라고밖에 설명할 수 없다. 그렇게 전치된 목적은 거의 분명하게 드러나 있다. 그의 자책감이 있어야 할 곳에 있었으면 그는 자신이 즐기던 성행위를 그만둘 수밖에 없었을 것이다. 그런데 그는 유아기에 형성된 어떤 결정 요소 때문에 그런 성행위를 하지 않을 수 없었던 것이다. 전치 때문에 그는 병으로부터 상당한 이익을 얻었던 것이다.[14]

이제는 지금 우리가 보고 있는 환자의 경우에 직접적인 원인이 된 사건을 더 자세하게 살펴보도록 하겠다. 그의 어머니는 부자였던 먼 친척의 집에서 자랐다. 그 집안은 큰 사업을 하고 있었다. 그의 아버지는 결혼 당시 그 사업에 함께 참여했고, 그 결혼 덕분에 사업에서 안전한 자리를 잡게 되었다. 그의 부모는 상당히 행복한 결혼 생활을 했다. 그들은 가끔 농담을 주고받았는데, 환자는 그들의 농담에서 아버지가 어머니와 결혼하기 전에 예쁘지만

14 〈병에 의한 이득〉에 대해서는 『정신분석 강의』(프로이트 전집 1, 열린책들) 중 스물네 번째 강의에 실려 있다. 〈도라〉의 증례에서도 이에 대해 어느 정도 길게 언급하고 있으며, 1923년에 추가한 각주에는 명백하게 설명되어 있고 참고 자료도 많이 실려 있다.

돈은 한 푼도 없고 미천한 집안 출신인 아가씨에게 마음이 끌렸다는 사실을 알게 되었다. 이것은 서론치고는 길게 느껴졌다. 그의 아버지가 돌아가신 후, 하루는 환자의 어머니가 그녀의 부자 친척들과 그의 미래에 대해 의논했다고 말했다. 그런데 어머니의 사촌 중 한 사람이 환자가 공부를 마치면 자기 딸과 결혼시키겠다고 말했다. 그 사촌의 회사와 사업을 하면 그의 앞날이 밝게 열릴 것이었다. 가족들이 이렇게 계획을 세우고 있다는 것을 알게 되자 환자는 고민스러워졌다. 그는 가난하지만 그가 사랑하는 여자와 계속 사귀어야 할지, 아버지의 전철을 밟아 그에게 배정된 그 아름답고 돈 많고 사업상의 길도 잘 열어 줄 수 있는 아가씨와 결혼할 것인지 갈등하게 되었던 것이다. 이것은 사실 그의 사랑과 그의 아버지의 영향력 사이의 갈등이었는데, 그는 병이 나는 것으로 이 갈등을 해결했다. 좀 더 정확하게 말하자면, 병에 걸림으로써 현실적인 문제의 해결을 피할 수 있었던 것이다.[15]

이는 그가 병 때문에 전혀 공부를 할 수 없었다는 결과에 대해서 위와 같이 해석하는 것이 옳다는 증거라고 볼 수 있다. 그는 공부를 할 수 없었기 때문에 몇 년 뒤에야 졸업을 할 수 있었다. 그러나 의도하지 않았지만 그 병의 결과로 보이는 일은 사실 병이 생기는 원인이나 목적인 것이다.

미리 예상했던 대로 환자는 처음에는 나의 해석을 받아들이지 않았다. 그는 결혼 계획이 그런 결과를 가져올 수 있으리라고는 상상도 할 수 없다고 말했다. 그리고 이 해석은 그에게 전혀 아무런 영향도 끼치지 않았다. 그러나 치료가 진행되면서 그는 나의

15 그가 병으로 도피하려는 것은, 그가 그와 아버지를 동일시했기 때문이라는 것을 강조해야겠다. 동일시함으로써 그는 유아기에 남겨진 잔재로 퇴행할 수 있었던 것이다 ─ 원주. (7)항을 보면 프로이트가 이미 「히스테리 발작에 관하여」(프로이트 전집 10, 열린책들)에서 〈병으로 도피한다〉는 구절을 사용했음을 알 수 있다.

의심이 사실이었다는 것을 믿을 수밖에 없게 되었다. 그것도 매우 간단하게 말이다. 상상으로 나타난 전이를 통해, 그는 잊었거나, 아니면 그의 무의식을 스쳐 지나갔던 과거의 사건을 다시 경험하게 되었다. 치료 과정 중 뭔가 애매하며 어려운 느낌이 드는 시기가 있었다. 결국은 다음과 같은 일이 있었기 때문이라는 것이 밝혀졌다. 어느 날 그는 우리 집 층계에서 한 젊은 여자를 만났는데, 그 여자가 내 딸이라고 생각해 버렸다. 그는 그 여자가 마음에 들었다. 그는 내가 그에게 친절하며 믿을 수 없을 정도로 인내심이 있는 것은, 오직 내가 그를 사위로 삼고 싶어 하기 때문이라고 상상했다. 동시에 그는 그의 설계에 맞게 나의 집안이 부자라고 결정했다. 그러나 그의 여자에 대한 지칠 줄 모르는 사랑이 이 유혹에 대항했다. 그는 아주 심하게 저항하고 나를 질책했지만, 나중에는 이 상상으로 나타난 전이와 그가 과거에 겪은 실제 상황이 완벽하게 유사하다는 것을 인정할 수밖에 없었다. 그가 같은 시기에 꾸었던 꿈은 이 주제를 어떻게 생각했는지 잘 보여 준다. 그는 꿈속에서 내 딸을 보았는데, 내 딸의 눈이 있을 곳에 똥 두 덩어리가 있었다고 했다. 꿈의 언어를 아는 사람이라면 이 꿈을 번역하는 것이 별로 어렵지 않을 것이다. 이 꿈은 그가 내 딸과 결혼하는 것은 그녀의 〈아름다운 눈〉 때문이 아니라 그녀의 돈 때문이라고 말하고 있다.

아버지 콤플렉스와 쥐 강박증의 해결

그가 어른이 되었을 때 나타난 병의 직접적인 원인이 된 사건과 그의 어린 시절은 연결되어 있다. 그는 자신이 처한 상황이 그의 아버지가 처했던 혹은 그랬으리라고 그가 의심했던 상황과 같다는 사실을 알아차렸다. 그래서 그의 아버지와 동일시할 수 있었던 것이다. 그리고 그의 아버지는 돌아가셨지만 다른 경로로 최근의 증세에 영향을 미치고 있었다. 그의 병의 근본에 있는 갈등은 그의 아버지의 소원이 미치는 지속적인 영향과 자신의 연애 성향 사이에서 나타나는 것이었다. 환자가 치료 초기에 한 말을 생각해 보면, 이 갈등은 환자의 유년기에 생긴 오래된 것이라는 의심을 하지 않을 수 없다.

모든 면에서 살펴볼 때 그의 아버지는 매우 유능한 사람이었다. 결혼하기 전에 그는 육군 하사관이었는데, 그 당시에 지녔던 당당한 군인의 태도를 이후에도 계속해서 지니고 있었고 솔직하게 말하는 것을 좋아했다. 누구나 좋아하는 그런 장점 이외에도 그는 애정이 담긴 유머 감각과 동료들에 대한 친절한 인내심으로도 잘 알려져 있었다. 그가 성질이 급하고 폭력적일 수도 있다는 것은 이런 다른 장점과 상통하는 점이 있을 뿐 아니라, 오히려 그의 성격에서 뺄 수 없는 부분이라고 해야 할 것이다. 그러나 이런 성격 때문에 아이들은 장난이 심한 나이에 아버지에게 혹독한 벌을 받곤 했다. 그러나 아이들이 자란 후에는 신성불가침의 권위를 주장하려 하지 않고, 아이들과 자신의 인생에서 있었던 작은 실패나 악운에 대해 악의 없이 터놓고 이야기하는 것이 다른 아버지와 다른 점이었다. 따라서 그의 아들이 한 가지만 빼고 부자간에 절친한 친구처럼 지냈다고 한 말은 과장이 아니었다. 그리고 바로 그 한 가지가 그가 어렸을 때 그의 마음에 이상할 정도로 강하게 자리 잡고 있었던 아버지의 죽음과 관련된 생각에 연관되는 사항이었다. 그리고 아버지의 죽음과 관련된 생각은 유아기에 있었던 강박증적인 생각에서 나타났다. 그가 전에 어떤 여자아이가 자기를 불쌍하게 여겨 친절하게 대해 주기를 바라는 마음에서 아버지의 죽음을 바랐던 경우도 그것과 연관되어 있었다.

성과 관련된 분야에서 부자간에 무슨 일인가 있었던 것이 틀림없다. 아마 아버지는 그의 아들이 너무 일찍 관능적인 생활을 하는 것에 반대했을 것이다. 아버지가 돌아가시고 수년이 지나 그가 처음으로 성교의 즐거움을 경험했을 때였다. 갑자기 그에게는 〈굉장히 기분이 좋구나! 이것을 위해서라면 아버지라도 죽일 수 있겠네!〉라는 생각이 떠올랐다. 그것은 그의 유년기에 있었던 강박증적인 생각의 반향인 동시에 입증이었다. 더욱이 그의 아버지는 죽기 바로 전에, 그를 가장 강하게 지배했던 열정을 직설적으로 반대했었다. 그의 아버지는 그가 항상 그 여자와 함께 지내는 것을 눈치채고, 그 여자와 함께 있는 것은 경솔한 짓이며 그가 바보같이 보이게 될 것이라고 경고했었다.

우리 환자의 자위행위에 대해서 살펴보면, 지금까지 나온 나무랄 데 없는 증거에 새로운 사실을 더할 수 있다. 자위행위에 대해서는 의사들이나 환자들은 그 중요성을 아직 충분히 알고 있지 못하지만 서로 다른 생각을 가지고 있다. 환자들은 자위행위, 즉 사춘기에 한 자위행위가 자신들이 가진 모든 문제의 근원이라는 데 의견을 같이하고 있다. 의사들은 대부분 어떻게 생각해야 될지 결정하지 못하고 있기는 하나, 신경증 환자뿐 아니라 정상인 사람들도 사춘기에는 자위행위를 많이 한다는 사실을 알고 있기 때문에 환자들의 주장이 과장된 것이라고 무시하는 경향이 있다. 나는 역시 환자들이 의사들보다 더 진실에 가까운 견해를 가지고 있다고 생각한다. 즉 환자들은 어렴풋하게 진실을 알고 있으나, 의사들은 요점을 간과하는 실수를 할 수 있다는 것이다. 그러나 환자들이 주장한 대로 사춘기에 자위행위를 하는 것 — 이것은 거의 전형적인 현상이라고 해도 된다 — 이 모든 신경증의 원인이 되는 것은 아니다. 그들의 주장에는 설명을 붙일 필요가 있다. 사춘기에 하는 자위행위는 유아기에 하던 자위행위가 다시 나타난 것이라는 사실이다. 이 사실은 지금까지는 항상 무시되어 왔다. 유아기의 자위행위는 보통 서너 살부터 다섯 살 사이에 한창 심해진다. 이 유아기의 자위행위는 성과 관련된 타고난 기질을 보이는 것으로, 나중에 나타나는 신경증의 원인은 여기에서 찾아야 한다. 환자들은 이렇게 변형된 방법으로 그들의 병을 유아기성 행동 때문이라고 책임을 돌린다. 그들이 그렇게 하는 것은 옳은 것이다. 반면에 우리가 자위행위를 하나의 병으로 간주하고, 그것이 성 본능의 여러 측면과 그 성 본능에 따라 생기는 모든 환상을 표현하는 길이라는 점을 잊어버리면 그 문제를 해결할 수 없게 된다. 자위행위는 그 자체로 해를 끼치는 일은 그리 많지 않다. 그것은 그 환자의 병의 원인이 되는 성생활 중 중요한 일부일 뿐이다. 많은 사람이 자위행위를 어느 정도는 한다. 그러고도 병이 생기지 않는다는 사실은, 그들의 성과 관련된 기질과 성생활

의 발달 과정이 주위에서 문제가 되지 않을 정도로 자위행위를 할 수 있게 되어 있음을 보여 준다.[16]

성과 관련된 기질이 그다지 자신에게 이롭지 않거나 성생활의 발달 과정이 원만하지 못했던 사람들은 자신들의 성생활로 인해 병이 생긴다. 즉 그들은 자신들의 성 본능을 억제하거나 승화하지 못하고 억압하거나 대치하게 되는 것이다.

우리 환자의 자위행위에는 특이한 점이 있었다. 그는 사춘기에는 특별히 언급할 만한 자위행위를 하지 않았는데, 따라서 어떤 이들은 그가 신경증에 걸릴 염려는 없다고 말했을 것이다. 자위를 하고 싶은 충동은 그가 스물한 살이 넘었을 때, 즉 그의 아버지가 돌아가신 직후에 나타났다. 그는 그런 식의 만족에 따라가는 것을 매우 창피하게 여겨, 다시는 그러지 않겠다고 맹세했다. 그후 그 행위는 아주 예외적인 경우에만 드물게 나타났다. 이후로는 그가 특히 기분이 좋거나 특히 좋은 문장을 읽게 되었을 때 그 버릇이 나타났다고 말했다. 예를 들어 한 번은 아름다운 여름날 오후에 나타났는데, 그때 그는 빈 한가운데에 있었다. 한 쌍두마차의 기수가 매우 듣기 좋게 경적을 울렸는데, 시내에서는 경적을 울리는 것이 금지되어 있었기 때문에 경찰이 그를 저지했다. 그리고 다른 한 번은 그가 『시와 진실Dichtung und Wahrheit』을 읽고 있을 때였다. 괴테가 젊었을 때, 그의 질투심 많은 애인이 어느 여자든 그녀 다음에 그의 입술에 키스하면 저주를 받을 것이라고 한 것을 매우 부드러운 방법으로 벗어났다는 이야기였다. 괴테는 오랫동안 거의 미신적으로 자신을 억제하고 있었는데, 이제 자기가 사랑하는 여자와 즐겁게 마음껏 키스했다고 한다.

그 환자는 그렇게 아름답고 기분이 좋아지는 상황에서 자위를

16 「성욕에 관한 세 편의 에세이」(본서 수록) 참조 — 원주.

하고 싶어지는 것이 하나도 이상하지 않았다고 말했다. 그러나 나는 그가 말한 두 경우에 공통점이 있다는 것을 지적하지 않을 수 없었다. 그것은 금지와 명령에 대한 반항이었다.

우리는 그가 시험 공부를 하고 있으면서 그의 아버지가 아직 살아 있어서 어느 순간에 다시 나타나리라는 상상을 했을 때 보인 이상한 행동을 같은 맥락에서 살펴보아야 한다. 그는 될 수 있는 대로 늦은 시각까지 공부하도록 시간표를 짰다. 자정에서 밤한 시 사이에 그는 공부를 중단하고 그의 아버지가 현관 앞에 있기라도 한 것처럼 현관문을 열었다. 그러고는 거실로 들어와서 자기 성기를 꺼내어 거울 속에서 들여다보았다. 이 미친 듯한 행동을 이해하려면, 그가 영혼이 돌아다니는 그 시각에 아버지가 자기를 찾아올 것을 기대하고 있는 것처럼 행동했다고 가정해야 한다. 그의 아버지가 살아 계실 때 그는 공부를 열심히 하지 않았으며, 아버지는 그것 때문에 가끔 화를 냈다. 이제 영혼이 되어 돌아와서 그의 아들이 열심히 공부하는 것을 보면 매우 기뻐하실 것이었다. 그러나 그다음 행동을 보고 기뻐할 수는 없었을 것이다. 그러니 그 두 번째 행동은 그가 반항하는 것이었다. 즉 그는 이해할 수 없는 강박증적인 한 행동으로 아버지와 자신과의 관계에 있는 두 가지 측면을 표현했던 것이다. 그가 나중에 좋아하는 여자와 관련하여 길거리의 돌을 가지고 보였던 강박증적인 행동도 마찬가지이다.

이런 증거들과 비슷한 다른 자료를 바탕으로 하여, 나는 그가 여섯 살이 되기 전에 자위와 관계되는 성적인 비행을 저질렀고, 그것 때문에 아버지에게 단단히 혼이 났었을 것이라고 해석해 보았다. 나의 가설을 따르자면, 그는 그렇게 벌을 받았기 때문에 자위를 그만두었고 — 이것은 사실이었다 — 그의 아버지에게 지독한 앙심을 품게 되었으며, 그의 아버지를 자신의 성적 즐거움을 방해하는 사람으로 결정하게 되었던 것이다.[17]

놀랍게도 환자는 이와 비슷한 일을 그가 어렸을 때 겪었는데, 그 결과가 엄청나서 그의 어머니도 잊을 수 없었다고 여러 번 말했다고 한다. 그 자신은 그 사건을 기억하지 못했다. 그 사건은 다음과 같다. 그가 매우 어렸을 때 — 나중에 그의 손위 누이가 병으로 죽은 시기와 일치하기 때문에 정확한 날짜를 알아낼 수 있었다 — 나쁜 짓을 해서 그의 아버지가 매질을 했다. 그 어린 소년은 지독하게 화가 나서 매를 맞으면서도 아버지에게 욕을 퍼부었다. 그러나 그는 아는 욕이 없어서 생각해 낼 수 있는 모든 사물의 이름으로 아버지를 불렀다. 그는 〈너 램프야! 너 수건아! 너 접시야!〉 등등의 소리를 질렀다. 그의 아버지는 그런 원초적인 분노에 놀라서 매질을 그만두고, 〈저 아이는 위인이 되든지, 아니면 굉장한 범죄자가 되고 말 거야!〉라고 말했다.[18]

환자는 그 사건이 그의 아버지에게뿐 아니라 자신에게도 사라지지 않는 자국을 남겼다고 말했다. 그는 그의 아버지가 다시는 자기를 때리지 않았다고 말했다. 그리고 이 사건으로 그의 성격에도 변화가 왔는데, 그것은 그때부터 자신의 분노에 놀란 나머지 비겁해졌다는 것이다. 그리고 일생 동안 맞는 것을 매우 두려워했고, 그의 누이나 동생이 매를 맞을 때면 겁에 질리고 화가 난 채로 숨어 버리곤 했었다.

환자는 후에 그의 어머니에게 다시 물어보았다. 그의 어머니는

---

17 내가 치료 초반에 보였던 비슷한 내용의 의심과 비교할 것 — 원주. 프로이트는 정신분석에서 〈해석〉의 역할에 대하여 「늑대 인간」과 「여자 동성애가 되는 심리」의 증례에서도 설명하고 있다.

18 또 다른 가능성도 있었다. 그의 아버지는 이런 원초적인 열정에서 오는 가장 흔한 결과를 무심하게 지나친 것이다. 그것은 바로 신경증이다 — 원주.

그런 일이 있었다고 말하며, 그가 서너 살 때의 일로 누군가를 물었기 때문에 벌을 받았던 것이라고 덧붙였다. 어머니는 더 자세한 것은 기억하지 못했지만, 그가 물었던 사람은 아마 그의 유모였던 것 같다고 말했다. 그의 어머니의 설명에는 그의 잘못된 행동이 성적인 것이었다는 기미는 없다.[19]

19 정신분석을 하는 도중에 우리는, 이렇게 환자가 아주 어리고 유아기 성 행동이 가장 한창인 나이에 어떤 나쁜 일이 일어나거나 심하게 벌을 받게 됨으로써 그 성 행동이 갑자기 비극적인 결말을 맞게 되는 현상을 자주 만나게 된다. 그런 사건은 꿈속에서 어렴풋이 나타나기 쉽다. 가끔 그것이 매우 명확하게 나타나서 분석가는 확실히 그 사건을 알게 되었다고 생각하지만, 결정적으로 밝혀 설명하는 것은 피한다. 분석가가 아주 조심스럽고 능란하게 진행하지 않으면 그 사건이 실제로 일어났던 일인지 아닌지 확인하지 못하게 될지도 모른다. 환자의 무의식에 있는 환상들에서 같은 사건이 여러 형태로 나타날 때는(이들은 서로 형태가 크게 다른 경우가 많다) 그것을 해석하는 데 올바른 길로 가도록 도와줄 것이다. 이런 사건들이 실제로 일어났었는지 바르게 판단하려면, 사람들의 어렸을 적 기억은 보통 사춘기쯤이 되어 기억으로 자리 잡는다는 사실을 잊지 말아야 한다. 그리고 기억되는 과정은 한 국가가 국가 건설 초기에 관한 전설을 만들어 내는 과정과 똑같이 복잡한 개조 과정을 거친다. 사람들은 자라면서 자신의 유아기에 대한 환상 속에서 자가 성애적인 행동을 없애려고 노력한다. 마치 역사학자가 과거를 현재에 비추어 보듯이, 자기 기억의 내용을 대상애로 격을 높이는 것이다. 그래서 실제로는 자기애적 행동과 그것을 야기시킨 포옹이나 벌만 일어났는데도 그들의 환상에 유혹과 강간이 많이 나타나는 것이다. 더욱이 그의 어린 시절에 대한 환상을 만들어 내는 데 사람들은 그의 기억에 성적인 요소를 가미한다. 무슨 말인가 하면, 보통 많이 일어나는 일들을 그의 성 행동에 연관시키고, 또 그의 성적인 관심을 그 사건들에 연루시킨다 ― 그런데 이렇게 하는 것은 이미 존재하는 연결 고리를 따라가는 것일 뿐일지도 모르지만 말이다. 「다섯 살배기 꼬마 한스의 공포증 분석」(프로이트 전집 8, 열린책들)에 대해 알고 있는 사람이라면, 내가 이렇게 이야기했다고 해서 내가 유아기의 성을 사춘기에 나타나는 성에 대한 호기심 정도로밖에 생각하지 않으며, 내가 유아기의 성을 중요하다고 했던 것을 부인하고 있다고 생각하지는 않을 것이다. 유아기에 있었던 성 행동에 대한 변형된 환상을 밝혀내기 위해 나는 다만 기술적 충고를 하고자 할 뿐이다. 지금 우리가 보고 있는 환자의 경우같이 믿을 수 있는 어른의 말을 들을 수 있어, 환자가 이야기하지만 기억하지 못하는 아주 어린 시절 이야기의 근거가 되는 사건을 알게 되는 것이 흔한 일은 아니다. 그래도 우리 환자의 어머니가 한 말은 사건을 완전히 이야기하지 않아서, 여러 가지 방향으로 생각해 볼 수 있다. 그 어머니가 아이의 비행이 성적인 것이었다고 말하지 않는 것은 어머니 자신의 검열 활동 때문이었을 수도 있다. 왜냐하면 모든 부모들의 검열은 자식에 대한 기억 중에서 자식의 성 행동에 대한 것을 가장 없애고 싶어 하기 때문이다. 그러나 어머니나 유모가 성과는 관계없이 보통 아이들이 많이 하는 장난 때문에 아이를 야단쳤

어릴 적의 이 사건은 각주에 실려 있다. 나는 단지 환자가 이 사건이 나온 후, 그가 기억하지 못하는 어린 시절에 사랑하던 아버지에게 맹렬한 분노를 느꼈다는 것을 믿지 않으려는 태도가 흔들렸다는 것만 말하겠다. 그 맹렬한 분노는 숨어 버렸다. 나는 그

고, 아이의 반발이 너무 심해서 아버지에게 매를 맞았는지도 모른다. 이런 환상에서는 유모나 하인은 더 중요한 사람인 어머니로 대치되는 것이 보통이다.

이 사건과 관련해서 그의 꿈을 더 깊이 분석한 결과, 그의 마음에는 확실히 영웅적인 인물이 등장하는 공상적인 작품이 있었다는 것이 발견되었다. 그 이야기 안에서는 그의 어머니와 누이에 대한 성적인 욕망과 그의 누이의 이른 죽음이, 어린 영웅이 아버지에게 징벌을 당하는 것과 연결되어 있었다. 이 환상의 조직을 올올이 풀어내는 것은 불가능했다. 치료가 성공적으로 끝난 것이 바로 방해자였다. 그 환자의 병이 나아져 일상생활을 하기에 바빴던 것이다. 그에게는 너무 오랫동안 하지 못하고 내버려 두었던 일들이 많아서 할 일이 많았다. 그래서 치료를 계속하는 것이 어려워진 것이다. 그러니 이것을 분석하지 못한 것은 내 잘못이 아니다. 정신분석이 내놓는 과학적인 결과는, 현재로서는 치료를 하는 중에 생기는 부산물일 뿐이다. 그래서 치료에 실패하는 경우 더 많은 것을 발견할 수 있다.

유아기 성생활의 내용에는, 그 당시에 가장 우세한 성 본능이 힘을 발하는 부위에 나타나는 자가 성애 행동이 있고, 대상애도 조금 있고, 또 〈신경증의 핵심 콤플렉스〉라고 불러야 할 콤플렉스의 형성이 있다. 이 콤플렉스는 아이에게 가장 일찍 나타나는 부모와 형제자매로 향하는 부드러운 충동들 또는 적대적인 충동들로 이루어진다. 이 충동들은 대개 동생이 태어나는 것을 계기로 호기심이 발동되어 생긴다. 아이들의 성생활의 내용이 똑같고, 그 성생활을 변형시키는 경향도 변함이 없는 것은, 그것이 얼마나 실제 경험으로부터 왔느냐에 상관없이 유아기에 만들어진 환상의 내용이 똑같다는 사실을 잘 설명해준다. 유아기의 핵심 콤플렉스에서는 아버지가 성적으로 경쟁자이며, 아이의 자가 성애 행동을 방해하는 역할을 맡는 것은 당연하다. 물론 보통은 실제 사건이 이런 환상을 만들어 내는 데 많은 역할을 한다 — 원주.

어릴 적의 기억과 어릴 적의 환상을 구별하는 것은 프로이트가 내내 고민한 것이다. 예를 들어 『정신분석 강의』 중 스물세 번째 강의에는 〈최초의 환상들〉에 대한 토론과 「늑대 인간」 분석의 제5장과 8장 참조. 프로이트는 이르게는 1897년에 플리스Fließ에게 개인적으로 어릴 적의 기억이 사실일지 의심된다는 것을 말한 적이 있다. 이에 대한 그의 결론은 수년 후에 출판되었다. 「신경증의 병인에서 성욕이 작용하는 부분에 대한 나의 견해」(프로이트 전집 10, 열린책들). 반면에 그의 마지막 저술들에서는 분명히 신화적인 환상에도 항상 조금은 과거의 사실이 들어 있다고 주장했다. 예를 들어 「인간 모세와 유일신교」(프로이트 전집 13, 열린책들)를 참조. 〈핵심 콤플렉스〉라는 용어는 이미 프로이트가 쓰고 있었으나, 「어린아이의 성 이론에 관하여」(프로이트 전집 7, 열린책들)에서는 다른 뜻으로 사용했다. 〈오이디푸스 콤플렉스〉라는 말은 조금 후에 발표된 「사랑의 심리학」 중 첫 번째 논문에서 처음 사용되었던 것 같다. 〈슈레버〉의 증례도 참조.

가 이 사건을 여러 번 들었고, 특히 그의 아버지도 그에게 이야기
해 주어서 그것이 실제 사건이라는 것은 의심할 여지가 없었기
때문에, 이 사건이 그에게 더 큰 영향을 미칠 것으로 기대했었다
는 것을 고백해야겠다. 그러나 그는 강박증이 있는 사람들같이
머리가 좋은 사람들이 가질 수 있는 비논리적인 특성으로, 그 자
신이 이 사건을 기억하지 못하기 때문에 그 이야기는 증거의 가
치가 없다고 주장했다. 이러한 비논리성은 항상 우리를 당황하게
한다. 그래서 〈전이〉라는 고통스러운 길을 지나고 나서야 그와 아
버지의 관계에 이 무의식의 내용을 더해야 한다는 확신에 도달할
수 있었다. 곧 그의 꿈에서, 깨어 있을 때 나타나는 환상 속에서,
그리고 그의 연상에서, 나와 나의 가족을 가장 상스럽고 더럽게
모욕하기 시작했다. 그러나 나를 직접 대할 때는 가장 존경하는
태도만을 보였다. 그가 이런 모욕을 나에게 보고할 때는 절망에
빠진 사람의 태도였다. 그는 말하곤 했다.

「선생님, 당신 같은 신사가 어찌 나같이 하잘것없고 비천한 인
간으로부터 모욕을 받고 가만히 있습니까? 나를 내쫓으세요. 나
는 그런 일을 당해도 쌉니다.」

이런 말을 할 때 그는 의자에서 일어나 방 안을 돌아다녔다. 그
는 처음에는 감정이 예민해서 생긴 버릇이라고 설명했다. 그는
의자에 편안하게 누워서 그런 지독한 말을 내뱉을 수는 없었다고
말했다. 그러나 그는 곧 더 설득력 있는 이유를 발견했는데, 그것
은 내가 그를 때릴까 봐 내 근처에 있지 않으려 했던 것이었다. 그
가 의자에 그냥 앉아 있을 때는 굉장히 폭력적인 매질로부터 자
신을 구하려는 것처럼, 심한 공포에 질린 듯이 행동했다. 그는 머
리를 두 손으로 감싸고, 팔로 얼굴을 가리고, 갑자기 벌떡 일어나
서 달아나고, 얼굴을 고통으로 일그러뜨리는 등의 행동을 보였다.

그는 그의 아버지가 불같은 성미를 가지고 있었으며, 가끔 폭력을 휘두르기 시작하면 언제 끝을 낼지 몰랐다는 것을 기억해 냈다. 그는 이런 고통스러운 시련을 통해 조금씩 그가 가지지 못했던 확신을 얻어 갔다. 그러나 이런 사실은 관계없는 사람에게는 처음부터 자명했을 것이다.

이제 그의 〈쥐 생각〉을 해결하는 길은 확실하다. 치료는 전환점을 맞았다. 그리고 이제까지는 감추어졌던 많은 자료가 나오기 시작해서, 사건이 전개된 것을 전체적으로 차례대로 정리할 수 있게 되었다.

내가 이미 말한 대로 그 상황을 가능한 한 간단하게 요약해서 말하도록 하겠다. 첫째로 풀어야 할 문제는 당연히 그 체코 이름을 가진 장교가 한 두 가지 말 — 쥐 이야기와 A 중위에게 돈을 갚으라고 한 말 — 이 왜 그를 그렇게 당황하게 만들고 또 그런 매우 병적인 반응을 일으키게 했는가 하는 것이다. 그것은 민감 콤플렉스[20]의 문제이고, 그 말들이 그의 무의식에서 과민한 부분을 충격적으로 건드렸다고 가정할 수 있다. 이 가정은 사실로 판명되었다. 대부분의 환자가 군대와 관련된 일에서는 항상 그렇듯이, 우리 환자도 수년간 군대 생활을 했고, 군대 이야기를 많이 했던 그의 아버지와 무의식에서 동일시되었다. 그의 아버지가 군대에 있을 때 일어났던 일 중의 하나가 우연히 그 장교가 요구했던 것과 공통점이 있었다. 증상이 만들어지는 데는 우연이 작용할 수 있다. 농담에 쓰인 그 말이 작용하듯이 말이다. 육군 하사관이었던 그의 아버지는 공금을 조금 관리하고 있었는데, 한번은 그것을 카드 게임에서 잃었다(그는 〈노름꾼Spielratte〉[21]이었던 것이

---

20 융과 융 학파의 언어 — 연상 실험에서 빌려 온 용어임[융, 『단어 연상에 대한 연구Diapnostische Assoziationstudien』(1906, 1909)].

다). 그의 동료가 돈을 빌려주지 않았다면 그는 혼이 났을 것이다. 그가 제대한 후 돈을 좀 벌었을 때, 돈이 필요할지 모르는 그 친구를 찾아 돈을 돌려주려 했으나 그 친구를 찾을 길이 없었다. 환자는 아버지가 결국 돈을 돌려줄 수 있었는지 확실히 알지 못했다. 그의 무의식에는 아버지의 인격에 대해 적대감을 가지고 비난하는 마음이 가득 차 있었기 때문에, 아버지가 젊었을 때 저지른 잘못을 기억하는 것은 그에게 마음 아픈 일이었다. 그 장교가 〈A 중위에게 3.80크로네를 갚아야 한다〉라고 한 말이, 그에게는 그의 아버지가 갚지 않은 빚 이야기를 하는 것으로 들렸다.[21]

소포가 도착했을 때 Z 마을에 있는 우체국의 아가씨가 그에 대해 좋은 말을 하며 돈을 대신 냈다는 정보는,[22] 또 다른 방향으로 그가 자신을 아버지와 동일시하는 것을 부추겼다. 분석이 여기까지 진행되었을 때, 그는 우체국이 있는 작은 마을의 여관집에는 예쁜 딸이 하나 있었다는 이야기를 처음으로 꺼냈다. 그 여관집 딸은 잘난 젊은 장교에게 확실히 호감을 보였다. 그래서 그가 훈련을 끝내고 다시 와서 그 여자에게 접근해 보려고 생각했던 것이다. 그런데 이제 그 여자는 우체국 아가씨라는 경쟁자를 가지게 된 것이었다. 그의 아버지가 결혼할 때 그랬던 것처럼, 훈련을 마친 후 그도 두 여자 중 누구에게 그의 사랑을 보낼 것인가 망설일 수 있게 된 것이었다. 이제 우리는 그가 빈까지 여행할 것인지 그 우체국이 있는 마을로 돌아가야 할지를 이상하게 결정짓지 못

21 말 그대로는 〈노는-쥐〉인데, 구어체 독일어에서는 도박꾼을 이른다.
22 그 장교가 잘못 알고 A 중위에게 돈을 갚으라는 말을 하기 전에 그가 이미 이것을 알고 있었다는 사실을 잊으면 안 된다. 이 상황은 그의 이야기를 이해하는 데 매우 중요한 부분이다. 그는 그 사실을 기억에서 억압했기 때문에 말할 수 없는 진창에 빠졌던 것이고, 나는 그의 이야기를 듣고 한동안 전혀 무슨 소리인지 감을 잡지 못했던 것이다 — 원주.

하면서 계속 돌아가고 싶은 유혹에 시달린 것이, 처음 생각했던 것만큼 의미 없는 것은 아니라는 사실을 금방 알 수 있을 것이다. 그의 의식 세계에서 그는 A 중위를 만나 자신의 맹세를 지켜야 하기 때문에 우체국이 있는 Z 마을로 가고 싶은 것이라고 설명을 했다. 그러나 사실 그를 끌어당기고 있는 것은 우체국 아가씨였고, 그 중위는 같은 마을에 살고 있었으며 군대의 우편 담당이었기 때문에 좋은 구실이 된 것이었다. 그리고 나중에 그날 우체국에 있었던 사람은 A 중위가 아니라 B 중위였다는 것을 알고 나서는 B 중위도 자기의 계획 속에 포함시켰던 것이다. 그렇게 함으로써 그는 그에게 호감을 보이던 두 여자 사이에서 느꼈던 망설임을 두 장교 사이의 망설임으로 바꾸어 놓을 수 있었다.[23]

그 장교가 한 쥐 이야기가 끼친 영향을 설명하려면 분석 과정을 좀 더 긴밀하게 따라가 보아야 한다. 환자는 처음에 연상에 의한 이야기를 무척 많이 했으나, 그의 강박증이 생겨난 상황을 이해하는 데는 조금도 도움이 되지 않았다. 쥐를 이용해서 벌을 준다는 생각은 그의 몇 가지 본능을 자극하는 역할을 했고, 또 많은 기억을 불러왔다. 그래서 그 장교의 쥐 이야기와 돈을 갚으라는 명령 사이의 짧은 시간에 쥐는 상징적인 뜻을 여러 개 가지게 되

23 (1923년에 추가한 내용) 나의 환자는 그 코안경값을 내는 간단한 일을 매우 복잡하고 혼란스럽게 이야기했기 때문에, 내가 다시 정리했지만 아직도 혼동할 수 있다. 그래서 나는 스트레이치 씨 부부가 훈련이 끝난 다음의 사건을 좀 더 알아보기 쉽게 하려고 그린 지도를 여기에 실었다 — 원주. 불행하게도 1924년과 그 후에 나온 독일어판에 실린 원래의 지도, 그리고 프로이트 전집 영어판 제3권에 실린 지도 모두 이 증례에 실린 이상한 사건 내용과 전혀 일치하지 않는다. 표준판에서는 프로이트가 쓴 기초 기록에 실린 새로운 사실을 감안하여 지도를 다시 그렸다. 그들은 또 A 중위가 전에는 우체국이 있던 Z 마을에 살았고 거기에서 군대 우편을 담당하고 있었으나, 훈련이 끝나기 며칠 전부터는 B 중위에게 그 자리를 넘기고 다른 마을로 전속되었다는 사실을 확실하게 적지 않으면, 환자의 행동은 여전히 이해하기 어렵겠다고 했다. 그 〈잔인한〉 장교는 이 전속 사실을 알지 못했고, 그래서 돈을 A 중위에게 갚아야 된다고 추측하는 실수를 했던 것이었다.

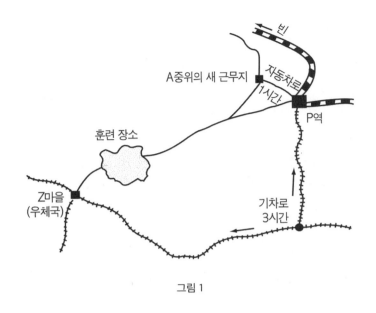

그림 1

었고, 그다음에도 새로운 상징적 의미가 계속 더해졌다. 나는 그 모든 것의 일부분밖에 보고하지 못함을 고백한다. 쥐를 이용한 벌이 자극한 것은 무엇보다도 그의 항문 성애였다. 항문 성애는 그의 유아기에 중요한 역할을 했고, 회충이 항상 자극을 했기 때문에 수년 동안 항문 성애가 남아 있었다. 이렇게 해서 쥐가 〈돈〉의 의미를 가지게 되었다.[24]

환자가 〈쥐Ratten〉라는 말에 〈할부 불입금Raten〉이라는 연상을 한 것은 환자 자신이 쥐와 돈이 연관이 있다는 단서를 준 것이다. 강박증적 망상 안에서 그는 쥐 화폐를 발행했던 것이다. 예를 들어 그가 치료비가 얼마냐고 물었을 때 내가 대답을 하자, 그는 속으로 〈금화 하나마다 쥐 한 마리〉라고 말했다. 나는 이 이야기를 여섯 달이 지난 다음에 들었다. 그는 그에게 남겨진 아버지의 유산을 중심으로 한 복잡한 돈 관계를 이 언어로 나타내기 시작했다.

24 「성격과 항문 성애」(프로이트 전집 7, 열린책들) 참조 ─ 원주.

무슨 말인가 하면, 그 주제와 관련된 모든 생각이 〈Raten-Ratten〉 이라는 단어의 연관성을 따라 그의 강박증에 포함되어 무의식 속으로 숨어 버렸던 것이다. 더욱이 그 장교가 소포값을 갚으라고 한 것은 쥐가 가지는 돈의 의미를 강화했다. 그것은 다른 단어, 즉 〈노름꾼〉인 아버지의 도박 빚으로 연결되었기 때문이다.

그리고 환자는 쥐가 위험한 전염병을 옮긴다는 사실을 알고 있었다. 그래서 그는 쥐를 매독에 대한 두려움의 상징으로 삼을 수 있었다(군대에서 그런 두려움을 갖는 것은 있을 만한 일이다). 이 두려움은 그의 아버지가 군대에 있을 때 어떤 생활을 했었을까 하는 의심을 함축하고 있었다. 또 남자의 성기 자체도 매독을 옮긴다. 이렇게 해서 그는 쥐를 남자의 성기라고 볼 수도 있게 되었다. 이와 연관하여 생각해 볼 주제가 하나 더 있다. 남자의 성기, 특히 어린 소년의 성기는 벌레와 비교할 수 있는데, 그 장교의 이야기는 쥐가 사람의 항문으로 파고들어 가는 내용이었다. 환자가 어렸을 때 큰 회충이 그의 항문으로 파고들었듯이 말이다. 그러므로 쥐가 남자의 성기를 뜻하게 되는 것의 근거는 항문 성애이다. 이외에도 쥐는 배설물을 먹고 시궁창에 사는 더러운 동물이다.[25] 이 새로운 의미가 더해져 쥐와 관련된 망상이 얼마나 더 넓은 범위를 가질 수 있게 되었는지 지적할 필요는 없을지도 모르겠다. 예를 들면 〈쥐 한 마리마다 금화 하나씩〉이라는 말은 그가 특히 싫어하는 어떤 여성의 직업을 아주 잘 표현한다. 반면에 그 장교의 이야기에서 쥐가 있던 자리에 남근이라는 말을 넣으면, 항문으로 하는 성행위를 나타내는 이야기가 된다. 이런 성행위를

25 신경증 환자의 환상이 그런 비약을 할 수 있을까 독자들이 의심을 한다면, 나는 르 푸아트뱅Le Poitevin의 『선정적인 음모Diableries érotiques』와 같은 작품에서 보듯이 예술가들이 가끔 비슷하게 괴상한 환상을 했다는 것을 상기시키겠다 — 원주.

그의 아버지나 그가 좋아하는 여자와 연관해 생각하게 되면, 그
에게 특히 불쾌감이 느껴질 것이 틀림없다. 그리고 그 장교의 충
고를 들은 후에 그의 마음에 나타난 강박증적인 위협과 같은 상
황이 재현되었다는 사실을 생각해 보면, 남쪽 슬라브 민족이 사
용하는 저주를 생각하지 않을 수 없다.[26] 더욱이 이 모든 내용에
또 다른 것들을 포함해서 〈결혼하다heiraten〉라는 말의 은폐 연상
screen association은 뒤에서 쥐 이야기에 섞여 버렸다.

쥐를 이용한 벌 이야기는, 환자가 전한 대로 이야기를 생각해
보거나 그 이야기를 할 때 환자의 표정을 보건대 잔인한 충동, 이
기적인 충동, 성적인 충동 등 너무 일찍부터 억압되어 있던 충동
들에 불을 붙인 것 같았다. 그러나 많은 내용이 쏟아져 나왔음에
도 불구하고, 그가 어느 날 입센의 「작은 욜프」에 나오는 쥐-아내
이야기를 꺼내기 전까지는 그의 강박증적 생각의 의미가 무엇인
지 전혀 감을 잡을 수 없었다. 그런데 그의 강박증적 망상에서 쥐
는 여러 가지 의미를 내포하고 있었지만, 쥐-아내 이야기가 나오
고 보니 〈아이들〉이란 새로운 뜻을 가지고 있다는 추론을 피할 수
없게 되었다.[27]

이 새로운 뜻의 기원을 캐자 곧바로 가장 먼저 있었던, 그리고
가장 중요한 뿌리를 만났다. 어느 날 환자가 아버지의 무덤에 갔
을 때, 큰 짐승이 무덤 위로 지나가는 것을 보았다.[28] 환자는 그것

26 크라우스 F. S. Krauß가 편집한 잡지 『안트로포피테이아 Anthropophyteia』에 이
저주들을 말 그대로 적은 것을 볼 수 있다 — 원주.
27 입센의 쥐-아내는 물론 〈하멜른의 피리 부는 사람〉이라는 전설에서 유래한
것이다. 그 전설에서 피리 부는 사람은 처음에는 쥐를 유인해 물에 들어가게 해서 없
애고, 같은 방법으로 아이들을 동네 밖으로 유인하는데 아이들은 다시 돌아오지 않는
다. 마찬가지로 작은 욜프는 쥐-아내의 저주로 물에 빠진다. 전설에서는 쥐가 구역질
나는 동물이 아니라 불가사의한 그 무엇 — 저승의 짐승 — 으로 나온다. 그리고 쥐는
죽은 사람의 영혼을 나타낸다 — 원주.
28 그것은 의심할 여지 없이 빈 제일의 묘지인 중앙 묘지 Zentralfriedhof에 많이 있

이 무덤에서 나왔다고 믿었고, 무덤 속에서 아버지의 시체를 먹고 있었다고 생각했다. 쥐라고 하면 갉아먹고 물어뜯는 날카로운 이빨을 함께 생각하지 않을 수 없다.[29] 그리고 쥐들이 날카로운 이빨을 가지고 있으며 욕심 많고 더러우니 무사할 수 없다. 사람들은 쥐를 잔인하게 잡아 죽였고, 환자도 그런 장면을 무서움에 가득 차서 지켜본 적이 있었다. 그는 그 불쌍한 동물을 동정한 적도 있었다. 그 자신이 그렇게 비열하고 더럽고 불쌍한 꼬마였던 것이다. 그 꼬마는 화가 나면 사람을 물어뜯기 십상이었고, 그 때문에 심한 벌을 받았던 것이다. 그는 쥐에서 〈그를 닮은 생물〉을[30] 발견했다고 할 수 있다. 그 장교가 그 이야기를 했을 때, 운명의 여신이 그에게 단어 연상 시험을 치르게 한 것 같았다. 마치 운명의 여신이 복잡한 의미가 있는 단어 자극을 준 것처럼, 자신의 강박증적 생각으로 대답했던 것이다.

그래서 그의 가장 먼저이자 가장 기억에 남을 만한 경험에 의하면 쥐는 아이들이었다. 여기까지 왔을 때, 그는 지금까지 동떨어지게 기억하고 있던 사실을 내놓았다. 그것은 그가 아이들에게 느끼는 흥미를 완전히 설명해 주었다. 그가 수년간 사모해 왔으면서도 결혼하기로 결정할 수 없었던 그 여자는 불행하게도 양쪽

는 족제비였다 — 원주.
29 메피스토펠레스가 마법의 별표가 지키고 있는 문을 지나려고 할 때 한 말과 비교해 보자.

> 그러나 이 문의 마법을 부수고 들어가려면
> 쥐의 이빨이 필요하다(그는 쥐를 불러낸다).
> ……
> 한 번만 더 물어뜯어라, 다 되었다!
> —원주. 괴테, 『파우스트』 1막 3장.

30 부풀어 오른 쥐에서
> 그는 그를 닮은 생물을 보니
> —괴테, 『파우스트』 1막, 아우어바흐의 지하실 장면.

난소를 절제하는 수술을 받았기 때문에 아이를 낳을 수 없었다. 그는 아이들을 매우 좋아했기 때문에 아이를 낳을 수 없는 그 여자와의 결혼을 망설였던 것이다.

그제서야 그동안은 설명할 수 없었던 그의 강박증적인 생각이 만들어진 과정을 이해할 수 있게 되었다. 『꿈의 해석』에서 배운 바대로, 유아기의 성에 관한 이론과 상징적 표현을 이용하여 그 생각을 알아들을 수 있는 말로 바꾸고 뜻을 가지게 할 수 있는 것이다. 처음 그 장교로부터 쥐를 이용한 벌 이야기를 들었을 때, 우리의 환자는 잔인함과 관능적인 것이 함께 나타나 있는 그 상황에 놀랐을 뿐이었다. 그러나 곧이어서 자신이 어렸을 때 누군가를 물었던 장면과 연결이 되었다. 그런 벌을 주어도 된다고 믿는 그 장교가 그의 아버지의 대리자가 되었다. 그래서 원래는 잔인했던 아버지에게 가지고 있던 적대감이 되살아나서 그 장교에게 향하게 되었다. 그가 좋아하는 사람에게 똑같은 일이 벌어질지도 모른다는 생각이 잠시 그의 의식에 나왔었는데, 그것은 그 장교에게 〈너한테 똑같은 일이 벌어졌으면 좋겠다!〉라고 말하고 싶었던 것이 그렇게 나타났다고 할 수 있다. 동시에 〈너〉는 아버지도 가리키고 있다. 하루 반이 지난 후에[31] 그 장교가 안경을 주면서 A 중위에게 3.80크로네를 갚으라고 했을 때, 그는 이미 그 〈잔인한 장교〉가 잘못 알고 있으며, 그는 우체국의 아가씨에게만 빚을 지고 있다는 사실을 알고 있었다. 그러니 그에게 〈내가 갚을까요?〉라든가 〈네 할머니에게나 갚아라!〉 혹은 〈네! 갚고 말고요!〉

---

31 그는 처음에는 그날 저녁이라고 말했다. 그가 주문한 안경이 같은 날 도착하는 것은 절대 불가능했다. 환자는 나중에 그 사건들 사이의 시간을 단축했는데, 그것은 그 시간 동안에 결정적이고 심리적인 연결이 일어났으며, 또 그가 억압했던 사건들이 일어났기 때문이었다. 그 사건들이란, 그가 다른 장교와 인사를 하고 그로부터 우체국 아가씨가 친절을 베푼 이야기를 들은 것을 말한다 — 원주.

등의 조소적인 말대답이 생각났을 법도 하다. 이런 대답들은 강박적인 힘을 지니지 않는다. 그렇지만 그의 아버지-콤플렉스와 어릴 적 기억의 영향으로 그의 마음에는 다음과 같은 대답이 떠올랐다. 〈네! 우리 아버지와 그 여자가 아이를 낳으면 A 중위에게 돈을 갚죠!〉, 아니면 〈우리 아버지와 그 여자가 확실히 아이를 낳을 수 있듯이, 나도 확실히 돈을 갚겠습니다!〉라고 말이다. 다시 말하면 긍정적인 대답이 이루어질 가망이 없는 말도 안 되는 조건이 붙어서 조소적으로 나온 것이다.[32]

그러나 이제 이미 죄는 저질러졌다. 그는 그가 가장 사랑하는 두 사람 — 그의 아버지와 그의 여자 — 을 모욕한 것이다. 그 행동은 벌을 받아야 한다. 그리고 그 벌은 그가 해낼 수 없는 맹세, 즉 그 장교의 잘못된 명령을 글자 그대로 따르겠다는 맹세를 하는 것이었다. 그 맹세는 다음과 같다. 〈너는 A에게 꼭 돈을 돌려주어야 한다.〉 그는 발작적으로 복종하면서 그 장교의 명령은 잘못된 근거에서 나왔다는 정보를 억압한 것이다. 〈그래, 너는 너의 아버지의 대리자가 말한 대로 A에게 돈을 돌려주어야 해. 너의 아버지가 실수할 리 없어.〉 왕은 실수할 수 없는 것과 같다. 왕이 그의 신하를 틀린 지위로 부르면, 그 신하는 그때부터 그 새로운 지위를 가지게 된다.

그 억압된 사건들은 아주 희미하게 환자의 의식에 전해졌다. 그러나 그 장교의 명령에 대한 반항과, 그 반항이 갑자기 정반대로 형태를 바꾸는 것이 그의 증상에 나타나 있다. 즉 우선 쥐를 이용한 벌을 받게 될 테니까 돈을 돌려주면 안 된다는 생각이 떠오

32 부조리는 꿈에서와 같이 강박증의 언어에서도 조소를 뜻한다. 『꿈의 해석』(프로이트 전집 4, 열린책들) 제6장 참조 — 원주. 〈슈레버〉의 증례에서 프로이트는 편집증에서도 부조리의 역할은 같다고 지적하고 있다.

르고, 다음에 그의 반항에 대한 벌로 앞서의 생각에 반대되는 맹세가 떠올랐다.

환자에게 강박적인 생각이 만들어졌을 때의 전반적인 상황이 어땠었나 좀 더 알아보기로 하자. 오랫동안 성관계를 안 한 데다가 여자들이 젊은 장교에게 항상 보내는 친근한 환영으로 그의 리비도는 높아져 있었다. 더욱이 그가 훈련에 참가할 무렵, 그와 그 여자의 사이는 좀 냉담해져 있었다. 그의 리비도가 강해졌기 때문에 아버지의 권위에 대항하는 갈등이 다시 나타나기 쉽게 되어서, 그는 감히 다른 여자들과 성관계를 가질 생각을 했다. 그의 아버지의 기억에 대한 충성은 약해졌고, 자기 여자의 장점에 대한 의심은 커졌다. 그리고 그런 마음 상태에서 그 둘을 모욕하게 된 것이다. 그러고는 그것 때문에 자신에게 벌을 주었다. 이것은 모두 이전의 모델을 따라 한 것이다. 훈련이 끝났을 때 그는 그냥 빈으로 갈 것인가 내려서 그의 맹세에 따라 행동할 것인가 망설였다. 여기서 그는 처음부터 가지고 있던 두 가지 갈등, 즉 그의 아버지에게 계속 복종할 것인가 아니면 그가 사랑하는 여자에게 신의를 지킬 것인가 하는 갈등을 한꺼번에 나타내고 있다.[33]

〈그렇지 않으면 그 두 사람에게 쥐를 이용한 벌이 내려질 것이다〉라는 〈제재〉의 해석에 한마디 덧붙일 수 있다. 그것은 유아기의 성에 대한 두 가지 가설의 영향을 받은 것이다. 이것은 내가 다른 곳에서 언급했다.[34] 그 첫 번째 가설은 아기가 항문으로 나온

---

33 다시 그의 아버지에게 복종하는 것과 그의 여자를 버리는 것이 함께 나타났다는 것은 재미있는 일이다. 그가 기차에서 내려 A에게 돈을 돌려주었다면 그것은 아버지에게 속죄하는 것이었을 테고, 동시에 더 매력적인 다른 사람을 가지기 위해 그의 여자를 배신하는 것이 되었을 것이다. 이 갈등에서 그의 여자가 승리했는데, 물론 환자가 가진 정상적인 상식의 도움을 받은 것이다 ─ 원주.

34 「어린아이의 성 이론에 관하여」참조 ─ 원주.

다는 것이다. 두 번째는 첫 번째 가설의 논리적인 결과이지만, 여자와 마찬가지로 남자도 아기를 낳을 수 있다는 것이다. 꿈을 해석하는 법칙에 따르면, 항문에서 〈나온다〉는 것은 항문으로 〈들어간다〉는 반대 개념(쥐를 이용한 벌과 같이)으로 나타낼 수 있다. 그 반대의 경우도 있을 수 있다.

우리 환자가 가지고 있는 것과 같은 심한 강박증적 생각이 더 간단한 방법이나 다른 어떤 방법으로 없어질 수 있다고 기대하는 것은 옳지 않다. 우리가 지금까지 이야기한 해답에 도달했을 때, 환자의 쥐 망상은 없어졌다.[35]

김명희 옮김

35 이 환자의 증례에서 언급된 주요 사건들을 연대별로 정리하면 다음과 같다.
  1878 출생.
  1881 아버지에 대한 분노가 표현되다.
  1882 1883년까지 페터 양과의 관계. 손위 누이의 죽음.
  1884 발기되다. 부모는 자기의 생각을 읽을 수 있다고 믿다.
  1885 리나와의 관계. 형제를 쏘다.
  1886 학교에 들어가다. 그의 〈여자〉를 알게 되다(어린이로서).
  1890 어린 여자아이와 사랑에 빠짐. 아버지의 죽음이라는 강박 관념.
  1892 1893년까지 계속 종교적인 경향을 보이다.
  1894 1895년까지 가끔 자위행위를 하다.
  1898 여자와 사랑에 빠지다. 아버지의 죽음이라는 강박 관념. 그에게 버림받은 여인이 자살하다.
  1899 여자가 수술받다. 아버지 사망. 자위행위를 시작하다.
  1900 자위행위를 하지 않겠다고 맹세. 12월에 여자에게 버림받다.
  1901 여자의 할머니가 병에 걸리다. 다시 자위행위를 시작하다.
  1902 5월 고모의 죽음. 강박증이 나타나다.
  1903 결혼 계획. 강박증이 심해지다. 두 번째로 여자에게 버림받다. 휴양지에서 여름휴가를 보내다. 자살을 생각하다.
  1904 처음 성관계를 가지다.
  1906 〈처음으로〉 악령 방지.
  1907 8월에 군대 훈련 참가. 10월에 분석 치료 시작.

편집증 환자 슈레버(발췌)

Psychoanalytische Bemerkungen über einen autobiographisch beschriebenen Fall von Paranoia — Dementia paranoides(1911[1910])

정신 병리에 대한 연구를 시작했을 때부터 편집증이라는 문제를 해결하려고 했던 프로이트는 1910년 여름, 1903년 출간된 슈레버의 전기에 관심을 가지기 시작했다. 프로이트는 슈레버의 전기를 통해 편집증 환자에게 일어나는 무의식의 과정을 분석하여 편집증이라는 문제를 해결할 수 있는 실마리를 찾아냈을 뿐 아니라, 더 나아가 정신 기능, 초심리학, 본능, 신화 등에 대한 설명과 관심을 보여 줌으로써 이 글의 의미를 더하고 있다.

이 글은 1911년 『정신분석과 정신 병리학 연구 연보』 제3권 1호에 처음 실렸으며, 1913년 『신경증에 관한 논문집』 제3권에 수록되었다. 또한 『저작집』 제8권(1924), 『네 가지 정신분석적 병력 연구』(1932), 『전집』 제8권(1943)에도 실렸다. 영어 번역본은 앨릭스 스트레이치와 제임스 스트레이치가 번역하여 "Psycho-Analytic Notes upon an Autobiographical Account of a Case of Paranoia(Dementia Paranoides)"라는 제목으로 『논문집』 제3권에 수록되었으며, 『표준판 전집』 제12권(1958)에도 실렸다.

편집증의 기제에 대하여

우리는 이제까지 슈레버의 경우에 강하게 드러나는 요소인 아버지-콤플렉스와 그의 병의 중심이었던 소망 환상에 대해 논의했다. 그렇지만 이 모두가 편집증만의 특성은 아니다. 즉 다른 종류의 신경증에서도 모두 찾을 수 있는(사실 이미 찾은) 특성이다. 편집증(혹은 편집 망상증)을 구별할 수 있는 특징은 다른 곳, 즉 그 증상이 가지는 특별한 형태에서 찾아야 한다. 그리고 우리는 그 형태가 콤플렉스의 본성에 의해 결정되는 것이 아니라 증상이 형성되는 기제 혹은 억압이 일어나는 기제에 의해 결정된다는 것을 알게 될 것이다. 이 병에서 편집증의 특징으로 볼 수 있는 것은, 그 환자가 동성애적인 소망 환상을 쫓아 버리기 위해 바로 이런 종류의 피해망상으로 대응했다는 사실이다.

이렇게 볼 때, 그동안의 경험에 의하면 동성애적인 소망 환상이 이 특별한 병과 밀접한(그리고 아마 변함없는) 관계가 있다는 사실은 더욱 중요해진다. 그러나 이 주제에 대한 나 자신의 경험에 확신이 없었기 때문에, 나는 지난 몇 년 동안 취리히의 융과 부다페스트의 산도르 페렌치Sándor Ferenczi와 함께 우리가 보게 된 편집증 환자들에게서 이것을 조사했다. 이 조사의 대상이 된 환자 중에는 여자도 있고 남자도 있었으며, 인종, 직업, 그리고 사회적 지위 등이 매우 다양했다. 그런데도 모든 환자에게서 동성애적 소망에 대한 방어가 병의 기본이 되는 갈등의 중심에 있다는 것을 발견하고 우리는 놀랐다. 또 그들 모두가 부딪치게 되었던 무의식적으로 강화된 동성애적 흐름을 극복하려고 시도하는 데서 그러한 방어가 나타났던 것이었다.[1] 편집증은 성적인 이유가 병의 원인으로 드러나지 않는 병이다. 오히려 편집증의 원인과 관련해서 놀랄 만큼 눈에 띄는 것은 사회적인 수치나 경멸 등이다. 특히 남자의 경우에 그렇다. 그러나 조금만 더 깊이 살펴보면, 이렇게 사회적으로 상처를 입는 데 실제로 영향을 미치는 요소는 정서 생활 중 동성애적인 면이 작용하는 부분에 있다는 것을 알 수 있다. 한 사람이 정상적으로 기능을 하고 있어서 그의 정신세계를 깊이 볼 수 없는 경우에, 사회에서 그가 가지는 이웃과의 감성적 관계가 그 발생 기원에 있어서 성과 어떤 관계가 있을까 의심할 수 있다. 그러나 망상이 있는 경우에는 항상 그 사회적 관계의 내막이 드러나게 되고, 그 사회적 감정의 뿌리가 관능적·성적 소망에 있음이 드러난다. 슈레버 박사의 망상은 부인할 수 없는 동성애적 소망 환상이었으나, 그가 건강했을 때에는 어떤 면으로도 동성애라는 말 자체가 의미하는 그런 동성애의 징조를 보인 적이 없었다.

이제 나는(이런 시도가 필요하고 정당하다고 생각해서) 우리가 정신분석을 통해 알고 있는 심리학적인 정보가, 편집증이 생기는 데 동성애적 소망이 하는 역할을 우리가 이해할 수 있도록 해준다는 것을 보여 주려고 한다. 최근에 실시한 조사 결과, 리비

---

1 메더Maeder가 편집증 환자 J. B.를 분석한 자료는 이것을 더 확신하게 했다(「조발성 치매 환자에 대한 심리 연구Psychologische Untersuchungen an Dementia praecox-Kranken」[1910]). 내가 메더의 작업을 읽어 볼 기회를 가지기 전에 이 논문이 끝난 것은 애석한 일이다 — 원주.

도가 자가 성애적 단계에서 대상-사랑[2]의 단계로 발달해 가는 중에 지나가게 되는 한 단계에 특별히 주목하게 되었다. 이 단계는 자기애 단계라고 명명되었다.[3] 그 과정을 살펴보면 이렇다. 즉 한 사람의 발달 과정에는 그가 사랑-대상을 얻기 위해서 (그때까지 자가 성애적 성생활을 하고 있던) 자기의 성적 본능을 통합하는 시기가 있다. 그런데 그는 자신의 몸을 사랑-대상으로 삼는 것으로 시작한다. 그다음에서야 자신이 아닌 다른 사람을 대상으로 선택하게 되는 것이다. 자가 성애적 사랑과 대상-사랑의 중간에 있는 단계는 정상 과정에서 없어서는 안 되는 단계일 것이다. 그러나 많은 사람이 이 상태에서 보통 이상으로 길게 머물러 그 단계의 특징이 그들의 발달 단계 후반에까지 남아 있는 것 같다. 그렇게 선택된 자신 안에 있는 사랑-대상 중 가장 중요한 것은 아마 성기일 것이다. 그 후의 발전 단계는 외부의 대상 중에서 비슷한 성기를 가진 대상을 택하는 것이다. 즉 동성애적인 대상-선정인 것이다. 그리고 나서 이성애적 성으로 발달한다. 성인이 되어서도 동성애를 보이는 사람은 그들이 택하는 대상이 같은 성기를 가지고 있어야 한다는 조건에 아직도 매여 있는 상태라고 추측할 수 있다. 여기에는 남자나 여자가 모두 같은 종류의 성기를 가지고 있다고 믿는다는 유아기의 성에 대한 이론이 미치는 영향이 크다.[4]

이성애적인 대상-선정의 단계에 도달한다고 해서 동성애적 경향이 아주 없어지거나 끝나는 것은 아니다. 단지 그것은 성적

2 「성욕에 관한 세 편의 에세이」 참조 — 원주.
3 원본에는 이 문장이 다음과 같이 써 있다. 〈이 단계는 나르치시스무스 Narzissmus라고 표현되었다. 나는 이것을 나르치스무스 Narzissmus라고 부르고 싶다. 이것은 그다지 정확하지 않을지도 모르나 더 짧고 귀에 덜 거슬린다.〉
4 「어린아이의 성 이론에 관하여」 참조.

인 목표물에서 벗어나 새로운 사용처에 작용되는 것이다. 그들은 이제 자아-본능의 부분들과 합쳐져서 〈부착되는〉[5] 요소로서 사회적인 본능을 조성하는 것을 돕는다. 그래서 우정과 동지애, 또 단결심과 모든 인류를 사랑하는 것에 성적인 요소를 더해 주는 것이다. 인간의 정상적인 사회적 관계에서 사실 얼마나 많은 부분이 성적인 원천을 가지고 있는지는(성적인 목표는 억제된 채로) 추측하기 힘들다. 그렇지만 겉으로 드러난 동성애자, 그중에도 선정적인 행동에 탐닉하는 사람들이 인류의 일반적인 이익을 위해 적극적으로 일하는 것으로 유명하다는 사실을 새겨 보는 것도 무의미하지는 않을 것이다. 그런데 그 이익 자체도 성 본능이 승화되어 생기는 것이다.

「성욕에 관한 세 편의 에세이」에서 나는 성 심리적 발달의 각 단계는 〈고착〉되어 〈기질의 기점〉[6]이 될 가능성이 있다는 의견을 말했다. 자기애의 단계에서 완전히 벗어나지 못한 사람, 다시 말해 그 지점에서 나중에 병에 걸리는 기질로 작용하는 고착이 생긴 사람은 보통 이상으로 강한 리비도가 다른 출구를 찾지 못하고, 사회적 본능이 성적인 경향을 띠게 될 위험이 있다. 그렇게 되면 발달 과정 중에 이루어졌던 승화가 없었던 것으로 되는 것이다. 무엇이든 리비도를 뒤로 흐르게 하는 것(즉 〈퇴행〉을 일으키는 것)이면 이런 결과가 생기게 할 수 있다. 이런 일이 일어나게 되는 상황에는 두 가지가 있다. 즉 리비도가 여자 관계에서 실망

5 이 논문보다 3년 뒤에 쓰인 「나르시시즘 서론」에서 프로이트는 〈성적 본능은 처음에는 자아-본능에 부착되어 있다〉고 그의 견해를 밝혔다. 이 논문에서부터 그는 〈부착 혹은 애착〉이나 〈의존적〉 대상-선정이라는 개념을 가져온 것이다.
6 이 문단에서 제기된 주제, 즉 성적 발달 단계에서 고착이 일어나는 순간과 나중에 생기는 신경증의 관계, 다시 말해서 〈신경증의 선택〉이라는 문제는 「강박 신경증에 잘 걸리는 기질」에서 더 자세하게 다루어진다.

을 하게 되어 부수적으로 강화되었거나, 혹은 다른 남자와의 사회적 관계가 원만하지 못하여 직접 길이 막히거나 하는 상황이다. 이것들은 모두 〈좌절〉의 예이다. 또 하나는 리비도가 전체적으로 너무 강해져서 이미 열려 있는 길로 가기에는 너무 강하게 된 경우이다. 이때에는 가장 약한 곳으로 둑을 무너뜨리고 흘러넘치게 되는 것이다.[7] 우리가 분석한 바로는, 편집증 환자들은 그들의 사회적 본능의 집중이 성적으로 변하는 것을 막으려고 애를 쓴다. 그래서 우리는 그들의 발달 단계에서 약한 점은 자가 성애 단계, 자기애 단계, 그리고 동성애 단계 사이의 어디엔가 있을 것이라고 생각하게 된다. 그리고 그들이 병에 걸리게 되는 기질은(이것에 대해서는 좀 더 자세한 정의를 내릴 필요가 있겠지만) 바로 그 부근에 있어야 한다. 크레펠린Kraepelin이 말하는 조발성 치매Dementia praecox, 혹은 (블로일러Bleuler가 이름 붙인) 정신 분열증Schizophrenie을 앓는 환자들의 기질도 비슷한 곳에 있다고 해야 할 것이다. 우리는 후에 이들 두 가지 병에 다른 점(그들이 갖는 병의 형태나 진행 과정에서)이 있는 이유는 환자의 기질적 고착점이 각각 다르기 때문이라는 것을 보여 줄 단서를 찾을 수 있기를 바란다.

남자 편집증 환자가 갖고 있는 갈등의 중심에는 사랑하는 남자에 대한 동성애적 소망의 환상이 있다는 견해를 받아들이는 데 있어서, 우리는 모든 종류의 편집증 환자들의 사례를 다수 조사한 후에나 가설을 확인할 수 있다는 것을 잊으면 안 된다. 그래서 필요하다면 우리의 주장을 한 가지 편집증에만 국한시킬 준비가 되어 있어야 한다. 그렇더라도 편집증 중에서 익숙하고 주요한

7 이 문제와 〈좌절〉이라는 개념은 조금 후에 나온 프로이트의 논문 「신경증 발병의 유형들」(프로이트 전집10, 열린책들)에서 훨씬 더 자세하게 다루어진다.

형태들을 한 개의 명제에 대한 부인으로 나타낼 수 있다는 것은 주목할 만한 사실이다. 그 명제는 〈나(남자)는 그(남자)를 사랑한다〉라는 것이고, 그것에 대한 부정을 나타내는 방법은 매우 다양하다.

명제 〈나(남자)는 그(남자)를 사랑한다〉는 우선 다음과 같이 부정된다.

(1) 피해망상

피해망상은 〈나는 그 남자를 사랑하지 않는다 ─ 나는 그 남자를 미워한다〉고 소리 높여 주장한다.

무의식에서[8] 일어난 이 같은 부정은, 이 형태 그대로는 편집증 환자의 의식 세계로 들어올 수 없다. 편집증에서 증상-형성의 기제는 내부의 지각 ─ 감정들 ─ 이 외부의 지각으로 대체될 것을 요구한다. 그래서 〈나는 그 남자를 미워한다〉는 명제는 투사의 기제로 〈그 남자는 나를 미워한다(박해한다), 그래서 내가 그를 미워하는 것은 정당하다〉는 것으로 바뀐다. 그래서 강요하는 무의식의 감정은 그것이 외부 인식의 결과인 것처럼 등장한다.

〈나는 그 남자를 사랑하지 않는다 ─ 나는 그를 미워한다, 그가 나를 박해하기 때문이다.〉

관찰해 보면 그 박해자가 한때는 사랑의 대상이었던 사람이라는 데에는 의심의 여지가 없다.

(2) 색정광

여기서는 다른 요소가 부정을 위해 선택된다. 그것은 다른 견해로는 전혀 이해되지 않는다.

8   혹은 〈근본 언어로는〉이라고 슈레버는 말할 것이다.

〈나는 그 남자를 사랑하지 않는다 — 나는 그 여자를 사랑한다.〉

그리고 마찬가지로 투사해야 되기 때문에 그 명제는 〈내가 보니 그 여자는 나를 사랑한다〉로 바뀐다.

〈나는 그 남자를 사랑하지 않는다 — 나는 그 여자를 사랑한다. 그 여자가 나를 사랑하니까.〉

색정광은 많은 경우에 과장되거나 왜곡된 이성애적인 고착이라고 설명해도 될 듯한 인상을 줄 수 있다. 그러나 그들의 사랑은 내부에서 인식된 사랑으로부터가 아니라 언제나 사랑을 받고 있다는 외부 인식에 의해 시작된다는 것을 주의해서 보면 알 수 있다. 그러나 이런 종류의 편집증에서는 중간 명제인 〈나는 그 여자를 사랑한다〉는 것이 의식될 수 있다. 왜냐하면 이것과 원래의 명제는 정반대가 아니어서 사랑과 미움같이 서로 전혀 섞일 수 없는 것은 아니기 때문이다. 즉 그 여자도 그 남자만큼 사랑하는 것이 가능한 것이다. 그래서 투사되어 대치되었던 명제(〈그 여자가 나를 사랑한다〉)가 〈근본 언어〉의 명제인 〈나는 그 여자를 사랑한다〉에 양보하는 것이 가능한 것이다.

(3) 질투 망상

세 번째로 원래의 명제는 질투 망상에 의해 부정될 수 있다. 그것은 여자와 남자에게서 나타나는 특징적인 형태를 연구해 보면 알 수 있다.

1) 알코올성 질투 망상

이 병에서 술이 하는 역할은 어떻게 보더라도 이해가 된다. 즐기기 위해 마시는 술은 억제를 풀고 승화를 취소한다. 남자가 여자 때문에 실망해서 술을 마시는 것은 드문 일이 아니다. 그런데 그것은 보통 선술집으로 가서 남자와 같이 있게 된다는 것을 뜻한다. 즉 그는 집에서 아내로부터 얻지 못한 감정적인 만족을 남자에게서 얻는 것이다. 만약 이 남자들이 강한 리비도 집중의 대상이 되면, 그는 세 번째 부정을 가지고 그것을 없애려 할 것이다.

〈그 남자를 사랑하는 것은 내가 아니다 — 그 여자가 그 남자를 사랑한다.〉 그리고 그가 사랑하고 싶은 유혹이 생기는 모든 남자들과 관련하여 그 여자를 의심하게 되는 것이다.

이 경우에는 투사를 하여 왜곡하는 것은 없다. 사랑을 하는 주체를 바꾸어서 모든 과정이 자아의 밖으로 던져졌기 때문이다. 그 여자가 그 남자들을 사랑한다는 사실은 그에게는 외부 인식에 속하는 일인 것이다. 반면에 그가 사랑을 하는 것이 아니고 미워한다거나 혹은 이 사람이 아니라 저 사람을 사랑한다는 것 등은 내부 인식에 속하는 일이다.

2) 여자의 경우

〈여자들을 사랑하는 것은 내가 아니다 — 그 남자가 그들을 사랑한다.〉 질투하는 여자는 그녀 자신이 자기의 동성애적 성향과 자기애가 너무 강한 나머지 끌리게 되는 여자들 모두와 관련하여 남편을 의심한다. 고착이 일어난 시기의 영향은 남편과 연결시키는 사랑-대상들을 보면 분명히 나타난다. 즉 그들은 종종 나이가 많고 사랑하기에는 적당하지 않은 경우가 많다. 그들은 유모거나 하인, 유년 시절의 여자 친구들과 비슷한 사람들, 혹은 진짜 경쟁자인 자매 등이다.

이제 〈나는 그를 사랑한다〉처럼 세 단어로 구성된 명제를 부정하는 방법은 세 가지밖에 없다고 추측할 수도 있을 것이다. 질투 망상은 주어를 부정하고, 피해망상은 동사를 부정하고, 또 색정광은 목적어를 부정한다. 그러나 사실은 네 번째로 부정하는 방법이 있다. 즉 명제 전체를 부정하는 방법이다.

〈나는 전혀 사랑하지 않는다 ─ 나는 아무도 사랑하지 않는다.〉 그런데 리비도는 어디로든 향해야 되기 때문에, 이 명제는 〈나는 오직 나만을 사랑한다〉는 명제와 심리학적으로 동격이라고 볼 수 있다. 그래서 이런 식의 부정은 과대망상을 가져온다. 과대망상은 자아를 성적으로 과대평가하는 것이라고 생각해도 좋다. 그것은 우리에게 익숙한 사랑-대상을 과대평가하는 것과 나란히 두어도 좋을 것이다.[9]

대부분의 편집증에서 과대망상의 요소를 발견할 수 있다는 것은 편집증에 대한 이론의 다른 부분과 연관해서 중요하다. 과대망상은 본질적으로 유아적 속성을 가지고 있고, 성장하면서 사회를 고려하여 희생되었다고 추정하는 것은 정당하다고 생각한다. 비슷하게 한 개인의 과대망상은 넘치는 사랑의 손아귀에 있을 때처럼 억압될 때는 없다.

> 사랑의 불꽃이 타오르면,
> 나, 우울한 폭군은 사라지므로.[10]

위에서는 편집증에서 동성애적 소망 환상이 의외로 중요한 역할을 하고 있다는 것을 논의했다. 이제 두 가지 요소에 대해 이야기하겠다. 그중 첫 번째 요소에서 우리는 편집증을 다른 것들과 구별하는 표식, 즉 증상이 형성되는 기제와 억압이 일어나는 기제를 발견하리라 기대한다.

9 내가 이미 언급한 아브라함과 메더의 논문을 보면 같은 견해와 같은 해석을 볼 수 있다 ─ 원주.

10 13세기 페르시아의 신비주의 시인 루미(Jalal al-Din)Rumi의 시 「Ghazals of Muhammad ibn Muhammad」 중에서 인용함. 뤼케르트Rückert의 번역임 ─ 원주.

우리는 이들 두 가지 기제가 동일한 것이라 추측하고, 증상-형성과 억압이 같은 길에서 서로 반대 방향으로 진행되는 것이라고 추측할 근거가 없다. 그리고 그런 동일성이 있으리라는 가능성이 크지도 않은 것 같다. 그렇지만 우리가 조사를 마칠 때까지 이 문제에 대한 의견은 발표하지 않도록 하겠다.

편집증의 증상-형성에서 가장 두드러지는 특징은 투사라고 불러야 할 과정이다. 내부 인식이 억압되고 그 내용이 왜곡되어 외부의 인식으로 의식 세계에 나타나는 것이다. 피해망상에서 왜곡은 감정이 변형되는 것이다. 즉 내부에서 사랑으로 느껴졌어야 할 감정이 외부에서 오는 미움으로 인식되는 것이다. 우리가 다음의 두 가지 사실을 때마침 기억해 내지 않는다면, 우리는 이 과정이 편집증에서 가장 중요한 요소이며 절대적으로 그 병만의 특징이라고 생각하게 될 것이다. 그러나 첫째, 모든 형태의 편집증에서 투사의 역할이 같지 않다는 것과 둘째, 이것은 편집증뿐 아니라 다른 심리적 상태에서도 나타난다는 것을 기억해야 한다. 사실 우리가 바깥 세상에 대해 가지는 태도에는 투사가 항상 자리를 차지하고 있다. 즉 우리가 어떤 감각의 원인을 바깥 세상에서 찾으려 하고 자신의 속을 들여다볼 생각은 하지 않을 때(다른 경우에는 그렇게 하면서), 이것은 정상적인 과정이지만 투사라고 불러야 할 것이기 때문이다. 그래서 우리는 투사의 속성에는 일반적인 심리적 문제들이 포함되어 있다는 것을 알게 되었다. 다음 기회가 올 때까지 당분간 이것을(또 일반적인 편집증 증상-형성 기제도 함께) 조사하는 것을 연기하도록 하겠다. 지금은 편집증에서 억압의 기제에 대해 어떤 개념을 얻을 수 있는가 생각해 보도록 하자. 투사와 증상-형성 기제에 대해 조사하는 것을 잠시 미루어 두는 이유는, 억압이 일어나는 과정이 증상이 형성되는 과정보다 리비도의 발달 역사와 더 밀접하게 연관이 있으며 또 억압 때문에 생기는 기질과도 관계가 더 깊기 때문이다.

정신분석에서는 병적인 현상을 보통 억압으로부터 생기는 것이라고 보는 습관이 있다. 그런데 〈억압〉이라고 말하는 것을 자세히 조사해 보면, 이것을 개념적으로 쉽게 구별할 수 있는 세 단계로 나눌 수 있다는 것을 알게 된다.

(1) 고착

모든 〈억압〉이 일어나는 데 선행하는 것이고 꼭 있어야 되는 첫 단계인 고착을 설명하자면 이렇다. 한 본능 혹은 본능 구성 요소가 예정되어 있는 정상 발달의 길을 나머지 본능과 함께 가지 못한다. 이렇게 발달이 억제된 결과, 그것은 유아기에 좀 더 남아 있게 된다. 문제의 리비도의 흐름은 나중에 발달된 심리적 구조와의 관계에서 무의식에 속하는 리비도의 흐름처럼 행동한다. 즉 억압된 것과 같이 작용하는 것이다. 우리는 이미 이렇게 본능들이 고착되는 것이 나중에 병이 발생하는 기질이 된다는 것을 증명했다. 그리고 이제 고착되는 것은 무엇보다도 억압의 셋째 단계의 결과를 결정한다는 사실을 더해야겠다.

(2) 후압박

이 단계는 지금까지 가장 주목받아 온 단계이다. 이것은 좀 더 발달된 자아의 체계에서 나온다. 이 자아의 체계는 의식화될 수 있다. 그리고 사실 〈후압박〉의 과정이라고 해도 될 것이다. 고착이 수동적으로 뒤로 처지는 모습으로 나타나는 반면, 후압박은 능동적으로 보이므로 비교된다. 억압이 되는 것은 우선 원래 뒤떨어졌던 본능의 심리적 파생물일 수 있다. 이것은 강화되어 자아(혹은 자아-동조적 본능)와 갈등 관계를 이루기 때문에 억압된다. 또 억압되는 것은 다른 이유로 강한 거부감을 일으킨 심리적 경향이다. 그러나 거부감만으로는 억압이 되지 않는다. 억압되어야 할 반갑지 않은 경향과 이미 억압되어 있는 경향이 서로 연결되어야 억압이 일어난다. 연결이 되면 의식 구조에서 밀어내는 것과 무의식에서 끌어당기는 것이 같은 방향으로 작용하여 억압이 일어나는 것이다. 위에서 두 가지 가능성을 따로따로 이야기했지만, 실제 임상에서는 그렇게 분명하게 구별되지는 않는다. 그 두 가지는 원래 억압되었던 본능이 결과에 얼마나 많이 혹은 적게 관계했는가에 따라 구분되는 정도이다.

(3) 억압 실패

이 단계는 병적인 현상과 관련해서 제일 중요한 단계이다. 그것은 억압되었던 것이 돌발하는 것, 즉 돌아오는 것이다. 이 돌발은 고착점에서 시작된다. 그리고 이것은 리비도의 발달이 고착점으로 퇴행하는 것을 뜻한다.

우리는 이미 고착이 가능한 점이 여러 개라는 것을 시사했다. 사실 고착이 가능한 점의 수는 리비도의 발달 단계 수만큼 된다. 그리고 억압 자체와 돌발(즉 증상-형성)의 기제도 비슷하게 여러 가지가 있다. 이렇게 다양한 기제들의 기원을 리비도 발달력에서만 찾는 것은 불가능하다고 생각될 것이다.

이 토론이 점점 〈어떤 신경증이 발생하는가〉 하는 문제에 접근하기 시작하고 있다는 것을 알아차렸을 것이다. 그러나 이 문제는 종류가 다른 준비 작업을 한 후에나 다룰 수 있는 것이다. 지금은 우리가 이미 고착에 대해 토론했고, 또 증상-형성에 대해서는 뒤에 토론하기로 미루었다는 것을 유념하도록 해야겠다. 우선

〈슈레버〉 증례를 분석하는 것이 편집증에서 가장 현저한 억압 자체의 기제를 이해하는 데 도움이 되는지 하는 문제만 생각해 보기로 한다.

슈레버는 그의 병이 가장 심했을 때 〈부분적으로는 무섭지만 또 부분적으로는 말로 표현할 수 없이 웅대한〉 환영의 영향을 받았다. 그 영향으로 슈레버는 큰 재난, 즉 세상의 끝이 가까웠다고 확신하게 되었다. 목소리는 그에게 지난 1만4천 년간 있었던 일은 모두 허사가 되었고, 지구에게 남아 있는 시간은 단지 212년뿐이라고 말했다. 그런데 슈레버는 플렉지히의 병원에 입원해 있던 후반에 그 남은 기간이 이미 다 끝났다고 믿었다. 그 자신만이 〈아직 살아 있는 단 한 명의 진짜 사람〉이고, 그에게 아직 보이는 몇몇 사람, 즉 의사, 보조원, 또 다른 환자들은 〈기적에 의해 조잡하게 임시변통으로 만들어진 사람들〉이라고 설명했다. 가끔 감정의 역류도 나타났다. 그 자신의 사망 기사가 실린 신문이 그의 손에 쥐어졌다. 즉 그 자신이 열등한 두 번째의 형태로 존재했고, 그렇게 있다가 어느 날 조용히 죽은 것이었다. 그러나 그의 자아가 지탱이 되고 세계가 희생된 망상이 더욱 강력했다. 그는 재난의 원인에 대해 여러 가지 이론을 가지고 있었다. 어떤 때는 해를 거두어들여서 세상이 빙하로 덮인다고 생각했다. 또 어떤 때는 지진에 의해 파괴된다고 했다. 그 지진이 일어나면 그는 〈영혼의 선지자〉의 역량으로 인도하는 역할을 할 것이다. 마치 1755년의 리스본 지진에서 다른 선지자가 그랬다고 알려진 것처럼 말이다. 혹은 플렉지히가 죄인이었다. 그가 마술로 인간에게 두려움과 공포를 심어 놓았고, 종교의 기초를 망가뜨렸으며, 또 일반 신경증과 부도덕성을 퍼뜨려서, 그 결과 인류에게 파괴적인 해악이 내린 것이다. 그 어떤 경우라도 세상의 끝이 오는 것은 그와 플렉지히 사이의 갈등 때문이었다. 혹은 그의 망상 두 번째 단계에서 받아들인 이유에 따르자면, 그것은 그와 신 사이에 끊을 수 없는 유대가 형성되었기 때문이다. 즉 그것은 그의 병에 따른 피할 수 없는 결과였던 것이다. 수년 후에 슈레버 박사가 다시 인간 사회로 돌아왔을 때, 그의 손에 다시 들어온 책이나 음악, 또 매일 보는 다른 기사들에서 인류의 역사에 큰 공백이 있었다는 그의 이론을 뒷받침할 만한 증거는 전혀 찾을 수 없었다. 그러자 그는 그의 견해를 더 이상 지지할 수 없다고 인정했다. 〈……나는 더 이상 겉으로 보기에는 모든 것이 예전과 다를 바 없다는 것을 인식하는 것을 피할 수 없다. 그렇지만 심오한 내부의 변화가 있지 않았는가 하는 문제에 대해서는 다음에 다시 생각해 보겠다.〉 그는 자신이 병을 앓고 있는 동안에 세상이 끝났으며, 그가 지금 보고 있는 세상은 다른 세상이라는 것을 의심할 수가 없었다.

이런 종류의 세상-재난은 다른 편집증 환자의 경우에도 흥분되어 있는 상태에서 드물지 않게 볼 수 있다.[11] 우리가 리비도 집중의 이론을 근거로 하고, 또 슈레버가 다른 사람들을 〈조잡하게 임시변통으로 만들어진 사람들〉이라고 본 견해에서 잡은 단서를 따라가면, 이러한 재난들을 설명하는 것이 어렵지 않다는 것을 알게 된다.[12]

환자는 지금까지 주위의 사람들과 외부 세계를 향해 있던 리비도 집중을 거두어들였다. 그래서 모든 것이 그에게는 무관심하고

11 다른 동기에서 오는 〈세상의 끝〉은 사랑의 황홀경이 최고에 달했을 때 나타난다(바그너의 「트리스탄과 이졸데」참조). 이 경우에 외부 세상으로 향하던 집중을 전부 흡수하는 것은 자아가 아니라 하나의 사랑-대상이다 — 원주.

12 아브라함, 「히스테리와 조발성 치매의 성 심리적 차이」(1908)와 융, 「조발성 치매의 심리학」(1907) 참조. 아브라함의 짧은 논문에는 〈슈레버〉의 증례를 연구하여 내놓은 중심적 견해가 거의 다 나와 있다 — 원주.

무관한 것으로 되어 버린 것이다. 그래서 이차적 합리화로 모든 것이 〈기적에 의해 조잡하게 임시변통으로 만들어졌다〉고 설명해야 했던 것이다. 세상의 끝은 이런 내부의 재난을 투사한 것이다. 그가 사랑을 거두어들이자 그의 주관적인 세상이 끝난 것이다.[13]

파우스트가 그를 세상으로부터 자유롭게 하는 주문을 내뱉자, 영혼들의 합창단이 노래한다.

> 비통! 비통!
> 당신이 그것을 파괴했다,
> 그 아름다운 세상을,
> 센 주먹으로
> 그것은 파멸로 던져졌다,
> 반신반인의 후려침에 산산히 부서졌다!
> ......
> 더 강하게
> 인간의 아이들을 위하여,
> 더 화려하게
> 다시 지어라,
> 당신 자신의 가슴에 새로 지어라![14]

그리고 편집증 환자는 그의 세계를 다시 짓는다. 더 화려하게 세우지 않는 것은 사실이지만, 적어도 그가 그 안에서 다시 살 수는 있도록 짓는다. 그는 자신의 망상으로 세계를 건설하는 것이

13 그는 세상으로부터 그의 리비도 집중만을 거두어들인 것이 아니라 일반적인 관심도 거두어들였다. 즉 그의 자아에서 나오는 집중도 거두어들인 것이다. 이 문제는 아래에서 논의할 것이다 — 원주.

14 괴테, 『파우스트』 1막 4장.

다. 우리는 망상의 형성을 병적이라고 하지만, 실상은 회복하려는 노력인 것이다. 즉 재건축의 과정인 것이다.[15] 재난 후에 어느 정도까지는 이렇게 재건축하는 것이 가능하다. 그러나 전체를 재건축할 수는 없다. 슈레버는 세상에 〈심오한 내부의 변화〉가 있었다고 했다. 그러나 인간은 세상 사람들과 사물들과의 관계를 다시 맺었다. 그런데 그 관계는 매우 강렬하고 이제는 적대적인 관계였다. 그 이전에는 혹시 사랑의 관계였더라도 말이다. 그렇다면 우리는 억압 자체가 전에는 사랑했던 사람(그리고 사물)으로부터 리비도를 떼어 내는 과정이라고 말할 수 있다. 그것은 소리 없이 일어난다. 그래서 우리는 그것에 대해 아무 정보도 얻을 수 없다. 다만 이어서 일어나는 사건을 보고 추측할 뿐이다. 시끄럽게 굴어 우리의 관심을 끄는 것은 회복의 과정이다. 회복의 과정은 억압이 한 일을 되돌리고, 자신이 버렸던 사람에게 리비도를 다시 가져온다. 편집증에서는 이 과정이 투사에 의해 수행된다. 내부적으로 억제되었던 인식이 바깥으로 투사된다고 하는 것은 틀린 것이다. 사실은 지금 보듯이 내부적으로 없었던 것이 외부로부터 돌아오는 것이다. 다음 기회로 미루었던 투사 과정을 끝까지 조사하는 일을 마치면 이 주제에 대해 남아 있던 의심이 사라질 것이다.

어찌 되었든 간에 우리가 새로 얻은 지식으로 더 발전된 토론을 하게 된 것은 만족스러운 일이다.

(1) 우선 생각해 보게 되는 것은 리비도의 분리가 편집증에서만 일어나지는 않을 것이라는 사실이다. 그리고 다른 경우에서 일어날 때는 그렇게 파괴적인 결과를 초래하지 않을 것이라는 사

---

15 프로이트는 아래에서 이 개념을 다시 언급하면서 다른 정신병의 증상에까지 이 개념을 적용했다.

실이다. 리비도의 분리는 모든 억압에 꼭 있어야 되고 또 항상 있는 기제일 가능성이 많다. 그러나 억압이 기초가 되어 생기는 모든 병들을 비슷한 정도로 조사해 봐야 그것에 대해 확실히 알 수 있다. 그렇지만 정상적인 정신생활에서(애도 기간만이 아니라) 우리는 늘상 사람이나 사물에서 리비도를 분리하면서도 병이 나지 않는다는 것은 확실하다. 파우스트가 주문을 외워서 세상으로부터 자신을 자유롭게 했을 때, 그 결과는 편집증이나 다른 어떤 신경증이 아니라 단지 어떤 전체적인 마음의 상태였다. 그러므로 리비도의 분리, 그 자체가 편집증이 생기는 원인적 요소는 될 수 없다. 즉 편집증적인 리비도의 분리와 다른 경우를 구별할 수 있는 특징이 있을 것이다. 그 특징이 무엇일까 추정하는 것은 어렵지 않다. 분리되는 과정에 의해 자유롭게 된 리비도가 어떤 용도에 쓰였는가? 정상적인 사람은 곧 잃어버린 대상을 대신해 줄 대상을 찾기 시작한다. 그리고 그 대치물을 찾기 전까지는 자유로워진 리비도가 마음속에 보류 상태로 남아 있게 된다. 그래서 긴장감을 일으키고 또 기분의 색깔을 결정하는 것이다. 히스테리에서 자유로워진 리비도는 신체의 신경 감응이나 불안으로 변형된다. 그러나 임상적인 증거를 보면 편집증에서는 대상에서 거두어들인 리비도가 특별하게 쓰이는 것을 알 수 있다. 편집증에서는 대부분 과대망상의 흔적을 보이며, 과대망상만으로도 편집증이 될 수 있다는 것을 기억해야 한다. 이것을 보면 자유로워진 리비도는 자아에 부착되어 자아를 과장하는 데 쓰인다고 결론을 내려도 될 것이다.

자신의 성적 대상으로 자신의 자아밖에 없는 자기애의 단계(리비도의 발달 단계에서 알게 된)로 돌아간 것이다. 이 임상적인 증거에 의해서 우리는 편집증 환자들은 자기애 단계에 고착되어 있었다고 가정할 수 있다. 그리고 승화되었던 동성애에서 자기애로 뒷걸음질한 거리는 편집증에서 특징적인 퇴행의 양이라고 주장할 수 있다.

(2) 〈슈레버〉의 증례뿐 아니라 많은 다른 증례를 근거로 똑같이 진실일 수 있는 반대 의견이 나올 수 있다. 즉 플렉지히에 대한 피해망상이 세상이 끝난다는 환상보다 의심할 여지 없이 먼저 나타났다고 주장할 수도 있기 때문이다. 그래서 억압되었던 것이 돌아온 것이라고 가정했었던 것이 사실은 억압보다 더 먼저 있었다는 것이다. 이것은 명백하게 터무니없는 소리이다. 이 반대에 대응하려면, 우리는 일반화라는 고지에서 내려와 실제 있었던 상황을 자세히 살펴보아야 할 것이다. 실제 상황은 훨씬 더 복잡하다는 것은 의심의 여지가 없다. 우리가 논의 중인 리비도의 분리는 총체적일 수도 있지만 부분적일 수도 있다는 것을 인정해야 한다. 부분적이라 함은 하나의 콤플렉스에서 끌어냈다는 것을 말한다. 두 가지 중에서 더 흔한 것은 부분적으로 분리되는 경우이다. 그리고 그것은 총체적인 것보다 먼저 생긴다. 그 이유는 무엇보다도 생활에서 받는 영향이 제공하는 동기는 리비도가 부분적으로 분리되도록 할 뿐이기 때문이다. 그래서 그 과정은 리비도가 부분적으로 분리되는 데서 끝날 수도 있고, 전체적인 것으로 퍼질 수도 있다. 전체적으로 퍼지면 과대망상이라는 증상이 나타나 겉으로 확실히 드러나게 된다. 그래서 슈레버의 경우 플렉지히라는 인물에서 리비도가 분리된 것이 초기 단계였을 것이다. 뒤따라 곧 망상이 나타나 리비도를 다시 플렉지히에게 부착시켜서(부정의 표지가 있어서 억압이 일어났다는 사실을 나타냈지만) 억압의 작업을 소멸시켰다. 이제 억압의 전쟁이 더 강력한 무기를 가지고 새로 벌어진 것이다. 싸움의 목표가 외부 세계에서 중요한

자리를 차지하는 것인 만큼, 한편으로는 모든 리비도를 그것에 끌어들이려 하고 다른 한편으로는 그것에 대한 모든 저항을 불러 일으켜서, 이 하나의 목표물을 두고 벌어지는 싸움은 점점 전면 전이 되어 갔다. 끝에 가서는 억압의 힘이 승리했는데, 그것은 세 상이 끝나고 자아만이 홀로 살아남았다는 확신으로 표현되었다. 슈레버의 망상이 종교 영역에서 만들어 낸 독창적인 구조물, 즉 신의 계급 체계, 확인된 영혼, 하늘의 앞뜰, 또 하위 신과 상위 신 등을 다시 살펴보면, 우리는 그의 리비도가 전반적으로 분리됨에 따라 재난에 의해 얼마나 많은 승화가 파괴되었는지 알 수 있다.

(3) 이 논문에서 발전시킨 견해로부터 생기는 고려해야 할 것 중 세 번째는 다음과 같다. 리비도가 외부 세상으로부터 전반적 으로 분리되는 것이 〈세상의 끝〉을 가져올 정도로 효과적인 요소 라고 가정해야 하나? 아니면 존재에 아직 남아 있는 자아 리비도 집중[16]이 외부 세상과 친밀한 관계를 유지할 만큼 충분하지 않았 을까? 이 어려움을 해결하기 위해서 우리는 리비도 집중(즉 성적 인 원천에서 나오는 흥미)이 일반적인 흥미와 동일하다고 가정하 거나, 혹은 리비도의 분포에 광범위한 문제가 생기면 자아-집중 에 그만큼 광범위한 문제가 생길 수 있다는 가능성을 고려해야 한다. 그러나 이것들은 우리가 아직 해결할 능력이 안 되는 문제 들이다. 충분한 근거를 가지고 있는 본능 이론에서부터 시작할 수 있다면 문제는 달라질 것이다. 그러나 사실 우리는 아직 그런 것을 가지고 있지 않다. 우리는 본능이란 신체적인 것과 정신적 인 것 사이의 경계에 있는 개념이라고 생각한다. 그리고 그 안에

---

16 〈자아 리비도 집중〉이라는 말은 뜻이 모호하다. 그러나 여기에서는 〈자아에 의한 리비도 집중(자아로부터 나오는)〉이라는 뜻으로 쓰인 것은 의심할 여지가 없다. 이 말은 다른 곳에서 쓰인 〈자아-흥미〉와 같은 뜻의 말이다.

유기체의 힘들을 나타내는 심리적 대리자가 있다고 생각한다. 그리고 우리는 보통 자아-본능과 성적 본능을 구별하는 것을 인정한다. 왜냐하면 그렇게 구별하는 것이 한 개체는 두 가지 방향성을 가진다는 생물학적 개념과 잘 맞기 때문이다. 그 두 가지 방향성이란 한편으로는 자신을 보존하려 하고, 다른 한편으로는 종족을 보존하려고 한다는 것이다. 그러나 이것 이상은 단지 가설일 뿐이다. 따라서 모호한 정신 작용의 혼란 속에서 방향을 찾는 데 도움을 얻기 위해 취한 것이므로 언제라도 버릴 준비가 되어 있는 것이다. 우리가 병적인 정신 작용을 정신분석적으로 연구해서 얻으려 하는 것은 본능의 이론에 관계되는 문제에 대한 결론이다. 이런 연구들은 아직 초기 단계에 있으며, 연구자들은 각자 따로 따로 일을 하고 있다. 그래서 우리가 그들에게 바라는 것은 아직 만족되지 않고 있다. 우리는 리비도가 가지고 있는 문제가 자아-집중에 반응을 일으킬 것이라는 가능성을 배제하지 못한다. 또 그 반대의 경우, 즉 자아에 비정상적인 변화가 생겨서 리비도의 문제가 이차적으로 파생되어 생기는 가능성도 배제할 수 없다. 사실은 후자와 같은 과정은 정신병이 가진 독특한 성질일 수도 있다. 이런 것들이 얼마나 편집증과 관계가 있는지 지금은 말할 수 없다. 그러나 한 가지는 강조하고 싶다. 편집증 환자는 억압이 최고조에 달했을 때라 하더라도 외부 세상에서 그의 흥미를 완전히 거두어들인다고 볼 수 없다는 것이다. 환각을 일으키는 어떤 정신병(예를 들어 마이네르트의 정신 박약같이)에서는 외부 세상에서 흥미를 완전히 거두어들인다고 생각되는 것과 비교된다. 편집증 환자는 외부 세계를 인식하면서 그 안에서 달라진 점을 고려하고, 그것이 자신에게 미치는 영향에 자극받아 외부 세계를 설명하는 이론들을 만들어 낸다. 슈레버가 만들어 낸 〈조잡하게

임시변통으로 만들어 낸 인간들〉은 그 한 예이다. 그래서 나에게
는 편집증 환자와 세상의 관계가 달라지는 것은 대개 그에게서
리비도의 흥미가 없어진 것으로 설명되어야 한다고 보인다.[17]

(4) 편집증과 조발성 치매는 밀접한 관련이 있다. 그렇게 보면
편집증에 대한 이 개념이 조발성 치매에 대한 개념에 얼마나 영
향을 미칠 것인가 하는 질문을 피할 수 없다. 나는 크레펠린이 그
때까지 편집증이라고 불리던 것 중 많은 부분을 떼어 내어, 긴장
증과 또 어떤 다른 병들과 합쳐서 새로운 임상적 단위를 만들어
낸 것은 정당하다고 본다. 조발성 치매는 그것에 붙이기에는 아
주 부적절한 이름이기는 하지만 말이다. 블로일러가 같은 집단을
위해 정한 이름 〈정신 분열증〉에 대해서는, 문자 그대로의 뜻[18]을
잊기만 한다면 적당한 이름이라는 생각에 반대할 수 있다. 그 이
름은 이론적으로 추정한 병의 특성에 근거를 두고 만든 이름이기
때문에 편견을 가지게 할 수 있다. 더욱이 그 특성은 그 병에만 있
는 성질도 아니고, 또 다른 면을 고려해 보면 그 병에 꼭 있어야
되는 성질도 아니기 때문이다. 그러나 전반적으로 우리가 임상적
증상들에 어떤 이름을 붙이는가 하는 것은 크게 중요한 일이 아
니다. 내가 보기에 더 중요한 것은, 편집증은 독립된 임상 단위로
있어야 한다는 것이다. 그것이 자주 정신 분열증적인 현상으로
복잡하게 되는 경우가 있기는 하지만 그래도 하나의 병으로 남아
있어야 한다는 것이다. 왜냐하면 리비도 이론의 관점에서 보자면
정신 분열증과 편집증은 서로 구분되기 때문이다. 즉 억압 자체
의 주된 모습은 두 가지 병에서 같지만 — 리비도가 분리되어 자

17 이 문단이 융의 비판의 근거가 되었다. 프로이트는 자기애에 대한 논문의 제
1장 끝에서 융의 비판에 대해 반박했다(「나르시시즘 서론」).
18 〈분열된 마음〉.

아로 퇴행한다는 점 — 편집증에서는 기질이 되는 고착점이 정신 분열증의 고착점과 다르고, 또 억압되었던 것이 돌아오는 기제 (즉 증상이 형성되는 기제)도 서로 다르기 때문이다. 내가 보기에 는 조발성 치매를 이상 정신이라고 부르면 가장 편리할 것 같다. 이 단어는 특별히 따르는 의미가 없다. 그리고 편집증(이 이름은 바꿀 수 없다)과의 관계를 나타내기도 하고, 지금은 조발성 치매 와 합쳐진 단위지만 파과병 *Hebephrenie*을 연상시킬 수도 있다. 이 이름이 이미 다른 목적으로 제안되기는 했지만, 다른 쓰임새가 일반적으로 통용되고 있지 않기 때문에 걱정할 필요는 없다.[19]

아브라함은 외부 세계에서 리비도가 돌아서는 것이 조발성 치 매에서 특히 분명하게 나타나는 현상이라는 것을 설득력 있게 보 여 준 바 있다.[20] 이 현상을 보고 우리는 리비도가 분리됨으로써 억압이 일어난다고 추측한다. 우리는 다시 한번, 심한 환각이 나 타나는 단계는 억압과 리비도를 그 대상에게 다시 가져와서 회복 시키려는 시도 사이의 싸움이라고 생각할 수 있다. 비상한 분석 적 재능을 가지고 있던 융은 이 병에서 볼 수 있는 망상[21]과 상동 증(常同症)은 이전의 대상 리비도 집중이 끈질기게 매달려 남아

19 프로이트의 제안은 이 구절에서 처음으로 소개되었다. 이 제안은 분명히 〈조 발성 치매〉나 〈정신 분열증〉 대신 〈이상 정신〉이라는 말을 쓰자는 것이고, 또 비슷한 병인 〈편집증〉과는 구별되어야 한다는 것이다. 그러나 3년쯤 후에 그는 이 말을 더 광 범위한 뜻으로 사용하기 시작했다. 즉 〈조발성 치매〉와 〈편집증〉 모두를 가리키는 말 로 쓰기 시작한 것이다. 「강박 신경증에 잘 걸리는 기질」의 한 구절에서 이 말의 뜻을 고의로 바꾸었다는 사실을 발견할 수 있다. 1913년에 출판된 초판에서 프로이트는 〈내가 이상 정신과 편집증이라고 이름 붙인 두 개의 다른 정신 신경증〉이라고 말한다. 그러나 이 논문이 1918년에 다시 출판되었을 때는 〈내가 《이상 정신》이라는 제목으 로 합친〉으로 바뀌었다. 그러나 1918년 이후의 저술에서는 이 단어를 사용하려는 시 도를 포기한 것 같다.

20 「히스테리와 조발성 치매의 성 심리적 차이」 참조 — 원주.

21 프랑스어와 독일어에서는 〈*delirium*〉이 망상의 상태를 나타내는 용어로 쓰인 다. 〈쥐 인간〉 증례에서 같은 용어가 쓰인 것을 참조.

있는 잔재라고 인식했다. 이러한 회복의 시도는 다른 사람이 보기에는 병 자체라고 오해할 수 있다. 이것은 편집증에서와 같이 투사 기제를 사용하지 않고 환각적(히스테리적) 기제를 사용한다. 이것이 조발성 치매를 편집증과 구별하는 두 가지 성질 중 하나이다. 그리고 이것은 다른 각도에서 발생적으로 설명할 수 있다.

두 번째 다른 점은 그 진행 과정이 너무 제한되지 않은 경우에 병의 결과로 나타난다. 예후는 대개 편집증의 경우보다 나쁘다. 편집증에서는 재건축이 승리하지만 조발성 치매에서는 억압이 승리한다. 조발성 치매에서 퇴행은 자기애까지만 가는 것(과대망상의 형태로 나타나는데)이 아니라 대상-사랑을 완전히 내버리고 유아기의 자가 성애로 돌아간다. 그러니 기질적 고착점이 편집증의 경우보다 더 멀리, 즉 자가 성애 단계에서 대상-사랑으로 가는 발달 단계의 시작 부근에 있을 것이다. 더욱이 편집증에서는 동성애적 충동이 자주 — 아마도 빠지지 않고 — 발견되지만, 훨씬 더 포괄적인 병인 조발성 치매에서는 동성애적 충동이 편집증과 비슷한 정도로 중요 원인으로 작용하지는 않는 듯하다.

편집증과 망상 분열증Paraphrenie의 기질적 고착점에 대한 우리의 가설에 따르면, 한 환자가 편집증의 증상으로 시작하여 조발성 치매로 발전할 수 있으며, 또 편집증과 정신 분열증의 증상이 어떤 비율로 섞여서도 나타날 수 있다는 것을 쉽게 알 수 있다. 그리고 어떻게 해서 슈레버의 경우 같은 임상적 현상이 나타날 수 있는지, 또 왜 편집증적 치매라는 이름을 붙여도 좋은지 이해할 수 있다. 즉 슈레버의 경우에는 소망하는 환상을 만들어 낸 점으로는 망상 분열증의 성질을 보이고, 그 발병 원인, 투사 기제를 사용하는 것, 그리고 나중의 결과에서는 편집증적인 성질을 보인다는 사실로부터 그 이름을 편집증적 치매라고 부를 수 있는 것이다. 왜냐하면 발달 과정에서 여러 개의 고착점이 생길 수 있고, 그것들이 차례로 밀려났던 리비도를 침입하게 할 수 있기 때문이다. 아마 리비도의 침입은 나중에 생긴 고착점에서 시작하여 병이 진행됨에 따라 출발점에 가까운 제일 처음 생긴 고착점으로 진행될 것이다.[22] 슈레버의 경우 비교적 좋은 결과가 어떤 조건 때문인지 알면 도움이 될 것이다. 왜냐하면 우리는 좋아진 이유를 단지 〈거주지를 바꾸어서 좋아졌음〉[23]과 같이 건성으로 대는 것으로 만족할 수는 없기 때문이다. 환자가 플렉지히의 병원에서 옮겨진 후에 좋아진 것은 사실이다. 그렇지만 우리는 이 환자의 병력에 관계되는 자세한 사정을 잘 모르기 때문에 이 재미있는 질문에 대답을 할 수 없다. 그러나 슈레버가 동성애적 환상과 화해하여 그의 병을 거의 회복이라고 할 만한 상태로 끝나게 할 수 있었던 것은 그의 아버지-콤플렉스가 주로 긍정적인 영향을 끼쳤으며, 실생활에서 훌륭한 아버지와의 관계가 나중에도 나빠지지 않았다는 사실이었을 것이다.

나는 다른 사람의 비판을 두려워하지도 않고, 또 나 자신을 비판하는 것을 피하지도 않는다. 그래서 나는 리비도 이론에 대한 나의 독자들의 평판을 나쁘게 할지도 모르는 유사성을 언급하는 것을 피할 이유가 없다. 슈레버의 〈신의 빛살〉은 해의 빛살과 신경줄, 그리고 정자가 통합된 것인데, 사실 리비도 집중이 바깥으로 향하여 뻗은 것을 구체적으로 나타내는 것일 뿐이다. 그렇게 보면 그의 망상은 우리 이론에 놀랄 정도로 들어맞게 된다. 자아

22 히스테리에서 강박 신경증으로 변해서 이런 형태를 보인 증례가 「강박 신경증에 잘 걸리는 기질」에 대한 논문에서 많은 역할을 한다.

23 리클린Riklin, 「전위 회복에 관하여Über Versetzungsbesserungen」(1905) 참조 —원주.

가 모든 빛살을 끌어들이기 때문에 세상이 끝장날 것이라고 믿는 것, 또 후기에 재건축하는 과정에 있었던 불안, 즉 신이 그에게 닿아 있는 빛살-연결을 끊으면 어쩌나 하는 불안한 걱정 등, 슈레버의 망상 구조의 다른 자세한 면들은 그 과정들을 정신 안에서 인식하는 것과 거의 비슷하다. 그 과정들이란 이제까지 내가 편집증을 설명하는 근거로 가정했던 것들이다. 그렇지만 나는 슈레버의 자서전을 보기 전에 편집증에 대한 이론을 이미 발전시키고 있었다는 것을 친구와 동료 전문가들에게 증언해 달라고 할 수 있다. 내 이론에 내가 인정하고 싶은 것보다 많은 망상이 섞여 있는지, 혹은 슈레버의 망상에 다른 사람들이 아직 믿을 준비가 되어 있지 않은 진실이 더 있는지는 나중에 가서 밝혀질 것이다.

마지막으로 더 큰 전체의 한 조각일 뿐인 이 논문을 끝내기 전에, 나는 신경증과 정신병의 리비도 이론이 발전하여 확립하려고 하는 전제 두 가지에 대해 미리 암시하려고 한다. 그것은 신경증은 주로 자아와 성적 본능 사이의 갈등으로부터 일어나며, 신경증이 취하는 형태는 리비도, 그리고 자아가 발달하는 과정의 흔적을 가지고 있다는 것이다.

김명희 옮김

여자 동성애가 되는 심리

Über die Psychogenese eines Falles von weiblicher Homosexual-
ität(1920)

한 여자 동성애 환자의 병력을 연구하여 1920년 1월에 완성한 후 3월에
출간한 이 논문은, 여자의 성 문제에 대한 프로이트 자신의 깊은 생각을 보
여 준다. 여성의 히스테리 문제에만 관심을 쏟던 프로이트가 이후 양성 간의
해부학적인 차이에 따른 여러 문제나 여자 동성애에 관해 견해를 밝힌 것은,
그의 관심의 폭이 얼마나 깊은 것인지를 잘 보여 준다.

이 글은 1920년 『국제 정신분석학지』 제6권 1호에 처음 실렸으며, 『전집
Gesammelte Werke』 제12권(1947)에도 수록되었다. 영어 번역본은 1920년 바
버라 로Babara Low와 개블러R. Gabler가 번역하여 "The Psychogenesis of a
Case of Homosexuality in a Woman"이라는 제목으로 『국제 정신분석 저
널』 제1권에 실렸으며, 『논문집Collected Papers』 제2권(1924)과 『표준판 전
집』 제18권(1955)에도 수록되었다.

1

여자들의 동성애는 남자의 경우보다는 눈에 띄지 않지만 결코 드물지도 않다. 그러나 이러한 상황은 법에 의해서도 무시되어 왔고, 또 정신분석적 연구에서도 관심의 대상이 되지 못했다. 그러므로 아주 분명한 동성애의 증례는 아니지만, 마음속에 있는 그 기원과 발달 과정을 거의 빠진 곳 없이 완벽하게 확신을 가지고 찾아가는 것이 가능했던 증례에 대해 이야기해 보는 것은 중요한 가치가 있다. 이 보고서에는 단지 관계되는 여러 가지 사건과 이 환자를 연구하여 얻은 결론의 가장 일반적인 개요만이 실려 있고, 해석의 바탕이 된 특징들은 자세하게 언급되어 있지 않다. 이런 한계를 가지는 것은 최근의 환자에 대해 토론할 때에는 사려가 깊어야 하기 때문이다.

이 환자는 좋은 집안 출신의 아름답고 똑똑한 열여덟 살 먹은 소녀였다. 그녀는 자기보다 열 살은 많은 한 〈사교계 여자〉를 헌신적으로 숭배하면서 쫓아다녀, 그녀의 부모가 화를 내고 걱정을 할 정도였다. 그 여자는 명예로운 가문 출신인데도 불구하고 단지 매춘부일 뿐이라며 그녀의 부모는 비난했다. 그녀가 결혼한 여자 친구와 함께 살고 있으면서, 동시에 여러 남자와 닥치는 대로 관계를 가진다는 것은 잘 알려진 사실이라고 그들은 말했다.

그 소녀는 이런 구설수에 대해 반박하지 않았다. 그러나 절대로 품위와 예절을 모르는 여자가 아니었음에도 불구하고, 그녀는 그 사교계의 여자를 숭배하는 데 부모가 반대하는 것을 용납하지 않았다. 아무리 금지하고 지도하려 해도, 그 소녀는 자기가 좋아하는 여자와 함께 있을 수 있는 작은 기회도 놓치지 않았다. 또한 그 소녀는 그 여자의 습관을 확인할 기회나, 그 여자의 문 앞에서 혹은 전차역에서 몇 시간이고 그녀를 기다릴 수 있는 기회를 포기하지 않았다. 그리고 그녀가 기회를 놓치지 않고 꽃을 보내는 등등의 일을 하는 것도 막을 수 없었다. 그 소녀의 마음에는 그녀에 대한 관심만 남아 있고, 다른 것들에 대한 관심은 모두 이것에 먹혀 버린 것이 분명했다. 그녀는 더 이상 공부하려고 하지 않았고, 또 사교적인 일이나 소녀들의 즐거움 같은 것도 하찮게 여겼다. 그리고 자기가 관심을 가지고 있는 일에 도움이 될 만하거나 비밀을 털어놓을 수 있는 상대가 되는 몇몇 여자 친구하고만 계속 친교를 유지했다. 그녀의 부모는 이 의심스러운 여자와 딸이 어느 정도 관계까지 갔는지 알지 못했다. 단순히 헌신적인 찬양의 한계를 넘었는지 아닌지도 알지 못했던 것이다. 그들은 자기 딸이, 젊은 남자에게 관심을 보이거나 젊은 남자들이 자신에게 관심을 보이는 것을 즐거워하는 것을 본 일이 없었다. 반대로 최근 몇 년 동안 그 소녀가 같은 여자들에게 보이는 감정 때문에 아버지가 이미 의심을 하고 있었고 화가 나 있었으며, 지금 그 〈사교계 여자〉에게 애착을 보이는 것도 동성에 대한 집착이 심해져서 계속되고 있는 것이라고 그들은 믿고 있었다.

그녀의 부모가 특히 괴로워하는 행동이 두 가지 있었는데, 그것들은 명백하게 서로 반대되는 행동이었다. 그녀는 가장 번잡한 길에 바람직하지 않은 그 친구와 함께 나서는 것을 주저하지 않았다. 자신의 체면에 아주 관심이 없다는 태도였다. 반면에 그녀는 속이든지 핑계를 대든지 또는 거짓말을 꾸며내서라도 어떻게든 그 여자를 만나는 사실을 비밀로 하려고 했다. 그녀는 한편으로는 너무 공개적이었고, 다른 한편으로는 속임수에 가득 차 있었다. 이런 상황에서 언젠가는 벌어질 일이었지만, 어느 날 드디어 아버지가 그 여자와 함께 있는 딸을 만났다. 아버지도 그 여자에 대해 알게 된 후였다. 그는 화난 눈짓을 하며 그들의 곁을 지나갔다. 바로 그 후에 그 소녀는 근처의 담장을 뛰어넘어 교외선 기찻길로 몸을 내던졌다. 이것은 확실히 심각한 자살 기도였다. 그녀는 그로 인해 장애가 남지는 않았지만 꽤 오랫동안 자리에 누워 있어야 했다. 회복된 후에 그녀는 전보다 쉽게 자기 마음대로 할 수 있었다. 그녀의 부모는 그토록 강한 그녀의 결심에 반대하지 못했다. 그리고 그때까지는 그 소녀가 가까이 오려는 것에 대해 차갑게 대했던 그 여자도, 그녀의 열정이 진지하다는 부정할 수 없는 증거에 감동하여 그녀를 보다 친절하게 대하기 시작했던 것이다.

이 사건이 있고 나서 약 6개월이 지난 후에 부모는 병원에 가기로 했다. 그리고 자신들의 딸이 정상적인 마음을 다시 가질 수 있게 해달라고 의사에게 맡겼다. 그 소녀의 자살 기도로 인해, 그들은 집에서 하는 강한 제재 수단으로는 딸의 병을 고칠 수 없다고 생각하게 된 것이 분명했다. 이야기를 더 진행하기 전에, 이러한 사태에 대해 그녀의 아버지가 보이는 태도와 어머니가 보이는 태도를 따로 생각해 보는 것이 바람직한 것 같다. 그녀의 아버지는 성실하고 훌륭한 사람으로, 천성은 부드러운 사람이었지만 아이들에게는 엄격하게 대해서 아이들과 어느 정도는 소원하게 지냈다. 그는 외동딸을 대할 때 아내를 지나치게 의식했다. 그가 딸의 동성애적 경향에 대해 처음 알게 되었을 때, 그는 크게 분노해서 위협을 해서라도 그것을 억제하려 했다. 그 당시에 그는 어떻게 생각해도 괴롭기는 마찬가지지만, 자신의 딸을 부도덕하고 타락한 인물로 봐야 할지 아니면 정신병에 걸렸다고 봐야 할지, 서로 다른 두 가지 입장 사이에서 망설이고 있었다. 딸의 자살 기도 후에도 그는 우리 의료계 동료 중 어느 누구처럼 대범하게 체념하지 못하고 있었다. 그 동료는 자기 집안에 비슷한 변종이 있다며 다음과 같은 말을 했다. 〈이것도 많은 불행 중 한 가지 불행일 뿐이지.〉 딸이 동성애자라는 것이 그의 가슴속 깊은 곳에 비통한 느낌을 주었다. 그래서 그는 그가 할 수 있는 방법을 모두 동원하여 딸의 증세와 싸우기로 결심했다. 그 당시 빈에서는 정신분석이 별로 대접을 받지 못하고 있었는데도, 그는 정신분석에 도움을 청했다. 만약 이것이 실패한다 해도 그는 가장 강한 반대 전략을 예비하고 있었다. 즉 빨리 결혼을 시켜서 그녀의 자연스러운 본능을 일깨우고 부자연스러운 경향을 억제하려는 것이었다.

그 소녀에 대한 어머니의 태도를 파악하기는 그렇게 쉽지 않다. 어머니는 아직 젊어 보였고 자신이 아직도 매력적이라고 생각하는 것이 분명했다. 그녀는 자기 딸이 여자에게 홀딱 빠져 버린 것에 대해 아버지만큼 비극적으로 받아들이거나 격분하지 않고 있다는 것만은 분명했다. 그녀는 얼마 동안은 딸이 자기의 열정에 대해 고백하는 것을 즐기기까지 했었다. 그녀는 주로 딸이 자신의 감정을 공개적으로 드러내어 평판이 나빠지는 것 때문에 반대를 한 것 같았다. 그녀 자신도 몇 년 동안 신경증을 앓아서 남편의 세심한 배려를 받은 적이 있었다. 그녀는 아이들을 차별했다. 딸에게는 단호할 정도로 엄격했으며, 세 아들들에게는 지나치게 응석을 받아 주었다. 막내아들은 셋째와 나이 차이가 컸으며, 그 당시 세 살이 채 못 되었다. 어머니의 성격에 대해 더 확실한 정보를 얻기는 쉽지 않았다. 나중에 알게 되었지만, 환자가 어머니에 대해서 이야기할 때는 말을 삼갔기 때문이었다. 반면 아버지에 대해 이야기할 때는 이런 문제가 전혀 없었다.

이 소녀의 정신분석을 담당한 의사가 불길한 예감을 가질 만한 여러 가지 근거가 있었다. 그가 다루어야 할 상황은 분석에 적합한 상황이 아니었다. 분석은 다음과 같은 상황에서만 효과를 나타낼 수 있는 것이다. 분석을 위한 이상적인 상황은 잘 알려져 있다시피, 자신이 혼자서는 해결하지 못하는 내적 갈등이 있다는 점 외에는 혼자 힘으로 잘 살아가는 사람이, 분석가에게 그 문제를 내놓고 도와달라고 부탁을 하는 경우이다. 그러면 의사는 병리적으로 분열되어 있는 인격의 한 부분과 손잡고 갈등 상태에 있는 다른 부분과 싸우는 것이다. 상황이 이것과 조금이라도 다르면 정신분석에 많든 적든 좋지 않은 영향을 미치고, 또 이미 내재하는 어려움에 새로운 어려움을 더하게 된다. 집주인이 될 사람이 건축 설계사에게 자기의 취향과 요구에 맞추어서 집을 지으라고 하거나, 독실한 기부가가 화가에게 성화 제작을 의뢰하면서 한구석에 예배를 드리고 있는 자신의 모습을 넣어 달라고 부탁하는 것 같은 상황은, 근본적으로 분석에 필요한 조건과는 맞지 않는다. 그런데 남편이 의사에게 다음과 같이 지시하는 일이 비일비재하다. 〈내 아내는 신경병을 앓고 있지요. 그래서 나하고 사이가 나쁘답니다. 아내를 고쳐 주세요. 그래서 우리가 다시 행복한 결혼 생활을 할 수 있게 말이에요.〉 그러나 대개는 이런 요구를 만족시키는 것은 불가능하다. 다시 말하면, 의사는 남편이 치료를 부탁하면서 바라고 있는 결과가 나오게 할 수 없는 것이다. 아내는 자신의 신경증적 억압에서 벗어나자마자 즉시 이혼을 하려고 한다. 왜냐하면 그나마 결혼 생활을 유지할 수 있었던 것은 그녀의 신경증 덕분이기 때문이다. 혹은 어떤 부모는 신경질적이고 말 안 듣는 아이를 고쳐 주기를 바란다. 그들이 생각하는 건강한 아이란 부모에게 아무 문제도 일으키지 않는 아이, 그리고 부모에게 즐거움만 주는 아이를 말한다. 의사는 아이를 고칠 수도 있다. 그러나 아이는 고쳐지고 나면 전보다 더 결정적으로 자기의 갈 길을 간다. 그리고 부모는 전보다 더 불만스러워하게 된다. 간단하게 말해, 어떤 사람이 자기 뜻에 따라 분석을 받으러 오느냐 아니면 남이 데려오느냐 하는 것은 무관한 일이 아니라는 것이다. 즉 자신이 스스로 변화를 원하는지, 아니면 그를 사랑하는(혹은 그를 사랑할 것이라고 기대되는) 가족이 그의 변화를 원하는지에 따라 그 결과는 다르다는 것이다.

이 환자의 경우에 더 힘들었던 것은, 그 소녀가 전혀 병들어 있지 않다는 것이었다(그녀는 자신 때문에 괴로워하지도 않았고, 또 자신의 처지에 대해 불평하지도 않았다). 그리고 의사가 해야 할 일은 신경증적인 갈등을 해결하는 것이 아니라, 성기기의 성 구조를 이런 종류에서 저런 종류로 바꾸는 것이었다. 나의 경험상 그것을 성취하기는 — 성기기의 도착 혹은 동성애를 없애는 것은 — 절대로 쉬운 일이 아니다. 오히려 나는 아주 상황이 좋은 경우에만 성공할 수 있다는 것을 알게 되었다. 그리고 여기서 말하는 성공은 동성애에만 국한되어 있던 사람이 (이제까지는 길이 막혀 있던) 이성에게도 접근할 수 있게 함으로써, 완전히 양성적인 기능을 회복하게 하는 데 있는 것이다. 그다음 사회적 금지 사항에 대해 포기하고자 하는지는 그의 선택에 달린 문제이다. 어떤 경우에는 그렇게들 한다. 정상적인 성 활동을 하는 경우에도 대상-선택에는 역시 제한이 있다는 것을 우리는 기억해야 한다.

일반적으로 완전히 발달된 동성애를 이성애로 바꾸려 하는 것은 그 반대의 경우보다 성공할 가능성이 더 높지 않다. 단지 실질적으로 후자를 시도해 본 예는 없다.

동성애의 형태는 다양하다. 여러 형태의 동성애를 정신분석을 통해 성공적으로 치료한 경우는 사실 별로 많지 않다. 대체로 동성애자는 그에게 즐거움을 주는 대상을 포기하지 못한다. 그리고 그가 변하면 다른 대상에서 자기가 포기한 것과 같은 즐거움을 다시 발견할 것이라고 확신하게 할 수 없다. 그가 치료를 받으러 온다 해도, 대개는 그의 대상-선택에 따른 사회적 불이익과 위험 같은 외적인 동기에서 비롯된 압력 때문이다. 그리고 그러한 자기 보존 본능의 성분들은 그 자체로 성 충동에 대항해 싸우기에는 너무 약하다는 것을 드러낸다. 그래서 우리는 곧 그의 비밀스러운 계획을 발견하게 된다. 즉 그는 그의 시도에서 눈에 띄게 실패함으로써, 자기의 비정상적인 면에 대해서 할 수 있는 것은 모두 해 보았다는 만족감을 얻으려 하는 것이다. 그러니 이제 양심에 가책을 느끼지 않고 그 비정상적인 면을 받아들일 수 있는 것이다. 그의 부모나 친지를 위해서 환자가 자기를 고치려 할 경우에는 사정이 조금 다르다. 이 경우에는 동성애적인 대상-선택에 반대하는 리비도의 충동이 실제로 존재한다. 그러나 그 힘은 대개 충분하지 못하다. 동성애에 아직 강하게 고착되지 않았거나 이성애적인 대상-선택의 근본이나 흔적이 상당히 남아 있는 경우, 즉 아직 동요하고 있거나 혹은 정확하게 양성성의 구조를 가지고 있는 경우에만 정신분석 치료가 성공할 가능성이 있다고 할 수 있다.

이런 이유 때문에 나는 소녀의 부모에게 그들의 희망을 이루어 주겠다는 말을 전혀 하지 않았다. 나는 다만 그 소녀를 몇 주일 또는 몇 달 동안 자세하게 연구할 수는 있으며, 그 뒤에 분석을 계속하면 어느 정도 그녀에게 영향을 미칠 것인지 이야기할 수 있을 것이라고 말했다. 사실 많은 경우에 분석은 명확하게 구별되는 두 단계로 나뉜다. 처음에 의사는 환자로부터 필요한 정보를 얻는다. 그리고 환자에게 정신분석의 전제와 가설을 소개한다. 그리고 분석에서 나온 자료를 가지고 연역하여 그의 병이 어떻게 발생되었나 구성하여 보여 준다. 둘째 단계에서는 환자가 자기 앞에 놓여진 자료를 가지고 작업을 하여 억압되어 있던 기억을 되살린다. 그리고 어떤 의미로는 그것을 다시 경험하는 것처럼 나머지를 반복한다. 이렇게 해서 그는 의사가 추측했던 것을 확인하고 보충하고 그리고 교정한다. 그는 이런 작업을 해야만 저항을 극복함으로써 목표했던 내부의 변화를 경험할 수 있으며, 또 의사의 권위와 상관없이 자신을 위해서 확신을 얻을 수 있다.[1] 분석 치료의 과정에서 이 두 단계는 명확하게 나뉘는 것이 아니다. 이 두 단계가 명확하게 나뉘는 경우는 저항이 어떤 조건에 따라 행동할 때뿐이다. 그러나 두 단계를 명확하게 나눌 수 있는 경우는 여행을 하는 두 단계에 비유할 수 있다. 첫 번째는 표를 손에 들고 드디어 기차역으로 가서 기차에 자리를 잡기 전에 필요한 모든 준비를 하는 일이다. 요즘은 여행을 준비하기가 참 복잡하고 어렵다. 그러고 나면 먼 고장으로 여행할 권리를 갖게 되고 여행도 가능해진다. 그러나 이런 모든 준비 작업을 했다 해도 우리는 아직 그곳에 도착한 것이 아니다. 사실 우리의 목적지에는 1마일도 가까이 가 있지 못한 것이다. 가까이 가려면 이 정거장에서 다음 정거장으로 여행 자체를 실행해야 되는 것이다. 이 실행 부분을 분석의 둘째 단계에 비교할 수 있을 것이다.

---

1 분석에서 〈구성 Konstruktion〉이라는 기술에 대해 프로이트는 〈쥐 인간〉과 〈늑대 인간〉의 증례에서 논의했다.

이 환자의 분석은 이 두 단계로 된 형태로 진행되었으며 둘째 단계의 시작 부분까지만 계속되었다. 그리고 분석 과정에서 나온 여러 가지 저항의 집합이 특별했다. 그래서 내가 구성한 것을 완전히 확인할 수 있었고, 또 그녀의 도착이 형성된 개괄적인 과정에 대해 적당할 만큼 이해할 수 있었다. 그러나 분석에서 발견한 것에 대해 이야기하기 전에, 내가 이미 언급했거나 독자들이 특별히 흥미를 가질 것 같은 몇 가지를 다루어야겠다.

나는 그 소녀가 어느 정도까지 자기의 열정을 만족시킬 수 있었는가 하는 것에 일부 근거하여 예후(豫後)를 점쳤다. 분석 중에 얻은 정보에 의하면, 이 점에서는 운이 좋은 것 같았다. 그녀가 숭배했던 사람들 중에 그녀와 키스를 했거나 포옹하는 정도 이상의 행동을 한 사람은 없었다. 이렇게 표현해도 좋을지 모르지만, 그녀의 처녀막은 다치지 않은 채 있었다. 그녀가 가장 최근에, 그리고 가장 강하게 감정을 느꼈던 그 매춘부로 말하자면, 그 여자는 소녀를 항상 냉대했고 자기 손에 키스하는 정도 이상의 호의를 베풀지 않았다. 소녀는 자기의 사랑은 순수한 것이며, 또 어떤 종류의 성적 교접에 대해서도 구역질을 느낀다고 주장했다. 아마 그녀는 어쩔 수 없는 상황을 미덕으로 만들고 있었던 것 같다. 그녀는 자기가 가장 사랑하는 그 훌륭한 사람이 출신이 좋은데도 불구하고 가정 사정이 나빠서 현재 상태가 될 수밖에 없었으며, 그 여자가 처한 상황이 좋지는 않지만 성격은 아직 고상하다고 자랑했다. 아마 이 말은 완전히 틀린 말은 아닐 것이다. 왜냐하면 그 여자는 소녀를 만날 때마다 자기만이 아니라 다른 여자도 사랑하지 말라고 충고했고, 소녀가 자살을 기도하기 전까지는 계속 그녀를 거부했기 때문이다.

내가 즉시 알아보려 한 두 번째 사항은, 이 소녀 자신이 정신분석 치료에 도움을 줄 수 있는 동기를 혹시 가지고 있는가 하는 것이었다. 그녀는 빨리 동성애로부터 자유로워지고 싶다는 말로 나를 속이려 하지 않았다. 오히려 그 반대로, 그녀는 사랑을 하는 데 있어 다른 어떤 방법도 생각할 수 없다고 말했다. 그러나 자기가 부모로 하여금 그렇게 큰 비탄을 겪게 하는 것이 마음 아프기 때문에, 부모를 위해서 정직하게 치료를 도울 것이라고 덧붙였다. 나는 처음에는 이것이 좋은 징조라고 생각할 수밖에 없었다. 왜냐하면 그 뒤에 숨어 있는 무의식적인 감정적 태도를 알 길이 없었기 때문이다. 이와 관련하여 뒤에 밝혀진 사실 때문에 분석의 과정이 결정적으로 바뀌었고, 또 분석을 서둘러 끝내게 되었던 것이다.

정신분석에 대해 잘 알지 못하는 독자들은 오랫동안 두 가지 다른 문제에 대한 답을 기다리고 있었을 것이다. 이 동성애자 소녀는 확실히 이성에 속하는 신체적인 특징을 가지고 있었는가, 그리고 이 환자는 선천적인 동성애자인가 아니면 후천적인(나중에 발생한) 동성애자인가?

나는 이들 중 첫 번째 질문이 가지는 중요성을 알고 있다. 그러나 우리는 그것을 과장하면 안 되며, 그것 때문에 정상적인 사람에게도 이성에 속하는 이차 성징이 한두 가지씩 있는 일은 흔하다는 사실을 간과해서도 안 된다. 그리고 대상-선택이 도착되는 방향으로 바뀐 적이 전혀 없는 사람에게서 눈에 잘 띄는 이성의 신체적 특징이 발견되기도 한다는 사실을 간과해서는 안 된다. 다시 말하면, 〈양성 모두에서 정신적인 남녀추니 현상은 신체적인 남녀추니 현상과 대부분 무관하다는 것이다.〉 다음의 말을 덧붙여서 위에서 한 주장을 수정할 수 있다. 즉 이렇게 서로 무관한 것은 여성보다 남성에게서 더 확실하다. 여성에게서는 이성에 속하는 신체적 성질과 정신적 성질이 함께 나타나기 쉽기 때문이다.

　아직도 나는 이 환자의 첫 번째 문제에 대해 만족스럽게 대답할 위치에 있지 않다. 정신분석가들은 관습적으로 어떤 경우에는 자기 환자의 신체를 꼼꼼하게 진찰하지 않는다. 여성적인 체형과 드러나게 다른 점이 없었고, 월경에도 이상이 없었던 것은 확실하다. 아름답고 몸매가 날씬한 이 소녀는 사실 아버지만큼 키가 컸다. 그리고 얼굴의 윤곽이 소녀같이 둥글거나 부드럽지 않고 날카로웠다. 이런 것들을 신체적으로 남성적이라고 생각할 수도 있겠다. 그녀의 이지적인 특질도 남성성과 연관시킬 수 있을 것이다. 예를 들면 그녀는 열정에 사로잡히지 않았을 때는 사물을 예리하게 파악했으며 투명하고 객관적이었던 것이다. 그러나 이렇게 구별하는 것은 관습적인 것이지 과학적인 것은 아니다. 더 중요한 것은 그녀는 그동안 있었던 사랑-대상에게 남성의 역할을 했다는 사실이다. 즉 그녀는 사랑에 빠진 남자들이 특징적으로 그렇듯이, 겸손하고 기품 있게 성적 대상을 과대평가했다. 그리고 또 자기애적인 만족을 포기했으며, 사랑을 받기보다는 사랑하기를 원했다. 그래서 그녀는 여성적인 사랑-대상을 선택했을 뿐 아니라 그 대상에게 남성적인 태도를 가지게 되었던 것이다.

　둘째 문제, 즉 이 경우가 선천적인 동성애인가 후천적인 동성애인가 하는 것은 환자의 비정상성과 그 발달 과정의 변천을 전부 알게 되면 답을 할 수 있다. 이것을 연구해 보면 이러한 질문이 얼마나 쓸데없고 적절하지 못한 것인지 알게 될 것이다.

2

앞에서 아주 두서없이 이야기를 했는데, 이 환자의 성에 관한 이력 역시 아주 간단하게 요약하여 보고할 수밖에 없다. 아동기에 그 소녀는 여성 오이디푸스 콤플렉스[2]의 특징인 정상적 태도를 보였고, 전혀 이상할 것이 없었다. 그리고 후에 아버지를 자기보다 조금 나이가 많은 오빠로 대치하기 시작했다. 그녀는 어렸을 때 성적으로 상처를 입었던 기억은 없었고, 분석에 의해 성적인 상처가 발견되지도 않았다. 잠복기가 시작될 즈음(다섯 살이거나 그보다 조금 이른 시기에) 오빠와 자기의 성기를 비교한 일이 있었다. 그때 그녀는 강한 인상을 받았고, 여러 면으로 그것의 영향을 받았다. 유아기에 자위를 했다는 단서는 거의 없었다. 아니면 분석이 그것을 밝힐 정도까지 진행되지 않았다. 그녀가 대여섯 살 때 남동생이 태어났는데, 그녀는 별로 영향을 받지 않았다. 그녀는 사춘기 이전에 학교에서 성에 대해 점차 알게 되었다. 그녀는 성에 대해 음란한 느낌도 가졌고, 겁이 나서 피하고 싶은

---

2 〈엘렉트라 콤플렉스〉라는 용어를 사용한다고 해서 더 나을 것은 없다고 나는 생각한다. 그리고 그 용어의 사용을 지지하는 입장도 아니다 — 원주. 그 용어는 카를 융이 처음 썼다. 「정신분석 이론의 표현 시도Versuch einer Darstellung der psychoanalytischen Theorie」(1913). 「여자의 성욕」(본서와 프로이트 전집 7, 열린책들)에서 밝힌 프로이트의 비슷한 의견 참조.

느낌도 들었다. 이것은 정상이라고 할 수 있고, 정도가 지나친 것은 아니었다. 이 정도의 정보는 빈약하기도 하고, 내가 완전하다고 보장할 수도 없다. 그녀가 어렸을 때 더 풍부한 경험을 했을지도 모른다. 나는 모르겠다. 내가 전에도 이야기했지만, 분석은 오래지 않아 끝났기 때문에 동성애에 대한 다른 병력보다 그다지 믿을 만한 병력을 끌어내지는 못했다. 동성애에 대한 다른 병력도 의심할 만한 이유가 있었다. 게다가 그 소녀는 한 번도 신경증에 걸린 일이 없었다. 그리고 분석을 하러 왔을 때 단 한 가지의 히스테리 증상도 없었기 때문에, 다른 때처럼 아동기의 역사를 조사할 기회가 쉽사리 오지 않았다.

열서너 살 때 그녀는 세 살이 채 되지 않은 작은 소년에게 부드러운 애정을 보인 적이 있었다. 사람들은 일반적으로 그것을 과장된 애정이라고 생각했다. 그 소년은 아이들 놀이터에서 그녀가 자주 보던 아이였다. 그녀는 그 아이를 아주 따뜻하게 돌보았다. 그 결과 그녀는 그 아이의 부모와 친하게 되었다. 이 사건을 보면, 그 당시 그녀에게 자신이 아이를 가져 어머니가 되고 싶은 욕망이 강했다고 추측할 수 있다. 그러나 얼마 지나지 않아 그녀는 그 소년에게 무관심해졌다. 그리고 젊고 성숙한 여자에게 흥미를 가지기 시작했다. 이 사실이 밝혀지자 그녀는 아버지에게 심하게 매를 맞았다.

가정에 어떤 사건이 일어난 것과 동시에 이런 변화가 생겼다는 것은 의심할 여지 없이 확실하다. 그러니 그 사건을 조사하여 이 변화를 설명해도 될 것이다. 변하기 전에는 그녀의 리비도가 모성적인 태도에 집중되어 있었다. 반면에 변한 후에는 성숙한 여자에게 끌리는 동성애자가 되었고, 그 후로 계속 그 상태였다. 우리가 이 환자를 이해하는 데 의미 있는 그 사건이란, 그녀의 어머니가 새로 임신을 하여 그녀의 나이 열여섯에 세 번째 남자 형제를 가지게 된 것이다.

내가 이제부터 설명하려는 것은 나의 상상력에서 나온 것이 아니다. 그것은 객관적인 정당성을 주장할 수 있는 믿을 만한 분석적 증거에 의한 것이다. 특히 서로 연결되어 있고, 또 해석하기 쉬운 연속적인 꿈들 때문에, 나는 그것이 진실이라고 결론지었다.

분석 결과 의심의 여지 없이 그 여자-사랑은 그녀의 어머니 대신이라는 사실이 밝혀졌다. 그 여자가 아이를 가진 어머니가 아닌 것은 사실이지만, 또 그 여자가 그녀가 처음으로 사랑했던 사람도 아니었다. 그녀의 막내 남동생이 태어난 후에 그녀가 처음 사랑한 대상은 아이의 어머니들이었다. 여름휴가 때나 마을 친지의 가족 중에서 그들의 아이들과 함께 만나게 되었던 서른 살에서 서른다섯 살쯤 되는 여자들이었다. 그녀는 나중에는 사랑-대상이 꼭 어머니여야 한다는 조건을 빼버렸다. 실제로 그녀가 가진 다른 하나의 조건과 어머니라는 조건을 동시에 가진 대상을 찾는 것이 어렵기도 했고, 그녀에게 또 다른 하나의 조건이 점점 더 중요하게 느껴졌기 때문이었다. 어느 날 그녀는 가장 최근에 만난 그녀의 사랑에게 특별히 강하게 애착을 느끼는 근거를 그다지 어렵지 않게 발견했다. 그 여자는 날씬했고, 대리석 조각같이 아름다웠으며, 또 그 태도가 솔직했다. 그런 것들이 그 소녀에게 자기보다 조금 나이가 많은 오빠를 생각나게 했던 것이다. 그러므로 그녀가 최근에 선택한 대상은 그녀의 여성적인 이상형에 맞았을 뿐 아니라 남성적인 이상형에도 맞았다. 그래서 동성애적 만족과 이성애적 만족을 결합했던 것이었다. 동성애자 남자를 분석해 보면, 이 같은 현상이 여러 환자에게서 발견된다는 것은 잘 알려져 있다. 그래서 우리는 도착의 성질과 발생에 대해 너무 단순하게 생각하면 안 된다. 그리고 인간은 보편적으로 양성성을 가지고 있다는 사실을 잊지 말아야 한다.[3] 그러나 다른 자녀들이 꽤 성장한 후에 가정에 다시 아기가 태어나자(소녀 자신이 이미 성숙하여 자기도 아기를 가지고 싶은 욕망이 강한 시점에) 그녀는 이 아기를 낳은 여자, 즉 어머니에게 열정적인 부드러움을 느꼈고, 그 느낌을 어머니를 대신하는 여자에게 표현했다. 이 사실을 우리는 어떻게 이해해야 할까? 우리가 알고 있는 것을 다 종합해 보면 오히려 그 반대가 되어야 할 것이다. 그런 상황에서 거의 결혼할 때가 된 딸을 가진 어머니는 딸을 어색해한다. 그리고 딸들은 그들의 어머니에게 동정과 멸시와 질투를 느낀다. 모두 다 어머니에게 부드러운 감정을 더 가지게 되는 것은 아니다. 우리가 지금 연구하고 있는 소녀는 어쨌든 어머니에게 애정을 느낄 이유가 조금도 없었다. 그녀의 어머니는 아직도 젊었으며, 빨리 자라고 있는 자기의 딸을 보면서 귀찮은 경쟁자라고 생각했다. 어머니는 그녀를 제쳐 놓고 아들들을 더 사랑했고, 가능한 한 그녀가 독립적으로 행동하는 것을 막았으며, 또 소녀와 아버지가 가까워지는 것에 대해 특히 엄격하게 감시했다. 그러므로 애초부터 보다 친절한 어머니를 원했다고 하면 알기 쉬웠을 것이다. 그러나 왜 하필이면 그때에 그 증상이 도져서 애태우는 열정의 형태로 나타났는지 이해하기는 어렵다.

설명을 하자면 다음과 같다. 마침 사춘기의 유아기 오이디푸스 콤플렉스가 부활되는 시기에 그녀는 큰 실망을 경험하게 되었던 것이다. 그녀는 아이, 그것도 남자아이를 가지고 싶은 욕망에 대해 예민하게 알아차리게 되었다. 그러나 그녀의 의식 속에서는,

3 자드거Sadger, 「성도착증 연례 보고Jahresbericht über sexuelle Perversion」(1914) 참조──원주.

그녀가 아버지의 아이를 갖기 원했고 아버지의 형상을 갖기 원했다는 것은 알아차리지 못했다. 아이를 가진 것은 그녀가 아니라 무의식적으로 미워하던 경쟁자인 그녀의 어머니였다. 불같이 분노하고 마음이 쓰라려서 그녀는 아버지로부터 돌아섰다. 그리고 모든 남자로부터 돌아섰다. 처음으로 이렇게 돌아서게 된 후로, 그녀는 자신이 여자임을 부인하기로 맹세하고 그녀의 리비도를 위해 다른 목표를 찾았다.

많은 경우에 남자들이 괴로운 경험을 하고 나서는 믿을 수 없는 여자들에게 등을 돌리고 여자를 싫어하는 사람이 된다. 그녀는 바로 이런 경우의 남자같이 행동했던 것이다. 우리 시대에 가장 매력적이고 불행하고 고귀한 사람들 중에 한 사람이, 약혼했던 여자가 그를 배반하고 다른 남자에게 가자 동성애자가 되었다는 이야기가 있다. 그 이야기가 역사적으로 사실인지 나는 모른다. 그러나 그 소문에는 심리학적인 진리의 요소가 숨어 있다. 우리의 리비도는 일생 동안 남자 대상과 여자 대상 사이를 오락가락한다. 즉 총각은 결혼하면서 남자 친구들을 포기하고, 결혼 생활에 재미를 잃으면 다시 클럽으로 돌아온다. 그러나 어떤 사람이 근본적이고 궁극적으로 전환하면, 당연히 우리는 어떤 특별한 요소가 있기 때문에 어느 한쪽으로 가게 되는 것이라고 추측하게 된다. 그리고 아마 그가 그 대상을 선택하는 방향으로 가기 위해서는 적당한 기회가 올 때까지 기다렸을 것이라고 생각하게 된다.

그러므로 그녀는 실망하게 되자, 아이를 가지고 싶다는 소망과 남자에 대한 사랑과 일반적인 여자로서의 역할을 전부 거부했다. 이 시점에서 일은 분명히 다른 여러 방식으로 진행될 수 있었다. 실제로는 그중 가장 극단적인 경우의 일이 발생했다. 그녀는 남자가 되어 자기의 사랑 대상으로 아버지처럼 자신의 어머니를 택했다.[4] 그녀는 어머니에 대해서 처음부터 양가감정을 가지고 있었다. 그녀는 쉽게 어머니에 대해 옛날에 가졌던 사랑을 부활시키고, 그 사랑을 이용해서 현재 가지고 있는 어머니에 대한 적개심을 과잉 보상했다. 감정이 이렇게 변했으나 현실의 어머니와 할 일은 거의 없었기 때문에, 그녀는 열정적으로 애착을 가질 수 있는 대리 어머니를 찾게 되었다.[5]

이렇게 변하게 된 데는 위에 설명한 것 이외에도 실질적인 동기가 있었다. 그것은 그녀와 어머니의 실제 관계에서 나온 것인데, 그녀에게는 이차적인 〈병에 의한 이득〉을 주었다.[6]

어머니는 아직도 남자들이 자기에게 관심을 가지고 숭배하는 것을 크게 가치 있는 일로 여겼다. 그런데 그 소녀가 동성애자가 되어 남자를 어머니에게만 맡겨 놓으면(다시 말하자면 〈어머니를 위해 뒤로 물러나면〉), 어머니가 이제까지 자기를 싫어하던 이유 중 일부를 없앨 수 있게 되는 것이다.[7]

---

4 사랑을 하는 사람이 자기 사랑의 대상과 자신을 동일시하기 때문에 사랑의 관계가 깨지는 일은 드물지 않게 일어난다. 이것은 자기애로 퇴행하는 것과 같다. 사랑의 관계가 깨지고 난 후에 다시 대상을 선택할 때 리비도는 먼저 대상과 다른 성에 속하는 사람을 선택하기가 쉽다 — 원주.

5 분석가들이 신경증 환자의 병력을 추적하다 보면, 위에 언급한 것 같은 리비도 전치 현상에 당연히 익숙해질 것이다. 그러나 신경증 환자의 경우에는 전치가 일어나는 시기가 이른 아동기이다. 즉 육욕적인 생활이 개화하는 어린 시기인 것이다. 우리 환자는 신경증은 없었다. 그리고 전치가 일어난 시기는 사춘기 초기였다. 그러나 그것은 신경증의 경우와 마찬가지로 완전히 무의식적이었다. 이 시간적인 요소가 매우 중요하다고 알게 될 날이 올지도 모른다 — 원주.

6 〈병에 의한 이득〉에 관해서는 〈쥐 인간〉의 증례 참조.

7 〈다른 사람을 위해 뒤로 물러나는 것〉에 대해 나는 동성애의 원인 중 하나라고 언급한 적도 없고, 또 일반적인 리비도 고착의 기제로도 언급한 적이 없다. 그래서 나는 특별히 흥미로운 면이 있는 같은 종류의 분석적 관찰을 여기에서 증거로 제시하려 한다. 언젠가 쌍둥이 형제를 알고 있었는데, 그들은 둘 다 리비도 충동이 강했다. 그중 하나는 여자관계가 매우 성공적이었다. 그래서 수많은 여자와 또 소녀들과 사랑을 했다. 다른 형제도 처음에는 같은 방향으로 시작했다. 그들은 외모가 똑같이 생겼다. 그러다 보니 은밀한 경우에 그를 다른 형제로 잘못 알게 되는 경우가 생길 수밖에 없었

그녀의 아버지가 그것에 대해 매우 불만인 것을 그녀가 알게 되자, 그렇게 해서 도달하게 된 그녀의 리비도의 위치는 더욱 강화되었다. 여자에게 너무 애정을 보이는 것 때문에 벌을 받은 후에, 그녀는 아버지에게 상처를 주고 그에게 복수하는 방법을 알게 되었다. 그녀는 그때부터는 아버지에 대한 반발로 동성애자로 남아 있었다. 그리고 그녀는 아버지에게 거짓말을 하거나 모든 면에서 속이는 것에 대해 양심의 가책을 느끼지도 않았다. 사실 그녀는 어머니에게는 아버지가 알지 못하게 하는 데 필요한 만큼만 거짓말을 했다. 나는 그녀의 행동이 〈눈에는 눈〉이라는 원칙을 따른 것처럼 보였다. 〈당신이 나를 배반했으므로, 내가 당신을 배반하는 것을 당신은 참을 수밖에 없다.〉 다른 면으로는 그녀가 보여 준 아주 빈틈없는 놀랄 만한 신중함의 결여에 대해 나는 다르게 결론을 내릴 수도 없었다. 그녀는 아버지가 가끔씩 그 여자와 자신의 관계를 알게 되기를 바랐던 것이다. 아버지가 알지 못하

다. 그는 불쾌해지기 시작했다. 그래서 그는 동성애자가 되어 이 어려움을 벗어났다. 그는 여자들을 그의 형제에게 맡긴 것이다. 그리고 형제를 위해 뒤로 물러난 것이다. 한때 나는 한 젊은 남자를 치료한 적이 있다. 그는 화가였는데, 기질적으로 분명히 양성애자였다. 그런데 그가 동성애 경향을 보일 때는 동시에 그의 작업에도 장애가 뒤따랐다. 그는 여자와 작업으로부터 동시에 달아났던 것이다. 분석을 통해 그는 그 두 가지를 다 회복했다. 그리고 그 두 가지 장애 모두 아버지를 두려워하는 것이 가장 강한 정신적 동기였다는 것을 발견하게 되었다. 그것은 사실 포기였던 것이다. 그는 상상 속에서 모든 여자는 아버지 것이라고 생각했다. 그래서 복종하는 의미에서 남자에게 안식처를 구하고 아버지와의 갈등으로부터 물러났던 것이다. 동성애에서 대상-선택을 하게 되는 이유로 그러한 동기는 결코 드물지 않을 것이다. 원시 시대의 인류에게 여자는 모두 아버지, 즉 원시 집단의 우두머리에게 속했다고 한다. 쌍둥이가 아닌 형제자매 사이에서 〈뒤로 물러나기〉는 성적 선택뿐만 아니라 다른 면에서도 큰 역할을 한다. 예를 들면 형이 음악을 공부하는데 잘한다는 소리를 들으면, 음악적으로 훨씬 더 재질이 있고 음악을 좋아하더라도 동생은 음악 공부를 곧 포기하고 다시는 악기를 만지려고 하지 않는다. 이것은 매우 자주 일어나고 있는 일의 한 가지 예일 뿐이다. 그리고 겉으로 드러나게 경쟁하는 경우보다는 이런 〈뒤로 물러나는 경우〉를 탐구하면 더 복잡한 마음의 상태를 알게 된다 — 원주.

면 그녀는 가장 강렬한 욕망인 복수를 하지 못하게 되는 것이다. 그래서 그녀는 자기가 좋아하는 여자와 함께 공공연히 나타나고, 아버지가 일하는 곳에서 멀지 않은 거리를 그 여자와 함께 걸어 다니는 등의 행동을 해서 아버지가 진상을 확실히 알도록 했던 것이다. 이렇게 서투른 행동은 의도 없이 나온 것이 아니었다. 게다가 부모 모두 그녀의 비밀스러운 심리를 이해한 듯이 행동했다. 어머니는 그녀가 자기를 위해 〈물러난 것〉을 고맙게 생각한다는 듯이 그녀에 대해 참을성을 보였다. 그리고 아버지는 그를 향한 의도적인 복수를 알아차린 듯이 그녀에게 매우 화를 냈다.

그러나 그 〈여자〉가 그녀의 동성애적 경향뿐 아니라, 아직도 오빠에게 부가되어 있던 이성애적 리비도도 만족시켜 줄 것 같은 대상임을 알게 되면서부터 도착이 고착되었던 것이다.

3

일차원적인 재현은 마음의 여러 층위에서 진행되는 복잡한 정신적 작용을 기술하기에는 그다지 적당한 방법이 아니다. 그래서 나는 환자에 대한 논의를 잠시 멈추고, 그동안 언급된 몇 가지에 대해 보다 완전하고 깊이 있게 논의하고자 한다.

나는 그녀가 자기가 매우 좋아하는 여자를 대할 때 특징적으로 남성적인 사랑의 행동을 했다는 사실을 언급했다. 그녀는 겸손했고, 겉치레가 없이 온화했으며, 〈바라는 것도 아주 적고 아무것도 요구하지 않았으며che poco spera e nulla chiede〉,[8] 그 여자와 잠시 동행할 수 있으면, 그리고 헤어질 때 그 여자의 손에 입맞춤할 수 있으면 행복했다. 또 그 여자가 아름답다는 칭찬을 들으면 즐거웠고(자신이 아름답다고 누가 알아주는 것은 그녀에게는 무의미했다), 그녀가 갔던 곳을 순회하면서 보다 관능적인 욕망을 잠재웠다. 그녀의 이러한 사소한 속성들은 한 젊은이가 유명한 여배우를 처음 열정적으로 흠모하는 것과 비슷하다. 그는 그 여배우가 자신보다 우월하다고 생각하며, 부끄러워서 감히 눈도 마주치지

---

8   타소Tasso의 시구에서 인용. 젊은이 올린도Olindo를 표현한 원래의 문구는 다음과 같다. *Brama assai, poco spera e nulla chiede*(욕망은 크나 바라는 것은 아주 적고 아무것도 요구하지 않는다).

못한다. 나는 다른 곳에서[9] ⟨남자들이 선택하는 대상 중 특별한 종류⟩에 대해 기술한 적이 있다. 나는 그 특색이 어머니에 대한 애착에서 비롯된다고 밝혔다. 그런데 이 환자의 경우는 이 특별한 종류에 세세하게 들어맞았다. 그녀가 사랑하는 사람은 평판이 나빴으며, 그녀 스스로도 그 소문이 사실이라는 것을 충분히 확인했다. 그런데도 그녀가 그 여자에게 전혀 혐오감을 느끼지 않은 것은 놀라운 일로 보일지도 모른다. 그녀는 집안 교육을 잘 받고 자랐으며 정숙한 소녀였다. 그녀는 자기를 위한 성적인 모험은 피했고, 상스럽게 관능적인 만족을 얻는 것은 아름답지 못하다고 생각했다. 그러나 그녀가 처음 좋아한 여자들은 엄격하게 예의를 잘 지키는 여자들이 아니었다. 그녀의 아버지가 처음 그녀가 좋아하는 사람에 대해 반대했던 이유는, 그녀가 여름 휴양지에서 만난 여배우를 집요하게 따라다녀서였다. 더욱이 그녀의 모든 연애 사건 중에 상대가 동성애자로 알려져 있고, 따라서 그녀에게 동성애적 만족을 기대하도록 할 수 있는 여자이기 때문에 문제가 되었던 적은 없었다. 반대로 그녀는 불합리하게도 보통 사용하는 말로 요부인 여자들만 따라다녔다. 그리고 자기와 나이가 비슷한 동성애자 친구가 가까이 접근하는 것은 주저하지 않고 거부했다. 그녀의 입장에서는 자기 ⟨여자⟩의 평판이 나쁜 것이 오히려 ⟨사랑을 위해 필요한 조건⟩이었다. 이런 태도가 이상하게 보일지 모르나, 보통 남자들이 자기 어머니와의 관계 때문에 특별한 대상-선택을 하는 경우에 비추어 보면 이상할 것도 없다. 그 경우에도 사랑하게 되는 상대는 어떤 종류든지 성적으로 ⟨나쁜 평판⟩이 있는 사람, 즉 실제로 매춘부라고 불러도 될 사람이어야 한다. 그 소녀는 나중에 자기가 숭배하는 여자가 그렇게 불려도 될 만한 사람이며,

9 「성욕에 관한 세 편의 에세이」(본서와 프로이트 전집 7, 열린책들) 참조.

자신의 몸을 제공하여 살아가고 있다는 것을 알게 되었다. 그때 소녀는 크게 동정하며, 자기의 사랑으로 이런 부끄러운 상황에서 〈구원〉하는 환상을 갖고 계획을 세우는 등의 반응을 보였다. 위에서 언급한 남자들의 경우에도 〈구원〉하려는 욕망이 있다는 것은 놀랄 만한 일이다. 그런 남자들의 경우에 대한 기술에서, 나는 이 욕망에 대해 분석적으로 그 유래를 밝히려고 노력했다.

자살 기도의 분석을 통해 우리는 아주 다른 해명의 영역으로 인도될 수 있다. 나는 그 자살 기도가 진지하게 의도된 것이라고 생각한다. 그리고 그녀가 그런 의도로 자살을 기도한 것은 아니었지만, 자살 기도 때문에 그녀와 부모, 그리고 그녀와 사랑하는 여자 사이에서 그녀의 입지가 많이 넓어졌다. 하루는 그녀가 그 여자와 함께 마을을 거닐고 있었다. 그 시간이면 사무실에서 나온 아버지와 그 장소에서 마주치기가 쉬웠다. 그리고 그것은 사실로 나타났다. 거리에서 그들을 지나치며 그녀의 아버지는 그녀와 그 동반자를 아주 화난 시선으로 쏘아보았다. 그때쯤은 그도 그 여자에 대해 알고 있었다. 조금 뒤에 그녀는 철길 위로 몸을 던져 버렸던 것이다. 그녀는 결심하게 된 직접적인 이유를 아주 그럴듯하게 설명했다. 그녀는 그 여자에게, 그들을 그렇게 화가 나서 노려보며 지나간 남자가 바로 자기 아버지이고, 그는 그들의 우정을 완전히 금지했다고 고백했다. 그 여자는 몹시 화를 내며, 그녀에게 바로 그 자리에서 당장 떠나라고 명령했다. 그리고 다시는 자기를 기다리지도 말고 말도 걸지 말라고 말했다. 그들의 관계를 끝내야 한다는 것이었다. 그렇게 자기가 사랑하는 사람을 영원히 잃는다는 슬픔에, 그녀는 자신의 삶도 끝내기를 원했다. 그러나 분석 결과 그녀의 설명 뒤에 더 깊은 다른 해석이 발견되었고, 그것은 그녀의 꿈으로 증명되었다. 그러리라고 예상했겠지

만, 자살을 시도하기로 결정하게 된 데는 그녀가 말한 이유 말고
도 두 가지 다른 동기가 있었다. 그것은 징벌(자기-징벌)을 하는
것과 소원을 달성하는 것이었다. 소원 성취로서의 자살 기도는,
소원이 좌절되었을 때 그녀를 동성애로 몰아갔던 바로 그 소원,
즉 아버지의 아이를 가지고 싶다는 소원의 성취를 의미했다. 이
제 그녀는 아버지의 잘못 때문에 〈쓰러진〉 것이다.[10] 그 여자가 바
로 그때 아버지와 똑같은 말을 했고 또 똑같이 금지했다는 사실
이, 이 깊은 해석과 그녀가 의식에서 알고 있는 표피적인 설명을
연결하는 역할을 한다. 자기-징벌의 관점에서 보자면, 그녀의 행
동은 무의식 속에서 그녀가 부모 중 한 사람이 죽어 버리기를 강
하게 소망하고 있었다는 것을 나타낸다. 자기의 사랑을 방해한
데 대한 복수로 아버지가 죽기를 바랐을 수도 있지만, 아마 어머
니가 어린 남동생을 임신했을 때 어머니가 죽기를 바라는 마음이
생겼을 가능성이 더 높다. 정신분석에서는 자살이라는 수수께끼
를 다음과 같이 설명한다. 아마 다음 두 가지 조건이 없다면 아무
도 자신을 죽이는 데 필요한 정신적 힘을 찾지 못할 것이다. 첫째
는 자기를 죽임과 동시에 자기가 동일시하고 있는 대상을 죽이는
것이고, 둘째는 다른 사람이 죽기를 바라는 욕망을 자기가 죽기
를 바라는 욕망으로 전환하는 것이다. 자살을 시도했던 사람들에
게서 무의식적인 죽음-소망이 보통으로 발견되는 것 때문에 우
리가 놀랄 필요는 없다(그렇다고 그것 때문에 우리가 추측했던
것이 확인되었다고 생각해야 되는 것도 아니다). 모든 인간의 무
의식에는 자신이 사랑하는 사람에 대한 죽음-소망까지도 포함해

10 이미 오래전부터 분석가들에게는 여러 가지 자살 방법이 성적 소망-달성을
나타내는 것으로 알려져 있었다(예를 들면 음독=임신, 물에 빠져 죽기=아이를 갖다,
투신=아이를 낳다) — 원주. 원문에는 〈떨어진 *nieder-kommen*〉이라는 단어를 썼다. 그
것은 〈떨어지다〉와 〈아이를 낳다〉라는 뜻을 다 가지고 있다.

서 그런 죽음-소망이 가득하기 때문이다.[11] 그 소녀는 자신을 어머니와 동일시했는데, 그 어머니는 자기는 가지지 못한 그 아이를 낳을 때 죽었어야만 했다. 그래서 이렇게 징벌-달성을 하는 것 자체가 동시에 소망-달성이었던 것이다. 끝으로 여러 개의 서로 다른 동기가 각각 큰 힘을 가지고 있으며, 그것들이 협력해야 그런 행동을 할 수 있다는 사실은 우리가 예측했던 대로이다.

그 소녀가 이야기한 의식적인 동기에 아버지와 관련된 이야기는 전혀 없었다. 그가 화낼 것에 대한 두려움조차 언급하지 않았다. 반대로 분석에 의해 밝혀진 동기에서는 아버지가 주된 역할을 하고 있다. 마찬가지로 그녀와 아버지의 관계는 분석적 치료의 과정과 결과, 아니 분석적 탐구에도 결정적으로 중요한 역할을 했다. 그녀는 부모를 배려하는 것처럼 행동했고, 그래서 기꺼이 자신을 변화시키려는 시도를 하려 했었다. 그러나 그 이면에는 아버지에 대한 반항과 복수의 태도가 숨어 있었다. 이것 때문에 그녀는 동성애에 집착했던 것이다. 치료에 대한 저항은 이 장막 뒤에 숨어 있었기 때문에, 그녀는 많은 부분을 분석적 탐구의 대상에서 벗어나도록 할 수 있었다. 분석은 거의 저항 없이 진행되었다. 그녀는 자신의 지성을 활용하여 적극적으로 참여했다. 그러나 감정적으로는 완전히 평온했다. 한번은 내가 특별히 중요한 이론에 대해 상세히 설명한 적이 있었다. 그 이론은 그녀를 거의 감동시킬 정도였지만, 그녀는 거의 흉내 낼 수 없는 목소리로 〈아주 재미있네요〉라고 대답했다. 그녀는 마치 박물관에 가서 전혀 관심 없는 물건들을 코안경 너머로 훑어보는 노파 같았다. 그녀를 분석하는 것은 최면술을 이용한 치료와 같다는 인상을 주었다. 즉 저항이 어떤 경계선까지 후퇴해 있고, 그 경계선 너머는 정

11 「전쟁과 죽음에 대한 고찰」(본서와 프로이트 전집 12, 열린책들) 참조.

복하지 못하는 것이다. 강박 신경증 환자의 경우에도 저항은 비슷한 전략을 쓴다. 그것을 〈러시아 전략〉이라고 불러도 될 것이다. 그 결과, 이런 환자들은 얼마 동안은 명확한 결과를 보이고 또 증상의 원인에 대해 깊은 인식을 할 수도 있다. 그러나 분석가는 이윽고 분석적으로 그렇게 이해를 많이 했는데도 불구하고 환자의 강박증과 억압에는 왜 전혀 변화가 없을까 의아하게 생각하기 시작한다. 그러다가 마침내 이제까지 성취한 모든 것은 의심이라는 심리적 유보 상태에 지배되어 있다는 것을 알아차리게 된다. 이 보호막 뒤에서 신경증은 안전하게 느낄 수 있는 것이다. 환자는 〈저 사람이 말하는 것을 내가 믿어야 한다면 그것도 괜찮겠지. 그렇지만 그래야만 하는 것은 아니니까 내가 달라질 것은 없지〉라고 생각한다. 거의 의식적으로 그렇게 생각하는 경우도 자주 있다. 그리고 이와 같은 의심을 하게 되는 동기에 가까운 지점에 접근하면 저항과 진지하게 싸움을 시작해야 한다.

우리 환자의 경우에는 의심이 아니라 아버지에 대한 복수심이라는 감정적 요인 때문에 그녀가 차갑게 유보할 수 있었고, 분석이 서로 다른 두 단계로 나뉘었으며, 첫 번째 단계에서 완전하고 명료한 결과를 얻을 수 있었던 것이다. 게다가 의사에 대한 감정전이와 비슷한 그 무엇도 나타나지 않은 것처럼 보였다. 그러나 그것은 물론 말도 안 된다. 아니면 적어도 사물을 분명하게 표현하는 방식이 아니다. 왜냐하면 분석가에 대해서 어떤 종류의 관계든 관계가 성립될 수밖에 없고, 그 관계란 유아기의 관계에서 전이된 것이 거의 대부분이기 때문이다. 실제로 그녀는 아버지로부터 실망을 경험한 후에 계속 그녀를 지배했던 모든 남성을 거부하는 성향을 나에게 전이했다. 남성에게 쓴맛을 보여 주려는 성향을 의사에게도 보여 주기는 아주 쉬운 일이다. 그것은 강한 감정을 수반할 필요도 없다. 그저 의사의 노력을 헛되게 하고 병에 집착하기만 하면 되는 것이다. 나는 경험상 바로 이런 무언의 병적인 행동을 환자로 하여금 이해하도록 하고, 환자가 자신에게 숨어 있지만 아주 강한 적개심이 있다는 것을 알아차리게 한 다음에도 치료를 계속한다는 것이 얼마나 어려운 일인지 알고 있다. 그래서 나는 그 소녀가 가진 아버지에 대한 태도를 알아차리자 곧 치료를 중단했다. 그리고 부모에게 그들이 분석 치료를 존중한다면 여자 의사와 계속해야 한다고 충고했다. 그동안에 어쨌든 소녀가 그 〈여자〉를 보지 않겠다고 아버지에게 약속했고, 나의 충고의 이유는 명확했지만 그들이 나의 충고를 따를지 나는 모르겠다.

이 분석의 과정 중에 양성 전이라고 생각할 수 있는, 즉 아버지에 대해 원래 가졌던 열정적인 사랑이 아주 미약해진 모습으로 재생된 것이라고 생각할 수 있는 자료가 하나 있었다. 이 현상도 역시 다른 동기가 없었던 것은 아니다. 그러나 내가 이것을 언급하는 이유는, 이것이 다른 면으로 분석 기법상 흥미로운 문제를 제기하기 때문이다. 치료가 시작되고 얼마 지나지 않았을 때, 소녀는 여러 가지 꿈 이야기를 가지고 왔다. 그것은 보통의 꿈-언어의 규칙에 따라 표현되었으나 쉽사리 분명하게 번역할 수 있었다. 더욱이 해석을 하니 그 내용은 굉장했다. 그 꿈들은 치료를 통해 도착이 완쾌될 것을 예상했으며, 그다음에 자기 앞에 열릴 인생을 기대하며 즐거움을 표현했고, 또 남자의 사랑과 아이를 열망하고 있다고 고백했다. 그래서 원하는 변화를 위한 준비가 만족스럽다고 보여 환영할 수도 있었다. 그 꿈과 꿈을 꾸었을 당시와 깨어 있을 때 그녀가 한 말은 서로 너무 모순되었다. 그녀는 결혼할 생각을 나에게 숨기지 않았다. 그러나 그녀는 단지 아버지의 독재를 벗어나서 방해받지 않고 자기가 하고 싶은 대로 하기 위해서 결혼하려는 것이었다. 남편에 대해서는 그를 상대하기는 쉽다고 그녀는 멸시하듯이 말했다. 게다가 동시에 남자와도 여자와도 성관계를 가질 수 있다고 그녀는 말했다. 그녀가 숭배하는 여자가 보여 주었듯이 말이다. 어떤 사소한 인상 때문이었는지 아니면 다른 이유 때문이었는지 모르지만, 나는 경각심을 느껴서 하루는 그녀에게 그 꿈들을 믿지 않는다고 말했다. 그리고 그 꿈들은 거짓이거나 위선이라고 생각하며, 그녀는 아버지를 속이던 방식으로 나를 속이려 한 것으로 생각한다고 말했다.

내가 옳았다. 내가 이 점을 명확히 밝힌 후에 이런 종류의 꿈은 더 이상 나타나지 않았기 때문이다. 그렇지만 나는 그 꿈들은 나를 오도하려는 목적도 있었지만, 또 나에게 잘 보이려는 소망도 부분적으로 표현했던 것이라고 믿는다. 그 꿈들은 나의 흥미를 끌고 나의 호감을 얻고자 하는 시도였던 것이다. 아마 나중에 더욱더 완벽하게 나를 실망시키기 위해서였을 것이다.

이런 종류의 거짓말하는 꿈, 〈잘 보이려는〉 꿈이 존재한다고 지적하면, 분석가로 자칭하는 어떤 독자들은 허탈해하며 화를 낼 것이 분명하다. 그들은 다음과 같이 한탄할 것이다. 〈아니, 뭐라고? 무의식이, 진정한 우리 정신생활의 중심이, 우리의 불쌍한 의식보다 신성에 그렇게 가까이 있는 우리의 일부가 거짓말을 할 수 있다니! 그러면 어떻게 아직도 분석에 의한 해석과 우리의 발견을 정확성에 근거하여 설명할 수 있단 말인가?〉 우리는 이런 물음에 거짓말하는 꿈을 인정하는 것은 전혀 새로운 것이 아니라고 대답할 수밖에 없다. 나는 사실 신비한 것을 갈망하는 인류의 소망을 없앨 수 없다는 것을 잘 알고 있다. 신비에 대한 갈망이 〈꿈의 해석〉 때문에 잃어버린 영토를 회복하려고 부단히 노력하고 있다는 것도 알고 있다. 그러나 우리가 논하고 있는 환자의 경우는 아주 간단하다. 꿈은 〈무의식〉이 아니다. 그것은 깨어 있을 때 전(前)의식이나 혹은 의식에 남아 있던 생각이 잠을 자고 있는 상황이라는 좋은 조건에서 고쳐 만들어진 형태인 것이다. 잠을 자는 상태에서 이 생각은 무의식적인 희망적 충동에 의해 강화되고 〈꿈-작업〉을 통해 변형된다. 꿈-작업은 무의식에서 가장 우세한 기제에 의해 결정된다. 우리가 보고 있는 이 꿈꾼 사람의 경우, 자기 아버지에게 했듯이 나를 오도하려는 의도는 확실히 전의식에서 나오는 것이었다. 사실 의식에서 나온 것일 수도 있다. 그것은 그녀의 아버지를(혹은 아버지의 대리를) 즐겁게 하고 싶은 무의식의 욕망과 연결되어 나타날 수 있다. 그리고 이렇게 해서 거짓말하는 꿈이 생긴 것이다. 아버지를 배반하는 것과 아버지를 즐겁게 하려는 두 가지 의도는 같은 콤플렉스에서 나온 것이다. 전자는 후자를 억압한 결과로 생긴 것이다. 그리고 후자는 꿈-작업에 의해 전자와 다시 만나게 된 것이다. 그러므로 무의식을 평가 절하한다거나 분석의 결과에 대한 우리의 신임을 깨뜨리거나 하는 일은 없는 것이다.

나는 이번 기회에 인간에 대한 놀라움을 한번쯤 말하고 싶다. 즉 인간들은 그들의 성애 생활에서 그토록 멋지고 중요한 순간들을 어떻게 알아차리지 못하고 지나칠 수 있는지 놀랍다. 그리고 어떤 때는 사실 그런 순간이 있다는 것을 조금도 의심하지 않고, 혹은 그런 순간을 알아차린다 하더라도 자신을 완전히 기만하여 그것이 존재하지 않는다고 판단하며 지나칠 수가 있는지 놀랍기만 하다. 이런 현상은 신경증의 경우에는 잘 알려져 있지만, 신경증에만 있는 것이 아니라 보통 생활에서도 꽤 자주 일어나는 일인 것 같다. 우리 환자의 경우를 예로 들 수 있다. 그 소녀는 여자들을 감상적으로 숭배하게 되었다. 그녀의 부모는 처음에는 그것에 대해 단지 짜증이 났을 뿐이고 심각하게 생각하지 않았다. 그녀는 자신이 이런 관계에 마음이 사로잡혀 있다는 사실을 잘 알고 있었다. 그러나 그녀는 어떤 좌절을 겪고 나서 정도가 꽤 지나친 반응을 보이기 전까지는 강한 사랑의 감정을 거의 느껴 보지 못했다. 그 놀라운 반응 때문에 그녀 주변의 사람들은 이런 관계가 보다 근원적인 힘을 가진 열정에서 비롯된 것임을 알게 되었다. 또한 그녀는 이 정신적인 폭풍이 터져 나오기 위해서 꼭 있어야 할 사태에 관한 그 무엇도 감지하지 못했다. 다른 경우에도 역시 같은 현상을 볼 수 있다. 우리가 심한 우울증에 걸린 소녀나 여자에게 우울증에 빠지게 된 원인이 될 만한 일이 있었는지 물어보면, 어떤 사람에게 감정을 조금 느꼈지만 포기해야 했기 때문에 곧 잊어버렸던 일이 있었던 것은 사실이라고 대답하는 경우가 있다. 그러나 쉽게 견디어 낸 것처럼 보였지만, 그렇게 포기한 것이 심각한 정신 장애를 일으킨 원인이 되었던 것이다. 또 남자의 경우에도 마찬가지다. 별로 심각하지 않은 연애 관계를 끝내고 나서 그 후에 나타난 영향을 보고 나서야, 자기가 간단하게 생각했던 그 사람과 열정적으로 사랑에 빠졌다는 것을 알아차리는 남자도 볼 수 있다. 어떤 양심의 가책이나 망설임도 없이 태아를 죽이는 행위인 인공 유산을 한 후에 예상하지 못했던 결과에 놀라기도 한다. 우리는 시인들이 자신도 모르게 사랑에 빠진 사람, 혹은 사랑하고 있는지 확신을 갖지 못하는 사람, 또 사실은 사랑하고 있는데 미워한다고 생각하는 사람 등을 묘사하기 좋아하는 것이 옳다고 인정해야 한다. 우리가 성애 생활에 대해 의식 수준에서 알게 되는 것은 특히 불완전하고, 빠진 것이 많고, 혹은 잘못되어 있기 쉬운 것 같다. 말할 필요도 없이 나는 이러한 논의에서 나중에 나타나는 망각의 역할에 대해서 고려하는 것을 잊지 않았다.

4

이제 여담은 그만두고 다시 우리 환자의 이야기로 돌아오겠다. 우리는 이 소녀의 리비도가 정상적인 오이디푸스 태도에서 벗어나 동성애 태도로 가게 만든 힘과, 그 과정 중에 그 힘이 지나간 정신적 행로에 대해 살펴보았다. 이런 관점에서 막냇동생이 태어난 것에 대한 인상이 가장 중요한 비중을 차지했다. 그래서 우리는 이 경우 후천적으로 발생한 도착이라고 분류하기 쉽다.

그러나 이 시점에서 우리는 정신분석에 의해 정신적 과정이 밝혀진 다른 많은 경우에도 마주치게 되는 상황에 대해서도 알게 된다. 우리가 마지막 결과에서 시작하여 거꾸로 발생을 추적해 가면 일련의 사건들이 연속적으로 일어난 것처럼 보인다. 그리고 우리는 완전히 만족할 만하게 혹은 더 이상 바랄 것이 없을 정도로 이해했다고 느낀다. 그러나 방향을 바꾸어 분석에 의해 추정된 전제에서 시작하여 마지막 결과에 도달하려 하면, 우리는 사건의 순서가 달리 결정될 수 없는 필연적인 것이라는 인상을 받지 못한다. 우리는 곧 결과가 다를 수도 있었다는 것을 알게 되고, 그 다른 결과도 마찬가지로 잘 이해하고 설명할 수 있었을 것이라는 사실을 알게 된다. 그래서 종합하는 것은 분석하는 것보다 만족스럽지 못하다. 다시 말하면, 전제를 알아도 그 결과의 본성을 예언할 수 없다는 것이다.

이 당혹스러운 상황을 설명하기는 어렵지 않다. 주어진 결과를 가져온 원인 요소를 완전히 알고 있다고 가정하더라도, 우리는 그것들의 성질을 알 뿐 그것들의 비교적인 강도는 모른다. 어떤 요소들은 너무 약하기 때문에 다른 요소들에 의해 억압되고, 따라서 마지막 결과에 영향을 미치지 않는다. 그러나 우리는 어느 결정 요소가 더 강하고 어느 요소가 더 약한지 미리 알지 못한다. 우리는 마지막에 가서 영향을 남긴 것이 더 강했다고 말할 수 있을 뿐이다. 그래서 우리가 분석 과정을 따라 가면 원인적 사건의 순서를 항상 확실히 알 수 있지만, 종합 과정을 통해 그것을 예측하는 것은 불가능하다.

그러므로 우리는 사춘기에 오이디푸스적 태도에서 샘솟는 사랑에 대한 열망이 좌절되는 경험을 하면 모든 소녀가 그것 때문에 꼭 동성애로 변한다고 주장하려는 것이 아니다. 반대로 이런 상처에 대해서 의심할 여지 없이 다른 종류의 반응이 더 자주 나타난다. 그렇다면 그 소녀에게는 그 상처 이외에 다른 특별한 요소가 있어서 상황을 변하게 했음이 틀림없다. 그것은 아마 내적인 요소일 것이다. 그 요소들을 지적하는 것은 어렵지 않다.

정상적인 사람도 사랑-대상의 성별을 궁극적으로 결정하게 되기까지는 상당한 시간이 걸린다는 것은 잘 알려져 있다. 양성에서 모두 사춘기가 시작되고 나서 1, 2년 동안 동성애적인 열정, 즉 관능적 요소가 가미된 아주 강한 우정이 나타나는 것은 보통 있는 일이다. 우리 환자의 경우에도 마찬가지였다. 그러나 그녀는 다른 사람들보다 그 경향이 의심할 여지 없이 더 강하고 더 오래 지속되었다. 게다가 나중에 동성애자가 될 것이라는 예감이 항상 그녀의 의식을 사로잡고 있었던 반면에, 오이디푸스 콤플렉스에서 유래하는 태도는 무의식에 머무른 상태에서 어린 소년에게 부드럽게 대하는 등의 행동에서만 드물게 나타났다. 학교에 다니고 있을 때 그녀는 엄격하고 접근하기 어려운 여선생을 오랫동안 사랑했었다. 그 여선생은 분명히 대리 어머니였다. 그녀는 몇몇 젊은 어머니들에게 특히 강렬한 흥미를 가졌다. 그것은 그녀의 동생이 태어나기 훨씬 전의 일이었으니, 확실히 처음으로 아버지에게 꾸중을 듣기 전의 일이었다. 그러므로 그녀의 리비도는 아주 어릴 적부터 두 갈래의 흐름으로 나아가고 있었던 것이다. 겉으로 드러난 흐름은 우리가 주저 없이 동성애라고 불러도 좋을 것이다. 이 동성애의 흐름은 아마 어머니에 대한 유아기의 고착이 변하지 않고 계속된 것이라고 할 수 있다. 여기에서 언급된 분석에서는 실제로 단지 보다 깊은 이성애의 흐름이 적당한 기회에 겉으로 드러난 동성애의 흐름과 합쳐진 과정을 보여 주었을 뿐이다.

게다가 분석에 의하면 그 소녀는 아동기에서부터 강하게 나타난 〈남성 콤플렉스〉를 계속 가지고 있었다. 그녀는 활발한 소녀였고 언제나 뛰어놀고 싸움도 마다하지 않았으며, 자기보다 나이가 조금 많은 오빠에게 뒤지고 싶은 마음도 없었다. 오빠의 성기를 관찰한 다음에 그녀는 남근을 굉장히 부러워하게 되었다. 그리고 이 부러운 마음에서 파생되는 생각들이 아직도 그녀의 마음을 가득 채우고 있었다. 그녀는 사실 여권주의자였다. 그녀는 여자아이들이 남자아이들과 똑같은 자유를 누리지 못하는 것이 부당하다고 느꼈다. 그리고 일반적으로 여자의 운명에 반항했다. 분석을 받을 당시에 그녀는 임신하고 아기를 낳는다는 사실을 싫어하고 있었다. 내 생각으로는 신체의 모양이 달라지는 것이 그 이유의 일부분이었던 것 같다. 그녀의 소녀적인 자기애는 이런 식으로 자기방어를 하기에 이르러서,[12] 자신의 훌륭한 외모에 대한 자부심을 드러내는 것을 그만두게 만들었다. 그녀가 전에 강한 노출증과 다른 사람의 나체나 성행위를 보고 쾌감을 느끼는 관음증적인 경향을 지녔었다는 것은 여러 단서를 통해 알 수 있었다. 어떤 이들은 후천적인 요소를 선천적인 요소에 비해 원인으로서 과소평가하면 안 된다고 주장하는데, 그런 사람들은 위에 기술한 그 소녀의 행동은 어머니의 무관심과 오빠의 성기를 자신과 비교하게 된 것, 이 두 가지가 합쳐져 어머니에게 강하게 고착되어 있던 소녀에게 영향을 미쳐 그런 행동이 나타났다는 사실에 주의를 기울이려 할 것이다. 여기에서 기질적인 특징이라고 생각하고 싶은 어떤 것을 어린 시절에 겪은 외부 영향의 작용으로 생긴 흔적의 탓으로 생각할 수 있다. 그러나 바로 이 후천적인 성질의 일부는 타고난 기질의 탓으로 생겼다고 봐야 한다. 그래서 우리가 이론적으로 상반되는 개념으로 나누려고 하는 선천적인 성질과 후천적인 성질들은, 실제로는 계속 서로 섞이고 혼합되어 있다는 것을 알 수 있다.

만약에 분석을 성급하게 훨씬 더 일찍 끝냈더라면, 이 경우는 후천적으로 획득한 동성애라고 결론지었을지도 모른다. 그러나 분석이 더 진행되어 얻게 된 자료를 고려하면, 이 경우는 선천적인 동성애가 항상 그러하듯이, 고착이 되어 사춘기가 시작된 다음에야 분명하게 드러난 것이라고 결론을 내릴 수밖에 없다. 이렇게 분류하면, 관찰하여 확인할 수 있는 사정의 일부는 고려하게 되지만 다른 한 부분은 무시하게 된다. 이 문제에 대해서 이

---

12 『니벨룽의 노래*Nibelungenliede*』에서 크림힐트Kriemhild의 고백 참조 ─ 원주. 그녀는 어머니에게, 그녀의 아름다움을 잃게 될 것이므로 결코 남자가 자신을 사랑하게 하지 않을 것이라고 선언했다.

런 식으로 이야기하는 것에 너무 무게를 두지 않는 것이 좋을 것 같다.

동성애에 관한 저술들은 통상 대상의 선택이라는 문제와 주체가 되는 사람의 성적 특징이나 성에 대한 태도라는 문제를 확실하게 구분하여 기술하고 있지 않다. 마치 전자에 대해 답을 하면 당연히 후자에 대한 답이 포함되는 것으로 생각하는 것 같다. 그러나 경험에 의하면 그렇지 않다. 남성적인 특징이 우세하고 성생활에서도 남성적인 한 남자가 대상에 관해서만은 도착되어 있을 수 있다. 여자 대신에 남자만을 사랑하는 것이다. 성격상 여성적인 속성을 확실히 강하게 가지고 있고 사랑할 때 여자같이 행동하는 남자라면 여성적인 태도 때문에 사랑-대상으로 남자를 택할 것처럼 보일 수 있다. 그럼에도 불구하고 그는 이성애자이며, 대상에 관한 한 보통 정상적인 남자보다 더 도착되어 있지 않을 수도 있다. 여자의 경우에도 마찬가지이다. 여기에서도 역시 성 정신적 성격과 대상-선택이 꼭 일치하는 것은 아니다. 그래서 동성애의 신비는 통상 유행하는 말에서 묘사하듯이 결코 그렇게 간단하지 않다. 〈여성적인 마음, 그러므로 남자를 사랑할 운명이나, 불행하게도 남자의 몸에 담겨 있다. 남성적인 마음, 어쩔 수 없이 여자에게 매혹되지만, 그러나 아! 여자의 몸에 갇혀 있다〉고 말하나, 실은 그렇게 간단한 것이 아니다. 그것은 세 가지 서로 다른 특질에 관한 문제이다.

신체적인 성적 특징(신체적 남녀추니 현상)
정신적인 성적 특징(남성적 혹은 여성적 태도)
대상-선택의 종류

즉 이 세 가지가 어느 정도까지는 서로 상관없이 달라질 수 있으며, 서로 다른 개인마다 다양한 조합으로 나타난다. 편견을 가지고 쓴 저술에서는 실질적인 이유로 세 번째 특질(대상-선택의 종류)을 앞에 내세우고, 게다가 이것과 첫 번째 특질이 서로 매우 밀접하게 연관되어 있다고 과장했다. 그런데 이 세 번째 특질만이 비전문가의 주의를 끌게 된다. 그리하여 이 세 가지 성격의 상호 관계에 대해 우리가 가진 견해를 가려 버렸다. 더욱이 그것은 정신분석적 탐구를 통해 발견한 두 가지 근본적인 사실을 부정하기 때문에, 일률적으로 동성애라고 불리게 된 모든 상황에 대해 더 깊이 이해하는 길을 막고 있다. 그 두 가지 중 하나는 동성애자인 남자는 특별히 어머니에 대한 고착이 강하다는 것이고, 다른 하나는 정상적인 사람들 모두에게서 드러난 이성애에 더해서 잠재되어 있거나 혹은 무의식적인 동성애적 요소를 상당히 많이 발견할 수 있다는 것이다. 이러한 발견들을 고려하면, 자연이 변덕스러워져서 〈제3의 성〉을 창조했다는 가정은 설 자리를 잃게 된다.

정신분석이 동성애라는 문제를 해결하는 것은 아니다. 우리는 정신분석을 통해 대상-선택을 결정하는 정신적인 기제를 밝혀내고, 그로부터 본능의 기질을 찾아가는 것으로 만족해야 한다. 분석 작업은 거기에서 끝난다. 그리고 나머지는 생물학적 연구에 맡겨야 한다. 최근에 슈타이나흐Steinach는 실험을 통해, 위에서 언급했던 첫 번째 성격이 두 번째와 세 번째 성격에 영향을 미친다는 아주 중요한 결과를 얻었다.[13]

정신분석은 인간이 (동물과 마찬가지로) 애초에는 양성성을

13 립쉬츠Lipschütz의 「사춘기 선병(腺病)과 그 영향Pubertätsdrüse und ihre Wirkungen」(1919) 참조 — 원주.

지닌다고 가정한다는 점에서 생물학과 같은 근거를 가지고 있다. 그러나 정신분석에 의해서는 우리가 보통 쓰는 말이나 생물학에서 〈남성적〉, 그리고 〈여성적〉이라고 표현하는 것의 본질적인 성질을 밝혀낼 수 없다. 분석에서는 이 두 가지 개념을 인계받아서 작업의 기초로 삼았을 뿐이다. 우리가 그 개념을 더욱 간단하게 하고자 하면, 남성성은 적극성으로, 또 여성성은 수동성으로 사라져 흔적이 없어진다.[14] 그리고 이것은 우리에게 시사하는 바가 별로 없다.

나는 분석의 과제 중 일부인 해명 작업이 도착을 변화시키는 수단을 우리에게 제공한다는 점에서, 어느만큼 기대하는 것이 온당한가 혹은 우리의 경험을 통해 얼마나 증명되었는가 이미 설명하려고 시도했다. 우리가 정신분석가로서 도착에 영향을 미칠 수 있는 정도와 몇몇 환자에게서 슈타이나흐가 수술로 비범한 변화를 가져온 것과 비교하면, 우리의 결과는 그다지 눈에 띄지 않는다. 그러나 이 단계에서 일반적으로 적용할 수 있는 도착에 대한 〈치료〉가 가능하다는 희망에 빠지는 것은 시기상조이며, 또한 그것은 과장이 지나쳐 해가 될 수 있다. 슈타이나흐가 성공한 남자 동성애 환자들은 아주 명백한 신체적인 〈남녀추니 현상〉이라는 조건을 가지고 있었다. 이것은 동성애 환자 누구에게나 있는 조건은 아니다. 여자 동성애의 경우에는 그에 해당하는 치료를 할 수 있는지 현재로서는 확실치 않다. 만약에 치료를 하기 위해 남녀추니로 되어 있을 난소를 제거하고 한 가지 성을 가진 다른 것을 이식해야 한다면, 실제로 그런 수술을 하게 될 가망성은 거의 없을 것이다. 자신이 남자라고 느끼며 남성적으로 사랑을 하던 여자라면, 모든 면에서 이익이 되지도 않는 이런 변화를 위해 어

14 「성욕에 관한 세 편의 에세이」에 있는 이 두 개념에 대한 토론 참조.

머니가 될 가능성을 포기하는 대가를 치르면서까지 여자 역할을
하도록 자신이 강요당하는 것에 대해 가만히 있지는 않을 것이기
때문이다.[15]

김명희 옮김

---

15 「성욕에 관한 세 편의 에세이」 중 동성애에 대한 논의에서 프로이트는 1920년
에 쓴 각주에 더해서(즉 이 논문을 쓴 후에) 슈타이나흐의 업적에 대해 더 거론했다.
그는 「질투, 편집증 그리고 동성애의 몇 가지 신경증적 메커니즘」(프로이트 전집 10,
열린책들)에서도 같은 주제에 대해 언급하고 있다.

V. 쾌락 원칙과 죽음

쾌락 원칙을 넘어서

Jenseits des Lustprinzips(1920)

프로이트는 1919년 3월에 「쾌락 원칙을 넘어서」의 초고를 쓰기 시작하여 같은 해 5월에 완성되었다고 보고하고 있다. 같은 달에 그는 「두려운 낯섦」(프로이트 전집 14, 열린책들)을 끝냈는데, 거기에는 이 논문의 핵심이 되는 많은 것이 몇 개의 문장으로 제시되어 있다. 그는 〈반복 강박〉을 어린아이들의 행위와 정신분석학적 치료에서 나타나는 현상이라 말하고 있다. 그는 이 강박이 본능의 가장 본질적인 성격에서 유래된 것이라는 점을 암시하고 있다. 그리고 그것은 쾌락 원칙을 무시할 정도로 막강하다고 말한다. 그러나 〈죽음 본능〉에 관한 언급은 없으며, 그 주제에 대한 자세한 해설서를 이미 완성했다는 말을 덧붙이고 있을 따름이다.

프로이트의 초심리학적 저술 중 「쾌락 원칙을 넘어서」는 마지막 단계에 있는 그의 견해를 소개하는 것으로 간주될 수 있을 것이다. 그는 이미 하나의 임상적 현상으로서 〈반복 강박〉의 문제를 논의했으며, 여기서 그것에 본능의 특성을 부여하고 있다. 또한 여기서 처음으로 그는 에로스와 죽음 본능 사이의 새로운 이분법을 제시했다. 이 논문에서도 역시 의식의 해부학적 구조에 대한 프로이트의 새로운 그림을 엿볼 수 있다. 마지막으로, 그의 이론적 저술에서 점점 더 특출한 역할을 하게 될 파괴성의 문제가 여기서 처음으로 명확하게 나타난다.

이 논문은 1920년 국제 정신분석 출판사에서 처음 출간되었으며, 『저작집』 제6권(1925), 『전집』 제13권(1940)에도 실렸다. 영어 번역본은 1922년 허백C. J. M. Hubback이 번역하여 "Beyond the Pleasure Principle"이라는 제목으로 국제 정신분석 출판사에서 출간되었으며, 1924년에는 Boni and Liveright사에서 출간되었다. 1942년에는 런던의 Hogarth Press and Institute of Psycho-Analysis에서 재판이 발행되었고, 1950년에는 같은 출판사에서 제임스 스트레이치J. Strachey의 번역본이 출간되었으며, 『표준판 전집』 제18권(1955)에도 실렸다.

1

정신분석학의 이론에 따라 우리는 조금도 주저하지 않고, 정신적 사건이 취하는 진로가 쾌락 원칙*Lustprinzip*에 의해서 자동적으로 규제된다고 생각한다. 다시 말해서 우리는 그러한 사건의 진로가 항상 불쾌한 긴장에 의해서 작동되고, 그것의 최종 결과는 긴장의 완화 ─ 즉 불쾌를 피하고 쾌락을 얻는 것과 일치하도록 방향을 잡는다고 믿는다. 그러한 진로를 우리의 연구 주제인 정신 과정의 고려 속에서 논한다는 것은, 우리는 우리의 작업 속에 〈경제적〉 관점을 도입하고 있다는 것을 말한다. 만약 우리가 이러한 과정을 서술하면서 〈지형적〉 요소와 〈역동적〉 요소에 덧붙여 〈경제적〉 요소를 평가하려 한다면, 그것에 대해서 현재 우리가 생각할 수 있는 가장 완벽한 서술, 그리고 〈초심리학적〉이라는 용어로 특징지을 만한 그러한 서술을 하게 될 것이라고 생각한다.[1]

쾌락 원칙의 가설과 관련하여 우리가 어느 정도로 어떤 특정한, 역사적으로 확립된 철학 체계를 섭렵했는지 혹은 도입했는지를 물어보는 것은 우리의 관심사가 아니다. 우리는 우리의 연구 분야에서 매일 관찰하게 되는 사실들을 기술하고 설명하기 위한

[1] 이 책에 실린 「무의식에 관하여」를 참조.

시도로서 이러한 사색적인 가정에 도달한 것이다. 우선권이나 독창성은 정신분석학적 작업이 세워 놓은 목표에 포함되어 있지 않다. 쾌락 원칙의 가설 밑에 깔려 있는 생각들은 너무나 명백한 것이어서 그것들을 간과하는 경우는 거의 없다. 한편으로 우리는 그처럼 막강하게 작용하는 쾌락과 불쾌 감정의 의미를 우리에게 알려 줄 수 있는 어떠한 철학적, 심리학적 이론에 대해서도 기꺼이 감사를 표할 것이다. 그러나 우리는 이 점에 대해서 유감스럽게도 우리의 목적에 부합할 아무것도 제공받지 못하고 있다. 쾌락과 불쾌의 감정은 인간의 마음 중 가장 불투명하고 접근하기 어려운 부분이다. 그러나 우리는 그 감정들과 접촉을 피할 수 없기 때문에 가장 유연한 가설을 세우는 것이 최선이라고 생각한다. 우리는 쾌락과 불쾌를 마음속에 존재하나 어떤 방식으로도 〈묶이지〉 않은 흥분의 양과 연결시키기로 했고,[2] 또한 불쾌는 흥분의 양의 〈증가〉에, 그리고 쾌락은 그것의 〈감소〉에 해당되도록 그것들을 연결시키기로 했다. 이렇게 말함으로써 우리가 나타내고자 하는 것은 쾌락과 불쾌 감정의 강도와 그에 상응하는 흥분량의 변이 사이의 단순한 관계가 아니다. 정신 생리학을 통해 배운 모든 것에 비추어 보더라도, 우리가 여기서 이 둘 사이의 어떤 정비례적 비율을 암시하고 있다고는 결코 볼 수 없을 것이다. 감정을 결정하는 요소는 아마도 〈일정한 시간 내에〉 있었던 흥분량의 증가나 감소의 정도일 것이다. 여기서는 실험이 어떤 역할을 수행할 수 있을 것이다. 그러나 우리의 길이 어떤 결정적인 관찰에 의해서 드러나지 않는 한, 우리 분석가들이 이 문제로 더 깊이 들어

2 프로이트의 저술 전반을 통해 나타나는 〈양〉의 개념과 〈묶인 *gebunden*〉 흥분이라는 개념은 아마도 초창기의 『정신분석의 기원 *Aus den Anfängen der psychoanalyse*』(1950[1895])에 가장 세밀하게 설명되어 있을 것이다.

간다는 것은 바람직하지 않다.[3]

그러나 우리는 페히너G. T. Fechner와 같은 심오한 연구자가 쾌락과 불쾌의 주제에 대해서 정신분석학적 작업을 통해 밝혀진 것과 근본적으로 일치하는 견해를 갖고 있다는 사실을 무관심하게 보아 넘길 수는 없을 것이다. 페히너의 진술은 1873년에 출간된 『조직체의 창조와 발생학에 나타나는 몇 가지 관념Einige Ideen zur Schöpfungs- und Entwicklungsgeschichte der Organismen』(1873)이라는 작은 책자 속에 포함되어 있는데 그것은 다음과 같다. 〈의식적 충동이 항상 쾌락과 불쾌와 어떤 관련성을 갖고 있는 한, 쾌락과 불쾌는 또한 안정과 불안정의 조건과 어떤 정신-신체적 관련성을 갖고 있는 것으로 간주될 수 있다. 이것은 내가 다른 곳에서 더 자세하게 개진하고 있는 가설에 대한 기초를 제공한다. 이 가설에 따르면, 의식의 영역 위로 솟아오르는 모든 정신-신체적 운동은 그것이 일정 영역을 넘어 완벽한 안정성에 접근해 가는 데 비례해서 쾌감을 수반하게 된다. 그리고 그것이 일정 영역을 넘어 완벽한 안정성에서 일탈함에 비례해서 불쾌감을 수반하게 된다. 반면에 쾌감과 불쾌감의 질적인 분계점이라고 말할 수 있는 이 두 영역 사이에는 심미적 무관심의 영역이 존재한다……〉[4]

우리로 하여금 정신생활에서 쾌락 원칙이 지배적이라는 사실을 믿게 하는 사례는 정신 기관이 그곳에 있는 흥분의 양을 가능하면 낮은 상태로, 혹은 적어도 그것을 일정한 상태로 유지하려고 노력한다는 가설에서도 발견된다. 이 후자의 가설은 쾌락 원

3 이 문제는 뒤에서 다시 언급되고 뒤에 나오는 「마조히즘의 경제적 문제」에서 더 다루어진다. 또한 『정신분석의 기원』을 참조할 것.
4 『정신분석의 기원』 참조. 여기서 〈심미적 ästhetisch〉이라는 말은 옛 의미인 〈감각이나 지각과 관련된〉이라는 뜻으로 쓰이고 있다.

칙을 진술하는 또 다른 방식에 다름 아니다. 만약 정신 기관의 작업이 흥분의 양을 낮은 상태로 유지하려는 방향으로 이루어진다면, 그 양을 증가시킨다고 생각되는 것은 어떤 것이나 그 기관의 기능에 역행하는 것으로, 다시 말해서 불쾌한 것으로 느껴질 것이다. 쾌락 원칙은 항상성의 원칙*Konstanzprinzip*으로부터 나온다. 사실상 이 후자의 원칙은 우리가 쾌락 원칙을 받아들이도록 강요하는 여러 사실로부터 추론된 것이었다.[5]

더구나 좀 더 많은 세부적인 논의를 하다 보면, 우리가 정신 기관의 속성으로 보고 있는 그러한 경향이 〈안정성을 추구하는 경향〉이라는 페히너의 원칙 — 그는 이것과 쾌락과 불쾌의 감정을 연결시켰다 — 밑에 들어가는 특별한 경우라는 사실이 밝혀질 것이다.

그러나 엄격하게 말해서 쾌락 원칙이 정신의 과정을 지배하고 있다고 말하는 것은 정확하지 않다는 사실을 지적해야겠다. 만약 그러한 지배가 존재한다면, 대다수의 정신 과정들은 쾌락을 수반하거나 쾌락을 유도하는 것이어야 할 것이다. 그러나 보편적인 경험을 통해서 보면 그러한 결론은 전적으로 모순이다. 그러므로 우리가 할 수 있는 최상의 말은, 마음속에 쾌락 원칙을 향한 강한 〈경향〉이 존재하나 그 경향은 다른 힘이나 환경에 의해 대치되어 최종 결과는 반드시 쾌락 지향적인 경향과 조화를 이룰 수만은 없다는 것이다. 우리는 여기서 이것과 비슷한 문제에 대해서 페히너[6]가 언급한 것, 즉 〈그러나 어떤 목적을 향한 경향은 그 목적

---

5 〈항상성의 원칙〉의 출현 시기는 프로이트가 심리학적 연구를 시작하던 초기 단계까지 거슬러 올라간다. 그것에 대한 논의가 상당한 길이로 처음 출판된 것은 『히스테리 연구』의 브로이어Breuer에 의해서(반심리학적 관점에서)였다. 또한 「본능과 그 변화」와 『꿈의 해석』 참조.
6 『조직체의 창조와 발생학에 나타나는 몇 가지 관념』 참조.

이 달성된다는 것을 암시하고 있지는 않으므로, 그리고 그 목적은 일반적으로 오직 근사치로서만 달성될 수 있으므로……)라는 말을 비교해 볼 수 있을 것이다.

만약 우리가 지금 어떤 환경이 쾌락 원칙의 작동을 막을 수 있는가 하는 문제로 돌아온다면, 우리는 다시 한번 안전하고 잘 다져진 기반 위에 서 있다는 사실을 발견할 것이고, 또한 해답을 구하는 과정에서 분석 경험의 풍부한 자금을 마음대로 이용할 수 있을 것이다.

쾌락 원칙이 이런 식으로 억제되는 첫 번째 사례는 정규적으로 발생하는 흔한 것이다. 쾌락 원칙이 정신 기관의 〈1차적〉 작업 방법에 고유한 것이기는 하나, 외부 세계의 난관 가운데 처해 있는 유기체의 자기 보존이라는 관점에서 볼 때, 쾌락 원칙은 처음부터 비효과적이고 심지어는 매우 위험스럽기까지 하다는 사실을 우리는 잘 알고 있다. 자아의 자기 보존 본능의 영향하에서 쾌락 원칙은 〈현실 원칙 Realitätsprinzip〉에 대치된다.[7] 현실 원칙은 궁극적으로 쾌락을 성취하겠다는 의도를 포기하지는 않는다. 그러나 그것은 쾌락에 이르는 장구한 간접적인 여정에 대한 한 단계로서 만족의 지연, 만족을 얻을 수 있는 많은 가능성의 포기, 불쾌를 잠정적으로 참아 내는 일을 요구하고 실행한다. 그러나 쾌락 원칙은 〈교육시키기〉가 대단히 힘든 성적 본능에 의해서 구사되는 작업 방법으로서 끈질기게 지속된다. 그리고 쾌락 원칙은 이러한 본능에서 출발해, 혹은 자아 그 자체 속에서, 유기체 전체에 손상을 입히면서까지 현실 원칙을 극복하는 데 성공하는 경우가 허다하다.

그러나 현실 원칙이 쾌락 원칙을 대치하는 것은 소수의 불쾌한 경험에만 적용되는 것이지 결코 많은 경우에 그런 것이 아니라는

7 이 책에 실린 「정신적 기능의 두 가지 원칙」 참조.

데에는 의심의 여지가 없다. 불쾌를 생성하는 또 다른 경우는, ─ 이것도 역시 앞의 경우 못지않게 정규적으로 발생하는데 ─ 자아가 그 발전 단계를 따라 고도의 합성 조직체로 변모해 가는 동안 정신 기관에서 발생하는 갈등과 알력 속에서 발견될 수 있다. 그 기관을 채우고 있는 거의 모든 에너지는 타고난 본능 충동 *Triebregung*에서 생긴다. 그러나 이 충동들은 똑같은 발전 단계에 이르도록 허용되지 않는다. 보통 개개의 본능이나 본능의 부분들이 그 목적이나 요구에 있어서 자아의 포괄적인 통일체로 결합될 수 있는 나머지 것들과 양립 불가능한 상태로 드러나는 경우가 허다하다. 그렇게 되면 그 본능들은 억압 과정에 의해서 이러한 통일체로부터 유리되고, 정신 발달의 낮은 차원에 묶이게 되며, 무엇보다도 만족의 가능성에서 절연된다. 만약 그 본능이, 억압된 성본능의 경우에 그렇게 쉽게 일어날 수 있듯이, 궁극적으로 우회적인 방법을 통해서 직접적 또는 대체적 만족의 상태로 비집고 올라오는 데 성공한다고 해도, 그 사건은 ─ 다른 경우 같으면 쾌락을 위한 기회가 되었을 테지만 ─ 이 경우에 있어서 자아에 의해서 불쾌로 감지된다. 억압으로 끝난 오래된 갈등의 결과로 쾌락 원칙에 생겨난 새로운 균열은, 그 원칙에 따라서 어떤 본능이 새로운 쾌락을 얻으려고 노력하는 바로 그 순간에 생긴 것이다. 억압이 쾌락의 가능성을 불쾌의 근원으로 바꾸는 과정의 세부 메커니즘은 아직 명쾌하게 이해되지 않았고 또한 명쾌하게 표현될 수 있는 것도 아니지만, 모든 신경증적 불쾌가 그런 종류라는 것, 즉 쾌락으로 감지될 수 없는 쾌락이라는 사실에는 의심의 여지가 없다.[8]

8 (1925년에 첨가된 각주) 의심할 나위 없이 쾌락과 불쾌는 모두 의식적 감정이므로 자아에 부착되어 있다 ─ 원주. 이것은 「억압, 증상 그리고 불안」에서 더 분명하게 드러난다.

내가 방금 지적한 불쾌의 두 근원은 우리의 불쾌 경험의 대다수를 망라하는 것과는 거리가 매우 멀다. 그러나 나머지 것들에 대해서, 그러한 불쾌함의 생성 방식이 존재한다는 것이 쾌락 원칙의 우세와 모순되지 않는다고 해도 상당히 인정받을 수 있을 것이다. 우리가 경험하는 대부분의 불쾌는 〈지각적〉 불쾌다. 그것은 불만족한 본능에 의한 압박에 대한 지각일 수 있고, 또는 그 자체로 고통스럽거나 혹은 정신 기관에 불쾌한 기대감을 자극하는, 다시 말해서 그 기관에 의해서 〈위험〉으로 인식되는 외부적 지각일 수도 있다. 이러한 본능적 요구와 위험의 위협에 대한 반응, 정신 기관의 고유한 행위를 구성하는 이 반응은 정확한 방식으로 쾌락 원칙이나 이것의 변형인 현실 원칙에 의해서 조종될 수 있다. 이것이 쾌락 원칙의 광범위한 제한을 필요로 한다고는 생각되지 않는다. 그렇지만 외부적 위험에 대한 정신적 반응의 탐구는 정확하게 새로운 자료를 산출해 내고 현 문제와 관련된 새로운 질문을 제기해야 할 입장에 와 있다.

2

심한 물리적 충격, 재난, 그리고 생명이 위협받을 수 있는 기타 사고를 겪은 후에 발생하는 상황은 오랜 시간을 통해 알려지고 기술되었다. 그것에는 〈외상성 신경증*die traumatische Neurose*〉이라는 이름이 주어졌다. 얼마 전 끝난 가공할 전쟁은 엄청나게 많은 이런 종류의 병을 유발했다. 그러나 그 전쟁은 적어도 그 병의 원인을 물리적 힘에 의해 생겨나는 신경 조직의 기질성 장애로 돌리려는 유혹을 떨쳐 버리도록 했다.[9]

외상성 신경증에서 나타나는 증상적 특성은 비슷한 운동 신경증적 증상이 많다는 점에서 히스테리와 흡사하다. 그러나 이것은 일반적으로 주관적인 병의 표시가 두드러지게 특징적으로 나타난다는 점에서(이런 점에서 그것은 심기증*Hypochondrie* 또는 우울증*Melancholie*을 닮았다), 그리고 정신 기능이 훨씬 더 광범위한 전신 쇠약과 전신 장애의 조짐을 보인다는 점에서 히스테리의 증상적 특성을 뛰어넘는다. 아직까지 전쟁 신경증이나 평화 시의 외상성 신경증에 대해서 어떤 충분한[10] 설명도 제시된 바 없다.

---

9 프로이트, 페렌치, 아브라함, 지멜, 존스에 의해서 논의된 『전쟁 신경증에 관한 정신분석 *Psychoanalyse der Kriegsneurosen*』(1919) 참조 — 원주. 이 논의에서 프로이트는 서론을 썼다. 또한 프로이트의 사후 출판된 「전쟁 신경증의 전기 치료에 관한 보고서 Gutachten über die elektrische Behandlung der Kriegsneurotiker」(1955) 참조.

전쟁 신경증의 경우, 같은 증상이 이따금씩 어떤 엄청난 물리적 힘의 개입 없이도 발생했다는[11] 사실은, 우리에게 빛을 던져 주는 동시에 또한 우리를 당황하게 만든다. 보통의 외상성 신경증의 경우에 두 가지 특징이 두드러지게 나타나는데, 첫째는 놀람과 경악이 그 주된 원인인 듯하다는 점이고, 둘째는 그것과 동시에 가해진 상처나 상해가 일반적으로 신경증의 발생에 〈저항해서〉 작용한다는 점이다. 〈경악 Schreck〉, 〈공포 Furcht〉, 그리고 〈불안 Angst〉이 동의어적 표현으로 부적절하게 사용되고 있다. 이것들은 사실상 이들 각각이 위험과 맺는 관계 속에서 분명하게 구분될 수 있다. 〈불안〉은 설령 그것이 알려지지 않은 것일지라도 어떤 위험을 예기하거나 준비하는 특수한 상태를 일컬음이다. 〈공포〉는 두려워할 지정된 대상을 필요로 한다. 그러나 〈경악〉은 어떤 사람이 준비 태세가 되어 있지 않은 채 위험 속에 뛰어들었을 때 얻게 되는 상태에 붙여진 이름이다. 그것은 놀람의 요소를 강조한다. 나는 불안이 외상성 신경증을 만들어 낼 수 있다고는 생각하지 않는다. 불안에는 그 불안의 주체를 경악과 경악 신경증으로부터 보호해 주는 그 무엇이 있다. 우리는 후에 이 문제로 돌아올 것이다.[12]

꿈의 연구는 깊은 정신적 과정을 연구하는 가장 신뢰할 수 있는 방법이라고 생각된다. 외상성 신경증에서 일어나는 꿈은 환자를 사건의 현장, 즉 또 다른 경악 속에서 그를 잠에서 깨우는 그

10 〈충분한 voll〉이라는 단어는 1921년에 첨가되었다.

11 1920년에는 〈이따금씩…… 발생할 수 있을 것이라는〉으로 되어 있었다.

12 사실 프로이트가 여기서 하고 있는 구분을 항상 지켰던 것은 결코 아니다. 그가 Angst라는 단어를 미래와 아무런 관련도 짓지 않고 단순히 공포의 상태를 나타내는 것으로 사용한 예는 허다하다. 이 구절에서 그는 「억압, 증상 그리고 불안」에서 그은 구분, 즉 외상 상황에 대한 반작용으로서의 불안 — 아마도 여기서 Schreck이라고 불리는 것과 동등할 것 같은 — 과 그러한 사건이 다가온다는 경고 표시로서의 불안 사이의 구분을 예시하기 시작한 것 같다.

현장 속으로 반복적으로 데리고 가는 특징을 지니고 있다. 이 문제는 사람들을 별로 놀라게 하지 못한다. 외상적 경험이 심지어는 잠에서까지 환자를 끊임없이 옥죈다는 사실은 그 자체가 그 경험의 강도를 말해 주는 증거라고 그들은 생각한다. 이 경우 환자는 그의 외상(外傷)에 고착되어 있다고 말할 수 있으리라. 병을 촉발하는 경험에 대한 고착 현상은 히스테리의 경우를 통해 우리에게 오랫동안 익숙한 것이었다. 브로이어와 프로이트는 1893년에[13] 〈히스테리 환자는 주로 회상으로부터 고통을 만든다〉라고 선언한 바 있다. 전쟁 신경증에 있어서도 페렌치와 지멜 같은 관찰자들은, 운동 신경적 증상을 외상이 발생했던 순간에 고착한 것이라는 관점에서 설명할 수 있었다.

그러나 나는 외상성 신경증으로 고통을 받고 있는 환자들이 그들의 의식적 생활 속에서 과거 사건의 기억에 많이 몰두해 있는지의 여부는 모르겠다. 아마도 그들은 그 사건을 생각하지 〈않으려는〉 데 더 많은 관심을 쏟고 있는지 모른다. 그들의 꿈이 병을 유발했던 현장으로 밤에 그들을 끌고 간다는 것을 자명한 사실로 받아들이는 사람은 꿈의 성격을 잘못 이해하고 있는 것이다. 꿈이 환자에게 그의 건강한 과거의 모습이나 그가 희망하는 치료의 모습을 보여 준다면, 그것이 꿈의 성격과 조화를 이룰 가능성이 더 크다. 만약 우리가 외상성 신경증 환자들의 꿈속에서 드러나는 꿈의 소원 성취적 취의(趣意)에 대해서 흔들리지 않는 믿음을 가지고 있다면, 우리는 아직도 우리에게 열려 있는 하나의 지략적 차원을 간직하고 있는 것이다. 즉 우리는 꿈꾸기의 기능이 이 상황에서는 다른 많은 것들처럼 전도되어 있고 원래의 목적으로부터 일탈되어 있다고 주장할 수 있으며, 혹은 자아의 신비스러

13 「히스테리 현상의 심리 기제에 대하여」(프로이트 전집 3, 열린책들) 참조.

운 자기 학대적 경향을 숙고해야만 한다는 것이다.[14]

이 시점에서 나는 외상성 신경증의 어둡고 음습한 주제를 떠나 어린 시절의 〈정상적인〉 행위 — 어린아이들의 놀이를 의미한다 — 속에서 정신 기관에 의해 구사되는 작업 방법을 검토해 보는 쪽으로 옮겨 갈 것을 제의한다.

어린아이들의 놀이에 대한 상이한 이론들이 최근에 와서야 파이퍼S. Pfeifer[15]에 의해 정신분석학적인 관점에서 요약되고 토론되었다. 독자들은 그의 글을 참고하기 바란다. 그 이론들은 어린아이들의 놀이를 유발하는 동기를 발견하려고 시도하고 있지만 〈경제적〉 동기, 즉 거기에 관련된 쾌락의 산출을 고려하는 것을 전면에 부각시키지는 못하고 있다. 이러한 현상의 전 분야에 적용되리라고 생각하지는 않지만, 우연한 기회를 통하여 나는 한 살 반 된 어린아이가 자신이 고안한 첫 번째 게임을 하는 문제에 대하여 어떤 빛을 던져 줄 수 있게 되었다. 그것은 단순히 스쳐 지나가는 관찰 이상의 것이었다. 왜냐하면 나는 그 어린아이와 그의 부모와 몇 주일 동안 한 지붕 아래서 살았기 때문이고, 끊임없이 반복하는 그의 수수께끼 같은 행위에 대한 의미를 내가 발견하는 데는 상당한 시간이 걸렸다.

그 어린아이는 지적 발달 면에서 조금도 조숙한 편이 아니었다. 한 살 반의 나이에 겨우 몇 마디 이해할 수 있는 말을 할 수 있었고, 자기 주위에 있는 사람들에게 이해 가능한 의미를 표현하는 다수의 음을 이용할 수 있는 정도였다. 그러나 그는 그의 부모와

---

14 이 문장의 마지막 열한 개 단어(혹은⋯⋯ 것이다)는 1921년에 첨가되었다. 이 모든 것에 대해서는 『꿈의 해석』을 참조할 것.

15 「놀이에서 나타난 유아기 성적 본능에 대한 견해Äusserungen infantilerotischer Triebe im Spiele」(1919) 참조 — 원주.

한 명의 여자 하녀와 사이가 좋아서 〈착한 소년〉이라는 칭찬을 받았다. 그는 밤에 부모들을 괴롭히지 않았고 어떤 것을 만지지 말라거나 어떤 방에 들어가지 말라는 명령을 성심껏 따랐다. 그리고 무엇보다도 어머니가 그를 몇 시간 동안 떠나 있어도 결코 울지 않았다. 동시에 그는 손수 자신을 먹여 길러 줄 뿐만 아니라 외부의 도움 없이 자신을 보살펴 주는 어머니에 대해서 큰 애착을 갖고 있었다. 그러나 이 착한 어린아이는 이따금씩 자기의 손에 잡히는 작은 물건을 무엇이든 구석이나 침대 밑 등으로 집어던지는 당혹스러운 습관을 갖고 있어서, 그의 장난감을 찾거나 그것을 집어 올리는 것은 큰일이 되는 경우가 자주 있었다. 이런 짓을 하면서 그 아이는 관심과 만족의 표현이 수반된 크고 오래 끄는 〈오-오-오-오〉 소리를 냈다. 그의 어머니와 나는 이것이 단순한 감탄사가 아니라 독일어로 *fort*(가버린)를 의미한다는 생각에 일치했다. 나는 궁극적으로 그것이 하나의 놀이라는 사실과 그가 그의 장난감에 대해서 할 수 있는 유일한 것은 그것을 〈가게〉 하는 놀이라는 사실을 깨달았다. 어느 날 나는 나의 견해를 확인시켜 주는 한 가지 사건을 관찰했다. 그 아이는 실이 감긴 나무 실패를 갖고 있었다. 그것을 뒤로 늘어뜨려서 마루 위를 끌고 다니는 일이나 그것을 마차 삼아 노는 일은 그에게 절대로 일어나지 않았다. 그가 한 일은 실패의 실을 잡고 대단히 익숙한 솜씨로 그것을 커튼이 쳐진 그의 침대 가장자리로 집어던지는 것이었다. 따라서 실패는 그 속으로 사라졌고 그와 동시에 그는 그 인상적인 〈오-오-오-오〉 소리를 냈던 것이다. 그러고 나서 그는 다시 실을 잡아당겨 그 실패를 침대 밖으로 끌어냈고 그것이 다시 나타나자 즐거운 듯 *da*(거기에)라고 소리쳤다. 그렇다면 그것은 사라짐과 돌아옴이라는 완벽한 놀이였다. 일반적으로 사람들은 첫 번째 행위

만 목격했다. 그것은 하나의 놀이로 지칠 줄 모르고 반복되었다.[16]

그렇다면 그 놀이의 해석은 분명하게 되었다. 그것은 그 아이의 위대한 문화적 업적, 즉 아무 저항 없이 그의 어머니를 가도록 허용하는 데서 그가 이룩한 본능의 포기(다시 말해서 본능적 만족의 포기)와 관련된 것이었다. 그는 그 물건들이 자신의 능력이 미치는 범위 안에서 사라졌다 되돌아오는 것을 스스로 연출함으로써 그것에 대한 보상을 받았다. 물론 그 아이가 그 놀이를 스스로 고안해 냈는지 혹은 어떤 외부의 암시를 통해 전수받은 것인지에 관한 문제는 그 놀이의 효과를 판단한다는 관점에서 볼 때는 아무 상관없는 문제이다. 우리의 관심은 다른 점으로 향한다. 그 아이가 그의 어머니의 떠나감을 기분 좋은 것, 또는 아무래도 상관없는 것으로 느꼈을 가능성은 거의 없다. 그렇다면 하나의 놀이로서 이 고통스러운 경험의 반복이 어떻게 쾌락 원칙과 일치한단 말인가? 그에 대한 답변으로 어머니의 떠나감은 즐겁게 돌아올 것에 대한 필수적 예비 조치로서 상연되어야 하고 따라서 그 놀이의 진정한 목적은 바로 후자, 즉 어머니의 즐거운 귀환에 있었다고 말할 수도 있을 것이다. 그러나 이것에 반해 첫 번째 행위, 즉 떠나감의 행위는 그 자체로 하나의 놀이로 무대에 올려졌고, 그것도 전체적 행위보다 더 자주 유쾌한 결말과 함께 상연되었다는 관찰된 사실을 고려해야만 한다.

이와 같은 하나의 사례를 분석함으로써 어떤 확실한 결론에 도

16 또 다른 관찰이 이 해석을 충분히 확인해 주었다. 어느 날 그 아이의 어머니가 여러 시간 동안 밖에 나가 있다가 돌아오자 바로 그의 〈오-오-오-오〉 소리를 듣게 되었다. 처음에는 그것이 무슨 의미인지 이해할 수 없었다. 그러나 혼자 있던 오랜 시간 동안 그 아이는 〈자기 자신을〉 사라지게 만드는 방법을 터득했다는 사실이 드러났다. 그는 땅에 닿지 않는 전신 거울 속에 자기 자신의 모습이 비친 것을 발견했다. 그는 몸을 웅크리고 앉음으로써 자기의 영상 이미지를 〈사라지게〉 할 수 있었다 — 원주. 이 이야기에 대한 또 다른 언급은 『꿈의 해석』에서 발견할 수 있다.

달할 수는 없을 것이다. 편견 없는 관점에서 볼 때 그 아이는 다른 동기에서 자신의 경험을 놀이로 바꿨다는 인상을 받게 된다. 처음에 그는 〈수동적인〉 상황에 있었다. 그는 그 경험에 의해서 압도되었던 것이다. 그러나 그것이 즐거운 것은 아니었지만 놀이로 그것을 반복함으로써 그는 〈능동적인〉 역할을 취하게 되었다. 이러한 노력은 기억이 그 자체로 즐거운 것이었는지 혹은 그렇지 않았는지와 무관하게 별도로 작용하는 지배 본능에서 연유하는 것이다. 그러나 또 다른 해석을 시도해 볼 수도 있다. 그 물건이 〈가버린〉 상태가 되도록 그것을 던져 버리는 것은, 자기로부터 떨어져 나가는 어머니에 대해 복수하고자 하는 어린아이의 충동 — 그의 실제 생활에서는 억압되어 있었던 — 을 만족시키는 것일 수도 있다. 이 경우 그것은 도전적인 의미, 즉 〈그렇다면 좋소. 가보시오! 나는 당신을 필요로 하지 않소. 내가 당신을 멀리 보내 드리오리다〉라는 뜻을 담고 있을 것이다. 1년 후, 첫 번째 놀이를 할 때 내가 목격했던 바로 그 아이가 어떤 장난감에 화가 나면 그것을 잡아 마룻바닥에 집어던지면서 〈전선으로 가라!〉고 소리치곤 했다. 그는 그 당시 부재하는 그의 아버지가 〈전선에〉 가 있다는 말을 들었던 것이다. 그리고 그는 아버지의 부재를 아쉬워하기는커녕 어머니를 혼자서 독점하는 데 방해받고 싶지 않다는 것을 분명히 했다.[17] 우리는 이와 비슷한 적대적 충동을 사람 대신 물건을 집어던짐으로써 표현하기를 좋아하는 다른 아이들에 대해서도 알고 있다.[18] 그러므로 어떤 막강한 경험에 대해 자신이 그

---

17 이 아이가 다섯 살 9개월 되던 때 그의 어머니가 사망했다. 이제 어머니가 정말로 〈가버렸〉는데도(〈오-오-오〉), 그 어린아이는 아무런 슬픈 기색을 보이지 않았다. 그동안에 둘째 아이가 태어났고 이는 그에게 강렬한 질투심을 불러일으켰던 게 사실이다 — 원주.

18 괴테의 어린 시절의 기억에 대해서 내가 한 말을 참조하라(「괴테의 『시와 진

것의 주인이 되기 위해서 그것에 어떤 작업을 가하고자 하는 충동이 마음속에서 일어난다면, 그것은 쾌락 원칙과는 무관하게 1차적 사건으로 표현된 것일 수 있을까에 대한 문제는 우리에게 의심의 상태로 남아 있다. 우리가 토론해 온 사례에서 그 아이는 결국 놀이 가운데 불쾌한 경험을 반복할 수 있었는데, 그것은 그 반복이 불쾌함에도 불구하고 그 속에 다른 종류의 직접적인 일정량의 쾌락을 간직하고 있었기 때문이었다.

　어린아이들의 놀이를 더 고려해 본다고 하여 이 두 가지 견해 사이에서 주저하고 있는 우리에게 도움이 될 수는 없을 것이다. 놀이 속에서 그들은 실제 생활에서 그들에게 큰 인상을 끼쳤던 것은 무엇이나 반복하며, 이러한 반복을 통해 그들은 그 인상의 강도를 소산*Abreagieren*시키고, 자신들이 그 상황의 주인이 된다는 것은 분명한 사실이다. 그러나 다른 한편, 그들의 모든 놀이는 그들을 항상 지배하고 있는 욕망, 즉 어른이 되어서 어른들이 하는 것을 할 수 있게 되고자 하는 욕망에 의해서 영향을 받는 것이 분명하다. 경험의 불쾌한 성격이 반드시 놀이에 부적합한 조건이 되는 것은 아니라는 사실도 주목해야 한다. 만약 의사가 어린아이의 목을 검진하거나 그에게 작은 수술을 하게 되면, 이 무서운 경험이 그의 다음 놀이의 주제가 되리라는 것은 틀림없는 사실이다. 그러나 우리는 그것과 관련하여 또 다른 출처로부터 오는 쾌락의 산출이 있다는 사실을 간과해서는 안 된다. 어린아이가 경험의 수동성에서 놀이의 능동성의 상태로 변모해 감에 따라 그는 불유쾌한 경험을 그의 놀이 친구에게 전이시킨다. 그리고 그는 이런 방식으로 대체된 인물에 복수하는 것이다.[19]

실』에 나타난 어린 시절의 추억」, 프로이트 전집 14, 열린책들) — 원주.
　19 「여자의 성욕」(본서와 프로이트 전집 7, 열린책들) 참조.

그럼에도 불구하고, 놀이에 대한 동기를 제공하기 위해서 특별한 모방 본능의 존재를 가정할 필요는 없다는 사실이 이러한 논의를 통해 드러나고 있다. 마지막으로, 어른들에 의해서 수행되는 예술적 놀이와 예술적 모방은 — 이것은 어린아이들의 경우와는 달리 관객을 목표로 한다 — 관중들에게 가장 고통스러운 경험을 면제해 주지는 않지만(예컨대 비극에서), 그들은 그것을 고도로 즐거운 것으로 받아들일 수 있다는 사실도 기억해 둘 만한 사항으로 덧붙이고 싶다.[20]

이것은, 심지어는 쾌락 원칙이 지배적인 상황하에서도 그 자체로는 불쾌한 것을 마음속에서 상기해 보고 작업해 볼 주제로 만들기에 충분한 수단과 방법이 존재한다는 설득력 있는 증거이다. 최종적 결과로서는 쾌락을 산출하는 이러한 사례와 상황을 고려해 보는 일이 그 주제에 대한 경제론적 접근법과 더불어 어떤 미학 체계에 의해서 이루어져야 할 것이다. 그것들은 쾌락 원칙의 존재와 지배를 전제로 하고 있기 때문에 〈우리의〉 목적에는 아무 쓸모가 없다. 그들은 쾌락 원칙을 〈넘어서는〉 경향, 즉 이 원칙보다 더 원시적이고 독립되어 있는 어떤 경향의 운용에 대해서 아무런 증거를 제공해 주지 못하고 있다.

---

20   프로이트는 사후에 발표된 「무대 위에 나타나는 정신 이상에 걸린 등장 인물들」(프로이트 전집 14, 열린책들)에서 이 점에 대해 잠정적인 연구를 시도한 바 있다. 그 논문은 아마도 1905년이나 1906년에 쓰인 것 같다.

3

25년 동안 열심히 일한 결과 정신분석학적 기교의 당면한 목표가 오늘날에는 처음 시작할 때의 목표와 사뭇 다르다는 사실이 드러나고 있다. 처음에는 분석의가 할 수 있는 일은 고작 환자에게 감추어져 있는 무의식적 자료를 발견하고 합성하여 그것을 제때에 그에게 전달하는 정도가 전부였다. 그때는 정신분석학이 무엇보다도 해석의 예술이었다. 이러한 것이 치료의 문제를 해결해 주지 못했으므로 재빨리 또 다른 목표가 등장했는데, 그것은 환자로 하여금 그 자신의 기억으로부터 분석가가 구성한 사실을 확인하도록 하는 것이었다. 이러한 노력 속에서 환자의 저항이 문제시되었다. 그래서 이제 분석의 기술은 가능하면 빨리 이 저항을 발견해 내고 그것을 환자에게 지적해 주며, 인간적 영향력을 통해 — 여기가 〈전이 Übertragung〉라는 심리 기제가 그 역할을 하는 곳이다 — 그로 하여금 저항을 버리도록 유도하는 데 있었다.

그러나 기존의 목표, 즉 무의식적인 것은 의식화되어야 한다는 목표는 그러한 방법에 의해서 완전히 달성될 수 없다는 것이 더욱 분명해졌다. 환자는 자신 속에 억압되어 있는 것의 전부를 기억해 낼 수 없다. 그리고 기억해 낼 수 없는 것이 바로 억압의 본질적인 부분일 수 있다. 그는 억압된 자료를 의사들이 말하듯이 과거에 속한 것으로 〈기억하는〉 대신, 그의 동시대적 경험으로서 그것을 〈반복하지〉 않을 수 없게 된다.[21] 그처럼 바라지 않는 정확성을 가지고 드러나는 이 재생품들은 항상 그 제재로서 일정량의 유아기적 성생활, 즉 오이디푸스 콤플렉스*Ödipuskomplex*와 그것에서 파생된 내용을 담고 있다. 그리고 이것들은 항상 전이의 영역 속에서, 환자와 의사의 관계 속에서 활성화된다. 사태가 이 단계에 이르게 되면 이전의 신경증은 이제 새로운 〈전이 신경증*Übertragungsneurose*〉에 의해 대치되었다고 말할 수 있을 것이다. 이 전이 신경증을 최소의 범위 속에 잡아 두는 것, 즉 가능하면 많이 기억의 통로 속으로 유도하고 가능하면 적게 반복으로 드러나게 하는 것 ── 이것이 의사가 할 일이 되었다. 기억되는 것과 재생되는 것 사이의 비율은 경우에 따라 다르다. 의사가 환자에게 이 단계의 치료를 하지 않고 넘어가서는 안 된다는 것이 하나의 법칙이다. 그는 환자로 하여금 잊혀진 삶의 일부를 재경험하도록 해줘야 한다. 반면에 그는 환자가 어느 정도의 초연함을 유지하도록 돌봐 주어야 한다. 왜냐하면 이렇게 해야 환자로 하여금 모든 것에도 불구하고 사실처럼 보이는 것이, 실은 잊혀진 과거의 반영에 불과하다는 것을 깨닫게 해줄 수 있기 때문이다. 이런 일이 성공적으로 성취되면 환자의 확신감을, 이것에 의존하고 있는 치료적 성공과 더불어 얻게 되는 것이다.

　신경증 환자들에 대한 정신분석학적 치료 과정에서 드러나는 이러한 〈반복 강박*Wiederholungszwang*〉을 더 잘 이해하기 위해서, 우리는 무엇보다도 저항에 대한 투쟁에서 우리가 다루고 있는 것

───

21　나의 논문 「회상, 반복, 심화 작업*Erinnerung, Wiederholen und Durcharbeiten*」 (1914)을 참조 ── 원주. 이 논문 속에 이 책에서 다루어지는 주된 논제 중의 하나인 〈반복 강박〉에 대한 초기의 언급이 발견된다. 몇 줄 밑에서 사용되는 특별한 의미의 〈전이 신경증〉이라는 용어도 역시 그 논문 속에 나타난다.

이 〈무의식das Unbewußte〉편에서의 저항이라는 잘못된 개념을 불식시켜야 한다. 무의식 — 다시 말해서, 〈억압된 것das Verdrängte〉 — 은 도무지 치료의 노력에 대해 아무런 저항도 하지 않는다. 실로, 무의식 그 자체는 자신을 내리누르는 압력을 뚫고 의식 쪽으로 밀고 올라오거나 어떤 실제적 행동을 통해 그 기운을 발산시키는 일 외에 다른 노력을 하지 않는다. 치료 도중의 저항은 원래 억압을 성취시켰던 것과 동일한, 의식의 상층부와 조직에서 나온다. 그러나 우리가 경험을 통해 알고 있듯이, 저항의 동기나 저항 그 자체가 치료 과정 초기에는 무의식적이라는 사실은 우리 용어의 결함을 바로잡아야 한다는 하나의 암시이다. 만약 우리가 의식과 무의식 사이가 아니라 일관성 있는 〈자아das Ich〉와 〈억압된 것〉 사이에서 어떤 대조점을 찾는다면 명확성의 결핍을 피할 수 있을 것이다. 자아의 많은 부분이 그 자체로 무의식이고 특히 자아의 핵이라고 말할 수 있는 부분이 그렇다.[22] 오직 그것의 작은 부분만이 〈전의식das Vorbewußte〉이라는 용어로 설명된다.[23] 순전히 서술적인 용어를 조직적이거나 역동적인 용어로 대체했으므로 우리는 환자의 저항이 그의 자아에서 나온 것이라고 말할 수 있고,[24] 동시에 반복 강박이 억압된 무의식에서 생겨난다는 사실을 인식하게 된다. 그 강박은 치료 작업이 반쯤 진척되어 억압을 느슨하게 푼 연후에야 자기표현을 할 수 있을 것으로 보인다.[25]

22   이 진술은 「자아와 이드」에 있는 각주를 통해 교정되었다.

23   이 문장이 현재의 형태로 사용된 것은 1921년이다. 제1판(1920)에서는 다음과 같이 되어 있었다. 〈자아의 많은 것이 그 자체 무의식적인 것 같다. 아마도 그것의 일부만이《전의식》이라는 용어로 설명된다.〉

24   저항의 근원에 대한 좀 더 완벽하고 다소 다른 설명이 「억압, 증상 그리고 불안」에 나와 있다.

25   (1923년에 추가된 각주) 나는 다른 곳에서 반복 강박에 도움이 되는 것은 치료에서 〈암시〉의 요소라는 것을 논변한 바 있다. 다시 말해서 이것은 의사에 대한 환자의 복종인데, 그것의 뿌리는 이 환자의 무의식적인 부모 콤플렉스 속에 깊이 박혀

의식적, 무의식적 자아의 저항은 쾌락 원칙의 지배하에 운용된다. 그래서 그것은 억압된 것이 풀려서 생기게 되는 불쾌를 피하려고 한다. 반면에 〈우리의〉 노력은 현실 원칙에 호소함으로써 그 불쾌를 참아 내는 쪽으로 치우친다. 그러나 어떻게 해서 억압된 것의 위력의 표시인 반복 강박이 쾌락 원칙과 연결되어 있는가? 반복 강박을 통해서 다시 경험되는 것의 상당 부분이 자아에게 불쾌를 유발할 것임에 틀림없다. 왜냐하면 그것은 억압된 본능 충동의 행위를 겉으로 드러내기 때문이다. 그러나 그것은 우리가 이미 고려했던 종류의 불쾌이고 쾌락 원칙에 모순되지 않는다. 즉 한 조직에 대한 불쾌이면서 동시에 다른 조직에는 만족을 의미한다.[26] 그러나 우리는 이제 새롭고 주목할 만한 사실에 봉착하게 되는데, 그것은 반복 강박이 또한 쾌락의 가능성을 전혀 포함하고 있지 않은 과거의 경험, 그리고 억압된 본능 충동에조차도 만족을 가져올 수 없었던 과거의 경험을 회상해 낸다는 것이다.

유아적 성생활이 개화하는 초기는 그 욕망이 현실과 양립 불가능하고, 어린아이가 도달한 부적절한 발전 단계에도 양립 불가능하기 때문에 사라질 운명에 처해진다. 이러한 개화기는 가장 고통스러운 상황 속에서 그리고 가장 고통스러운 감정에 맞추어서 끝이 난다. 실연과 실패는 그 뒤에 나르시시즘적 상처의 형태로 자애적 이기심에 영원한 상처를 남긴다. 마르치노프스키J. Marcinowski[27]의 견해뿐만 아니라 내 생각에도, 이것은 다른 무엇보다 신경증

있다 — 원주. 프로이트의 「꿈-해석의 이론과 실제에 대한 비평Bemerkungen zur Theorie und Praxis der Traumdeutung」(1923) 참조.

26   프로이트가 『정신분석 강의』 중 열네 번째 강의에서 〈세 가지 소원〉에 관한 동화를 우의적으로 사용하고 있는 것을 참조하라.

27   「열등의식에서 비롯된 성애의 분출Erotische Quellen der Minderwertigkeits-gefühle」(1918) 참조 — 원주

환자들에게 그처럼 흔한 〈열등의식〉을 낳게 한다. 신체적 발달로 한계에 이르는 어린아이의 성적 탐구는 아무런 만족할 만한 결론에 도달하지 못한다. 그래서 이후에 〈나는 아무것도 성취할 수 없다〉, 〈나는 어떠한 것에도 성공할 수 없다〉와 같은 불만이 쏟아져 나오는 것이다. 일반적으로 어린아이를 반대 성의 부모와 결속시켜 놓는 감정적 유대는 실망과 만족에 대한 막연한 기대감에 자리를 넘겨주고, 어린아이의 애정의 대상이 배신할 수 있다는 움직일 수 없는 증거인 새 아기의 탄생에 대한 질투심 앞에 무릎을 꿇고 만다. 자기 자신이 아기를 만들어 보겠다는 그의 시도는 비장할 정도로 진지하게 수행되지만, 부끄럽게 실패하고 만다. 그에 대한 애정량의 감소, 점증하는 교육에의 요구, 가혹한 말, 이따금씩의 처벌 — 이러한 것들은 드디어 그가 받아 온 〈경멸〉의 전모를 보여 준다. 이것들은 어린 시절의 특징적 사랑이 어떻게 끝나는가를 보여 주는, 전형적으로 항상 발생하는 사례들이다.

환자들은 전이를 통해 이 모든 원치 않는 상황과 고통스러운 감정을 반복하고 대단히 정교하게 그것들을 재생시킨다. 그들은 치료가 아직 불완전한 상태인데도 치료를 중단시키려 한다. 그들은 다시 한번 자신들이 경멸당하는 느낌을 체험하려 하고, 의사로 하여금 그들에게 심한 말을 하거나 그들을 차갑게 다루도록 유도한다. 그들은 질투심을 느낄 적합한 대상을 찾아낸다. 어린 시절에 간절히 바라던 아기 대신에 그들은 어떤 거창한 선물을 계획하거나 약속한다. 그러나 이것들이 아기 못지않게 비현실적인 것으로 드러나는 것은 물론이다. 이것들 중 어느 것도 과거에 쾌락을 생성해 냈을 리 없다. 만약 환자들의 소망이 새로운 경험의 형태를 취하는 대신 기억이나 꿈으로 떠오른다면, 불쾌를 덜 유발할 것이라고 가정할 수 있을 것이다. 환자들의 여러 소망은 물론 만족에 이르려는 본능의 작용이다. 그러나 이러한 작용이 오직 불쾌만 낳았다는 옛 경험을 통해서 우리는 아직까지 아무런 교훈도 배우지 못했다.[28] 그럼에도 불구하고 그것들은 강박의 압력 밑에서 반복되고 있는 것이다.

정신분석학이 신경증 환자들의 전이 현상 속에서 드러내는 것은 또한 정상인들의 삶 속에서도 관찰될 수 있다. 그들이 주는 인상은 어떤 악운에 의해서 쫓기거나 어떤 〈악마적인〉 힘에 붙잡혀 있다는 것이다. 그러나 정신분석학은 그들의 운명이 대부분 그들 자신이 만들어 낸 것이며 유아기 초기에 받은 영향력에 의해서 결정된다는 견해를 항상 견지해 왔다. 여기서 분명히 볼 수 있는 강박 현상은 우리가 신경증 환자들에서 보았던 반복 강박과 조금도 다르지 않다. 물론 우리가 지금 고려하고 있는 사람들이 어떤 증상을 드러내어 신경증적 갈등을 겪고 있다는 표시를 한 적은 없지만 말이다. 우리는 인간관계가 같은 결과를 가져오는 온갖 부류의 사람들과 만나게 되었다. 예컨대 어떤 사람은 시간이 얼마 지나면 자신이 은혜를 베푼 상대에게 ─ 이들 각자가 다른 면에서는 서로가 얼마나 다를지 모르지만 ─ 분노 속에 버림받는다. 따라서 이 사람은 배은망덕의 온갖 쓰라림을 맛보는 운명을 타고난 것처럼 보인다. 혹은 친구 간의 우정이 모두 배신으로 끝나는 사람이나, 일생 동안 어떤 사람을 높여 위대한 사적 또는 공적 권위의 자리에 앉혔다가 시간이 지나면 스스로 그 권좌를 흔들어 그 주인을 다른 사람으로 교체해 버리는 사람이 그렇다. 그리고 여자와의 정사 문제가 항상 같은 단계를 거치고 같은 결론

---

28 제1판에서 이 구절의 결론은 다음과 같았다. 〈…… 만약 환자들의 소망이 새로운 경험의 형태를 취하는 대신 기억으로서 떠오른다면, 불쾌를 덜 유발할 것이라고 가정할 수 있을 것이다. 그러나 그것들은 강박의 압력하에서 반복된다.〉 현재의 형태로 쓰인 것은 1921년부터이다.

에 도달한다는 문제점을 갖고 있는 사람도 이 부류에 속한다. 이렇게 〈같은 것이 영원히 되풀이되는 문제〉는 그것이 관련자의 〈능동적인〉 행위와 연결되어 있거나, 그에게 항상 동일한 상태로 남아 있어서 동일한 경험의 반복 속에서 자기표현을 하도록 되어 있는 어떤 근본적인 성격적 특성을 발견할 수 있다면 그렇게 놀라운 일이 못 된다. 우리는 주체가 〈수동적〉 경험을 하는 것처럼 보이는 사례에서 훨씬 더 큰 인상을 받는다. 이 경우 그는 그 경험에 대해서 아무런 영향력을 행사하지 못하며, 오직 같은 숙명의 반복과 만나고 있는 것이다. 예컨대 세 남자와 연속적으로 결혼한 여자의 경우가 그런데, 이 세 남자 각자는 결혼 후 곧 병이 들어 임종 시에 그 여자에게 간호를 받아야 했다.[29] 이와 같은 운명에 대한 가장 감동적인 시적 묘사가 타소T. Tasso에 의해서 그의 낭만적 서사시『해방된 예루살렘Gerusalemme liberata』속에 제시되어 있다. 이 시의 주인공 탄크레드는 어느 칼싸움에서 자기도 모르게 적의 기사 갑옷으로 변장하고 있는 자기의 연인 클로린다를 살해한다. 그 여자를 매장한 후 그는 십자군 병사들을 공포로 사로잡고 있는 한 이상한 마술의 숲으로 들어간다. 그는 자신의 칼로 큰 나무를 하나 벤다. 그러나 그 벤 자국에서 피가 흘러내리고 클로린다의 목소리가 — 그녀의 영혼은 나무 속에 갇혀 있다 — 들리는데, 그 소리는 탄크레드가 그의 연인에게 다시 한번 상처를 입혔노라 불평하고 있었다.

만약 우리가 전이 속의 행위와 일반 남녀의 생활사에 기반을 둔 이와 같은 관찰적 사례들을 고려한다면, 마음속에는 쾌락 원칙을 뛰어넘는 반복 강박이 실제로 존재한다고 가정할 용기를 갖

---

29 이 문제에 관한 융C. G. Jung의 적절한 소견을 참조하라(「개인의 운명에서 아버지의 의미Die Bedeutung des Vaters für das Schicksal des Einzelnen」, 1909) — 원주.

게 될 것이다. 이제 또한 우리는 외상성 신경증에서 나타나는 꿈과 어린아이들의 놀이를 유도하는 충동을 이 강박 현상과 연관시키고 싶어질 것이다.

그러나 우리는 다른 동기가 섞이지 않은 반복 강박의 순수한 효과를 관찰할 수 있는 경우가 드물다는 사실을 감안해야 한다. 어린아이들의 놀이와 관련하여 우리는 이미 강박의 출현을 해석할 수 있는 다른 방법들을 강조한 바 있다. 반복 강박과 즉각적으로 유쾌한 본능적 만족은 여기서 밀접한 협력 관계로 합쳐지는 것 같다. 전이 현상은 억압을 집요하게 강요하는 가운데 자아가 유지하고 있는 저항에 의해 분명히 이용되고 있다. 치료의 목적으로 사용할 수 있는 반복 강박은 자아에 의해서 〈자기〉편으로 끌어당겨진다(자아는 쾌락 원칙에 집착하므로).[30] 운명의 강박 현상이라고 말해질 법한 많은 것들이 합리적인 근거로 이해 가능해질 것처럼 보인다. 그래서 우리는 그것들을 설명하기 위해서 어떤 새롭고 신비스러운 동기의 힘을 불러들일 필요를 전혀 느끼지 않는다.

(그러한 동기 중) 가장 의심이 덜 가는 사례는 아마도 외상성 꿈의 경우일 것이다. 그러나 좀 더 깊이 생각해 보면, 우리는 다른 경우에도 낯익은 동기의 힘으로 전체를 설명할 수 없다는 사실을 인정하지 않을 수 없게 된다. 반복 강박 — 쾌락 원칙보다 더 원시적이고 더 기초적이며 더 본능적인 것으로 보이는 그 무엇 — 의 가설을 정당화하기에는 아직도 많은 것들이 충분하게 설명되지 않은 상태로 남아 있다. 그러나 반복 강박이 〈과연〉 마음속에서 작동하고 있다면 우리는 그것에 대해서 무엇인가를 알았으면 좋

30 1923년 이전에는 이 마지막 구절이 이렇게 되어 있었다. 〈반복 강박은, 말하자면 쾌락 원칙에 집착하고 있는 자아에 의해서 도움을 받도록 불려 온다.〉

겠고, 그것이 무슨 기능에 해당되는지, 어떤 상황에서 반복 강박이 나타나고, 지금까지 정신생활의 흥분 과정을 지배하는 모든 것의 근원이라고 여겼던 쾌락 원칙과는 어떤 관계를 갖는지 알았으면 좋겠다.

4

다음에 나오는 것은 하나의 사색적 고찰로서 견강부회적 요소도 간혹 있을 것이다. 따라서 독자들은 개인의 취향에 따라 이것을 고려하든가 버리든가 할 것이다. 더욱이 이것은 하나의 생각을, 그것이 어디로 가는지를 보고 싶은 호기심에서 그것을 일관성 있게 따라가 보려는 시도이다.

정신분석학적 사색은 무의식적 과정을 조사해 본 데서 오는 인상, 즉 의식은 정신 과정의 보편적인 속성이 아니라 단지 그것의 특수한 기능에 불과하다는 인상을 그 출발점으로 삼는다. 초심리학적인 관점에서 말한다면, 그것은 의식*das Bewußtsein*이 〈의식*Bw.*〉[31]이라고 기술되는 특수한 조직의 한 기능이라고 주장한다.[32] 의식이 산출하는 것은 본질적으로 외부 세계로부터 오는 자극의 지각*Wahrnehmung*과 정신 기관 내부에서만 일어날 수 있는 쾌락과 불쾌의 감정으로 구성되어 있다. 그러므로 〈지각-의식*W.-Bw.*〉[33]

31 프로이트는 조직적 의미 등을 표현하기 위하여 의식*Bewußtsein*, 전의식*das Vorbewußte*, 무의식*das Unbewußte*, 지각*Wahrnehmung*을 각각 약자로 *Bw.*, *Vbw.*, *Ubw.*, *W.* 로 표기했고 지각-의식은 *W.-Bw.*로 했다. 우리말 번역으로는 〈의식〉, 〈전의식〉, 〈무의식〉, 〈지각-의식〉으로 일관성 있게 표기함으로써 〈 〉 표시가 없는 일반적 용법과 구별했다.

32 『꿈의 해석』과 「무의식에 관하여」 참조.

33 조직 〈지각〉이라는 개념은 프로이트가 『꿈의 해석』에서 처음으로 사용했다.

의 조직에 공간 속에서의 한 위치를 할당하는 것이 가능할 것이다. 그것은 외부와 내부 사이의 경계선에 위치하고 있으면서 외부 세계를 향하고 있고 다른 정신 조직들을 에워싸고 있을 것이다. 이러한 가정에 크게 새로운 점은 아무것도 없다. 우리는 단순히 대뇌 해부학에서 말하는 뇌의 부분적 특성에 관한 견해를 받아들였을 따름이다. 이것에 의하면 의식의 〈자리〉는 대뇌 피질, 즉 중추 기관의 가장 바깥쪽을 에워싸는 층에 위치하고 있다. 대뇌 해부학은 해부학적으로 말해, 의식이 왜 뇌의 가장 안쪽 어디쯤에 안전하게 자리 잡지 못하고 표면에 위치하게 되었는가를 고려할 필요를 느끼지 않을 것이다. 아마도 〈우리〉가 〈지각-의식〉의 조직에서 일어나는 이러한 상황을 설명하는 데 더 성공적일 수 있을 것이다.

의식이 그 조직의 과정을 설명하는 유일한 변별적 특성은 아니다. 정신분석학적 경험으로부터 얻은 인상을 바탕으로 우리는 〈다른〉 조직에서 발생하는 모든 흥분 과정이 그 속에 기억의 기초를 형성하는 영구적 흔적들을 남긴다고 생각한다. 그렇다면 그러한 기억의 흔적들은 의식화되는 것과는 아무런 상관이 없다. 실제로 그 흔적들은 그들을 남게 한 과정이 의식화된 적이 없을 때 가장 강력하고 가장 영속적일 경우가 많다. 그러나 이와 같은 자극의 영구적 흔적들이 〈지각-의식〉의 조직에서도 남게 된다고 믿기는 어렵다. 만약 그것들이 항상 의식의 상태로 남아 있다면, 그들은 바로 그 조직이 새로운 자극을 받아들이는 능력에 한계를 그을 것이다.[34]

그 후의 논문 「괴테의 『시와 진실』에 나타난 어린 시절의 추억」에서 그는 조직 〈지각〉이 조직 〈의식〉과 일치한다고 주장했다.

34 다음에 나오는 것은 모두 『히스테리 연구』에 나타난 브로이어의 견해에 기초하고 있다 ─ 원주. 구체적으로 말해서 그의 견해는, 그 책에서 그가 이론적으로 기여

반면에 만약 그 흔적들이 무의식적이라면, 우리는 의식 현상의 수반을 그 기능으로 하는 조직체 내에서 무의식적 과정의 존재를 설명해야 하는 문제에 직면해야 한다. 의식적으로 되는 과정을 어떤 특별한 조직에 속하게 하는 가설을 통해, 말하자면 우리는 아무것도 바꾸어 놓지 않았고 또한 아무것도 얻지 못했다. 설령 이러한 고려가 절대적으로 결론적인 것은 아니라 하더라도, 그것은 우리로 하여금 의식적인 것으로 되는 것과 뒤에 기억의 흔적을 남겨 놓는 것이 동일한 조직 내에서는 상호 양립 불가능한 것이 아닌가 하는 생각을 해보도록 유도한다. 그리하여 흥분 과정은 〈의식〉의 조직에서 의식화되지만 뒤에 아무런 영구적 흔적을 남기지 않는다고 말할 수 있을 것이다. 그러나 그 흥분은 옆에 있는 내부의 조직체들에게 전달되고, 그 흔적들이 남는 곳은 바로 〈그 조직체들〉 속에서라고 말할 수 있겠다. 나는 『꿈의 해석』의 사색적 대목에 포함시킨 도식적 설명 속에서 이와 같은 논리를 추적한 바 있다. 의식의 기원에 관하여 다른 출처에서 알려진 바가 거의 아무것도 없다는 사실을 기억해야 할 것이다. 그러므로 우리가 〈의식은 기억의 흔적 대신에 발생한다〉라는 명제를 세웠을 때, 이 주장은 여하튼 간에 꽤나 정확한 용어로 입안된 것이라는 점에서 고려해 볼 만한 가치가 있다고 하겠다.

만약 그렇다면, 〈의식〉의 조직은 다음과 같은 특성을 갖는다. 즉 그 조직 속에서 (다른 정신 조직에서 일어나는 것과는 대조적으로) 흥분 과정은 그 조직의 요소에 영구적 변화를 줄 수 있는 어떠한 것도 뒤에 남겨 놓지 않고, 이를테면 의식화 현상 속에서 소

한 부분에 나타나 있다. 프로이트 자신도 그 문제를 『꿈의 해석』에서 토론했고 그 이전에도 『정신분석의 기원』에서 충분히 고려한 바 있었다. 그는 후에 「〈신비스러운 글쓰기 판〉에 대한 소고」에서 이 문제로 다시 돌아온다.

멸하고 만다. 일반 법칙에 대한 이런 종류의 예외는 그 한 조직에
만 적용되는 어떤 요소로 설명되어야 한다. 다른 조직에는 없는
그러한 요소는 조직 〈의식〉의 노출된 상황, 즉 그것이 외부 세계
와 직접적으로 인접해 있는 상황을 두고 하는 말이다.

　자극을 받을 수 있는 물질의 미분화된 소포(小胞)로서 가장 단
순화된 형태를 하고 있는 어떤 살아 있는 유기체를 떠올려 보자.
외부 세계를 향하고 있는 표면은 바로 그 상황 때문에 분화될 것
이고 자극을 받아들이는 기관의 역할을 할 것이다. 사실 발달사
의 발생 반복을 기조로 하는 발생학은 중추 신경계가 외배엽에서
나왔음을 보여 주고 있다. 외피의 회백질(灰白質)은 유기체의 원
시적 표층으로부터 유래한 것이고, 따라서 그것의 본질적 특성의
상당 부분을 물려받았을 것이다. 그렇다면, 소포의 표면에 가해
지는 외부의 자극이 끊임없는 충격을 준 결과 그 본질이 상당한
영구적 변화를 겪었을 것이며, 따라서 그곳의 흥분 과정은 더 깊
은 층에서 이루어지는 것과는 다른 진로를 택할 것이라고 생각하
기는 어렵지 않다. 자극에 의해서 그처럼 철저하게 〈구워진〉 껍질
이 형성되었을 것이고, 그 껍질은 자극을 받아들이기 위한 최적
의 조건을 제공하면서 더 이상의 자체 변화는 불가능한 상태가
될 것이다. 조직 〈의식〉의 관점에서 볼 때 이 말은, 그 조직의 요소
들이 흥분 과정으로부터 더 이상의 영구적인 변화는 겪지 않을
것이라는 뜻이다. 왜냐하면 그 요소들은 문제가 되고 있는 사항
들에 대해서 가능한 만큼의 변화를 이미 겪었기 때문이다. 그러
나 이제 그것들은 의식으로 떠오를 것이다. 그 물질과 흥분 과정
의 이러한 변화 성격에 대해 현 단계에서는 입증할 수 없는 여러
생각을 제시할 수 있을 것이다. 한 요소에서 다른 요소로 옮겨 가
면서 흥분은 저항을 극복해야 한다는 것, 그리고 그렇게 해서 이

루어진 저항의 감소는 흥분의 영구적 흔적, 즉 어떤 촉진 현상을 가져올 것이라고 생각해 볼 수 있다. 그렇다면 〈의식〉의 조직 속 한 요소에서 다른 요소로 옮겨 가는 것에 대한 이런 종류의 저항 은 더 이상 존재하지 않을 것이다.[35] 이러한 양상은 정신적 조직 의 요소에서 정지된(혹은 묶인) 리비도 집중*Besetzung* 에너지와 움직이는 리비도 집중 에너지 사이의 차이에 대해 브로이어가 말 한 문제와 관련지을 수 있을 것이다.[36]

조직 〈의식〉의 요소들은 어떠한 묶인 에너지도 갖고 있지 않고 오직 자유롭게 방출할 수 있는 에너지만을 갖고 있다. 그러나 이 점에 대해서는 가능하면 조심스럽게 의사 표현을 하는 것이 최상 일 것이다. 그럼에도 불구하고 이러한 사색을 통해서 우리는 의 식의 기원을 조직 〈의식〉의 상황과, 그리고 이 속에서 일어나고 있는 흥분 과정의 특성들과 어느 정도 연결시킬 수 있을 것이다.

그러나 우리는 수용적 외피층을 갖고 있는 살아 있는 소포에 대해서 더 말할 것이 있다. 살아 있는 물질의 이 작은 조각은 가장 강력한 에너지로 채워진 외부 세계의 한가운데 매달려 있다. 만 약 이 소포가 자극에 대항할 보호적 방패를 얻지 못한다면 그것 은 이 에너지들로부터 나오는 자극에 의해서 죽게 될 것이다. 소 포가 방패를 요구하는 방식은 이렇다. 즉 그것의 가장 바깥 표면 은 생명체에 적합한 구조 형성을 멈추고 어느 정도 무기체가 된 다음에 자극에 저항하는 특별한 외피나 막피(膜皮)로서 기능한 다. 따라서 외부 세계의 에너지는 원래 강렬함의 일부만을 간직 한 채 아직 살아남은 밑에 있는 다음 층으로 들어갈 수 있다. 이 층은 보호적 방패 뒤에서 그것을 통해 유입된 일정량의 자극을

---

35   이러한 설명은 『정신분석의 기원』에 예고되어 있다.
36   『히스테리 연구』참조 ─ 원주. 브로이어의 「이론적 고찰」을 참조할 것.

받아들이는 일에 전념할 수 있다. 죽음을 통해 그 외피층은 내피층이 같은 운명을 겪지 않도록 보호해 준다 — 다시 말해서 보호적 방패를 뚫을 수 있을 정도로 강렬한 자극이 그 외피층에 닿지 않는다면 그렇다는 말이다. 자극에 〈대한 보호〉는 자극〈의 수용〉보다 유기적 생명체에 더 중요한 기능이다. 보호적 방패는 그 나름의 에너지를 공급받고 있으며, 외부 세계에서 작동하는 어마어마한 에너지의 위협적 산물에 대항해 그 보호막 속에서 작동하는 에너지의 특수한 변형의 틀을 보존하는 데 특별한 노력을 쏟는다. 그 위협적 산물은 그 변형의 틀을 깨부수려 하고 따라서 그것은 파괴를 향해서 움직인다. 자극 〈수용〉의 주된 목표는 외부 자극의 방향과 성격을 발견하는 것이다. 그것을 위해서는 외부 세계의 작은 표본을 채취해서 그것을 작은 양으로 견본 처리하는 것으로 족하다. 고도로 발달된 유기체의 경우, 이전 소포의 수용적 외피층은 신체 내부의 심층으로 사라진 지 오래되었다. 물론 그것의 일부가 자극에 대항하는 일반적 방패 바로 밑에 있는 표면에 남아 있기는 하지만 말이다. 이것이 감각 기관들이다. 이 감각 기관들은 본질적으로 자극의 구체적 결과를 받아들이기 위한 장치로 구성되어 있다. 그러나 그것들은 또한 지나친 양의 자극을 바로 방어하고 부적합한 종류의 자극을 제거하기 위한 특별한 장치를 포함하고 있다.[37] 이 감각 기관들은 외부적 자극의 소량만을 다루고 외부 세계의 〈견본〉만을 받아들이는 것을 그 특징으로 하고 있다. 그것들은 아마도 외부 세계를 향해 항상 시험적 진출을 시도하다가 이내 되돌아와 움츠르드는 더듬이에 비교될 수 있으리라.

이 시점에서 나는 매우 깊이 다룰 만한 가치가 있는 주제를 잠시 동안 언급하고자 한다. 정신분석학적 발견의 결과로 오늘날

37 『정신분석의 기원』 참조.

우리는 시간과 공간이 〈사고의 필수 불가결한 형식들〉이라는 칸트의 법칙을 논하기 시작할 입장에 있다. 우리는 무의식적 정신 과정이 그 자체로 〈무시간적〉이라는 것을 알았다.[38] 이 말은 우선 그 정신 과정이 시간적으로 질서화되지 않았다는 의미이고, 시간이 어떤 방식으로도 그 과정을 변화시키지 않으며, 시간의 개념이 그것에 적용될 수 없다는 뜻이다. 이것들은 부정적인 특징들인데, 이것은 〈의식적〉 정신 과정과의 비교를 통해 분명히 이해될 수 있다. 반면에 시간에 관한 우리의 추상적 개념은 모두 조직 〈지각-의식〉의 작업 방법에서 나오고, 또한 그 작업 방법의 지각(知覺)과 일치하는 것처럼 보인다. 이러한 기능의 양식은 아마도 자극에 대한 방패를 제공하는 또 다른 방식을 구성할지도 모른다. 나는 이러한 말들이 매우 불투명하게 들릴 것이라는 사실을 잘 알고 있다. 그래서 이러한 실마리를 말하는 선에서 그쳐야겠다.[39]

살아 있는 소포는 외부 세계에서 오는 자극에 대항할 방패를 갖추고 있다는 것을 이미 지적한 바 있다. 그리고 그 방패 옆에 있는 외피층은 외부에서 오는 자극을 받아들이기 위한 기관으로서 분화되어야 한다는 사실도 앞에서 말한 바 있다. 그러나 후에 〈의식〉의 조직으로 될 이 민감한 외피는 또한 〈내부〉에서 나오는 흥분을 받아들인다. 외부와 내부 사이에 위치한 그 조직의 상황, 그리고 그 두 경우에 흥분의 수용을 지배하는 조건들 사이의 차이점, 이것들이 두 조직과 전체 정신 기관의 기능에 결정적인 영향을 끼친다. 외부에 대해서 외피층은 자극으로부터 방어되고, 그것에 부딪치는 흥분의 양은 오로지 축소된 영향만을 끼칠 따름이

---

38 「무의식에 관하여」 참조.
39 프로이트는 「〈신비스러운 글쓰기 판〉에 대한 소고」에서 시간 개념의 기원으로 되돌아온다. 이 논문은 또한 〈자극에 대한 방패〉의 또 다른 논의를 담고 있다.

다. 내부에 대해서는 그러한 방패가 있을 수 없다.[40] 더 깊은 층에서 생성되는 흥분은, 그것의 어떤 특징들이 쾌락-불쾌Lust-Unlust와 관련된 어떤 감정을 불러일으키는 한 직접적으로 그리고 양의 감소 없이 그 조직에 전달된다. 그러나 내부에서 오는 흥분은 그 강도와 기타 질적인 면에서 — 아마도 그 진폭에서 — 외부 세계에서 유입되는 자극보다 조직의 작업 방법에 더 적당하다.[41] 이러한 사정은 두 가지 확실한 결과를 낳는다. 첫째, 쾌락과 불쾌의 감정이 (이것이 정신 기관의 내부에서 일어나고 있는 것에 대한 지표가 된다) 모든 외부적 자극을 압도한다. 둘째, 너무 지나친 불쾌의 증가를 가져오는 내적 흥분을 다루기 위한 특별한 방법이 도입된다. 즉 그 흥분이 안에서가 아니라 밖에서 작용하는 것처럼 그것을 다루는 경향이 있다는 것이다. 이렇게 되면 자극에 대한 방패가 그 흥분에 대한 방어 수단으로서 작동하도록 할 수 있게 된다. 이것이 병리 과정의 인과론에 큰 역할을 하는 〈투사Projektion〉의 근원이다.

이 마지막 고려를 통해 우리는 쾌락 원칙의 우위성을 더 잘 이해할 수 있게 되었다고 생각한다. 그러나 그 우위성에 모순되는 사례에 대해서는 아직 아무것도 밝혀진 바 없다. 그러므로 이 문제를 좀 더 밀고 나가 보자. 우리는 방어적 방패를 꿰뚫을 정도로 강력한 외부에서 오는 자극을 〈외상적〉이라고 기술하고 있다. 외상Trauma의 개념은 자극에 대해서 효과적으로 대처하던 장벽에 어떤 파열구가 생긴 것과의 관련성을 필연적으로 시사하게 된다고 생각된다. 심적 외상과 같은 사건은 유기체의 에너지 기능에 대규모의 혼란을 초래하고 가능한 모든 방어적 장치를

40 『정신분석의 기원』 참조.
41 『정신분석의 기원』 참조.

가동하지 않을 수 없게 한다. 이와 동시에 쾌락 원칙은 당분간 활동이 정지된다. 이제 더 이상 다량의 자극이 범람하는 사태에서 정신 기관을 보호해 줄 수 없게 된다. 여기서 또 다른 문제가 발생하는데, 그것은 방어망을 뚫고 들어온 자극의 양을 다스리고, 그것을 처분할 수 있도록 정신적인 의미에서 그것을 묶어 두는 문제이다.

육체적 고통을 수반하는 특수한 불쾌는 아마도 보호적 방패가 어떤 특정한 지역에서 뚫린 결과일 것이다. 그렇게 되면 문제의 주변 부위로부터 마음의 중추 기관으로 흥분이 계속 흐르게 되는데, 이것은 정상적인 경우 그 기관 〈내〉에서만 일어날 수 있는 일이다.[42] 그러면 우리는 마음이 어떻게 이러한 침투에 반응할 것이라고 기대할 수 있겠는가? 리비도 집중된 에너지가 사방으로부터 모여들어 그 갈라진 틈 주위에 고도로 리비도 집중된 에너지를 제공한다. 따라서 대규모의 〈리비도 반대 집중Gegenbesetzung〉이 형성되는데, 이것을 위하여 다른 정신 조직들은 빈곤하게 된다. 그래서 나머지 정신 기능들은 심하게 마비되거나 축소되고 만다. 우리는 이러한 예들로부터 교훈을 얻어 내고 그것들을 우리의 초심리학적 사색에 대한 기초로 이용하도록 노력해야 한다. 이렇게 해서 우리는 이 경우에서 고도의 리비도 집중 조직은 새로이 흘러들어 오는 에너지를 추가로 유입받을 수 있고 그것을 정지된 리비도 집중으로 바꾸는 일, 즉 그것을 정신적으로 묶을 수 있다는 사실을 추론할 수 있다. 조직의 정지된 리비도 집중이 높으면 높을수록 그것의 〈묶는〉 힘은 더 커지는 것 같다.

따라서 반대로 그것의 리비도 집중이 낮으면 낮을수록 흘러들

---

42 「본능과 그 변화」 참조 — 원주. 『정신분석의 기원』과 「억압, 증상 그리고 불안」의 부록을 참조할 것.

어 오는 에너지를 감당할 능력은 더 적어질 것이다.[43] 그리고 자극에 대한 보호적 방패에 생긴 틈새가 가져오는 결과는 더욱 격렬할 것임에 틀림없다. 그 틈새 주위에 모여드는 리비도 집중의 증가는 흘러들어 오는 다량의 흥분이 빚은 직접적 결과라는 말로 훨씬 간단하게 설명할 수 있다는 견해에 대해서는 당연히 반론의 여지가 있을 수 없다. 만약 그렇다면, 정신 기관은 단순히 증가된 에너지의 리비도 집중을 받아들이고 있을 따름이고, 고통의 마비적 성격과 모든 다른 조직의 빈곤화 현상은 설명되지 않은 채로 남아 있을 것이다. 그리고 또한 고통이 만들어 내는 격렬한 방출 현상이 우리의 설명에 영향을 끼치지는 않을 것이다. 왜냐하면 그 현상은 반사적 방식으로, 다시 말해서 정신 기관의 개입 없이 발생할 것이기 때문이다. 우리가 초심리학이라 기술하고 있는 문제에 대한 우리의 논의가 불분명한 것은, 우리가 정신 조직의 요소들 속에서 발생하는 흥분 과정의 성격에 대해서 아무것도 모르고 있다는 사실과, 그 주제에 대해서 우리가 어떤 가설을 설정하는 것이 정당하다고 생각하지 않는다는 사실에서 비롯된 것이다. 따라서 우리는 항상 거대한 미지의 요소를 가지고 작업하고 있는데, 이 요소를 우리는 어떤 새로운 공식으로 엮어 내야 하는 것이다. 이 흥분 과정은 〈양적으로〉 다양한 에너지를 가지고 수행될 수 있다고 생각해도 이치에 맞을 것이다. 그리고 그 과정은 또한 하나 이상의 〈질Qualität〉(예컨대 진폭의 성격에서와 같은)을 유지하고 있는 것처럼 보인다. 새로운 요소로서 우리는 에너지의 충전은 두 가지 형태로 이루어진다는 브로이어의 가설을 참조했다. 그래서 우리는 정신 조직이나 그 요소들에 대한 두 가지 종류

---

43 「꿈-이론과 초심리학」에 나오는 〈리비도가 집중되지 않은 조직은 흥분될 수 없다는 원칙〉 참조.

의 리비도 집중, 즉 방출을 향해 압력을 가하면서 자유롭게 흐르는 리비도 집중과 정지된 리비도 집중을 구별해야 한다. 아마도 우리는 정신 기관 속으로 흘러들어 오는 에너지의 〈묶음*Bindung*〉은 자유롭게 흐르는 상태에서 정지된 상태로의 변화 속에 있다고 생각할 수 있을 것이다.

우리는 잠정적으로 일반적인 외상성 신경증을 자극에 대항하는 방어적 방패에 생긴 심각한 파열 현상의 결과라고 생각해 볼 수 있을 것이다. 이것은 낡고 소박한 충격 이론을 답습하는 것으로서, 병인론적 중요성을 기계적 폭력성의 결과에 두지 않고 경악이나 생명에의 위협에 두는 심리학적으로 좀 더 야심적인 최근의 이론과는 명백한 대조를 이룬다. 그러나 이러한 상반된 견해가 화해 불가능한 것은 아니다. 그리고 외상성 신경증에 대한 정신분석학적 견해가 투박한 형태의 충격 이론과 일치하는 것도 아니다. 이 충격 이론은 충격의 본질을 분자 구조나 신경 조직 요소들의 조직학적 구조에 생긴 직접적 손상으로 간주하고 있다. 반면에 〈우리가〉 이해하고자 하는 것은, 자극에 대항하는 방패에 생긴 파열 구조와 그로 인해 나타나는 여러 문제점에 의해서 정신 기관에 생성된 어떤 결과들이다. 그리고 우리는 여전히 경악의 요소에 중요성을 부여한다. 그것은 자극을 처음으로 받아들이는 조직들의 리비도 과잉 집중*Überbesetzung*이 결여되는 것을 포함한 불안에 대한 준비성의 결여에 의해서 생겨난다. 낮은 리비도 집중 때문에 그 조직들은 흘러들어 오는 흥분의 양을 묶을 적절한 입장에 있지 못하고, 보호적 방패에 난 파열구로 인한 문제점들이 더 쉽게 발생한다. 그렇다면, 불안에 대한 대비와 각 조직의 리비도 과잉 집중이 자극에 대항하는 방패의 마지막 방어선을 형성한다고 할 수 있을 것이다. 많은 외상의 경우, 준비되지 않은 조직과 리비도가 과잉 집중되어 준비된 조직 사이의 차이는 결과를 결정하는 결정적인 요인이 될 수 있다. 물론 외상의 강도가 일정 수준을 넘을 때는 이러한 요소가 무게를 지니지 못한다는 것은 의심할 여지가 없지만 말이다. 우리가 알고 있는 대로, 소망의 성취는 꿈에 의해서 환각적인 방식으로 이루어지고 쾌락 원칙이 지배적인 상황에서 그 기능을 한다. 그러나 외상성 신경증으로 고생하는 환자들의 꿈이 그들을 정규적으로 그 외상이 발생했던 상황으로 끌고 가는 것은 그 원칙을 따르고 있지 않은 것이다. 우리는 차라리 그 꿈들은 여기서 또 다른 일, 심지어는 쾌락 원칙의 지배가 시작될 수 있기 이전에 수행되어야 할 어떤 일을 수행하는 데 도움을 주고 있다고 가정하는 편이 좋을 것이다. 그 꿈들은 불안을 촉발함으로써 그 자극을 소급하여 다스리고자 노력하는 것이다. 그 불안의 부재가 외상성 신경증의 원인이 되었던 것이다. 이와 같이 그 꿈들은 우리에게 정신 기관의 기능에 대한 견해를 제공해 주는데, 그 기능은 설령 그것이 쾌락 원칙에 모순되지는 않지만 이 원칙과는 독립되어 있고, 쾌락을 얻고 불쾌를 피하는 목적보다 더 원시적인 것처럼 보인다.

그렇다면 여기가, 꿈이 소원 성취*Wunscherfüllung*라는 명제에 대한 예외를 처음으로 인정하는 곳처럼 보일 것이다. 내가 이미 반복적으로, 그리고 세세하게 보여 준 대로, 불안-꿈*Angsttraum*은 그러한 예외를 구성하지 않는다. 그리고 〈처벌받는 꿈〉도 역시 그렇다. 왜냐하면 그것은 단순히 금지된 소원 성취를 그에 대한 적절한 처벌로 대치하고 있을 따름이기 때문이다. 다시 말해서, 그 꿈은 거부된 충동에 대한 반작용인 죄의식의 소망을 성취시켜 주고 있는 것이다.[44] 그러나 우리가 지금까지 논의해 온 바, 외상성

44 『꿈의 해석』과 프로이트의 「꿈-해석의 이론과 실제에 대한 비평」 참조.

신경증에서 나타나는 꿈이나 정신분석 과정에서 생기는 것으로 어린 시절의 정신적 외상을 연상시키는 꿈들을 소원 성취의 예로 분류하기는 불가능한 일이다. 이 꿈들은 차라리 반복 강박 원리에 따라 발생한다고 보아야 할 것이다. 물론 분석 과정에서 그 강박은 잊혀지고 억압된 것들을 불러내려는(〈암시〉에 의해서 부추겨지는)[45] 소망의 도움을 받는 것은 사실이지만 말이다. 그러므로 마음을 혼란시키는 충동적 소망을 성취해서 잠을 방해하는 동기를 제거하는 데 있다는 꿈의 기능은 꿈의 〈근원적〉 기능이 아닌 것처럼 보일 것이다. 정신생활 전체가 쾌락 원칙의 지배를 받아들일 때까지는 꿈이 그러한 기능을 수행하는 것은 가능하지 않을 것이다. 만약 〈쾌락 원칙을 넘어서〉라는 것이 가능하다면, 꿈이 소망 성취라는 목적을 갖기 이전의 어떤 때가 또한 있었을 것이라는 사실을 인정해야 사리에 맞을 것이다. 이 말은 이후에 드러나는 꿈의 기능을 부정하는 것은 아니다. 그러나 만약 이러한 일반 원칙이 일단 깨지면, 그 이상의 문제가 발생한다. 외상적 인상을 정신적으로 묶을 목적으로 반복 강박 원칙을 따르는 꿈 — 그러한 꿈이 분석의 〈밖〉에서도 역시 발생하지 않겠는가? 그에 대한 답변은 결정적으로 긍정적일 수밖에 없다.

나는 다른 곳에서,[46] 〈전쟁 신경증〉은 (이 용어가 그 병이 발생한 환경을 지칭하는 것 이상의 어떤 것을 암시하는 한) 당연히 자아 속의 갈등에 의해서 촉진된 외상성 신경증일 수 있다는 사실을 논변한 적이 있다. 내가 앞에서 언급한 사실, 즉 외상과 동시에 얻은 큰 신체적 상처는 신경증으로 발전할 가능성을 줄인다는 사

---

45 괄호 속에 있는 말은 1923년에, 그 이전의 판에 있었던 〈무의식이 아닌〉이라는 말 대신에 들어온 것이다.
46 『정신분석학과 전쟁 신경증』에 내가 쓴 서문 참조 — 원주.

실은, 만약 우리가 정신분석학적 연구를 통해 강조되어 온 두 가지 사실을 기억한다면 이해할 수 있을 것이다. 첫 번째 사실은 기계적 동요가 성적 흥분의 원천으로 인식되어야 한다는 것이고,[47] 두 번째 사실은 고통스럽고 고열의 병이 지속되는 동안 리비도의 분배에 막강한 영향력을 행사한다는 것이다. 그리하여 한편으로는 외상의 물리적 폭력성이 일정량의 성적 흥분을 촉발시킬 것이고, 이것은 불안에 대한 준비의 부족으로 말미암아 외상적 결과를 낳을 것이다. 그러나 다른 한편으로는, 동시에 얻은 신체적 상처가 상처 입은 기관의 나르시시즘적 리비도 과잉 집중을 불러옴으로써[48] 과다 흥분을 묶을 것이다. 우울증과 같은 리비도 분배에 있어서의 심한 장애는 병발적(倂發的) 기질성 질환에 의해 잠시 멎을 수 있고, 완전히 진행된 조발성 치매 상태도 이와 같은 환경 속에서 잠시 누그러질 수 있다는 사실 — 설사 리비도 이론은 아직 이 사실을 충분히 이용하고 있지는 못하지만 — 역시 잘 알려져 있다.

---

47 내가 다른 곳(「성욕에 관한 세 편의 에세이」)에서 흔들림과 철로 여행의 효과에 대해서 한 말을 참조하라 — 원주.
48 나르시시즘에 관한 나의 글을 보라(「나르시시즘 서론」, 본서 수록) — 원주.

5

　자극을 받아들이는 외피층이 내부에서 생기는 흥분에 대항할 보호 방패를 갖고 있지 않다는 사실은, 결과적으로 이 후자 쪽의 자극 전달이 대단한 경제적 중요성을 띨 뿐만 아니라 외상성 신경증에 비견할 만한 경제적 장애를 유발하는 경우도 허다하다는 사실로 연결될 것이다. 이러한 내적 흥분의 가장 풍부한 원천은 유기체의 〈본능 Trieb〉— 육체의 내부에서 생기고 정신 기관에 전달되는 모든 힘의 표상체 — 이라고 말해지는 것인데, 이것은 심리적 탐구 중 가장 중요한 것이면서 동시에 가장 불분명한 요소이기도 하다.

　본능에서 나오는 충동은 〈묶여진〉 신경 과정이 아니라 방출을 향해 압력을 가하며 〈자유롭게 유동하는〉 과정에 속한다고 가정해도 지나친 생각이 아닐 것이다. 이 과정에 대해서 우리가 알고 있는 최상의 것은 꿈-작업에 대한 연구에서 얻을 수 있다. 우리는 거기서 무의식 조직 속에 있는 과정은 전의식(혹은 의식) 조직 속에 있는 과정과는 근본적으로 다르다는 사실을 발견했다. 무의식 속에서 리비도 집중은 쉽게, 완벽하게 전이, 전치, 압축될 수 있다. 그러나 그러한 생각은 만약 그것이 전의식적 자료들에 적용될 경우 논거가 빈약한 결과만을 낳을 것이다. 그리고 전날의 전의식적 잔여물이 무의식 속에서 작동하는 법칙에 따라 처리된 후 꾸는 꿈에서 명시적으로 드러나는 비슷한 특이성을 설명해 준다. 나는 무의식 속에서 발견되는 이러한 형태의 과정을 〈1차적〉 정신 과정이라고 명명해서, 우리가 정상적인 의식 생활 속에서 얻게 되는 것인 〈2차적〉 과정과 상치시켜 놓았다. 모든 본능적인 충동은 그 접점으로서 무의식적 조직을 갖고 있으므로, 그것이 1차적 과정을 따르고 있다고 말한다고 해서 대단히 혁신적인 것은 못 될 것이다. 1차적 정신 과정을 브로이어의 자유롭게 유동하는 리비도 집중과, 그리고 2차적 과정을 그가 말하는 묶여진 리비도 집중 혹은 강세적 리비도 집중에서의 변화와 동일시하는 것은 쉬운 일이다.[49] 만약 그렇다면, 1차적 과정에 미치는 본능적 자극을 묶는 일은 정신 기관의 고위층이 하는 작업일 것이다. 이러한 묶기 작업을 제대로 하지 못하면 외상성 신경증과 비슷한 정신 장애가 야기될 것이다. 그리고 그 묶기 작업이 완수된 연후에야 쾌락 원칙(그리고 그것의 변형인 현실 원칙)의 지배력이 아무런 방해를 받지 않고 지속될 것이다. 그때까지는 정신 기관의 다른 일, 즉 자극을 통제하거나 묶는 일에 우선권이 주어질 텐데 그것은 쾌락 원칙에 〈반대〉해서가 아니라 그것과는 독립적으로, 어느 정도까지는 그것을 무시하는 선에서 그렇게 될 것이다.

(정신분석 치료 과정에서뿐만 아니라 유아기적 정신생활의 초기 활동에서도 발생하는 것으로 우리가 서술한 바 있는) 반복 강박의 여러 표현은 고도로 본능적인[50] 성격을 드러내 보이고 있으며, 그것들이 쾌락 원칙과 반대되는 상태로 작동할 때는 어떤 〈악

49 나의 『꿈의 해석』 참조 — 원주. 『히스테리 연구』도 참조할 것.
50 여기와 다음 구절의 시작 부분에 나오는 〈본능적〉이라는 말은 독일어로 *triebhaft*이다. *Trieb*라는 단어는 영어의 *instinct*보다는 촉구나 추동의 감정을 더 많이 띤다.

마적인〉 힘이 작용하는 것처럼 보인다. 어린아이들의 경우, 그들이 불쾌한 경험을 반복하는 것은 어떤 강력한 인상을 단지 수동적으로 경험하는 것보다는 스스로 능동적으로 되어서 좀 더 철저하게 정복할 수 있다는 또 다른 이유 때문이라는 사실을 우리는 추정할 수 있었다. 각각의 새로운 반복은 그들이 추구하는 정복을 강화해 주는 것 같다. 반면에 어린아이들은 〈유쾌한〉 경험이 자주 반복되는 것을 원치 않을 수 있다. 그들은 고집스럽게 반복이 동일한 반복이어야 한다고 주장한다. 이러한 성격적 특성은 나중에는 사라진다. 만약 농담을 두 번 듣는다면 그것은 거의 아무런 효과도 내지 못한다. 획기적인 무대 연출도 두 번째는 처음만큼 그렇게 큰 인상을 주지 못한다. 그런가 하면 책 읽기를 매우 즐기는 어떤 어른에게 그것을 즉시 다시 읽으라고 설득하기란 거의 불가능한 일일 것이다. 새로움이 항상 즐거움의 조건이다. 그러나 어린아이들은 어떤 어른이 그들에게 보여 주었거나 그들과 함께한 적 있는 놀이를 반복해 달라고 그 어른이 지칠 때까지 줄기차게 졸라 댈 것이다. 그리고 만약 어떤 어린아이가 멋진 이야기를 들었다면, 그는 새로운 이야기보다는 그것을 거듭거듭 반복해서 듣게 해달라고 졸라 댈 것이고, 그 반복이 동일한 것이 되도록 엄격하게 조건으로서 요구할 것이다. 그리고 만약 말하는 사람이 조금이라도 다르게 말하면 — 그 다른 점은 상대방의 승인을 새롭게 얻어 내기 위한 희망에서 시도되었을 수도 있는데 — 그는 그 변경된 부분을 시정하려 들 것이다.[51] 이 중 어느 것도 쾌락 원칙에 모순되지 않는다. 반복, 즉 동일한 어떤 것을 다시 경험하는 것은 분명 그 자체로 쾌락의 한 요소이기 때문이다. 그와는

51 프로이트의 농담에 관한 저술(『농담과 무의식의 관계』)에 나오는 이 문제에 관한 그의 의견을 참조.

반대로 분석을 받고 있는 사람의 경우, 어린 시절의 사건을 전이 속에서 강박적으로 반복하는 것은 확실히 〈모든〉 면에서 쾌락 원칙을 무시하는 것이다. 환자는 순전히 어린아이 같은 방식으로 행동하고, 따라서 그에게는 그의 원시적 경험에 대한 억압된 기억의 흔적들이 묶여진 상태로 존재하지 않으며, 어떤 의미에서는 2차적 과정을 따를 수 없다는 사실을 우리에게 보여 준다. 더구나 그 기억의 흔적들이 전날의 잔재물과 결합하여 꿈속에 나타나는 소망적 환상을 엮어 낼 수 있는 것은 바로 이러한, 그것들이 묶여져 있지 않다는 사실 때문이다. 이러한 반복 강박은, 분석이 끝날 즈음에 우리가 환자로 하여금 의사에게서 완전히 떨어지도록 유도하려 할 때, 우리에게 치료에 대한 장애를 안겨 주는 경우가 자주 있다. 분석에 익숙하지 않은 사람들이 막연한 공포감 — 잠자는 상태로 놓아두는 것이 더 좋은 것이라고 생각되는 것들을 일깨우는 데서 오는 두려움 — 을 느낄 때 그들이 밑바닥에서 두려워하고 있는 것은, 이러한 강박증이 어떤 〈악마적인〉 힘에 사로잡혔다는 의미와 더불어 나타날지도 모르는 두려움이라고 말해 볼 수도 있을 것이다.

그러나 〈본능적〉이라는 술어는 어떻게 반복 강박과 관련되는가? 이 시점에서 우리는 본능의 보편적 특성과 지금까지 분명하게 인식되지 않았거나 혹은 적어도 명시적으로 강조되지는 않은 유기적 생명체 전반의 문제와 마주치고 있다는 생각을 피할 수 없다.[52] 〈본능은 이전의 상태를 회복하려는 유기적 생명체 속에 내재한 어떤 충동인 것처럼 보인다〉. 이 〈이전의 상태〉는 생명체가 불안을 일으키는 외부의 힘이 가하는 압력 때문에 버리지 않을

---

52 〈혹은 적어도 명시적으로 강조되지는 않은〉이라는 말은 1921년에 첨가되었다.

수 없었던 것이다. 다시 말해서 본능은 일종의 유기적 신축력이고, 다른 말로 해서 유기적 생명체 속에 내재한 관성의 표현이다.[53]

본능에 관한 이러한 견해는 본능을 변화와 발전을 향한 추진력이라고 보는 데 익숙해져 있는 우리에게 대단히 새로운 것으로 느껴진다. 이제 우리는 본능을 그와는 정반대로 생명체의 〈보수적〉 성격의 표현으로 인식하도록 요청받고 있는 것이다. 한편으로 우리는 곧 동물들의 삶에서 본능이 역사적으로 결정된다는 견해를 확인해 주는 것처럼 보이는 여러 사례를 떠올리게 된다. 예컨대 어떤 물고기들은 산란기에 지금까지 그들이 살아온 거처에서 멀리 떨어진 특정한 물속에 알을 낳기 위해서 대단히 힘든 이주 여행을 감행한다. 많은 생물학자들의 견해에 의하면, 그 물고기들의 행위는 단순히 그들이 전에 살았던 장소를 찾아내고 있는 것이다. 그들은 그동안 처음 태어난 장소를 떠나 다른 장소에서 살아왔던 것이다. 같은 설명이 철새들의 이동에도 적용될 수 있다고 생각된다. 그러나 유기적 반복 강박이 존재한다는 가장 인상적인 증거가 유전 현상과 태생학적 사실에 있다는 생각을 해봄으로써, 우리는 더 이상의 예들을 찾을 필요성에서 이내 벗어나게 된다. 우리는 살아 있는 동물의 생식 세포가 그 발달 과정에서 어떻게 마지막 형태를 향해 지름길로 돌진하지 않고 그것의 발생 모체가 되는 모든 형태의 구조를 발달 단계적으로 반복하게 되는가를(물론 일시적이고 축약된 형식으로 이루어지지만) 알 수 있다. 이러한 행위는 오직 극미한 정도만 기계적 원인에 따른 것이기 때문에 역사적 설명을 소홀히 할 수 없다. 매우 유사한 기관을 새로이 자라게 함으로써 없어진 기관을 재생시키는 힘 또한 동물

53 〈본능〉의 성격에 관한 비슷한 개념들이 이미 반복적으로 제시되었다는 것은 의심할 나위 없다 — 원주.

의 왕국에까지 미친다.

반복을 향해 치닫는 보수적 본능 외에, 전진과 새로운 형태의 생산을 향해 밀어붙이는 또 다른 본능이 존재할 것이라는 설득력 있는 반대에 우리는 직면할 것이다. 확실히 이러한 주장이 간과되어서는 안 된다. 이 문제는 뒤에서 고려할 것이다.[54] 우선 당장은 모든 본능이 이전의 상태를 회복하려는 경향이 있다는 가설을 논리적 결론까지 추적해 봄직하다. 그 결과는 신비주의나 거짓 심오함의 인상을 줄지도 모르나, 우리는 그러한 목표를 전혀 염두에 두고 있지 않다. 우리는 단지 연구와 그에 근거한 사색의 냉정한 결과를 추구할 따름이다. 그리고 그 결과 속에서 확실성 이외의 다른 특성을 발견하기를 바라지 않는다.[55]

그러면 모든 유기적 본능은 보수적이고, 이 본능은 역사적으로 습득되고 이전의 상태를 회복하려는 경향이 있다고 가정해 보자. 그렇다면 유기적 발달의 현상은 그 원인을 외부의 장애적 영향에서 찾아야 한다는 말이 된다. 기본적인 생명체는 바로 그 시작에서부터 변화에의 의지를 갖고 있지 않았을 것이다. 만약 상황이 그대로라면 그것은 항상 같은 삶의 진로를 되풀이하는 일만을 할 것이다. 결국 유기체의 발달에 흔적을 남기는 것은 우리가 살고 있는 지구의 역사와 이것의 태양과의 관계임에 틀림없다. 그렇게 유기적 생명체의 진로에 가해지는 모든 변화는 보수적인 유기적 본능에 의해서 접수되고 앞으로의 반복을 위해서 저장된다. 그러므로 그러한 본능은 변화와 발전을 향해 움직여 가는 힘들이라는 잘못된 인상을 주기 쉽다. 사실 그 본능은 단순히 옛것이나 새로운 길

54 이 문장은 1921년에 첨가되었다.
55 (1925년에 추가된 각주) 독자들은 다음에 나오는 것이 극단적인 사고 노선의 전개라는 사실을 간과해서는 안 된다. 나중에 성적 본능에 대한 설명이 있을 때, 그것에 대해서 필요한 제한과 교정이 이루어질 것이다 — 원주.

을 따라 원래의 목표에 도달하려고 하는 것이다. 더욱이 모든 유기체가 추구하는 이 마지막 목표를 구체적으로 설명하는 것은 가능한 일이다. 만약 생명체의 목표가 아직 달성되지 않은 상태에 있다면, 그것은 본능의 보수적 성격과 모순될 것이다. 그렇지 않고 그 목표는 〈옛〉 상태, 즉 그곳으로부터 생명체가 과거 어느 시점에서 떨어져 나왔고 또 그곳을 향하여 그것이 지금까지 발전해 나온 길을 굽이굽이 거슬러 돌아가려 하고 있는 그 어떤 처음의 상태에 있음이 틀림없다. 만약 우리가 살아 있는 모든 것은 〈내적인〉 이유로 인해서 죽는다 — 다시 한번 무기물이 된다 — 는 것을 하나의 예외 없는 진리로서 받아들인다면, 우리는 〈모든 생명체의 목적은 죽음이다〉라고 말하고 또한 뒤를 돌아보면서 〈무생물체가 생물체보다 먼저 존재했다〉라고 말하지 않을 수 없을 것이다.

삶의 특성들은 그 성격을 잘 알 수 없는 어떤 힘의 작용에 의해서 과거 어느 땐가 무생물 속에 나타나게 되었다. 그것은 아마도 형태상 생물의 특수층에서 의식의 발달을 유도했던 것과 비슷한 과정이었을는지 모른다. 그때까지 무생물체였던 것 속에 야기된 긴장은 긴장 그 자체를 없애 버리려고 노력했다. 이런 식으로 해서 첫 번째 본능, 즉 무생물 상태로 돌아가려는 본능이 생기게 된 것이다. 그때에 생물체가 죽는다는 것은 쉬운 일이었다. 그 생명체의 진로는 짧았을 가능성이 크고 그 방향은 어린 생명체의 화학적 구조에 의해서 결정되었을 것이다. 아마도 오랫동안 생물체는 끊임없이 새로이 창조되고 쉽게 죽어 갔을 것이다. 그러다가 마침내 결정적인 외부의 영향력이 일변하여 아직 살아 있는 물체가, 그 원래의 생명의 진로로부터 크게 일탈하여 그것의 목적인 죽음에 이르기까지는 훨씬 더 복잡한 〈우회로〉를 택해야 했다. 보수적인 본능에 의해서 충실하게 답습되는 죽음에 이르는 이러한 우회적 길은 오늘날 우리에게 생명 현상의 모습을 제시해 줄 것이다. 만약 우리가 본능이 전적으로 보수적인 성격이라는 견해를 확고히 유지하고 있다면 생명의 기원과 목적에 관한 다른 본능의 문제에 도달할 수 없을 것이다.

유기체의 생명 현상 뒤에 있는 것으로 믿어지는 일군(一群)의 본능에 관한 여러 함축적 의미도 이에 못지않게 우리를 당황하게 만들 것이다. 우리가 살아 있는 모든 존재에게 부여하는 자기 보존 본능의 가설은, 본능적 삶은 전반적으로 죽음을 초래하는 데 기여한다는 생각과는 두드러지게 반대 입장을 보이고 있다. 이런 관점에서 볼 때 자기 보존과 자기주장, 지배적 본능의 이론적 중요성은 크게 감소한다. 그것들은 구성 본능으로서 유기체가 그 길을 따라 죽음에 이르는 것을 확보해 주고, 유기체 그 자체 속에 내재한 것 이외에는 어떠한 무기체적 존재에로도 되돌아가는 길을 차단하는 기능을 한다. 우리는 이제 더 이상 모든 장애물에 직면하여 자신의 존재를 지켜야 하는(어떠한 상황에서도 들어맞을 만큼 견고한) 유기체의 수수께끼 같은 결단을 고려할 필요가 없게 되었다. 우리에게 남아 있는 것은 유기체가 그 자신의 방식대로만 죽기를 바란다는 사실이다. 그러므로 이러한 생명의 수호자들도 원래는 죽음의 충실한 앞잡이였다. 따라서 살아 있는 유기체는 그 생명의 목적을 일종의 단락(短絡)에 의해서 빨리 성취하는 데 기여할 어떤 사건(사실상 어떤 위험)에 대해서는 매우 강력하게 저항한다는 역설적 상황이 발생하는 것이다. 그러나 그러한 행위는 정확하게 지적 노력과 대조되는 순전히 본능적인 노력의 특징을 드러내는 것이다.[56]

56 1925년 이전에 나온 판에서는 이 부분에 다음의 각주가 실려 있었다. 〈자기 보존 본능에 대한 이처럼 극단적인 견해는 이하에서 교정된다〉.

그러나 잠시 멈추고 곰곰이 생각해 보자. 그럴 리가 없다. 신경증 이론이 특별한 자리를 부여하고 있는 성적 본능은 그와는 매우 다른 측면에서 나타난다.

계속 점증적 발전을 자극하는 외부적 압력은 〈모든〉 유기체에 가해지는 것은 아니다. 많은 것들이 현재까지 낮은 수준으로 남아 있는 데 성공했다. 전부는 아닐지라도 고등 동물과 식물의 초기 단계를 닮아 있는 많은 것들이 오늘날 살아 있다. 같은 방식으로, 자연사(自然死)에 이르는 발전의 모든 길을 고등 유기체의 복잡한 몸을 구성하는 〈모든〉 기초적인 요소들이 따라가는 것은 아니다. 그중 일부인 생식 세포는 생물체 최초의 구조를 보유하고 있을 가능성이 크다. 그리고 일정 시간이 경과한 후에 그것은 유전되었거나 새로이 습득된 전체의 본능적 성향과 더불어 유기체 본체로부터 분리된다. 이 두 특징이 바로 그들 서로가 독립된 존재를 유지할 수 있도록 해주는 것이다. 조건이 좋아지면 그들은 발전하기 시작한다. 다시 말해 생식 세포들은 그들이 생기도록 한 과정을 반복하기 시작하는 것이다. 그리고 종국에 가서는 다시 한번 그 물질의 일부가 끝까지 발전을 추구하게 되고, 또 다른 일부는 새로 남은 생식 세포로서 발전 과정의 출발점으로 다시 한번 되돌아온다. 그러므로 이 생식 세포들은 살아 있는 물질의 죽음에 대항해서 일하고, 잠재적 불멸이라고 간주할 만한 것 — 물론 그것은 죽음에 이르는 노정의 연장 그 이상을 의미하지는 않지만 — 을 얻는 데 성공한다. 우리는 생식 세포의 이러한 기능이 그것과 비슷하나 어느 정도는 차이가 나는 또 다른 세포와 결합될 경우에 강화된다는 사실, 혹은 그렇게 해야만 그것이 제 기능을 제대로 발휘할 수 있다는 사실을 대단히 의미심장한 것으로 받아들여야 할 것이다.

개인 전체보다 더 오래 살아남는 이러한 기초적인 유기체들의 운명을 지켜보고 있는 본능, 그들이 외부 세계의 자극에 대해서 무방비 상태일 때 그들에게 안전한 거처를 제공해 주는 본능, 다른 생식 세포들과의 만남을 주선하는 본능 등 — 이러한 것들이 성적 본능의 집단을 형성한다. 그것들은 살아 있는 물질의 이전 상태를 복원하려 한다는 점에서 다른 본능들과 같은 의미로 보수적이다. 그러나 그들은 외부적 영향에 대해서 특유하게 저항한다는 점에서 더 보수적이다. 그리고 그들은 또한 생명체를 비교적 오랫동안 보존한다는 또 다른 의미에서 보수적이다.[57]

그들이 진정한 생명 본능이다. 그들은 그 기능상 죽음에 이르는 다른 본능들의 목적에 역행해서 운행한다. 이 사실은 생명 본능과 다른 본능 사이에는 어떤 대치 상태, 그것의 중요성이 이미 오래전에 신경증 이론에 의해서 인식된 바 있는 어떤 대치 상태가 존재한다는 것을 지적해 주고 있다. 마치 유기적 생명체가 주기적 리듬을 가지고 앞뒤로 움직이는 것 같다고나 할까. 한 무리의 본능이 가능하면 빨리 삶의 최종 목표에 도달하기 위해서 앞으로 돌진한다. 그러나 전진의 어떤 단계에 도달하면 다른 집단의 본능이 일정 지점으로 확 잡아당겨 새로 출발하도록 하고 여행을 연장시킨다. 생명체가 시작될 때는 성(性)이나 남녀 사이의 차이가 존재하지 않았지만, 나중에 성적이라고 말할 수 있는 본능이 바로 처음부터 작동했을 가능성은 여전히 남는다. 그리고 그 성적 본능이 〈자아 본능Ichtriebe〉[58]의 행위에 대치되는 일을 하

---

57 (1923년에 추가된 각주) 그러나 우리가 〈진보〉와 더 높은 발전을 향해 움직이는 내적 충동의 속성을 부여할 수 있는 것은 오직 그것들에게뿐이다! — 원주.

58 (1925년 추가된 각주) 〈자아 본능〉이라는 용어는 여기서 잠정적인 것으로 사용되고 있으며, 초기의 정신분석학적 용어에서 유래한 것이라는 사실을 문맥을 통해 이해할 수 있을 것이다 — 원주.

기 시작하는 것은 한참 후에야 있을 수 있다는 주장은 사실이 아닐 수 있다.

　이제 잠시 본 논제로 되돌아와, 과연 이러한 사변에 어떤 근거가 있는지 생각해 보자. 〈성 본능 Sexualtrieb은 그렇다 하고〉[59] 이전의 상태를 복원하려고 하지 않는 본능은 없는 것일까? 그리고 아직 획득된 적이 없는 상태를 목표로 하는 본능은 없는 것일까? 나는 유기체의 세계에서 내가 제시했던 본능의 특징에 모순되는 어떠한 예들에 대해서도 아는 바가 없다. 동물계나 식물계에서 관찰될 수 있는 고도의 발전을 지향하는 보편적인 본능이 존재하지 않는다는 것에는 의문의 여지가 있을 수 없다. 물론 발전이 사실상 그런 방향으로 이루어지고 있다는 것은 부정할 수 없지만 말이다. 그러나 한편으로 한 단계의 발전이 다른 단계의 발전보다 더 고차원적이라고 말할 때, 그것은 단순히 견해상의 문제일 경우가 허다하다. 다른 한편으로 한 측면에서의 고도의 발전은 다른 측면에서의 퇴화에 의해서 균형이 잡히거나 무게 중심이 역전되는 경우가 매우 빈번하다는 사실을 생물학은 우리에게 가르쳐 주고 있다. 더욱이 많은 동물들의 초기 단계에서 우리는 그것들의 발전이 오히려 퇴행적 성격을 띠고 있다는 사실을 추정할 수 있다. 고도의 발전과 퇴화 양쪽 모두 외부적 힘이 가한 압력에 적응한 결과일 것이다. 그리고 두 경우 모두 본능이 맡는 역할은 (쾌락의 내부적 원천의 형태로) 의무적 변이에 국한될 것이다.[60]

　59　이 구절들은 1921년 이후 이탤릭체로 표기되었다.
　60　페렌치는 「현실 감각의 발달 단계 Entwicklungsstufen des Wirklichkeitssinnes」 (1913)에서 다른 노선을 따라 같은 결론에 도달했다. 〈만약 이러한 사고를 논리적 결론까지 추구한다면, 우리는 보존이나 퇴행으로부터의 경향이 유기적 생명체를 지배하고 있으며, 발전과 적응의 경향은 외부적 자극의 결과로서만 활성화된다는 생각에 익숙해질 것이다〉── 원주.

우리 중 많은 사람들은 또한 인간 속에 완벽을 향한 본능이 작동하고 있다는 믿음을 버리기가 힘들 것이다. 왜냐하면 그 본능이 그들에게 지금과 같은 높은 수준의 지적 업적과 윤리적 승화를 가져다주었으며, 그들이 초인Übermensch으로 발전해 가는 과정을 지켜보고 있다고 생각하기 때문이다. 그러나 나는 그러한 내적 본능이 존재한다는 믿음을 도대체 갖고 있지 않으며, 이러한 자애로운 환상이 어떻게 보존될지 알 수 없다. 인간의 현재적 발전은 동물의 경우와 다른 설명을 요구하고 있다고 생각되지 않는다. 더 높은 완벽을 향한 지칠 줄 모르는 추동력으로써 소수의 인간 개인들 속에 나타나는 것은 본능적 억압의 결과라고 쉽게 이해할 수 있다. 인간 문명 속에 있는 매우 고귀한 것들이 모두 이러한 본능적 억압에 기초하고 있는 것이다. 억압된 본능은 완전한 만족에의 추구를 절대로 멈추지 않는다. 그것은 만족의 첫 경험을 반복하는 데 있을 것이다. 어떠한 대리 표상이나 반동 형성도, 어떠한 승화 작용Sublimierung도 억압된 본능의 끈질긴 긴장을 제거하는 데 충분하지 못할 것이다. 이미 얻은 지위에 멈추기를 허용치 않고 어느 시인의 표현대로, 〈억누를 수 없이 계속 앞으로 밀어붙이는〉61 추동적 요소를 제공하는 것은 바로 〈요구되는〉 만족의 쾌락과 실제로 〈성취한〉 것 사이의 양적 차이이다. 완전한 만족으로 이르는 역행의 길은 억압을 유지시키는 저항에 의해서 방해를 받는 것이 원칙이다. 그러므로 아직 성장이 보장되는 방향으로 전진해 나가는 것 외에는 다른 대안이 없다. 그 과정이 결말로 연결된다거나 목표에 도달할 수 있다는 전망도 없지만 말이다. 본능적 만족으로부터의 도피적 시도에 다름 아닌 신경증적 공포

61 『파우스트』 제1부에 나오는 메피스토펠레스의 말 — 원주. *Ungebändigt immer vorwärts dringt.*

증 형성에 관련된 정신 과정은, 이러한 가설적인 〈완벽을 향한 본능〉 ─ 〈모든〉 인간들이 다 갖고 있다고는 할 수 없는 본능 ─ 의 기원에 대한 모델을 우리에게 제시해 준다. 그것이 발전할 수 있는 〈역동적〉 조건은 보편적으로 존재한다. 그러나 〈경제적〉 상황이 그러한 현상의 생성을 유리하게 만들어 주는 경우는 드물다.

유기체를 점점 더 큰 통일체로 결합시키려는 에로스*Eros*의 노력이 이 〈완벽을 향한 본능〉 ─ 우리는 이 본능의 존재를 인정할 수 없다 ─ 에 대한 대체물을 제공한다는 것을 암시하는 말을 덧붙이겠다. 이 본능의 속성으로 돌릴 수 있는 현상들은 억압의 결과와 연접해서 취해지는 에로스의 노력에 의해서 설명될 수 있을 것으로 보인다.[62]

---

62 1923년에 첨가된 이 단락은 앞으로 나오게 될 에로스에 대한 설명을 예고한다.

6

지금까지 우리가 탐구해 온 연구의 결과는 〈자아 본능〉과 성적 본능을 뚜렷하게 구분하는 것이었고 전자가 죽음을 향해, 그리고 후자가 생명의 연장을 향해 압력을 가한다는 견해였다. 그러나 이러한 결론은 여러 가지 면에서 우리 자신들에게조차도 불만족스러울 수밖에 없다. 더욱이 우리가 반복 강박에 해당하는 보수적 혹은 퇴행적 성격을 예측할 수 있는 것은 실제로 전자의 본능군(群)에 대해서뿐이다. 우리의 가설에 의하면, 자아 본능은 무생물이 생명을 얻음으로써 생기고 그 무생물적 상태를 복원하려 한다. 반면에 성적 본능에 대해서는, 설령 그것이 유기체의 원시적 상태를 재생하는 것은 사실이지만, 그것이 모든 수단을 동원하여 목표로 하고 있는 분명한 것은 특수한 방식으로 분화되어 있는 두 생식 세포의 결합이다. 만약 이러한 결합이 성취되지 않으면, 생식 세포는 다세포 생물의 다른 요소들과 더불어 죽고 만다. 성적 기능이 세포의 생명을 연장시키고 그것에 불멸성 같은 외양을 제공하는 것은 바로 이러한 조건하에서뿐이다. 그러나 살아 있는 물질의 발전 과정에서 성적 재생이나 그것의 선두 주자격인 두 원생생물[63]의 접합 시 반복되는 중요한 사건은 무엇인가? 우리는

63 다음에서 프로이트는 단세포 생물을 표시하기 위해서 〈원생생물 *Protist*〉과

말할 수 없다. 따라서 우리가 개진해 온 논변의 전체 구도가 잘못된 것으로 판명된다면 차라리 안도감을 느낄 것이다. 그러면 자아 혹은 죽음 본능Todestriebe,[64] 그리고 성적 본능이나 생명 본능 사이의 대극 구조가 성립되지 않을 것이고, 반복 강박은 지금까지 부여받았던 중요성을 더 이상 갖지 못할 것이다.

그렇다면 그것을 완전히 부정할 수도 있다는 생각을 가지고 우리가 이미 세웠던 가정으로 돌아가 보자. 모든 살아 있는 물질은 내적 원인으로 인해서 죽어 갈 수밖에 없다는 가설에서 우리는 폭넓은 결론을 도출했다. 우리가 이러한 가정을 조심성 없이 세웠던 것은 그것이 하나의 가정으로 보이지 않았기 때문이었다. 우리는 그러한 것이 사실이라는 생각에 젖어 있다. 그래서 우리는 시인들의 글을 통해서 그러한 생각을 강화하고 있는 것이다. 아마도 우리가 그러한 믿음을 취했던 것은 그 속에서 어떤 위안 같은 것을 발견할 수 있었기 때문이었을 것이다. 만약 우리 자신이 죽게 된다면, 피할 수도 있는 어떤 우연보다는 엄연한 자연의 법칙이나 숭고한 필연성ananke에 복종하는 것이 더 쉬울 것이다. 그러나 이러한 죽음의 내적 필연성에 관한 믿음은 〈존재의 짐을 지기 위해서〉[65] 우리가 지어낸 또 다른 환상에 불과한지도 모른다. 확실히 그것은 인류 역사의 초기적 믿음은 아니다. 〈자연사(自然死)〉의 개념은 원시 종족들에게는 아주 낯선 것이었다. 그들은 그들 사이에서 발생하는 모든 죽음을 적이나 악령들의 영향 탓으로 돌렸다. 그러므로 그러한 믿음의 적법성을 검증하기 위해서는 생물학에로 눈을 돌려야 한다.

〈원생동물Protozoe〉이라는 용어를 구분하지 않고 사용하는 것 같다.

64 이 용어가 출판물에 등장하기는 이것이 처음이다.

65 *Um die Schwere des Daseins zu ertragen*. ── 실러, 『메시나의 신부*Die Braut von Messina*』.

그럴 경우, 생물학자들 사이에서 자연사의 문제에 대해 얼마나 이견이 분분하며 사실상 죽음에 관한 모든 개념이 그들의 손에서 녹아 없어지고 만다는 사실을 발견하고는 깜짝 놀랄 것이다. 적어도 고등 동물 사이에서는 일정한 평균 수명이 존재한다는 사실은, 자연히 자연적 원인에서 발생하는 죽음과 같은 것이 있다는 가설을 뒷받침해 준다. 그러나 어떤 큰 동물이나 거대한 수목들이 현재에는 셀 수도 없을 만큼 매우 오랜 세월 동안 살아왔다는 것을 고려해 볼 때 이러한 인상은 난관에 부딪히고 만다. 빌헬름 플리스[66]의 대규모의 개념에 의하면, 유기체들이 보이는 생명 현상 — 그리고 물론 죽음까지도 — 은 일정한 기간의 완료와 연결되어 있는데, 그것은 두 종류의 살아 있는 물질(하나는 남성, 다른 하나는 여성)이 태양력에 의존하고 있다는 사실을 표현한다. 그러나 외부적 힘의 영향이 얼마나 쉽게, 그리고 얼마나 광범위하게 생명 현상의 출현 날짜를 — 그것을 촉진시키거나 억제시킴으로써 — 수정할 수 있는가를 인식한다면, 우리는 플리스가 세운 공식의 경직성이나 적어도 그가 세운 법칙이 유일한 결정 요인은 아닐 것이라는 의심을 하지 않을 수 없다.

가장 큰 관심은 우리의 관점에서 바이스만A. Weismann[67]의 저술에서 제시하고 있는 수명과 유기체의 죽음에 대한 문제로 옮겨 간다. 살아 있는 부분을 죽은 부분과 죽지 않은 부분으로 갈라놓는 일을 처음 시도한 사람이 바로 바이스만이었다. 죽은 부분은 좁은 의미로의 육체, 즉 체세포인데 이것만이 자연사를 겪는다. 반면에 생식 세포는 그것이 좋은 조건하에서 새로운 개체로 발전

---

66 『생활의 흐름 Der Ablauf des Lebens』(1906) 참조.

67 바이스만의 『생명의 지속 기간에 대하여 Über die Dauer des Lebens』(1882),『생명과 죽음에 대하여 Über Leben und Tod』(1884),『생식질 Das Keimplasma』(1892) 참조 — 원주.

하거나 다른 말로 표현해, 자신을 새로운 체세포로 감쌀 수 있다는 점에서 잠재적으로 불멸이다.[68]

이 점에서 우리에게 강한 인상을 주는 것은, 우리의 견해가 그것과는 아주 다른 경로를 통해 도출된 것임에도 불구하고 예기치 않게 바이스만의 견해와 유사하다는 것이다. 살아 있는 물질을 형태론적으로 보고 있는 바이스만은 그 속에서 죽을 운명에 있는 부분인 체세포, 즉 성과 유전에 관계하고 있는 물질로부터 독립되어 있는 신체와 종의 생존, 재생과 관련된 생식질 *Keimplasma*을 보고 있는 것이다. 반면에 우리는 살아 있는 물질을 다루지 않고 그 속에서 작동하고 있는 힘들을 다룸으로써 두 가지 종류의 본능, 즉 살아 있는 것을 죽음으로 이끌려는 본능과 영원히 갱생을 시도하고 성취하는 성적 본능을 구분하게 되었다. 이것은 바이스만의 역동적 이론에 대한 역동적 추론같이 들린다.

그러나 양자 간에 의미 있는 합일점이 있어 보이던 것도 우리가 죽음의 문제에 관한 바이스만의 견해를 발견하는 순간 사라지고 만다. 그는 필멸의 체세포와 불멸의 생식질 사이의 구분을 〈다세포〉 생물에 연관시키고 있을 따름이다. 단세포 생물의 경우 개체와 재생 세포는 완전히 동일하다.[69] 그래서 그는 단세포 생물은 잠재적으로 불멸이고 죽음은 오직 다세포 후생동물에게만 나타난다고 생각한다. 고등 동물의 이러한 죽음이 자연사, 즉 내적 원인에서 생기는 죽음이라는 것은 사실이다. 그러나 그것은 살아 있는 물질의 원초적 특성에 근거를 두지 않았고,[70] 생명체의 속성 그 자체에 기초한 절대적 필연성이라고 볼 수 없다.[71] 죽음은 오

---

68 바이스만의 『생명과 죽음에 대하여』 참조 — 원주.
69 바이스만의 『생명의 지속 기간에 대하여』 참조 — 원주.
70 바이스만의 『생명과 죽음에 대하여』 참조 — 원주.
71 바이스만의 『생명의 지속 기간에 대하여』 참조 — 원주.

히려 편의성의 문제이고 생명체의 외부적 조건에 대한 적응의 표현이다. 몸의 세포가 체세포와 생식질로 구분되는 순간, 개체의 무한한 수명은 전혀 무의미한 사치품이 되고 말 것이기 때문이다. 이러한 구분이 다세포 생물에서 생겼을 때 죽음은 가능하고도 편의적인 것이 되었다. 그 이래로 고등 생물의 체세포는 일정한 기간에 내적인 이유로 인해 죽어 간 반면, 원생생물은 불멸의 상태로 남아 있었다. 다른 한편, 재생이 죽음과 동시에 도입되었다는 것은 사실과 다르다. 그와는 반대로, 재생은 (이것을 유발하는) 성장과 같이 살아 있는 물체의 원초적 특성이다. 그리고 생명체는 지구상에서 처음 시작부터 계속성을 유지해 왔다.[72]

이와 같이 고등 생물이 자연사를 한다는 사실을 인정한다는 것은 우리에게 별로 도움이 되지 않는다는 것을 곧 알게 될 것이다. 만약 죽음이 유기체의 〈지연된〉 취득 형질이라면, 지상에서 생명체가 시작되는 바로 그 순간부터 죽음 본능이 존재했다는 사실에 의심의 여지가 있을 수 없기 때문이다. 다세포 생물은 분화의 결함이나 물질대사의 미완성 때문에 내적 이유로 인해 죽게 될지 모른다. 그러나 그 문제는 우리가 제기한 문제의 견지에서 볼 때 아무런 관심의 대상이 되지 못한다. 더욱이, 이와 같은 죽음의 기원에 관한 설명은 〈죽음 본능〉이라는 낯선 가설을 세우는 것보다는 우리의 관습적 사고방식에 훨씬 덜 어긋난다.

바이스만의 암시에 따른 논의는, 내가 판단할 수 있는 한, 어느 방향으로도 결정적인 결과를 낳지 못했다.[73] 어떤 저술가들은 죽

---

72 바이스만의 『생명과 죽음에 대하여』 참조 — 원주.

73 하르트만M. Hartmann의 『죽음과 번식Tod und Fortpflanzung』(1906), 립쉬츠A. Lipschütz의 『왜 우리는 죽는가Warum wir sterben』(1914), 도플레인F. Doflein의 『식물과 동물의 죽음과 불멸 Das Problem des Todes und der Unsterblichkeit bei den Pflanzen und Tieren』(1919) 참조 — 원주.

음을 재생의 직접적 결과로 보고 있는 괴테A. Goette[74]의 견해로 돌아왔다. 하르트만[75]은 〈죽은 몸〉 — 살아 있는 물질의 죽은 부분 — 이 나타나는 것을 죽음의 기준으로 보지 않고, 죽음을 〈개체 발전의 종말〉로 정의하고 있다. 이런 의미에서 원생동물 역시 죽지 않는다. 그 경우 죽음은 항상 재생과 일치하나 죽음이 어느 정도 재생에 의해서 가려지기도 하는데, 그것은 1세 동물의 물질 전체가 어린 2세 동물에게 직접 전달될 수도 있기 때문이다.

그 후 곧 단세포 생물에 대해서 살아 있는 물질의 불사 문제를 실험적으로 테스트하는 쪽으로 연구의 방향이 잡혔다. 미국의 생물학자 우드러프는 분열에 의해서 두 개의 개체로 재생되는 섬모성 적충류인 〈짚신벌레〉를 가지고 실험하고 있었는데, 매번 부분적 산물 중 하나를 따로 떼어 신선한 물속에 넣는 방식으로 3029번째 세대까지 계속 이어 갔다(이 지점에서 그는 실험을 멈추었다).[76] 이 첫 번째 짚신벌레의 먼 후손은 그의 선조 못지않게 생생했고 노화나 퇴화의 징후를 보이지 않았다. 그러므로 이런 종류의 수치가 보여 줄 수 있는 한, 원생동물의 불사 문제는 실험적으로 증명할 수 있는 것처럼 보였다.[77]

다른 실험가들은 다른 결과에 도달했다. 모파E. Maupas,[78] 캘킨스G. N. Calkins[79] 등은 우드러프와는 대조적으로, 일정 횟수의 분

74 『죽음의 근원에 대하여 *Über den Ursprung des Todes*』(1883) 참조 — 원주.

75 『죽음과 번식』 참조 — 원주.

76 우드러프L. L. Woodruff의 「5년 동안 접합 없이 단일 개체로 번식한 짚신벌레 A Five-Year Pedigreed Race of Paramencium without Conjugation」(1914) 참조.

77 이 부분과 다음의 논의에 관해서는 립쉬츠의 『왜 우리는 죽는가』 참조 — 원주.

78 「적충류(滴蟲類)의 번식에 대한 실험적 탐구Recherches expérimentales sur la multiplication des infusoires ciliés」(1888) 참조.

79 「원생동물의 생활사 연구 — 파라메시쿰 카우다툼(짚신벌레)의 생활 주기 Studies on the Life-History of Protozoa. I. The Life-Cycle of Paramecium caudatum」(1902) 참조.

열을 겪은 후에 이 적충류는 어떤 회복적 조치가 취해지지 않는 한 약해지고 크기가 줄고 조직의 일부가 파손되고 급기야는 죽고 만다는 사실을 발견했다. 만약 그것이 사실이라면, 원생동물은 고등 동물과 똑같이 노쇠 과정을 겪은 연후에 죽는 것처럼 보일 것이다. 이것은 살아 있는 유기체가 죽음을 늦게 취득한 것으로 보는 바이스만의 주장과 완전히 모순되는 것이다.

이러한 실험의 종합을 통해 우리에게 확고한 발판을 제공할 것으로 보이는 두 가지 사실이 나타난다.

첫째, 만약 두 마리의 짚신벌레가 노쇠의 징후를 보이기 전에 접합 혹은 〈교미〉할 수 있다면(그 직후 그들은 다시 한번 분리된다), 그들은 늙는 일로부터 구원받고 〈도로 젊어지게〉 된다. 교미는 의심할 나위 없이 고등 동물의 성적 재생의 선두 주자이다. 그것은 아직 번식의 문제와 연관되지 않은 채 두 개체 물질의 섞음에 국한되어 있다(바이스만의 〈양성 혼합〉). 그러나 접합을 통한 회복 노력은 자극을 주는 어떤 물체나 자양분을 공급하는 액체의 구성 요소에서의 변화, 혹은 온도를 높이거나 흔들어 주는 행위로 대체될 수 있다. 우리는 뢰프J. Loeb에 의해서 실시된 유명한 실험을 기억하는데, 그는 어떤 화학적 자극의 방법에 의해서 성게 알의 분할을 유도했던 것이다. 이러한 과정은 보통은 수정이 이루어진 후에야 일어날 수 있는 것이다.[80]

둘째, 그럼에도 불구하고 적충류가 그 나름의 생명 과정의 결과로 자연사한다는 것은 사실일 수 있다. 우드러프의 발견과 다른 이들의 발견에서 모순이 생기는 이유는, 그가 세대마다 새로

---

80 그 실험은 1899년에 처음으로 실시되었다. 뢰프의 『동물성 알의 화학적 발생 자극: 인공적인 단성 생식 Die chemisch Entwicklungserregung des tierischen Eies: künstliche Parthenogenese』(1909) 참조.

운 자양액을 공급했기 때문이다. 만약 그가 그렇게 하지 않았더라면 다른 실험가들과 마찬가지로 노쇠의 징후를 관찰할 수 있었을 것이다. 짚신벌레들은 그들이 주위의 유동액 속으로 밀쳐 낸 물질대사의 산물에 의해서 상처를 받는다고 우드러프는 결론짓고 있다. 그렇게 해서 그는 특별한 종류의 짚신벌레들에게 치명적인 결과를 안겨 주는 것은 바로 그 〈자신의〉 물질대사의 산물일 따름이라는 사실을 결론적으로 증명할 수 있었다. 만약 자신들의 자양액 속에서 함께 뭉쳐 있었다면 틀림없이 죽어 버렸을 짚신벌레들이, 그들과 관계가 먼 종(種)의 폐기 산물이 가득 들어 있는 용액 속에서는 번성했던 것이다. 그러므로 적충류는 혼자 놔두면 자신의 물질대사의 산물을 불완전하게 치움으로써 자연사를 맞게 된다(아마도 이같은 무능이 모든 고등 동물들의 죽음에 대한 궁극적인 원인일 것이다).

이 시점에서 원생동물에 대한 연구를 통해 자연사의 문제를 풀어 보려고 하는 것이 도대체 무슨 목적에 기여하는지 의문이 생길 것이다. 이러한 동물들의 원시적 조직은, 사실은 그들 속에도 있지만 형태론적 표현을 할 수 있는 고등 동물에게만 〈보이는〉 중요한 조건들을 우리 눈에 보이지 않게 감추고 있을 수 있다. 그리고 만약 우리가 형태론적 관점을 버리고 역동적 관점을 취한다면, 자연사가 원생동물에게서 발생하는 것을 볼 수 있는지 여부의 문제는 우리에게 전혀 관심 밖의 문제가 된다. 나중에 죽지 않는 것으로 인식되는 물질이 아직 그 속에서 죽는 물질과 분리되지 않았던 것이다. 생명체를 죽음으로 이끌려고 하는 본능적 힘이 또한 처음부터 원생동물 속에서 작동하고 있을 것이다. 그러나 그 효과는 생명 보존의 힘에 의해서 완벽하게 은폐되어 그것이 존재한다는 직접적인 증거를 찾아내기란 매우 힘든 일이다. 더구나 우리는 생물학자들의 관찰을 통해 죽음에 이르는 이런 종류의 내적 과정이 원생생물 속에서도 일어나고 있다는 가정을 할 수 있게 되었다. 그러나 원생생물이 바이스만의 의미대로 죽지 않는 것으로 판명되었다 하더라도, 죽음이 늦게 취득된 것이라는 그의 주장은 오직 죽음의 〈명시적〉 현상에만 적용되는 말이지, 그것이 결코 죽음을 〈향해 가는〉 과정에 대한 가정을 불가능한 것으로 만들지는 못할 것이다.

그리하여 생물학이 죽음 본능의 인정을 정면으로 부정하리라는 우리의 기대는 아직 충족되지 않았다. 그렇게 할 만한 다른 이유를 갖고 있다면 그 가능성에 대해 계속 관심을 보이는 것은 우리의 자유다. 체세포와 생식질에 대한 바이스만의 구분과 죽음 본능을 생명 본능과 구별하는 우리의 인식 사이에는 매우 큰 유사성이 존재하고, 이 유사성은 중요한 의미를 지닌다.

본능적 삶의 두드러진 이원론적 견해를 고려해 보기 위해 잠시 멈추어 보자. 헤링E. Hering의 이론에 따르면, 두 종류의 과정이 항상 살아 있는 물질 속에서 반대 방향으로 작용하는데, 하나는 건설적이거나 동화적assimilatorisch이고 다른 하나는 파괴적이거나 이화적dissimilatorisch이다.[81] 생명 과정에 의해 취해지는 이러한 두 가지 방향 속에서 우리는 생명 본능과 죽음 본능이라는 두 개의 본능 충동의 행위를 읽어 낼 수 있을까? 어찌 되었든, 우리가 눈감고 있을 수 없는 다른 것들이 있다. 우리는 우리 자신도 모르게 쇼펜하우어 철학의 항구 속으로 배를 몰아 온 것이다. 그에게 있어 죽음이란 〈진정한 결과이고 연장된 삶의 목표〉[82]인 반면,

---

81 헤링의 「조직화된 물질의 일반적인 기능에 대한 기억 Über das Gedächtnis als eine allgemeine Funktion der organisierten Materie」(1878) 참조. 「무의식에 관하여」에 나오는 헤링에 대한 또 다른 언급은 그가 프로이트의 무의식 이론에 어떤 영향을 끼쳤을 것이라는 암시를 해준다.

성적 본능은 삶에 대한 의지의 구체적 표현이다.

앞으로 나아가야 할 또 다른 단계를 대담하게 시도해 보자. 여러 세포를 생명 과정 속으로 통합시키는 것 — 유기체의 다세포적 성격이 말해 주는 — 은 생명을 연장하는 수단이 되었다. 하나의 세포가 다른 세포의 생명을 보호하는 데 도움을 준다. 그리고 개개의 세포들은 죽을 수밖에 없는 경우라도 세포들의 집단은 살아남을 수 있다. 두 단세포 생물의 잠정적인 결합인 교미 역시 양쪽 모두에게 생명을 보존하고 도로 젊어지게 하는 효과를 끼친다는 말을 우리는 이미 들은 바 있다. 따라서 우리는 정신분석학에서 도달한 리비도 이론을 세포들의 상호 관계에 적용해 볼 수 있을 것이다. 각 세포에서 활동적인 생명 본능 혹은 성적 본능은 다른 세포들을 그의 대상으로 삼을 것이고, 그 세포들 속에 있는 죽음 본능(다시 말해서 이것이 취하는 과정)을 부분적으로 중화시켜 생명을 보존한다고 생각해 볼 수 있을 것이다. 그런가 하면 그 다른 세포들도 〈그들〉을 위해 같은 일을 할 것이고, 또 다른 세포들도 이러한 리비도적 기능을 수행하는 과정에서 자신들을 희생할 것이다. 생식 세포 자신들은 완전히 〈나르시시즘적〉 방식으로 행동할 것이다. 그런데 이 표현은 자아 속에 리비도를 간직하고 있고 대상 리비도 집중을 위해서는 그것을 조금도 사용하지 않는 사람을 기술하기 위해, 우리가 신경증 이론에서 관습적으로 사용하고 있는 용어이다. 생식 세포들은 자신들을 위해서, 나중에 어떤 중대한 건설적인 행위에 대한 비축으로서 생명 본능의 활동인 리비도를 필요로 한다(유기체를 파괴하는 악성 종양 세포들 역시

---

82 휩셔 Hübscher가 편집한 『전집 *Sämtliche Werke*』에 실려 있는 『소논문과 부록 *Parerga und Paralipomena*』 중 「개인의 숙명에서 외견상의 고의적인 행위 Über die anscheinende Absichtlichkeit im Schicksale des Einzelnen」(1851) 참조 — 원주.

이와 동일한 의미에서 나르시시즘적이라고 표현해야 할 것이다. 병리학은 그 세포들의 배종[胚種]을 내재적인 것으로 간주하고 태아적 특성도 그것들에서 생겨난다고 여긴다).[83]

이런 식으로 성적 본능의 리비도는 시인들과 철학자들이 말하는 바, 살아 있는 모든 것을 함께 거머쥐려는 에로스와 일치할 것이다.

그러면 여기서 우리는 리비도 이론이 더디 발전하는 이유를 돌아볼 기회를 갖게 된다. 첫째로 전이 신경증에 대한 분석을 통해 우리는, 대상을 지향하는 〈성적 본능〉과 우리가 충분히 알지 못하고 있기 때문에 잠정적으로 〈자아 본능〉이라고 기술하는 다른 본능들 사이의 대극성을 주목하지 않을 수 없게 되었다.[84] 이 본능들 가운데서 최우선의 자리는 필연적으로 개체의 자기 보존에 기여하는 본능에 주어졌다. 그들 가운데서 어떤 다른 구분을 지어야 할지 말하는 것은 불가능했다. 본능의 일반적 특성과 있을 수 있는 변별적 자질을 대략적으로 파악하는 것보다 진정한 심리적 과학의 기초로서 더 가치 있는 지식은 없을 것이다. 그러나 심리학의 어느 영역보다도 이 분야에서 우리는 제일 어둠 속을 헤매었다. 모든 사람들이 많은 본능, 혹은 선택한 〈기초적 본능〉의 존재를 가정했고 그것을 가지고 요술을 부렸는데, 그것은 마치 고대 그리스의 자연 철학자들이 그들의 네 원소, 즉 흙, 공기, 불, 물을 가지고 그랬던 거와 비슷하다. 본능에 대해서 〈어떤〉 가정을 내리는 것을 피할 수 없었던 정신분석학은 처음에는 〈굶주림과 사랑〉이라는 구절 속에 전형적으로 제시되어 있듯이 본능의 일반적 구분을 엄격히 지켰다. 적어도 여기에는 자의적인 것은 아무

83　이 문장은 1921년에 첨가되었다.
84　프로이트는 「심인성 시각 장애에 관한 정신분석적 견해」(프로이트 전집 10, 열린책들)에서 이에 대해 설명했다.

것도 없었다. 그것의 도움을 받아 정신 신경증의 분석은 상당히 진척되었다. 〈성〉의 개념이, 그리고 그와 동시에 성적 본능의 개념이 재생적 기능이라는 범주로 분류될 수 없는 많은 것을 포괄하기 위해서 확장되어야 했다. 그리고 이것은 근엄하고 점잖고, 혹은 단순히 위선적인 세계 속에 적지 않은 소동을 일으켰다.

정신분석학이 심리학적 자아 쪽으로 가까이 접근해 갈 때 다음 조치가 취해졌다. 정신분석학은 처음에는 자아를 보호적 장치와 반작용 형성을 가능하게 할 수 있는 억압하고 검열하는 기관으로서만 이해하게 되었다. 그 후로 비판적이고 선견지명이 있는 정신의 소유자들이 나타나, 리비도의 개념을 성적 본능의 에너지가 어떤 대상을 향해 흐르는 것이라고 국한한 견해에 대해서 오랫동안 반대해 왔다. 그러나 그들은 자신들이 어떻게 해서 더 나은 지식에 도달하게 되었는지 설명하지 못했고, 그로부터 분석에 도움이 될 수 있는 것은 아무것도 끌어내지 못했다. 더욱 조심스럽게 앞으로 나아가고 있던 정신분석학은 리비도가 정규적으로 대상에서 철수하여 자아를 향하는 것(내향화Introversion 과정)을 관찰했다. 그리고 어린아이들의 초기 리비도 발달 과정을 연구해 봄으로써 자아가 리비도의 진정한 최초의 저장소이며,[85] 리비도가 대상물에 미치는 것은 바로 이 저장소로부터라는 결론에 도달했다. 이제 자아는 성적 대상물 사이에 자리 잡게 되었으며 이내 그 속에서 최고의 위치를 차지하게 되었다. 이런 식으로 자아 속에 자리 잡은 리비도는 〈나르시시즘적narziβtisch〉이라고 불리게 되었다.[86] 물론 이 나르시시즘적 리비도는 역시 이 말의 분석적 의미

85 이러한 생각은 「나르시시즘 서론」에서 전면적으로 제시되었다. 그러나 「자아와 이드」에서 프로이트는 여기서의 진술을 번복하여 〈이드〉를 〈리비도의 거대한 저장소〉라고 말하고 있다.

86 「나르시시즘 서론」을 참조 — 원주.

에서 성적 본능이 가진 힘의 표현이었다. 그리고 그것은 필연적으로 그 존재가 처음부터 인식된 바 있었던 〈자기 보존 본능〉과 동일시되었다. 이렇게 해서 자아 본능과 성적 본능 사이의 최초의 대극성은 부적합한 것으로 판명되었다. 자아 본능의 일부분이 리비도와 관련되어 있었고, 성적 본능 — 아마도 다른 본능들과 나란히 — 이 자아 속에서 작동하고 있는 것으로 드러났다. 그럼에도 불구하고 정신 신경증이 자아 본능과 성적 본능 사이의 갈등에 근거하고 있다는 것을 명시한 첫 번째 공식이, 오늘날 우리가 반대해야 할 것은 아무것도 포함되어 있지 않다고 말해도 정당화될 수 있을 것이다. 그것은 단지 두 종류의 본능 사이의 구별이 원래 어느 정도 〈질적인〉 것으로 생각되었는데 이제는 이와 다르게, 즉 〈지형적인〉 것으로 특징지어야 할 것이라는 점을 말하고 있을 따름이다. 그리고 정신분석학적 연구의 핵심적 주제인 전이 신경증이 자아와 대상에 대한 리비도 집중 사이에서 일어난 갈등의 결과라는 주장은 아직도 사실로 받아들여진다.

이제 우리는 성적 본능을 모든 것의 보존자, 에로스로 인식하고 자아의 자기애적 리비도를 리비도의 저장소에서 끌어내는(이런 방법을 통해서 체세포들이 상호 부착한다) 다음 단계로 접어들고 있으므로, 자기 보존 본능의 리비도적 성격을 강조할 필요성이 더욱 높아져 가고 있다. 그러나 우리는 이제 갑자기 또 다른 문제에 직면해 있음을 알게 된다. 만약 자기 보존 본능 역시 리비도적 성격을 띤다면, 리비도적 본능 외에는 다른 본능이 도대체 존재하지 않는 것일까? 아무리 살펴봐도 다른 본능은 보이지 않는다. 그러나 그럴 경우 우리는 결국 정신분석학이 〈모든 것을〉 성에 의해 설명한다는 것을 처음부터 의심의 눈초리로 바라보았던 비판론자들이나, 성급한 판단으로 〈리비도〉란 단어를 본능적 힘 전반을 의미하는 것으로 사용해 온 융과 같은 혁신론자들의 견해에 동의하지 않을 수 없게 될 것이다. 그렇게 되어서는 안 되지 않겠는가?

여하튼 그러한 결과를 낳는 것이 우리의 〈의도〉는 아니었다. 우리는 논의의 출발점으로 죽음 본능과 동일시하게 된 자아 본능, 그리고 생명 본능Lebenstrieb과 동일시하게 된 성적 본능, 이 양자 사이를 엄격히 구별했다(우리는 어느 지점에서 죽음 본능 가운데 이른바 자아의 자기 보존 본능을 포함시키려 했었다. 그러나 곧 이어 이 점에 관한 우리의 견해를 정정하고 철회했다). 우리의 견해는 바로 처음부터 〈이원론적〉이었고, 오늘날은 전보다 더욱 확실하게 이원론적이다. 이제 대극성을 자아 본능과 성적 본능 사이에서 보지 않고 생명 본능과 죽음 본능 사이에서 보고 있기 때문이다. 이와는 반대로 융의 리비도 이론은 〈일원론적〉이다. 그가 하나의 본능적 힘을 〈리비도〉라고 부른 사실은 혼란을 일으키기 쉬우나 다른 점에서 우리에게 영향을 끼칠 것이 없다.[87] 자아 속에는 리비도적[88] 자기 보존 본능 이외의 다른 본능이 작용하고 있지 않나 생각해 본다. 그리고 그것을 지적해 보는 것이 가능한 일이기도 할 것이다. 그러나 불행하게도 자아에 대한 분석이 너무 느리게 진행되어 그렇게 하기란 대단히 어렵다. 자아 속에 있는 리비도적 본능이 우리에게 여전히 낯설어 보이는 다른 자아 본능과 특수한 방식으로[89] 연결되어 있을 가능성이 있다. 심지어는 우리가 나르시시즘을 분명히 이해하기 전에도 정신분석학자들은

87 선행하는 두 문장은 1921년에 첨가되었다.
88 〈리비도적〉이라는 단어가 1921년에 첨가되었다.
89 제1판에서는 〈아들러A. Adler가 사용하는 용어를 빌리자면, 본능의《합류》에 의해서〉로 되어 있다. 아들러의 「일상생활과 신경증에서 나타나는 공격 본능Der Aggressionstrieb im Leben und in der Neurose」(1908).

〈자아 본능〉이 그것에 부착된 리비도적 성분을 갖고 있지 않나 하는 생각을 했다. 그러나 이러한 것들은 매우 불확실한 가능성으로서, 우리의 반대자들은 이 문제에 별 관심을 보이지 않을 것이다. 정신분석학이 지금까지 우리로 하여금 리비도적 본능 이외의 다른 어떤 (자아) 본능에 대해서 말할 수 있게 해주지 못했다는 단점이 남아 있다. 그러나 그것이 다른 어떤 본능도 사실상 존재하지 않는다는 결론에 빠질 이유는 되지 못한다.

현재 본능 이론을 지배하는 불투명한 상황에서 어떤 것이든 그것에 빛을 던져 줄 수 있다고 약속하는 생각을 배척한다면 그것은 현명하지 못한 일일 것이다. 우리는 생명 본능과 죽음 본능 사이에 거대한 대극성이 존재한다는 관점에서 출발했다. 이제 대상애라는 것 자체가 우리에게 그것과 비슷한 대극성의 두 번째 사례, 즉 사랑(혹은 애정)과 증오(혹은 공격성) 사이의 대극성을 보여 주고 있다. 만약 우리가 이 두 가지 대극성을 서로 연결하여 어느 하나에서 다른 것을 끌어내는 데 성공할 수만 있다면!

바로 처음부터 우리는 성적 본능 속에서 사디즘Sadismus적 구성 요소의 존재를 인식했다.[90] 알다시피 사디즘적 요소는 자신을 독립적인 존재로 만들 수 있고, 도착의 형태로 한 사람의 성적 행위 전체를 지배할 수 있다. 그것은 또한 내가 〈전성기기(前性器期)의 조직체〉라고 이름 붙인 것 속에서도 지배적인 구성 본능으로 등장한다. 그러나 대상을 해치는 것을 목적으로 삼고 있는 사디즘적 본능이 어떻게 생명의 보존자인 에로스에서 나올 수 있다는 말인가? 사디즘은 사실상 자기애적 리비도의 영향을 받아 자아에서 강제적으로 분리되어, 결과적으로 대상과의 관계 속에서

---

90 1905년에 나온 「성욕에 관한 세 편의 에세이」 초판에서 이미 이런 인식에 도달했다 — 원주.

드러나는 죽음 본능이라고 생각해도 그럴듯하지 않을까? 그것은 이제 성적 기능에 봉사하기 시작한다. 리비도 조직의 구순기 동안 대상에 대해 성적 지배를 달성하는 행위는 대상의 파괴 행위와 일치한다. 그 후 사디즘적 본능은 분리되어 사라진다. 그러다가 드디어 성기기가 우위를 차지하는 단계에 이르면, 사디즘적 본능은 재생의 목적으로 성행위를 수행하기에 필요한 정도로 성적 대상을 압도하는 기능을 부여받는다. 자아로부터 강압적으로 떨어져 나온 사디즘은 성적 본능의 리비도적 성분을 지향하며, 이 성분은 대상을 향해 그 뒤를 따른다고 말할 수 있을 것이다. 원래의 사디즘이 조금도 완화되거나 혼합되지 않는 곳에서는 언제나 성적인 생활에서 흔히 볼 수 있는 사랑과 증오의 양가감정을 발견하게 된다.[91]

만약 이러한 가정이 허용될 수 있다면, 우리는 죽음 본능 — 자리바꿈한 것이 틀림없겠지만 — 의 한 예를 들어 보라는 요구를 충족시킨 것이다. 그러나 사물을 이런 식으로 바라본다면, 그 사물을 포착하기가 결코 쉽지 않고 아주 신비스럽다는 인상을 주게 된다. 그것은 마치 우리가 어떠한 대가를 치르고서라도 대단히 당혹스러운 상황에서 벗어날 수 있는 탈출구를 찾으려고 몸부림치고 있는 것처럼 의심스럽게 보일 수도 있다. 그러나 이런 종류의 가정에는 새로운 것이 아무것도 없다는 사실을 기억하게 될 것이다. 우리는 당혹스러운 상황이 제기되기 전에 앞에서 하나의 가정을 제시했었다. 그때 우리는 사디즘에 보완적인 구성 본능인 마조히즘Masochismus이라는 것이 주체 자신의 자아에게로 되돌아온 사디즘으로 간주되어야 한다는 견해를 임상적 관찰을 통해

91   이것은 「자아와 이드」에 나오는 본능적 〈융합〉에 대한 프로이트의 논의를 예고한다.

서 얻게 되었다.[92] 그러나 대상에서 자아로 향하는 본능과 자아에서 대상으로 향하는 본능 — 이것이 지금 논의 중인 가정의 새로운 점이다 — 사이에는 원칙적으로 아무런 차이가 없다. 본능이 주체 자신의 자아에게로 되돌아오는 현상인 마조히즘은 그 경우 본능의 역사 중 초기 단계로 돌아가는 현상, 즉 퇴행에 해당할 것이다. 이전에 마조히즘에 대해서 했던 설명은 한 가지 점에서 지나치게 과격한 것으로 수정이 필요하다. 그것은 1차적 마조히즘과 같은 것이 존재〈할 수도〉 있다는 것으로서, 나는 그 가능성을 그 당시 논쟁의 대상으로 삼았다.[93]

그러나 자기 보존적 성 본능으로 돌아가자. 원생생물에 대한 실험을 통해서 우리는 이미 교미 — 두 개체의 결합을 말하며, 이들은 결합 후 곧 떨어져서 계속적인 세포 분열이 일어나지는 않는다 — 가 양쪽 모두에게 몸을 튼튼하게 해주고 도로 젊어지게 해주는 효과를 끼친다는 사실을 알았다.[94] 후세대에도 그들은 퇴화의 징후를 보이지 않았고 그들 자신의 물질대사의 해로운 효과에 더 오랫동안 저항할 수 있었던 것 같다. 우리는 이 하나의 관찰을, 성적 결합에 의해서 이루어지는 효과를 전형적으로 설명해

92 「성욕에 관한 세 편의 에세이」와 「본능과 그 변화」를 참조할 것 — 원주.
93 이러한 고찰의 상당 부분은 자비나 슈필라인Sabina Spielrein의 유익하고 흥미로운 글(「발생 원인으로서의 파괴Die Destruktion als Ursache des Werdens」, 1912)을 통해 — 불행하게도 그 글은 나에게 전적으로 투명한 것은 아니었지만 — 이미 예견되었었다. 그녀는 거기에서 성적 본능의 사디즘적 요소를 〈파괴적〉이라고 말하고 있다. 슈테르케A. Stärcke도 역시 리비도 그 자체의 개념을 죽음을 향한 추동력이라는 (이론적 근거로 추정된) 생물학적 개념과 동일시하려 했다. 또한 랑크(『예술가, 성 심리학적 성향Der Künstler, Ansätze zu einer Sexualpsychologie』, 1907)를 보라. 이 모든 논의는 텍스트 속에 있는 그것과 같이, 아직 성취되지 않은 본능 이론을 분명히 해달라는 요구가 있음을 보여 준다 — 원주. 이후 프로이트는 파괴적 본능을 「문명 속의 불만」에서 논했다.
94 앞에서 립쉬츠의 『왜 우리는 죽어야 하는가』에서 인용한 부분을 참조할 것 — 원주.

주는 것으로 받아들일 수 있을 것이다. 그러나 단지 조금만 다른 두 개의 세포가 결합하여 어떻게 생명체의 갱생을 가져올 수 있단 말인가? 우리는 원생동물의 교미를 화학적 혹은 물리적 자극의 응용으로 대치시키는 실험을 통해서,[95] 이러한 질문에 대한 결론적 답변이라고 확신할 수 있는 것을 제시할 수 있게 되었다. 그 결과는 새로운 양의 자극을 주입시킴으로써 도출되었다. 이것은 다음과 같은 가설과 정확하게 일치한다. 즉 개체의 생명 과정은 내적인 이유로 인해 화학적 긴장의 폐지, 다시 말해서 죽음으로 향하고, 반면에 다른 개체의 살아 있는 물질과의 결합은 그러한 긴장을 고조시켜 이른바 신선한 〈생명 고취적 차이〉를 도출해 낸다는 가설이다. 이러한 차이와 관련하여 하나 혹은 그 이상의 최적 조건이 존재할 것임에 틀림없다. 정신생활 및 신경 생활 전반의 지배적인 경향은 자극에서 비롯된 내적 긴장을 줄이거나 일정한 상태로 유지하는 것, 혹은 그것을 제거하는 것이다(이것이 바버라 로Barbara Low[96]의 용어를 빌리자면 열반 원칙Nirwanaprinzip이다). 이러한 경향은 쾌락 원칙 속에서 발견된다.[97] 우리가 이 사실을 인정하는 것, 그것이 죽음 본능의 존재를 믿는 가장 강력한 이유 중의 하나이다.

그러나 우리는 우리를 처음 죽음 본능의 궤도로 올려놓았던 반복 강박의 특성을 성적 본능의 탓으로 돌릴 수 없다는 이유 때문에 우리의 사고 노선이 크게 방해받고 있다는 느낌을 갖고 있다. 태아의 발달 과정은 그러한 반복 현상을 보여 주는 보고임에 틀림없다. 성적 재생과 그들의 생활사에 관련된 두 개의 생식 세포

95 립쉬츠의 『왜 우리는 죽어야 하는가』 참조 — 원주.
96 『정신분석 Psycho-Analysis』(1920) 참조.
97 이 모든 논제가 「마조히즘의 경제적 문제」에서 더 고려된다.

들이 그 자체로 유기체적 삶의 시작을 반복하고 있을 따름이다. 그러나 성적 생활이 지향하고 있는 과정의 본질은 두 세포체의 결합이다. 그것만이 고등 생물에게 살아 있는 물질의 불멸성을 보장해 주는 것이다.

달리 말하자면, 우리는 성적 재생과 성적 본능 전반의 기원에 관한 정보가 더 많이 필요하다. 이것은 비전문가의 기를 죽이기 십상이고 전문가들조차도 아직 풀 수 없었던 문제이다. 따라서 우리는 여러 앞뒤가 맞지 않는 주장과 의견 가운데 우리의 사고 노선과 관련된 듯한 것들만을 간략하게 요약해 보고자 한다.

이러한 견해 가운데 하나는, 재생의 문제에서 두 세포의 결합을 성장의 부분적 표현으로 봄으로써 그것의 신비스러운 매력을 앗아 가고 만다(분열이나 싹틈, 혹은 발아 생식에 의한 증식의 문제 참조). 성적으로 분화된 생식 세포에 의한 재생의 기원은 온전한 다윈의 노선을 따라 그려 볼 수 있는데, 이것은 두 원생생물의 우연한 교미에 의해서 이따금씩 도달되는 양성 혼합의 장점이 그 후의 발전 과정에서 그대로 유지되고 더욱 개발된다는 것을 가정함으로써 가능해진다.[98] 이러한 견해에 따르면 〈성〉이라는 것은 먼 옛날의 것이 결코 아니다. 성적인 결합을 불러일으키는 것을 그 목적으로 하고 있는 특히 강렬한 본능은, 한때 우연히 발생했고 그 후로 이로운 것으로 확립된 것들을 반복하고 있을 것이다.

원생생물들이 실제로 드러내 보이는 특성들만을 그들의 탓으로 돌리는 것이 과연 옳은 것인지, 그리고 오직 고등 생물들 사이

98 바이스만은 『생식질』에서 이런 이점을 부인하고 있기는 하다. 〈어느 경우에도 수정 현상이 회춘이나 갱생과 일치하지는 않는다. 그리고 그 현상의 발생이 생명체의 지속을 위해서 꼭 필요한 것도 아니다. 그것은 단순히 《상이한 두 개의 유전적 경향이 서로 합쳐지는 것을 가능하게 하는 배려》일 따름이다.〉 그렇지만 그는 이런 종류의 섞임이 관련된 유기체의 변이성을 높이게 된다고 믿는다 ─ 원주.

에서만 보이는 힘과 과정이 원래 처음으로 그 생물들에게서 유래한 것이라고 생각하는 것이 과연 정확한지의 문제가, 죽음의 경우에 있어서와 마찬가지로 여기서도 발생한다. 우리가 방금 언급한 성에 대한 견해는 우리의 목적에 별로 도움이 되지 않는다. 그 견해에 대해서는 가장 간단한 생물체에서도 이미 작동하는 생명 본능의 존재를 전제로 하고 있다는 반론이 제시될 수 있다. 생명 과정에 역행해서 작용하고 삶을 중단하는 일을 더 어렵게 만드는 교미 행위는 유지, 발전되지 않고 회피될 것이기 때문이다. 그러므로 만약 우리가 죽음 본능이라는 가설을 버리지 않으려면, 그 죽음 본능이 바로 처음부터 생명 본능과 연관되어 있었다고 가정하지 않으면 안 된다. 그러나 그 경우 우리는 두 가지 알려지지 않은 양을 가진 방정식을 놓고 작업하고 있다는 사실을 인정해야 될 것이다.

이와는 별도로, 과학이 성의 기원에 대해서 우리에게 해줄 수 있는 말은 너무 적기 때문에, 우리는 그 문제를 가설의 빛이 침투한 적이 없는 어둠에 비유할 수 있을 것이다. 아주 다른 분야에서 그러한 가설을 만나게 되는 것은 사실이다. 그러나 그것은 너무나 환상적인 종류의 것이어서 — 과학적 설명이라기보다는 하나의 신화에 가깝다 — 만약 그것이 우리가 충족되기를 바라는 하나의 조건을 정확하게 충족시켜 주지 않는다면, 나는 감히 여기서 그것을 끄집어내지는 않을 것이다. 그것은 본능의 기원을 〈이전의 상태를 복원할 필요성〉에까지 추적하고 있다.

내가 마음에 두고 있는 것은 물론 플라톤이 『향연』에서 아리스토파네스의 입을 통해 제시했던 이론으로서, 그것은 성적 본능의 〈기원〉을 다루고 있을 뿐만 아니라 그것의 대상과 관련하여 그것의 변이 중 가장 중요한 것을 다루고 있다. 〈원래의 인간 성격은 지금과 같지 않은 다른 것이었다. 우선 성이 원래는 그 숫자에 있어서 지금과 같이 둘이 아니고 셋이었다. 남성, 여성, 그리고 이둘의 결합체가 존재했다……〉이러한 원초적 인간들에게 있어 모든 것은 이중적이었다. 즉 그들은 네 개의 손, 네 개의 발, 두 개의 얼굴, 두 개의 음부 등을 갖고 있었다. 그러다가 마침내 제우스 신이 〈피클을 만들려고 반으로 쪼개 놓은 마가목 열매와 같이〉이들을 둘로 가르기로 결심했다. 그렇게 갈라진 연후에 〈인간의 두 쪽은 서로가 다른 반쪽을 갈망하면서 함께 모였고 하나가 되려는 열정으로 팔을 서로에게 휘감았다.〉99

99 (1921년 추가된 각주) 나는 플라톤 신화의 기원에 대한 다음의 논의에 대해 빈의 하인리히 곰페르츠Heinrich Gomperz 교수에게 감사하고 싶다. 나는 부분적으로는 그의 말 그대로를 전한다. 본질적으로 같은 이야기가 이미 우파니샤드에서 발견된다는 것은 주목할 만한 일이다. 우리는 아트만(*Atman*, 자기나 자아)에서 세계의 기원이 기술되어 있는 『브리하다라냐카-우파니샤드 *Brihadâranyaka-Upanishad*』에서 다음 구문을 발견했다. 〈그러나 그는 즐거움을 느끼지 못했다. 그러므로 혼자 있는 사람은 즐거움을 느끼지 못하는 법이다. 그는 두 번째의 사람을 원했다. 그는 남자와 여자가 한 몸에 있는 거대한 존재였다. 그래서 그는 자기 자신을 둘로 갈라지도록 했다. 여기에서 남편과 아내가 생겨났다. 그러므로 야그나발키아Yagñavalkya는 《우리 둘(각자)은 마치 반쪽의 조가비와 같다》고 말했다. 그렇게 해서 거기에 있던 공허는 아내에 의해서 메워졌다.〉

『브리하다라냐카-우파니샤드』는 모든 우파니샤드 철학서 중에서 가장 오래된 것으로서, 이 방면의 어떤 권위자도 그 연대를 기원전 900년 이후로 잡지 않는다. 일반적 견해와는 달리, 나는 플라톤의 신화가 인도 쪽으로부터 왔을 가능성 — 단지 간접적이라도 — 을 무조건적으로 부정하기를 주저한다. 왜냐하면 윤회설의 경우 비슷한 가능성이 배제될 수 없기 때문이다. 그러나 설사 이런 종류의 유래가(우선 첫째로 피타고라스의 학설을 신봉하는 사람들을 통해서) 확인되었다 하더라도, 두 사고 노선 사이에 일치성이 존재한다는 중요성은 거의 감소하지 않을 것이다. 플라톤은 어떤 동양적 전통을 통해 그에게 와 닿은 이런 종류의 이야기가 진리의 요소를 담은 것으로 그에게 큰 감명을 주지 않았더라면, 아마도 그는 그 이야기를 취하지 않았을 것이기 때문이다.

플라톤 시대 이전에 있었던 이런 사고 노선을 조직적으로 연구한 논문 「인간과 세계의 발생 Menschen- und Weltenwerden」(1913)에서 치글러K. Ziegler는 그것을 바빌로니아의 기원까지 추적하고 있다 — 원주. 프로이트는 플라톤의 신화를 이미 「성욕에 관한 세 편의 에세이」에서 언급한 바 있다.

우리는 여기서 이 시인-철학자가 제공한 암시를 따라가 다음과 같은 가설들을 감히 세워 볼 수 있겠는가? 첫째, 살아 있는 물질이 생명체로 태어나는 순간 두 작은 입자로 분할되었고, 그 후 줄곧 그들은 성적 본능을 통해 재결합하려는 노력을 계속해 왔다. 둘째, 무생물의 화학적 친화성을 유지하고 있는 이 성적 본능은 원생생물의 왕국을 거쳐 발전하면서, 위험한 자극 — 그것이 보호적 외피층을 형성하지 않을 수 없도록 만드는 자극 — 으로 가득 찬 외부 환경에 의해서 그러한 노력에 가해지는 여러 난관을 극복하는 데 성공했다. 셋째, 이런 식으로 살아 있는 물질이 분열되어 파편화된 상황은 다세포적 조건을 획득하게 해주었고, 마침내 재결합의 본능을 고도로 농축된 형태로 생식 세포로 옮겨 가게 해주었다. 바로 이러한 가설들이다. 그러나 여기서 바로 결별의 순간을 맞이했다고 나는 생각한다.

　　그러나 몇 마디 비판적 반성의 말을 덧붙여야겠다. 나 자신이 과연 어느 정도까지 이 책에서 제시된 가설들의 진실성을 확신하고 있는가를 물어볼 수 있을 것이다. 나의 답변은, 나 자신이 그것을 확신하고 있지 않으며 또한 다른 사람들에게 그것들을 믿으라고 설득하려 하지도 않는다는 것이다. 혹은 좀 더 정확하게 말해서, 내가 그것들을 어느 정도까지 믿고 있나를 모르고 있다는 말이 될 것이다. 확신의 감정적 요소가 이 문제에 도대체 개입할 이유가 없는 것처럼 보인다. 자신을 일정한 사고 노선에 던져 놓고 그것이 단순한 과학적 호기심으로부터 벗어나는 곳이 어디이든 거기까지 따라가 보는 것, 혹은 독자가 원한다면 그 이유 때문에 악마에게 자신의 몸을 팔지는 않는 악마의 옹호자*advocatus diaboli*로서 그렇게 해볼 가능성은 충분히 있다. 나는 내가 여기서 취한 본능 이론에 관한 세 번째 조치가 이전의 두 번의 경우 — 성 개념의 확장과 나르시시즘의 가설 — 와 같은 정도의 확실성을 주장할 수 없다는 사실에 반론을 제기하지 않는다. 이 두 가지 혁신적인 조치들은 관찰을 이론으로 직접 옮긴 것으로서, 그러한 경우에 불가피한 것 이외의 어떠한 오류의 근원에도 노출되어 있지 않았다. 본능의 〈퇴행적〉 성격에 대한 나의 주장 또한 관찰된 자료, 즉 반복 강박적 사실에 의존하고 있다는 것은 옳은 말이다. 그러나 내가 그 중요성을 과대평가했을지도 모르겠다. 사실적인 자료를 순수하게 사색적이고 따라서 경험적 관찰에서 상당히 벗어나는 것들과 반복적으로 결합시키지 않고서는, 어떠한 경우에도 이런 종류의 생각을 추적하는 것이 불가능하다. 이론의 구축 과정에서 이런 일이 자주 일어나면 일어날수록, 우리가 잘 아는 것처럼 그 결과는 더 믿을 수 없게 된다. 그러나 불확실성의 정도를 할당할 수 있는 것은 아니다. 어떤 사람은 운 좋게도 정확하게 맞추었을지 모르고 또 어떤 사람은 부끄럽게도 크게 겉돌았을 수도 있다. 나는 이런 종류의 일에서 이른바 〈직관〉이라는 것이 큰 역할을 한다고는 생각지 않는다. 내가 관찰한 바로는 직관이란 일종의 지적 공정성의 산물처럼 보인다. 그러나 불행하게도 궁극적인 문제인, 과학과 삶의 큰 문제가 걸려 있는 곳에서 사람들이 공명정대하게 보이는 경우는 거의 없다. 우리들 각자는 그러한 경우에 뿌리 깊은 내적 편견에 지배되고, 그 편견 속으로 우리의 생각이 부지불식간에 빠져드는 것이다. 우리 자신은 의심스러워할 만한 충분한 이유를 갖고 있으므로, 우리가 숙고한 결과에 대한 우리의 태도는 냉정한 자비심의 태도와 다를 바 없다. 그러나 이와 같은 자기비판은 반대 의견에 대한 특별한 관용심에 자신을 묶어 두는 것과는 거리가 멀다는 사실을 서둘러서 덧붙여야겠다. 관찰된 사실의 분석에 있어 첫 단계부터 모순되는 이론들을 무자비하게 거절하는 것은 완전히 합법적이다. 동시에 연구자는 자기 자신의 이론의 타당성이 잠정적인 것일 뿐이라는 사실을 인식하고 있어야 한다.

생명 본능과 죽음 본능에 대한 우리의 사색적 고려를, 그 속에서는 너무나도 많은 당황스럽고 불투명한 사건 — 예컨대 하나의 본능이 다른 본능에 의해서 밀려난다거나, 어떤 본능이 자아에서 대상에게로 방향을 바꾸는 일과 같은 것들 — 이 발생한다는 사실의 관점에서 판단한다고 하여 우리가 크게 당혹해할 필요는 없을 것이다. 이것은 단순히 우리가 심리학(더 정확하게는 심층 심리학)에 특유한 과학적인 용어, 다시 말해서 비유적 언어로 작업하지 않으면 안 되기 때문이다. 우리는 문제의 과정을 달리 기술할 수 없었고, 그러한 기술 없이는 실로 그 과정을 인식조차 하지 못했을 것이다. 만약 우리가 이미 심리학적인 용어를 생리학적 용어나 화학적 용어로 대치할 수 있는 입장에 있다면 이러한 기술상의 결함은 사라질 수 있을 텐데 말이다. 그 용어들도 역시 비유적 언어의 일부에 불과하겠지만, 그것은 우리가 오랫동안 친숙해져 있고 또한 더 간단한 용어인 것이다.

다른 한편으로, 우리 사변의 불확실성은 생물학으로부터 빌려와야 하는 필요성으로 인해 크게 증대했다는 사실을 분명히 해두어야겠다. 생물학은 실로 무한한 가능성의 땅이다. 우리는 그것이 우리에게 가장 놀라운 정보를 제공해 줄 것을 기대해도 좋다. 우리는 생물학이 앞으로 몇십 년 안에 우리가 제시한 질문에 대해 어떤 대답을 해줄까 상상할 수도 없다. 그것은 아마도 우리 가설의 인공적인 구조 전체를 날려 버리는 그런 종류의 것이 될 것이다. 만약 그렇다면, 왜 내가 이러한 사고의 노선에 들어섰는가, 그리고 특히 왜 내가 그것을 일반에게 공표하겠다고 결심했는가에 대한 질문이 나올 수 있을 것이다. 여하튼 나는 그것이 포함하고 있는 유추, 상호 관련성, 연결성 등과 관련된 얼마의 생각들은 고려해 볼 가치가 있는 것처럼 보인다는 사실을 부인할 수 없다.[100]

100   나는 우리가 쓰는 용어를 분명히 하기 위해서 몇 마디 덧붙이고 싶다. 나는 이 책을 쓰는 과정에서 얼마간의 변화를 겪어 왔다. 우리는 〈성적 본능〉이 무엇인가를 그것이 성과 재생적 기능과 맺고 있는 관계를 통해서 알게 되었다. 우리는 정신분석학의 발견을 통해서 그 성적 본능이 재생의 문제와 연결되어 있는 정도가 덜하다는 것을 인식한 연후에도 이 이름을 그대로 사용하고 있었다. 나르시시즘적 리비도의 가설과 리비도의 개념을 개개의 세포에까지 연장시킴과 더불어, 성적 본능은 살아 있는 물질의 부분을 통합하고 융합하려는 에로스의 개념으로 바꾸었다. 우리가 보통 성적 본능이라고 부르는 것은 대상을 지향하는 에로스의 일부라고 생각된다. 사변을 통해 우리는 에로스가 생명의 시작에서부터 작동하고, 무생물적 물질이 생명을 얻음과 더불어 존재하게 되는 〈죽음 본능〉과 대치해서 〈생명 본능〉으로 그 모습을 드러낸다고 주장했다. 이러한 생각은 이 두 본능이 바로 처음부터 서로 투쟁한다는 것을 전제함으로써 생명의 수수께끼를 풀려고 한다.
    (1921년에 추가된 각주) 〈자아 본능〉의 개념이 통과해 온 변화 과정을 추적하기란 쉬운 일이 아니다. 우선 우리는 대상을 지향하는 성적 본능과 구별될 수 있는 모든 본능적 성향에 (이것에 대해서 우리는 깊은 지식을 갖고 있지는 못하지만) 그 이름을 적용해 왔다. 그리고 자아 본능은 리비도가 그 표현체인 성적 본능과 대치시켰다. 그 후 우리는 자아를 더 면밀하게 분석할 수 있게 되었고, 〈자아 본능〉의 일부도 역시 리비도적 성격을 띤다는 것과, 그것은 주체 자신의 자아를 그 대상으로 취한다는 사실을 알게 되었다. 그다음부터 이 나르시시즘적 자기 보존 본능은 리비도적 성 본능 가운데 포함되어야 했다. 이제 자아 본능과 성적 본능 사이의 대극성은 둘 다 리비도적 성격을 띠고 있는 자아 본능과 대상 본능 사이의 대극성으로 바뀌기에 이르렀다. 그러나 그 대신 새로운 대극성이 리비도적 본능(자아 본능과 대상 본능)과 다른 본능 사이에서 나타났는데, 이 다른 본능이란 자아 속에 존재하는 것으로 추정되고 실제로는 파괴본능 속에서 관찰되는 것이다. 그리하여 우리의 고찰은 이 대극성을 생명 본능(에로스)과 죽음 본능 사이의 대극성으로 바꾸어 놓았다 — 원주.

7

    실제로 사물의 이전 상태를 복원하려고 하는 것이 본능의 보편적인 특성이라면, 대단히 많은 과정이 쾌락 원칙과는 독립적으로 정신생활에서 일어나고 있다고 해서 놀랄 필요는 없다. 이러한 특성은 모든 구성 본능이 다 가지고 있으며, 그 경우 그것이 목표로 하고 있는 것은 다시 한번 발달 과정에서의 특별한 단계로 되돌아가는 것이다. 이러한 것은 쾌락 원칙이 아직 통제할 수 없는 문제이다. 그러나 이 말이 곧 그러한 것 모두가 필연적으로 이 원칙과 대치적 관계에 있다는 것을 뜻하지는 않는다. 우리는 여전히 반복의 본능적 과정이 쾌락 원칙의 지배성과 맺고 있는 관계에 대한 문제를 풀어야 한다.

    정신 기관의 가장 근원적이고 가장 중대한 기능 중의 하나는 그것에 부딪치는 본능 충동을 〈묶고〉 그 속에서 지배적인 1차 과정을 2차 과정으로 대치시키는 것이며, 본능 충동의 자유분방하고 유동적이며 리비도 집중된 에너지를 주로 정지된(강세적) 리비도 집중으로 바꿔 놓는 것이라는 사실을 우리는 이미 발견했다. 이러한 변형 과정이 진행되는 동안 발생하는 불쾌의 문제에 대해서는 누구도 주목하지 않는다. 그렇다고 이것이 쾌락 원칙의 중단을 암시하는 것은 아니다. 오히려 그 변형 과정은 쾌락 원칙을

〈위하여〉 발생한다. 그 묶기 과정이 쾌락 원칙의 지배성을 유도하고 확보해 주는 예비적 조치이기 때문이다.

기능과 경향에 대해서 우리가 지금까지 해왔던 것보다 더 분명한 구분을 지어 보자. 쾌락 원칙은, 정신 기관을 자극에서 완전 해방시키고 그 속에 있는 자극의 양을 일정 수준이나 가능하면 낮은 수준으로 유지하는 것을 주 업무로 하는 기능에 봉사해서 작동하는 어떤 경향이다. 우리는 아직 그것을 표현하는 여러 방법 중 어느 것을 선호해서 표현해야 할지 확실하게 결정할 수 없다. 그러나 한 가지 분명한 것은 이와 같이 기술된 기능이 모든 살아 있는 물질의 가장 보편적인 노력, 즉 무생물계의 정지 상태로 돌아가고자 하는 노력과 관련될 것이라는 점이다. 우리가 얻을 수 있는 가장 큰 즐거움인 성행위가 고도로 강화된 흥분의 순간적 소멸과 연관되어 있다는 것을 우리 모두는 경험한 바 있다. 본능 충동의 묶기는 흥분으로 하여금 방출의 즐거움 속에서 최종적 배설을 하도록 준비시켜 주는 예비적 기능일 것이다.

이것은 쾌락, 불쾌의 감정이 묶였거나 묶이지 않은 자극 과정 양쪽에서 똑같이 생성될 수 있는 것이 아닌가 하는 문제를 제기시킨다. 그리고 묶이지 않은 1차 과정이 묶인 2차 과정보다 양방향으로 훨씬 더 강한 감정을 유발한다는 것은 어떻게 봐도 의심의 여지가 없어 보인다. 더구나 1차 과정이 시간적으로 앞선다. 정신생활이 시작되었을 때 다른 것은 있을 수 없다. 그래서 만약 쾌락 원칙이 〈1차 과정〉 속에서 이미 작동하고 있지 않았더라면, 그것이 그 후의 2차 과정을 위해 확립될 수 없었으리라고 추론할 수 있을 것이다. 이렇게 해서 우리는 밑바닥에 그리 간단치 않은 결론, 즉 정신생활의 초기에는 쾌락을 위한 투쟁이 그 후보다 훨씬 더 강렬했으나 그렇게 무제한적이지는 않았다는, 다시 말해서 그 투쟁은 빈번하게 방해를 받아야 했다는 결론에 도달하게 된다. 후에 쾌락 원칙의 지배가 훨씬 더 큰 안정성을 띠게 되나 그 자체는 다른 일반 본능들과 마찬가지로 길들이는 과정을 피하지 못했다. 여하튼 흥분 과정에서 쾌락, 불쾌의 감정이 나타나도록 유도하는 것이 무엇이든 간에, 그것이 1차 과정에서와 마찬가지로 2차 과정 속에서도 존재했음이 틀림없다.

　여기에 새로운 연구의 출발점이 있을 수도 있다. 우리의 의식은 내부로부터 쾌락, 불쾌의 감정뿐만 아니라 유쾌할 수도 있고 불쾌할 수도 있는 특별한 긴장의 감정도 전달해 준다. 이러한 감정상의 차이가 우리로 하여금 묶인 에너지 과정과 묶이지 않은 에너지 과정을 구별할 수 있게 해주는 것일까? 혹은 긴장의 감정은 리비도 집중의 절대적 크기나 그것의 수평면의 높이와 관련되고 쾌락, 불쾌의 감정은 〈주어진 시간 단위 내에서〉[101] 리비도 집중의 크기 변화를 가리키는 것일까? 또 다른 두드러진 사실은, 생명의 본능은 내적 지각과 훨씬 더 많은 접촉을 하고 — 그래서 평화의 파괴자로 등장하고, 항상 긴장을 유발시켜 이것의 방출을 쾌락으로 느끼게 한다 — 반면에 죽음 본능은 그 자신의 일을 야단스럽게 드러나지 않도록 조용히 하는 것처럼 보인다는 것이다. 쾌락 원칙은 실제로 죽음 본능에 봉사하는 것처럼 보인다. 그것이 두 종류의 본능 양쪽에게 위험스럽다고 간주되는 외부의 자극을 계속 지켜보고 있는 것은 사실이다. 그러나 그것은 살아가는 일을 더 어렵게 만들 수도 있는 내부에서 오는 자극의 증가를 특별히 더욱 경계한다. 이제 이것이 많은 다른 질문을 야기하는데 그에 대한 답변을 현재로서는 발견할 수 없다. 우리는 인내하면서 연구의 새로운 방법과 계기를 기다려야겠다. 우리는 또한 우

　101　이 문제는 이미 프로이트의 『정신분석의 기원』에서 언급된 바 있다.

리가 한때 따라왔던 길이 어떠한 좋은 결말로 인도할 것처럼 보이지 않는다면, 언제라도 그것을 버릴 준비가 되어 있어야 한다. 이제는 포기한 교리 문답을 과학이 대신해 주기를 바라는 신자들만이, 견해를 발전시키거나 수정했다는 이유로 연구자를 비난할 것이다. 우리는 또한 다음과 같은 시인의 말 속에서 과학적 지식이 더디게 발전하는 데 대한 위안을 얻을 수도 있을 것이다.

우리가 날아서 도달할 수 없는 것은 절뚝거리면서 도달해야 한다……. 그 책은 우리에게 발을 절뚝거리는 것이 죄가 아니라고 말해 주고 있다.[102]

박찬부 옮김

---

102 〈*Was man nicht erfliegen kann, muß man erhinken... Die Schriftsagt, es ist keine Sünde zu hinken.*〉 이것은 알-하리리 al-Hariri의 『마카마트 *Maqâmât*』라는 책을 뤼케르트 Rückert가 번역한 『두 굴덴 *Die beiden Gulden*』의 마지막 구절이다. 프로이트는 이 구절을 1895년 10월 20일자 플리스에게 보내는 편지에서 인용하기도 했다.

자아와 이드(발췌)

Das Ich und das Es(1923)

「자아와 이드」는 프로이트의 주요한 이론적 저술 중 마지막 것이다. 프로이트는 히스테리 연구를 통해 억압 가설을 세우게 되었고, 이 여파로 정신 구조를 억압된 것과 억압하는 것으로 구성되어 있다고 보는 가설도 세우게 되었다. 억압된 부분을 〈무의식적인〉 것, 그리고 억압하는 부분을 〈의식적인〉 것이라고 표현했다.

〈무의식〉에 관해서나 〈자아〉에 관해서나 모두 의식의 기준이 정신의 구조를 만드는 데 더 이상 도움이 되지 않는다는 것이 분명해지면서 프로이트는 의식이라는 용어를 사용하지 않았고, 〈의식적이라는 것〉은 단순한 정신 상태의 특성으로 간주되기에 이르렀다.

〈이드Es〉라는 용어의 기원은 프로이트가 공감하고 있던 의사 그로데크 G. Groddeck, 그로데크의 스승인 슈베닝거E. Schweninger를 거쳐 니체로 거슬러 올라간다. 프로이트는 이 글에서 이 용어를 차용하여 사용하면서 아직 정리되지 않았던 개념들, 〈무의식〉, 〈조직적 무의식〉 등을 깨끗이 정리했다. 〈자아das Ich〉는 어떤 사람의 전체적 자기를 다른 사람들과 구별하는 사용법이고, 특별한 속성과 기능에 의해서 특징지어지는 의식의 특정 부분을 지칭하는 말이다.

자아는 이드, 초자아의 요구를 중재하고 통제하는 역할을 떠맡는다. 자아의 일부가 전의식적이고 다른 일부가 무의식적이라는 사실의 발견은 프로이트가 이 글을 쓰게 된 동기 중의 하나이다. 〈초자아das Über-Ich〉는 부모의 목소리이고 오이디푸스 콤플렉스의 후예이다. 그것은 〈자아 이상〉의 또 다른 이름이다.

후기 이론의 이론적 골격을 제공하는 이 글에서 프로이트는 자아, 초자아, 이드의 삼각 구조를 설명하고 있을 뿐만 아니라, 이것들이 생명 본능, 죽음 본능과 맺는 관계, 그리고 쾌락 원칙의 함축적 의미 등을 다각도로 검토하고 있다.

이 논문은 1923년 국제 정신분석 출판사에서 처음 출간되었으며 『저작집』 제6권(1925), 『전집』 제13권(1940)에도 실렸다. 영어 번역본은 1927년 리비어J. Riviere가 번역하여 "The Ego and the Id"라는 제목으로 Hogarth Press and Institute of Psycho-Analysis에서 출판되었으며, 『표준판 전집』 제19권에도 실렸다.

두 종류의 본능

만약 마음의 구조를 이드, 자아, 초자아로 구분해 놓은 것이 우리의 지식에서 어떤 진보를 의미한다면, 그것은 우리에게 마음속의 역동적 관계를 더 철저히 이해할 수 있게 해주고, 그것을 더 명료하게 기술할 수 있게 해주어야만 한다는 말을 이미 한 바 있다. 우리는 또한 자아가 특별히 지각의 영향을 받고 있다는 것과, 넓게 말해서 본능이 이드에 대해서 갖는 것과 같은 의미를 지각이 자아에 대해서 가질 수 있다는 것을 결론적으로 이미 표명한 바 있다. 그와 동시에 자아는 또한 이드와 같이 본능의 영향에 종속된다. 우리가 잘 알고 있듯이, 자아는 이드의 특별히 수정된 일부분에 불과하다.

나는 최근에 본능 이론을 개진한 바 있는데,[1] 여기서 그것을 그대로 견지하면서 계속되는 논의의 기초로 삼겠다. 이 견해에 따르면, 우리는 두 부류의 본능을 구분해야 하는데 그중의 하나인 〈성적 본능〉, 혹은 에로스는 훨씬 더 눈에 잘 띄고 연구의 대상이 되기 쉽다. 그것은 억제되지 않는 정통적인 성 본능과, 여기서 유래된 것으로 목적에 의해서 억제되어 승화의 성격을 띠는 본능 충동으로 구성되어 있을 뿐만 아니라, 자기 보존 본능도 포함한

1 「쾌락 원칙을 넘어서」참조 — 원주.

다. 이 자기 보존 본능은 자아에 귀착시켜 마땅한 것으로서 분석 작업의 초기에는 그것을 성적 대상 본능과 대조시켜 놓았는데, 거기에는 그 나름의 충분한 이유가 있었다. 두 번째 부류의 본능은 지적하기가 쉽지 않은 것으로서, 우리는 결국 사디즘을 그것의 대표적 표현으로 인식하기에 이르렀다. 생물학의 지원을 받는 이론적 고려를 바탕으로 해서 우리는 〈죽음 본능〉의 가설을 제시한 바 있는데, 이 본능이 하는 일은 유기적 생명체를 무생물 상태로 인도하는 것이다. 반면에 에로스는, 살아 있는 물질을 구성하는 미립자들을 점점 더 광범위한 결합체로 묶음으로써 삶을 더 복잡하게 만들고, 동시에 물론 삶을 보존하는 것을 목적으로 하고 있다고 우리는 생각했었다. 이런 식으로 작용하므로 두 본능 모두가 엄격한 의미에서 보수적이라고 말할 수 있다. 왜냐하면 둘 다가 생명의 출현에 의해서 흐트러진 사태를 재정립하려고 노력하고 있기 때문이다. 따라서 생명의 출현은 삶을 지속해 가는 원인이면서 동시에 죽음을 향해 움직여 가는 원인을 제공한다. 삶그 자체가 이 두 경향 사이의 갈등이요, 타협이다. 생명의 기원에 대한 문제는 우주론적인 문제로 남아 있다. 그리고 생명의 목표와 목적의 문제는 그 해답이 〈이원론적으로〉 주어져야 할 것이다.

이러한 견해에 대해 특수한 생리학적 과정(동화 작용*Aufbau*과 이화 작용*Zerfall*)을 두 부류의 본능과 각각 연관시킬 수 있을 것이다. 두 종류의 본능이 다 같이 살아 있는 물질의 모든 분자에 활동하고 있을 것이다. 물론 그 비율은 균등하지 않아 어느 한 물질이 에로스의 주된 대변자가 될 수도 있지만.

이 가설은 도대체 두 부류의 본능이 서로 융합하고 섞이고 합쳐지는 방식에 대해서는 아무런 빛도 던져 주지 못한다. 이러한 일이 정규적으로, 그리고 매우 광범위하게 일어나고 있다는 것이 우리의 개념에 필수 불가결한 가정이다. 단세포 유기체가 다세포 생명체로 결합된 결과로 단일한 세포의 죽음 본능은 성공적으로 중화(中化)될 수 있고, 그 파괴적 충동은 특수한 기관의 도움으로 외부 세계로 전향될 수 있을 것처럼 보인다. 이 특수한 기관이 근육 기관인 것 같다. 그렇게 해서 죽음 본능은 외부 세계와 다른 유기체를 향하는 〈파괴 본능Destruktionstrieb〉으로서 자신을 — 설령 일부분일 가능성이 크지만 — 표현하는 것으로 생각된다.[2]

일단 우리가 두 부류의 본능이 융합Mischung될 수 있다는 생각을 인정하게 되자, 그것이 — 어느 정도 완벽하게 — 〈분열 Entmischung〉될 수 있다는 생각이 우리를 엄습한다.[3] 성적 본능의 사디즘적 요소가 우리에게 이로운 본능적 융합의 고전적인 예가 될 것이다. 반면에 성도착으로 독립한 〈사디즘〉이 분열의 전형적인 — 물론 극단적인 것은 아니지만 — 예가 될 것이다. 이런 관점으로부터 우리는 전에 이런 각도에서 고려된 바 없었던 많은 사실에 대한 견해를 얻게 된다. 방출의 목적을 위해서 〈파괴 본능〉은 습관적으로 에로스에 봉사하게 된다는 것을 우리는 알게 되었다. 간질병의 발작은 본능적 분열의 산물이고 지표라고 생각된다.[4] 그리고 본능적 분열과 죽음 본능의 현격한 출현은 심한 신경증, 예컨대 강박 신경증Zwangsneurose의 효과를 특별히 고려해 볼 것을 요구한다는 사실을 우리는 이해하게 되었다. 서둘러서 그것을 일반화해 보자면, 우리는 리비도 퇴행(이를테면 성기기에서 사디즘적 항문기로의 퇴행)의 근본이 본능의 분열에 있다고

---

2 프로이트는 「마조히즘의 경제적 문제」에서 이 문제로 돌아온다.

3 사디즘과 관련하여 다음에 나오는 것은 「쾌락 원칙을 넘어서」에 암시되어 있다.

4 도스토옙스키의 발작에 관한 프로이트의 후기 논문 「도스토옙스키와 아버지 살해」(본서와 프로이트 전집 14, 열린책들) 참조.

추측할 수 있을 것이다. 그것은 반대로, 초기 상태에서 결정적 성 기기로 진입하는 성적인 요소의 접근에 의해서 조건 지어지는 것 과 같은 이치이다.[5] 보통 있는 〈양가감정〉 — 이것은 흔히 체질적 신경증 성향의 사람들에게 아주 강하게 나타난다 — 은 분열의 산물로 간주되어서는 안 되지 않는가 하는 의문이 생긴다. 양가 감정은 하도 근본적인 현상이라서, 그것을 아직 완성되지 않은 본능적 융합의 표현으로 보는 것이 더 타당하지 않을까 하는 생 각이 든다.

우리가 가정한 정신적 구조 — 자아, 초자아, 그리고 이드 — 와 두 부류의 본능 사이에 추적해 볼 만한 어떤 유익한 관계가 존 재하지 않을까 관심을 갖고 탐문해 보는 것은 응당 있을 법한 일 이다. 그리고 더 나아가서 정신 과정을 지배하고 있는 쾌락 원칙 이 두 부류의 본능과, 그리고 우리가 마음속에 그린 구획성 구조 와 각각 어떤 일정한 관계를 유지하고 있는지 물어보는 문제도 역시 그렇다. 그러나 이것을 논하기 전에, 우리는 그 문제 자체를 기술하는 용어와 관련해서 일어나는 의심을 일소해야겠다. 쾌락 원칙에 대해서는 아무런 의심이 있을 수 없다는 것은 사실이다. 그리고 자아 내에서의 분화에 대한 문제도 임상적 정당성을 착실 하게 획득하고 있다. 그러나 두 부류의 본능에 대한 구별은 독자 들을 충분히 안심시키지 못한 것 같고, 그 주장을 뒤엎을 수 있는 임상적 분석 사례가 발견될 수도 있을 것 같다.

그런 사실이 실제로 존재하는 것처럼 보인다. 두 부류의 본능 의 대극성을 설명하기 위해 우리는 사랑과 증오의 양극성을 제시 할지 모른다.[6] 에로스의 대변체를 발견하기는 어렵지 않다. 그러

---

5 프로이트는 「억압, 증상 그리고 불안」에서 이 문제로 돌아온다.
6 다음에 나오는 것을 위해서는 「본능과 그 변화」와 「문명 속의 불만」에 나오는

나 파괴 본능 — 증오가 이것에 이르는 길을 가리킨다 — 속에서 붙잡기 어려운 죽음 본능의 대변체를 발견할 수 있다는 사실에 대해 우리는 감사해야 할 것이다. 사랑이 예기치 않게 정규적으로 증오(양가감정)를 수반하고, 인간관계에서 증오는 사랑의 전신일 때가 비일비재할 뿐만 아니라, 많은 경우 증오는 사랑으로, 사랑은 증오로 바뀐다는 사실을 이제 우리는 임상 경험을 통해서 알게 되었다. 만약 이 변화가 시간 속에서의 단순한 연속 이상의 것이라면 — 다시 말해서, 만약 둘 중 하나가 실제로 나머지 것으로 변한다면 — 분명히 성적 본능과 죽음 본능 사이와 같이 그렇게 근본적인 구분을 지으려는 의도는 그 허를 찔리고 만다. 그러한 구분은 생리적 과정이 정반대 방향으로 달리고 있다는 것을 전제로 한 것이다.

어떤 사람이 동일한 인물을 놓고, 그 사람이 그렇게 할 만한 원인을 제공해서 처음에는 사랑하다가 나중에는 미워하는(혹은 그 반대) 경우는, 이제 우리의 문제하고는 분명히 아무 관련성이 없다. 그리고 다른 경우, 즉 아직 분명해지지 않은 사랑의 감정이 처음에는 적개심과 공격성으로 자신을 표현하는 경우 역시 그렇다. 왜냐하면 여기서 대상 리비도 집중 속에 있는 파괴적 요소가 서둘러 앞서가고 한참 뒤에야 사랑의 요소가 합세했기 때문이다. 이와는 달리, 신경증 심리학에서 어떤 변형이 정말 이루어지고 있다는 것을 전제하는 것이 더 그럴듯하게 보이는 여러 사례에 대해서 우리는 알고 있다. 박해 편집증*Paranoia persecutoria*의 경우, 환자는 특수한 방식으로 어떤 특정한 사람에 대해서 지나칠 정도로 강렬하게 끌리는 동성애적 집착을 특수한 방식으로 피해 간다. 결과적으로 그가 대단히 사랑하는 이 사람은 박해자가 되고, 그

사랑과 증오의 관계에 대한 논의를 참조.

를 향해 그 환자는 위험스럽기까지 한 공격을 퍼붓는다. 여기서 우리는 사랑을 증오로 변형시킨 이전의 단계를 끼워 넣을 권리를 갖게 된다. 동성애의 기원이나 탈성화(脫性化)된 사회적 감정의 경우에 대해서 분석적 연구가 최근에 와서야 우리에게 가르쳐 준 바에 의하면, 거기에는 공격적 성향으로 이끄는 폭력적인 경쟁 감정이 존재하고, 이 감정을 극복한 후에야 전에 미워하던 대상이 사랑하는 대상이 되고 그와의 동일시가 발생한다는 것이다. 이 경우 우리는 증오를 사랑으로 직접 변형시키는 과정을 가정해야 될지의 의문이 생긴다. 여기서 그 변화는 순전히 내적인 것이 분명하다. 따라서 대상의 행위 변화는 그 과정에서 아무런 역할도 하지 못한다.

그러나 가능한 또 다른 메커니즘이 있는데, 이것은 편집증에서 일어나는 변화와 관련된 과정을 분석적으로 연구해 봄으로써 우리가 알게 된 것이다. 양가적 태도가 처음부터 존재하고, 변형은 리비도 집중의 반작용적 자리바꿈에 의해서 생긴다는 것이다. 이때의 에너지는 성적 충동에서 떨어져 나와 적대적인 것에 부착된 것이다.

똑같지는 않지만 그것과 비슷한 사건이, 동성애로 이르는 적대적 경쟁 심리가 극복되었을 때 나타난다. 적대적 태도는 만족을 모른다. 따라서 그것은 경제적 이유 때문에 사랑하는 태도로 대치된다. 왜냐하면 이것은 만족의 가망성, 다시 말해 방출의 가능성이 더 높기 때문이다. 그래서 우리는 이 중 어느 경우에서도 증오가 사랑으로 직접 변형된다는 가설을 세울 필요를 느끼지 않는다. 그것은 두 부류의 본능 사이에 존재하는 질적인 구별과 양립불가능한 것이 될 것이다.

그러나 이렇게 사랑이 증오로 변하는 다른 메커니즘을 도입함으로써, 우리는 암암리에 여기서 분명히 밝혀도 좋을 만한 또 다른 가정을 하고 있다는 사실을 주목할 필요가 있다. 우리는 마치 마음속에 치환 가능한 에너지 ─ 그것이 자아 속에 있든 혹은 이드 속에 있든 간에 ─ 가 존재하는 것처럼 생각했다. 그 에너지는 그 자체로서는 중립적이라서 질적으로 분화된 성적 충동이나 혹은 파괴적 충동에 부착되어 그것의 전체 리비도 집중의 양을 증가시킨다. 이런 종류의 치환 가능한 에너지의 존재를 전제하지 않고서는 우리는 한 발짝도 앞으로 나아갈 수 없다. 한 가지 문제는 그것이 어디에서 온 것이며, 어디에 속한 것이고, 그것이 의미하는 바가 무엇인가 하는 점이다.

본능 충동의 질적 문제와 그 충동이 여러 가지 양상으로 변하는 가운데서도 그 질이 유지되는 문제는 아직 불투명한 상태로 남아 있으며, 현재까지 공략된 바가 거의 없다. 특별히 관찰 가능한 성적 구성 본능 속에서 우리는 지금 논하고 있는 것과 같은 범주에 속하는 몇 가지 과정을 지각할 수 있다. 예컨대 어느 정도의 의사소통이 구성 본능들 사이에서 일어나고 있다는 것, 하나의 특별한 성감 발생원에서 나온 본능은 다른 출처에서 나온 또 다른 구성 본능을 강화하기 위해 그 강도를 조절할 수 있다는 것, 한 본능의 만족은 다른 본능의 만족을 대신할 수 있다는 것, 그리고 이것들과 같은 성격의 더 많은 사실들에 대해서 우리는 알게 되었다. 그리고 이런 것을 통해 우리는 어떤 가설들에 과감하게 도전해 볼 수 있는 용기를 얻게 된다.

더구나 나는 이 논의에서 어떤 가설을 제시하고 있을 뿐, 아무런 증거도 가지고 있지 않다. 이 치환 가능하고 중립적인 에너지 ─ 이것은 의심할 나위 없이 자아와 이드 양쪽에서 활동하고 있다 ─ 는 나르시시즘적 리비도의 저장소로부터 나온다는 것, 다시 말해서 그것은 탈성화된 에로스라는 생각은 그럴듯한 견해처럼 보인다(성 본능은 전체적으로 보아 파괴 본능보다는 더 유연하며 더 쉽게 전용되고 치환될 수 있는 것 같다). 이러한 사실로부터 우리는 그 치환 가능한 에너지가 쾌락 원칙에 봉사하도록 고용되어, 장애물을 피하고 방출을 용이하게 하는 데 기여한다는 가정을 쉽게 세울 수 있을 것이다. 이것과 관련하여 방출이 발생하는 ─ 그런 일이 어떻게 해서든지 발생한다는 전제 안에서는 ─ 통로에 대해서 어떤 무관심한 태도를 취하는 것을 목격하기란 쉬운 일이다. 우리는 이러한 특성을 알고 있다. 그것도 이드 속에 있는 리비도 집중 과정의 특징이다. 그것은 성애적 리비도 집중에서 발견되는데, 여기서 대상에 관한 특유의 무관심한 태도가 그 모습을 드러낸다. 그리고 그것은 분석 과정에서 발생하는 전이 현상 속에서 특히 분명하게 나타나는데, 그것은 전이란 어쩔 수 없이 대상이 누구냐와 관계없이 발생하기 때문이다. 얼마 전에 랑크[7]가 신경증 환자의 복수 행위가 엉뚱한 사람을 표적으로 삼는 몇 가지 좋은 사례를 글로써 발표한 적이 있었다. 무의식 편에서 이루어지는 그러한 행위는 세 명의 마을 재단사에 관한 우스운 이야기를 연상시키는데, 이것은 한 명의 그 마을 대장장이가 죽을죄를 범했는데 엉뚱하게도 그 세 명의 재단사 중 하나가 교수형에 처해졌다는 이야기이다.[8] 처형은, 설령 그것이 죄지은 자에게 떨어지지 않는다 하더라도, 어쨌든 이루어져야 한다. 우리가 1차 과정에서 일어나는 전치 현상 속에서 이런 종류의 느슨한 현상을 처음 만나게 된 것은 바로 꿈-작업을 연구하는 동안이

7 「암살자의 심리학에 나타난 〈가족 소설〉 Der 'Familienroman' in der Psychologie des Attentäters」(1913) 참조.

8 프로이트는 그의 농담에 관한 저술(『농담과 무의식의 관계』)과 『정신분석 강의』 중 열한 번째 강의에서 이 이야기를 언급한 바 있다.

었다. 그 경우에 2차적 중요성에 불과한 자리로 떨어진 것은 대상들이었다. 그것은 마치 우리가 지금 논하고 있는 경우에는 방출의 통로가 그런 것과 똑같다.

만약 이렇게 치환 가능한 에너지가 탈성화된 리비도라면, 그것은 또한 〈승화된〉 에너지라고 말해도 좋을 것이다. 왜냐하면 그것은 에로스의 주된 목적, 즉 결합과 묶기의 목적을 여전히 보유하고 있을 것이기 때문이다. 다시 말해서, 그것이 자아의 특성인 통일성, 혹은 통일에의 경향을 확립하는 데 도움을 주는 한 그렇다는 말이다. 만약 넓은 의미의 사고 과정이 이러한 전치 현상 속에 포함될 수 있다면, 사고 행위 역시 성애적 동기의 힘이 승화된 것으로부터 (에너지를) 공급받을 것이다.

여기서 우리는 다시 한번 이미 거론되었던 가능성, 즉 승화는 자아의 중재를 통해 정규적으로 발생할 수 있다는 문제에 다다르게 된다. 우리는 또 다른 경우를 생각해 낼 수 있는데, 이것은 자아가 이드의 대상 리비도 집중에서 오는 리비도를 자신 속으로 받아들이고 그것을 동일시를 통해 일어나는 자아의 변화에 결속시킴으로써, 그 자아가 이드의 첫 번째 대상 리비도 집중(그리고 확실히 그 후의 것도 역시)을 다루는 경우다. 성애적 리비도가 자아 리비도*Ichlibido*로 변형되는 것은 물론 성적인 목적의 포기, 즉 탈성화 과정과 관련된다. 어떠한 경우이건 이것은 자아와 에로스의 관계 속에서 그 자아가 떠맡는 중요한 기능에 대해 어떤 빛을 던져 준다. 그런 식으로 자아는 대상 리비도 집중으로 리비도를 취하고 자신을 유일한 사랑의 대상으로 설정하며 이드의 리비도를 탈성화 혹은 승화시킴으로써, 에로스의 목적하고는 반대 방향으로 일하며 자신을 반대되는 본능 충동에 봉사하는 편에 위치시킨다. 그것은 이드의 다른 대상 리비도 집중에서 얼마는 묵인해야 한다. 말하자면 그것이 이 리비도 집중에 참여해야 된다는 것이다. 우리는 뒤에서 자아의 이러한 행위가 가져올 수 있는 또 다른 결과의 문제로 돌아올 것이다.

이것은 나르시시즘 이론에 대한 중요한 증폭을 암시하는 것처럼 보일 것이다. 초기 단계에 모든 리비도는 이드 속에 축적되어 있고 자아는 아직 형성 과정에 있거나 연약한 상태다. 이드가 이 리비도의 일부를 성애적 대상 리비도 집중으로 내보낸다. 이에 대해 더 강건하게 자란 자아가 이 대상 리비도를 취해서 이드에게 자신을 사랑의 대상으로서 강요하려 든다. 그러므로 자아의 나르시시즘은 2차적인 것으로서 대상에서 떨어져 나온 것이다.

우리가 본능 충동을 역으로 추적할 때 거듭 발견되는 사실은, 그 충동이 에로스의 파생물로서 드러난다는 것이다. 만약 「쾌락 원칙을 넘어서」에서 제시한 견해가 아니라면, 그리고 궁극적으로는 에로스에 부착된 사디즘적 구성 요소가 아니라면, 우리는 우리의 근본적인 이원론적 관점을 고수하기가 힘들 것이다.[9] 그러나 우리는 그러한 관점을 피할 수 없으므로, 죽음 본능은 그 성격상 말이 없고 삶의 외침 소리는 주로 에로스에서 나온다고 결론지을 수밖에 없다.[10]

그리고 그것은 에로스에 대한 투쟁에서도 나온다! 쾌락 원칙이 삶의 과정에 분규를 도입하는 힘인 리비도에 대한 투쟁에서 하나의 나침반으로서 이드에 봉사한다는 것은 거의 의심할 여지가 없다. 만약 페히너의 항상성의 법칙[11]이 삶을 지배하는 것 — 그래

---

9 프로이트는 일관성을 가지고 본능의 이원론적 분류를 견지하고 있다. 「쾌락 원칙을 넘어서」와 「본능과 그 변화」 참조.

10 사실상 우리의 견해로 볼 때 외부 세계를 지향하는 파괴적 본능이 자기로부터 전환되는 것은 에로스의 개입을 통해서 이루어지는 것 같다 — 원주.

11 「쾌락 원칙을 넘어서」 참조.

서 삶은 죽음을 향한 계속적인 하강으로 구성되어 있다 — 이 사실이라면, 본능적 요구의 형태로 그 떨어지는 수준을 떠받치고 따라서 새로운 긴장을 도입하는 것이 바로 에로스, 즉 성적 본능의 요구이다. 쾌락 원칙에 의해서 — 다시 말해 불쾌의 지각에 의해서 — 안내되는 이드는 여러 가지 방법으로 이 긴장을 받아넘긴다. 이드는 가능하면 빨리 비탈성화된 리비도의 요구에 응함으로써, 다시 말해 직접적으로 성적인 경향의 만족을 추구함으로써 긴장을 이겨 낸다. 그러나 그런 일은 한 특정한 형태의 만족과 관련하여 훨씬 더 포괄적인 방식으로 이루어지는데, 이 만족 속에 모든 구성적 요구가 집중된다. 그리고 이것은 말하자면, 성애적 긴장의 포화 매체인 성적 물질의 방출을 통해서 이루어진다.[12]

성행위 시 성적 물질의 배출은 어떤 의미에서 체세포와 생식질의 분리에 해당한다. 이것은 완전한 성적 만족 후의 상황이 죽어가는 과정과 같다는 것과, 죽음은 어떤 하등 동물의 경우 교미 행위와 일치한다는 사실을 설명해 준다. 이러한 동물들은 재생 행위 속에서 죽어 가는데, 그 이유는 에로스가 만족의 과정을 통해 소멸된 후에 죽음 본능이 마음대로 자기 목적을 달성하기 때문이다. 마지막으로, 우리가 보았듯이, 자아는 그 자신과 그 목적을 위해 리비도의 일부를 승화시킴으로써 긴장을 극복하는 작업에서 이드를 돕는다는 것을 지적해 둔다.

---

12 〈성적 물질〉이 하는 역할에 대한 프로이트의 견해는 그의 「성욕에 관한 세 편의 에세이」에서 볼 수 있다.

자아의 의존 관계

우리가 다루는 주제의 복잡성은 다음과 같은 사실에 대한 변명이 될 것이다. 즉 이 책의 각 장의 표제어가 그 내용과는 전혀 일치하지 않으며, 논제의 새로운 측면으로 돌아설 때에 우리는 항상 이미 다루었던 문제로 되돌아오고 있다는 것이다.

그래서 우리는 반복적으로 다음과 같이 말해 왔다. 자아는 상당 부분 동일시를 통해 형성되는데, 이 동일시는 이드에 대해서 버려진 리비도 집중을 대신한다. 그리고 이러한 동일시 중 첫 번째 것은 항상 자아 속에서 특별한 실체로 행동하고, 초자아의 형성 과정에서는 자아와 떨어져 존재한다. 그런가 하면, 나중에 자아가 더 강해짐에 따라 그러한 동일시의 영향에 대해 자아는 더 저항적이 될 수 있다는 것이다. 초자아는 자아나 자아와의 관계 속에서 그 자신의 특별한 위치를 다음과 같이 두 가지 측면에서 고려될 수 있는 요소에 빚지고 있다. 한편으로, 그것은 첫 번째 동일시의 산물이고 그것도 자아가 아직 연약할 때에 생긴 것이다. 그런가 하면 다른 한편으로, 그것은 오이디푸스 콤플렉스의 후예이고 따라서 자아 속에 가장 중대한 대상을 도입했다는 것이다. 자아의 차후적 변화에 대한 초자아의 관계는 사춘기 이후의 성생활과 어린 시절의 1차적 성 단계의 관계와 대략 비슷하다. 설령 초자아가 후에 온갖 영향을 받을 수 있지만, 그것은 일생을 통해 아버지 콤플렉스에서 유래된 데서 오는 특성, 즉 자아로부터 떨어지고 그것을 극복할 수 있는 능력을 보존한다. 그것은 자아가 전에 연약하고 의존적이었다는 사실을 기억나게 해주는 것이다. 그리고 심지어는 성숙한 자아도 그것의 지배에 종속된다. 어린아이가 한때 그의 부모에게 복종해야 할 강박하에 있었던 것과 같이 자아도 그 초자아의 지상 명령에 복종한다.

그러나 초자아가 이드의 첫 번째 대상 리비도 집중이나 오이디푸스 콤플렉스에서 유래했다는 사실은 그 초자아에게 더 많은 것을 의미한다. 이러한 초자아의 성격은, 우리가 이미 살펴보았듯이, 그것을 이드의 계통 발생적 성취와 연결시키며 또한 그것을 다시 태어난 이전 자아 구조의 화신으로 만든다. 이 자아 구조는 이드 속에 침전물을 남겨 놓은 바 있다. 그리하여 초자아는 항상 이드와 가까이 있고, 자아와 직면해서는 이드의 대변자로서 행동할 수 있다. 그것은 이드 깊숙이 미치고 있다. 그런 연고로 해서 그것은 자아가 그런 것보다 의식에서 더 멀리 떨어져 있다.[13]

우리는 이러한 관계를 어떤 임상적 사실들을 고찰해 봄으로써 가장 잘 이해할 수 있다. 이런 임상적 사례들은 이미 그 참신성을 잃은 지 오래지만 아직도 이론적 토론을 기다리고 있다 하겠다.

분석 작업 중에 아주 특이한 방식으로 행동하는 사람들이 있다. 어떤 사람이 그들에게 희망적인 말을 하거나 치료의 진전에 대해 만족감을 표시하면, 그들은 불만족의 표시를 할 뿐만 아니라 그들의 상태가 예외 없이 더 나빠진다. 처음에 우리는 이것을 도전이나 의사에 대한 우월성을 증명하기 위한 시도라고 간주할

---

13 정신분석학적 자아 혹은 초심리학적 자아는 해부학적 자아, 즉 〈대뇌 피질의 작은 인간〉 못지않게 거꾸로 서 있는 자아이다 ─ 원주.

수 있으나 나중에는 좀 더 깊고 정당한 견해를 얻게 된다. 그러한 사람들은 어떠한 칭찬이나 올바른 평가도 참아 낼 수 없을 뿐만 아니라 치료의 진전에 역으로 반응한다는 것을 우리는 확신하게 된다. (질병에 대한) 부분적인 해결이 있을 때마다 그것이 여느 사람들에게는 마땅히 상태의 호전이나 증상의 일시적 중단을 가져오겠지만, 그들에게 있어서는 당분간 병의 악화를 가져올 따름이다. 치료 도중 그들의 병세는 호전되기는커녕 오히려 악화된다. 그들은 이른바 〈부정적 치료 반응〉이라고 알려진 것을 드러내 보이는 것이다.

이러한 사람들에게는 병의 회복에 반대하는 그 무엇이 있음에 틀림없다. 그리고 그것의 접근은 위험만큼이나 무서운 것이다. 그들에게 있어서는 병에 대한 욕구가 회복에의 바람을 능가했다는 말을 우리는 자주 한다. 이러한 저항을 보통 방식으로 분석한다 해도 ─ 의사에 대한 도전적 태도와 병으로부터 얻을 수 있는 여러 가지 형태의 이점에 집착하고 있다는 사실을 감안한다 하더라도, 그것의 상당 부분은 여전히 남아 있다. 그리고 이것이 회복에 대한 가장 강력한 장애물 ─ 나르시시즘에서 볼 수 있는 접근 불가능성이나 의사에 대한 부정적인 태도, 그리고 병에서 얻을 수 있는 이점에 집착하는 데서 오는, 우리가 흔히 볼 수 있는 것보다 훨씬 더 강력한 장애물로서 나타난다.

결국 우리는 이른바 〈도덕적〉 요소, 죄의식을 다루고 있다는 사실을 깨닫게 되는데, 이것들은 질병 속에서 만족을 찾아내고 고통의 처벌을 포기하기를 거부한다. 우리는 이 낙심천만의 설명을 최종적인 것으로 받아들인다고 해도 틀린 것이 없을 것이다. 그러나 환자에 관한 한 이 죄의식은 벙어리다. 다시 말해서, 죄의식은 환자가 죄인이라고 말하지도 않고, 환자는 죄의식을 느끼지도 않는다. 그는 단지 아플 뿐이다. 이 죄의식은 회복에 대한 저항으로서만 자신을 표현할 뿐인데, 이 저항을 극복하기란 대단히 어려운 일이다. 이러한 동기가 그가 계속해서 질병 상태로 남아 있기를 바라는 마음 뒤에 숨겨져 있다는 사실을 그에게 확신시켜 주는 일 또한 지난한 일이다. 분석에 의한 치료는 그에 맞는 처방책이 못 된다는 좀 더 분명한 설명에 그는 철저하게 집착한다.[14]

지금 우리가 한 이야기는 이러한 경우 중 가장 심한 경우에 해당되는 것들에 대한 것이다. 그러나 정도는 덜하지만 이러한 요소는 매우 많은 경우에, 아마도 비교적 심각한 모든 신경증의 경우에 고려의 대상이 되어야 할 것이다. 사실상 신경증의 심각성을 결정하는 것이 바로 이러한 요소, 즉 자아 이상의 태도일 수 있

[14] 무의식적 죄의식이라는 장애물과의 전투는 분석가에게 쉬운 것이 아니다. 분석가는 그것에 대항해서 직접적으로 할 수 있는 것이 아무것도 없다. 간접적으로도 그렇다. 단지 그것의 무의식적으로 억압된 뿌리의 가면을 벗겨 그것을 점차로 〈의식적〉 죄의식으로 바꾸어 놓는 완만한 과정만이 있을 따름이다. 무의식적 죄의식이 〈빌려온〉 것일 때, 다시 말해서 그것이 한때 성애적 리비도 집중의 대상이었던 타인과의 동일시를 통해서 온 것일 때, 우리는 그것에 영향을 끼칠 수 있는 특별한 기회를 갖게 된다. 이런 식으로 차용된 죄의식은 사라진 애정 관계 중 유일하게 남은 흔적일 경우가 허다하나 그렇게 인식되기는 좀처럼 쉽지 않다. (이러한 과정과 우울증에서 발생하는 것 사이의 유사성은 명백하다.) 만약 무의식적 죄의식 뒤에 있는 이러한 이전의 대상 리비도 집중의 가면을 벗길 수 있다면, 치료적 효과는 눈부실 것이다. 그렇지 못할 경우, 우리 노력의 결과는 결코 확실하지 못할 것이다. 원칙적으로 그것은 죄의식의 강도에 달려 있다. 일반적으로 그것과 비슷한 힘을 지닌 것으로서, 치료상 그것과 대치시켜 놓을 수 있는 반대의 힘이 존재하지 않는다. 아마도 그것은 분석가의 성격상 환자로 하여금 자신을 환자의 자아 이상의 자리에 놓도록 허용하는지의 여부에 달려 있는 것 같다. 그리고 이것은 분석가가 환자에 대해서 예언자나 구세주, 혹은 속죄자의 역할을 하려는 유혹과 관련된다. 분석의 규칙은 그런 식으로 의사가 자기의 인격을 이용하는 것과는 정반대이므로, 여기서 우리는 분석의 효과에 또 다른 한계성이 있다는 사실을 정직하게 고백해야 되겠다. 결국 분석이란 병적 반작용을 불가능한 것으로 만들려는 것이 아니라, 환자의 자아에게 이런 식으로나 저런 식으로 결정할 수 있는 〈자유〉를 주려는 것이다 — 원주. 프로이트는 「마조히즘의 경제적 문제」에서 이 문제로 다시 돌아오는데, 거기에서 그는 무의식적 죄의식과 도덕적 마조히즘의 구별 문제를 논하고 있다. 또한 「문명 속의 불만」을 참조할 것.

다. 그러므로 우리는 죄의식이 다른 상황에서는 어떻게 자기표현을 하는지 좀 더 충분히 논하는 데 주저하지 않을 것이다.

정상적이고 의식적인 죄의식(양심)에 대한 해석은 아무런 어려움을 제기하지 않는다. 그것은 자아와 자아 이상 사이의 긴장에 바탕을 두고 있으며, 자아의 비판 세력에 의해서 자아에 내려진 유죄 판결의 표현이다. 신경증 환자들에게 잘 알려진 열등의식은 이 문제로부터 그리 멀리 떨어져 있지 않은 것으로 추정된다. 두 개의 대단히 흔한 질병의 경우는 죄의식이 강력하게 의식되어 있는데, 이때 자아 이상이 특별히 가혹하게 작용하고 자아에 대해서 잔인하게 날뛰는 경우가 허다하다. 강박 신경증과 우울증, 이 두 질환에서 자아 이상의 태도는 유사성 못지않게 의미 있는 차이를 드러내 보인다.

어떤 형태의 강박 신경증의 경우, 죄의식이 지나치게 떠들썩해서 자아에게 그 자신을 정당화시킬 수 없다. 따라서 환자의 자아는 죄를 씌우는 데 대해서 반발하고 의사의 도움을 얻어 그것을 거부하려 한다. 그러한 일을 묵인하는 것은 어리석은 일일 것이다. 왜냐하면 그렇게 하는 것은 아무런 효과도 가져오지 못할 것이기 때문이다. 초자아는 자아에게 알려지지 않은 과정에 의해서 영향을 받는다는 사실이 마침내 분석을 통해서 밝혀지고 있다. 실제로 죄의식의 밑바닥에 깔려 있는 억압된 충동을 발견하는 일은 가능하다. 그래서 이 경우에 초자아는 무의식적 이드에 대해서 자아보다 더 많은 것을 알고 있었던 것이다.

우울증의 경우, 초자아가 의식을 장악하고 있다는 인상은 더욱 강하다. 그러나 여기에서 자아는 감히 반대를 하지 못한다. 그것은 그 자신의 죄를 인정하고 처벌을 감수한다. 우리는 그 차이를 이해할 수 있다. 강박 신경증의 경우, 문제가 되는 것이 자아 밖에 있는 못마땅한 충동이었던 반면, 우울증의 경우는 초자아의 분노의 대상이 동일시를 통하여 자아 속으로 들어왔다는 것이다.

왜 죄의식이 이 두 가지의 신경증 질병 속에서 그처럼 특별한 강세를 띠는지는 분명치 않다. 그러나 이러한 사태 속에서 제시된 주된 문제는 다른 방향에 있다. 우리는 그것에 대한 논의를 죄의식이 무의식적 상태로 남아 있는 다른 경우들을 다룰 때까지 연기하고자 한다.

이러한 것이 발견되는 곳은 근본적으로 히스테리나 히스테리성 상태이다. 여기서 죄의식이 무의식적 상태로 남아 있게 되는 메커니즘을 발견하기는 어려운 일이 아니다. 히스테리성 자아는 고통스러운 지각을 피해 가는데, 그 이유는 이 지각을 통한 초자아의 비판이 자아를 위협하기 때문이다. 이것은 자아가 억압의 행위에 의해서 참을 수 없는 대상 리비도 집중을 피해 가는 습관이 있는 것과 같은 식이다. 그러므로 무의식적인 죄의식에 대해서 책임이 있는 것은 바로 자아이다. 원칙적으로 자아는 초자아를 위해서, 그리고 초자아의 명령으로 억압을 수행한다. 그러나 이것은 자아가 같은 무기를 그의 가혹한 감독관에게 돌린 경우이다. 우리가 알다시피 강박 신경증의 경우, 반동 형성 현상이 지배적이다. 그러나 히스테리에서 자아는 죄의식이 지칭하는 대상들과 일정 거리를 유지하는 데 성공한다.

우리는 한 걸음 더 나아가서 감히 다음과 같은 가설을 세워 볼 수도 있을 것이다. 즉 양심의 기원이 오이디푸스 콤플렉스와 밀접하게 관련되어 있고 이 콤플렉스는 무의식에 속하므로, 죄의식의 대부분이 무의식적 상태로 남아 있다는 가설이다. 보통 사람은 그가 믿고 있는 것보다 훨씬 더 비도덕적일 뿐만 아니라, 또한 그는 자기가 알고 있는 것보다 훨씬 더 도덕적이다라는 역설적인 명제를 만약 어떤 사람이 제시하려 한다면, 정신분석학 ── 이 주장의 첫 번째 반은 정신분석학의 발견에 의존하고 있다 ── 은 두 번째 반에 대해서 제기할 아무런 반대 의사도 갖고 있지 않을 것이다.[15]

이와 같이 〈무의식적〉 죄의식이 사람들을 범죄자로 바꾸어 놓을 수 있다는 발견은 놀라운 일이다. 그러나 그것은 의심할 나위 없는 사실이다. 많은 범죄자들에게, 특히 젊은 층의 경우, 범죄 이전에 존재했던 매우 강력한 죄의식을 탐지해 낼 수 있다. 그러므로 그 죄의식은 범죄의 결과가 아니라 동기인 것이다. 이 무의식적 죄의식을 사실적이고 직접적인 어떤 것에 묶어 둘 수 있는 것은 다행스러운 일이라고 해야 할 것이다.[16]

이 모든 상황에서 초자아는 의식적 자아로부터는 독립성을, 무의식적 이드와는 밀접한 관련성을 드러낸다. 이제 자아 속에 있는 전의식적 언어 잔재물에 대한 중요성을 고려했으므로, 초자아는 이것이 〈무의식적〉인 한 그러한 언어 표상으로 구성되어 있는지, 만약 그렇지 않다면 다른 무엇으로 구성되어 있는지 하는 문제가 제기된다. 초자아는 자아와 마찬가지로 그 근원이 청취된 어떤 것에 있다는 사실을 부인하기 어려울 것이라는 게 우리의 잠정적인 답변이다. 초자아는 자아의 일부이고 이 언어 표상(개념, 추상화)을 통해서 의식에 접근할 수 있다. 그러나 〈리비도 집중된 에너지〉는 청각적인 지각(가르침이나 독서)에서 이러한 초자아의 내용에 도달하는 것이 아니라 이드 속에 있는 원천에서 오는 것이다.

15   이러한 명제는 오직 외견상으로만 역설적이다. 그것은 단순히 인간의 성격은 그가 생각하는 것보다, 다시 말해 그의 자아가 의식적 지각을 통해서 알 수 있는 것보다 훨씬 더 큰 정도의 선과 악에 대한 가능성을 지니고 있다는 것을 말하고 있을 따름이다 ── 원주.

16   이것이 (몇 가지 다른 것과 함께) 충분히 논의된 것은 「정신분석에 의해서 드러난 몇 가지 인물 유형」(프로이트 전집 14, 열린책들)에서 볼 수 있다.

우리가 답변을 유보했던 질문은 다음과 같다. 초자아가 본질적으로 죄의식으로서 (혹은 오히려 비판 세력으로서 — 왜냐하면 죄의식은 이러한 비판에 응수하는 자아 속의 지각이기 때문이다) 자기 자신을 현시하고, 더구나 자아에 대해서 그처럼 특별히 가혹하고 심한 태도를 취하는 것은 어떻게 해서 그런 것인가? 만약 우리가 우선 먼저 우울증으로 눈을 돌린다면, 의식을 장악하고 있는 지나칠 정도로 강력한 초자아가 무자비한 폭력으로 자아에 대해서 난동을 부린다는 것을 알 수 있을 것이다. 이때 초자아는 관련된 사람에게서 가능한 사디즘의 전부를 쥐고 있는 것처럼 보인다. 우리의 사디즘에 대한 견해에 따르면, 파괴적 요소는 초자아 속에서 지반을 굳히고 자아에 대항한다고 말할 수 있다. 이제 초자아 속에서 지배적인 세력은, 말하자면 죽음 본능이라는 순수한 문화이다. 그리고 그것은 사실상 자아를 죽음으로 내모는 데 — 만약 자아가 제때에 조병(躁病)으로의 변신을 통해 그 폭군을 비껴가지 않는다면 — 성공하는 경우가 비일비재하다.

어떤 형태의 강박 신경증에서도 양심의 가책은 다른 것 못지않게 고통스럽고 괴롭다. 그러나 여기서는 상황이 덜 분명하게 드러난다. 우울증의 경우와는 대조적으로, 강박 신경증 환자들은 사실상 자기 파멸적 행동을 결코 하지 않는다는 것은 주목할 만하다. 그들은 마치 자살의 위험에 면역되어 있는 것 같고, 심지어는 히스테리 환자들보다도 그런 위험으로부터 훨씬 더 잘 보호받고 있다. 자아의 안전을 보장하는 것은 대상을 보유하고 있기 때문이라는 사실을 알 수 있다. 강박 신경증의 경우, 사랑의 충동이 대상에 대한 공격 충동으로 변하는 것은 전성기기 조직으로 퇴행함으로써 가능해진다. 여기서 다시 파괴 본능은 고삐가 풀려 대상을 파괴하려 들거나 적어도 그런 의도를 가지고 있는 것처럼 보인다. 이러한 목적들은 자아에 의해서 채택되지 않는다. 자아는 반동 형성과 기타 예방책을 취하면서 그 목적들에 대항해서 싸운다. 이 목적들은 이드 속에 존재한다. 그러나 초자아는 자아가 그것들에 책임을 져야 하는 것처럼 행동한다. 그리고 동시에 초자아는 이런 파괴적 의도를 응징하던 엄숙함으로, 그 목적들이 퇴행에 의해서 생긴 단순한 유사체가 아니라 실제로 사랑을 증오로 바꾸는 것을 의미한다는 사실을 보여 준다. 양쪽 모두에 대해 무력한 상태가 된 자아는 살인적인 이드의 부추김과 벌주는 양심의 가책, 양쪽에 다 같이 대항해서 자신을 방어하려고 안간힘을 쓰지만 역부족이다. 그러나 그것은 적어도 양쪽의 가장 잔인무도한 행위를 제어하는 데는 성공한다. 그 첫 번째 결과는 끊임없는 자기 학대이고, 궁극적으로 대상에 대한 조직적인 박해 — 그것이 손에 미치는 거리에 있는 한 — 가 뒤따른다.

위험스러운 죽음 본능은 개인들 속에서 여러 가지 방식으로 다루어진다. 부분적으로 그것은 성애적 요소와 결합됨으로써 무해한 것으로 되고, 또한 일부는 공격의 형태로 외부 세계에 돌려진다. 그런가 하면, 의심할 나위 없이 그것의 많은 부분이 아무런 제지를 받지 않고 내부에서 일을 계속한다. 그렇다면 우울증에서 초자아가 죽음 본능을 위한 일종의 집합소가 될 수 있는 까닭은 무엇인가?

본능의 통제라는 도덕적 관점에서 볼 때, 이드는 전혀 무도덕적이고, 자아는 도덕적이려고 노력하며, 초자아는 초도덕적인 동시에 이드만이 할 수 있을 정도의 잔인성을 발휘할 수 있다고 말할 수 있을 것이다. 어떤 사람이 그의 외부에 대한 공격성을 억제하면 억제할수록, 그의 자아 이상에서는 더욱 심각한 — 즉 더욱 공격적인 — 사태가 벌어진다는 것은 주목할 만하다. 보통의 견해는 그 상황을 거꾸로 보고 있다. 즉 자아 이상에 의해서 설정된 기준이 공격성을 억누르는 동기가 될 수 있다는 생각이다. 그러나 사실은 우리가 방금 말한 대로다. 즉 어떤 사람이 그의 공격성을 통제하면 할수록, 자아 이상의 공격적 경향은 그의 자아에 반해서 더욱 강렬해진다는 것이다.[17] 그것은 일종의 전치 현상, 즉 자신의 자아로 되돌아오기와 같다. 그러나 보통의 정상적인 도덕도 역시 가혹하게 억제하고 잔인하게 금지하는 특성을 지니고 있다. 그래서 바로 이런 것으로부터 가차 없는 징벌을 수행하는 고등 존재의 개념이 생겨난다.

나는 새로운 가설을 도입하지 않고서는 이런 문제들에 대한 고려를 더 이상 진전시킬 수 없을 것 같다. 우리가 알다시피, 초자아는 모델로서 취해진 아버지와의 동일시를 통해서 생겨난다. 그러한 모든 동일시는 탈성화(脫性化)나 심지어는 승화의 성격에서 찾을 수 있다. 이런 종류의 변형이 일어날 때는 동시에 본능의 분열이 발생하는 것 같다. 승화 현상이 있은 후, 성애적 요소는 그것과 결합되어 있던 파괴적 요소의 전부를 묶을 힘을 더 이상 가지지 못한다. 따라서 이것은 공격과 파괴에 대한 경향이라는 형태로 방출된다. 이러한 분열이 자아 이상이 보여 주는 가혹함과 잔인함의 일반적 성격 — 독재성을 띤 〈그대는 …… 할지어다〉 유의 — 의 원천이 될 것이다.

강박 신경증을 잠시 동안 다시 검토해 보자. 여기서는 사정이 다르다. 사랑을 공격성으로 분열시키는 일은 자아가 한 것이 아니고 이드 속에서 일어난 퇴행의 결과이다. 그러나 이 과정은 이드

---

17 프로이트는 「꿈의 해석 전반에 관한 몇 가지 부가적 소견 Einige Nachträge zum Ganzen der Traumdeutung」(1925)과 「마조히즘의 경제적 문제」에서 이 역설로 다시 돌아온다. 그는 그것을 「문명 속의 불만」에서 충분히 다루고 있다.

를 넘어 초자아에까지 미치고, 이제 그것은 아무 죄 없는 자아에 대해 그 가혹성을 더해 간다. 그러나 이 경우, 우울증의 경우 못지 않게 동일시를 통해 리비도에 대한 통제권을 획득했던 자아가 그런 행위에 대해 초자아에 의해서 징벌을 받는 것 같다. 이러한 징벌 행위는 리비도와 섞여 있던 공격성의 힘을 빌려 이루어진다.

자아에 대한 우리의 개념이 투명해지기 시작하고 그것의 여러 관계가 명료성을 얻고 있다. 이제 우리는 자아의 강점과 약점을 다 보게 된다. 그것에는 중요한 기능이 부여되어 있다. 지각 조직과 관련을 맺고 있는 덕분에, 자아는 정신 과정에 시간의 질서를 부여하고 그 과정을 〈현실성 검사Realitätsprüfung〉에 넘기도록 한다.[18] 자아는 사고 과정에 개입함으로써 운동성 방출을 지연시키고 운동성으로 접근하지 못하게 통제한다.[19] 이 마지막 힘은 확실히 사실의 문제라기보다는 형식의 문제다. 행동이 문제인 경우 자아의 위치는 입헌 군주 정치의 군주의 위치와 같다. 그의 재가가 없이는 어떠한 법률도 통과될 수 없다. 그러나 그는 의회가 제시한 어떤 조치에 거부권을 행사하기에 앞서 한참 동안을 머뭇거린다. 밖으로부터 오는 모든 삶의 경험은 자아를 비옥하게 한다. 그러나 이드는 자아의 제2의 외부 세계로서, 자아는 이드를 자신에게 복종시키려고 애쓴다. 자아는 이드에서 리비도를 끌어내고 이드의 대상 리비도 집중을 자아 구조로 변형시킨다. 초자아의 도움으로 — 그 방식은 아직 우리에게 불분명한 상태로 남아 있다 — 자아는 이드 속에 저장되어 있는 지난 시대의 경험에 접근할 수 있다.

이드의 내용이 자아 속으로 침투할 수 있는 두 가지 길이 있다.

---

18 「무의식에 관하여」 참조.
19 「정신적 기능의 두 가지 원칙」과 「부정」 참조.

하나는 직접적으로, 다른 하나는 자아 이상을 경유해서 이루어진다. 이드가 이 두 가지 길 중 어느 것을 택하느냐 하는 것은 어떤 정신 활동에는 결정적으로 중요하다. 자아는 본능을 지각하는 데서 통제하는 쪽으로, 그리고 본능에 복종하는 데서 억제하는 쪽으로 발전한다. 이러한 성취 과정에서 많은 몫을 자아 이상이 취하는데, 이것은 부분적으로 자아의 본능적 과정에 대한 일종의 반동 형성이다. 정신분석학은 자아가 이드를 점진적으로 정복할 수 있게 도와주는 도구이다.

그러나 다른 관점에서 볼 때, 우리는 이 동일한 자아가 바로 세 주인을 섬겨야 하고 따라서 세 가지 위험, 즉 외부 세계, 이드의 리비도, 초자아의 가혹함에서 오는 위험으로부터 위협받고 있는 가련한 존재라는 사실을 알게 된다. 세 종류의 불안은 이 세 가지 위험에 상응하는데, 그것은 불안이 바로 위험에서 도피한다는 표현이기 때문이다. 국경 지방에 위치한 존재로서 자아는 세계와 이드를 중재시키려 하고, 이드로 하여금 세계에 유연하게 대처하도록 하며, 힘찬 활동으로 세계가 이드의 바람에 부응하게 만들려고 노력한다. 사실상 자아는 마치 분석 치료 중인 의사와 같이 행동한다. 자아는 실제 세계를 주목하는 가운데 자신을 이드에 대한 리비도적 대상으로 제공하고, 이드의 리비도를 자신에게 부착시키려 한다. 자아는 이드의 조력자일 뿐만 아니라 주인의 사랑을 구하는 복종적 노예이기도 하다. 가능하다면 자아는 언제나 이드와 좋은 관계를 유지하려 한다. 자아는 이드의 〈무의식적〉 요구를 자신의 〈전의식적〉 합리화로 치장한다. 자아는 이드가 실제로는 고집이 세고 좀처럼 굽히지 않으려 하는데도, 그것이 훈계에 복종심을 보여 주는 것처럼 가장한다. 자아는 이드의 현실과의 갈등을, 그리고 가능하다면 자아와 초자아의 갈등 역시 숨기려 한다. 이드와 현실 사이의 중간에 위치한 존재로서 자아는 너무나도 자주 아첨꾼이나 기회주의자, 거짓말쟁이가 되려는 유혹에 넘어가는데, 이것은 마치 어떤 정치가가 사실을 다 알고 있으면서도 자기의 자리를 대중들이 좋아하는 상태로 유지시키려고 하는 행위와 비슷하다.

두 부류의 본능에 대해서 자아의 태도는 공평하지 않다. 동일시와 승화 작업을 통해서, 자아는 이드 속에 있는 죽음 본능에게 리비도를 통제하는 데 필요한 도움을 준다. 그러나 그렇게 하는 과정에서 자아는 죽음 본능의 대상이 되어 그 자신이 멸망할 위험을 무릅쓴다. 이런 식으로 도울 수 있기 위해서 자아는 자신이 리비도로 가득 채워진 상태가 되어야 한다. 그리하여 자아는 에로스의 대변자가 되고, 그 후부터는 살아가고 사랑받기를 갈망하게 된다.

그러나 자아의 승화 작업이 본능의 분열과 초자아 속에 있는 공격적 본능의 해방이라는 결과를 낳으므로, 자아의 리비도에 대한 투쟁은 자신을 학대와 죽음의 위험에 노출시킨다. 초자아의 공격하에서 고통을 겪거나 심지어는 그 공격에 굴복하는 과정에서, 자아는 원생생물과 비슷한 운명을 맞이하게 된다. 이 원생생물은 그 자신이 만들어 낸 분해 산물로 인해 죽음을 맞는다.[20] 경제적인 관점에서 볼 때, 초자아 속에서 기능하는 도덕성은 이것과 비슷한 분해의 산물처럼 보인다.

자아가 유지하고 있는 의존적 관계 중에서 초자아와 자아의 관계가 아마도 가장 흥미로울 것이다.

---

20 프로이트는 앞의 「쾌락 원칙을 넘어서」에서 이 극소 동물(짚신벌레)에 대해 논한 바 있다. 이것들은 〈원생생물 Protista〉보다는 〈원생동물 Protozoa〉이라고 하는 편이 좋을 것이다.

자아는 불안의 실질적 소재지이다.[21] 세 방향의 위험으로 협박 받고 있는 상태에서 자아는 위협적인 지각이나 그에 비견할 만한 이드 속의 과정에서 자신의 리비도 집중을 철회하고, 그것을 불안으로 발산시킴으로써 도피 반사 기제를 작동시킨다. 이러한 원시적인 반작용은 후에 보호적 리비도 집중의 성취(공포증의 메커니즘)를 통해 대치된다. 자아가 외부적 위험이나 리비도적 위험으로부터 공포심을 느끼는 것은 무엇을 의미하는가에 대해서는 아직 구체적인 설명을 할 수 없다. 우리가 알고 있는 전부는, 그 공포가 압도당하고 완전히 소멸될 것 같은 성격을 띠는 공포라는 것이다. 그러나 그것을 분석적으로 포착하기는 불가능하다.[22] 자아는 단순히 쾌락 원칙의 경고를 따르고 있을 따름이다. 반면에 우리는 초자아에 대한 자아의 두려움, 양심 불안*Gewissensangst*[23] 뒤에 숨겨져 있는 것이 무엇인가를 말할 수 있다. 자아 이상으로 변신한 바 있는 그 우세한 존재는 한때 거세를 시키겠다고 위협한 적이 있는 존재다. 거세에 대한 이러한 두려움이야말로 확실히 차후의 양심 공포증을 형성하는 핵일 것이다.

〈모든 공포는 궁극적으로 죽음에 대한 공포다〉라는 고답적인 표현은 거의 어떠한 의미도 없는 말이며 어떻게 해도 정당화될 수 없는 말이다.[24] 그와는 반대로 내 생각에는, 죽음의 공포를 대상에

---

21 불안의 주제에 관한 다음 것은 「억압, 증상 그리고 불안」에 제시된 프로이트의 수정된 견해와 관련시켜 읽어야 한다.

22 자아가 〈압도*Überwältigung*당한다〉는 생각은 프로이트의 저술 초기에서부터 나온다. 이 논의에 관해서는 「방어 신경 정신증」을 참조할 것. 그러다가 플리스와 서신 왕래를 하던 중 1896년 1월 1일자의 원고 K에서 신경증의 메커니즘을 논하며 그 개념은 대단히 중요한 역할을 하게 된다. 여기서 그것이 「억압, 증상 그리고 불안」의 〈외상적 상황〉과 연결되어 있음을 분명히 알 수 있다. 또한 「인간 모세와 유일신교」 (프로이트 전집 13, 열린책들) 참조.

23 「억압, 증상 그리고 불안」에 실린 각주를 참조할 것.

24 슈테켈W. Stekel의 『신경성 불안 상태와 그 치료*Nervöse Angstzustände und ihre*

대한 두려움(현실적 불안)이나 신경성 리비도 불안과는 엄격히 구별하는 것이 옳을 것 같다. 그것은 정신분석학에 어려운 문제를 제시한다. 왜냐하면 죽음은 부정적인 내용을 가진 추상적인 개념으로, 그에 대한 무의식적 상관물을 발견할 수 없기 때문이다. 죽음의 공포에 대한 메커니즘은 자아가 다량으로 자신의 나르시시즘적 리비도 집중을 포기하는 것이라고 말할 수 있을 것 같다. 다시 말해서, 자아가 불안을 느끼게 되면 〈외부적〉 대상을 포기하듯이, 이 경우 자아가 자신을 포기한다는 말이다. 나는 죽음의 공포가 자아와 초자아 사이에서 일어나는 것이라고 믿고 있다.

우리는 죽음의 공포가 두 가지 조건, 즉 외부적 위험에 대한 반작용과 우울증의 경우와 같이, 내부적 과정으로서의 조건하에서 그 모습을 드러낸다는 사실을 알고 있다(더구나 이 조건들은 다른 종류의 불안이 발생하는 상황과 매우 유사하다). 다시 한번 신경증적 표현이 정상적인 표현을 이해하는 데 도움이 될 수 있다는 것을 알 수 있다.

우울증에서 죽음의 공포는 오직 하나의 설명만을 허용하는데, 자아가 초자아로부터 사랑받지 못하고 미움과 박해를 받고 있다고 느껴서 자신을 포기해 버린다는 것이다. 그러므로 자아에게 있어서 산다는 것은 사랑받는다는 것, 다시 말해 여기서 다시 이드의 대변자로서 등장하는 초자아에게 사랑받는다는 것과 같은 의미이다. 초자아는 어렸을 때 아버지에 의해서, 그리고 나중에는 신의 섭리와 운명에 의해서 수행되었던 것과 똑같은 보호와 구제의 기능을 수행한다. 그러나 자아가 자신의 힘으로서는 극복할 수 없다고 생각되는 지나치게 큰 실제적 위험에 직면해 있다는 사실을 알게 될 때, 그것은 같은 결론을 내리기 쉽다. 그 자아

Behandlung』(1908) 참조.

는 자신의 보호 세력으로부터 버림받았음을 깨닫고 자신을 죽도록 방치해 버린다. 더구나 여기에 다시 출생 시의 첫 번째 큰 불안 상태와[25] 유년 시절의 동경 불안, 즉 보호자였던 어머니에게서 떨어지는 데서 오는 불안, 이런 불안들 밑에 깔려 있던 것과 똑같은 상황이 존재한다.[26]

이러한 고려를 통해서 우리는 죽음의 공포를, 양심의 공포와 같이 거세 불안Kastrationsangst에서 발전해 나온 것으로 볼 수 있다. 그리고 죄의식이 신경증 환자들에게 가지는 막강한 의미를 고려해 볼 때, 우리는 보통의 신경증적 불안이 심한 경우에 자아와 초자아 사이에서 발생하는 불안(거세, 양심, 죽음의 공포)에 의해 더 강화된 것이라는 생각을 할 수 있게 된다.

이드 — 우리는 최종적으로 이드에 되돌아온다 — 는 자아에게 사랑이나 미움을 보여 줄 방법을 갖고 있지 못하다. 그것은 자기가 원하는 것을 말할 수 없다. 그것은 어떤 통합된 의지도 성취하지 못했다. 에로스와 죽음 본능이 그 속에서 투쟁한다. 우리는 한 집단의 본능이 어떤 무기로 다른 것에 대항해서 자신을 방어하는지를 살펴보았다. 우리는 이드를, 말이 없으나 막강한 죽음 본능의 지배하에 있으며, 이 죽음 본능은 평화롭게 있기를 원하고 (쾌락 원칙의 도움으로) 이간질 잘하는 에로스를 잠자코 있게 만들려고 한다는 식으로 그려 볼 수 있을 것이다. 그러나 그러한 설명은 에로스가 하는 역할을 과소평가하는 것이 될 수도 있다.

박찬부 옮김

---

25 「억압, 증상 그리고 불안」에서 전개되고 있는 프로이트의 견해를 참조할 것.
26 이것은 「억압, 증상 그리고 불안」에서 논의된 〈격리 불안〉을 말한다.

마조히즘의 경제적 문제

Das ökonomische Problem des Masochismus(1924)

이 중요한 저술에서 프로이트는 마조히즘이라는 당혹스러운 현상에 대해서 완벽한 설명을 하고 있다. 그는 「성욕에 관한 세 편의 에세이」나 「본능과 그 변화」, 「〈어떤 아이가 매를 맞고 있어요〉」 등에서 이 문제를 이미 다룬 바 있었으나, 그것들은 항상 잠정적인 성격을 띠고 있었다. 이 모든 글에서, 마조히즘은 이전의 사디즘에서 나온 것으로 되어 있다. 1차적 마조히즘과 같은 것은 인식되어 있지 않다. 그러나 프로이트는 「쾌락 원칙을 넘어서」에서 〈죽음 본능〉을 도입한 후에 1차적 마조히즘과 같은 것이 〈있을는지도 모른다〉고 했고, 이 논문에서는 1차적 마조히즘의 존재를 확실한 것으로 받아들이고 있다.

여기서 1차적 마조히즘의 존재는 주로 두 부류의 본능이 〈융합〉하고 〈분열〉되는 것에 기초해서 설명되는가 하면, 불쾌를 겨냥하는 본능의 성격에 대해서도 흥미롭게 다루고 있다. 이 논의에서 처음으로 〈항상성의 원칙〉과 〈쾌락 원칙〉이 명확하게 구별되고 있다.

프로이트의 분석은 1차적 마조히즘이 두 개의 파생적 현상을 가져온다는 사실을 보여 주고 있다. 그중 하나는 〈여성적〉이라고 부를 수 있는 것으로 이미 「〈어떤 아이가 매를 맞고 있어요〉」에서 논의한 바 있다. 그러나 〈도덕적 마조히즘〉은 그에게 이미 「자아와 이드」에서 잠시 언급되었던 여러 문제점을 확대 설명할 수 있는 기회와, 죄의식과 양심의 운용과 관련해서 새로운 문제들을 제기할 수 있는 기회를 부여해 주고 있다.

이 논문은 1924년 『국제 정신분석학지』 제10권 2호에 처음 실렸으며, 『저작집』 제5권(1924)과 『전집』(1940)에도 실렸다. 영어 번역본은 리비어가 번역하여 "The Economic Problem of Masochism"이라는 제목으로 『논문집Collected Papers』 제2권(1924)에 실렸으며, 『표준판 전집』 제19권(1961)에도 실렸다.

인간의 본능적 삶에서 마조히즘적 경향이 존재한다는 사실은 경제적인 관점에서 볼 때는 당연히 신비스러운 것으로 기술될 수 있을 것이다. 왜냐하면 정신 기관의 1차 목표가 불쾌를 피하고 쾌락을 취하는 쾌락 원칙에 의해서 지배된다면, 마조히즘은 생각할 수 없기 때문이다. 만약 고통과 불쾌가 단순히 경고가 아니라 실제로 목표가 된다면, 쾌락 원칙은 마비되고 말 것이다 ─ 그것은 마치 우리의 정신생활을 감시하는 파수꾼이 마약을 먹고 행동 불능 상태가 된 것과 같을 것이다.

그와 같이 마조히즘은 큰 위험에 비추어서 우리에게 나타나는데, 이런 환상은 그것의 대극체인 사디즘의 경우에는 절대로 일어나지 않는다. 우리는 쾌락 원칙이 단순히 우리의 정신생활만 감시한다기보다는 우리의 삶 전반을 감시하는 파수꾼이라고 부르고 싶은 유혹을 느낀다. 그러나 그 경우, 우리는 우리가 구분했던 두 부류의 본능, 즉 죽음 본능과 성애적(리비도적) 생명 본능의 쾌락 원칙과의 관계를 밝혀야 한다. 그 일을 성취하지 않고서는 마조히즘의 문제에 대한 우리의 탐구는 더 이상 진척될 수 없다.

우리는 모든 정신 과정을 지배하는 원칙이 페히너의 〈안정 추구 성향)[1]의 특별한 경우라는 견해를 취해 왔으며, 따라서 정신 기관에게 그 속에 흘러들어 오는 흥분의 양을 무(無)의 상태로 낮추거나 적어도 가능한 한 최소의 상태로 유지시키는 목적을 부여했다는 사실을 기억할 수 있을 것이다. 바버라 로[2]는 이러한 가설적 경향에 대해서 〈열반 원칙〉이라는 이름을 쓸 것을 제안한 바 있었고, 우리는 그 용어를 받아들였다.[3] 그러나 우리는 쾌락-불쾌의 원칙과 이 열반 원칙을 동일시하는 것을 주저해 왔다. 모든 불쾌는 자극으로 인한 정신적 긴장의 고조와 일치하고, 모든 쾌락은 그 긴장의 감소와 일치하는 것으로 되어 있었다. 열반 원칙(그리고 그것과 동일하다고 가정되는 쾌락 원칙)은 전적으로 죽음 본능 — 이 본능의 목표는 삶의 불안정성을 무생물 상태의 안정성으로 유도하는 것이다 — 에 봉사할 것이다. 그리고 이 열반 원칙은 삶의 의도된 진로를 흩뜨리려는 생명 본능 — 리비도 — 의 요구에 경고를 발하는 기능을 할 것이다. 그러나 그러한 견해는 정확한 것일 수 없다. 일련의 긴장감 속에서 우리는 자극량의 증가와 감소를 직접 느낄 수 있는 것 같다. 그런가 하면 유쾌한 긴장과 불유쾌한 긴장 완화도 있다는 데 의심의 여지가 있을 수 없다. 성적 흥분의 상태가 이런 종류의 자극이 유쾌하게 증가하는 가장 두드러진 예이겠으나, 그것만이 유일한 것은 결코 아니다.

그러므로 쾌락과 불쾌는 (우리가 〈자극으로 인한 긴장〉이라고 기술하고 있는) 양의 증감과 관련지을 수 없다. 물론 그럴 가능성이 상당히 존재하지만 말이다. 그들은 이와 같은 양적인 요소보

---

1 「쾌락 원칙을 넘어서」 — 원주.
2 바버라 로Barbara Low의 『정신분석 *Psycho-Analysis*』(1920) 참조 — 원주.
3 「쾌락 원칙을 넘어서」. 프로이트는 전에 바로 이 원칙에 〈항상성의 원칙〉이라는 이름을 붙인 바 있다. 이 개념들에 대한 프로이트의 사용법과 쾌락 원칙과의 관계에 대한 충분한 논의는 「본능과 그 변화」를 참조할 것.

다는 질적인 요소라고 말할 수밖에 없는 그것의 어떤 특성에 의존하고 있는 것처럼 보인다. 만약 우리가 이 질적인 특성이 무엇인지 말할 수 있다면, 심리학은 훨씬 더 발전할 것이다. 아마도 그것은 〈리듬〉일 것이고, 변화의 시간적 연속일 것이며, 자극량의 부침일 것이다.[4] 현재는 그에 대한 지식을 갖고 있지 않다.

그렇다 하더라도, 죽음 본능에 속해 있는 열반 원칙은 살아 있는 생명체 내에서 어떤 변형을 겪었을 것이다. 이 변형을 통해서 그것은 쾌락 원칙이 된다. 따라서 우리는 이후부터 이 두 원칙을 하나로 취급하는 일을 피할 것이다. 우리가 이러한 사고 노선을 따라간다면, 이 변형의 원천이 어떤 힘이었을지 추측하기는 어렵지 않다. 그것은 죽음 본능과 나란히 있으면서 생명 과정의 조절에 한몫을 담당하고 있는 생명 본능, 즉 리비도일 수밖에 없다. 이런 식으로 우리는 작기는 하지만 흥미로운 일련의 연결 고리를 얻게 되었다. 〈열반〉 원칙은 죽음 본능의 추세를 표현하고 〈쾌락〉 원칙은 리비도의 요구를 표현한다. 그리고 쾌락 원칙의 변형인 〈현실〉 원칙[5]은 외부 세계의 영향을 표현한다.

실제로 이 세 원칙 중 어느 것도 다른 것에 의해서 행동의 제지를 받지 않는다. 원칙적으로 이 셋은 서로에게 관용을 베풀 수 있다. 물론 각자에게 주어진 서로 다른 목적이 있다는 사실로부터 이따금씩 이들 사이에서 갈등이 일어나지 않을 수는 없다. 첫 번째 것은 자극의 짐을 양적으로 감소시키려 하고, 두 번째 것은 자극의 질적인 특성을 고려하며, 마지막 세 번째 것은 자극의 방출을 지연시키고 긴장으로 인한 불쾌감을 잠정적으로 묵인하려는 목적을 지니고 있다.

4 이러한 가능성은 「쾌락 원칙을 넘어서」에서 이미 제시된 바 있다.
5 「정신적 기능의 두 가지 원칙」 참조.

이러한 고려에서 도출된 결론은 누구도 쾌락 원칙을 우리 삶의 파수꾼으로 기술하는 것을 거절할 수 없다는 것이다.[6]

마조히즘의 문제로 돌아가 보자. 마조히즘은 우리가 관찰한 바에 의하면, 다음과 같은 세 가지 형태, 즉 성적 흥분에 부여된 조건으로서, 여성적 성격의 표현으로서, 그리고 행동[7]의 규범으로서 나타나게 된다. 따라서 우리는 〈성감(性感) 발생적〉, 〈여성적〉, 〈도덕적〉 마조히즘을 구별할 수 있을 것이다. 첫 번째의 성감 발생적 마조히즘, 즉 고통 속에서 쾌감을 느끼는 것은 다른 두 형태의 마조히즘의 밑바닥에도 깔려 있다. 성감 발생적 마조히즘의 바탕은 생물학적이고 체질적인 노선을 따라 추구되어야 할 것이다. 그리고 그것은 우리가 극도로 불투명한 문제에 대해서 어떤 가설을 세우려 결심하지 않는 한 이해 불가능한 상태로 남아 있다. 어떤 면에서는 마조히즘이 취하는 가장 중요한 형태인 세 번째의 것은, 최근 들어서야 정신분석학에 의해서 대부분 무의식 상태의 죄의식이라는 사실이 밝혀졌다. 그러나 이것은 완전히 설명될 수 있고 우리의 다른 지식에 끼워 넣어 적합시킬 수 있는 단계에 이미 도달했다. 반면에 여성적 마조히즘은 우리가 가장 쉽게 관찰할 수 있고 가장 문제성이 없으며, 그것의 모든 관계에 대한 탐사가 이루어질 수 있는 것이다. 우선 이 문제의 논의에서 시작해 보자.

우리는 남성들에게서 보이는 이런 종류의 마조히즘을 잘 알고 있다(내가 구사할 수 있는 자료의 성격상 본 논의는 남성들에게 국한시키겠다). 그러한 지식은 마조히즘에 걸린 — 따라서 성 불

6 프로이트는 「정신분석학 개요」에서 이 문제를 다시 거론하고 있다.
7 이 〈행동〉이라는 단어 뒤에는 영어 behaviour가 첨부되어 있다.

능의 — 사람들에게서 얻은 것인데, 그들의 환상은 자위행위 *Selbstbefleckung*로 끝나거나 그 자체로 성적 만족을 나타낸다.[8] 마조히즘에 걸린 성도착자들이 실제 생활에서 하는 행위는, 그 행위가 그 자체로 하나의 목적으로서 행해지든 혹은 그것이 성적 능력을 유도하는 데 기여해서 성적 행위로 연결되든 간에, 그러한 환상과 완전히 일치한다. 양쪽의 경우 모두 — 그 행위는 결국 환상의 연출에 불과하므로 — 명시적 내용은 재갈 물리고 묶인 상태, 고통스럽게 얻어맞고 매질당한 상태, 어떤 면에서는 학대받고, 무조건적인 복종을 강요받으며, 더럽혀지고 타락한 상태로 구성되어 있다. 수족의 절단 행위가 그 내용에 포함되는 경우는 극히 드물며 엄격한 규제를 받는다. 분명하고 쉽게 얻을 수 있는 해석에 따르면, 마조히즘에 걸린 사람은 자신이 작고 무력한 어린아이와 같이, 특히 장난기 많은 어린아이와 같이 취급받기를 원한다. 이것을 설명하기 위해서 여러 사례를 열거할 필요는 없을 것이다. 그것에 대한 자료는 아주 단일하고 어떤 관찰자에게도, 심지어는 비분석가들에게도 접근 가능한 것이기 때문이다. 그러나 만약 우리가 마조히즘적 환상이 특별히 풍부하게 드러나는 증례들을 연구할 기회를 갖는다면, 그들은 주체를 특징적으로 여성적인 자리에 위치시켜 놓는다는 사실을 발견하게 될 것이다. 다시 말해서, 그들은 거세되었고 성교를 당했으며 어린 아기를 낳았다는 의미를 띤다. 그러한 이유로 나는 이러한 형태의 마조히즘을 그것의 극단적인 예를 근거로 여성적 형태라고 — 설령 그것의 많은 특징들이 유아기적 삶을 가리키지만 — 불렀다. 유아적인 것과 여성적인 것이 이처럼 상호 겹치는 층위를 형성하는 것은 뒤에서 간단히 설명될 것이다. 거세되었다든가 이것을 상징

8 「〈어떤 아이가 매를 맞고 있어요〉」를 참조할 것.

하는 눈먼 상태는, 어떠한 상처도 생식기나 눈에는 가해지지 않을 것이라는 조건으로 환상 속에서 그것 자체에 대한 부정적 흔적을 남기는 경우가 자주 있다(공교롭게도, 마조히즘적 고문은 사디즘의 잔인성 — 상상적인 것이든 혹은 실제로 일어난 것이든 — 과 같은 그러한 심각한 인상을 남겨 놓는 경우가 드물다). 죄의식 역시 마조히즘적 환상의 명시적 내용 속에서 자기 자신을 표현한다. 즉 주체는 자기가 고통스럽고 고문과 같은 이 모든 과정을 통해서 속죄받아야 할 어떤 죄(그 죄의 성격은 불명확한 상태로 남겨진다)를 범했다고 생각한다. 이것은 마조히즘적 주제를 피상적으로 합리화한 것처럼 보일지 모르나, 그 뒤에는 유아기적 자위행위와의 연관성이 놓여 있다. 반면에, 이러한 죄의식에 대한 요소는 세 번째 형태의 도덕적 마조히즘으로 넘어가는 징검다리를 제공한다.

우리가 지금까지 기술해 온 여성적 마조히즘은 1차적, 성감 발생적 마조히즘, 즉 고통 속에서의 쾌락에 전적으로 의존하고 있었다. 이것은 우리의 논의를 훨씬 뒤로 끌고 가지 않고서는 설명될 수 없다 하겠다.

나의 「성욕에 관한 세 편의 에세이」 중, 유아적 성의 원천을 다룬 절에서 나는 〈많은 내적 과정의 경우에 그 과정의 강도가 일정한 양적 한계를 넘는 순간 성적 흥분이 동시 발생적인 효과로 일어난다〉는 명제를 제시한 바 있었다. 실로, 〈성적 본능의 흥분에 어떤 것을 기여함이 없이는 유기체 내에서 아무런 중요한 일도 발생할 수 없다는 것은 당연한 것 같다〉.[9]

이에 따라 고통과 불쾌의 흥분 역시 같은 결과를 낳지 않을 수

9 「성욕에 관한 세 편의 에세이」 참조.

없을 것이다. 고통과 불쾌로 인한 긴장이 있을 때 그러한 리비도의 공감적 흥분이 발생하는 것은, 후년에는 그 작동이 멈추는 유아 생리적 메커니즘 때문일 것이다. 그것은 상이한 성적 구성체 속에서 여러 발전 단계를 획득할 것이다. 그러나 어떠한 경우에도 그것은 어떤 생리적 기반을 제공하는데, 이 기반 위에서 후에 성감 발생적 마조히즘의 정신적 구조가 세워질 것이다.

그러나 이러한 설명의 부적합성은, 그것이 마조히즘과 본능적 생활에서 그 반대 쌍인 사디즘과 맺고 있는 정규적이고 밀접한 관계에 대해서 아무런 빛도 던져 주지 못한다는 데서 찾을 수 있을 것이다. 만약 우리가 좀 더 뒤로 물러나 살아 있는 유기체에서 작동하는 것으로 보았던 두 부류의 본능 가설로 돌아간다면, 전에 설명한 것과 모순을 피할 수 있을 것이다. (다세포적) 유기체 속에서 리비도는 거기에 지배적인 죽음이나 파괴 본능과 만난다. 그리고 이것은 세포로 된 유기체를 해체하려 들고, 각각 떨어져 있는 단세포 유기체를 무기체적 안정 상태로 (물론 상대적이기는 하지만) 만들려고 한다. 리비도는 파괴적 본능을 해롭지 않은 것으로 만드는 책무를 띠고 있고, 그 본능을 대부분 외부로 돌림으로써 — 곧 특별히 유기적 조직체인 근육 기관의 도움을 받으면서 — 즉 그것을 외부 세계에 있는 대상을 향하게 함으로써 그 책무를 수행한다. 그렇다면 그 본능은 파괴적 본능이나 지배 본능, 혹은 권력에의 의지라고 부를 수 있을 것이다. 그 본능의 일정량이 성적 기능에 직접적으로 봉사하도록 배치된다. 거기서 그것은 수행해야 할 중요한 역할이 있는 것이다. 이것이 정통 사디즘이다. 그 본능의 다른 일정량은 이러한 외부로의 자리바꿈에 동참하지 않고 유기체의 내부에 남아, 위에서 말한 부수적 성적 흥분의 도움으로 그 자리에 리비도적으로 묶이게 된다. 바로 이 속에

서 우리는 최초의 성감 발생적 마조히즘을 목격할 수 있는 것이다.[10]

우리는 죽음 본능이 이와 같이 리비도에 의해서 순치되는 수단과 방법을 이해할 수 있는 어떠한 생리학적 지식도 가지고 있지 않다. 정신분석학적 사고 영역이 미치는 한, 우리는 두 부류의 본능이 다양한 비율로 광범위하게 융합하고 합병한다는 사실을 가정할 수 있을 따름이다. 이에 따르면 우리는 순수한 생명 본능이나 순수한 죽음 본능을 다룰 필요가 없고, 오직 상이한 양을 지닌 그 둘의 혼합체를 다루기만 하면 된다. 이런 종류의 본능의 융합에 따른 영향의 결과로서, 두 본능 사이의 〈분열〉이 있을 수 있다. 리비도의 혼합체에 묶임으로써 이런 식으로 순치되기를 거부하는 죽음 본능의 양이 얼마나 되는지 현 단계로서는 추측할 수 없다.

조그마한 부정확성을 무시할 준비가 되어 있다면, 유기체 내에서 활동하고 있는 죽음 본능 — 원초적 사디즘 — 은 마조히즘과 동일하다고 말할 수 있을 것이다. 죽음 본능의 주요 부분이 외부 대상으로 자리바꿈을 한 후에, 안에는 그 잔류물로서 정통적인 성감 발생적 마조히즘이 남는다. 이것은 한편으로는 리비도의 한 구성 성분이 되고, 다른 한편으로는 자신을 그 대상으로 보게 된다. 따라서 이 마조히즘은 삶에 그처럼 중요한, 죽음 본능과 에로스 사이의 유착 현상이 발생하는 발전 단계의 증거인 동시에 그 잔여물이라 할 수 있을 것이다. 어떤 경우에는 사디즘, 혹은 파괴 본능이 외부로 투사되었다가 다시 안으로 내투사되어 이전의 상황으로 퇴행할 수 있다는 이야기를 들었다 해서 그리 놀라운 일은 못 될 것이다. 이런 일이 발생하면 2차적 마조히즘이 생기고,

10 「자아와 이드」를 참조할 것. 또한 「쾌락 원칙을 넘어서」도 참조.

이것은 원래의 마조히즘에 덧붙여진다.

성감 발생적 마조히즘은 모든 발전 단계 동안 리비도를 따라가고, 그로부터 변하는 정신적 칠*psychische Umkleidungen*[11]을 이끌어 낸다. 토템 동물(아버지)에게 잡아먹힐 것이라는 공포가 원시적 구순 조직에 그 기원을 두고 있으며, 아버지에게 얻어맞고 싶은 욕망은 그것 뒤에 오는 사디즘적 단계에서 나온 것이다. 그리고 거세 공포는, 설령 그것이 나중에는 부인되지만, 성기기 조직의 침전물로서 마조히즘적 환상의 내용으로 들어온다.[12] 물론 마지막 생식기 조직에서 성교와 출산의 상황이 발생하는데, 이것은 여성성(女性性)의 특징을 이룬다. 마조히즘에서 엉덩이가 차지하는 역할 역시 쉽게 이해할 수 있다. 그것이 분명하게 현실에 바탕을 두고 있다는 사실은 별도로 하고서도 그렇다. 엉덩이는 사디즘적 항문기에 성감 발생적 선호도가 강한 육체의 일부분이다. 그것은 구순기에 젖가슴이나 성기기에 남근이 그런 것과 마찬가지다.

세 번째 형태의 마조히즘인 도덕적 마조히즘[13]은, 우리가 성(性)이라고 인식하는 것과 관련성이 좀 덜하다는 데서 주목할 만하다. 다른 모든 마조히즘적 고통은 그것이 사랑하는 사람에게서 나오는 것이며, 그의 명령에 따라 그것을 참아 내야 한다는 조건을 지니고 있다. 이러한 제한이 도덕적 마조히즘에서는 철폐되었다. 고통 그 자체가 문제가 된다. 그것이 사랑하는 사람에 의해서

11 이 이미지는 프로이트가 오래전부터 사용한 것이다. 예를 들어 그것은 「도라의 히스테리 분석」(프로이트 전집 8, 열린책들)에 여러 번 나온다.

12 「소아 성기기」을 참조할 것 — 원주.

13 1909년에 『꿈의 해석』에 덧붙인 한 구절에서 프로이트는 〈정신적 마조히즘〉이라는 용어를 《《육체적》 고통이 아니라 모욕과 정신적 고문에서 쾌감을 얻는〉 사람들에게 적용할 것을 제안한 바 있다.

명령되든, 혹은 전혀 관계없는 사람에 의해서 명령되든, 그것은 중요하지 않다. 그것은 심지어 인간 아닌 어떤 힘이나 환경에 의해서 이루어질 수도 있다. 진정한 마조히즘 환자는 얻어맞을 기회가 있을 때는 언제나 그쪽에 볼을 내민다. 이러한 태도를 설명하다 보면 리비도를 설명의 대상에서 제거하고, 그 경우는 파괴 본능이 다시 안으로 향해서 자신에게 난동을 부리는 것이라는 말만을 하고 싶은 생각이 굴뚝같다. 그러나 언어 사용상 이러한 행위 규범과 에로티시즘 사이의 관계를 포기하고 있지 않으며, 이러한 자기 피해자들 역시 마조히즘 환자라고 불리고 있는 사실 속에는 어떤 의미가 내재되어 있음에 틀림없다.

분석적 기교의 관습을 지켜 우선 마조히즘 가운데서도 극도의 형태, 틀림없이 병적인 것을 고려해 보자. 나는 다른 곳[14]에서 분석 치료 도중 만나게 되는 특별한 환자들에 대해서 언급한 바 있는데, 이들에게는 치료적 영향에 대한 이들의 태도로 인해서 〈무의식적〉 죄의식이라는 이름을 붙이지 않을 수 없었다. 나는 그러한 사람들을 식별할 수 있는 기호(〈부정적 치료 반응〉)를 지적한 바 있고, 그러한 충동의 강렬함이 의학적 목적이나 교육적 목적에 가장 심각한 저항과 가장 큰 위험을 구성한다는 사실을 숨기지 않았다. 이러한 무의식적 죄의식의 만족이 아마도 병으로부터 얻는 그 사람의 (보통 합성적인) 반사 이익 — 병의 회복에 저항해서 투쟁하고 병적인 상태를 포기하지 않으려는 힘들의 총화 — 가운데 가장 강력한 보루가 될 것이다. 신경증에 의해서 생기는 고통은 바로 그 병을 마조히즘적 경향에 가치 있는 것으로 만드는 요인이다. 모든 이론과 기대와는 달리, 어떠한 치료적 노력에도 저항했던 신경증 증상이, 만약 그 환자가 불행한 결혼의 비극

14 「자아와 이드」참조 — 원주. 5장을 볼 것.

에 연루되거나, 모든 돈을 잃거나, 혹은 위험스러운 기질성 병에 걸리면 말끔히 사라지는 현상을 발견하는 것 또한 시사적이다. 그런 경우에 한 형태의 고통이 다른 형태의 고통에 의해서 대치된 것이다. 문제가 되는 것은 일정량의 고통을 유지할 수 있어야 한다는 것이다.

환자들은 우리가 그들에게 무의식적 죄의식에 대해서 말해 줘도 잘 믿으려 하지 않는다. 그들은 얼마나 고통스럽게 ― 양심의 고통으로써 ― 의식적 죄의식, 혹은 죄의 의식이 자기표현을 하는지 잘 알고 있기 때문이다. 그러므로 그들은 자신들의 마음속에 꼭 그것과 비슷한 충동이, 자신들은 그것을 전혀 의식하지 못하는 상태로 숨겨져 있을 수 있다는 사실을 인정할 수 없는 것이다. 만약 우리가 심리학적으로 보아서 어느 경우에도 부정확한 〈무의식적 죄의식〉이라는 용어를 포기하고,[15] 대신 우리가 관찰한 사태를 적절하게 설명할 수 있는 〈처벌에 대한 욕구〉라는 말을 사용한다면, 아마도 우리는 상당한 정도로 그들의 반대에 부딪힐 것이다. 그러나 우리는 의식적 죄의식을 판단하고 설명하지 않을 수 없다.

우리는 양심의 기능을 초자아의 속성으로 돌렸다. 그리고 죄의식을 자아와 초자아 사이의 긴장의 표현으로 인식했다.[16] 자아는 그것의 이상인 초자아의 요구에 부응하지 못했다는 생각에 불안감(양심 불안)을 가지고 반응한다. 우리가 알고자 하는 것은 어떻게 해서 초자아가 이러한 요구하는 역할을 하게 되었으며, 왜 자아는 자기의 이상과 차별화되었음에도 초자아를 두려워해야 하는가 하는 점이다.

15 감정은 〈무의식적〉이라고 적절하게 기술될 수 없다. 「자아와 이드」 2장 참조.
16 「자아와 이드」 3장 참조.

자아의 기능은 그것이 봉사하는 세 기관의 요구를 통합하고 화해시키는 것이라고 말해 왔다. 그렇게 하는 과정에 자아는 또한 초자아에게서 자신이 추구하려는 모델을 보고 있다는 말을 우리는 여기에 덧붙여야겠다. 이 초자아는 외부 세계의 대변자일 뿐만 아니라 이드의 대변자이기 때문이다.[17] 이드의 리비도적 충동의 첫 번째 대상, 즉 부모를 자아 속에 내투사시킴으로써 초자아가 생긴 것이다. 이 과정에서 그 대상들과의 관계가 탈성화(脫性化)되어 직접적 성적 목표에서 벗어난다. 오직 이 방식을 통해서만 오이디푸스 콤플렉스를 극복할 수 있다. 초자아는 내투사된 사람들의 기본적 특징들, 즉 그들의 힘, 엄격함, 감시하고 벌주는 태도 등을 간직하고 있다. 내가 다른 곳에서 말했듯이,[18] 이러한 자아로의 유입과 더불어 발생하는 본능의 분열 덕분에 그 가혹함이 증대된다는 것은 쉽게 생각할 수 있다. 그렇게 되면 초자아 — 자아 속에서 활동하는 양심 — 는 업무 수행 중인 자아에 대해서 혹독하고 잔인하며 무정한 존재가 되어 버릴 수 있다. 그래서 칸트의 정언 명령der kategorische Imperativ이 오이디푸스 콤플렉스의 직계 후예라고 말할 수 있을 것이다.[19]

그러나 이드의 리비도적 충동의 대상이기를 멈춘 후에도 양심의 기관으로서 초자아 속에서 계속 활동하고 있는 같은 인물들 역시 외부의 현실 세계에 속한다. 바로 거기에서 그들이 온 것이다. 그들의 힘 — 그 뒤에 과거와 전통의 온갖 영향들이 숨겨져 있는 — 은 가장 강력하게 느껴지는 현실의 표현 중 하나이다. 이러한 동시 발생적 현상 때문에 오이디푸스 콤플렉스의 대리 표상인

17 「신경증과 정신증」(프로이트 전집 10, 열린책들) 참조.
18 「자아와 이드」 참조 — 원주.
19 「자아와 이드」를 참조할 것.

초자아가 외부 현실 세계의 대변체가 되기도 한다.

이런 식으로 오이디푸스 콤플렉스가 — 이미 역사적 관점에서 추측되었듯이[20] — 우리의 개인적 윤리 의식, 도덕의 원천으로 판명된 것이다. 어린 시절의 발달 과정은 부모에게서 점점 떠나는 것을 의미하고, 초자아를 위한 부모의 개인적 의미는 배후로 물러나는 것이다. 이후로 부모가 뒤에 남겨 놓은 이마고[21]는 선생님, 권위자, 자기가 선택한 모델, 공적으로 인정되는 영웅들의 모습과 결부된다. 이 인물들은 더욱 저항적으로 된 자아에 의해서 더 이상 내투사될 필요가 없어진다. 부모에게서 시작되는 이러한 일련의 과정 속에서 마지막으로 등장하는 인물은 오직 극소수의 사람들만이 인간 외적인 것으로 대할 수 있는 문명의 어두운 힘이다. 네덜란드의 작가 물타툴리Multatuli[22]가 그리스인들의 〈운명moira〉이라는 단어를 신성한 두 단어 쌍인 〈이성logos과 필연ananke〉[23]으로 바꾸어 놓았을 때, 그에게 반대하는 사람은 거의 없었다. 그러나 이 세상의 길잡이로 신의 섭리, 신, 혹은 신과 자

20 「토템과 터부」를 참조할 것 — 원주.
21 〈이마고〉라는 용어를 프로이트가 자주 사용한 것은 아니다. 특히 후년의 저술에서 그렇다. 이 용어는 그의 기술에 관한 논문인 「전이의 역학Zur Dynamik der Übertragung」(1912)에서 처음 등장하는데, 여기서 그는 이 용어가 융(「리비도의 변화와 상징Wandlungen und Symbole der Libido」, 1911)에게서 나왔다고 말하고 있다. 또한 융은 이 구절에서 그 용어가 부분적으로 스위스의 작가 카를 슈피텔러Carl Spitteler(1845~1924)의 동명 소설 제목에서 나온 것이라고 말하고 있다. 또한 한스 작스Hanns Sachs와 랑크가 1912년에 시작한 정신분석학 잡지 『이마고』 역시 그 명칭을 같은 출처에서 얻었다.
22 데커 E. D. Dekker(1820~1887) — 원주. 〈물타툴리〉는 프로이트가 오랫동안 좋아한 저술가였다. 그는 프로이트가 1906년에 작성한 〈열 권의 좋은 책들〉의 저자 중 첫 번째에 드는 인물이다. 프로이트의 「〈좋은 책과 독서에 관한〉 질문과 답변Antwort auf eine Rundfrage 'Vom Lesen und von guten Büchern'」(1906) 참조.
23 필연ananke은 프로이트가 일찍이 「레오나르도 다빈치의 유년의 기억」에서 사용한 바 있다. 그러나 이성logos은 여기서 처음으로 등장하는 것 같다. 「어느 환상의 미래」(본서와 프로이트 전집 12, 열린책들) 결말부에서 이 두 단어, 특히 〈이성〉이 논의되고 있다.

연 등을 내세우는 사람들은 모두 신화적 의미에서 이 전혀 이질적인 힘들을 여전히 부모로 생각하는 것은 아닌지, 그리고 자신들이 리비도적 끈에 의해서 그 힘들과 여전히 결속되어 있다고 믿고 있는 것은 아닌지 하는 의심을 불러일으킨다. 「자아와 이드」에서, 나는 인간들의 죽음에 대한 현실적 공포 역시 그와 같은 부모의 운명관에서 도출하려는 시도를 했다. 그러한 생각으로부터 벗어나기란 대단히 어려워 보인다.

이러한 예비 단계를 거쳐서 우리는 이제 도덕적 마조히즘이라는 본론의 문제로 돌아갈 수 있게 되었다. 치료 도중이나 현실 생활에서 당사자의 행위를 검토해 보면, 그들은 도덕적으로 지나치게 금제되어 있고 특별히 민감한 양심의 지배하에 있다는 — 물론 그들은 이 초도덕적인 것에 대해서 아무것도 의식하지 못하고 있지만 — 인상을 주게 된다고 말한 바 있다.[24] 좀 더 면밀히 관찰해 보면, 이런 종류의 도덕의 무의식적 연장과 도덕적 마조히즘 사이에는 차이가 있음을 알 수 있다. 전자의 경우, 자아가 복종하는 초자아의 고조된 사디즘에 강세가 주어지는 반면, 후자는 처벌을 요구하는 자아 자신의 마조히즘 — 그것이 초자아로부터 왔든 혹은 밖에 있는 부모의 위력에서 온 것이든 간에 — 에 주안점이 있다. 우선 우리는 그 둘을 혼동한 데 대한 용서를 구할 수 있을 것이다. 두 경우 모두 그것은 자아와 초자아 (혹은 그것과 동등한 힘) 사이의 관계의 문제이고, 또한 두 경우 모두에서 문제가 되는 것은 처벌과 고통을 통해 만족을 얻으려는 욕구이기 때문이다. 그렇다면, 초자아의 사디즘은 대부분 눈부시게 의식적인 반면, 자아의 마조히즘적 추세는 원칙적으로 주체에서 숨겨져 있으며, 따라서 그의 행동으로부터 추론되어야 한다는 사실은 결코 무시

24 「자아와 이드」 참조.

할 만한 이야기가 아닐 것이다.

도덕적 마조히즘이 무의식적이라는 사실은 우리에게 하나의 분명한 단서를 제공해 준다. 우리는 〈무의식적 죄의식〉이라는 표현을 부모의 손에서 처벌받기를 원한다는 의미로 해석할 수 있었다. 우리는 이제 아버지에게 매 맞고 싶다는 욕망—이 욕망은 환타지 속에 매우 자주 등장한다—은 다른 욕망, 즉 그와 수동적(여성적) 성관계를 갖고 싶다는 욕망과 매우 가까운 것으로, 이러한 욕망의 퇴행적 표현에 불과하다는 사실을 알게 되었다. 이러한 설명을 도덕적 마조히즘의 내용 속에 편입시킨다면, 그것의 숨은 의미는 분명해진다. 양심과 도덕은 오이디푸스 콤플렉스의 극복과 탈성화(脫性化)를 통해서 생겨난다. 그러나 도덕적 마조히즘을 통해서 도덕은 다시 한번 성적으로 되고 오이디푸스 콤플렉스는 되살아난다. 이에 따라 도덕으로부터 오이디푸스 콤플렉스로의 퇴행로가 열린 것이다. 이것은 도덕에게도, 관련된 사람에게도 이롭지 않다. 사람은 그의 마조히즘과 나란히 윤리 의식의 전부 혹은 약간을 간직하고 있을 수 있는 것이 사실이다. 그러나 다른 측면에서 보면, 양심의 많은 부분이 마조히즘 속으로 사라졌을 수도 있다. 다시 말하거니와, 마조히즘은 〈죄가 되는〉 행동을 하고 싶은 유혹을 만들어 낸다. 그러한 행위는 다음에 (많은 러시아적 성격에 잘 나타나 있듯이) 사디즘적 양심의 가책이나 운명이라는 위대한 부모의 힘 있는 질책을 통해 속죄받아야 한다. 이 마지막 부모의 대변자에게서 형벌을 자초하기 위해서 마조히즘 환자는 적절하지 못한 일을 해야 하며, 자신의 이익에 반해서 행동해야 하고, 현실 세계에서 자신에게 열려 있는 좋은 전망을 망쳐 놓아야 하며, 급기야는 자기 자신의 현실적 존재 자체를 파괴해야 한다.

사디즘이 자신에 반해서 되돌아서는 일은, 주체의 파괴적 본능 요소들 중 많은 부분이 〈본능에 대한 문화적 억압〉에 의해서 현실 생활에서 실현되지 못하도록 제지받는 곳에서 정규적으로 발생한다. 뒤로 물러선 이러한 파괴 본능이 자아 속에서 마조히즘의 강화 요소로서 등장한다. 그러나 외부 세계에서 되돌아온 파괴 본능은 그러한 변형 없이 초자아에 의해 취해져 자아에 대한 초자아의 사디즘을 강화시키기도 한다는 사실을, 우리는 양심의 현상을 통해서 추론해 볼 수 있다. 초자아의 사디즘과 자아의 마조히즘은 상호 보완적 성격을 띠며 둘이 결합해서 같은 효과를 낸다. 생각컨대 오로지 이 방법을 통해서만, 본능의 억압이 어떻게 해서 ─ 자주 혹은 아주 일반적으로 ─ 죄의식을 가져올 수 있는지, 그리고 어떻게 사람의 양심이 다른 사람에 대한 공격심을 억제하면 할수록 더 심각하고 더 민감하게 되는가의 문제를 우리가 이해할 수 있을 것 같다.[25] 사람들은, 어떤 사람이 문화적 관점으로 보아서 바람직하지 못한 공격적 행위를 범하지 않으려는 습관이 있다는 사실을 알고 있다면, 그는 그 이유로 인해 훌륭한 양심을 지니고 있을 것이며 자기 자아에 대한 감시를 완화할 것이라고 기대할지도 모른다. 이러한 기대는 보통 윤리적 요구가 1차적인 것이며 본능의 포기는 그 뒤를 따라온다고 보는 상황에 따른 것이다. 이 같은 생각은 윤리 의식의 기원을 설명하지 않은 채로 남겨 놓는다. 실은 그 반대인 것 같다. 첫 번째로 외부 세계에 의한 본능의 포기가 강행된다. 이것만이 윤리 의식을 창출하는데, 이 윤리 의식은 양심에서 자기표현을 하며 더 많은 본능의 포기를 요구한다.[26]

25 「자아와 이드」 참조.
26 이 구절에서 논의된 주제는 「문명 속의 불만」에서 확대 설명되고 있다.

그리하여 도덕적 마조히즘은 본능의 융합이 존재한다는 고전적 증거가 된다. 도덕적 마조히즘의 위험성은 그것이 죽음 본능에서 나온 것이며, 파괴 본능으로서 외부로 향하는 것을 피한 그 죽음 본능의 일부와 일치한다는 사실에 있다. 그러나 다른 한편으로, 도덕적 마조히즘은 성애적 요소의 중요성을 간직하고 있기 때문에, 주체의 자기 파괴 행위조차 리비도적 만족 없이는 일어날 수 없다.[27]

박찬부 옮김

---

27 프로이트는 「끝이 있는 분석과 끝이 없는 분석 Die endliche und unendliche Analyse」(1937)에서 정신분석 치료의 문제와 관련하여 마조히즘을 다시 한번 논하고 있다.

VI. 종교, 예술, 문명

어느 환상의 미래

Die Zukunft einer Illusion(1927)

이 논문은 사회 현상으로서의 종교를 고찰한 주요 저작으로, 1927년 봄에 집필을 시작하여 9월에 마무리했고, 국제 정신분석 출판사에서 출판되었으며, 『전집』 제14권(1948)에 실려 있다.

「나의 이력서」 후기에서 프로이트는 〈「어느 환상의 미래」에서 나는 종교를 주로 부정적으로 평가했다. 후에 나는 종교에 관한 좀 더 적합한 공식을 발견했는데, 종교의 힘은 그것의 진리 내용에 근거하지만 그 진리는 실체적인 진리가 아니라 역사적인 진리〉라고 말했다.

이 논문의 영어 번역본은 1928년 롭슨-스콧 W. D. Robson-Scott이 번역하여 *The Future of an Illusion*이라는 제목으로 런던 호가스 출판사와 정신분석학회에서 출간되었으며, 『표준판 전집』 제21권(1961)에도 실렸다.

1

 하나의 특정한 문명 속에서 오랫동안 살면서 그 문명의 발생과 발달 과정을 알아내려고 애쓴 사람은, 때로는 눈길을 다른 쪽으로 돌려, 그 문명 앞에는 어떤 운명이 놓여 있으며 앞으로 어떤 변화를 겪게 될 것인지를 묻고 싶은 유혹도 느끼게 마련이다. 그러나 이런 탐구는 여러 가지 요인 때문에 처음부터 무의미하다는 사실을 곧 알게 된다. 무엇보다도 큰 요인은 인간 활동을 모든 방위(方位)에서 총체적으로 고찰할 수 있는 사람이 거의 없다는 점이다. 대부분의 사람은 연구 범위를 하나의 영역이나 기껏해야 두세 개의 영역으로 제한할 수밖에 없다. 그러나 과거와 현재에 관한 지식이 적을수록 미래에 대한 판단도 더욱 불확실해질 것이 분명하다. 그리고 바로 이런 종류의 판단에서는 각 개인의 주관적 기대가 작용하는데, 그것이 어느 정도로 중요한 역할을 하는지를 평가하기 어렵다는 점이 두 번째 요인이다. 각 개인의 주관적 기대는 그의 경험 속에 포함되어 있는 순전히 개인적인 요소, 즉 삶에 대한 태도에 의존하고 있는데, 이것은 그가 타고난 소질이나 그동안 겪은 성공 또는 실패에 따라 더 낙관적으로 될 수도 있고 더 비관적으로 될 수도 있다. 마지막 요인은 사람들이 대개 자신의 현재를 그저 순진하게 경험하고 있을 뿐 그 내용을 제대로 판단하지 못한다는 기묘한 사실이다. 현재는, 그들이 현재와 어느 정도 거리를 둔 뒤에야, 다시 말해서 현재가 과거가 된 뒤에야 미래를 판단하는 전망대 구실을 할 수 있다.

따라서 우리 문명의 미래에 대해 어떤 의견을 말하고 싶은 유혹에 굴복하는 사람은, 예언에 일반적으로 따라다니는 불확실성뿐만 아니라, 내가 방금 지적한 난점들도 상기하는 편이 좋을 것이다. 그래서 나는, 이제까지 내 관심을 요구해 온 작은 영역이 자리 잡고 있는 지점을 대충 확인하면, 지나치게 넓은 영역에서 서둘러 물러나 그 작은 영역을 재빨리 찾아낼 작정이다.

인간의 삶이 동물적 상태를 뛰어넘어 짐승의 삶과 달라진 것은 인류 문명 — 나는 문화와 문명을 구별하는 것을 경멸한다[1] — 안에서였다. 이 인류 문명은 관찰자에게 두 가지 측면을 제시한다. 한편에는 인간이 자연의 힘을 지배하고 자연의 부를 빼내어 자신의 요구를 채우기 위해 이제까지 얻은 모든 지식과 능력이 있고, 다른 한편에는 인간의 상호 관계를 조정하고 특히 유용한 물자의 분배를 조정하기 위한 온갖 제도가 있다. 문명의 이 두 가지 경향은 서로 무관하지 않다. 그 이유로는 다음 몇 가지를 들 수 있다. 첫째, 인간의 상호 관계는 현존하는 물자를 가져다줄 수 있는 본능 충족의 양에 큰 영향을 받기 때문이다. 둘째, 개인은 타인에 의해 노동력을 이용당하거나 성적 대상으로 선택당하는 한, 그 타인과의 관계에서 일종의 물자로서 기능할 수 있기 때문이다. 셋째, 문명은 인류의 보편적 관심의 대상으로 여겨지고 있지만 각 개인은 사실상 문명의 적이기 때문이다. 인간은 혼자서는 거의

1 프로이트의 이러한 언명 덕택에, 독일어의 〈*Kultur*〉라는 낱말을 〈문화〉로 번역하느냐, 〈문명〉으로 번역하느냐는 번역자의 재량에 속한다. 이 번역서에서는, 꼭 그런 것은 아니지만, 명사일 경우에는 〈문명〉으로, 형용사일 경우에는 〈문화적〉으로 번역했다.

살 수 없으면서도, 공동 생활을 위해 필요한 희생을 무거운 부담으로 생각한다. 그래서 문명은 개인과 맞서 자신을 지켜야 하며, 문명의 규율과 제도와 명령은 바로 그 과업을 수행하기 위한 장치이다. 문명의 규율과 제도와 명령은 물자를 일정하게 분배하는 것뿐만 아니라 그 분배를 유지하는 것도 목적으로 삼는다. 아니, 사실은 자연 정복과 물자 생산에 기여하는 것들을 인간의 적대적 충동에서 보호해야 하는 막중한 임무를 띤다. 인간의 창조물은 쉽게 파괴되며, 그 창조물을 만드는 데 쓰인 과학과 기술은 그것을 폐기하는 데에도 이용될 수 있기 때문이다.

따라서 문명은 권력과 강제의 수단을 손에 넣는 방법을 알고 있는 소수가 그들에게 저항하는 다수에게 강요한 것이라는 인상을 준다. 물론 이런 난점들은 문명 자체의 속성에 본래 갖추어져 있는 것이 아니라, 지금까지 발달한 문명 형태의 결점에 기인한다고 생각하는 것이 자연스럽다. 그리고 실제로 그런 결점들을 지적하기란 그리 어렵지 않다. 인류는 자연을 지배하는 일에서는 끊임없는 진보를 이룩했고, 앞으로도 훨씬 많은 진보를 이룩하리라고 기대할 수 있지만, 인간사를 처리하는 과정에서도 그와 비슷한 진보가 이루어졌는지는 확실히 입증할 수 없다. 어느 시대에나 많은 사람은 문명이 그렇게 해서 얻은 보잘것없는 것을 과연 지킬 가치가 있는지를 자문해 왔고, 그것은 지금도 마찬가지이다. 어떤 사람은 인간 관계를 재정리할 수도 있으리라고 생각할 것이다. 인간 관계를 재정리하여 강제와 본능 억제를 포기하면 문명에 대한 불만의 원인을 제거할 수 있을 테고, 그러면 더 이상 내적 부조화에 시달리지 않는 사람들은 물자를 획득하고 그것을 누리는 데 전념할 수 있으리라는 것이 그들의 생각이다. 그것은 아마 황금시대일 것이다. 하지만 그런 상태가 과연 실현될 수 있을지는 의문이다. 오히려 모든 문명은 강제와 본능 억제에 바탕을 두어야 하는 것처럼 보인다. 강제가 사라졌을 때 대다수 인간이 새로운 물자 획득에 필요한 작업을 수행할 준비가 되어 있는지도 확실치 않아 보인다. 모든 사람에게는 파괴적인, 따라서 반사회적이고 반문화적인 경향이 있으며, 많은 사람의 경우에는 이런 경향이 인간 사회에서 그들의 행동을 결정할 만큼 강하다는 사실도 고려해야 한다.

이러한 심리학적 사실은 인류 문명에 대한 우리의 판단에 결정적으로 중요하다. 처음에는 물자 획득이라는 목적을 위해 자연을 지배하는 것이 문명의 본질이며, 문명을 위협하는 위험들은 그 물자의 적절한 분배를 통해 제거할 수 있다고 생각할 수도 있다. 그러나 이제는 물질적인 것에서 정신적인 것으로 중심점이 옮겨진 것 같다. 결정적인 문제는, 인간에게 강요된 부담 — 본능을 자제해야 하는 희생 — 을 줄일 수 있는가, 줄일 수 있다면 어느 정도나 줄일 수 있는가, 그래도 필연적으로 남게 마련인 부담을 인간이 감수하게 할 수 있는가, 그 희생에 대한 보상을 제공할 수 있는가 하는 것이다. 강제가 없으면 문명이 유효하게 작용할 수 없는 것과 마찬가지로, 대중에 대한 소수의 지배가 없으면 문명은 존속할 수 없다. 대중은 게으르고 우둔하기 때문이다. 대중은 본능을 자제하기를 싫어하며, 그 불가피성을 아무리 역설해도 대중을 납득시킬 수는 없기 때문이다. 또한 대중을 이루는 개인들은 고삐 풀린 망아지처럼 행동하는 것을 서로 지원해 주기 때문이다. 문명의 존속은 지속적인 생산 활동과 본능의 자제에 달려 있다. 본능 자제의 희생을 감수하고 생산 활동을 수행하도록 대중을 설득할 수 있는 것은 대중에게 모범을 보임으로써 대중에 의해 지도자로 인정받은 개인들의 영향력뿐이다. 이 지도자들이 삶에 필요한 것을 통찰할 수 있는 탁월한 능력을 지닌 사람이라면, 그리고 자신의 본능적 원망을 자제할 수 있는 경지까지 올라간 사람이라면 만사가 순조로울 것이다. 그러나 지도자들은 영향력을 계속 유지하기 위해, 대중이 그들에게 양보하는 것보다 더 많은 것을 대중에게 양보할 위험이 있다. 따라서 지도자들은 마음대로 사용할 수 있는 권력 수단을 장악함으로써 대중으로부터 독립할 필요가 있어 보인다. 요컨대 일정 수준의 강제가 있어야만 문명적 제도가 유지될 수 있는 까닭은, 인간의 두 가지 성질 — 인간은 자발적으로는 일하기를 좋아하지 않으며, 그들의 열정에 반대하는 이유를 논리적으로 설명하는 것은 아무 소용도 없다 — 때문이다.

이런 주장에 대해 어떤 반론이 제기될 것인지를 나는 안다. 반대론자들은 아마 이렇게 말할 것이다. 당신이 묘사한 대중의 성격은 강제 없이는 문명이 제대로 작동할 수 없다는 것을 입증하는 증거가 되겠지만, 대중의 성격은 사실상 문명적 제도의 결함이 낳은 결과일 뿐이며, 그 때문에 인간은 적개심과 복수심을 품고 배타적이 되었다고. 새로운 세대는 보살핌을 받으며 성장했고, 이성을 존중하라는 가르침을 받았으며, 어린 나이에 문명의 혜택을 경험했기 때문에, 문명에 대해 우리와는 다른 태도를 가질 것이다. 그들은 문명을 자신의 소유물로 느끼고, 문명을 보존하기 위해 필요하다면 어떤 일도 마다하지 않고 또 본능 자제의 희생도 기꺼이 감수할 것이다. 그들은 강제하지 않아도 해나갈 수 있을 테고, 이런 점에서 그들은 지도자들과 별반 다르지 않을 것이다. 이제까지 어떤 문명도 이런 성격을 지닌 대중을 만들어 내지 못했다면, 그것은 아직까지 어떤 문명도 인간에게 어린 시절부터 이런 식으로 영향을 미치는 제도를 고안하지 못했기 때문이다.

이런 종류의 제도 확립이 과연 가능한 일인가, 또는 적어도 자연에 대한 지배가 현재 도달해 있는 단계에서 그것이 가능한 일인가 하는 의문도 제기될 수 있다. 미래 세대의 교육을 담당할 수 있는 사람은 탁월하고 굳건하며 공평무사한 지도자의 자질을 갖추어야 하는데, 그렇게 많은 수의 지도자를 어디서 조달할 수 있겠느냐고 반문할 수도 있다. 이런 의도를 실행하기 위해서는 얼마나 많은 강제가 필요할 것인가를 생각하고 지레 겁먹을 수도 있다. 이 계획이 원대하며, 인류 문명의 장래에 매우 중요하다는 것은 아무도 부인할 수 없다. 이 계획은, 인간의 본능은 여러 방향으로 나아갈 수 있는 소질을 갖추고 있으며, 결국 어느 방향으로 나아갈 것인지는 유아기의 경험에 따라 결정된다는 심리학적 통찰에 근거를 둔다. 그러나 유아기의 경험이 본능의 최종적인 방향을 결정한다면, 교육을 받아들일 수 있는 인간의 능력에는 한계가 있기 때문에, 문명의 그런 변화가 갖는 효용성도 제한될 수밖에 없다. 문화적 환경이 달라졌다고 해서 인간사를 처리하기 어렵게 만드는 집단의 두 가지 성격이 과연 제거될 수 있는지, 제거된다면 어느 정도나 제거될 수 있는지에 대해 의문을 제기할 수도 있다. 아직 실험은 이루어지지 않았다. 아마 인류의 일정 비율은 (병리적 소질이나 지나치게 강한 본능 때문에) 영원히 반사회적인 인간으로 남을 것이다. 그러나 현대 문명에 적대적인 다수를 소수로 줄일 수만 있다면, 커다란 업적을 이룩했다고 말할 수 있다. 아마 우리가 〈할 수 있는〉 성취는 그게 전부일 것이다.

나는 내 탐색을 위해 깔아놓은 궤도에서 한참 벗어났다는 인상을 주고 싶지 않다. 그래서 나는 유럽에서 아시아에 걸쳐 있는 광대한 나라에서 지금 진행 중인 웅대한 문명 실험[2]을 평가하려는

2 러시아의 사회주의 혁명을 가리킨다.

의도는 추호도 없다는 점을 여기서 분명히 밝히고자 한다.[3] 나는 그 실험의 실행 가능성을 판단하거나, 거기에 채택된 방법의 효용성을 분석하거나, 의도와 실행 사이에 필연적으로 생기게 마련인 간격의 크기를 측정할 만한 능력과 지식도 없다. 거기서 준비되고 있는 실험은 아직 진행 중에 있으며, 따라서 오래전에 확고한 기반을 갖춘 우리 문명이 제공하는 자료로는 그 실험을 충분히 관찰할 수 없다.

---

3 「문명 속의 불만」 제5장과 「왜 전쟁인가?」를 볼 것. 『새로운 정신분석 강의』의 서른다섯 번째 강의에도 이 문제가 상세히 논의되어 있다.

2

우리는 이제 경제학의 영역에서 심리학의 영역으로 들어왔다. 처음에 우리의 관심은 유용한 물자의 생산과 그 물자의 분배를 위한 제도에서 문화적 자산을 찾는 데 쏠렸다. 그러나 본능을 자제하고 열심히 일하도록 강제하는 것이 모든 문명의 존립 기반이며, 따라서 이런 요구를 받은 사람들의 저항을 필연적으로 불러일으킨다는 인식과 더불어, 문명이 주로(또는 전적으로) 물자 자체나 물자 획득 수단 및 물자 분배를 위한 제도일 수는 없다는 사실이 분명해졌다. 이런 것들은 문명 참여자들의 반항이나 파괴 성향에 위협받고 있기 때문이다. 이제 우리 앞에는 문명의 방어수단 — 강제 조치 및 사람들로 하여금 그 강제 조치를 감수하게 하고 희생을 보상해 주기 위한 조치 — 이 물자와 나란히 등장했다. 문명을 지킬 수 있는 이 수단들은 문명의 정신적 자산이라고 말할 수 있다.

용어의 일관성을 유지하기 위해 본능을 충족시킬 수 없는 사태를 〈좌절〉이라고 부르고, 이 좌절을 초래하는 규제를 〈금지〉라고 부르고, 금지가 낳는 상황을 〈박탈〉이라고 부르겠다. 첫 단계는 모든 사람에게 작용하는 박탈과 일정한 집단이나 계층 또는 심지어 한 개인에게만 작용하는 박탈을 구별하는 것이다. 가장 오래된 것은 모든 사람에게 작용하는 박탈이다. 문명은 이 박탈을 초래한 금지를 통해 인간을 태고의 동물적 상태에서 분리하기 시작했다. 그게 몇천 년 전인지는 아무도 모른다. 놀랍게도 우리는 이 박탈이 아직도 작용하며, 여전히 문명에 대한 적의의 핵심을 이룬다는 사실을 알았다. 박탈 작용 아래서 시련을 겪는 본능적 원망은 아이가 태어날 때마다 그 아이와 함께 다시 태어난다. 이 좌절에 대해 이미 사회적 행동으로 반응하는 사람들이 있으니, 신경증 환자가 바로 그들이다. 이 본능적 원망에는 근친상간, 식인(食人), 살인에 대한 욕망이 포함된다. 모든 사람이 한결같이 배척하는 것처럼 보이는 원망과 허용할 것이냐 금지할 것이냐를 놓고 우리 문명 안에서 활발한 논쟁이 벌어지는 원망을 나란히 놓는 것은 이상해 보인다. 그러나 심리학적으로는 그것이 타당한 것으로 인정된다. 가장 오래된 이 본능적 원망에 대한 문명의 반응은 결코 한결같지 않다. 단지 식인만은 보편적으로 금지되어 있고, 비(非)정신분석적 관점에서 보면 완전히 극복된 것처럼 보인다. 근친상간은 금지되어 있지만, 거기에 대한 강한 원망은 그 금지의 장막 뒤에서 아직도 발견할 수 있다. 그리고 우리 문명은 어떤 특정한 상황에서는 아직도 살인을 실행하고 사실상 살인을 명령한다. 앞으로 문명이 어떤 방향으로 발전할지는 모르지만, 오늘날에는 완전히 충족시킬 수 있는 원망이 오늘날의 식인과 마찬가지로 도저히 용납할 수 없는 원망으로 보이는 시대가 올지도 모른다.

이 최초의 본능 자제 속에는 그 후의 모든 자제에도 중요한 의미가 있는 심리학적 요인이 이미 내포되어 있다. 인간 정신은 태고 이래 조금도 발전하지 않았으며, 과학과 기술의 눈부신 진보와는 대조적으로 오늘날에도 역사가 처음 시작되었을 때와 똑같다는 말은 진실이 아니다. 우리는 이러한 정신적 진보 가운데 하나를 당장 지적할 수 있다. 외부의 강제가 차츰 내면화하는 과정은 인간의 발달 과정과 보조를 같이한다. 독자적인 정신 기능인 인간의 초(超)자아가 그 강제를 외부에서 이어받아, 그것을 자신의 명령 속에 포함시키기 때문이다. 우리는 이런 변화 과정을 모든 어린아이한테서 관찰할 수 있다. 이 과정을 거쳐야만 어린아이는 도덕적이고 사회적인 존재가 된다. 초자아의 강화는 심리학적 영역에서 가장 귀중한 문화적 자산이다. 초자아가 강화된 사람은 문명을 적대시하는 존재에서 문명을 전달하는 수단으로 탈바꿈한다. 어떤 문화권에서 이런 사람의 수가 많을수록 그 문화는 더 안정되고, 외부의 강제 조치를 덜 필요로 한다. 본능에 대한 다양한 금지들은 내면화 정도에서 큰 차이를 보인다. 앞에서 언급한 최초의 문화적 요구에 관해서 말하자면, 신경증 환자라는 달갑지 않은 예외를 고려하지 않는다면, 내면화가 매우 광범위하게 이루어진 듯싶다. 그러나 다른 본능적 요구로 눈길을 돌리면 상황이 달라진다. 우리는 대다수 사람이 외부의 압력을 받아야만, 다시 말해서 외부의 강제가 효과를 발휘할 수 있고 사람들이 그것을 두려워하는 경우에만 문화적 금지에 복종한다는 것을 알고 놀라움과 우려를 금할 수 없다. 모든 사람에게 적용되는 문명의 〈도덕적〉 요구도 마찬가지이다. 우리는 인간을 도덕적으로 믿을 수 없는 경우를 자주 경험하는데, 이런 경험의 대부분이 이 범주에 들어간다. 살인이나 근친상간 따위는 도저히 저지를 수 없는 문명인들도 탐욕이나 공격 본능이나 정욕을 충족시키는 짓은 꺼리지 않으며, 처벌만 피할 수 있다면 조금도 망설이지 않고 거짓말이나 사기나 중상모략으로 남을 해치는 경우가 많다. 그리고 이것은 인류가 문명을 갖게 된 먼 옛날부터 줄곧 이어져 온 상태일 것이 분명하다.

특정한 사회 계층에만 적용되는 제한으로 눈길을 돌리면, 우리
는 너무나 명백한, 그리고 사람들이 늘 의식해 온 사태에 부딪히
게 된다. 사회적으로 소외된 계층이 혜택받은 계층을 부러워하고,
자신들이 당하고 있는 여분의 박탈에서 벗어나기 위해 온갖 노력
을 기울이리라는 것은 당연히 예상할 수 있다. 이것이 불가능하
면 그 문명 내부에는 항구적인 불만이 존재하게 되고, 이것은 위
험한 반란으로 이어질 수 있다. 그러나 현존하는 문명들 가운데,
다수 계층을 억압해야만 소수 계층에 만족을 줄 수 있는 단계를
벗어난 문명은 하나도 없다. 게다가 문명은 억압당한 계층의 노
동을 통해서만 존립할 수 있음에도, 그 문명이 소유하고 있는 부
에서 그 계층이 차지하는 몫은 너무나 적다. 상황이 이렇다면, 억
압당한 자들이 문명에 대해 강한 적의를 품는 것은 충분히 이해
할 만하다. 그리고 이런 상황에서 억압당한 자들이 문화적 금지
를 내면화하리라고는 기대할 수 없다. 오히려 그들은 금지를 부
정하고, 문명 자체를 파괴하는 데 열중하며, 문명의 토대인 각종
전제들을 제거하는 데 몰두할 수도 있다. 이런 계층이 문명에 대
해 품고 있는 적의가 너무나 명백하기 때문에, 그들보다 혜택받
은 계층의 잠재적 적의는 간과되어 왔다. 그렇게 많은 구성원의
불만을 방치함으로써 그들을 반란으로 몰아넣는 문명은, 두말할
필요도 없이 존속할 가능성도 없고 그럴 가치도 없다.

문명의 명령이 내면화한 정도 — 심리학 용어가 아닌 일반적
인 말로 표현하면, 문명 참여자들의 도덕적 수준 — 는 그 문명을
평가할 때 고려 대상이 되는 유일한 정신적 자산은 아니다. 이 외
에도 문명은 이상(理想)과 예술 작품이라는 형태의 자산을 가지
고 있다.

사람들은 하나의 문명이 소유하고 있는 정신적 자산 속에 그

문명의 이상 — 어떤 성취가 가장 고귀하고 가장 추구할 만한 것인가에 대한 판단 — 을 포함시키는 경향이 있다. 처음에는 이런 이상이 그 문화권의 성취를 결정하는 듯 보일 것이다. 그러나 사실은 문명의 내적 능력과 외적 상황의 결합을 통해 최초의 성취가 이루어지며, 이상은 그 최초의 성취에 기초를 두고 그것을 더욱 발전시키려고 집착하는 것처럼 보인다. 따라서 이상이 문명 참여자들에게 주는 만족은 자기애적 성격을 띤다. 그 만족은 문명 참여자들이 이미 성공적으로 이룩한 것에 대한 자부심에 기초한다. 이 만족감을 완전한 것으로 만들기 위해서는, 다른 성취를 지향하여 다른 이상을 발전시킨 다른 문명들과 자기 문명을 비교할 필요가 있다. 모든 문명이 저마다 다른 문명들을 업신여길 권리를 주장하는 것은 바로 이런 차이 때문이다. 이리하여 문화적 이상은 서로 다른 문화권 사이에 불화와 증오를 낳는 원인이 된다. 이것은 민족의 경우에 가장 뚜렷이 드러난다.

문화적 이상이 제공하는 자기애적 만족은 어떤 문화권 내부에서 그 문화에 대한 적의를 억제할 수 있는 힘이기도 하다. 자기애적 만족은 문명의 혜택을 누리는 특권층뿐만 아니라 억압받는 계층도 나누어 가질 수 있다. 다른 문화권에 속하는 사람을 경멸할 수 있는 권리는 그들이 자기 문화권 안에서 당하는 부당한 대우를 보상해 주기 때문이다. 그들은 이런 식으로 생각한다. 〈나는 부채와 병역에 시달리는 불쌍한 평민이지만, 그래도 어엿한 로마 시민으로서 다른 민족들을 지배하고 그들의 법률을 강요하는 일에 참여하고 있다.〉 그러나 억압받는 계층은 자기들을 지배하고 착취하는 계층과 자신을 단지 이런 식으로만 동일시하는 것은 아니다. 억압받는 계층은 감정적으로도 자기 주인에게 매일 수 있기 때문이다. 그들은 주인에게 적의를 품으면서도, 주인을 자신의 이상으로 생각할 수 있다. 기본적으로는 모두가 만족스러운 이런 관계가 존재하지 않는다면, 수많은 대중의 정당한 적의에도 불구하고 수많은 문명이 어떻게 그토록 오랫동안 존속할 수 있었는가를 이해할 수 없을 것이다.

일반 대중은 힘든 노동에 종사할뿐더러 교육을 받지 못했기 때문에 대개는 예술에 접근하기 어렵지만, 예술은 어떤 문명에 참여하는 자들에게 또 다른 종류의 만족을 준다. 우리가 오래전에 통찰했듯이,[4] 예술은 문화적 요구에 따라 우리가 오래전에 단념했지만 아직도 마음속 깊은 곳에서는 미련을 버리지 못하는 원망에 대한 대리 만족을 제공하고, 따라서 문명을 위해 욕망을 희생한 사람의 불만을 달래기에는 가장 적합하다. 예술 작품은 또 한편으로는 귀중한 감정적 경험을 공유할 기회를 제공하여, 모든 문화권이 절실히 필요로 하는 동질감을 더욱 고조시킨다. 그리고 이런 예술 작품이 특정한 문명의 성취를 생생히 표현하여 문화적 이상을 인상적으로 전달하면, 그 문명에 속한 사람들에게 자기애적 만족을 줄 수도 있다.

문명의 정신적 재산 목록에서 무엇이 가장 중요한 항목인지에 대해서는 아직 언급한 사람이 없다. 가장 중요한 항목은 넓은 의미의 종교적 관념, 다른 말로 표현하면 문명의 환상이다.

4 「작가와 몽상」(프로이트 전집 14, 열린책들)을 참조할 것.

3

종교적 관념들의 독특한 가치는 어디에 있는 것일까?

우리는 문명이 행사하는 압력 ─ 본능 자제의 요구 ─ 이 문명에 대한 적의를 낳는다고 말했다. 문명의 금지가 해제된 상황을 상상해 보라. 예컨대 마음에 드는 여자가 있으면 아무나 닥치는 대로 성적 대상으로 삼을 수 있고, 사랑의 경쟁자나 자기를 방해하는 사람은 주저없이 죽일 수 있고, 남의 물건을 주인의 허락도 없이 마음대로 가져갈 수 있다면, 우리의 인생은 얼마나 멋지고 만족스럽겠는가! 물론 이렇게 되면 당장 최초의 어려움에 부닥칠 것이다. 다른 사람들도 모두 나와 똑같은 소망을 품고, 내가 남들을 조금도 존중하지 않는 것처럼 그들도 나를 존중해 주지 않을 것이다. 따라서 문명의 제한이 사라질 경우 무한히 행복해질 수 있는 사람은 사실상 한 사람뿐이다. 그 사람은 온갖 권력 수단을 장악한 폭군이나 독재자일 것이다. 그리고 그런 폭군은 다른 사람들이 문명의 명령 가운데 적어도 한 가지만은 지키기를 바랄 것이다. 〈살인하지 말라〉는 명령을.

그러나 문명을 폐지하려고 애쓰는 것은 얼마나 배은망덕하고 근시안적인가! 문명이 폐지되면 남는 것은 자연 상태일 테고, 그것은 훨씬 견디기 어려우리라. 물론 자연은 우리에게 어떤 본능

제한도 요구하지 않을 테고, 우리가 하고 싶은 대로 하게 내버려 둘 것이다. 그러나 자연은 우리를 제한하는 효과적인 수단을 가지고 있다. 자연은 우리에게 만족을 주는 바로 그런 일들을 통해 우리를 파괴하고, 그 방식은 우리에게는 냉혹하고 잔인하고 무자비해 보인다. 우리가 한데 모여 문명을 창조한 것은 바로 이런 자연의 위협 때문이었고, 우리의 공동 생활을 가능하게 만드는 것도 문명이 지향하는 목적 가운데 하나이다. 문명의 첫 번째 사명, 즉 문명의 실제적인 〈존재 이유 *raison d'être*〉는 인류를 자연으로부터 보호하는 것이기 때문이다.

문명이 여러 가지 점에서 이 임무를 상당히 잘 해내고 있으며, 시간이 갈수록 훨씬 잘 해내리라는 것을 우리는 모두 알고 있다. 그러나 자연이 이미 정복되었다는 환상에 사로잡혀 있는 사람은 아무도 없으며, 자연이 언젠가는 인간에게 완전히 굴복할 것이라고 기대하는 사람도 거의 없다. 자연에는 인간의 모든 통제력을 비웃는 것처럼 보이는 요소들이 있다. 진동하고 갈라져서 인간의 생명과 성취물을 매몰시키는 땅. 범람하여 모든 것을 휩쓰는 물. 앞에 있는 모든 것을 날려 보내는 폭풍. 다른 생명체의 공격으로 말미암은 질병들. 그리고 끝으로 죽음이라는 고통스러운 수수께끼가 있다. 죽음을 막는 약은 아직껏 발견되지 않았고, 앞으로도 아마 발견되지 않을 것이다. 자연은 이런 세력들을 총동원하여, 당당하고 잔인하고 냉혹하게 우리에게 저항한다. 우리는 문화적 성취를 통해 나약함과 무력함에서 벗어났다고 생각하지만, 자연은 때때로 자신의 위력을 발휘하여 그 나약함과 무력함을 우리에게 일깨워 준다. 인류가 주는 인상 가운데 우리를 우쭐하게 만드는 만족스러운 인상은 거의 없지만, 자연재해에 직면한 인류가 문명의 부조화나 내부의 불화나 적의를 모두 잊어버리고, 자연의 압도적인 힘에 맞서서 자신을 보존하는 위대한 공동 작업을 부활시킬 때는 우리에게 흐뭇한 인상을 줄 수 있다.

인류 전체와 마찬가지로 개인에게도 삶은 견디기 힘든 것이다. 개인이 참여하는 문명은 그에게 어느 정도의 박탈을 강요하고, 다른 사람들은 그에게 어느 정도의 고통을 안겨 준다. 그것은 문명의 가르침이 있다고 해도 제대로 지켜지지 않거나 문명 자체가 불완전하기 때문이다. 게다가 길들여지지 않은 자연 — 인간은 그것을 〈운명의 여신 *Fäta*〉이라고 부른다 — 도 그에게 해를 끼친다. 이런 상황은 항상 나쁜 일이 일어날 것 같은 불안한 심리 상태를 낳고, 인간이 타고난 나르시시즘을 심각하게 손상시킬 것이라고 생각할 수도 있다. 문명이나 타인이 주는 침해에 개인이 어떻게 반응하는지는 이미 알려져 있다. 개인은 문화적 규제에 상응하는 정도의 저항과 문명에 대한 적의를 키운다. 그러나 자신만이 아니라 인류 전체를 위협하는 자연의 압도적인 힘 — 〈운명의 여신〉 — 에 대해서는 어떻게 자신을 보호할까?

이 작업은 문명이 대행해 준다. 여기서는 모든 사람이 똑같이 문명의 혜택을 입는데, 거의 모든 문명이 이 점에서 똑같은 행동 양식을 보이는 것은 주목할 만하다. 문명은 인간을 자연으로부터 보호하는 일을 일시적으로 중지하는 것이 아니라, 다른 방법으로 그 임무를 수행할 뿐이다. 그 임무는 다양하고 복잡하다. 우선 심각하게 위협받는 인간의 자존심을 부추겨 주어야 한다. 생명과 우주를 사로잡은 공포를 제거해야 한다. 게다가 강력한 실제적 관심으로 발동된 인간의 호기심은 대답을 요구한다.

첫 단계는 자연을 인간화하는 것이고, 이 단계에서 이미 많은 것이 달성된다. 비인격적인 힘들과 운명들은 영원히 떨어진 곳에 있어서, 우리는 거기에 접근할 수 없다. 그러나 자연의 힘이 우리 자신의 영혼 속에서 사납게 날뛰는 것과 같은 열정을 가지고 있다면, 죽음이 자연 발생적인 것이 아니라 사악한 〈의지〉의 폭력 행위라면, 우리 사회에 있는 것과 같은 친숙한 〈존재들〉이 자연의 어느 곳에서나 우리를 둘러싸고 있다면, 우리는 자유롭게 숨을 쉬고 으스스함 속에서 편안한 기분을 느낄 수 있고, 우리의 어리석은 불안을 정신적 수단으로 다스릴 수 있을 것이다. 아마 우리는 여전히 무방비 상태이겠지만, 더 이상 무력한 상태에 빠져 있지는 않다. 적어도 반응을 보일 수는 있기 때문이다. 어쩌면 우리는 무방비 상태가 아닐지도 모른다. 우리는 인간 사회 안에서 쓰는 것과 똑같은 수단을 인간 사회 밖에 있는 이 난폭한 초인적 존재들한테도 적용할 수 있을 것이다. 예를 들면 그들을 달래거나 간청하거나 매수하려고 애쓸 수도 있고, 이런 방법으로 그들에게 영향을 줌으로써 그들이 지닌 막강한 힘의 일부를 빼앗을 수도 있다. 이렇게 자연 과학을 심리학으로 대치하는 것은 우리에게 당장 위안을 줄 뿐만 아니라, 상황을 개선시킬 수 있는 방법도 가르쳐 준다.

이 상황은 새로운 것이 아니라 우리의 유아기에 원형을 두며, 사실상 그 원형의 연장에 불과하기 때문이다. 우리는 어린 시절에 부모와의 관계에서 그와 비슷하게 무력한 상태에 놓인 적이 있었다. 우리는 부모, 특히 아버지를 두려워할 이유가 있었다. 그러면서도 아버지가 우리를 위험에서 지켜 주리라는 믿음을 가지고 있었다. 따라서 두 가지 상황을 일치시키는 것은 지극히 자연스러운 일이었다. 꿈에서와 마찬가지로 여기서도 원망이 한몫했다. 잠을 자는 사람은 금방이라도 무덤 속에 갇힐 것 같은 죽음의 예감에 사로잡힐 수 있다. 그러나 꿈의 작업은 그 무서운 사건조차도 원망 실현으로 바꾸어 주는 상황을 선택할 줄 안다. 예컨대 꿈속에서 어떤 무덤에 들어간 사람은, 그 무덤이 고대 에트루리아의 무덤이라는 것을 알고, 자신의 고고학적 흥미가 충족된 것을 기뻐한다.[5] 이와 마찬가지로 인간은 단순히 자연력을 자신과 대등한 존재처럼 사귈 수 있는 사람으로 만들기보다는 — 이것은 자연력이 인간에게 주는 압도적인 인상과는 걸맞지 않을 것이다 — 자연력에 아버지의 성격을 부여한다. 내가 다른 책에서 입증하려고 노력했듯이[6] 인간은 유아기의 원형만이 아니라 계통 발생적인 원형에 따라 자연력을 신으로 형상화한다.

이윽고 자연 현상이 일정한 규칙성을 가지고 법칙에 순응한다는 사실이 처음으로 관찰되었고, 이와 더불어 자연력은 인간적 성격을 잃어버렸다. 그러나 인간의 무력함은 여전히 남아 있고, 이와 더불어 아버지에 대한 동경과 신들도 여전히 남아 있다. 신들은 세 가지 임무를 계속 수행하고 있다. 첫째는 자연의 공포를 제거하는 것이고, 둘째는 인간으로 하여금 특히 죽음에서 나타나는 〈운명의 여신〉의 잔인함을 감수하게 하는 것이고, 셋째는 문명 생활이 강요하는 고통과 박탈을 보상해 주는 것이다.

그러나 이 세 가지 기능 중 강조되는 부분은 때에 따라 조금씩 이동한다. 첫 번째 기능에 관해서 말하자면, 자연 현상은 내적 필요에 따라 자동적으로 일어난다는 사실이 관찰되었다. 신들은 자연의 주인이었을 것이 분명하다. 신들은 자연을 그런 상태로 미리 조정해 놓았고, 일단 조정이 끝난 뒤에는 그냥 내버려 두어도 자연은 신들이 만든 법칙에 따라 움직였다. 신들은 어쩌다 한 번씩만, 마치 본래의 세력권을 조금도 양보하지 않았다는 사실을 분명히 하려는 것처럼 자연의 진로에 개입했다. 우리는 이것을

---

5 『꿈의 해석』 제6장에 나오는 이 꿈은 프로이트가 실제로 꾼 꿈이었다.
6 「토템과 터부」 제4장을 볼 것.

기적이라고 부른다. 운명의 할당에 관해서 말하자면, 인류가 운명 앞에서 느끼는 당혹감과 무력감은 도저히 치료될 수 없는 것이 아닐까 하는 불쾌한 의혹이 끈질기게 지속되었다. 신들이 임무를 수행할 때 가장 실패하기 쉬운 부분은 바로 이 점이었다. 신들이 〈운명의 여신〉을 창조했다면, 신들의 의도는 심오한 수수께끼 같다고 생각할 수밖에 없다. 고대의 가장 재능 있는 민족의 머리에는 모이라[7]가 다른 신들보다 지위가 높으며, 신들도 제각기 자신의 운명을 지니고 있다는 생각이 떠올랐다. 자연이 더 자동적이 되고 신들이 자연에서 후퇴할수록, 인류는 더욱 진지하게 신들의 세 번째 기능에 모든 기대를 걸었고, 도덕은 신들의 진정한 영역이 되었다. 이제는 문명의 결함과 폐해를 없애고, 인간이 공동 생활에서 서로에게 주는 고통을 치유하고, 인간이 그토록 불완전하게 복종하는 문명의 가르침이 실행되도록 감시하는 것이 신들의 임무가 되었다. 그 가르침 자체는 신들이 만든 것으로 여겨졌고, 그 적용 범위는 인간 사회를 초월하여 자연과 우주에까지 확대되었다.

그리하여 자신의 무력함을 그런대로 견딜 만한 것으로 만들고자 하는 인간의 욕구를 모태로 하고, 자신과 인류의 유아기 때의 무력했던 기억을 재료로 한 수많은 개념이 만들어진다. 이런 개념을 갖는 것이 두 가지 방향 — 하나는 자연과 〈운명의 신〉의 위협, 또 하나는 인간 사회 자체가 인간에게 주는 피해 — 에서 인간을 보호해 준다는 것은 쉽게 이해할 수 있다. 문제의 요점은 이것

7 Moira. 고대 그리스 신화에 나오는 운명의 여신. 흔히 복수형인 〈모이라이 *Moirae*〉가 사용된다. 모이라이는 세 명의 늙은 여신으로, 클로토는 운명의 실을 잣고, 라케시스는 운명을 분배하여 실의 길이를 정하고, 아트로포스는 운명의 실을 재단한다. 원래 모이라는 〈할당〉의 뜻으로, 삶과 죽음에 결부되었는데 운명의 여신으로 의인화되었다. 영어의 〈*Fate*〉, 독일어의 〈*Fäta*〉에 해당한다.

이다. 현세의 삶은 더 고귀한 목적에 이바지한다. 그 목적이 무엇인지는 짐작하기 어렵지만, 인간성의 완성을 의미하는 것은 확실하다. 수준이 높아지고 고상해지는 대상은 아마 인간의 정신적 부분인 영혼 — 세월의 흐름과 더불어 서서히 인간의 육신으로부터 분리되는 부분 — 일 것이다.

이 세상에서 일어나는 모든 일은 우리보다 우월한 지성적 존재의 의도가 표현된 것이고, 그 존재는 인간의 능력으로는 이해하기 어려운 방법으로 결국 만사를 좋은 방향으로, 즉 우리에게 유쾌한 방향으로 조정한다. 자비로운 신의 섭리는 우리를 일일이 보살펴주며, 겉으로만 엄격해 보일 뿐, 실제로는 우리가 강력하고 무자비한 자연력의 장난감이 되는 것을 내버려두지 않는다. 죽음은 생명이 없는 무기물 상태로 돌아가는 소멸이 아니라, 더 고귀한 존재로 발전하는 과정에 놓여 있는 새로운 존재의 시작이다. 다른 방향에서 보면, 이 견해는 우리 문명이 세운 도덕률이 우주 전체도 지배한다는 선언이다. 다만 우주 전체를 지배하는 도덕률은 우주를 관장하는 최고 법정이 인류 문명과는 비교도 안될 만큼 강력하고 일관성 있게 지지하고 있다는 점이 다를 뿐이다. 결국 모든 선은 보상받고, 모든 악은 처벌받는다. 이승에서 이루어지지 않으면 죽음 뒤에 시작되는 내세에서라도 보상과 처벌은 반드시 이루어진다. 삶의 모든 공포와 고통과 고난은 결국 이런 식으로 소멸할 운명에 있다. 마치 스펙트럼에서 불가시광선이 가시광선과 이어져 있는 것처럼 이승과 이어져 있는 저승의 삶은 우리가 이승에서는 갖추지 못했던 완전함을 우리에게 가져다준다. 그리고 이 과정을 관장하는 탁월한 지혜, 그 과정에서 드러나는 무한한 자비, 그 과정에서 자신의 목적을 달성하는 정의, 이것들은 인류와 우주를 창조한 신적 존재들의 속성들이다. 아니, 우리 유럽 문명에서는 고대의 모든 신이 하느님이라는 하나의 신적 존재로 집약되었으니까 하느님의 속성이라고 말해야 할 것이다. 신적 속성들을 그런 식으로 응축시키는 데 맨 처음 성공한 유대 민족은 그 진보를 상당히 자랑스러워했다. 유대 민족은 처음부터 모든 신적 형상들 뒤에 그 핵심으로 숨어 있었던 아버지를 시야에 드러내 놓았다. 기본적으로 이것은 역사상 〈하느님〉의 개념이 생겨난 발단으로 돌아가는 것이었다. 이제 신은 하나가 되었기 때문에 인간과 신의 관계는 자식과 아버지의 관계와 같은 친밀감과 강도를 되찾을 수 있었다. 그러나 아버지를 위해 그토록 많은 일을 한 사람은 보상을 받거나 적어도 아버지의 사랑을 독차지하고 싶어 했다. 말하자면 아버지의 〈선민(選民)〉이 되고 싶어 한 것이다. 훨씬 나중의 일이지만, 신앙심 깊은 미국은 〈신의 나라God's own country〉임을 자처했다. 그리고 인간이 신성을 경배하는 여러 가지 형태 중 하나에 관해서는 이 주장이 정당성을 갖는 것이 분명하다.

지금까지 요약한 종교적 관념들은 물론 오랜 발전 과정을 거쳤고, 다양한 문명이 다양한 관점에서 그 사상을 신봉했다. 나는 그런 관점들 중 오늘날 백인 기독교 문명이 택한 마지막 형태와 대체로 일치하는 한 가지 관점만 추려서 살펴보았다. 이 그림의 모든 부분이 서로 균등하게 부합되지는 않는다는 것, 대답을 요구하는 모든 의문이 대답을 얻지는 못했다는 것, 그리고 일상적으로 경험하는 모순을 하찮은 것으로 치부하기는 어렵다는 점은 쉽게 알 수 있다. 그러나 이렇게 변변치는 못하지만, 가장 넓은 의미에서 종교적인 그런 관념들은 문명의 가장 귀중한 자산 — 문명 참여자들에게 제공할 수 있는 가장 귀중한 것 — 으로 소중히 여겨지고 있다. 땅속에 묻힌 보물을 캐내거나 인간에게 식량을 제공하거나 인간의 질병을 예방하는 장치보다도 그런 종교적 관념

들이 훨씬 높은 평가를 받는다. 이런 관념들이 갖고 있다고 주장
하는 가치를 거기에 부여하지 않으면 삶은 견딜 수 없는 것이 될
것이라고 사람들은 생각한다. 그러면 이런 문제가 제기된다. 심
리학적 관점에서 종교적 관념들은 무엇인가? 종교적 관념들이 누
리고 있는 평판은 어디서 유래하는가? 여기서 조심스럽게 한 발
짝 더 나아간다면, 종교적 관념들의 진정한 가치는 무엇인가?

4

누구의 방해도 받지 않고 마치 독백처럼 진행되는 연구는 위험에서 완전히 벗어날 수 없다. 이런 식으로 연구하는 사람은 금방이라도 비집고 들어오려는 생각들을 옆으로 밀쳐 내고 싶은 유혹에 빠지기 쉽고, 오히려 불안감에 사로잡혀 결국에는 지나치게 단정적인 태도로 그 불안감을 억누르려고 든다. 그래서 나는 내 주장을 의혹의 눈길로 주시하는 반대론자가 있다고 상정하고, 그 반대론자의 의견을 중간중간에 끼워넣을 생각이다.

반대론자는 아마 이렇게 항변할 것이다.

당신은 〈문명이 종교적 관념들을 만들어 낸다〉거나 〈문명은 그 문명의 구성원들에게 종교적 관념들을 증여한다〉는 식의 표현을 되풀이해서 사용했다. 그런데 그 말이 나한테는 좀 이상하게 들린다. 이유는 잘 모르겠지만, 당신의 표현은 문명이 노동 생산물을 분배하는 규칙이나 여성과 아동의 권리에 관한 규칙을 만들었다고 말하는 것만큼 자연스럽게 들리지 않는다.

그렇다면 나는 조금도 망설이지 않고 이렇게 대답할 것이다.

나는 종교적 관념들도 문명의 다른 성취들과 똑같은 필요, 즉 압도적으로 우월한 자연력에서 자신을 지켜야 할 필요에서 생겨났다는 점을 입증하려고 애썼다. 그리고 여기에 두 번째 동기, 즉 인간이 고통스럽게 느끼는 문명의 결함을 수정하려는 충동이 추가되었다. 게다가 종교적 관념들은 문명이 개인에게 주는 것이라는 표현이 특히 적절한 까닭은 개인이 문명 속에서 이미 종교적 관념들의 존재를 발견하기 때문이다. 종교적 관념들은 이미 만들어진 상태로 개인에게 주어진다. 개인이 혼자 힘으로 그런 종교적 관념들을 발견할 수는 없을 것이다. 개인은 수많은 세대가 남긴 유산 속으로 들어가, 구구단이나 기하학 같은 것들을 받아들이듯 종교적 관념들을 이어받는다. 물론 구구단이나 기하학을 받아들이는 것과 종교적 관념들을 받아들이는 것은 차이가 있지만, 그 차이는 다른 데 있으며, 지금은 거기에 대해서 검토할 자리가 아니다. 당신은 생소하게 들린다고 말하는데, 그것은 종교적 관념들이 대개 신의 계시라는 형태로 제시되기 때문이기도 할 것이다. 그러나 종교적 관념들을 이런 식으로 제시하는 것 자체가 종교 체계의 일부이며, 그것은 지금까지 알려진 종교적 관념들의 역사적 발전 과정이나 다른 시대와 다른 문명에 존재한 종교적 관념들의 차이를 완전히 무시하고 있다.

또 한 가지 문제가 있는데, 내가 보기에는 이것이 더 중요하게 생각된다. 당신은 자연의 인간화가 난폭한 자연력에 직면한 인간의 당혹감과 무력감을 없애고 자연력과 관계를 맺고 결국에는 자연력에 영향을 주어야 할 필요성에 근원을 둔다고 주장한다. 그러나 이런 동기는 불필요해 보인다. 원시인에게는 선택권이 전혀 없다. 다른 식으로는 생각할 수가 없으니까. 자기 존재를 바깥 세계에 투사하고, 눈에 보이는 모든 사태를 근본적으로 자신과 똑같은 존재들의 징후로 여기는 것은 원시인한테 지극히 자연스러운 일이다. 말하자면 그것은 원시인이 타고난 본유 관념이다. 그것이 원시인의 유일한 이해 방식이다. 그리고 원시인이 자연스러운 경향을 발휘한 결과 자신의 가장 큰 필요성 중 하나를 만족시키는 데 성공한다면, 그것은 결코 자명한 것이 아니라 놀랄 만한 우연의 일치이다.

나는 그것이 그렇게 놀라운 일이라고는 생각하지 않는다. 당신은 인간의 사고 활동이 이해관계가 없는 단순한 호기심의 표현일 뿐 실제적 동기는 전혀 없다고 생각하는가? 그것은 거의 있을 법하지 않은 일이다. 오히려 나는 인간이 자연력을 인간화할 때는 유아기의 원형을 모델로 삼는다고 생각한다. 인간은 최초의 환경에서 주위 사람들과 관계를 맺는 것이야말로 그들에게 영향을 주는 방법이라는 것을 배웠다. 그래서 그는 나중에 마주치는 모든 것에 대해서도 영향력을 발휘하기 위해, 어렸을 때 주위 사람들을 대한 것과 똑같은 방식으로 그것들을 대한다. 따라서 나는 당신이 말한 관찰 결과에 대해서는 반대하지 않는다. 나중에 무언가를 지배하기 위해서는 우선 그것을 이해해야 하고(정신적 지배는 물리적 지배를 위한 준비 단계이다), 자신이 이해하고 싶은 것을 모두 인간화하는 것은 사실상 자연스러운 일이다. 그러나 나는 인간의 사고방식이 지닌 이 특징에 동기와 기원을 추가로 부여하고 싶다.

세 번째 문제는 이것이다. 당신은 전에 「토템과 터부」라는 글에서 종교의 기원을 다룬 적이 있다. 하지만 거기서는 종교의 기원이 다른 관점에서 제시되었다. 가장 중요한 것은 아버지와 아들의 관계였다. 신은 고귀한 아버지였고, 그 아버지에 대한 동경이 종교에 대한 욕구의 근원이었다. 그 후 당신은 인간의 나약함과 무력함이라는 요인을 찾아내어, 사실상 종교 형성의 주역을 대체로 이 요인에 맡기고 있는 것 같다. 그리고 이제 당신은 과거에는 아버지 콤플렉스였던 것을 죄다 무력감이라는 용어로 바꾸어 놓았다. 이 변화의 이유가 무엇인지, 설명해 주겠는가?

기꺼이 설명하겠다. 이 질문은 내가 오히려 기다리고 있던 것이다. 하지만 그것이 정말로 변화일까? 「토템과 터부」에서 내 목적은 종교의 기원을 설명하는 것이 아니라 토테미즘의 기원을 설명하는 것이었다. 인간을 보호하는 신이 인간에게 처음 모습을 드러냈을 때는 동물의 모습이었을 것이라는 사실, 그 동물을 죽이거나 먹는 것을 금지하는 터부가 있었다는 사실, 그런데도 매년 한 번씩 엄숙한 의식을 거행하여 공동으로 그 동물을 잡아먹는 풍습이 있었다는 사실을 당신이 알고 있는 견해로 설명할 수 있는가? 이것이 바로 토테미즘에서 일어나는 일이다. 토테미즘을 종교라고 부르는 것이 적절한지에 대해 왈가왈부하는 것은 거의 의미가 없다. 토테미즘은 후세의 신(神) 신앙과 밀접한 관계가 있다. 토템 동물은 신성한 동물이 되었고, 살인과 근친상간을 금지하는 인류 최초의 도덕률은 토테미즘에 기원을 둔다. 당신이 「토템과 터부」의 결론에 찬성하든 반대하든 그 책에서는 주목할 만하고 단편적인 수많은 사실이 모여 일관성 있는 하나의 체계를 이룬다는 것만은 인정하리라고 생각한다.

인간이 동물신에 만족하지 못하고 결국 인간신으로 교체한 이유가 무엇인지의 문제는 「토템과 터부」에서는 거의 다루어지지 않았고, 종교 형성과 관련된 다른 문제들도 그 책에서는 전혀 언급되지 않았다. 그런 식으로 논의를 제한하는 것이 논의를 거부하는 것과 마찬가지라고 당신은 생각하는가? 내 저술은 정신분석적 논의가 종교의 본질을 해명하는 데 이바지할 수 있는 특정 분야만을 엄격하게 구분해 낸 좋은 사례이다. 앞에서 당신은 내가 편파적이라고 비난했지만, 이제 내가 그만큼 깊이 감추어져 있지 않은 다른 부분을 덧붙이려고 한다 해도 내가 모순된 짓을 한다고 비난해서는 안 된다. 물론 앞에서 말한 것과 지금 제시하는 것의 연결 고리를 지적하고, 의식의 심층에 더 깊이 숨어 있는 동기와 의식에 나타난 동기, 아버지 콤플렉스와 인간의 무력함 및 보호받아야 할 필요성이 서로 어떤 고리로 이어져 있는가를 지적하는 것은 내 의무이다.

이 연결 고리를 찾아내기는 그리 어렵지 않다. 그것은 어린아이의 무력함과 그 연장인 어른의 무력함이 맺은 관계에 있다. 따라서 당연히 예상할 수 있는 일이지만, 종교 형성에 관한 정신분석적 동기는 〈의식에 나타난〉 동기를 형성하는 유아기의 원인과 같다. 이제 어린아이의 정신생활 속으로 들어가 보자. 정신분석학이 말하는 애착 유형에 따른 대상 선택을 기억하는가?[8] 여기서 리비도는 자기애적 욕구가 가는 길을 따라가고, 그 욕구 충족을 확실히 보장해 주는 대상에 달라붙는다. 그리하여 어린아이의 배고픔을 채워 주는 어머니는 사랑의 첫 번째 대상이 되고, 또한 외부 세계의 온갖 막연한 위험으로부터 그 아이를 지켜 주는 최초의 보호자 — 불안으로부터 지켜 주는 최초의 보호자라고 말할 수도 있다 — 가 되기도 한다.

어머니의 이런 역할은 곧 어머니보다 강한 아버지가 떠맡게 되고, 유아기가 끝날 때까지 아버지는 그 지위를 유지한다. 그러나

8 「나르시시즘 서론」 제2장을 볼 것.

아버지에 대한 아이의 태도는 독특한 이중성을 띠게 된다. 아버지 자체가 아이에게는 위험을 내포하는 존재인데, 이는 아마 아이가 그 전에 어머니와 맺는 관계 때문일 것이다. 그래서 아이는 아버지를 동경하고 존경하는 만큼 아버지를 두려워한다. 「토템과 터부」에서 입증되었듯이, 아버지에 대한 이 이중적 태도를 암시하는 것은 모든 종교에 깊이 각인되어 있다. 인간은 성장하면서 자신이 영원히 어린아이로 남을 운명이며 미지의 우월한 힘으로부터 보호받지 않고는 결코 살아갈 수 없다는 것을 알고 아버지라는 인격의 속성을 그 힘에 부여한다. 그는 스스로 신을 만들고, 그 신을 두려워하면서도 자신의 보호자 역할을 그 신에게 맡긴다. 따라서 아버지에 대한 동경은 인간의 나약함 때문에 일어나는 결과로부터 보호받고자 하는 욕구와 똑같은 동기이다. 〈어른〉은 자신의 무력함을 인정할 수밖에 없고, 그에 대한 반응으로 종교를 형성하게 되는데, 유아기의 무력함에 대한 자기 방어의 자세가 종교 형성이라는 어른의 반응에 독특한 성격을 부여한다. 그러나 신의 개념이 발전한 과정을 더 깊이 탐구하는 것은 내 의도가 아니다. 여기서 우리의 관심사는 문명이 개인에게 전달하는 완성된 형태의 종교적 관념이다.

5

잠시 끊겼던 탐색의 맥을 이어 보자. 그렇다면 종교적 관념들의 심리학적 의미는 무엇이며, 우리는 그 관념들을 어떤 표제로 분류할 수 있는가? 이 질문에 당장 답하기는 어렵다. 수많은 공식들을 퇴짜 놓은 뒤, 우리는 결국 다음 공식을 우리 입장의 바탕으로 삼게 될 것이다. 종교적 관념들은 외적(또는 내적) 현실의 사실과 상황들에 대한 가르침과 주장들이며, 우리가 혼자서는 발견하지 못했던 것을 말해 주고 그것을 믿으라고 요구한다. 종교적 관념들은 우리 인생에서 가장 중요하고 흥미로운 것에 대한 정보를 제공하기 때문에, 특히 높은 평가를 받는다. 종교적 관념들을 전혀 모르는 사람은 무지한 반면, 잘 아는 사람은 지식이 한결 풍부해졌다고 생각할 수 있다.

물론 세계의 다양한 사상들에 관해 알려 주는 가르침은 많이 있다. 학교 수업은 그런 가르침으로 가득 차 있다. 지리를 예로 들어 보자. 우리는 콘스탄츠라는 도시가 보덴호[9] 연안에 있다는 것을 배운다. 그러면 학생들은 이렇게 노래한다. 〈믿지 못하겠거든 직접 가서 보세요.〉 나는 콘스탄츠에 가본 적이 있기 때문에, 그 아름다운 도시가 드넓게 펼쳐진 호수 연안에 있고, 그 호숫가에

---

9 독일 남부에 있는 독일 최대의 호수.

사는 사람들은 모두 그 호수를 보덴호라고 부른다는 사실을 증언할 수 있다. 그래서 지금 나는 이 지리적 주장이 옳다는 것을 추호도 의심하지 않는다. 이와 관련하여 또 하나의 인상적인 경험이 생각난다. 나는 중년이 된 뒤에야 처음으로 아테네의 아크로폴리스 언덕에 올라가, 신전의 폐허 속에 서서 눈앞에 펼쳐진 푸른 바다를 바라보았다. 내 마음속에는 놀라움과 기쁨이 뒤섞여 있었다. 그 놀라움은 이렇게 말하는 것 같았다. 〈정말로 사실이군. 학교에서 배운 그대로야!〉 내가 지금 아크로폴리스에 와서 이토록 놀랄 수 있다면, 학교에 다닐 때 선생님한테 배운 진실을 거의 믿지 않았던 것이 분명하다. 당시에 내가 얻은 믿음은 얼마나 얕고 약한 것이었을까! 그러나 이 경험의 의미를 지나치게 강조하지는 않겠다. 내 놀라움은 다르게 해석될 수도 있었을 것이기 때문이다. 물론 그 해석은 당시에는 떠오르지도 않았던 것이고, 주관적인 성격을 띠었으며, 아크로폴리스라는 장소의 특수성과 관계가 있다.[10]

이런 가르침은 모두 그 내용을 믿으라고 요구하지만, 그 내용이 진실이라는 주장의 근거를 제시하지 않는 것은 아니다. 가르침은 관찰과 추론에 바탕을 둔 오랜 사색의 결과가 요약된 형태로 제시되는 것이다. 남의 사색 결과를 그대로 받아들이기보다는 그 과정을 몸소 거치고 싶어 하는 사람이 있다면, 가르침은 사색을 어떻게 시작할 것인가를 그에게 알려 준다. 게다가 가르침이 전달하는 지식의 원천이 지리적 주장의 경우처럼 자명하지 않을 때에는 그 지식의 원천까지도 추가로 제공된다. 예컨대 지구는 공처럼 생겼다는 주장의 경우, 푸코의 진자 실험[11]과 수평선의 변

10　이 일은 프로이트가 50대에 접어든 1904년에 일어났다. 그는 이 논문을 쓴 지 약 10년 뒤에 프랑스의 작가 로맹 롤랑Romain Rolland(1866~1944)에게 보낸 편지에서 이 경험담을 자세히 보고했다.

11　푸코Jean Bernard Léon Foucault(1819~1868). 프랑스의 물리학자. 1851년에

화, 배를 타고 지구를 일주할 수 있다는 사실 등이 그 증거로 제시되는 것이다. 그렇다고 모두가 세계 일주 항해를 떠날 수는 없기 때문에, 학생들은 학교에서 가르치는 것을 무조건 믿는 데 만족한다. 그러나 원한다면 자신이 직접 실험을 통해 확신을 얻을 수 있는 길은 언제나 열려 있다.

종교의 가르침에도 이와 똑같은 표준을 적용해 보자. 가르침을 믿으라는 요구의 근거가 뭐냐고 물으면, 세 가지 답을 얻을 수 있다. 그런데 이 세 가지 답은 놀랄 만큼 서로 어울리지 않는다. 첫 번째 답은 원시적 조상들이 이미 믿었으니까 믿을 만하다는 것이다. 두 번째 답은 원시 때부터 전해져 내려온 증거가 있다는 것이다. 세 번째 답은 종교적 가르침의 진정성에 의문을 제기하는 것 자체가 금지되어 있다는 것이다. 과거에는 그렇게 주제넘은 짓을 하면 가혹한 처벌을 받았고, 오늘날에도 사회는 새삼스럽게 의문을 제기하려는 시도를 백안시한다.

이 세 번째 답의 경우는 강한 의혹을 불러일으킬 수밖에 없다. 의문을 제기하는 것조차 금지하는 이유는 결국 한 가지밖에 없다. 종교적 교리를 믿으라고 요구하는 사회가 그 주장의 불확실성을 너무나 잘 알고 있기 때문이다. 그렇지 않다면 사회는 확신을 얻고 싶어 하는 사람에게 필요한 자료를 기꺼이 제시할 것이 분명하다. 그런데 실상이 이렇기 때문에 우리는 다른 두 가지 답을 검토할 때에도 지우기 어려운 의혹을 품을 수밖에 없다. 조상들이 믿었으니까 우리도 믿어야 한다지만, 그 조상들은 우리보다 훨씬 무지해서 오늘날에는 도저히 받아들일 수 없는 것들을 믿었고, 종교적 교리도 이 범주에 들어갈 가능성이 있다. 조상들이 남긴

〈푸코의 진자〉라고 부르는 단진자(單振子)를 고안하여 지구의 자전을 실험적으로 증명했다.

증거는 문서로 기록되어 있지만, 그 문서 자체가 믿을 수 없다는 것을 나타내는 온갖 증거가 있다. 그것은 가필과 변조의 흔적들과 모순으로 가득 차 있으며, 사실을 확인하는 증거에 대해 이야기할 때에도 그 증거 자체는 전혀 확인되지 않은 것들이다. 문서에 적힌 말이나 내용이 신의 계시에서 유래한다는 주장은 별로 도움이 되지 않는다. 이 주장 자체가 진정성을 검사받고 있는 교리의 일부이고, 그 주장을 입증하는 명제는 존재할 수 없기 때문이다.

따라서 우리는 문화적 자산이 제공하는 모든 정보 가운데 우리에게 가장 중요할 수도 있는 종교적 교리, 우주의 수수께끼를 풀고 삶의 고통을 달래 주는 임무를 맡고 있는 종교적 교리가 하필이면 진정성이 가장 입증되지 않은 요소라는 기묘한 결론에 도달하게 된다. 고래가 난생 동물이 아니라 태생 동물이라는 사실처럼 우리와 거의 관계가 없는 것도, 이렇게 근거가 박약한 경우에는 받아들일 수 없을 것이다.

이런 사태는 그 자체가 주목할 만한 심리학적 문제이다. 독자들한테 바라건대 종교적 교리의 진실성을 입증할 수 없다는 내 말이 무언가 새로운 내용을 담고 있다고는 생각하지 말아 달라. 그것은 어느 시대에나 느끼고 있었던 것이다. 우리에게 이 유산을 물려준 조상들도 틀림없이 그것을 느꼈을 것이다. 그들 대부분은 아마 우리와 똑같은 의혹을 품었겠지만, 가해진 압력이 너무 강해서 그 의혹을 감히 입 밖에 내지 못했을 것이다. 그 이후에도 수많은 사람이 비슷한 의혹에 시달렸지만, 교리를 믿는 것이 의무라고 생각했기 때문에 의혹을 억누르려고 애썼다. 수많은 지성인들이 이 갈등에 짓눌려 좌절했고, 타협으로 탈출구를 찾으려고 애쓴 수많은 인재가 그 타협에 상처를 입었다.

종교적 교리의 진정성을 입증하기 위해 제시된 증거가 모두 과거에서 유래한 것이라면, 현재는 그런 증거를 제공할 수 없을까? 현재에 대해서는 판단을 내리기가 더 쉬우니까, 주위를 둘러보며 그런 증거를 찾는 것은 자연스럽다. 이런 방법으로 종교 체계의 한 부분만이라도 입증하여 의혹을 풀어 줄 수 있다면, 종교 체계 전체의 신뢰성이 크게 높아질 것이다. 심령주의자들의 방법은 이 점에서 우리의 요구를 충족시켜 준다. 그들은 영혼이 사후에도 존속한다는 것을 확신하고, 종교적 교리의 진실성을 의심할 여지 없이 입증하려고 애쓰고 있다. 그러나 그들은 불행히도 심령 현상 — 영혼들의 출현과 발언 — 은 그들 자신의 정신 활동의 산물에 불과하다는 주장을 논리적으로 반박하지 못한다. 그들은 인류가 낳은 가장 위대한 인물과 가장 저명한 사상가들의 영혼을 불러냈지만, 그들이 영혼한테서 받은 지식과 정보는 모두 어리석고 하찮은 것들이어서, 영혼은 그들을 불러낸 사람에 맞추어 행동하는 능력을 지녔다는 점을 빼고는 확실한 증거를 전혀 찾아낼 수 없다.

이제는 이 문제를 회피하기 위한 두 가지 시도 — 둘 다 필사적인 노력이라는 인상을 준다 — 를 언급해야겠다. 고대에 이루어진 시도는 억지스러운 성격을 띠는 반면, 현대에 이루어진 시도는 좀 더 교묘하다. 최초의 시도는 초기 기독교 교부의 〈불합리하기 때문에 나는 믿는다Credo quia absurdum〉[12]라는 선언이다. 이 말은 종교적 교리가 이성보다 위에 있다고, 즉 이성의 관할권 밖에 있다고 주장한다. 종교적 교리의 진실성은 마음으로 느껴야 하며, 이성으로 이해할 필요는 없다는 것이다. 그러나 〈나는 믿는다〉라

12 카르타고 태생의 기독교 신학자 테르툴리아누스Tertullianus(155~222)의 말로 전해진다.

는 고백으로서만 흥미로울 뿐, 권위 있는 의견으로서는 전혀 구속력을 지니지 못한다. 나는 〈모든〉 불합리한 것을 믿어야 하는가? 그렇지 않다면, 왜 이것만을 믿어야 하는가? 이성의 법정보다 더 위에 있는 법정은 없다. 종교적 교리의 진실성이 그 진실성을 입증하는 내적 경험에 달려 있다면, 그런 희귀한 경험을 하지 못한 수많은 사람은 어떻게 해야 하는가? 모든 사람에게 타고난 이성을 활용하라고 요구할 수는 있지만, 극소수의 사람에게만 존재하는 동기를 근거로 모든 사람에게 적용될 의무를 제정할 수는 없다. 한 사람이 황홀경에 빠져 종교적 교리의 진실성에 대해 확고한 믿음을 얻고 깊이 감동했다고 해도, 그것이 다른 사람들에게 무슨 의미가 있겠는가?

두 번째 시도는 〈마치Als ob〉 철학[13]이 행한 시도이다. 이 철학은 우리의 사고 활동 속에는 수많은 전제가 내포되어 있으며, 우리는 그 전제들이 아무 근거도 없을뿐더러 불합리하기까지 하다는 사실을 충분히 알고 있다고 주장한다. 그것들은 〈의설Fiktions〉이라고 불리지만, 여러 가지 실제적 이유 때문에 우리는 〈마치〉 그 의설(擬說)을 믿는 것처럼 행동해야 한다. 이것은 종교적 교리에도 적용된다. 종교적 교리는 인간 사회를 유지하는 데 무엇과도 비교할 수 없을 만큼 중요한 구실을 맡고 있기 때문이다.[14] 이

13 독일의 철학자 한스 파이힝거Hans Vaihinger(1852~1933)는 『마치 철학Die Philosophie des Als Ob』(1911)에서 〈의설Fiktions〉 이론을 채택함으로써 칸트주의 철학을 실용주의적 방향으로 발전시켰다.

14 다른 철학자들에게도 생소하지 않은 견해의 대표자로 〈마치〉 철학자를 택한 것이 그에게 부당한 처사가 아니기를 바란다. 〈내가 의설이라고 부르는 것에는 대수롭지 않은 이론적 조작만이 아니라 가장 고귀한 정신에서 나온 관념적 복합 개념도 포함된다. 인류 가운데 가장 고귀한 사람들은 이런 복합 개념에 집착하고, 무슨 일이 있어도 그것을 박탈당하려고 하지 않을 것이다. 그것을 박탈하는 것이 우리의 목적도 아니다. 우리는 그것들을 《실제적 의설》로 고스란히 놓아두고 있기 때문이다. 그것들은 《이론적 진리》가 되었을 때에만 소멸한다〉(한스 파이힝거) ─ 원주.

주장이 따르고 있는 노선은 〈불합리하기 때문에 나는 믿는다〉라는 고백에서 그리 멀리 떨어져 있지 않다. 그러나 〈마치〉 철학의 요구는 오직 철학자만이 제시할 수 있는 것이라고 나는 생각한다. 철학의 농간에 휘둘리지 않는 사고방식을 가진 사람은 절대로 그 요구를 받아들일 수 없을 것이다. 그런 사람은 무언가가 불합리하거나 이성에 어긋난다고 인정하면 거기에 대해서는 더 이상 말할 필요가 없다고 생각한다. 일상적인 활동에 대해서도 그것이 합리적이라는 보증을 필요로 하는 그런 사람이 가장 중요한 관심사를 다룰 때 그 보증을 그만두리라고는 생각할 수 없다. 내 자식 중 하나가 어렸을 때 유난히 실제적인 면이 있었던 것이 생각난다. 아이들한테 옛날이야기를 해주면, 다른 아이들은 넋을 잃고 열심히 귀를 기울이는데, 유독 그 녀석만은 나한테 다가와서 이따금 살짝 물었다. 〈정말로 있었던 이야기인가요?〉 실화가 아니라고 말해 주면, 그 녀석은 종종 표정을 찌푸리며 돌아섰다. 〈마치〉 철학이 아무리 종교적 교리를 옹호해도, 사람들은 이제 곧 종교의 옛날이야기에 대해 이 아이처럼 행동할 것이라고 예상된다.

그러나 아직까지는 여전히 이와는 전혀 다르게 행동하고 있다. 과거에 종교적 관념들은 논란의 여지가 없을 만큼 진정성이 부족했는데도 인류에게 가장 강력한 영향력을 행사했다. 이것은 새로운 심리학적 문제이다. 우리는 그런 교리의 내적인 힘이 어디에 있고, 이성의 승인과는 관계없이 유효성이 있는 것은 무엇 때문인가를 자문해야 한다.

6

우리는 이 두 가지 질문에 대답할 준비가 충분히 되어 있다고 생각한다. 종교적 관념들의 정신적 기원으로 관심을 돌리면, 답은 쉽게 발견될 것이다. 교리의 형태로 주어지는 종교적 관념들은 경험의 침전물도 아니고 사색의 최종 결과도 아니다. 그것들은 환상이며, 인류의 가장 오래되고 강력하고 절박한 원망의 실현이다. 종교적 교리가 그토록 강력한 힘을 발휘하는 비결은 원망의 강력함에 있다. 앞에서도 말했듯이, 유아기의 무력감은 아버지의 보호를 받고 싶은 욕구 — 사랑을 통해 보호받고 싶은 욕구 — 를 불러일으켰다. 이 무력감이 평생 동안 지속된다는 인식은 아버지라는 존재에 매달려야 할 필요성을 낳았지만, 이번에는 훨씬 강력한 아버지가 그 대상이 되었다. 그리하여 신의 섭리의 자애로운 지배는 삶의 위험에 대한 우리의 두려움을 달래 주고, 도덕적인 세계 질서 확립은 인류 문명 속에서는 대체로 실현되지 않은 정의의 요구를 확실하게 실현시켜 준다. 이승에서의 생존이 내세에서 연장된다는 개념은 이 원망 실현이 일어날 공간적 시간적 체제를 제공해 준다. 인간의 호기심을 자극하는 수수께끼 — 예를 들면 우주는 어떻게 시작되었으며, 육체와 정신의 관계는 무엇인가 — 에 대한 답은 이 체제의 기본적인 전제에 따라 전개된다. 유아기의 아버지 콤플렉스에서 생겨나는 갈등이 마음에서 제거되고 보편적으로 인정되는 형태로 해결된다면, 개인의 마음은 커다란 위안을 얻을 것이다.

이런 것들을 모두 환상이라고 부르려면, 환상이라는 낱말의 의미를 정의할 필요가 있다. 환상은 오류와는 다르다. 그리고 환상이 반드시 오류인 것도 아니다. 해충은 오물에서 생겨난다는 아리스토텔레스의 믿음(무지한 사람들은 아직도 이 믿음을 버리지 못한다)은 오류였다. 〈척수 매독〉이 지나친 성행위의 결과라는 구세대 의사들의 믿음도 오류였다. 이런 오류를 환상이라고 부르는 것은 타당하지 않으리라. 반면에 인도로 가는 새로운 항로를 발견했다는 콜럼부스의 믿음은 환상이었다. 그의 원망이 이 오류에서 맡은 역할은 분명하다. 인도-게르만족만이 문명 창조의 능력을 지닌 유일한 민족이라는 일부 민족주의자들의 주장도 환상이라고 부를 수 있다. 어린아이에게는 성욕이 없다는 믿음은 얼마 전에야 정신분석학이 깨뜨린 환상이었다. 환상의 특징은 바로 인간의 원망에서 유래한다는 점이다. 이 점에서 환상은 정신병적 망상과 비슷하다. 그러나 망상의 구조가 더 복잡하다는 점은 별도로 하더라도, 망상과 환상은 여러 가지로 다르다. 망상의 경우에는 현실과 모순된다는 점이 불가결한 요소로 강조된다. 환상은 반드시 허위일 필요는 없다. 다시 말해서 실현 불가능하거나 현실과 모순될 필요는 없다. 예를 들면 평민 출신의 아가씨는 왕자가 찾아와서 자기와 결혼할 것이라는 환상을 품을 수 있다. 이것은 충분히 가능한 일이다. 그런 일이 실제로 일어난 적도 있다. 구세주가 와서 황금 시대를 열리라는 것은 그보다 훨씬 있을 법하지 않은 일이다. 이런 믿음을 환상으로 보느냐 아니면 일종의 망상으로 보느냐의 판단은 각자의 개인적 견해에 달려 있을 것이다.

환상이 사실로 입증된 사례를 찾기는 쉽지 않지만, 모든 쇠붙이를 금으로 바꿀 수 있다는 연금술사들의 환상은 그런 사례 중 하나일지도 모른다. 부(富)를 결정하는 요소에 대한 오늘날의 인식이 되도록 많은 금을 갖고 싶다는 소망을 약화시킨 것은 사실이지만, 화학은 쇠붙이를 금으로 바꾸는 것을 더 이상 불가능한 일로 보지 않는다. 따라서 우리는 어떤 믿음을 갖게 된 주요 동기가 원망 실현일 때 그 믿음을 환상이라 부르고, 환상 자체가 입증을 중시하지 않기 때문에 환상과 현실의 관계는 고려하지 않는다.

이렇게 우리의 위치를 확인했으니까, 종교적 교리 문제로 다시 돌아가 보자. 모든 종교적 교리는 입증할 수 없는 환상이라는 말을 다시 한번 되풀이해도 좋을 것이다. 종교적 교리를 진실로 여기고 그것을 믿으라고 남에게 강요해서는 안 된다. 일부 교리는 진실성이 의심되고, 우리가 세계 현실에 대해 애써 발견한 모든 사실과 완전히 모순되기 때문에, 망상과 비교할 수도 있을 정도이다. 물론 종교적 교리와 망상을 비교할 때는 그 심리학적 차이에 충분한 주의를 기울여야 한다. 대부분의 종교적 교리에 대해서는 현실적 가치를 판단할 수 없다. 그것들은 입증할 수 없는 것과 마찬가지로, 반박할 수도 없기 때문이다. 종교적 교리에 비판적으로 접근하기에는 우리의 지식이 너무 빈약하다. 우주의 수수께끼는 우리가 아무리 열심히 탐구해도 좀처럼 정체를 드러내지 않는다. 오늘날의 과학으로는 도저히 해명할 수 없는 문제가 많이 있다. 그러나 우리가 외부 현실을 인식할 수 있는 길은 오직 과학적 연구뿐이다. 직관이나 내적 성찰에 무언가를 기대하는 것도 역시 환상에 불과하다. 직관과 내적 성찰은 우리 자신의 정신생활에 대해 자세히 알려 줄 수 있을 뿐이지만, 이것은 해석하기 어렵고, 종교적 교리가 쉽게 답할 수 있는 문제에 대해서는 어떤 정보도 주지 않는다. 우리의 자의적인 의도가 이 문제에 끼어들게 하여, 우리의 개인적 판단에 따라 종교 체계의 이런 부분은 인정할 만하고 저런 부분은 인정하기 어렵다고 주장하는 것은 오만한 짓일 것이다. 그러기에는 문제가 너무 중대하다. 아니, 너무 신성하다고 말할 수도 있을 것이다.

여기서 우리는 다음과 같은 반론에 부닥칠 것을 당연히 예상해야 한다.

완고한 회의론자조차도 종교적 단언은 이성으로 반박할 수 없다고 인정했는데, 왜 내가 종교적 교리를 믿으면 안 되는가? 종교적 교리는 오랜 전통과 인류의 합의, 그리고 그것이 제공하는 위안 등 많은 것을 덤으로 가지고 있지 않은가?

물론 믿으면 안 될 이유는 전혀 없다. 믿음을 강요당해서는 안 되는 것과 마찬가지로, 믿지 말라는 강요를 받아서도 안 된다. 하지만 이런 식의 반론이 우리를 올바른 사고방식으로 이끌어 간다는 자기기만에 빠져, 그것으로 만족해서는 안 된다. 설득력 없는 핑계라는 것이 존재한다면, 이것이 바로 그런 경우이다. 모르는 것은 어디까지나 모르는 것이다. 모르니까 믿을 권리가 있다는 논리는 성립될 수 없다. 분별력 있는 사람이라면, 다른 문제에서는 그토록 무책임하게 행동하지 않을 것이고, 자기 의견과 행동 방침의 근거가 그토록 박약한데도 거기에 만족하여 그냥 내버려 두지는 않을 것이다. 그런데 가장 숭고하고 신성한 문제에서만큼은 유독 무책임하게 행동하고 박약한 근거에 만족하는 것이다. 사실 위에서 말한 반론은 오래전에 종교를 떠난 사람이 아직도 종교를 믿고 있는 척 자신이나 남을 속이려는 시도일 뿐이다. 종교 문제에 관한 한 사람들은 온갖 부정직과 지적 비행을 저지른다. 철학자들은 낱말이 원래의 뜻을 거의 잃어버릴 정도로 그 의미를 확대 해석한다. 그들은 스스로 창조해 낸 모호한 추상 개념에 〈신〉이라는 이름을 붙이고, 그리하여 세상 사람들 앞에서 이신론자(理神論者)로 가장할 수 있다. 그들의 신은 이제 실체가 없는 그림자에 불과하며 더 이상 종교적 교리를 가진 강력한 인격적 존재가 아닌데도 불구하고, 그들은 자신들이 더 숭고하고 순수한 신의 개념을 인지했다고 자랑까지 할 수 있다. 비평가들은 우주에 비하면 인간이 얼마나 하찮고 무력한 존재인가 하는 인식을 받아들이는 사람한테는 〈철저히 종교적인〉이라는 수식어를 붙이지만, 종교적 태도의 본질을 이루는 것은 종교적인 감정이 아니라 그 감정의 다음 단계, 즉 종교적 감정에 반발하여 그 감정에 대한 치유책을 찾으려고 애쓰는 노력이다. 이 거대한 우주에서 인간이 맡고 있는 사소한 역할을 그저 겸손하게 받아들일 뿐, 거기서 한 발짝도 나아가지 않는 사람은 말의 가장 진정한 의미에서 비종교적이다.

종교적 교리의 진리값을 매기는 것은 이 논문의 주제에서 벗어난다. 여기서는 종교적 교리가 심리학적 속성에서는 환상이라는 사실을 인정한 것으로 충분하다. 그러나 이 발견이 많은 사람에게 가장 중요하게 여겨지는 문제에 대한 우리의 태도에도 강한 영향을 미치고 있다는 사실을 감추어서는 안 된다. 우리는 어떤 시대에 어떤 부류의 사람들이 종교적 교리를 만들었는가를 대충 알고 있다. 게다가 그 동기까지 찾아낸다면, 종교 문제에 대한 우리의 태도는 뚜렷이 달라질 것이다. 세상을 창조한 신이 존재하고, 신의 자비로운 섭리가 존재한다면, 그리고 우주와 내세에 도덕적 질서가 존재한다면, 그것은 정말 멋지고 신나는 일일 것이다. 그러나 이 모든 존재가 우리의 원망과 정확히 일치한다는 것은 놀라운 사실이다. 비참하게 짓밟힌 무지한 우리 조상들이 우주의 난해한 수수께끼를 푸는 데 성공했다면, 그것은 훨씬 놀랄 만한 일일 것이다.

7

종교적 교리를 환상으로 인정하면, 우리는 당장 또 다른 문제에 부닥치게 된다. 우리가 높이 평가하는, 그리고 우리의 삶을 이끌고 있는 다른 문화적 자산들도 종교적 교리와 비슷한 속성을 가지고 있는 것이 아닐까? 정치적 규제들을 결정하는 전제들도 역시 환상이라고 불러야 하지 않을까? 우리 문명에서는 하나의(또는 수많은) 성애적 환상이 남녀 관계를 어지럽히고 있는 것이 아닐까? 이런 의문이 제기되면, 우리가 과학적 연구에서 관찰과 추론을 이용하여 외적 현실에 대해 무언가를 배울 수 있다는 확신이 과연 근거가 있는 것인가 하는 의문도 회피하지 말아야 한다. 그 어떤 것도 우리 자신의 본질을 관찰하지 못하게 방해하거나, 우리의 사고 활동을 비판하는 데 우리 자신의 사고력을 동원하는 것을 방해해서는 안 된다. 이 분야에서는 수많은 연구가 이루어질 가능성이 열려 있고, 그 결과는 〈세계관Weltanschauung〉 형성에 결정적인 요인이 될 수밖에 없다. 게다가 그런 노력은 결코 헛수고로 끝나지 않을 것이며, 적어도 부분적으로는 우리의 의혹을 풀어 주리라고 생각한다. 그러나 필자에게는 그렇게 광범위한 문제를 다루는 데 필요한 수단이 없다. 따라서 이런 환상 중 한 가지, 즉 종교만 추적하는 것으로 작업의 범위를 한정할 수밖에 없다.

그러나 이 순간 반대론자가 큰 소리로 우리를 불러 세운다. 그는 우리의 잘못된 행위에 대해 해명할 것을 요구한다.

고고학적 관심을 갖는 것은 물론 칭찬할 만한 일이다. 하지만 발굴 때문에 지금 살고 있는 사람들의 주거지가 무너져, 그 폐허 밑에 주민들이 생매장될 위험이 있다면, 그 발굴은 당장 그만두어야 한다. 종교적 교리는 다른 것과는 달리 공연한 트집을 잡아서 이러쿵저러쿵 비판할 수 있는 문제가 아니다. 우리 문명은 종교적 교리 위에 세워져 있고, 인간 사회는 종교적 교리의 진실성을 믿는 대다수 사람을 기반으로 유지된다. 전능하고 정의로운 신이나 신에 의한 세계 질서나 내세 따위는 존재하지 않는다고 가르치면, 사람들은 문명의 명령에 복종해야 할 모든 의무를 면제받았다고 생각할 것이다. 그러면 모든 사람이 망설임이나 두려움도 없이 반사회적이고 이기적인 본능에 따라 자신의 힘을 행사하려고 들 것이고, 인류가 수천 년에 걸친 문화적 작업을 통해 추방한 〈혼돈Chaos〉이 다시 찾아들 것이다. 종교가 진실성이 없다는 것을 우리가 알고 또 증명할 수 있다고 해도, 우리는 우리 모두를 보존하기 위해 그 사실을 감추고 〈마치〉 철학이 지시한 대로 행동해야 한다. 당신이 하려고 하는 일은, 그 위험성은 제쳐 놓고라도, 무의미하고 잔인한 짓이다. 이 세상에는 종교적 교리에서 위안을 찾고 그것의 도움을 받아야만 겨우 삶을 견뎌 낼 수 있는 사람이 많다. 당신은 그 사람들한테 좀 더 나은 뭔가를 주기는커녕, 오히려 정신적 지주를 빼앗으려고 한다. 지금까지 과학이 그리 많은 것을 성취하지 못했다는 것은 인정된 사실이지만, 과학이 지금보다 훨씬 많이 진보했다고 해도 인간에게는 만족스럽지 않을 것이다. 인간에게는 냉정한 과학으로는 결코 만족시킬 수 없는 절대적인 욕구가 있다. 당신은 심리학자로서 본능적 생활에 비하면 지성이 인간사에서 맡고 있는 역할은 지극히 사소하다고 주장해 왔다. 그런 터에 이제 와서는 거꾸로, 그 소중한 원망 실현을 인류한테서 박탈하고 지적 영양분으로 보상하겠다고 제안하다니, 너무나 이상한 — 사실 말하면 너무나 일관성 없는 — 짓이 아닌가?

그렇게 많은 비난을 한꺼번에 퍼붓다니! 그래도 나는 그 많은 비난에 대해 이미 반론을 준비하고 있다. 게다가 나는, 인류가 종교에 대한 현재의 태도를 포기하지 않고 계속 고집한다면 문명이 더 큰 위험에 직면하게 된다는 견해를 강력히 주장할 작정이다.

하지만 어디서부터 답변을 시작하면 좋을까? 나 자신은 내가 하고자 하는 일이 해롭거나 위험하다고는 결코 생각하지 않는다는 장담으로 시작할까? 지성을 과대평가하고 있는 것은 내가 아니라 오히려 반대론자이다. 그가 묘사한 대로 사람들이 종교적 교리에 깊이 의존해 있다면 — 나는 구태여 거기에 반대하고 싶지 않다 — 내 주장이 그렇게 독실한 신자를 압도하여 그의 신앙을 박탈할 위험은 전혀 없다. 게다가 내가 말한 것들은 이미 다른 사람들이 말한 것들이다. 나보다 더 훌륭한 사람들이 나보다 먼저, 그리고 나보다 훨씬 완전하고 강력하게 말한 것들이다. 그들의 이름은 잘 알려져 있지만, 누구라고는 말하지 않겠다. 나를 감히 그들과 같은 반열에 넣으려고 한다는 인상을 주고 싶지 않기 때문이다. 나는 다만 위대한 선배들의 비판에 심리학적 근거를 약간 추가했을 뿐이고, 내 설명에서 새로운 것은 이것뿐이다. 이 추가된 부분이 위대한 선배들의 노력도 얻지 못했던 결과를 낳으리라고는 거의 기대할 수 없다. 내 주장이 아무 효과도 없을 것이라고 확신한다면 도대체 이런 글을 쓰는 목적이 뭐냐고 물을 것이다. 그러나 이 문제는 나중에 다시 거론하겠다.

이 글이 발표되었을 때 피해 입을 사람이 있다면, 그것은 나 자신이다. 나는 천박하고 속이 좁으며, 이상이 결여되었거나 인류의 최고 관심사에 대한 이해가 부족하다는 따위의 신랄한 비난을 들어야 할 것이다. 그러나 그런 항변에는 익숙해져 있고, 젊은 나이에 이미 동시대인의 비난에 끄떡하지 않는 법을 배웠는데, 이제 곧 모든 호평과 악평이 미치지 못하는 곳으로 떠나갈 노년에 비난 좀 듣는 것이 무슨 대수겠는가? 과거에는 달랐다. 그때는 나 같은 발언을 한 사람은 이승에서 사는 기간이 확실히 단축되었고, 내세를 직접 경험할 수 있는 시기가 훨씬 빨라졌다. 그러나 되풀이 말하지만, 그때는 과거였고, 오늘날에는 이런 글도 독자들에게 위험을 초래하지 않는 것처럼 필자에게도 위험을 가져오지 않는다. 기껏해야 어떤 나라, 정확히 말하면 자국의 문명이 높은 수준에 도달했다고 자부하고 있는 나라에서 그 책의 번역과 배포가 금지되는 것이 고작이다. 그러나 온갖 원망을 단념하고 운명을 순순히 받아들이라고 호소할 수 있는 사람이라면, 이런 종류의 부당한 대우도 충분히 견뎌 낼 수 있을 것이다.

이 글을 발표하면 결국은 누군가가 불이익을 당할 수도 있지 않을까 하는 의문이 문득 떠올랐다. 그러나 내가 염려하는 것은 특정한 개인이 아니라 정신분석학이다. 정신분석학을 창시한 사람이 나라는 것은 부인할 수 없는 사실이고, 정신분석학은 지금까지도 수많은 불신과 악의에 부닥쳤기 때문이다. 그런데 내가 이제 그렇게 불쾌한 견해를 가지고 나타나면, 사람들은 기다렸다는 듯이 나에 대한 비난의 화살을 정신분석 쪽으로 돌릴 것이다. 그러고는 이렇게 말할 것이다.

〈이제 알겠다. 정신분석학이 결국 어디로 가는지. 가면이 벗겨졌다. 우리가 줄곧 의심했듯이, 정신분석학은 신과 도덕적 이상을 부정하는 쪽으로 나아가고 있다. 우리는 그런 줄도 모르고, 정신분석학의 속임수에 넘어가 이렇게 생각해 왔다. 정신분석학은 어떤《세계관》도 가지고 있지 않으며, 앞으로도 결코 세계관을 형성할 수 없을 것이라고.〉

나의 수많은 동료 연구자들을 생각하면, 이런 종류의 항의야말로 나한테는 참으로 불편한 노릇이 아닐 수 없다. 종교 문제에 관해서는 내 동료들 중 대다수가 내 입장과 다르기 때문이다. 그러나 정신분석학은 이미 수많은 폭풍우를 뚫고 나왔으니까, 이 새로운 폭풍과도 용감하게 맞설 것이 분명하다. 사실 정신분석학은 미적분학처럼 하나의 방법론이고, 불편부당한 하나의 수단일 뿐이다. 어느 물리학자가 미적분을 사용하여 지구가 얼마 뒤에는 멸망하리라는 것을 알아낸다고 해도, 우리는 미적분학 자체가 파괴적인 경향을 지닌다고 비난하면서 그것을 금지하지는 않으리라. 나는 앞에서 종교의 진리값을 부인하는 말을 했지만, 그 발언 중 정신분석학의 뒷받침을 필요로 하는 것은 하나도 없었다. 내가 한 말은 정신분석학이 등장하기 오래전에 이미 다른 사람들이 말한 것들이다. 정신분석학적 방법론을 이용하여 종교의 진실성에 대한 새로운 반대 논리를 찾아낼 수 있다면, 종교는 그만큼 더 불리해진다. 그러나 종교 옹호론자들에게도 종교적 교리가 지닌 감정적 의미에 충분한 가치를 부여하기 위해 정신분석학을 이용할 수 있는 동등한 권리가 있다.

그러면 이제 우리의 변호를 시작해 보자. 종교가 인류 문명에 크게 공헌한 것은 분명하다. 종교는 반사회적 본능을 길들이는 데 크게 이바지했다. 그러나 그 성과가 충분한 것은 아니다. 종교는 수천 년 동안 인류 사회를 지배해 왔기 때문에, 실력을 발휘할 수 있는 시간적 여유가 충분했다. 종교가 인류의 대다수를 행복하게 만들고, 위로해 주고, 삶과 조화를 이루게 하고, 문명의 수단으로 만드는 데 성공했다면, 현재 상태를 바꾸려고 생각하는 사람은 아무도 없을 것이다. 그러나 우리 눈앞에 전개되고 있는 현실은 어떠한가? 놀랄 만큼 많은 사람이 문명에 불만을 품고, 문명속에서 불행을 느끼며, 문명을 벗어던져야 할 멍에로 여긴다. 그래서 사람들은 그 문명을 변화시키기 위해 전력을 쏟거나, 아니면 문명에 대한 적개심이 너무 강해진 나머지 문명이나 본능 제한과는 일체의 관계도 맺지 않으려고 한다. 여기서 이런 사태가야기된 것은 바로 과학의 진보가 낳은 개탄스러운 결과 때문에 종교가 대중에 대한 영향력을 일부 잃어버린 탓이라는 반론이 제기될 것이다. 우리는 종교의 영향력이 줄어들었다는 이 고백과그 이유를 기억해 두었다가 나중에 우리 목적을 위해 이용할 작정이다. 그러나 그 반론 자체는 설득력이 전혀 없다.

종교적 교리가 절대적인 지배력을 발휘하고 있었을 때 인류가지금보다 더 행복했는지는 의문이지만, 그들이 지금보다 더 도덕적이 아니었던 것은 확실하다. 그들은 종교의 명령을 외면화하여그 의도를 유명무실하게 만드는 법을 알고 있었다. 이 점에서 그들을 도와준 것은 종교에 대한 복종을 감독할 의무를 지고 있는성직자들이었다. 신의 자비가 신의 정의를 제한한 것이 분명하다.사람들은 죄를 짓고, 그러면 제물을 바치거나 고해성사를 하여속죄하고, 그러면 다시 마음대로 죄를 지을 수 있었다. 내면적 경향을 중요시한 러시아에서는, 신의 은총을 누리기 위해서는 반드시 죄를 지어야 하고, 따라서 죄는 근본적으로 신을 즐겁게 해드린다는 결론에 도달했다. 성직자들이 인간의 본능적 성향에 이정도까지 양보하지 않고는 대중을 종교에 복종시킬 수 없었다는 것은 결코 비밀이 아니다. 따라서 오직 신만이 강하고 선하며, 인간은 약하고 죄 많은 존재라는 데에는 모든 사람의 의견이 일치했다. 어느 시대에나 종교는 도덕성 못지않게 부도덕성도 지원해 주었다. 인간의 행복과 문화에 대한 감수성[15] 및 도덕적 규제라는 점에서 종교가 이룩한 것이 고작 이 정도라면, 우리가 종교의 필요성을 과대평가하고 있는 것은 아닐까 하는 의문과, 문화적 요구의 토대를 종교에 두는 것이 과연 현명한 일일까 하는 의문이 제기될 수밖에 없다.

그렇다면 오늘날의 영락없는 상황을 생각해 보자. 우리는 종교가 더 이상 과거와 같은 영향력을 사람들에게 행사하지 못한다는 고백을 들었다. (여기서 우리가 논하고 있는 것은 유럽의 기독교 문명이다.) 그리고 그 이유는 종교가 약속하는 것들이 줄어들었기 때문이 아니라, 사람들이 그 약속들을 과거만큼 신뢰하지 않기 때문이다. 이런 변화의 원인 — 유일한 원인은 아니겠지만 — 이 사회의 상류 계층에서 과학 정신이 높아진 데 있다는 것은 인정한다. 비판주의는 종교 문서의 증거력을 점점 깎아내렸고, 자연 과학은 종교 문서에 들어 있는 오류를 폭로했으며, 비교 연구는 우리가 받드는 종교적 관념들과 원시인 및 원시 시대의 정신적 산물 사이에 존재하는 치명적인 유사성을 발견했다.

과학 정신은 지상의 세속적인 문제에 대해 어떤 태도를 갖게 한다. 종교 문제 앞에서는 잠시 멈춰서서 머뭇거리지만, 여기서도 결국에는 그 문지방을 넘는다. 이 과정은 무엇으로도 막을 수 없다. 지식의 보물 창고에 접근할 수 있는 사람의 수가 많아질수록 종교적 믿음에서 멀어지는 현상은 더욱 광범위하게 일어난다. 처음에

15 프로이트는 「전쟁과 죽음에 대한 고찰」에서 〈문화에 대한 감수성〉의 본질을 논하고 있다.

는 고루하고 불쾌한 겉치레에서 멀어질 뿐이지만, 나중에는 신앙의 기본적인 전제에서도 멀어진다. 데이턴에서 〈원숭이 재판〉[16]을 연 미국인들만이 일관성 있는 태도를 보여 주었다. 그밖의 다른 곳에서는 임시방편과 불성실한 태도로 이 불가피한 과도기를 넘겼다.

문명은 교양인이나 정신 노동자들에 대해서는 두려워할 필요가 거의 없다. 그들의 경우에는 문화적 행동을 촉구하는 종교적 동기가 다른 세속적 동기에 의해 대체되는 과정이 순조롭게 이루어지기 때문이다. 게다가 그런 사람들은 대부분 문명의 전달 수단이다. 그러나 문명을 적대시할 충분한 이유가 있는, 교육받지 못하고 억압당하는 대중의 경우에는 문제가 다르다. 사람들이 더이상 신을 믿지 않는다는 사실을 대중이 알아차리지 못하는 동안은 아무 문제도 없다. 그러나 내가 지금 쓰고 있는 이 논문이 발표되지 않는다고 해도, 그들은 언젠가는 그 사실을 알아 낼 것이다. 그들은 과학적 사고의 결과를 받아들일 준비가 되어 있지만, 과학적 사고가 사람들 마음에 일으키는 변화가 그들한테서는 아직일어나지 않았다. 문명에 대해 적의를 품고 있는 대중이 그들을 혹사하는 작업 감독의 약점을 발견하고, 그 약점을 향해 적개심을 터뜨릴 위험은 없을까? 이웃을 죽이면 안 되는 유일한 이유가 신이 살인을 금지했기 때문이고, 살인을 하면 이승이나 내세에서 가혹한 처벌을 받을 것이라는 두려움 때문이라고 하자. 그런데 신 따위는 존재하지 않으며, 따라서 신의 징벌을 두려워할 필요도 없다는 것을 알게 되면, 사람들은 주저없이 이웃을 죽일 테고, 그들을 막을 수 있는 것은 오직 지상의 권력뿐이다. 따라서 이 위험한 대중을 최대한 엄하게 다스림으로써 그들이 지적 깨달음을

---

16 1925년 미국 테네시주의 작은 도시 데이턴에서 고등학교 생물 교사인 존 스코프스John T. Scopes가 진화론을 가르쳤다는 이유로 기소되어 재판을 받았다.

얻을 수 있는 모든 기회를 철저히 봉쇄하거나, 아니면 문명과 종
교의 관계를 근본적으로 고쳐야 한다.

8

문명과 종교의 관계를 근본적으로 바꾸는 데에는 특별한 어려움이 없을 것이라고 생각해도 좋다. 어느 정도의 단념이 뒤따를 수밖에 없겠지만, 잃는 것보다는 얻는 것이 많을 테고, 커다란 위험을 피할 수도 있을 것이다. 그런데도 사람들은 문명과 종교의 관계를 바꾸면 문명이 훨씬 큰 위험에 노출되기라도 하듯 두려워한다. 작센 사람들이 신성하게 여기는 나무를 성 보니파티우스[17]가 베어 버렸을 때, 이를 본 사람들은 그 신성 모독으로 말미암아 무서운 사건이 일어날 것이라고 생각했다. 그런데 아무 일도 일어나지 않자, 작센 사람들은 기독교도로 개종했다.

밉거나 방해된다는 이유로, 또는 재물이 탐나서 이웃을 죽이면 안 된다고 문명이 명령했을 때, 이것은 분명 인간의 공동 생활을 보장하기 위한 조치였다. 살인을 금지하지 않으면 인간의 공동 생활은 성립할 수 없을 것이다. 살인자는 피살자의 피붙이들에게 보복을 당하거나, 그런 폭력을 저지르고 싶은 충동을 느끼는 다른 사람들의 은밀한 부러움을 살 것이기 때문이다. 따라서 살인

17 보니파티우스Bonifatius(680~754). 영국의 선교사. 717년에 로마 교황 그레고리오 2세로부터 이교도 전도의 허가와 보니파티우스(선행을 하는 자)라는 이름을 받고 독일로 건너가 활동하여 수천의 영세자를 얻었다. 프리슬란트에서 선교 활동을 펴다가 이교도의 습격을 받고 순교했다. 〈독일인의 사도〉로 불린다.

자는 남을 죽여서 원한을 풀거나 재물을 강탈했다고 해도, 그 만족감을 오래 누리지 못하고 조만간 자신도 살해당할 가능성이 많다. 그가 공격해 오는 적들을 남다른 힘과 경계심으로 막아 냈다고 해도, 약한 자들이 힘을 모아 공격하면 굴복할 수밖에 없을 것이다. 약자들이 이런 식으로 단결하지 않으면 살인은 끊임없이 계속될 테고, 결국에는 인류가 전멸될 것이다. 코르시카에서는 집안과 집안 사이에 서로 죽이는 일이 아직도 행해지고 있지만, 그 밖의 곳에서는 국가와 국가 사이에만 존속해 있는 이런 사태가 개인과 개인 사이에 벌어지게 될 것이다. 모든 사람을 똑같이 위협하는 생명의 위험은 이제 사람들을 결합시켜 사회를 구성한다. 사회는 개인의 살인을 금지하고, 이 금지를 어기는 사람을 공동으로 죽일 수 있는 권리가 있다. 그래서 우리는 사법과 형벌 제도를 두고 있다.

그러나 우리는 살인에 대한 금지를 이렇게 이성적으로 설명하지 않고, 살인에 대한 금지령은 신이 내렸다고 주장한다. 그래서 우리는 신의 의도를 추측하기 시작하여, 결국 인간이 서로를 전멸시키는 것은 신도 역시 바라지 않는다는 사실을 발견한다. 우리의 이런 접근 방법은 문화적 금지에 특별한 엄숙함을 부여하지만, 그와 동시에 문화적 금지를 지키느냐의 여부가 신을 믿느냐 안 믿느냐에 좌우될 위험이 생긴다. 이 단계 이전으로 거슬러 올라가면, 문화적 금지를 신의 뜻으로 이상화하는 것은 포기해야 했지만, 거기에 따르는 위험도 피할 수 있었다. 몇 가지 기본적 금지에 부여된 신성성과 불가침성 — 이것은 이승과는 다른 세상의 속성이라고 말할 수 있다 — 은 일종의 확산이나 전염을 통해 그 밖의 모든 문화적 제도와 법률과 법령으로 퍼져 갔다. 그러나 그 제도와 법률과 법령들 중에는 신의 뜻이라는 후광이 전혀 어울리지 않아 보이는 것도 많다. 때와 장소에 따라 서로 모순되는 결정을 내림으로써 설득력을 잃어버린다는 점은 제쳐 놓고라도, 인간적인 불완전함의 징후를 곳곳에서 드러내고 있기 때문이다. 거기에서 근시안적인 불안의 산물이나 이기적이고 편협한 이해타산의 표출이나 불충분한 전제들에 따른 결론이라고 볼 수밖에 없는 것들을 찾아내기는 어렵지 않다. 우리는 그것들을 비판하지 않을 수 없고, 일단 비판하기 시작하면 좀 더 정당성이 있는 다른 문화적 요구를 존중하는 마음까지도 크게 줄어드는 바람직하지 않은 사태가 일어난다. 신 자신이 요구한 것과 입법부나 사법부라는 막강한 권력 기관에서 나온 요구를 구별하는 것은 골치 아픈 일이기 때문에, 차라리 신을 완전히 배제시키고 문명의 모든 제도와 명령은 순전히 인간이 만든 것이라는 사실을 정직하게 인정하는 편이 이로울 것이다. 신의 뜻을 자처했던 이런 명령과 법률이 그 후광을 잃어버리면, 경직성과 불변성도 함께 잃어버릴 것이다. 사람들은 그런 명령과 법률이 그들을 다스리기 위해서가 아니라 오히려 그들의 이익에 봉사하기 위해 만들어졌다는 것을 깨달을 수 있을 것이다. 그러면 거기에 좀 더 우호적인 태도를 취하게 될 테고, 명령과 법률을 폐지하려고 애쓰기보다는 개선만을 지향하게 될 것이다. 이것은 문명이 우리에게 안겨 주는 부담을 감수하는 방향으로 나아가는 하나의 중요한 진보일 것이다.

그러나 문명의 명령에 순수 이성적 이유를 제시하자는, 즉 사회적 필요에서 나온 것으로 설명하자는 우리의 호소는 돌연히 나타난 의혹으로 방해를 받는다. 우리는 살인 금지의 발생을 예로 들었다. 그러나 거기에 대한 우리의 설명은 과연 역사적 진실에 부합되는 것일까? 아무래도 그렇지는 않은 것 같다. 우리의 설명은 이성적 해석에 불과한 것처럼 보인다. 우리는 정신분석학의 도움을 얻어 인류 문화사의 바로 이 부분을 연구했고,[18] 그 성과를 토대로 한다면 현실에서는 일이 그런 식으로 일어나지 않았다고 말할 수밖에 없다. 현대인의 경우에도 순수 이성적 동기는 열정적 충동에 대해 거의 억제 효과를 발휘하지 못한다. 원시 시대의 인간 동물의 경우에는 이성적 억제력이 훨씬 약했을 것이다. 이 인간 동물들이 저지른 살인 행위들 가운데 아버지 살해 — 이것은 중대한 결과를 수반하는, 저항할 수 없는 감정적 반응을 불러일으켰을 것이다 — 가 없었다면, 그들의 후손인 현대인들은 아마도 주저하지 않고 태연히 서로를 죽이고 있을 것이다. 아버지 살해에 대한 감정적 반응에서 〈살인하지 말라〉는 명령이 생겨났다. 토테미즘에서는 이 명령이 아버지 대역을 맡은 사람에게만 한정되었고, 나중에는 다른 사람한테까지 확대되었지만, 오늘날에도 이 명령이 보편적으로 지켜지고 있는 것은 아니다.

여기서 다시 되풀이 말할 필요는 없지만, 앞에서도 입증되었듯이 원시 시대의 아버지는 신의 원형이었고, 후세 사람들은 이 원형에 따라 신의 형상을 만들었다. 따라서 신은 살인 금지의 발생 과정에 실제로 참여했다는 종교 측의 해석은 옳다. 그 금지의 원인이 된 것은 사회적 필요에 대한 통찰이 아니라 신의 영향력이었다. 그리고 인간의 의지를 신에게 전가하는 것은 충분히 정당화된다. 인류는 자기가 아버지를 폭력으로 제거했다는 것을 알고, 그 사악한 행위에 대한 반작용으로 앞으로는 아버지의 뜻을 존중하기로 결심했기 때문이다. 따라서 우리의 이성적 설명은 역사적 진실과의 관계를 부인하지만, 종교적 교리는 역사적 진실 — 여기에는 약간의 수정과 은폐가 섞여 있는 것도 사실이지만 — 을 우리에게 말해 준다.

18 「토템과 터부」의 제4장을 참조할 것.

오랫동안 축적된 종교적 관념들 중에는 원망 실현만이 아니라 중요한 역사적 사실들도 포함되어 있다는 것을 우리는 관찰했다. 과거와 현재가 함께 행사하는 이 영향력은 무엇과도 비교할 수 없을 만큼 풍부한 힘을 종교에 부여할 것이 분명하다. 그러나 유추 작용의 도움을 받으면 또 다른 깨달음이 우리 마음속에 떠오르기 시작할지도 모른다. 어떤 개념을 그것이 자라난 토양에서 멀리 떨어진 곳으로 이식하는 것은 좋은 계획이 아니지만, 여기서 우리는 그와 비슷한 사례를 지적하지 않을 수 없다. 어린아이는 신경증 단계를 거치지 않고는 문명적 단계로의 발달을 무사히 마칠 수 없다. 이 신경증은 더욱 두드러지게 나타날 때도 있고 그렇게 뚜렷하지 않을 때도 있지만, 어쨌든 반드시 그 단계를 거쳐야 한다. 어린아이는 나중에는 쓸모없게 될 수많은 본능적 요구들을 지성의 합리적 작용으로 억제하지 못하고, 억압 행동으로 그 요구들을 억누를 수밖에 없는데, 억압 행동 뒤에는 대개 불안을 불러일으키는 동기가 숨어 있기 때문이다. 이 유아 신경증은 대부분 성장 과정에서 저절로 극복되고, 특히 유아기의 강박 신경증은 이런 경향이 뚜렷하다. 극복되지 않고 남은 부분은 좀 더 나중에 정신분석적 치료를 통해 깨끗이 없앨 수 있다. 이와 마찬가지로 인류 전체도 오랜 세월 동안 발달해 오는 과정에서 신경증과 비슷한 상태에 빠졌다고 생각할 수 있다.[19] 인류가 신경증에 걸린 이유도 어린아이의 경우와 같다. 즉 인류가 무지하고 지능이 낮았던 시대에는 공동 생활에 불가결한 본능 자제가 순전히 감정적인 힘을 통해서만 이루어졌기 때문이다. 원시 시대에 이루

---

19 프로이트는 「문명 속의 불만」과 『새로운 정신분석 강의』(서른다섯 번째 강의)에서 다시 이 문제로 돌아갔고, 「인간 모세와 유일신교」 제3장에서는 이 문제를 더욱 상세히 다루었다.

어진 이 과정은 유아기의 억압과 비슷하고, 그 침전물은 오랫동안 문명에 달라붙은 채 남아 있었다. 따라서 종교는 인류의 보편적인 강박 신경증일 것이다. 어린아이의 강박 신경증과 마찬가지로 종교는 오이디푸스 콤플렉스, 즉 아버지와의 관계에서 생겨났다. 이 견해가 옳다면, 성장 과정이 불가피한 운명인 것처럼 인류가 종교를 떠나는 것도 필연적으로 일어날 수밖에 없고, 지금 우리는 그 발달 단계의 한복판에서 종교를 막 떠나려고 하는 중대한 시점에 서 있다. 따라서 우리는 현명한 교육자의 태도를 본받아, 닥쳐오는 새로운 발전에 저항하지 말고, 그 발전이 갑작스럽고 격렬하게 이루어지기보다는 서서히 순조롭게 진행되도록 애써야 한다. 물론 이러한 유추는 종교의 본질을 철저히 규명하지는 못한다. 종교가 한편으로는 개인의 강박 신경증처럼 강제적인 제약을 가져오고, 또 한편으로는 현실 부정[20]과 더불어 원망 환상의 체계를 이룬다면, 그와 같은 상태가 고립된 형태로 나타나는 것은 아멘티아*Amentia*, 즉 행복에 넘친 환각적 정신 착란 상태에서만 찾아볼 수 있다. 그러나 이것들은 우리가 사회 현상을 이해할 수 있도록 도와주는 유추일 뿐이다. 개인의 병리 가운데 사회 현상과 완전히 대응하는 것은 존재하지 않는다.

종교와 강박 신경증의 유사성을 얼마나 자세히 규명할 수 있는지, 그리고 종교 형성에서의 특징과 변천 가운데 그런 관점에서 이해할 수 있는 것이 얼마나 많은지는 (나 자신과 특히 테오도어 라이크에 의해)[21] 되풀이 지적되어 왔다. 그리고 이것은 독실한

---

20 「페티시즘」(본서와 프로이트 전집 7, 열린책들)에 관한 논문을 볼 것.
21 프로이트의 「강박 행동과 종교 행위」(프로이트 전집 13, 열린책들) 및 라이크 Theodor Reik의 「교리와 강박관념: 종교 발달에 관한 하나의 정신분석학적 연구Dogma und Zwangsidee: eine psychoanalytische Studie zur Entwicklung der Religion」(1927)를 참조할 것.

신자들이 어떤 신경증에도 걸릴 위험이 거의 없다는 사실과 잘 부합된다. 그들은 보편적 신경증을 받아들이기 때문에, 개인적 신경증을 형성하지 않아도 되는 것이다.[22]

어떤 종교적 교리의 역사적 가치를 알고 나면 그것을 더욱 존중하게 되지만, 그렇다고 해서 그런 종교적 교리가 이제 더 이상 문명이 부과하는 명령의 이유로 제시되면 안 된다는 우리의 주장이 설득력을 잃어버리는 것은 아니다. 오히려 그와는 정반대다! 그런 역사적 잔재는 우리가 종교적 가르침을 신경증의 잔재로 볼 수 있도록 도와준다. 이제 우리는 정신분석적 치료 과정에서 볼 수 있듯이, 억압의 결과를 지성의 이성적 작용의 결과로 대치해야 할 때가 왔다고 주장할 수 있다. 이 개조 과정은 문명의 명령을 신의 뜻으로 이상화하는 것을 포기하는 단계에서 멈추지 않고, 그 명령을 전반적으로 개정하면 많은 문명의 명령이 제거되는 결과가 나타나리라고 예상할 수 있지만, 이것은 별로 유감스러운 일이 아니다. 이렇게 되면, 인간과 문명을 화해시키는 우리의 임무는 거의 달성될 것이다. 문명의 명령에 합리적 근거를 제시하면 역사적 진실을 포기해야 한다고 슬퍼할 필요는 없다. 종교적 교리에 포함되어 있는 진실은 결국 심하게 왜곡되어 있고 체계적으로 위장되어 있어서, 일반 대중은 그것이 진실임을 알아볼 수도 없기 때문이다. 이것은 새로 태어난 아기를 황새가 가져왔다고 어린아이한테 말할 때 일어나는 일과 비슷하다. 여기서도 우리는 상징적인 옷을 걸친 진실을 말하고 있다. 그 커다란 새가 무엇을 의미하는지를 우리는 알고 있기 때문이다.[23] 그러나 아이는

---

22 프로이트는 전에도 자주 이 주장을 내세웠다. 예를 들면 「레오나르도 다빈치의 유년의 기억」과 이 책에 실린 「집단 심리학과 자아 분석」에서도 이 점을 역설했다. 다음에 나올 「문명 속의 불만」에도 이 주장이 상세히 언급되어 있다.
23 이 점에 대해서는 프로이트의 「레오나르도 다빈치의 유년의 기억」을 참조할 것.

그것을 모른다. 아이는 우리가 말하는 것의 왜곡된 부분만 듣고, 자기가 속았다고 느낀다. 어른에 대한 어린아이의 불신과 반항이 실제로 어른한테 속았다는 느낌에서 비롯되는 경우가 많다는 것을 우리는 알고 있다. 그래서 우리는, 어린아이한테 이야기할 때는 진실을 그렇게 상징적으로 위장하지 말고, 그 아이의 지적 수준에 맞는 표현으로 진상을 알려 주는 편이 더 낫다고 확신하게 되었다.[24]

---

24 프로이트는 나중에 여러 단락에서 〈실체적〉 진실과 〈역사적〉 진실을 구별했다. 특히 「인간 모세와 유일신교」 제3장을 볼 것. 「불의 입수와 지배」(프로이트 전집 13, 열린책들)에도 신화 형성과 관련하여 비슷한 생각이 제시되어 있다.

9

〈당신은 서로 조정되기 어려운 모순을 태연히 늘어놓고 있다. 처음에는 당신의 논술이 전혀 해롭지 않다고, 이 글에 제시되어 있는 사고방식 때문에 신앙을 버릴 사람은 아무도 없을 것이라고 말했다. 그런데 나중에는 그 신앙을 뒤엎는 것이 당신의 의도라는 것이 분명해졌기 때문에, 우리는 이런 글을 발표하는 진짜 이유가 뭐냐고 당연히 물을 수 있다. 게다가 다른 단락에서는, 사람들이 더 이상 신을 믿지 않는다는 사실을 누군가가 알아내면 아주 위험할 수 있다고 당신도 인정했다. 그때까지는 문명의 명령에 고분고분 따르던 사람이 이제는 순종적인 태도를 벗어던진다. 그러나 문명의 명령이 종교적 근거에 기초를 두는 것은 문명에 위험하다는 당신의 주장은 전적으로 신자가 신앙을 버릴 수 있다는 전제에 기초를 둔다. 분명히 그것은 완전한 모순이다.

모순은 그것만이 아니다. 당신은, 한편에서는 지성이 인간을 이끌어 갈 수는 없으며, 인간을 지배하는 것은 열정과 본능적 요구라고 주장했다. 그러나 다른 한편에서는 문명에 복종하는 감정적 근거를 이성적 근거로 바꾸라고 제안했다. 이것을 이해할 수 있는 사람은 그렇게 해보라고 하라. 하지만 나한테는 이 두 가지가 결코 양립할 수 없는 것처럼 보인다.

게다가 당신은 역사에서 아무 교훈도 얻지 못했단 말인가? 종교를 이성으로 대체하려는 시도는 전에도 공식적으로 그리고 대규모로 이루어진 적이 있었다. 설마 프랑스 혁명과 로베스피에르[25]를 잊지는 않았으리라. 그 실험이 얼마나 덧없는 실패로 끝났는지도 기억하고 있을 것이다. 똑같은 실험이 현재 러시아에서 되풀이되고 있지만, 그 결과에 대해 호기심을 느낄 필요는 없다. 결과는 너무나 뻔하니까. 인간은 종교가 없으면 살아갈 수 없다는 것을 당연시해도 좋다고 당신은 생각하지 않는가?

당신은 종교가 강박 신경증 이상의 것이라고 말했다. 하지만 당신은 종교의 다른 측면에 대해서는 전혀 다루지 않았다. 당신은 신경증과 종교의 유사성을 제시하는 것으로 만족한다. 인간은 신경증에서 해방되어야 한다고 당신은 말한다. 그러나 그 과정에서 신경증 외에 또 무엇을 잃어버릴 수 있는지에 대해서는 전혀 관심을 기울이지 않고 있다.〉

내 주장이 모순된 것처럼 보인다면, 그 까닭은 아마 내가 복잡한 문제를 너무 성급하게 다루었기 때문일 것이다. 그러나 이 점은 어느 정도 바로잡을 수 있다. 하지만 다음 한 가지 점에서만큼은 내 글이 전혀 무해하다는 주장을 바꿀 생각이 없다. 어떤 신자도 내 글이나 이와 비슷한 주장 때문에 신앙을 버리지는 않을 것이다. 신자들은 모종의 감정적 유대로 종교적 교리에 묶여 있다. 그러나 이런 의미에서 신자가 아닌 사람도 헤아릴 수 없이 많을 것이 분명하다. 이들은 종교의 위협에 겁을 먹기 때문에 문명의 명령에 복종하며, 종교를 자신들이 꼼짝 못하게 갇혀 있는 현실

---

25 로베스피에르Robespierre(1758~1794). 프랑스 혁명의 지도자. 마라, 당통과 더불어 자코뱅 당의 중심 인물이 되어 공포 정치를 행하다가 반대파에 체포되어 처형당했다.

의 일부분으로 여기는 한 종교를 두려워할 수밖에 없다. 이들은 종교의 현실적 가치에 대한 믿음을 버리는 것이 허용되면 당장에 종교와 관계를 끊고 달아날 사람들이다. 그러나 이들도 이성적 주장에는 영향을 받지 않는다. 이들이 종교에 대한 두려움을 버리는 것은 다른 사람들도 종교를 두려워하지 않는다는 것을 알았을 때이다. 그리고 이들은, 앞에서도 말했듯이, 내가 이 글을 발표하지 않는다고 해도 종교의 영향력이 쇠퇴한 것을 언젠가는 알게 될 것이다.

그러나 당신은 내가 또 다른 모순을 범했다고 비난하면서, 그 모순에 더 많은 비중을 두고 있는 것 같다. 인간이 이성적 주장에는 거의 영향을 받지 않고 전적으로 본능적 원망에 지배되는 존재라면, 인간한테서 본능 만족을 박탈하고 그것을 이성적 주장으로 대치하려는 이유가 무엇이냐고 당신은 따지고 있다. 인간이 그런 존재인 것은 사실이다. 그러나 인간이 〈반드시〉 그럴 수밖에 없는 존재인지, 인간의 가장 깊숙한 본성이 과연 그것을 강요하고 있는지를 자문해 본 적이 있는가? 어린아이의 머리에 일찍부터 붕대를 감아 머리 모양을 기형으로 만드는 풍습을 가진 부족의 두개지수(頭蓋指數)[26]를 인류학자가 제시할 수 있는가? 건강한 아이의 눈부신 총명함과 평범한 어른의 약한 지적 능력을 비교해 보면, 기분이 우울해질 만큼 현격한 차이가 있다는 것을 생각해 보라. 이 상대적 퇴화를 초래한 책임에 종교 교육이 큰 몫을 차지하지 않는다고 확신할 수 있는가? 종교 교육의 영향을 받지 않은 어린아이가 신이나 다른 세상의 일에 대해 고민하기 시작하려면 오랜 시간이 걸릴 것이라고 나는 생각한다. 일단 고민하기 시작하면 그 아이의 생각은 조상들과 똑같은 방향으로 나아갈 것

26 머리 높이에 대한 머리 폭의 비율.

이다. 그러나 우리는 그런 발달이 자연스럽게 일어날 때까지 기다리지 않는다. 우리는 어린아이가 종교적 교리에 관심도 없고 그 의미를 이해할 수도 없는 나이에 종교적 교리를 그 아이한테 가르친다. 오늘날 아동 교육 과정에서 가장 중요한 두 가지는 성적 발달을 지연시키고 조기에 종교적 영향을 주는 것이 아닐까? 따라서 아이의 지성이 눈을 뜰 때쯤이면 종교적 교리는 이미 공격할 수 없는 절대적 존재가 되어 있다. 그러나 그렇게 중요한 분야를 지옥불의 위협으로 봉쇄해 버리는 것이 과연 지적 능력을 강화하는 데 도움이 된다고 생각하는가? 인간이 종교적 교리가 제시하는 온갖 불합리를 무비판적으로 받아들이고, 그것들 사이의 모순을 알아차리지도 못한다면, 지적 능력이 약해진다고 해도 그렇게 놀랄 필요는 없다. 그런데 우리가 본능을 다스릴 수 있는 수단은 오직 지성뿐이다. 사고를 억제당한 사람들이 심리적으로 이상적인 상태, 즉 지성이 가장 우위를 차지하는 상태에 도달하기를 어떻게 기대할 수 있겠는가? 여성들은 대체로 〈생리적인 정신박약〉27에 시달리고 있다고, 즉 남성보다 지적 능력이 떨어진다고 한다. 이 사실 자체는 논란의 여지가 있으며 사실에 대한 해석도 의심스럽지만, 지적 퇴화가 여성의 이차적 본성이라는 주장에 유리한 한 가지 논거는 그들이 성생활에 많은 관심을 가지고 있음에도 그 문제를 생각하는 것이 일찍부터 금지되는 가혹한 상황에 놓여 있다는 점이다. 어린 시절부터 사고력이 성적인 면에서 억압될 뿐 아니라 여기서 파생한 또 다른 억제 — 종교적인 면에서의 억제와 정치적인 면에서의 억압28 — 에도 영향을 받는

27 이 표현은 뫼비우스가 사용했다. 종교가 사고를 억제하거나 금지한다는 명제는 앞에 나온 「〈문명적〉 성도덕과 현대인의 신경병」에 예고되어 있고, 「왜 전쟁인가?」에서도 다루어져 있으며, 『새로운 정신분석 강의』 서른다섯 번째 강의에는 좀 더 상세히 논의되어 있다.

한, 그의 본래 모습이 실제로 어떠한지는 도저히 알 수 없다.

그러나 이제 흥분을 가라앉히고, 나 역시 환상을 쫓고 있을 가능성을 솔직히 인정하겠다. 종교적인 면에서 사고력을 억제하는 것은 내가 생각하는 것만큼 나쁜 결과를 초래하지는 않을지도 모른다. 사람들을 종교에 복종시키기 위해 교육이 남용되지 않는다고 해도, 인간의 본성은 여전히 지금과 같을지도 모른다. 그건 나도 모르고 당신도 알 수 없다. 현재 해결할 수 없는 듯 보이는 것은 이 세상의 중대한 문제들만이 아니다. 그보다 하찮은 수많은 문제들도 대답하기 어려운 것은 마찬가지이다. 그러나 우리는 미래에 희망을 걸 수 있는 타당한 근거가 있다는 점 ― 미래에는 문명을 풍요롭게 해줄 수 있는 보물이 묻혀 있고, 비종교적 교육은 충분히 실험해 볼 가치가 있다는 것 ― 을 당신은 인정해야 한다. 그 실험이 만족스러운 성과를 거두지 못하면, 나는 기꺼이 개혁을 포기하고 〈인간은 본능적 원망의 지배를 받는 지적 능력이 약한 동물〉이라는 과거의 서술적 판단으로 돌아갈 준비가 되어 있다.

또 다른 점에 대해서는 나도 당신의 의견에 전적으로 동의한다. 종교를 힘으로 단번에 제거하려고 덤벼드는 것은 확실히 어리석은 짓이다. 무엇보다도 그것은 성공할 가망이 없기 때문이다. 논쟁이나 금지로 신자한테서 신앙을 빼앗을 수는 없을 것이다. 설령 일부 신자의 신앙을 빼앗는 데 성공한다고 해도, 그것은 잔인한 짓일 것이다. 수십 년 동안 수면제를 복용해 온 사람한테서 수면제를 빼앗으면 잠을 이루지 못하는 것은 당연하다. 종교가 주는 위안의 효과를 마취제 효과에 비유할 수 있다는 것은 지금 미국에서 벌어지고 있는 사태가 잘 보여 준다. 지금 미국인들은 ― 분명 여권 신장의 영향을 받아서 ― 흥분제와 중독성 마취제를

28 군주제에 충성할 것을 강요당한다는 점에서의 억압.

비롯하여 사람들에게 쾌감을 주는 모든 물질을 금지하고, 그것을 보상하기 위한 수단으로 경건한 신앙을 포식시키려고 애쓰고 있다. 이것도 역시 결과가 뻔한 실험이다.29

따라서 나는, 인간은 종교적 환상의 위안 없이는 도저히 살아갈 수 없으며, 그 위안 없이는 삶의 어려움과 현실의 잔인함도 견딜 수 없다는 당신의 주장에는 반대할 수밖에 없다. 물론 어린 시절부터 줄곧 종교적 환상이라는 달콤한 — 또는 달콤씁쓸한 — 독을 주입받은 사람들에 대해서는 그렇게 말할 수도 있겠지만, 분별 있게 키워진 다른 사람들은 어떤가? 신경증에 시달리지 않는 사람들은 신경증을 가라앉히기 위한 마취제도 필요로 하지 않을 것이다. 그들이 어려운 상황에 놓일 것은 분명하다. 그들은 우주라는 거대한 체계 안에서 자신이 얼마나 무력하고 하찮은 존재인가를 절실히 깨달아야 한다. 그들은 더 이상 우주의 중심일 수 없고, 자비로운 신의 섭리가 보살펴 주는 대상일 수도 없다. 그들은 따뜻하고 안락한 부모의 집을 떠난 어린아이와 똑같은 처지에 놓이게 될 것이다. 그러나 유아 상태는 결국 극복될 수밖에 없는 운명이다. 인간은 영원히 어린아이로 남아 있을 수는 없다. 결국에는 〈적대적인 생활〉 속으로 나아가야 한다. 우리는 이것을 〈현실에 대한 교육〉이라고 부를 수 있을 것이다. 이러한 진보의 필요성을 지적하는 것이 이 책의 유일한 목적이라고 굳이 고백할 필요가 있을까?

인간이 시련을 견뎌 내지 못할까 봐 당신은 두려운 모양인데, 그래도 견뎌 낼 것이라는 기대만은 버리지 말자. 어쨌든 인간은 자신의 능력에만 의지하여 살아갈 수밖에 없다는 사실을 깨닫는 것만으로도 의미 있는 일이다. 그렇게 되면 자신의 능력을 적절

29 이 논문은 미국에서 금주법이 시행되던 시대(1920~1933)에 쓰였다.

히 활용하는 법을 배우게 된다. 게다가 인간이 어떤 도움도 받지 못하는 것은 아니다. 과학적 지식은 노아의 홍수 시대부터 인간에게 많은 것을 가르쳤고, 앞으로도 인간의 힘을 한층 강화해 줄 것이다. 인간은 〈운명의 여신〉 앞에서는 무력하지만, 그래도 운명을 감수하는 법을 배울 것이다. 달의 수확물을 목격한 사람이 아직껏 아무도 없는데, 달에 있는 드넓은 논밭의 신기루가 인간에게 무슨 소용이 있겠는가? 인간은 이 지구상에 작은 땅을 가지고 있는 정직한 농부로서 그 땅을 경작하여 그 수확으로 생계를 유지하는 법을 배우게 될 것이다. 다른 세상에 대한 기대를 버리고, 해방된 에너지를 이 세상의 삶에 쏟음으로써, 모든 사람이 견딜 만한 삶과 더 이상 아무도 억압하지 않는 문명을 이룩하는 데 성공할 것이다. 그렇게 되면 그들은 우리의 비(非)신자 동료 한 사람과 함께 선선히 이렇게 말할 수도 있을 것이다.

우리는 천국을
천사와 참새들에게 맡긴다.[30]

---

30 *Den Himmel überlassen wir/ Den Engeln und den Spatzen* ── 원주. 하이네의 시 『독일 *Deutschland*』에 나오는 한 구절. 여기서 〈비신자 동료*Unglaubensgenossen*〉라는 표현은 스피노자Baruch Spinoza를 지칭하여 하이네가 사용한 것이다. 프로이트는 농담에 관한 책에서 독특한 농담 기법을 보여 주는 예로 이 구절을 인용했다.

10

〈환상을 버리면 지상의 삶을 견딜 만한 것으로 만들 수 있다니, 참 멋진 소리다! 그러나 나는 그런 기대를 가질 수가 없다. 내가 당신이 생각하듯이 완고한 반동주의자라서가 아니라, 분별있는 사람이기 때문이다. 이제 우리 역할이 뒤바뀐 것 같다. 당신은 환상에 휩쓸리는 광신자처럼 보이고, 나는 이성의 요구와 회의론의 권리를 옹호하고 있으니 말이다. 당신이 여태 설명한 것은 오류에 바탕을 둔 것처럼 보인다. 당신을 본받는다면 이 오류를 환상이라고 부를 수도 있겠다. 그것은 당신의 원망에 영향을 받았다는 것을 너무나 명백하게 드러내고 있으니까. 당신은 어린 시절에 종교적 교리의 영향을 받지 않은 세대는 지성이 본능적 삶보다 우위를 차지하는 바람직한 상태에 쉽게 도달할 수 있으리라는 가능성에 희망을 걸고 있다. 이것은 분명 환상이다. 바로 이 결정적인 점에서 인간의 본성은 거의 바뀔 것 같지 않으니까 말이다. 내가 잘못 알고 있는 것이 아니라면 오늘날에도 종교 체계의 중압을 받지 않고 어른으로 자라는 민족이 있지만, 그런 민족도 당신의 이상에 더 가까이 다가가지 못한다는 점에서는 다른 민족들과 마찬가지이다. 우리 유럽 문명에서 종교를 추방하고 싶으면, 그 방법은 다른 교리 체계로 종교를 대체하는 것뿐이다. 그런데 그런 교리 체계는 자신을 지키기 위해 처음부터 종교의 심리적 특성 — 신성함, 경직성, 불관용, 사고의 금지 — 을 모두 이어받을 것이다. 교육의 필요조건을 충족시키기 위해서는 그런 특성을 가진 것이 절대 필요하다. 그리고 교육은 필수 불가결한 것이다. 젖먹이가 문명인으로 성장하기까지는 참으로 먼 길을 걸어야 한다. 그들을 이끌어 주지 않고 제멋대로 자라도록 내버려두면, 많은 청소년이 그 과정에서 길을 잃고 빗나가 제때에 인생의 과업을 달성하지 못할 것이다. 지금까지 청소년 교육에 이용된 교리는 으레 성숙한 뒤의 사고방식에 일정한 한계를 설정하곤 했고, 당신은 오늘날 종교가 바로 이런 일을 하고 있다고 비난하는 것이다. 본능에 내몰리고 지적 능력이 약한 어린아이한테 성숙한 지성을 지닌 어른만이 해낼 수 있는 결정을 내리도록 강요하는 것은 우리 문명이나 그 밖의 모든 문명이 본질적으로 지닌 뿌리 깊은 결함이라는 것을 모르는가? 그러나 문명은 그렇게 할 수밖에 없다. 오랜 세월에 걸쳐 이루어진 인류의 발달이 불과 몇 년 동안의 어린 시절에 압축되어 있기 때문이다. 그리고 어린아이로 하여금 제 앞에 놓인 힘겨운 일을 해내고 싶은 마음이 내키게 하려면 감정적인 힘을 동원할 수밖에 없다. 따라서 당신이 말하는 《지성의 우위》가 확립될 전망은 그리 밝지 않다.

이제 내가 종교적 교리 체계를 인간의 공동생활과 교육의 토대로 유지하자고 주장해도, 놀라서는 안 된다. 이것은 현실적 가치 문제가 아니라 실제적인 문제이다. 우리 문명을 보존하기 위해서는 개인이 문명에 걸맞게 성숙해질 때까지 개인에게 영향을 주는 것을 미룰 수 없기 때문에(아무리 기다려도 대다수 사람은 어쨌든 그만큼 성숙하지 못할 것이다), 비판할 여지가 없는 절대적 원칙으로 작용할 교리 체계를 자라나는 어린아이들에게 부과하는 것은 우리의 의무이고, 내가 보기에 이 목적에 가장 걸맞는 교리 체계는 적어도 지금까지는 종교 체계인 것 같다. 이것은 물론 종교 체계가 우리의 원망을 실현해 주고 우리에게 위안을 주는 힘을 지녔기 때문이지만, 당신은 바로 그런 이유 때문에 종교 체계를《환상》으로 인정하자고 주장한다. 현실에 대해 무언가를 발견하기는 어렵다는 점 — 사실상 우리가 현실에 대해 무언가를 발견할 수 있는지도 의심스럽다는 점 — 을 고려해 볼 때, 인간의 욕구도 현실의 중요한 일부이며 우리와 특히 밀접한 관계가 있는 부분이라는 사실을 간과해서는 안 된다.

종교적 교리가 지닌 또 하나의 장점은 당신이 특별한 예외로 여기고 있는 특징들 중 하나인 듯싶다. 종교적 교리는 개념의 순화와 승화를 허용하기 때문이다. 이를 통해 종교적 교리가 지닌 원시적이고 유아적인 사고방식의 흔적이 대부분 제거될 수 있다. 그런 다음에 남는 것은 과학이 더 이상 반박하지 않고 또한 반박할 수도 없는 일련의 개념들이다. 종교적 교리를 이처럼 수정하는 것은 임시방편의 타협이라고 당신은 비난해 왔지만, 이것은 무지한 대중과 철학적 사상가가 완전히 갈라지지 않고 공통된 유대를 유지할 수 있게 해준다. 문명을 안전하게 지키기 위해서는 이것이 매우 중요하다. 공통된 유대가 유지되면, 상류 계층이《더 이상 신을 믿지 않는다》는 사실을 대중이 알게 될까 봐 두려워할 필요도 전혀 없을 것이다. 당신의 노력은 감정적으로 가치가 있고 검증이 끝난 환상을 감정적 가치도 없고 검증되지도 않은 또 다른 환상으로 바꾸려는 시도에 불과하다는 것을 이제는 당신도 알았으리라고 생각한다.〉

당신의 비판을 나는 달갑게 받아들이겠다. 환상을 피하기가 얼마나 어려운지는 나도 잘 안다. 어쩌면 내가 고백한 희망도 일종의 환상일지 모른다. 그러나 나는 한 가지 차이를 단호히 고집한다. 나와 똑같은 환상을 품지 않는다고 해도 벌을 받지는 않는다는 점은 제쳐 놓고라도, 내 환상은 종교적 환상과는 달리 수정할 수가 있다. 내 환상은 망상적 성격을 갖지 않는다. 내 생각이 잘못되었다는 것을, 내가 아니라 나와 같은 생각을 하는 후학들이 경험을 통해 알게 된다면, 나는 그 기대를 미련 없이 버릴 것이다. 내 시도를 있는 그대로 받아들여 달라. 이 세상에서 자신의 상대적 위치를 확인하기가 얼마나 어려운가를 솔직히 시인하는 심리학자는, 아이에서 어른으로 성장하는 동안 개인에게 일어나는 심리적 변화를 연구하여 얻은 약간의 지식에 비추어 인간의 발달 정도를 평가하려고 애쓴다. 그 과정에서 심리학자는 종교가 유아 신경증과 유사점이 있다고 생각하지 않을 수 없지만, 그는 많은 어린아이가 신경증에서 벗어났듯이 인류도 언젠가는 신경증 단계를 극복하리라고 생각할 만큼 낙천적이다. 물론 개인 심리학에서 나온 이 통찰은 부적절할 수도 있고, 개인의 심리를 인류 전체에 적용하는 것은 정당하지 않을 수도 있으며, 나의 낙관론은 근거 없는 것일 수도 있다. 이런 불확실성은 모두 인정한다. 그러나 사람은 자기 생각을 말로 표현하기를 삼갈 수 없는 경우가 많고, 자기 생각이 지닌 가치를 과장하고 있지 않다는 이유로 자신을 변명한다.

내가 좀 더 강조해야 할 점이 두 가지가 있다. 첫째, 내 입장이 약하다고 해서 당신의 입장이 강해지는 것은 아니다. 당신은 성공할 가망이 없는 주장을 옹호하고 있다. 지성이 본능에 비해 무력하다는 것은 얼마든지 강조해도 좋고, 이 점에서는 우리 주장이 옳을 것이다. 그러나 이 약점에는 독특한 특징이 있다. 지성의 목소리는 낮고 부드럽지만, 주인이 들어 줄 때까지 쉬지 않는다.

수없이 퇴짜를 맞은 뒤, 마침내 지성은 주인이 자기 목소리에 귀를 기울이게 하는 데 성공한다. 이것은 인류의 미래를 낙관할 수 있는 몇 가지 이유 중 하나이지만, 그 자체도 적지 않은 중요성을 지닌다. 여기서 우리는 또 다른 희망도 끌어낼 수 있다. 지성이 우위를 차지하는 날은 머나먼 미래일 것이 분명하지만, 〈끝없이〉 먼 미래는 아닐 것이다. 지성은 인간이 서로 사랑하고 삶의 고통이 줄어드는 것을 목표로 설정할 것이다. 그리고 당신은 당신의 신이 (외부 현실 — 아난케[31] — 이 허락하는 한, 당연히 인간의 한계 안에서) 이 목표를 실현해 주기를 기대한다. 이처럼 목표가 같기 때문에, 우리의 대립은 타협할 수 없는 것이 아니라 일시적인 것에 불과하다고 말할 수 있다. 당신과 나는 똑같은 것을 바라고 있지만, 당신은 나보다 성급하고 강제적이며 이기적이다. (당신을 이기적이라고 말하면 안 될 이유가 어디 있는가?) 당신은 죽은 직후부터 행복에 넘치는 상태가 시작되기를 바라고 있다. 당신은 불가능한 것을 기대하고, 개인의 요구를 포기하지 않을 것이다. 우리의 신인 로고스[32]는 이런 원망 중 외부의 자연계가 허용하는 것은 무엇이든 실현하겠지만, 예측할 수 없는 미래 안에서, 그리고 신세대를 위해서만, 그 원망을 점진적으로 실현할 것이다. 로고스는 삶의 고통에 시달리는 우리에게는 어떤 보상도 약속하지 않는다. 그 먼 목표를 향해 가는 도중에 당신의 종교적 교리는 버

---

31 Ananke. 그리스 신화 및 문학에 나오는 숙명의 여신.
32 네덜란드의 작가인 물타툴리Multatuli가 말한 쌍둥이 신 〈로고스(이성)〉와 〈아난케(숙명)〉 — 원주. 물타툴리(라틴어로 〈나는 많은 것을 낳았다〉는 뜻)는 네덜란드의 소설가인 데커르Eduard Douwes Dekker(1820~ 1887)의 필명이다. 네덜란드 식민지인 인도네시아에서 10년 동안 관리로 근무했으며, 이때의 경험을 토대로 쓴 자전적 소설 『막스 하벨라르Max Havelaar』(1860)는 식민지 통치의 기만성을 폭로한 그의 대표작이다. 프로이트는 이 작가를 무척 애독했는데, 〈좋은 책 10권〉을 추천해 달라는 설문 조사에서 물타툴리의 책을 첫 번째로 꼽을 정도였다.

림받을 운명이다. 초기의 시도가 실패해도, 또는 종교적 교리를 대신하는 초기의 대용품이 적절하지 않은 것으로 밝혀져도, 어쨌든 당신의 종교적 교리는 버림받을 수밖에 없을 것이다. 그 이유는 당신도 알고 있다. 어떤 것도 결국에는 이성과 경험에 저항할 수 없으며, 종교가 이성이나 경험과 모순된다는 것은 너무나 명백하기 때문이다. 아무리 순화된 종교적 관념들도 인간에게 위안을 주는 종교의 속성을 잃지 않으려고 애쓰는 한 이 운명을 면할 수는 없다. 특성을 명확히 설명할 수도 없고 목적도 분명히 이해할 수 없는 뛰어난 영적 존재를 믿는 것에만 종교적 관념들이 한정된다면, 분명 과학의 도전도 견뎌 낼 수 있을 것이다. 그러나 그렇게 되면 종교적 관념들은 인간의 관심도 잃게 될 것이다.

둘째, 환상에 대한 당신의 태도와 내 태도의 차이에 주목하기 바란다. 당신은 전력을 다해 종교적 환상을 지켜야 한다. 종교적 환상이 깨져 버리면 ── 실제로 그렇게 될 위험은 아주 크다 ── 당신의 세계도 허물어진다. 당신에게 남는 것은 모든 것 ── 문명과 인류의 미래 ── 에 대한 절망뿐이다. 그 굴레에서 나는 자유롭다. 나만이 아니라, 나와 같은 생각을 하는 사람들은 모두 자유롭다. 우리는 유아적 원망을 대부분 포기할 각오가 되어 있기 때문에, 우리의 기대 중 일부가 환상으로 밝혀지더라도 견뎌 낼 수 있다.

종교적 교리의 부담에서 해방되더라도 교육은 인간의 심리적 본성에 그리 많은 변화를 가져오지는 않을 것이다. 우리의 신인 로고스는 아마 전능한 존재는 아닐 것이며, 그 이전의 신들이 약속한 것을 극히 일부밖에 실현하지 못할 것이다. 이 사실을 인정해야 한다면, 우리는 체념하고 받아들일 것이다. 그것 때문에 세상과 인생에 대한 관심을 잃어버리지는 않을 것이다. 우리한테는 당신이 가지고 있지 않은 확고한 토대가 있기 때문이다. 우리는 과학적 연구를 통해 세계의 현실을 어느 정도 알 수 있고, 그 지식을 통해 우리의 힘을 강화할 수 있으며, 그 지식에 따라 우리의 삶을 조정할 수 있다고 믿는다. 이 믿음이 환상이라면, 우리는 당신과 같은 처지이다. 그러나 과학은 그동안 중요한 성공을 많이 거두었으며, 이를 통해 그것이 결코 환상이 아니라는 것을 입증했다. 과학은 공개된 적을 많이 가지고 있고, 은밀한 적은 그보다 훨씬 많다. 그들은 과학이 종교적 믿음을 약화시켰고 신앙을 뒤엎으려고 한다는 이유로 과학을 용서하지 못한다. 과학은 우리에게 가르쳐 준 것이 너무 적은 반면, 애매한 상태로 남겨 둔 분야는 그것과 비교할 수도 없을 만큼 많다는 비난을 받는다. 그러나 이 점에서 사람들은 과학이 아직 얼마나 어린지, 과학이 얼마나 어렵게 태어났고 초기에 얼마나 큰 어려움을 겪었는지를 잊고 있다. 게다가 인간의 지성은 불과 얼마 전에야 과학이 명령하는 과업을 수행할 수 있을 만큼 강해졌다는 것도 사람들은 잊고 있다. 그렇게 짧은 기간을 토대로 판단을 내리는 것은 잘못이 아닐까? 우리는 지질학자를 본보기로 삼아야 한다. 사람들은 과학을 믿을 수 없다고 불평한다. 과학이 오늘날 법칙으로 선언한 것을 다음 세대는 오류로 인정하고 새로운 법칙으로 대치하지만, 이 새로운 법칙의 효력도 그리 오래 지속되지는 않는다는 것이다. 그러나 이런 불평은 부당할 뿐 아니라, 부분적으로는 사실도 아니다. 과학적 견해가 변화하는 것은 혁명이 아니라 발전과 진보이다. 처음에는 보편적 타당성을 가진 것으로 여겨진 법칙이 실제로는 좀 더 포괄적인 일관성을 지닌 특수한 사례로 밝혀지기도 하고, 나중에야 발견된 또 다른 법칙이 전에 발견된 법칙을 제한하기도 한다. 처음에는 진리에 대체로 접근했던 것이 좀 더 진리에 가깝게 면밀히 다듬어진 것으로 대치되고, 이것은 더욱 완전하게 다듬어지기를 기다린다. 다양한 분야에서 우리는 금방 부적절한 것으로 물리칠 수밖에 없는 가설들을 이것저것 시험해 보는 연구 단계를 아직 벗어나지 못했지만, 그 밖의 분야에서는 거의 확고부동한 지식의 핵심을 이미 가지고 있다. 그러자 마침내 과학적 노력의 평판을 떨어뜨리려는 시도가 이루어졌다. 과학적 노력도 어차피 우리 자신의 육체적 조건에 묶여 있기 때문에 주관적인 결과밖에 낳을 수 없으며, 우리 외부에 있는 사물의 진정한 본질에는 여전히 도달할 수 없다는 것이다. 그러나 이 주장은 과학적 연구 방법을 이해하는 데 결정적으로 중요한 몇 가지 요소를 무시하고 있다. 첫째, 우리의 유기체 — 즉 심리적 기관 — 는 외부 세계를 탐구하려는 노력으로 발달해 왔고, 따라서 자신의 구조 속에 어느 정도의 합목적성을 실현했을 것이 분명하다. 둘째, 우리의 유기체는 그 자체가 우리의 연구 대상인 세계를 이루는 하나의 구성 요소이며, 따라서 과학적으로 연구해 볼 여지가 충분하다. 셋째, 세계는 우리 자신의 육체가 지닌 특수성으로 말미암아 우리에게 어떻게 보일 수밖에 없는가 하는 것만을 연구 대상으로 삼는다고 해도, 과학이 할 일은 사실상 그것이 전부이다. 넷째, 과학의 궁극적 결과를 얻는 데 사용한 방법 때문에, 우리 자신의 유기체만이 아니라 거기에 영향을 준 외부의 사물도 과학의 결과를 결정하는 요인이 된다. 끝으로 세계의 본질과 관련된 문제는, 그 세계를 지각하는 우리의 심리적 기관을 무시할 경우, 하나의 공허한 추상 개념에 불과하다.

아니, 우리의 과학은 결코 환상이 아니다. 그러나 과학이 우리에게 줄 수 없는 것을 다른 데서 얻을 수 있으리라고 생각하는 것은 환상이다.

김석희 옮김

세 상자의 모티프

Das Motiv der Kästchenwahl(1913)

프로이트의 편지에 의하면 이 글의 아이디어가 떠오른 것은 1912년 6월이었기에 결국 이 글이 발표된 것은 그로부터 1년 뒤의 일인 셈이다. 1913년 7월 7일 페렌치에게 보낸 편지에서 프로이트는 이 글을 쓰면서 자신의 세 딸을 염두에 두었음을 밝히고 있다.

이 논문은 1913년 『이마고』 제2권 3호에 처음 수록되었으며, 『신경증에 관한 논문집』, 제4권(1918), 『시와 예술』(1924), 『전집』 제10권(1946)에도 실렸다. 영어 번역본은 1925년 허백이 번역하여 "The Theme of the Three Caskets"라는 제목으로 『논문집』 제4권에 수록되었고, 『표준판 전집』 제12권(1958)에도 실렸다.

1

셰익스피어의 극작품에 나오는 즐거운 장면 하나와 비극적인 장면 하나를 통해 나는 최근 한 작은 문제에 봉착하여 그 문제를 풀 수가 있었다.

즐거운 장면이란 『베니스의 상인』에 나오는 장면으로 구혼자들이 세 개의 작은 상자들을 앞에 놓고 선택하는 장면이다. 아름답고 총명한 포샤는 아버지의 뜻에 따라 세 개의 작은 함 중에서 좋은 것을 선택하는 사람을 배필로 맞아들이기로 했다. 세 개의 함은 각각 금과 은과 납으로 만들어졌다. 좋은 함이란 안에 신부의 초상화가 들어 있는 함이었다. 금함과 은함을 고른 두 구혼자는 아무것도 얻은 것 없이 떠났고, 바사니오라는 세 번째 청혼자는 납으로 만든 함을 골랐다. 이렇게 해서 그는 약혼자를 얻게 되었는데, 운명이 걸린 시험이 시작되기 전에 젊은 처녀의 마음은 이미 납으로 만든 함을 선택한 구혼자에게 기울어져 있었다. 두 구혼자는 각자 자신이 선택한 금속을 칭찬하고 다른 두 금속은 깎아내리면서 자신이 내린 선택에 대해 설명했다. 세 번째 구혼자는 이렇게 해서 가장 까다로운 해명을 해야 할 처지에 놓이게 된다. 금과 은에 비해 납이 훨씬 좋다고 말해야 했는데, 할 말이 없었을 뿐만 아니라 억지를 쓴다는 인상을 피할 수가 없었던 것이다. 그러나 환자를 만나 이야기를 듣는 것처럼 우리가 실제로 분석해 나가면서 이 연설을 직접 들어 본다고 가정한다면, 우리는 자신의 선택을 합리화시키기 어려운 이 연설의 배후에 숨어 있는 몇 가지 비밀스러운 동기들을 예감할 수 있을 것이다.

상자들의 선택이라는 신탁 이야기를 만들어 낸 사람은 셰익스피어가 아니다. 단지 그는 이 이야기를 『게스타 로마노룸*Gesta Romanorum*』[1]이라는 여러 이야기 중에서 하나를 다시 따왔을 뿐인데, 이 텍스트의 이야기 속에서는 황제의 아들을 차지하기 위해 한 처녀가 같은 선택을 하게 된다.[2] 여기서도 행운을 가져다주는 것은 세 번째 금속인 납이었다. 우리는 이 이야기에서도 기원을 거슬러 올라가 그 기원에서 파생된 것을 가려내고, 또 해석하도록 요구하는 오래된 모티프가 문제라는 점을 쉽게 짐작할 수 있다. 금, 은, 납이라는 세 금속 사이의 선택이 무엇을 의미하는지에 대한 첫 번째 추론은 슈투켄Ed. Stucken[3]의 확언에 의해 이미 끝난 상태인데, 그는 자신의 전문 영역에서 훨씬 벗어나 이야기를 하는 도중 같은 주제를 다룬 적이 있다. 그는 다음과 같이 말했다. 〈세 사람의 신분은 그들이 선택한 것에서 분명하게 드러난다. 모로코의 왕자는 금을 선택했는데, 이것은 금이 그에게는 태양이었기 때문이다. 스페인의 아라곤 지방에서 온 왕자가 은을 골랐다면 은이 그에게는 달을 뜻하는 것이었기 때문이다. 바사니오는 납을 선택했다. 납은 별들의 자손들이었던 것이다.〉 이러한 해석을 뒷받침하기 위해 그는 에스토니아의 민간 설화인 「칼레비포그

---

1 작자 미상의 중세 이야기 모음.

2 브라네스G. Brandes의 『윌리엄 셰익스피어*William Shakespeare*』(1896) 참조 — 원주.

3 『히브리, 바빌로니아, 이집트의 별자리 신화*Astralmythen der Herbräer, Babylonier und Ägypter*』(1907) 참조 — 원주.

Kalewipoeg」에 나오는 한 일화를 인용했다. 실제로 이 일화 속에서 세 사람의 구혼자는 각각 태양과 달과 별의 아들로 등장하고 있고, 〈납을 택한 청년은 북극성의 장남으로 나온다〉. 그리고 젊은 처녀는 역시 이번에도 세 번째를 선택한다.

요컨대 우리가 의문을 느끼고 있는 작은 문제는 결국 점성술과 관련을 맺고 있다는 것이다. 그러나 이런 설명으로도 우리의 의문은 결코 명쾌하게 풀리지 않는다. 오히려 다시 의문이 생길 뿐이다. 왜냐하면 많은 신화학자들처럼 우리 역시 신화의 수수께끼가 하늘에서 답을 얻는 것이라고 생각할 수는 없기 때문이다. 오히려 우리는 오토 랑크Otto Rank와 함께 신화란 순수하게 인간적인 조건들 속에서 태어나 하늘에 투사된 것이라고 믿는다. 우리가 관심을 기울이는 것도 바로 이 인간적 내용이다.

이제 좀 더 세심하게 우리의 관심사를 살펴보자. 로마의 이야기들처럼 에스토니아의 민담에서도 문제가 되는 것은 한 젊은 처녀가 세 명의 청혼자 중에서 한 사람을 선택하는 것이다. 『베니스의 상인』에서도 얼른 보기에는 선택이 문제인 것처럼 보이는데, 여기에는 모티프를 새롭게 창작한 것처럼 보이는 한 가지 차이점이 있다. 즉 셰익스피어의 희곡에서는 한 남자가 세 상자 사이에서 선택을 하고 있다. 만일 우리가 꿈을 다루고 있다면, 우리는 이 금속 함들을 가령 상자나 통이나 갑, 혹은 바구니들처럼 여자에게 가장 중요한 부분을 상징함으로써 여자들 그 자체라고 생각할 수도 있을 것이다.

또 만일 우리가 신화에서도 꿈에서와 마찬가지로 이러한 유형의 상징적 대체가 가능하다고 생각한다면, 이때 『베니스의 상인』에서 세 금속 함이 나오는 장면은 우리가 위에서 추측한 대로 실제로 상황이 역전된 장면일 수 있다. 민담 속에서는 흔히 있을 수 있는 일이므로, 우리는 단번에 점성술적인 해석을 걷어냈다. 세 여자 사이에서 한 남자가 해야 하는 선택, 그것은 인간의 문제이다.

그런데 이 모티프는 셰익스피어가 쓴 가장 충격적인 비극인 또 다른 작품에서도 주제로 등장하고 있다. 물론 이번에는 한 약혼녀의 선택이 문제가 되는 것은 아니지만, 같은 모티프가 겉으로 드러나지 않은 많은 유사점을 가진 채『베니스의 상인』에 나오는 상자의 선택이라는 모티프와 연결되어 있다. 늙은 왕 리어는 살아 있을 때 세 딸이 자신을 사랑하는 정도에 따라 왕국을 나누어 주기로 결심했다. 두 딸, 거너릴과 리건은 아버지에 대한 자신들의 애정을 지칠 줄 모르고 드러내며 자찬했던 반면에, 셋째 딸인 코델리아는 일체 반응을 보이지 않았다. 리어왕은 이 셋째 딸의 사려 깊고 은근한 애정을 알아보고 그에 합당한 보상을 해주어야만 했을 것이다. 그러나 그는 셋째 딸의 애정을 몰라보았고, 코델리아를 멀리 내쳐 버린 후 나머지 두 딸에게만 왕국을 나누어 주었다. 이로 인해 단지 그만이 아니라 모든 사람들이 불행해진다. 이것 역시 세 여인 사이에서의 선택이라고 볼 수 없을까? 세 여인 중 가장 젊은 여인이 가장 아름다운 여인이고, 따라서 그 누구보다도 사랑을 받을 자격이 있는 여인이 아닐까?

이제 똑같은 상황을 소재로 하는 신화와 민담과 문학 작품들의 많은 장면들이 자연스럽게 우리의 머릿속에 떠오를 것이다. 목동 파리스도 세 여인 중에서 가장 아름다운 세 번째 여인을 선택했다. 신데렐라 역시 같은 방식으로 두 언니를 물리치고 왕자님에게 가장 사랑을 받았던 셋째였다. 프시케 또한 아퓔레의 이야기 속에서 세 자매 중 가장 나이 어리고 아름다운 셋째였다. 인간이 된 아프로디테처럼 숭상을 받기도 했지만, 또 한편으로는 의붓어머니에 의해 신데렐라처럼 학대당하기도 했던 프시케는 한데 뒤

섞여 자루에 가득 담겨 있는 씨앗들을 골라내야만 했고, 작은 동물들의 도움에 힘입어 일을 마칠 수가 있었다(신데렐라의 경우에는 비둘기들이 도왔고, 프시케는 개미들이 도왔다).[4] 좀 더 광범위한 탐색을 해보고자 한다면, 누구든지 핵심적인 동일한 특징들을 간직하고 있는 같은 모티프가 변형된 형태로 반복되고 있음을 알게 될 것이다.

코델리아, 아프로디테, 신데렐라 그리고 프시케의 경우로 한정해서 이야기해 보자. 세 여인이 자매 사이인 것으로 보아, 비록 그중 한 여인만이 선택된다고 해도 이들이 동일한 가계의 구성원으로 구상되었다는 것은 확실해 보인다. 리어왕의 경우에는 한 남자에 의해 선택되는 세 여인이 문제되는데 그렇다고 우리가 당황해할 필요는 없다. 왜냐하면 리어왕의 경우에는 그가 나이 많은 남자로 등장한다는 사실 이외에 다른 것을 의미하는 것이 아니기 때문이다. 세 여인 사이에서 한 늙은 남자가 행해야 하는 선택을 다른 방법으로 극화시키는 것은 결코 쉽지 않았을 것이다. 바로 이런 이유로 작품에서는 세 여인이 딸로 등장한 것이다.

이 세 자매는 과연 어떤 인간들이었고, 왜 셋째만이 선택받아야 했을까? 이 질문에 답할 수만 있다면 우리가 찾고 있는 해석의 의미에 도달하게 될 것이다. 그런데 세 개의 함은 곧 세 여인을 상징한다고 보았을 때, 이미 우리는 정신분석적 관점에 의존하고 있는 것이다. 이러한 방법을 계속 추구한다면 우리는 많은 곁길들이 있음에도 불구하고 예측할 수 없고 이해할 수 없는 세계의 한가운데서 방황하게 될 때 어떤 한 귀착점으로 인도하는 길을 따라갈 수 있을 것이다.

우리는 다른 사람들보다 더 많은 사랑을 받을 만한 자격이 있

---

4 나는 오토 랑크 박사가 작성한 대조 색인에서 이 차이점을 알았다 — 원주.

는 세 번째 여인이 대부분 자신의 미모 외에 다른 특이한 점들을 갖고 있다는 사실에 놀라지 않을 수 없다. 이 특징들은 또 어떤 통일성을 지향하고 있는 것처럼 보이기도 하는데, 그렇다고 이 특징들이 모든 예에서 똑같이 분명하게 드러나 있을 것이라고 기대할 수는 없다. 코델리아는 자신의 모습을 드러내지 않으며 또 납처럼 광채를 발하지도 않는 벙어리처럼 〈사랑하면서도 입을 다물고 있다〉.5 신데렐라 역시 몸을 숨겨서 어디에 있는지 찾을 수가 없었다. 어쩌면 이렇게 몸을 숨기는 것과 입을 다무는 것이 동일한 의미를 지닌다고 볼 수도 있을 것이다. 그런데 실제로는 우리가 다루기로 한 다섯 가지 경우 중에서 단지 두 경우만이 이에 해당될 뿐이다. 겉으로 드러나는 것은 아니지만 비슷한 징후는 다른 두 경우에서도 찾을 수 있다. 실제로 우리는 이런 이유로 경직된 거부를 보이는 코델리아를 주저 없이 납에 비유했던 것이다. 상자들을 앞에 놓고 바사니오가 한 납에 대한 간단한 연설은 사실 아무것도 일러 줄 것이 없다는 투로 진행된다.

너의 창백한 얼굴이 유창한 언변보다 더 나를 감동시키는구나.6

위의 시구는 〈너의 순박함은 다른 두 아이의 소란스러운 모습보다도 더 나를 감동시키는구나〉라는 뜻으로 해석할 수 있다. 금과 은은 〈소란스럽고〉, 납은 〈사랑하면서도 입을 다물고 있는〉 코델리아처럼 조용하다.7 고대 그리스 신화에 나오는 파리스의 심

---

5   제1막 1장에 있는 코델리아의 방백.

6   Thy 'plainness' moves me more than eloquence. 이본(異本)에 따르면 〈창백함 paleness〉 대신 〈순박함 plainness〉이 들어가 있다 — 원주.

7   슐레겔의 번역에서는 이 비유가 완전히 누락되어 있다. 심지어 전혀 반대의 뜻으로 오역되어 있다. 〈너의 순박함은 웅변적으로 내게 말을 하는구나〉 — 원주.

판 이야기 속에서 아프로디테가 말할 때에는 이와 같은 겸양의 흔적을 전혀 찾아볼 수 없다. 세 여신은 모두 미소년에게 갖가지 약속으로 그를 차지하려고 한다. 그러나 같은 장면을 완전히 현대적인 방식으로 새롭게 보고 있는 관점에 따르면 우리의 관심을 끌고 있는 세 번째 여인의 특징은 특이하게 재조명을 받게 된다. 『아름다운 헬렌』이라는 멜락과 할레비의 대본 속에서는 미의 경연에서 다른 두 여신이 어떤 제안을 해왔는지 파리스가 상세히 열거한 다음 아프로디테가 어떻게 처신했는지를 전하고 있다.

세 번째 여인, 아! 세 번째 여인이여…….
세 번째 여인은 아무 말도 하지 않는구나.
상을 받는 자는 그러나 바로 그녀…….

만일 우리가 〈침묵〉에서 위의 요약된 인용 속에 들어 있는 특이점을 보려고 한다면, 그것은 정신분석이 우리에게 〈침묵은 꿈 속에서 일반적인 죽음의 표상〉임을 일러 주기 때문이다.[8]

십여 년 전 대단한 지성의 소유자인 한 사내가 내게 꿈 이야기를 들려준 적이 있는데, 그렇게 함으로써 그는 내게 꿈의 텔레파시Telepathie적 속성을 입증해 보이고자 했다. 꿈속에서 그는 아주 오래전에 연락이 끊긴 한 친구를 보았고, 그간의 침묵에 대해 친구를 몹시 나무랐다. 그런데 그가 이런 꿈을 꿀 때와 거의 같은 시기에 그 친구가 자살로 생을 마감했다는 사실을 나중에 알게 되었다. 텔레파시의 문제는 한쪽으로 비켜 놓고 본다면,[9] 이 꿈속에

8 슈테켈W. Stekel의 『꿈의 언어Sprache des Träumes』(1911)에서도 언어 장애인은 〈죽음〉의 상징으로 언급된다 — 원주.
9 1922년에 프로이트가 쓴 「꿈과 텔레파시Traum und Telepathie」를 참조할 것.

서 침묵이 죽음을 나타내고 있다는 사실은 의심할 여지가 없다.

마찬가지로 몸을 숨긴다거나, 신데렐라를 찾아 나선 매력적인 왕자가 경험했던 것처럼 찾을 수 없는 환경에 있다거나 하는 것은 꿈속에서는 인정하지 않을 수 없는 죽음의 상징이다. 이 사실은 셰익스피어의 희곡 속에 들어 있는 한 교훈에서 납의 그 〈창백함〉이 연상시키는 분명한 창백함만큼이나 명료한 것이다. 우리는 지금 꿈의 언어에 대한 해석들이 신화적 표현 양식 속으로 옮겨 가는 전이를 다루고 있는데, 만일 우리가 침묵이 필연적으로 죽음의 상태를 의미한다는 사실을 꿈이 아닌 다른 창조물 속에서도 증명해 낼 수 있다면 우리의 주장은 상당 부분 용이하게 입증될 수 있을 것이다.

나는 여기서 그림의 민간 설화 중에서 「열두 형제」[10]라는 이야기를 이용해 보려고 한다. 옛날 한 왕과 왕비가 살았는데, 그들은 딸을 낳지 못한 채 아들 열두 형제를 낳아 기르고 있었다. 어느 날 왕이 말했다. 〈만일 열세 번째 아이가 딸이면 아들들은 모두 죽을 것이다.〉 열세 번째 아이가 태어나기를 기다리며 왕은 열두 개의 관을 준비시켰다. 그러자 열두 형제는 어머니의 도움을 받아 깊은 산속으로 몸을 피했고, 그들은 만나는 모든 소녀들을 다 죽여 버리겠다고 다짐했다.

마침내 딸이 태어났고, 그녀는 어느 날 어머니인 왕비로부터 자신에게 열두 명의 오빠가 있다는 사실을 듣게 된다. 그녀는 오빠들을 찾아 나서기로 결심한다. 그리고 숲속에서 자신을 알아보는 막내 오빠를 만나게 되는데, 그는 모든 소녀를 다 죽이겠다고 한 형제들 간의 맹세를 기억하고 누이동생을 숨겨 주려고 했다. 여동생이 말했다. 〈저는 차라리 죽었으면 해요. 내가 죽어서 열두

10 그림Grimm 형제의 동화집에 실려 있는 이야기 중 하나.

명의 오빠를 구할 수 있다면요.〉 그러나 오빠들은 여동생을 진심으로 환영했고, 그녀는 오빠들 곁에 머물며 집안일을 돌보았다.

집 옆에는 작은 정원이 하나 있었고, 그곳에는 열두 송이의 백합이 피어 있었다. 소녀는 꽃을 따서 오빠들에게 한 송이씩 주었는데, 그러자마자 열두 형제는 모두 까마귀로 변해 버렸고, 집과 정원도 사라져 버렸다. 까마귀는 영혼의 새였고, 이야기 서두에서 열두 개의 관이 준비되고 있을 때 열두 형제가 사라졌던 것처럼, 여기서도 다시 한번 소녀가 저지르는 살인은 꽃을 꺾는 행위를 통해 나타나고 있다. 오빠들을 다시 죽음에서 구원하려고 했던 소녀는 그들을 위해서 자신이 7년 동안 그 어떤 말도 하지 않은 채 침묵을 지켜야만 한다는 사실을 알게 된다. 그녀는 이 시련을 받아들인다. 다시 말해 소녀는 오빠들을 처음 만났을 때처럼 이번에도 오빠들을 위해 죽음을 받아들인 것이다. 자신에게 부과된 침묵을 지킴으로써 그녀는 까마귀로 변했던 열두 명의 오빠를 다시 구해 낼 수 있었던 것이다.

거의 동일한 방식으로 「여섯 마리 백조」[11]에서도 새로 변해 버린 형제들이 구원을 받는다. 다시 말해 그들의 누이가 침묵을 지킴으로써 그들은 다시 살아나게 되는 것이다. 젊은 처녀는 〈자신의 생명을 걸어야 할 시간이 다가오자〉 형제들을 구하기 위해 굳은 결심을 하고, 급기야 왕과 결혼함으로써 생명의 위협을 받게 된다. 온갖 악의적인 험구에도 불구하고 그녀는 끝내 입을 열지 않은 채 침묵을 지켰던 것이다.

침묵이 죽음을 형상화하고 있다는 것을 이해하기 위해서라면 우리는 이를 입증할 증거들을 다른 많은 이야기들에서도 끌어낼 수 있다. 이러한 증거들을 따라가 보면 선택받는 세 번째 여동생

11 그림 형제의 동화집에 실린 이야기.

이 죽은 여인임을 알게 된다. 그러나 그녀의 의미는 여기에 한정되지 않는다.

다시 말해 그녀는 죽음 그 자체이자 죽음의 여신이기도 한 것이다. 드물지 않게 일어나는 전위 덕분에 신이 인간에게 부여한 속성들이 다시 신에게 돌아간다. 이러한 전위 중 우리를 가장 덜 놀라게 하는 것이 바로 죽음의 여신이라는 경우다. 왜냐하면 현대적으로 번안되어 제시될 이러한 이야기들 속에서 죽음 자체는 죽은 사람을 의미하는 데 지나지 않기 때문이다.

그러나 만일 세 번째 누이가 죽음의 여신이라면 우리는 이제 자매들 전체를 이해할 수 있게 된다. 그들은 운명의 상징들인 것이다. 그들은 모이라들이고 파르카들이다. 혹은 노르네스들이다. 그들 중 막내인 셋째는 아트로포스라고 불린다.[12] 즉 그녀는 피할 수 없는 운명을 나타내는 것이다.

---

12 운명의 세 여신을 이르는 말들로서 로마 신화에서는 파르카라고 하고, 그리스 신화에서는 모이라라고 한다. 탄생을 맡아 보는 클로토, 수명을 담당하는 라케시스, 죽음의 신인 아트로포스로 이루어져 있다. 노르네스는 게르만족의 전설에 나오는 세 운명의 여신을 지칭한다. 과거를 아는 우르트르, 현재를 담당하는 베르트란디, 그리고 미래의 여신인 스퀼트로 이루어져 있다. 이 세 여신은 이그드라실이라는 나무 밑에 서로 얽혀 있는데, 우르드라는 샘물로 나무에 물을 준다.

2

우리가 찾아낸 해석을 신화의 세계에 통합시키기 위해서는 어떤 방식을 택하는 것이 좋을지의 문제는 잠시 유보한 채, 운명의 여신들의 역할과 기원에 대한 몇 가지 지식을 신화학자들에게서 찾아보도록 하자.[13]

호메로스가 기록한 가장 오래된 그리스 신화에서는 오직 모이라 한 신만이 피할 수 없는 운명을 의인화하고 있었다. 이 유일한 여신 모이라가 세 명의 자매로 이루어진 무리로(드물게는 두 명의 여신으로 이루어진 무리로) 변모하는 과정은 아마도 모이라의 여신들과 근접해 있던 다른 신들, 즉 미의 세 여신이나 시간의 여신들과 유사성이 있었기 때문인 것 같다.

시간의 여신들은 비와 이슬을 내리는 천계에 사는 물의 신들이었고, 또 비를 내리는 구름의 신들이기도 했다. 그런데 구름은 직조된 천으로 이해되었기 때문에 그로부터 이 여신들에게는 베를 짜는 여신이라는 성격이 부여되었고, 이는 바로 모이라의 세 여신의 특징이 되어 버린다. 따사로운 햇볕이 내리쬐는 지중해 인근 지방에서 땅의 비옥함은 비와 직결되는 문제였다. 이런 이유

---

13 이하의 언급은 로셔Roscher(1884~1937)의 『그리스 로마 신화 사전』에서 참고했다―원주.

로 시간의 여신들은 초목의 여신들로 변하게 된다. 아름다운 화초들과 먹음직스러운 과일들은 모두 이 여신들의 보살핌 덕택이었고, 사람들은 세 여신에게 온화하고 우아한 면모들을 부여했다. 세 여신은 계절을 대표하는 신들이 되었고, 바로 이런 이유로 인해 3이라는 숫자로는 충분히 표현할 수 없는 경우임에도 불구하고 여신을 표현하는 데 3이라는 성스러운 숫자가 쓰이게 된 것 같다. 실제로 고대인들은 초기에는 겨울, 봄, 여름 세 계절만을 구분했었다. 가을은 훗날 그리스-로마 시대에 와서야 추가된다. 예술에서 자주 시간의 네 여신을 형상화해 낸 것도 이때다.

호라이라고 불리는 계절의 여신들은 시간과 관계를 유지하고 있었다. 그들은 이 관계를 우선 1년의 사계절을 통해 나타냈고, 훗날에는 하루의 시간대를 나타내는 데까지 배려하게 된다. 그러다가 마침내 계절의 여신들은 현재 우리가 알고 있는 〈시간〉을 지칭하는 선까지 내려오게 된 것이다.[14] 게르만 신화의 노르네스 역시 본질은 호라이나 모이라와 유사한데, 그들의 이름은 좀 더 명시적으로 시간과의 관계를 드러내고 있다.[15] 그러나 이러한 신들의 본질은 더욱 깊은 차원에서 이해되어야만 했고, 시간의 연속성이 갖고 있는 주기적인 법칙성으로 이동이 일어날 수밖에 없었다. 이렇게 해서 호라이는 자연의 법칙을 보호하고, 또 누구도 범할 수 없는 질서에 의해 동일한 것이 다시 회귀하도록 하는 신성

14 프로이트는 독일어로 시간을 뜻하는 *Zeit*를 쓴 다음에 괄호를 하고 프랑스어와 이탈리아어로 시간을 뜻하는 *heure*와 *ora*를 첨가해 놓았다.

15 야코프 그림Jakob Grimm의 『독일 신화*Deutsche Mythologie*』에 의하면, 세 명의 노르네스는 각각 스칸디나비아식으로 우르트르, 베르트란디, 스퀼트라는 이름을 갖고 있다. 처음 두 이름은 〈……이 되다, 변화하다〉 등의 의미를 지니고 있는 동사 *werden*의 고어의 단순 과거와 현재 분사에서 파생된 말들이다. 세 번째 단어는 영어의 *shall*이나 *should*, 독일어의 *soll*이나 *Schuld*와 관련된 말인데, 이는 우리가 흔히 의무나 시간적으로 미래를 나타내기 위해 사용하는 단어들이다. 따라서 세 단어가 각각 과거, 현재, 미래를 뜻한다고 할 수 있다. 반면에 노르네라는 말은 시간과는 아무런 관계도 없다.

한 질서의 수호신이 되었다.

　이러한 자연 인식은 인간의 삶에 대한 개념에 많은 영향을 주게 된다. 자연의 신화가 인간의 신화로 변모하게 되는 것이다. 기상의 변화를 주도한다고 생각되었던 여신들이 운명의 여신들이 되는 것이다. 그러나 계절의 여신인 호라이의 이러한 면모가 표현되기 시작한 것은 그리스 신화의 모이라에 와서인데, 모이라의 여신들은 계절의 여신들이 자연의 법칙들을 감시하고 보호할 때와 마찬가지로 똑같이 엄정한 방식으로 피할 수 없는 인간적 삶의 질서를 유지하려고 한다. 이전에 계절의 여신들에게서는 매혹적인 모습들에 지나지 않았던 자연법칙의 그 누구도 범할 수 없는 준엄함, 그리고 그 법칙과 죽음과 사라짐의 관련들은 마치 인간은 자연법칙에 자신을 복종시킬 때만 그 자연법칙의 모든 진정한 심각함을 경험하게 된다는 듯이, 이제 모이라의 세 여신의 특징들 속에서 분명하게 윤곽을 드러내고 있다.

　실을 잣는 세 여인의 이름 역시 신화학자들에게는 의미 있는 주석의 대상이 되어 왔다. 두 번째 여인인 라케시스가 〈운명의 한가운데 자리 잡고 있는 우연〉을 지칭하는 것처럼 보인다면 — 우리는 이를 경험이라고 말할 수도 있을 것이다 — 아트로포스는 피할 수 없는 것, 즉 죽음을 의미한다. 마지막으로 클로토에게는 선천적으로 갖고 태어나는 숙명적인 성격이라는 의미가 부여될 수 있을 것이다.

　자, 이제 다시 우리의 관심사인 세 자매 사이의 선택이라는 모티프로 돌아갈 시간이 된 것 같다. 그러나 위에서 언급한 여러 상황을 우리가 행했던 해석에 삽입시키려고 할 때, 이 상황들이 도저히 이해할 수 없는 것이 되어 버리고 말 뿐이며, 또 우리가 시도했던 해석들의 분명해 보이던 내용과도 모순된다는 사실을 참담한 기분으로 깨닫게 된다. 세 번째 여인은 죽음의 여신일지도 모르고, 죽음 그 자체일 수도 있다. 그러나 파리스의 판단 속에서 그 여인은 사랑의 여신이었고, 아풀레의 이야기 속에서는 사랑의 여신과 비견될 만한 미의 여신이기도 했다. 반면에 『베니스의 상인』에서는 가장 아름답고 총명한 여인이었고, 『리어왕』에서는 단 하나 남은 충직한 딸이었다. 이보다 더 분명한 모순을 다른 어떤 곳에서 찾아볼 수 있을까? 그러나 있을 수 없을 것 같아 보이는 이 모순에 직면했을 때 해답은 우리 곁에 가까이 와 있다. 실제로 모순은 우리의 모티프 속에서 볼 때 세 여인 중에서 자유롭게 한 여인을 선택해야만 했을 때마다, 또 그 선택이 매번 죽음의 선택이어야만 했을 때 드러난다. 그러나 사실 그 누구도 선택한 것이 아니었고, 단지 숙명적인 명령에 의해 희생자가 된 것일 뿐이다.

어떤 유형의 모순들이나 완전히 상반된 것들이 서로를 대체하는 현상들이 있다고 해서 그것이 우리가 행하는 분석 작업에 심각한 장애가 되지는 않는다는 점을 잊지 말아야 할 것이다. 우리는 여기서 꿈과 같은 무의식의 표현 양식에서는 서로 상반된 것들이 매우 자주 단 하나의 동일한 요소에 의해 표현되곤 한다는 사실을 상기할 필요까지는 없을 것이다. 반면에 정신 현상에서는 흔히 반응성 혹은 심인성이라고 부르는 작용에 의해 어떤 일정한 모티프들이 자신들과 상반된 것들을 통해 스스로를 대체하는 현상이 있음은 염두에 두어야 할 것이다. 우리가 행하는 작업의 성과도 이렇게 숨어 있는 모티프들을 찾아 드러냄으로써 얻을 수 있을 것이다. 모이라의 세 여신은 인간 역시 자연의 작은 일부분이고, 따라서 죽음이라는 고정불변의 법칙에 종속되어 있다는 점을 인간에게 깨닫게 하는 인식의 결과다. 인간의 가슴속에는 무언가가 이러한 복종에 반대하기 위해서 꿈틀거릴 것이다. 인간이 자신이 갖고 있던 예외적인 위치를 단념할 수 있는 것은 엄청난 환멸을 경험할 때뿐이다. 인간은 자신의 환상에 의지함으로써 현실에서 실현 불가능한 욕망들을 충족시킨다는 사실을 우리는 잘 알고 있다. 마찬가지로 이렇게 해서 우리의 환상은 모이라의 신화 속에 육화(肉化)되어 나타난 비관적인 깨달음에 반항하고, 또 환상에서 신화를 창조해 낸다. 신화 속에서는 죽음의 여신이 사랑의 여신이나 인간적 형상을 띤 그 외의 다른 등가물들로 대체된다. 그래서 세 번째 여인은 더 이상 죽음이 아니라 모든 여인들 중에서 가장 아름다운 최고의 여인, 가장 소유하고 싶고 가장 사랑스러운 여인이 되는 것이다. 이러한 대체는 아무런 기술적 어려움도 제기하지 않는다. 이 대체는 이미 오랜 역사를 갖고 있는 양가성에 의해 준비되어 왔던 것이고, 망각될 수 없는 이 양가성을 충실히 따라왔을 뿐이다. 사랑의 여신은 죽음의 여신을 몰아내고 그 자리를 대신 차지하게 되었지만, 이전에는 한 여신이 두 의미를 동시에 지니고 있었다. 그리스의 아프로디테조차도, 비록 이미 오래전부터 페르세포네, 아르테미스, 그리고 세 개의 몸을 갖고 있는 헤카테와 같은 다른 신들에게 음부의 역할을 양보하기는 했어도, 여전히 지옥과 일정한 관련을 유지하고 있었다. 그러나 근동 지역 사람들이 숭배하던 모성의 대여신들은 모두 생산자일 뿐만 아니라 파괴자이기도 했고, 또 생명의 여신이자 죽음의 여신이기도 했다. 우리가 다루고 있는 모티프에서는 이렇게 상반되는 것들이 서로를 대체할 수 있는데, 그 까닭은 상반되는 것들이 최초에는 동일한 것이었기 때문이다.

이와 같이 생각함으로써 우리는 세 자매의 신화를 특징짓는 선택의 테마가 어디에 기원을 두고 있는지에 대해 답을 얻을 수 있다. 이번에도 역시 욕망이 역전된 것이다. 선택의 여지가 존재하지 않는 필연성과 숙명성의 자리에 대신 선택이 위치하게 된 것이다. 그렇게 함으로써 인간은 사고 속에서 인정했던 죽음을 극복해 냈던 것이다. 욕망이 이보다 더 찬란하게 승리를 거둔 경우는 달리 찾아보기 어려울 것이다. 실제로 벗어날 수 없는 속박에 복종해야만 하는 그곳에서 선택하는 것이고, 또 그렇게 선택된 것은 끔찍한 여인이 아니라 가장 아름답고 사랑스러운 여인이다.

물론 좀 더 자세히 들여다보면 우리는 몇 가지 부차적인 현상들에 의해 상태가 훼손되지 않을 만큼 최초의 신화에 가해진 변화들이 심각하지 않다는 사실을 알게 된다. 세 자매 사이에서 자유롭게 선택한다는 것은 결코 사실이 아니다. 왜냐하면 어쩔 수 없이 세 번째 여인을 선택할 수밖에 없기 때문이다. 만일 그렇지 않다면 『리어왕』에서 볼 수 있는 것처럼 잘못된 선택은 모든 가능한 불행을 몰고 오게 된다. 죽음의 여신의 자리를 차지한 가장 아름답고 착한 여신은 두려운 낯섦에 관련된 몇 가지 특징들을 간직하고 있는데, 우리가 숨어 있는 요소들을 찾아낼 수 있었던 것도 바로 이 특징들을 통해서이다.[16]

지금까지 우리는 하나의 신화와 거기에서 파생되어 나온 이형(異形)들을 살펴보았고, 그런 이형들이 발생하게 된 숨은 이유들이 밝혀졌으리라고 생각한다. 이제 우리는 이런 모티프가 문학 창조에 어떻게 이용되고 있는지에 대해 관심을 가져 볼 수 있을

16 아퓔레의 이야기 속에 나오는 프시케는 죽음을 연상시키는 많은 특징을 보유한 여신이다. 그녀의 결혼식은 장례식과 흡사하게 거행되며, 또한 그녀는 지하 세계로 내려가 죽음과 같은 깊은 잠을 잔다(오토 랑크). 봄의 여신과 〈죽음의 신부〉로서 프시케의 의미에 대하여 기억할 것. 그림의 또 다른 이야기인 「샘 가의 거위 소녀Die Gänsehirtin am Brunnen」(1918) 속에는 「신데렐라」에서처럼 셋째 딸이 아름다운 모습과 추한 모습을 바꾸어 내보이는 것으로 나타난다. 이는 그녀의 본성이 이중적인 것을 암시하는 것으로, 이 셋째 딸은 『리어왕』에 나오는 딸처럼 테스트를 거친 후 아버지에게 따돌림을 당한다. 다른 자매들처럼 그녀도 아버지를 매우 사랑한다고 말하지만, 그 사랑의 표정을 내보이지는 못하는 것이다 ─ 원주.

것이다. 작가들에게서는 우리가 다룬 모티프가 탄생 신화로 수렴되는 현상이 일어나고 있고, 신화가 변형되면서 약화되었던 탄생 신화의 강렬한 느낌을 우리는 다시 경험하게 된다. 문학 창조자들이 우리의 가슴속에 깊은 영향을 미치는 것은 바로 신화에 가해진 변화들을 그들이 다시 회복시키기 때문인데, 다시 말해 우리는 부분적으로나마 기원으로 다시 돌아가게 되는 것이다.

오해를 피하기 위해 리어왕의 불행한 드라마가 일러 주는 두 가지 교훈을 내가 부인하는 것이 아님을 밝혀야겠다. 리어왕에게서 우리는 사람은 살아 있는 동안에는 결코 자신의 재산과 권리를 포기할 수 없으며, 또 아부하는 소리를 곧이곧대로 믿어서는 안 된다는 교훈을 얻을 수 있다. 그러나 이와 같은 여러 교훈이 작품 속에 들어 있는 것은 사실이지만, 그렇다고 『리어왕』이 불러일으키는 격렬한 정신적 흥분을 이와 같은 작품의 추상적 내용으로 설명한다는 것은 불가능하며, 또 작가의 개인적인 여러 동기도 이와 같은 교훈적 내용을 전달하기 위해 동원되었다고 생각할 수는 없다. 마찬가지로 어떤 사람들이 작가 스스로도 의심의 여지 없이 살을 저미는 듯한 아픔을 느끼면서 배은망덕의 비극을 썼을 것이라고 주장하거나, 나아가 연극이 자아내는 효과라는 것은 예술적인 가공에 관련된 순수하게 형식적인 요소에서 기인한다고 말한다면, 내가 보기에 이런 주장들은 세 자매 사이의 선택이라는 모티프를 파악함으로써 우리에게 열리게 된 새로운 이해를 대신할 수 없는 한낱 미봉책에 지나지 않은 듯하다.

리어는 늙은 왕이었다. 이런 이유로 해서 세 자매는 세 딸로 등장해야 했다고 이미 앞에서 지적한 바 있다. 극이 자아내는 풍부하고도 드라마틱한 여러 격정적인 흥분은 부녀 사이라는 인물 관계에서 기인하는 것으로, 이 관계는 극작품 어디에서도 상세하게 전개된 적은 없다. 그러나 리어는 단순히 늙은 왕인 것만은 아니었다. 그는 빈사 상태에 빠지기도 했다. 이 사실로 인해 이야기의 전제를 이루고 있는 유산 배분이라는 매우 예외적인 상황은 황당하다는 느낌을 배제할 수 있게 된다. 우리는 황당하다는 느낌을 받는 것이 아니라, 죽음을 눈앞에 둔 한 인간이 여인의 사랑을 단념하지 못한 채 자신이 얼마나 사랑받고 있었는지 알고 싶어 한다는 것을 깨닫게 된다. 근대 비극들 중에서 가장 극적인 장면의 하나인 가슴을 에는 듯한 작품의 마지막 장면을 떠올려 보자. 마지막 장면에서 리어는 코델리아의 시신을 무대 위로 안고 올라온다. 코델리아는 죽음이다. 만일 상황을 반대로 역전시켜 본다면, 다시 말해 코델리아가 리어의 시체를 무대 위로 안고 올라온다면 코델리아는 좀 더 이해하기 쉽고 친숙한 인물이 될 것이다. 그녀는 게르만의 신화에 등장하는 발퀴리Valkyrie처럼 전장에서 죽어간 영웅을 나르는 죽음의 여신인 것이다.[17] 대대로 전해 내려온 신화 속에는 영원한 진리가 휘장에 가려진 채 숨어 있었고, 늙은 왕에게 사랑을 포기하고 죽음을 선택하라고, 그래서 임종의 거부할 수 없는 필연성과 친숙해지라고 충고하고 있다.

작가는 죽어 가는 한 늙은 사내로 하여금 세 여인 중에서 한 여인을 선택하도록 해서, 이 오래된 선택의 모티프를 좀 더 우리 가까이에 다가오도록 했다. 작가는 욕망의 변화에 의해 훼손된 신화에 의지함으로써 과거를 거슬러 올라갔고, 그러면서 다시 훼손된 부분을 손질했다. 이 손질을 통해 신화의 옛 의미는 다시 표면으로 떠올랐고, 마침내 우리 역시 모티프에 등장하는 세 여인에

---

17 발퀴리의 독일어 표현인 Walküre를 잠시 살펴보는 것도 무용하지는 않을 것이다. 어미 -kure는 〈선택하다〉라는 뜻을 지닌 고어 동사 kiesen, kor, gekoren 등과 관계있다. 발퀴리는 문자 그대로 전장에서 죽을 자들을 선택하는 여신인 것이다.

대해 개연성 있는 우의적 해석을 할 수 있었다. 여기서 해석된 것은 남자가 여인과 맺게 되는 피할 수 없는 세 가지 관계라고 말할 수 있을 것이다. 생식자, 동반자 그리고 파괴자가 세 여인의 이미지들이다. 혹은 이 세 이미지는 남자의 일생을 줄곧 관류해 흐르는 어머니의 이미지일 것이다. 최초에 어머니가 있었고, 이 어머니의 이미지에 맞추어 그는 사랑하는 여인을 선택했으며, 마지막으로 그를 자신의 품속으로 다시 끌어들이는 대지(大地)라는 어머니가 그를 기다리고 있다. 늙은 사내가 이전에 어머니에게 받았던 사랑을 다시 한번 그대로 손에 넣으려 해도 소용없는 일이다. 오직 운명의 세 여인 중 세 번째 여인만이, 이 침묵하는 죽음의 여신만이 그를 품속으로 안아 들일 것이다.

정장진 옮김

도스토옙스키와 아버지 살해

Dostojewsky und die Vatertötung(1928[1927])

프로이트가 최고의 작가로 꼽고 있는 도스토옙스키에 대해 자신의 견해
를 밝힌 이 글은, 1925년 독일어판 도스토옙스키 전집의 증보판을 작업 중이
던 편집자가 『카라마조프 씨네 형제들』과 관련하여 작품과 작가의 심리에
대한 서문의 글을 부탁하여 쓰게 되었다. 프로이트 스스로 글이 수록될 위치
에 대한 고려로 자신의 생각이 방해를 많이 받아 결과적으로는 내키지 않는
글을 썼다고 고백한 이 글은, 성격상 〈특별한 경우〉를 위해 쓴 글임을 보여
주는 흔적이 곳곳에 보이기도 한다. 그러나 오이디푸스 콤플렉스, 죄의식 등
프로이트 자신의 후기 견해를 재기술한 부분이나 초기의 저술에서는 찾아
볼 수 없는 자위행위에 대한 정보 등은 독자의 흥미를 끌기에 충분하다.

이 논문은 1928년 독일어판 『카라마조프 씨네 형제들』의 해설로 처음 발
표되었으며, 『연감 1930』(1929), 『전집』 제14권(1948)에 수록되었다. 영어
번역본은 1929년 테이트D. F. Tait가 번역하여 "Dostoevsky and Parricide"
라는 제목으로 『리얼리스트』지 제1권 4호에 수록되었으며, 1945년에는
"Dostoevsky and Parricide"라는 제목으로 『국제 정신분석 저널』 제26권
1호와 2호에 실렸다. 또한 『파티잔 리뷰Partisan Review』 제12권 4호(1945),
울프V. Woolf와 코텔리안스키S. S. Koteliansky가 번역하여 뉴욕에서 출간된
도스토옙스키의 『스타브로긴의 고백Stavrogin's Confession』(1947)에도 수록되
었으며, 『논문집』 제5권(1950), 『표준판 전집』 제21권(1961)에도 실렸다.

도스토옙스키[1]가 지니고 있는 다양한 인간적 면모들 속에서 우리는 네 가지 모습을 구별해 낼 수 있다. 즉 그는 작가였고, 신경증 환자였고, 인간 본성에 대한 탐구자로서 윤리주의자였으며, 또 죄인이기도 했다. 우리를 당황케 하는 이 다양성 속에서 과연 어떻게 길을 찾아 나가야 할 것인가?

그가 작가였다는 것은 이의를 제기할 수 없는 가장 확실한 사실이다. 그는 셰익스피어에 버금가는 자리를 차지하고 있다. 『카라마조프 씨네 형제들』은 지금까지 쓰인 작품 중 가장 장엄한 소설이고, 대심문관의 이야기는 세계 문학사상 가장 뛰어난 압권 중의 하나로 보아도 지나친 평가는 아니다. 그러나 정신분석은 불행하게도 창조적인 작가의 문제 앞에서는 손을 들 수밖에 없다.

도스토옙스키가 갖고 있는 윤리주의자의 면모는 가장 쉽게 비난을 받을 수 있는 부분이다. 죄를 지은 상태가 어떤 것인지를 아는 사람만이 가장 높은 윤리적 단계에 도달할 수 있다는 이유를

---

1 이 글은 분명하게 두 부분으로 나뉜다. 첫 부분은 도스토옙스키의 전반적인 성격에 관한 것으로, 그의 마조히즘, 죄의식, 간질병, 오이디푸스 콤플렉스에 대한 이중적 태도 등이 논의된다. 두 번째 부분은 도박에 탐닉한 도스토옙스키의 심리에 초점을 맞추고 있으며, 뒤이어 그와 같은 도박에 대한 탐닉의 원인이 무엇인지에 대한 설명이 주를 이룬다.

내세우며 도스토옙스키를 도덕적 인간으로서 가장 높은 경지에 도달한 사람으로 보려 한다면, 이는 성급한 판단이다. 실제로도 의문이 생긴다. 자신 속에도 유혹이 있음을 깨달으면서 그 유혹에 지지 않은 채 저항하는 사람이 윤리적이리라. 매번 죄를 지은 후 매우 윤리적인 덕목들을 앞세우며 뉘우치지만 반복해서 죄를 짓고 후회한다는 것은 너무나도 쉬운 일이라는 비난을 면하기 어렵다. 이런 사람은 도덕성의 본질이 단념에 있다는 것을 깨닫지 못한 것이다. 윤리적인 삶을 산다는 것은 실천의 문제이기 때문이다. 이런 사람을 보면 옛날에 침략을 일삼던 야만인들을 떠올리게 된다. 그들도 침략해서 수많은 사람들을 살육한 후 잘못을 빌었고, 그런 다음 죄가 씻겨진 듯이 다시 살육에 나서곤 했다. 폭군 이반 제정 러시아 황제[2]의 행동도 다른 것이 아니었다. 죄와 도덕의 이러한 손쉬운 화해는 실제로 러시아인들의 중요한 한 특징이다. 도스토옙스키가 치렀던 윤리적인 싸움들의 결과 역시 결코 영광스러운 것들이 아니다. 한 개인의 충동이 요구하는 것과 그것을 막아서는 사회 공동체의 제약을 화해시키기 위해 격렬한 싸움을 치른 후 그는 뒤로 물러서고 만다. 그는 이러한 물러서는 자세 속에서 세속적인 권력과 영적인 권위에 동시에 굴복했다. 차르와 기독교도들의 신에 대한 두려운 존경과 러시아식의 편협한 민족주의도 포함되어 있었다. 그의 자세라고 하는 것은 한마디로 말해 치졸한 인간들이 힘들이지 않고 취할 수 있는 자세였다. 이것이 이 위대한 인간의 약점이라고 할 수 있다. 도스토옙스키는 결코 교육자적인 인간이 될 수 없던 사람이었고, 인간을 해방시

2 이반 4세(1530~1584)를 지칭한다. 어린 나이에 왕위를 물려받아 지방 토후들의 힘으로 왕권을 유지하면서 중앙 집권적 체제로 이행할 것을 꿈꾸었던 그는 치세 후반에 토후들과의 세력 다툼 속에서 광포해져 장남을 살해하기도 했다. 왕권 신수설의 신봉자였던 그는 차르라는 황제 칭호를 처음 사용했다.

킬 수 있는 인물도 아니었다. 그는 스스로 인간을 가두고 감시하는 간수 역할을 하고 있었다. 인류의 문화가 그에게 빚진 것은 거의 전무하다. 그래서 그가 신경증 때문에 이런 실패에서 벗어날 수 없었다는 사실은 설득력이 있어 보인다. 그의 높은 지성과 인간에 대한 깊은 사랑은 신경증이 없었다면 그에게 사도들이 걸었던 생명의 길과 같은, 다른 길을 열어 주었을지도 모른다.

도스토옙스키를 죄인이나 범죄자로 간주할 때 우리는 그에 대해 심한 혐오감을 느끼지 않을 수 없는데, 우리가 느끼는 이 혐오감은 죄가 무엇인지 모르는 사람이 죄에 대해 갖게 되는 순진한 판단에 기초하는 것은 아니다. 그에게는 실제로 범죄를 일으킬 수 있는 두 가지 심리적인 동기가 있었고, 이 두 가지 동기는 범죄자들에게서 가장 흔히 찾아볼 수 있는 것이기도 하다. 그는 끝이 없는 자아 중심주의에 사로잡혀 있었고, 강한 파괴 욕구를 갖고 있었다. 이 두 가지 동기 사이의 공통점이자 외부로 나타나는 표현의 조건이 되는 것은 사랑의 부재, 즉 다시 말해 다른 인간을 사랑함으로써 사랑의 대상을 가치 있게 여겨야 했는데 이러한 과정이 그에게는 없었던 것이다. 그러나 이러한 우리의 지적은 그가 사랑받고자 하는 대단한 욕구를 갖고 있었고, 또 사랑할 수 있는 엄청난 능력도 소유하고 있었다는 상반된 그의 모습을 즉각적으로 떠올리게 한다. 이러한 사랑의 욕구와 능력은 그가 과도한 선행을 베풀 때 잘 드러난다. 이런 모습은 그를 사랑하지 않을 수 없기도 하지만, 예를 들어 첫 번째 부인과 그녀의 애인에 대해서 그랬던 것처럼 정당하게 증오했고 복수할 수 있는 상황에서도 그로 하여금 도움을 베풀도록 했다. 우리는 여기서 도스토옙스키를 범죄자로 분류하려는 유혹이 어디서 오는 것인지 자문하게 된다. 답은 다음과 같다. 즉 우리가 그를 범죄자로 간주하고 싶은 유혹을 느끼는 것은 작가가 소설의 제재를 선택할 때 많은 다른 가능성들 중에서 유독 과격하고, 살인을 저지르고, 자아 중심적인 성격들을 지닌 인물들을 선호하는 그의 편향된 선택 때문이다. 또한 이런 경향들 자체가 그의 내부에 있다고 생각되기도 하고, 나아가 그의 노름에 대한 집착과 아마도 한 어린 소녀에 대한 성폭력에서(작가 자신의 고백)[3] 볼 수 있는 것처럼 그의 삶 자체에서도 이런 경향들을 볼 수 있기 때문에 그를 범죄자로 여기고 싶은 것이다. 그를 쉽게 범죄자로 만들 수도 있었던 도스토옙스키가 갖고 있던 매우 강한 파괴 충동은 그의 삶 속에서 주로 자기 자신에게로 향했고, (외부에 있는 존재가 아니라 내부로 향했고) 그렇게 해서 피학대 음란증과 죄의식의 형태를 띠고 표현되었던 것이다. 이 점을 통해 언뜻 보아 모순처럼 보이는 것을 이해할 수 있을 것이다. 그럼에도 그에게는 여전히 학대 음란증적 특징들이 남아 있었고, 이러한 특징들은 그의 신경과민과, 남에게 고통을 주고자 하는 강한 성향과, 심지어 자신이 사랑하는 사람들에 대해서조차 용서하지 못하는 편협함들을 통해 드러나기도 하며, 또 그가 작가로서 독자들을 대하는 방식 속에서도 나타난다. 이렇게 그는 작은 일들에서 학대 음란증적인 태도를 갖고 있었지만, 그것은 자기 자신에 대한 것이었고, 따라서 이 성향은 피학대 음란

3 이 점에 관해서는 퓔뢰프-밀러Fülöp-Miller와 엑슈타인Eckstein이 쓴 『알려지지 않은 도스토옙스키Der Unbekannte Dostojewski』(1926)를 볼 것. 또 슈테판 츠바이크 Stefan Zweig는 다음과 같이 썼다. 〈그는 부르주아 윤리가 쳐놓은 방책에 걸리지 않았고, 아무도 그가 어느 정도로까지 삶 속에서 사법적 경계를 넘나들었는지, 또 그가 묘사한 인물들의 범죄적인 충동들이 어느 정도 그의 것인지 정확하게 말할 수 없다.〉 (『세 명의 스승들』, 1920) 소설의 인물들과 작가 자신의 경험들 사이의 밀접한 관련에 대해서는 퓔뢰프-밀러가 니콜라이 스트라호프의 연구(1921)에 근거해 펴낸 그의 저서 『도스토옙스키』(1925)의 서론에서 지적한 점들을 참고하라 ─ 원주. 어린 소녀에 대한 성폭행이라는 주제는 도스토옙스키의 저술, 특히 그의 사후에 출판된 『스타브로긴의 고백』과 『중죄인의 삶』에도 등장한다.

증적인 것이기도 했다. 그는 작은 일들에서는 인간들 중에서 가장 온화하고, 최고의 인격을 지니고 있으며, 구원받을 수 있는 인간이었던 것이다.

도스토옙스키의 복잡한 인성 속에서 우리는 세 가지 중요한 요소를 끌어냈는데, 하나는 양적인 것이었고 나머지 둘은 질적인 것이었다. 그의 놀라운 감정 충일 상태와 그를 학대-피학대 음란 증적 인간 혹은 범죄자로 유도해야만 했던 도착적인 충동들, 그리고 분석이 불가능한 나머지 하나인 예술가로서 그의 재능이 그것들이다. 이것들은 신경증과 관련을 맺지 않은 채 얼마든지 하나의 전체로 존재할 수 있었다. 실제로 신경증적이지 않은 상태에 있는 피학대 음란증 환자들이 있다. 그런데 한편으로는 충동들의 요구와 그에 길항(拮抗)하는 (승화의 가능성들을 고려하지 않고 본다면) 금지들 사이의 역학 관계를 놓고 볼 때 도스토옙스키는 흔히 〈충동적 성격〉이라고 불리는 부류에 속하는 사람이라고 볼 수 있다. 그런데 상황은 그가 신경증 환자였다는 사실이 개입하면서 불분명해진다. 신경증은 앞에서 지적했듯이 이런 조건 속에서는 피할 수 없는 것이었겠지만, 자아가 제압해야만 하는 합병증적 상황이 워낙 심각했던 만큼 쉽게 형성되기도 했다. 신경증이란 실제로 자아가 이러한 종합에 성공하지 못했고, 종합을 시도하면서 자신의 전일성(全一性)을 상실했다는 신호라고 볼 수 있다.

그렇다면 엄밀한 의미에서의 신경증은 어떤 방법을 통해 드러나는가? 도스토옙스키는 자신을 간질 환자로 여기고 있었고, 다른 사람들도 그렇게 인정했다. 이는 졸도와 근육 경련과 그 결과로 찾아오는 갑작스러운 무기력 증상 등을 수반하곤 했던 신경증의 가혹한 발작 등에 근거해 자신이 내린 판단이었다. 그러나 스스로 간질이라고 부른 것은 신경증의 징후였고, 따라서 그의 경우는 히스테리성 간질, 다시 말해 심각한 히스테리로 불러야만 했을 것이다. 하지만 우리는 다음과 같은 두 가지 이유에서 확언할 수가 없다. 우선 도스토옙스키를 두고 간질이라고 말하지만 이에 대한 기록 군데군데에 허점이 많고 의심스러우며, 둘째로는 간질성 발작에 관련된 병적 상태에 대해 우리도 분명히 알지 못하고 있기 때문이다.

우선 두 번째 문제부터 다루어 보자. 여기서 간질과 관련된 모든 질환들을 반복할 필요는 없다. 게다가 그렇게 한다고 해서 어떤 결정적인 도움을 얻을 수 있는 것도 아니다. 하지만 다음과 같은 점은 말할 수 있을 것이다. 간질이라는 이 이상한 질병, 예상할 수도 없고 언뜻 보기에는 외부의 자극에 의해 유발된 것 같지도 않은, 경련을 수반하는 갑작스러운 발작인 이 질병은 신경질과 공격성으로 그 성격이 변모되기도 하고, 또 정신 능력을 점진적으로 감소시키기도 한다. 그러나 이러한 질병인 간질 속에서 모습을 드러내는 것은 항상 옛날의 무시무시한 증세*morbus sacer*이다. 하지만 이 모든 특징들은 불분명하고 불확실한 것들이다. 혀를 깨물거나 요실금을 수반하기도 하는 이 갑작스러운 발작은 심각한 부상을 초래하는 위험한 간질 상태에까지 이를 수도 있지만, 어떤 때에는 잠시 동안의 의식 불명이나 단순한 현기증으로 끝날 수도 있고, 때로는 마치 무의식의 지배에 들어간 것처럼 잠시 동안 자신이 모르는 행동을 저지르는 경우도 있을 수 있다. 어떤 경로를 통해서인지는 알려져 있지 않지만, 보통은 순전히 육체적인 조건들에 의해 발생하는 것으로 간주되는 이 발작들은 그것들이 최초로 형성될 때에는 순수하게 정신적인 영향(경악과 같은)만을 받고, 여전히 정신적인 자극들에 대항해 반응을 보여야만 하는 현상으로 볼 수도 있다. 대부분의 경우에서 발견할 수 있는 지력 쇠퇴가 아무리 특징적인 것이라고 해도, 적어도 우리는 고도의 지적 능력을 손상시키지 않는 경우를 알고 있다(헬름홀츠의 경우가 이에 해당된다. 다른 경우들에 대해서도 흔히 같은 이야기를 하지만 불확실하기는 마찬가지이고, 도스토옙스키의 경우와 똑같은 의혹을 자아내고 있다). 간질에 걸린 사람은 마비되고 억압되었다는 인상을 주게 되고, 이 병에는 또한 비록 병의 중요한 구성 요소는 아니지만, 쉽게 알 수 있는 지능 저하와 심각한 두뇌 손상이 수반된다. 그러나 이런 다양한 형태를 지니고 있는 발작은 정신이 완벽하게 발달한 사람들이 충분히 통제되지 못한 과도한 감정 상태를 보일 때에도 나타난다. 이런 상황 속에서는 〈간질〉이라는 임상적 증상을 하나의 독립된 질병으로 분류해 내기가 불가능하다고 해도 그리 놀라운 일이 아닐 것이다. 겉으로 드러난 징후들 속에서 유사성을 발견할 때 하나의 기능적 개념이 필요하게 된다. 마치 비정상적인 충동을 해소하는 해소 기제가 신체 기관상으로 사전에 미리 형성되어 있는 것만 같은 것이다. 다시 말해 매우 상이한 조건과 상황 속에서 동일하게 의지하게 되는 기제가 있는 것만 같다. 세포 조직의 심각한 손상과 독극물에 의한 손상으로 인해 뇌 활동이 마비되는 경우와 마찬가지로, 정신적 통제가 불충분한 경우에도 정신 활동 속에서 이루어져야 하는 에너지의 움직임이 손상된 지점에 타격을 가하는 것처럼 보이기 때문이다. 이렇게 양분해서 보더라도 충동을 해소하는 잠재적인 기제가 동일하다는 것을 알 수 있다. 이 기제는 근본적으로 생리적 물질에 기원을 둔 성행위와 그리 멀리 떨어져 있지 않다. 옛날부터 의사들은 이미 성교를 작은 규모의 간질이라고 불렀고, 그렇게 함으로써 성행위 속에서 간질적 자극을 완화하고 해소하

는 현상이 일어나고 있음을 지적했던 것이다.[4]

〈간질적 반응〉이라고 부를 수 있는 이 공통된 요소는 의심할 여지 없이 정신적으로 이겨 낼 수 없는 흥분의 덩어리들을 신체적인 방법을 통해 배출한다는 데 본질이 있는 신경증을 그대로 따르고 있다. 이렇게 해서 간질 발작은 히스테리의 한 징후가 되고, 정상적인 성행위가 진행되는 동안 간질 발작이 그렇듯 히스테리에 의해 조정되고 변형된다. 따라서 〈정서적〉 간질과 신체적 간질을 구별할 수 있다. 신체적 간질에 걸린 사람은 뇌의 손상으로 고통받는 것이고, 정서적 간질을 갖고 있는 자는 신경증 환자인 것이다. 첫 번째 경우에 정신 활동은 정신적인 것과 무관한 혼란에 종속되어 있는 반면, 두 번째 경우에 혼란은 정신 활동 자체의 한 표현인 것이다.

도스토옙스키의 간질은 두 번째 종류일 가능성이 매우 높다. 이것을 확실하게 입증해 낼 수는 없다. 그렇게 하기 위해서는 첫 번째로 일어난 발작과 그 이후의 진행 과정을 그의 정신 활동 전체 속에 위치시킬 수 있어야만 하는데, 그렇게 하기에는 알려진 것이 거의 없다. 발작에 대한 묘사들도 거의 아무것도 일러 주지 못하고 있을 뿐만 아니라, 발작과 그의 생활 사이의 관계에 대한 정보들도 군데군데 빠진 것이 많고 자주 상호 모순되는 것들이기도 하다. 가장 개연성이 있는 가정은 도스토옙스키의 어린 시절에 이미 발작이 일어났고, 매우 가벼운 것들이긴 했겠지만 징후들로 이 발작들이 대체되었으며, 아버지가 살해되었다는 그의 나이 18세에 일어난 대사건 이전까지는 아직 간질의 형태를 갖고 있지 않았다는 것이다.[5] 그가 시베리아에 유배되어 있는 동안 간

---

4 히스테리적 공격에 대한 프로이트의 초기 논문 「히스테리 발작에 관하여」(프로이트 전집 10, 열린책들)를 참조.

질 발작이 완벽하게 중단되었다는 것을 확증할 수만 있다면, 이 것은 그의 정신 상태를 규명하는 데 매우 중요한 요소가 될 것이 다. 그러나 어떤 소문들은 이 사실을 부정하고 있다.[6]

『카라마조프 씨네 형제들』에 나오는 아버지 살해Vatetötung와 도스토옙스키의 아버지가 겪어야 했던 운명 사이에는 분명한 관 계가 있었고, 이 관계는 많은 전기 작가들을 놀라게 했을 뿐만 아 니라 그들에게 〈현대 심리학의 새로운 경향〉을 참고하도록 인도 하기도 했다. 정신분석적 관점에서 보면 이 사건 속에서 가장 가 혹한 정신적 충격을 읽어 낼 수 있을 것만 같고, 나아가 이 사건에 대한 도스토옙스키의 반응 속에서 신경증의 핵심을 이루는 요소 가 보고 싶어진다. 그러나 이런 나의 생각을 정신분석에 근거해 개진한다면 정신분석의 표현 방식과 내용에 익숙치 못한 사람들 에게 나는 아무런 이해도 얻지 못할 위험이 있다.

5 1924년 『지식과 삶』 19~20호에 실린 퓔뢰프-밀러의 「도스토옙스키의 성스러 운 병」을 참조. 작가의 어린 시절에 〈뭔가 잊을 수 없는 끔찍하고 고문당하는 것처럼 고통스러운 일이 갑자기 일어났다〉는 매우 중요한 정보를 얻을 수 있는데, 『새 시 대Novoe Vremya』(1881)에 실린 수보린의 글(이 글은 『도박장의 도스토옙스키』의 서론 에 인용되어 있다)에서 얻을 수 있는 그의 병의 초기 증상들과 관련지어 생각해야 할 것이다. 페르너 오레스트 밀러Ferner Orest Miller는 그의 저서 『도스토옙스키의 자전적 글들』에서 다음과 같이 쓰고 있다. 〈표도르 미하일로비치의 병에 대해서는 그의 어린 시절과 관계가 있는 다른 증언이 있는데, 이 증언은 도스토옙스키의 가족에게 일어난 비극적인 사건과 그의 병이 관련이 있음을 일러 준다. 그러나 표도르 미하일로비치와 매우 가까운 사이였던 사람에게 직접 들은 것이기는 하지만, 이 증언을 내가 들은 대 로 그대로 옮겨 적을 수는 없다. 왜냐하면 그 이후 이 증언을 다른 사람을 통해 확인할 수 없었기 때문이다.〉 작가의 삶과 신경증에 관심이 있는 사람들에게는 이러한 신중 함이 별로 고마운 것이 아닐 것이다 ― 원주.
6 이와는 반대로 도스토옙스키 자신의 설명을 포함한 대부분의 설명에서는 시베 리아 유배 중에 간질병이 거의 중단된 상태였다고 주장한다. 하지만 불행하게도 신경 발작증에 대한 그와 같은 자전적 설명을 믿지 못할 이유가 있다. 경험에 비추어 보면 대개 그런 환자들의 기억은 그 불쾌했던 연관 관계를 중단하고 싶은 심리로 허위의 기 억을 만들어 낼 수 있기 때문이다. 그렇지만 도스토옙스키가 시베리아 감옥에 투옥되 었던 그 기간 동안 그의 병리적 상태가 급격한 변화를 일으켰으리라는 것은 분명해 보 인다 ― 원주.

우리에게는 하나의 확실한 출발점이 있다. 〈간질〉로 발전하기 이전에 도스토옙스키가 어린 시절 경험한 최초의 발작들이 어떤 의미를 갖고 있었는지 우리는 알고 있다. 이 발작들은 죽음의 의미를 갖고 있다. 다시 말해 그것들은 죽음에 대한 두려움으로 인해 나타난 것이고, 혼수상태에 가까운 수면으로 이루어져 있었다. 병은 우선 그가 어린 소년이었을 때 근거 없는 갑작스러운 우울증으로 그에게 엄습해 왔다. 훗날 친구인 솔로비예프에게 말했듯이, 당시 그는 당장 죽을 것만 같다는 느낌을 갖고 있었고, 또 실제로 이런 느낌으로 인해 모든 점에서 실제의 죽음과 유사한 상태에 빠지기도 했다. 그의 형인 안드레이의 증언에 따르면, 표도르는 이미 어린 시절부터 잠들기 전에 머리맡에 작은 메모를 남겨 두곤 했다고 한다. 밤사이에 죽음과도 같은 잠에 빠져들지 모르기 때문에 자신의 매장을 5일 동안 미뤄 달라고 부탁하는 내용이었다(『도박장의 도스토옙스키』).

우리는 죽음과 관련된 이러한 발작들이 무엇을 의미하는지 알고 있고, 그 의도에 대해서도 알고 있다.[7] 이 발작들은 죽은 자와 자신을 동일시하고 있다는 것을 뜻한다. 죽은 자와 동일시하는 것일 수도 있고, 아직 살아 있지만 죽기를 원하는 자와 동일시하는 것일 수도 있다. 두 번째 경우가 좀 더 심각한 의미를 지닌다. 발작은 이때 응징의 의미를 갖게 된다. 누군가가 죽었으면 했고, 스스로 죽었으면 하는 사람이 되었으며, 끝내는 자신이 죽은 것이다. 정신분석 이론은 여기서 다음과 같은 사실을 확인해 준다. 어린 소년의 경우에 죽었으면 하고 바라는 사람은 통상 아버지이며, 그렇게 해서 발작 — 히스테리라는 이름의 발작 — 은 미워했

<hr />

7　프로이트는 1897년 2월 8일 플리스에게 보낸 편지에서 이미 이러한 내용을 설명하고 있다(프로이트, 편지 58).

던 아버지의 죽음을 원했던 것에 대한 자기 응징이다.

아버지 살해는 잘 알려진 대로 한 개인뿐만이 아니라 인류 전체의 차원에서도 최초의 가장 큰 범죄다(『토템과 터부』를 볼 것). 죄의식을 느끼는 감정은 그 주된 원천을 여기에 두고 있다. 이것이 유일한 원천인지 어떤지는 아직 확실하지 않다. 지금까지의 연구 상황으로 보아 죄의식과 속죄 욕구의 정신적 근원을 확정하기는 불가능해 보인다. 그러나 근원이 반드시 하나일 필요는 없다. 지금 문제가 되고 있는 심리적 상황은 복합적인 것이어서 좀 더 자세하게 규명될 필요가 있다. 어린 소년과 아버지의 관계는 우리가 이미 밝혔듯이 양의성(兩意性)을 갖는 관계다. 아버지를 경쟁자로 여기며 제거하도록 부추기는 증오에는 일반적으로 아버지에 대한 애정이 함께 존재한다. 이러한 두 가지 태도는 모두 아버지와 자신을 동일시하도록 인도한다. 아버지의 자리에 있고 싶다면 그것은 아버지를 찬미해서 아버지처럼 되고 싶기 때문이며, 동시에 아버지를 멀리 떼어 놓고 싶기 때문이기도 한 것이다. 이 모든 형성 과정은 강력한 장애물에 부딪치게 된다. 어느 땐가 아이는 아버지를 경쟁자로 여기며 제거하려는 기도가 아버지가 행하는 거세로 응징받을 것이라는 사실을 알게 된다. 따라서 거세의 두려움 속에서 자신의 남성성을 보존하기 위해서, 아이는 어머니를 소유하고 아버지를 제거하려는 욕망을 단념하게 된다. 그러나 이 욕망은 무의식 속에 남아 죄의식이라는 감정에 터전을 제공한다. 그러나 지금까지 약술한 것은 〈오이디푸스 콤플렉스 Ödipuskomplex〉라는 이름으로 불리는 정상적인 과정일 뿐이고 중요한 사항을 추가해야 할 것이다.

우리가 양성 소질이라고 부르는, 어린아이가 갖고 있는 중요한 성향이 더욱 강하게 발달될 때 또 다른 합병 증상이 발생한다. 남성성에 대한 거세 위협이 느껴질수록 아이는 여성적인 태도 속으로 숨게 되고, 자신을 어머니의 자리에 놓으면서 아버지의 사랑의 대상이 되려고 한다. 이러한 해결책을 불가능한 것으로 만드는 것도 역시 거세 불안이다. 만일 아버지에게 여자처럼 사랑받고자 한다면 거세를 받아들여야만 한다는 것은 이해할 수 있는 일이다. 이렇게 해서 아버지에 대한 증오와 사랑이라는 두 충동은 억압에 의해 무의식으로 침잠하게 된다. 하지만 심리적인 차이점이 존재한다. 아버지에 대한 증오는 외부에서 주어지는 위험(거세)에 대한 두려움으로 포기하지만, 반면에 아버지에 대한 사랑은 근본에 있어서는 동일한 외적 위험에 처하게 된다고 해도 내적이고 충동적인 위험으로 간주된다.

아버지에 대한 증오를 받아들일 수 없는 것으로 만드는 것은 아버지 앞에서 느끼는 두려움이다. 아버지의 사랑을 얻기 위해 치러야 하는 대가로서만이 아니라 응징으로서도 거세는 끔찍한 것이다. 아버지에 대한 증오를 억압하는 두 요소 중에서 우리가 정상적이라고 부르는 것은 첫 번째 요소, 즉 거세라는 응징에 대한 직접적인 두려움이다. 병인적 환경이 악화되는 것은 다른 요소, 즉 여성적 위치를 취할 때 찾아오는 두려움과 더불어 일어난다. 양성적 성향이 유난히 강할 경우 이렇게 신경증이 발생할 수 있는 조건이 생성되기도 하고, 혹은 한층 신경증을 악화시키기도 한다. 도스토옙스키에게 이런 양성적 성향이 있었다는 가정은 설득력을 갖는다. 이 성향은 잠재적 형태(내재적인 동성애)를 띠고 있는데, 그가 남자 친구들과 나누었던 우정과 연적이었던 남자들에 대한 그의 특이한 애착, 그리고 그가 쓴 중편 소설들 속에서 찾아볼 수 있는 많은 예들이 일러 주듯, 억압된 동성애밖에는 달리 설명할 방법이 없는 상황에 대한 그의 놀라운 이해력 등에서 발견할 수 있다.

　증오와 사랑이 섞여 있는 아버지에 대한 이러한 태도와, 이 태
도들이 거세 불안에 의해 받아들여야 했던 변형에 대해 이런 식
으로 설명하게 되면 정신분석에 친숙하지 못한 독자들은 아무런
흥미도 느끼지 못할 것이고 의심하게 될 터인데, 이 점이 못내 안
타깝지만 나로서도 달리 방법이 없다. 거세 콤플렉스가 어김없이
가장 전반적인 혐오를 불러일으키리라는 것도 충분히 예상할 수
있다. 그러나 정신분석적 경험을 통해 볼 때 위에서 지적한 관계
들은 의심할 여지가 없고, 모든 신경증의 열쇠를 갖고 있다는 사
실을 믿어 주었으면 한다. 따라서 우리가 다루고 있는 작가가 앓
고 있었다고 하는 간질에도 이 열쇠를 사용해 보아야 할 것이다.
그러나 우리의 무의식적인 정신 활동을 지배하는 이러한 것들은
의식의 세계에서 얼마나 멀리 떨어져 있는가!

　내가 지금까지 오이디푸스 콤플렉스와 아버지에 대한 증오가
억압되는 과정에 관해 말한 것이 발생될 수 있는 모든 결과들을
망라하고 있는 것은 아니다. 뭔가 새로운 것을 추가해야만 한다.
다시 말해 아버지와 자신을 동일시하는 것은 자아 속에 영구적인
하나의 위치를 차지하게 되는 것이다. 이런 동일시는 자아에 의
해 받아들여지고 자아 속에 자리를 잡지만, 조화를 이루는 것이
아니라 특이한 심급으로서 자아의 다른 구성 부분과 대립하게 된
다. 이 특이한 심급에 우리는 초자아라는 이름을 부여했으며, 그
것이 부모들의 영향력을 물려받은 것이므로 가장 중요한 기능들
을 부여했었다. 만일 아버지가 거칠고 폭력적이었고 잔인했다면,
그때 초자아는 이러한 특징들을 물려받을 것이고, 억압되어야만
했던 수동적 태도는 초자아와 자아의 관계 속에서 다시 형성된다.
초자아는 가학적으로 되고 반면에 자아는 자학적, 다시 말해 수

동적이고 여성적으로 되는 것이다. 이때 응징을 받고 싶다는 강한 욕구가 자아 속에 일게 되는데, 자아는 한편으로는 자신을 운명의 희생자로 내주는 것이고, 다른 한편으로는 초자아가(죄의식이) 가하는 가혹한 처벌 속에서 만족을 얻는 것이다. 모든 응징은 근본적으로 거세이고, 거세로서 아버지에 대한 옛날의 수동적 태도에서 나오는 만족이기도 하다. 운명이란 결국 훗날 아버지의 모습이 다시 투사되는 것에 지나지 않는 것이다.

　윤리 의식이 형성되는 정상적인 과정은 위에서 묘사한 비정상적인 과정과 유사할 수밖에 없다. 양자 사이의 경계를 아직은 분명히 알아낼 수는 없지만, 양자가 갈라지는 지점에서 억압되어 있는 여성성이라는 수동적 구성 요소가 주요한 역할을 맡고 있다는 지적을 할 수 있다. 나아가 우연적인 것이라고 하더라도, 아버지가 — 어떤 경우에도 두려운 존재이긴 하지만 — 현실에서 각별히 폭력적인 사람인지 아닌지는 매우 중요한 문제다. 도스토옙스키의 경우가 그랬는데, 그의 특이한 죄의식과 자학적 행동들은 이상하리만치 강했던 그의 여성적 편향에 기원을 두고 있다고 할 수 있다. 그래서 우리는 다음과 같이 도스토옙스키의 경우를 정리해 볼 수 있다. 즉 그에게는 특이하게 강했던 양성 소질이 있었고, 또 특이하게 가혹했던 아버지에게 종속되지 않기 위해 그는 유난히 격렬하게 스스로를 보호해야만 했던 것이다. 이미 알려진 것들에 이 양성적 특질을 첨가해야 할 것이다. 따라서 〈죽음의 엄습〉이라는 이 조숙한 징후는 아버지와 자아의 동일시였고, 이 동일시는 초자아가 응징으로서 허락한 동일시이기도 했다. 〈너는 너 자신이 아버지가 되기 위해 아버지를 죽이고자 했다. 이제 너는 아버지가 되었다. 그러나 너는 죽은 아버지밖에는 될 수가 없다.〉 이것이 바로 히스테리성 증후에서 흔히 볼 수 있는 기제다.

이뿐만이 아니다. 〈이제 아버지가 너를 죽이고 있는 중이다〉라는 생각 역시 도사리고 있다. 자아에게 있어서 죽음의 증후는 환상 속에서 이루어지는 남성적 욕망의 충족이면서 동시에 자학적 충족이기도 하다. 초자아에게 있어서 그것은 처벌을 통한 충족, 다시 말해 가학적 충족이다. 자아와 초자아라는 두 심급이 다시 아버지의 역을 맡고 있다.

요약하자면 한 개인인 아버지와 욕망의 대상인 아버지의 관계는 그 내용을 그대로 간직한 채 자아와 초자아의 관계로 변형되는 것이다. 두 번째 무대에서 다시 연극이 이루어지고 있는 형국이라고 볼 수 있다. 오이디푸스 콤플렉스에서 유래한 이러한 어린아이의 반응들은 현실에서 자양분을 얻을 수 없을 때 사라지게 된다. 그러나 아버지의 특성은 그대로 유지된다. 아니, 그대로 남는 정도가 아니라 이 특성은 세월과 함께 변질되어서 도스토옙스키의 경우에서 볼 수 있는 것처럼 나쁜 아버지에 대한 증오와 아버지가 죽었으면 하는 바람만이 여전히 남게 되는 것이다. 그런데 현실이 이러한 억압된 욕망들을 충족시킬 때 위험이 찾아온다. 환상이 현실이 되고 모든 방어 조치들이 강화된다. 이때 도스토옙스키의 발작들은 간질적 경향을 띠게 된다. 그의 발작들은 언제나 응징으로서 아버지와 동일시한다는 의미를 지니게 되지만, 자기 아버지의 죽음이 그랬던 것처럼 발작들 역시 끔찍하고 두려운 것이 된다. 이 발작들은 사후에 어떤 내용을 받아들인 것일까? 좁혀 말해 어떤 성적 내용을 받아들인 것일까? 이것을 알아낸다는 것은 불가능하다.

다만 한 가지는 특기할 만하다. 발작이 일어나려고 하는 전단계에서는 지복(至福)의 순간이 체험된다는 것이다. 이 순간은 아버지의 죽음을 접했을 때 느낄 수 있었던 승리감과 해방감을 다시 느끼는 순간일 수도 있겠지만, 이 순간에는 그만큼 더 잔혹한 응징이 즉각적으로 따르게 된다. 승리와 애도, 혹은 즐거운 축제와 슬픈 초상이 공존하는 이 단계를 우리는 이미 아버지를 죽이고 토템 식의 음식 잔치를 벌이는 원시 부족에게서 볼 수 있었다.[8] 도스토옙스키가 시베리아로 유형을 갔을 때 발작을 일으키지 않았다는 것이 사실이라면, 이는 그가 일으켰던 발작들이 응징의 의미를 갖고 있었다는 것을 입증해 주는 것이리라. 다른 식으로 응징받고 있을 때 더 이상 다른 응징이 필요치 않았던 것이다. 어쨌든 도스토옙스키의 정신 활동이 필요로 했던 이 응징은 그가 가난과 모멸의 세월을 보내면서도 결코 좌절하지 않고 견뎌 내는 데 성공했다는 사실을 설명해 준다. 도스토옙스키를 정치범으로 가둔 것은 부당한 처사였고, 그 자신도 이 점을 모르지 않았지만, 그는 차르가 그에게 가한 이 부당한 형벌을 받아들였다. 차르는 그에게 하늘에 계신 아버지에 버금가는, 말하자면 〈작은아버지〉였고, 형벌을 받아들인 것은 그가 이 형벌을 실제의 아버지에 대해 저지른 죄로 인해 받아야 할 응징을 대신하는 것으로 여겼기 때문이다. 스스로를 응징하는 대신 그는 아버지를 대신하는 다른 존재가 그에게 형벌을 가하도록 방임해 버린 것이다. 여기서 우리는 사회가 가하는 형벌이 심리학적 정당성을 갖고 있다는 점을 알 수 있다. 많은 범죄자들이 형벌을 받고 싶어 한다는 것은 잘 알려져 있는 사실이다. 그들의 초자아가 형벌을 요구하는 것이고, 그럼으로써 스스로 자신에게 내려야 할 응징을 피하는 것이다.[9]

8 「토템과 터부」를 볼 것.
9 프로이트의 「정신 분석에 의해서 드러난 몇 가지 인물 유형」(프로이트 전집 14, 열린책들)에서 세 번째 유형 참조.

히스테리성 증후가 갖고 있는 의미가 복잡한 변화를 보인다는 것을 아는 사람이라면, 도스토옙스키가 겪었던 발작들의 의미를 앞에서 살펴본 초기 단계를 넘어서서 심화시키는 것이 문제가 아니라는 것을 알 것이다.[10] 우리로서는 발작들의 최초의 의미가 그 이후 그에 덧붙여진 모든 것의 밑에 변하지 않은 채 그대로 남아 있다는 가정을 하는 것으로 충분하다. 아버지를 죽이고 싶다는 욕망이 의식에 남겨 놓은 그 무거운 죄의식에서 도스토옙스키는 결코 벗어날 수 없었다고 말할 수 있다. 아버지와의 관계가 결정적인 영향력을 미치고 있었던 다른 두 영역에서, 다시 말해 국가의 권위와 신에 대한 신앙에서 그의 행동을 결정했던 것도 바로 이 죄의식이었다. 국가와 관계에서 그는 하늘에 계신 아버지에 버금가는 〈작은아버지〉였던 차르에게 완벽에 가까운 복종을 보였다. 도스토옙스키는 실제로도 차르와 죽음의 연극[11]을 벌였고, 차르는 또 매우 빈번하게 그의 발작 속에 모습을 나타내곤 했다. 여기서는 그에게 형벌이 가해짐으로써 문제가 해결된다. 도스토옙스키는 종교의 영역에서는 더욱 많은 자유를 가질 수 있었다. 겉으로 보기에는 믿을 수 있을 것처럼 보이는 몇몇 증언들에 따르면, 그는 죽는 순간까지 신앙과 무신론 사이에서 흔들렸다. 대

---

10 누구보다도 도스토옙스키 자신이 발작의 의미와 내용을 잘 알고 있었다. 친구인 스트라호프에게 그는 간질성 발작을 일으킨 이후 자신이 극심한 신경과민과 의기소침을 경험하게 되는 것은 스스로를 죄인으로 느끼게 하고 자신을 짓누르는 알 수 없는 무거운 죄의식에 벗어날 수 없기 때문이며, 자신이 어떤 나쁜 짓을 저질렀기 때문이라고 고백한 적이 있다(퓔뢰프-밀러의 『도스토옙스키의 신성한 병』). 이러한 자아 규탄 속에서 정신분석학은 도스토옙스키가 〈정신적 현실〉을 알고 있었다는 흔적을 보게 되고, 이 알 수 없는 죄의식을 의식할 수 있도록 시도할 것이다 — 원주.

11 페트라솁스키 사건에 연루되어 투옥된 후, 차르 니콜라이 1세의 잔인한 장난에 의해 사형이 집행되기 직전에 특사령이 내려진 사건을 지칭한다. 물론 사형 의도는 처음부터 없었고, 형장에 끌려 나가는 것조차 미리 계획된 각본이었다. 당시 같이 투옥되었던 사람들 중 한 명은 이 연극으로 실성하고 만다.

단한 지성을 갖고 있던 그는 신앙이 제기하는 여러 가지 지적인 문제를 극복하고 신앙을 향해 나갈 수가 없었다. 세계사의 차원에서 일어났던 일을 개인적으로 되풀이하면서 그는 그리스도의 이상으로 말미암아 죄에서 벗어날 수 있는 출구를 찾을 수 있기를 희망했고, 자신이 당하고 있는 고통을 내세우며 그리스도의 필요성을 주장하기도 했다. 그가 결국 자유스러워질 수 없었고 반동적이 되었다면, 그것은 모든 인간의 가슴속에 현존하고 있고 종교적 감정의 기반이기도 한 친족 관계 속에서 형성된 죄의식이 도스토옙스키에게서는 일종의 초개인적인 힘을 갖고 있었기 때문이다. 그는 자신의 대단한 지성에도 불구하고 이 힘을 극복할 수 없었다. 공정해야 할 분석이 공정성을 잃었고, 오직 편파적인 세계관을 가졌을 때만 내릴 수 있는 판단으로 도스토옙스키를 심판했다고 혹자는 우리를 비판할 수도 있을 것이다. 보수적인 사람이라면 종교 재판관의 입장을 취하면서 도스토옙스키를 전혀 다르게 심판할 수도 있을 것이다. 이런 이의 제기가 근거 없는 것은 아니지만, 우리로서는 도스토옙스키의 결정이 신경증 때문에 생긴 사고 금지 현상[12]에 의해 내려진 것이라고 말함으로써 이러한 이의 제기에 약간의 토를 달아 볼 수는 있을 것이다.

세계 문학사의 영원한 세 걸작인 소포클레스의 『오이디푸스 왕』과 셰익스피어의 『햄릿』과 도스토옙스키의 『카라마조프 씨네 형제들』이 모두 아버지 살해라는 동일한 주제를 다루고 있음은 결코 우연이 아니다. 이 세 작품에서는 행동의 동기 — 한 사람의

---

12 생각해서는 안 됨에도 불구하고 반복해서 떠오르는 생각들을 금지하는 의식 작용으로서 무의식의 차원에서 일어나는 심적 갈등의 주요한 한 증후다. 일상적인 경험 속에서도 간혹 관찰할 수 있지만, 도스토옙스키를 다루고 있는, 특히 그의 신앙 문제를 다루고 있는 프로이트의 이 말을 이해하기 위해서는 〈신은 없다〉고 말해야 될 때 〈신은 죽었다〉는 식의 환언법을 쓰는 경우가 적절한 예가 될 것이다.

여인을 향한 성적 경쟁 관계 ─ 또한 드러나 있다.

가장 꾸밈없이 표현된 경우는 물론 그리스 전설을 따르고 있는 비극이다. 이 비극에서도 행동을 저지르는 사람은 역시 주인공 자신이다. 그러나 문학적으로 표현하자면 완화시키거나 숨겨야만 한다. 분석하면 아버지 살해라는 결론에 도달하게 되지만, 우회적으로 표현되지 않을 때 이 아버지 살해의 의도는 분석의 준비 과정이 없는 상황 속에서는 참을 수 없는 것이 되어 버린다. 그리스 비극은 주인공의 무의식적인 동기를, 그 자신과 전혀 무관하게 벌어졌지만 빠져나갈 수는 없었던 운명의 장난을 통해 표현함으로써 사실들이 주는 충격을 탁월하게 완화시키고 있다. 주인공이 저지른 행위는 전혀 비의도적인 것이었고, 겉으로 보기에는 여인에게 아무런 영향을 받지 않은 행위였다. 그러나 주인공은 이 두 가지 사실이 서로 긴밀히 관련되어 있다는 점을 알고 있었다. 왜냐하면 주인공이 왕비인 어머니를 차지할 수 있는 것은 오직 아버지를 상징하는 괴물에 맞서 자신의 행동을 반복할 때뿐이기 때문이다. 자신이 저지른 과오가 드러나고 이를 의식하게 되었을 때, 주인공은 빠져나갈 수 없는 운명의 장난이라는 핑계에 의존하지 않는다. 그의 죄악은 마치 분명한 의식 상태 속에서 저질러진 범죄처럼 인정되고 응징받는다. 독자들이 보기에 이것은 부당하지만 심리적으로 볼 때는 완벽하게 정확한 것이다.

영국의 희곡 작품 속에서는 이야기의 전개가 한층 간접적이다. 다시 말해 주인공이 직접 죄악을 저지르지 않는다. 죄악은 누군가 다른 사람에 의해 저질러지는데, 이 사람에게는 그의 행동이 아버지 살해의 의미를 지니고 있지 않다. 따라서 여인을 향한 성적 경쟁 관계라는 상궤를 벗어난 듯한 행동의 동기도 위장될 필요가 없었다. 또한 우리는 다른 사람이 저지른 죄악이 주인공에게 미치는 영향을 관찰함으로써, 비유적으로 말하자면 반사된 빛을 통해 그가 갖고 있던 오이디푸스 콤플렉스를 볼 수 있다. 주인공은 범죄를 저지른 자에게 복수해야만 했지만 이상하게도 그렇게 할 수 없는 상태에 처하게 된다. 죄의식이 그를 마비시켰다는 것을 우리는 알고 있다. 죄의식은 신경증의 진전 과정과 완벽하게 똑같은 방식으로 복수할 수 없는 그의 무능에 대한 지각 행위 쪽으로 이동해 있다. 몇 가지 흔적들을 통해 우리는 주인공이 자신의 죄의식을 초개인적인 것으로 인식하고 있음을 알 수 있다. 〈한사람 한사람의 자격을 따진다면, 과연 누가 이 채찍을 피할 수 있을 것인가?〉 [13]

도스토옙스키의 소설은 앞의 두 작품보다 한 발 더 나아가 있다. 이 소설에서도 살해는 다른 사람에 의해 저질러진다. 그러나 이 다른 사람은 주인공인 드미트리와 살해당한 사람과 같은 친족 관계를 맺고 있고, 또 그의 행동에서 성적 경쟁 관계가 동기였다는 점이 공개적으로 밝혀져 있다. 그는 주인공의 동생인데, 특기할 만한 것은 도스토옙스키가 마치 그의 가슴속에 있는 간질병 환자와 신경증 환자가 아버지 살해자였다고 고백이라도 하는 듯이 자신이 앓고 있던, 이른바 간질병이라는 병을 이 인물에게 부여하고 있다는 점이다. 재판이 진행되는 동안 행했던 변론에서 독자들은 심리학에 대한 잘 알려진 조롱을 대할 수 있다 — 이것은 양날을 지닌 칼이었다.[14] 이는 기가 막힌 위장인데, 왜냐하면 도스토옙스키의 관점이 지닌 깊은 의미를 알아내기 위해서는 이 위장을 거꾸로 뒤집기만 하면 되기 때문이다. 조롱을 받아야 했

13 『햄릿』 제2막 2장.
14 원문대로 표현하자면 〈두 끝을 지닌 막대〉 정도가 될 것이다. 〈양날을 지닌 칼〉은 콘스탄스 가넷이 영어로 옮긴 것에서 차용했다.

던 것은 심리학이 아니라 수사 과정이었다. 누가 실제로 행동을 저질렀느냐의 문제는 거의 아무런 중요성도 없다. 심리학이 염두에 두고 있는 것은 단지 누가 이 행동을 원하고 있었으며, 완결된 행동을 누가 마음속으로 받아들이고 있었느냐를 밝히는 것이다.[15] 이런 이유로 해서, 다른 사람들과는 대비가 되는 알료샤를 제외한 모든 형제들은 똑같이 죄인이었다. 충동을 이겨 내지 못하고 방탕한 생활을 하는 자나, 냉소적인 회의주의자나 또 간질 성향을 보이는 살인자나 모두 죄인이었다. 소설 『카라마조프 씨네 형제들』에는 도스토옙스키에 관해 매우 시사적인 한 장면이 나온다. 그의 아버지는 드미트리와 이야기를 나누던 중 그가 자기를 살해할 준비를 하고 있다는 사실을 알게 되고, 그의 앞에 엎드리고 만다. 물론 이것은 존경의 표시가 아니다. 오히려 이것은 한 성자가 살인자를 경멸하고 증오하려 했던 자신의 유혹을 떨쳐 버리고, 이런 유혹을 느꼈던 자기 자신을 형편없는 인간으로 생각했다는 것을 의미한다고 보아야 할 것이다. 범죄자에 대해 도스토옙스키가 가지고 있던 애정은 실제로 끝이 없는 것이었다. 그의 공감은 불행한 자에게 보내는 동정의 수준을 훨씬 넘어서는 것이었다. 그의 애정은 고대 사람들이 간질환자나 광인들을 보면서 느꼈던 성스러운 공포를 연상시킨다. 그가 보기에 범죄자는 그가 아니었다면 다른 사람들에게 돌아갔을 과오를 대신 짊어진 속죄자로 비쳤던 것이다. 그가 이미 살인을 저질렀기 때문에 죽인다는 것이 이제는 더 이상 필요치 않은 것이고, 따라서 그에게 고마워해야 하는 것이다. 측은한 마음에서 우러나오는 단순한 동

---

15 할스만의 경우에 대한 프로이트의 언급에서 능동적인 범죄에 대한 실제적인 적용을 찾아볼 수 있다. 프로이트는 여기에서 『카라마조프 씨네 형제들』에 대하여 다시 논하고 있다.

정심이 아니라 죄인에 대한 그의 애정은 유사한 충동에 기초한 동일시이고, 약간 변형된 나르시시즘이라고 보아야 한다. 그렇다고 이러한 선행의 도덕적 가치가 부정되어야 하는 것은 아니다. 왜냐하면 일반적으로 우리로 하여금 다른 사람들의 생활에 일어난 불행에 대해 동정을 느끼게 하는 것이 바로 이 메커니즘이기 때문이다. 죄의식에 짓눌려 있는 작가의 극단적인 경우에서 단지 좀 더 수월하게 이 메커니즘을 식별해 낼 수 있는 것뿐이다. 동일시에 의한 이러한 애정이 도스토옙스키가 주제를 선택할 때 결정적인 영향을 미쳤다는 것은 의심할 여지가 없다. 그는 처음에는 평범한 범인(이기심에서 죄를 저지르는)이나 정치범과 종교 사범들을 다루었다. 근원적인 죄악인 아버지 살해를 저지른 죄인을 다룬 것은 그의 말년에 이르러서였고, 이런 죄인을 다루면서 그는 문학적으로 고해를 하고 있었던 것이다.

도스토옙스키의 유고집과 부인의 일기가 훗날 출간됨으로써 그가 독일에서 노름에 빠져 지내던 시기의 생활에 대해 많은 것이 알려지게 되었다(『도박장의 도스토옙스키』). 이 글 속에서는 오직 당시의 그가 병적인 상태에 빠져 있었다는 것만이 두드러져 나타날 뿐이다. 이 특이하고도 점잖지 못한 행위를 합리화시키는 논리가 없지는 않다. 신경증 환자에게서는 결코 드물지 않은 죄의식은 이 경우 뭔가 손으로 만지는 것으로 대체된 것인데, 노름을 하며 지게 된 빚이 바로 그것이었다. 물론 도스토옙스키는 빚쟁이들에게서 벗어나 러시아로 돌아가기 위해서는 노름에서 돈을 따야만 했다는 주장을 펼칠 수 있었다. 그러나 이는 핑계일 뿐이다. 도스토옙스키는 이 사실을 모를 만큼 명민하지 못한 사람이 아니었고, 정직한 사람이기도 해서 스스로 고백하고 있기도

하다. 본질은 도박 그 자체였다는 것을 그는 잘 알고 있었다. 그는 도박을 위한 도박을 하고 있었던 것이다.[16] 충동에 사로잡혀 있었다는 것을 알 수 있는 그의 모든 행동들은 위 사실을 잘 일러 줄 뿐만 아니라 다음과 같은 점도 알려 주고 있다. 즉 그는 완전히 다 잃기 전까지 결코 자리에서 일어나지 않았다. 그에게 도박은 자기 응징의 또 다른 방법이었던 것이다. 매번 그는 자신의 젊은 아내에게 다시는 노름을 하지 않겠다고, 혹은 적어도 그날 하루만은 하지 않겠다고 다짐에 다짐을 했지만, 그의 아내의 이야기에 따르면 그가 이 약속을 지킨 적은 한 번도 없다. 돈을 몽땅 털린 다음 두 사람이 적빈(赤貧)의 상태에 빠지게 되었을 때, 도스토옙스키는 다시 병적인 만족감을 맛보곤 했다. 그는 자기 자신에게 욕설을 해댔고, 아내 앞에서 자신을 한없이 비하시킬 수 있었으며, 아내로 하여금 자신을 경멸하도록 부추겼고, 또 자신과 같은 늙은 죄인과 결혼한 것을 후회하도록 할 수 있었다. 그러고 나서 그는 다시 가벼워진 의식을 가지고 다음 날 또다시 도박을 하곤 했다. 젊은 아내는 이 악순환에 익숙해져 갔다. 우리는 이 사실을 그녀의 글 속에서 확인할 수 있는데, 그녀는 구원을 얻을 수 있는 유일한 출구였던 남편의 문학 창작이 가장 잘 진전되는 때는 바로 그들이 가지고 있는 모든 것을 잃고 마지막 재산마저 저당을 잡혔을 때였다고 쓰고 있다. 물론 아내가 이 관계를 파악하고 있었던 것은 아니다. 도스토옙스키의 죄의식이 그가 자기 자신에게 스스로 가한 응징에 의해 해소되었을 때, 비로소 작업을 방해하던 금지가 사라졌던 것이고, 성공을 향해 몇 발자국 옮겨 놓을 수

---

16 도스토옙스키는 한 편지에서 다음과 같이 쓴 적이 있다. 〈중요한 것은 도박 그 자체다. 맹세하건대, 비록 지금 그 어느 때보다 더 돈이 필요한 처지이지만, 돈 욕심이 나서 도박을 하는 것은 결코 아니다〉 ── 원주.

있었던 것이다.[17]

어린 시절의 어떤 부분이 오랫동안 파묻혀 있다가 이렇게 도박 강박의 형태를 띠고 나타난 것일까? 현대 작가의 한 중편 소설을 읽으면 이 질문에 대해 답을 어렵지 않게 찾을 수 있을 것이다. 도스토옙스키에 대한 연구서도 한 권 낸 바 있는(『세 사람의 스승』) 슈테판 츠바이크는 『혼란스러운 감정들』이라는 제목으로 세 편의 소설을 묶어 소설집을 내면서, 그 안에 「한 여인의 24시간」이라는 중편 소설을 포함시켰다. 이 작은 걸작은 여자가 어느 정도로 무책임한 존재일 수 있는지를, 또 여자가 뜻하지 않았던 경험을 하면서 자신도 스스로 놀라는 어떤 과잉 상태에 빠지게 되는지를 보여 준다. 그러나 실제로 소설은 이보다 훨씬 더 많은 것을 이야기하고 있다. 소설을 일단 분석적으로 해석해 보면, 우리는 소설이 제목에서 기대했던 것과는 완전히 다른 이야기를, 즉 여자에 대한 이야기가 아니라 인간 일반에 대한 이야기를, 혹은 오히려 남성에 대한 이야기라고 해야 옳을 이야기를 하고 있음을 알게 된다. 이런 해석은 너무나도 명백해서 누구도 부정할 수 없을 것이다. 나의 친구이기도 한 작가가, 비록 소설 속에 나오는 많은 자질구레한 것들이 독자들에게 어떤 비밀스러운 흔적을 전달하기 위해 의도적으로 배치된 것처럼 보일지라도, 내가 한 해석이 자신이 알고 있는 것이나 의도했던 것과는 너무나도 다르다고 알려 왔을 때, 이는 예술 창조의 한 본성으로 생각하면 이해할 만한 일이다.

품위 있어 보이는 한 나이 든 여인이 20여 년 전에 경험한 일을

---

17 퓔뢰프-밀러는 『도박장의 도스토옙스키』에서 다음과 같이 쓰고 있다. 〈다 잃을 때까지, 완전히 파산할 때까지 그는 테이블에 남아 있었다. 완전한 파멸을 맞이했을 때가 되어서야 비로소 악령은 창조의 수호신에게 자리를 양보하고 그의 영혼에서 빠져나갔다〉 ─ 원주.

작가에게 털어놓는다. 일찍 과부가 되었던 그녀는 이제 그녀의 보살핌이 필요치 않은 두 아들의 어머니로서 인생에서 더 이상 기대할 것이 없는 허전한 삶을 살고 있었다. 42세가 되는 해 어느 날, 그녀는 이곳저곳 여행하던 중 우연히 모나코의 카지노에 들르게 된다. 장소가 주는 이상한 인상들을 음미하고 있던 그녀의 눈에 문득 두 손이 들어왔다. 그녀가 본 두 손은 낙담한 한 불행한 노름꾼의 모든 심적 상태를 숨김없이 그대로 드러냈으며, 보는 이의 가슴을 뭉클하게 했다. 잘생긴 젊은이의 손이었고 — 작가는 이 청년의 나이를 마치 의도적이 아닌 것처럼 하면서도 여인의 장남과 같은 나이로 설정해 놓았다 — 청년은 모두 다 잃은 후 깊은 절망감에 싸여 홀을 나서고 있었다. 그의 표정은 카지노의 정원에 나가자마자 자살할 것만 같은 표정이었다. 어떻게 설명해야 좋을지 모를 동정심에 이끌려 그녀는 청년을 따라갔고, 어떻게 해서든지 그를 살려야만 할 것 같았다. 그러나 청년은 그녀를 그런 장소를 흔히 기웃거리는 귀찮은 여인 정도로만 여겨 상대하려고 하지 않았다. 하지만 여인은 계속 청년과 함께 남아 있었고, 그의 호텔 방까지 따라 들어가고 말았다. 마침내는 침대를 함께 쓰게 된다. 즉흥적으로 이루어진 그날 밤의 사랑이 끝난 후 여인은 겉으로는 아무렇지도 않아 보이는 청년에게 다시는 도박하지 않겠다는 엄숙한 약속을 얻어 낸다. 여인은 청년에게 집으로 돌아갈 돈을 주고 기차역에서 만나기로 약속한 후에 헤어진다. 그러나 청년을 정말로 사랑하게 된 여인은 그를 위해서라면 모든 것을 희생할 수도 있을 것 같았고, 마침내 그와 헤어지는 대신 함께 여행하기로 결정한다. 그러나 우연찮은 일들이 겹쳐지면서 그녀는 기차 시간에 맞추어 역에 도착할 수 없게 된다. 사라진 청년을 그리워하며 다시 카지노를 찾은 여인은 그곳에서 놀랍게도 전날 억누를 수 없는 동정심을 자아냈던 그 손을 다시 보게 된다. 약속을 저버리고 청년은 다시 도박장을 찾은 것이다. 여인은 약속을 상기시켰지만 노름에 빠진 청년에게 여인은 흥을 깨는 귀찮은 존재에 불과했고, 빌려 준 돈을 그녀의 면전에 던지면서 꺼지라고 소리를 지른다. 수치스러운 나머지 여인은 그 자리를 떠나야만 했고, 얼마 후 여인은 자신이 청년을 죽음에서 구원해 내지 못했음을 알게 된다.

흠잡을 데 없는 구성을 갖고 있는 이 소설은 그 자체로 스스로를 설명하고 있다. 또 틀림없이 독자들에게 강한 인상도 남겼을 것이다. 그러나 분석해 보면 소설이 사춘기 시절의 환상적인 욕망에서 비롯되었다는 것을 알 수 있다. 많은 사람들의 의식 속에 추억으로 남아 있는 것이기도 한 이 환상은 어머니는 청년을 자위라고 하는 두려운 위험에서 보호하기 위해서 그를 성에 입문시킬 수 있을 것인가 하는 의문에 기초해 있다(속죄를 다루는 많은 소설들은 같은 기원에서 비롯된 작품들이다). 자위라는 〈악습〉이 노름으로 바뀌었을 뿐이다.[18] 작가가 두 손의 격정적인 움직임을 특이할 정도로 강조하고 있다는 데서 자위행위와 노름벽 사이의 파생 관계를 읽을 수 있다. 실제로도 노름벽은 옛날에 자위행위를 지배했던 강박과 등가 관계를 맺고 있다. 방에 숨어 손으로 성기를 만지작거릴 때 아이들이 사용하는 단어도 똑같이 〈논다〉는 단어다.[19] 견딜 수 없는 유혹, 다시는 하지 않겠다는, 그러나 언제나 거짓으로 끝나 버리고 마는 비장한 각오, 혹은 멍멍한 쾌감과 뒤에 남는 견딜 수 없는 죄책감 — 자괴감(自壞感) — 이 모든 것

18 1897년 12월 22일 플리스에게 보낸 편지에서 프로이트는 이후 모든 탐닉으로 대체되는 〈첫 번째 탐닉〉이 이 자위라고 추측했다(프로이트, 편지 79) — 원주.
19 우리말의 〈노름〉이라는 단어도 〈놀다〉라는 으뜸꼴에서 파생된 명사이다.

은 판이 바뀌어도 변하지 않은 채 남아 있다. 물론 츠바이크의 소설은 아들이 아니라 어머니에 의해 이야기되고 있다. 이런 상황은 아들에게 다음과 같은 생각을 하도록 했을 것이다. 만일 내가 자위를 하면서 어떤 위험에 처하는지를 안다면, 어머니는 분명히 내 모든 애정이 어머니의 몸을 향하는 것을 허락함으로써 나를 보호해 줄 것이다. 츠바이크의 소설 속에서 젊은 청년이 그랬던 것처럼, 어머니를 창녀로 간주하는 것도 동일한 환상과 관련되어 있다. 접근할 수 없는 여인을 창녀는 쉽게 접근이 가능한 여인으로 만들어 놓는다. 소설의 비극적 결말은 이러한 환상에 수반되게 마련인 견딜 수 없는 죄책감에서 비롯된 것이다. 소설가가 소설의 표면을 통해 우리가 분석했던 의미들을 어떻게 은폐시키려고 했는지를 살펴보는 것도 흥미로운 일이 될 것이다. 여자가 이해할 수 없는 돌연한 충동에 사로잡혀 사랑하게 된다는 것은 이론의 여지가 많은 이야기이다. 분석을 통해 우리는 오히려 이제까지 사랑에 등을 돌린 채 살아왔던 이 여인의 갑작스러운 행동이 나름대로 적절한 동기를 갖고 있었다는 것을 알게 된다. 고인이 된 남편을 생각하며 여인은 계속 정절을 지켜 왔다. 그러나 — 이 점에서 아들의 환상은 정확한 것이었는데 — 여인은 어머니로서 전적으로 그녀의 무의식 속에서 일어나는, 아들을 향한 사랑의 전이 현상에서 벗어날 수는 없었다. 이 감시받지 않는 자리에 있던 한 여인을 운명이 낚아챈 것이다.

언제나 실패로 끝나고 마는 노름에서 벗어나려는 싸움이 뒤따랐던 노름벽과 그로 인해 반복되었던 자기 응징의 기회들이 자위의 강박적 반복과 동질의 것이라면, 자위의 강박적 반복이 도스토옙스키 생애에서 엄청난 비중을 차지하고 있다는 사실은 그리 놀라운 일이 아니다. 실제로 심각한 신경증 증세 속에서 어린 시절과 사춘기 때에 자위행위를 통해 만족을 얻었던 경험이 나타나지 않는 경우란 없다. 이러한 만족을 억압하려는 노력과 아버지에 대한 두려움 사이의 관계는 너무나도 잘 알려진 것이므로 일일이 언급할 필요는 없어 보인다.[20]

정장진 옮김

20 지금까지 내가 취했던 관점들은 노이펠트Jolan Neufeld가 쓴 「도스토옙스키, 정신분석적 소묘」라는 탁월한 글에서 대부분 이야기되었던 것들이다 — 원주.

전쟁과 죽음에 대한 고찰

Zeitgemässe über Krieg und Tod(1915)

전쟁과 죽음에 관한 이 에세이는 제1차 세계대전이 일어난 지 여섯 달 뒤인 1915년 3월과 4월경에 쓰여 『이마고 *Imago*』 제4권(1915, 1월호), 『신경증에 관한 논문집』 제4권(1918)에 재수록되고, 1924년 국제 정신분석 출판사에서 단행본으로 출판되었으며, 『전집』 제10권(1946)에 실려 있다.

제1장은 〈문명적 성도덕〉에 관한 논문에서 다룬 문명과 본능적 삶의 대립 관계가 낳은 결과에 대한 주제를 다시 한번 고찰하고, 죽음을 다룬 제2장은 대부분 「토템과 터부」에 실린 제2장과 같은 자료에 바탕을 둔다.

이 논문의 영어 번역본은 브릴A. A. Brill과 커트너A. B. Kuttner가 번역하여 *Reflections on War and Death*라는 제목으로 뉴욕 모펏야드 출판사에서 출간되었으며, 1925년에는 메인이 번역하여 "Thoughts for the Times on War and Death"라는 제목으로 『논문집』 제4권에 수록되고, 『표준판 전집』 제14권(1957)에도 실렸다.

전쟁의 환멸

우리가 지금 휘말려 있는 전시의 혼란 속에서는 일방적인 정보에 의존할 수밖에 없지만, 우리는 이미 일어났거나 이제 막 일어나기 시작한 대변화에 너무 가까이 다가서 있어, 어떤 미래가 형성되고 있는지 그 윤곽조차 알아차리지 못한 채, 홍수처럼 밀려드는 수많은 인상의 의미와 우리가 내리는 판단의 가치를 알지 못해 쩔쩔매고 있다. 우리는 인류 역사상 어떤 사건도 인류의 귀중한 공동 재산을 이토록 많이 파괴한 적이 없고, 가장 명철한 지성을 이토록 많이 혼란시킨 적도 없으며, 가장 고상한 것을 이토록 철저히 타락시킨 적도 없었다고 느끼지 않을 수 없다. 과학은 냉정한 공평무사함을 잃어버렸다. 적개심으로 무장한 과학도들은 적과의 투쟁에 도움이 될 만한 무기를 과학에서 찾고 있다. 인류학자들은 적을 열등하고 퇴화한 존재로 선언해야 한다는 충동을 느끼며, 정신과 의사들은 적이 정신병에 걸렸다는 진단을 내리고 있다. 그러나 당면한 악에 대한 우리의 인상은 아마 지나치게 강할 테고, 우리는 직접 경험하지 못한 다른 시대의 악과 당면한 악을 비교할 자격이 없다.

전쟁터에 직접 나가 전쟁이라는 거대한 기계의 톱니가 된 전투원들을 빼고는 모두 방향 감각을 잃은 채, 자신의 힘과 능력이 억눌린 듯한 기분을 느낀다. 이런 사람은 아무리 사소한 암시라도 기꺼이 받아들일 것이다. 암시를 받으면, 적어도 자기 자신 속에서는 방향을 찾기 쉬워질 것이기 때문이다. 나는 비전투원들이 느끼는 정신적 고통 — 여기에 맞서 싸우는 것은 무척 힘든 일이다 — 의 원인이 되는 요인 중 두 가지를 골라 다루고자 한다. 하나는 이번 전쟁이 불러일으킨 환멸이고, 또 하나는 이번 전쟁이 — 다른 모든 전쟁과 마찬가지로 — 우리에게 강요하는 죽음에 대한 태도 변화이다.

내가 말하는 환멸이 무슨 뜻인지 모르는 사람은 아마 없을 것이다. 환멸을 이해하기 위해 반드시 감상주의자가 될 필요는 없다. 인간이 살아가면서 고통을 겪는 것은 피할 수 없는 숙명이지만, 우리는 인생의 섭리에서 고통이 지니는 생물학적·정신적 필요성을 이해하면서도 전쟁의 수단과 목적을 비난하고 모든 전쟁이 끝나기를 갈망할 수 있다. 민족들이 그렇게 서로 다른 조건에서 살고 있는 한, 개인 생활의 가치가 민족에 따라 그토록 다양하게 평가되는 한, 민족들 사이를 갈라놓는 증오심이 사람의 마음속에서 그토록 강력한 원동력이 되는 한 전쟁은 결코 끝날 수 없으리라고 우리는 생각해 왔다. 따라서 우리는 인류가 앞으로 언젠가는 미개 민족과 문명 민족 간의 전쟁, 피부색이 다른 인종 간의 전쟁, 어쩌면 문명이 거의 발달하지 않았거나 과거의 문명을 잃어버린 유럽 민족에 대한 전쟁이나 그런 유럽 민족들 간의 전쟁에 말려드는 사태를 각오하고 있었다. 그러나 우리는 다른 희망도 버리지 않았다. 세계를 지배하는 강대한 백인 민족들 — 인류를 이끌어 가는 지도자의 임무를 떠맡고 전 세계의 이익에 관심을 기울이고 있는 것으로 알려진 백인 민족들, 뛰어난 창의력으로 자연을 통제하는 과학 기술을 진보시켰을 뿐 아니라 문명의 예술적 과학적 수준도 크게 드높인 위대한 백인 민족들 — 이 민족 간 불화와 이해관계의 대립을 해결하는 다른 방법을 찾아내리라고 기대했던 것이다. 이들 민족 내부에서는 개인에 대해 높은 도덕적 행동 기준이 규정되어 있었고, 문명 공동체에 참여하기를 원하는 사람은 누구나 이 행동 규범에 따라 생활해야 했다. 지나치게 엄격할 때가 많은 이 행동 규범들은 개인에게 많은 것을 요구했다. 개인은 많은 욕망을 자제해야 했고, 본능 만족을 대부분 포기해야 했다. 무엇보다도 엄격하게 금지된 것은 동포와의 경쟁에서 막대한 이익을 얻기 위해 거짓이나 속임수를 쓰는 행위였다. 문명 국가들은 이런 도덕적 규범을 국가 존립의 토대로 간주했다. 그래서 그 도덕적 규범을 함부로 바꾸는 사람이 있으면 국가는 중대한 조치를 취했고, 비판적 지성이 도덕적 규범을 검토하는 것조차도 부당한 일로 선언했다. 따라서 국가도 당연히 도덕적 규범을 존중하고, 규범에 어긋나는 일을 하는 것은 국가 자신의 존립 기반을 부인하는 결과가 되기 때문에 그런 일은 아예 꿈도 꾸지 않을 것으로 여겨졌다. 물론 유심히 관찰해 보면, 전 세계적으로 배척받는 이민족의 잔당이 이들 문명 국가에 군데군데 박혀 있는 것을 알 수 있었다. 이들 소수 민족은 문명의 공동 작업에 적합하다는 것을 입증했기 때문에, 다수 민족은 이들이 문명의 공동 작업에 참여하는 것을 마지못해 인정했지만, 그래도 완전히 인정하지는 않았다. 그러나 위대한 민족들은 동족과 이민족의 공통점을 파악하고 차이점을 너그럽게 용인했다고 여겨질 수도 있었을 것이다. 그렇다면 고전 시대에는 같은 개념이었던 〈외국인〉과 〈적〉이 이제는 더 이상 하나의 개념으로 통합될 수 없을 터였다.

문명 민족들 간의 이런 화합에 기대를 걸고, 수많은 남녀가 고국을 떠나 외국으로 건너갔다. 그들의 생존은 우호적인 민족들

간의 상호 교류에 의존하고 있었다. 게다가 상황 때문에 어느 한 곳에만 머무를 수 없는 사람은 이들 문명 국가의 장점과 매력을 모아서 좀 더 넓고 새로운 조국을 스스로 세울 수도 있었고, 어떤 방해나 의심도 받지 않고 이 넓은 조국을 자유롭게 돌아다닐 수 있었다. 이런 식으로 그는 푸른 바다와 잿빛 바다를 즐기고, 눈 덮인 산들과 초록빛 초원의 아름다움을 즐기고, 북부의 숲이 지닌 마력과 남부의 초목이 지닌 화려함을 즐기고, 역사적 사건을 상기시키는 풍경이 자아내는 분위기와 손상되지 않은 자연의 고요함을 즐겼다. 이 새로운 조국은 그에게는 문명화한 인류의 예술가들이 수백 년에 걸쳐 창조하여 남겨 놓은 온갖 보물로 가득 찬 박물관이기도 했다. 그는 이 박물관의 전시실을 이리저리 돌아다니며, 혼혈과 역사의 진로, 그리고 어머니인 대지의 독특한 특색이 넓은 의미의 동포들 사이에 얼마나 다양한 완벽함을 낳았는가를 깨닫고, 어느 한쪽에 치우치지 않는 공평무사한 눈으로 그 다양한 완벽함을 감상할 수 있었다. 이 전시실에서는 최고도로 발달한 냉정하고 강인한 에너지를 발견하고, 저 전시실에서는 삶을 아름답게 꾸미는 우아한 예술을 발견하고, 또 다른 곳에서는 종종 법과 질서에 대한 신념을 발견했다. 이것들은 모두 인간을 지구의 지배자로 만든 특질들이다.

독자적인 〈파르나소스〉와 〈아테네 학당〉[1]을 창조한 것도 문명 세계의 이런 시민들이었다는 사실도 잊어서는 안 된다. 모든 민

---

[1] 바티칸 교황청에 있는 라파엘로의 유명한 프레스코화 중 두 점. 「파르나소스」는 위대한 시인들을 묘사했고, 「아테네 학당」은 학자들을 묘사했다. 프로이트는 『꿈의 해석』(프로이트 전집 4, 열린책들)에서도 이 두 점의 그림을 꿈의 작업이 채택한 기법과 유사한 것으로 다룬다. 〈파르나소스〉는 그리스 남부에 있는 산으로, 아폴론과 뮤즈 같은 예술의 신들의 거처로 여겨졌으며, 그래서 문예의 상징이 되었다. 〈아테네 학당〉은 학문의 전당이라는 뜻이다.

족의 위대한 사상가와 문인 및 예술가들 중에서 그는 자기가 인생을 즐기고 이해하는 데 가장 큰 도움을 주었다고 생각되는 이들을 선택했고, 불멸의 고대인들만이 아니라 같은 모국어를 사용하는 친숙한 거장이나 타민족의 위인들도 똑같이 존경했다. 이런 위인들이 자기와 다른 언어를 사용한다고 해서 그들을 이질적인 존재로 생각하지는 않았다. 인간의 정열을 파헤친 탐구자도, 미(美)의 열렬한 숭배자도, 강력하고 위협적인 예언자도, 신랄한 풍자가도 그에게는 이질적으로 여겨지지 않았다. 그는 조국과 사랑하는 모국어를 배신했다는 이유로 자신을 비난하지도 않았다.

그런데 이따금 이런 공동체 구성원들 사이에서도 오랜 전통적 차이 때문에 전쟁이 불가피하다고 경고하는 목소리가 일어나, 이런 공동 문명을 누리는 일이 방해받았다. 우리는 그 경고를 믿지 않으려고 했지만, 그런 전쟁이 실제로 일어난다면 그것을 어떻게 묘사했을까? 고대 그리스의 암피크티오니아 동맹[2]은 그 동맹에 속한 도시를 파괴하거나 올리브 나무를 잘라 내거나 물 공급을 차단해서는 안 된다고 선언했다. 그 시대 이후 우리는 전쟁을 사람들 간의 예절을 발전시킬 수 있는 기회로 생각했다. 우리는 전쟁을 기사도에 따른 치고받기로 상상했다. 싸움은 어느 한쪽이 우세를 확립하는 것으로 한정되고, 이 결정에 이바지할 수 없는 격렬한 고통은 되도록 피한다. 또한 경쟁에서 물러나야 하는 부상자만이 아니라 부상자를 치료하려고 애쓰는 의사와 간호사들에게도 완전한 면책 특권이 주어진다. 비전투원 계층 — 전쟁에 전혀 참여하지 않는 부녀자나, 나중에 성장하면 친구가 되어 서

---

2 인보(隣保) 동맹. 고대 그리스에서 신전과 그 제의(祭儀)를 지키기 위해 주변의 종족이나 폴리스(도시 국가)들이 친선과 안보를 목적으로 결성한 동맹. 하나의 신에 대한 믿음을 중심으로 뭉친 종교 연합이지만, 정치적으로도 중요하다. 델포이의 아폴론 신전을 중심으로 한 동맹이 가장 유명하다.

로 도와야 할 어린아이들 — 에 대해서는 물론 최대한으로 배려한다. 그리고 평화 시의 공동 문명을 구체적으로 형상화하는 국제적 사업과 제도는 모두 그대로 유지된다. 바로 이것이 우리가 상상한 전쟁이었다.

물론 이런 전쟁도 충분한 공포와 고통을 낳았겠지만, 인간 집단 — 민족과 국가 — 사이의 윤리적 관계가 발전하는 것을 방해하지는 않았을 것이다.

그런데 우리가 믿지 않으려고 했던 전쟁이 실제로 일어났고, 그것은 환멸을 가져왔다. 공격용 무기와 방어용 무기의 성능이 엄청나게 좋아졌기 때문에, 이 전쟁은 과거의 어떤 전쟁보다도 훨씬 유혈적이고 파괴적이다. 뿐만 아니라 참혹하고 격렬하고 무자비하다는 점에서는 과거의 어떤 전쟁에도 뒤지지 않는다. 이번 전쟁은 평화 시에 모든 나라가 지키겠다고 약속한 국제법이라는 제약을 모조리 무시하고 있다. 이 전쟁은 부상자와 의료진의 특권을 무시하고, 민간인과 전투원을 구별하지 않으며, 사유 재산권을 무시하고 있다. 전쟁이 끝난 뒤에는 미래도 평화도 없다고 여기는 듯이, 앞을 막아서는 모든 장애물을 짓밟으며 맹목적인 분노를 터뜨리고 있다. 이 전쟁은 교전 중인 민족들 간의 공통된 유대를 모조리 잘라 내고, 상대에 대한 적개심을 유산으로 남기려고 한다. 이 적개심은 앞으로도 오랫동안 유대 관계의 회복을 불가능하게 만들 것이다.

게다가 이번 전쟁은 실로 놀라운 현상을 폭로했다. 문명 민족들이 증오심과 혐오감을 가지고 적대할 수 있을 만큼 서로에 대해 거의 알지도 이해하지도 못한다는 사실이다. 가장 위대한 문명 민족 중 하나는 이미 오래전에 문명 공동체를 만들고 그 공동체에 훌륭하게 이바지하여 자신의 적합성을 입증했지만, 전세계적으로 인기가 없는 탓에, 〈야만적〉이라는 이유로 그 민족을 문명 공동체에서 배제하려는 시도가 현재 이루어지고 있다. 우리는 그 민족의 언어로 글을 쓰고, 우리의 소중한 이들은 그 민족의 승리를 위해 싸우고 있다. 우리는 그 민족이야말로 지금까지 문명의 규범을 가장 준수한 민족이라는 사실을 공정한 역사 기록이 입증해 주리라는 희망 속에서 살고 있다. 그러나 역사의 심판이 내릴 때, 누가 감히 자신의 소송 사건에 재판관으로 나서겠는가?

민족을 다소나마 대표하는 것은 그 민족으로 구성된 국가이고, 이들 국가를 대표하는 것은 그 국가를 다스리는 정부이다. 이번 전쟁에 휘말려든 시민들은 평화 시에 이따금 떠올렸던 생각 — 국가가 개인의 범죄 행위를 금지한 것은 범죄를 근절하고자 해서가 아니라, 소금이나 담배를 독점하듯 범죄를 독점하고자 해서라는 생각 — 이 옳다는 것을 확인하고 경악할지도 모른다. 교전국은, 개인이 저질렀다면 망신을 당하고도 남을 온갖 범죄와 폭력을 멋대로 자행하고 있다. 교전국은, 적에 대해 일반적으로 인정되어 있는 〈전략*ruse de guerre*〉만이 아니라, 의식적인 거짓말과 의도적인 속임수도 태연히 사용하고 있다. 게다가 그 정도는 과거의 전쟁들에서 이루어진 관례를 훨씬 넘어서는 것 같다. 국가는 국민들에게 최대의 복종과 희생을 요구하면서도, 지나친 비밀주의와 엄격한 검열로 국민을 어린애처럼 취급한다. 검열 때문에 지성을 억제당하는 국민들의 마음은 사태가 불리하게 돌아가거나 불길한 소문이 나돌 때마다 무방비 상태로 거기에 휩쓸릴 수밖에 없다. 교전국은 다른 나라들과 자신을 묶어 놓았던 계약과 조약을 해제하고, 권력에 대한 열망과 탐욕을 뻔뻔스럽게 공언하고 있다. 그러면 개인들은 애국심이라는 이름으로 그것을 승인해야 한다.

국가가 범죄 행위를 자제하면 불리한 처지에 몰릴 것이기 때문에 자제할 수 없다는 주장에는 반대할 수 없을 것이다. 개인이 도덕 규범에 따라 잔인하고 독단적인 행동을 자제하는 것도 대개는 그에 못지않게 불리하다. 게다가 국가는 개인에게 희생을 요구하면서도, 그 희생을 다른 식으로 보상해 줄 수 있다는 것을 거의 입증하지 못한다. 인간 집단들을 묶어 놓는 도덕적 관계가 느슨해지는 것이 개인의 도덕에 영향을 미치는 것은 결코 놀라운 일이 아니다. 우리의 양심은 윤리 교사들이 선언하는 것처럼 대쪽 같은 재판관이 아니라, 본질적으로 〈사회적 불안〉에 불과하기 때문이다.[3] 공동체가 더 이상 이의를 제기하지 않으면 사악한 정열에 대한 억제도 사라지고, 사람들은 잔학 행위와 기만, 배신과 야만적인 행위를 제멋대로 저지른다. 이런 행위들은 그들의 문명 수준과 조화를 이루지 않기 때문에, 그들이 그런 짓을 저지를 수 있으리라고는 아무도 생각조차 하지 않았을 것이다.

내가 말한 문명 세계의 시민들이 자신에게 낯설어진 세계 속에서 어찌할 바를 모르고 무력하게 서 있는 것도 당연하다. 그의 위대한 조국은 무너지고, 조국의 공유지는 황무지로 변하고, 동포들은 분열하고 타락했다!

그러나 그의 실망에도 비판의 여지가 있다. 엄밀히 말하면 그가 실망한 것은 결국 환상이 무너진 탓이므로 그의 실망은 정당성을 얻지 못한다. 환상은 우리로 하여금 불쾌감을 맛보지 않게 하고 그 대신 만족감을 즐길 수 있게 해주기 때문에, 우리는 환상을 환영한다. 그렇다면 환상이 이따금 현실의 어떤 부분에 부딪혀 산산조각이 난다고 해도 우리는 불평해서는 안 된다.

이번 전쟁에서는 두 가지가 우리에게 환멸을 불러일으켰다. 대

---

3 양심의 본질에 대한 상세한 견해는 이 책 「문명 속의 불만」에 제시되어 있다.

내적으로는 도덕 규범의 수호자인 척하는 국가가 대외적으로는 저급한 도덕성을 보여 준 것이 그 하나이고, 또 다른 하나는 개인들이 최고 수준에 이른 인간 문명의 참여자로서 도저히 생각조차 할 수 없는 잔인성을 행동으로 보여 준 사실이다.

두 번째 점부터 고찰하면서, 우리가 비판하고자 하는 관점을 몇 마디로 요약해 보자. 한 개인이 비교적 높은 수준의 도덕성에 이르는 과정을 우리는 사실상 어떻게 상정하고 있는가? 성선설(性善說)이 그 첫 번째 답이 될 것이다. 요컨대 인간은 처음부터 선량하고 고결하게 태어난다는 것이다. 이 견해에 대해서는 더 이상 논하지 않기로 한다. 두 번째 답은 성악설(性惡說)로, 인간의 발달은 타고난 악한 성향을 뿌리 뽑고 교육과 문명 환경의 영향을 받아 그 악한 성향을 선한 성향으로 바꾸는 데 있다는 입장이다. 설령 그렇다 해도 이런 식으로 자라난 사람에게서 악한 성향이 또다시 강력하게 고개를 쳐드는 것은 놀라운 일이다.

그러나 이 대답에는 우리가 반박하고자 하는 주장도 담겨 있다. 악을 〈뿌리 뽑기〉란 사실상 불가능하다. 심리학적 — 좀 더 엄밀히 말하면 정신분석학적 — 연구는, 인간성의 가장 깊은 본질은 원초적 성격을 띤 본능적 충동으로 이루어져 있다는 사실을 보여 준다. 인간이 지닌 충동은 모두 비슷하며, 그 목적은 기본적 욕구를 충족시키는 것이다. 이 충동 자체는 선하지도 악하지도 않다. 우리는 충동이 인간 공동체의 욕구 및 요구와 어떤 관계에 있느냐에 따라, 충동과 그 발현을 선과 악으로 분류한다. 사회가 악으로 비난하는 충동 — 그중 대표적인 것으로는 이기적인 충동과 잔인한 충동을 들 수 있다 — 이 모두 이런 원초적 성격을 지니고 있다는 점은 마땅히 인정해야 한다.

이 원초적 충동들은 성년기에 활발한 활동을 시작하기 전에 오랜 발달 과정을 거친다. 이런 충동들은 억제되고, 다른 목적과 분야로 돌려지고, 서로 뒤섞이고, 추구하는 대상을 바꾸고, 어느 정도는 소유자한테 되돌려진다. 이런 본능에 대항하는 반동(反動) 형성은 마치 이기주의가 이타주의로 바뀌거나 잔인성이 연민으로 바뀌기라도 한 것처럼 충동의 내용을 바꾸는 기만적인 형태를 취한다.4 일부 본능적 충동들은 거의 처음부터 정반대의 충동과 짝을 이루어 나타나기 때문에, 이런 반동 형성이 더욱 쉬워진다. 이 상황은 대단히 주목할 만한 현상이고, 일반 대중한테는 낯설겠지만 전문가들은 이것을 〈양가감정Ambivalenz〉이라고 부른다. 가장 쉽게 관찰할 수 있고 가장 이해하기 쉬운 양가감정의 예는 격렬한 사랑과 격렬한 미움이 같은 사람의 마음속에서 동시에 발견되는 경우가 많다는 사실이다. 정신분석학은 같은 대상에 대해서도 두 가지 상반된 감정을 품는 일이 드물지 않다는 사실을 보여 준다.

이런 〈본능의 변천〉이 모두 끝난 뒤에야 비로소 우리가 성격이라고 부르는 것이 형성되는데, 사람의 성격을 〈선한〉 성격과 〈악한〉 성격으로 분류하는 것은 지극히 부적당하다. 완전히 선한 사람이나 완전히 악한 사람은 거의 없다. 대개의 경우 어떤 관계에서는 〈선하고〉, 또 다른 관계에서는 〈악하다〉. 또는 외부 상황이 어떠냐에 따라 〈선한〉 사람이 되기도 하고 분명하게 〈악한〉 사람이 되기도 한다. 어린 시절에 강하게 존재하는 〈악한〉 충동이 성년기에 명백하게 〈선한〉 쪽으로 기울어지기 위한 실제 조건이 되는 경우가 많다는 사실은 흥미로운 일이다. 어릴 때는 지독한 이기주의자였던 사람이 어른이 된 뒤에는 공동체에 헌신적인 시민

4 프로이트가 다른 저술에서 말했듯이, 반동 형성과 승화는 서로 다른 과정으로 보아야 한다.

이 될 수도 있다. 감상주의자들과 인도주의자들, 동물 애호자들은 대부분 사디스트나 동물 학대자에게서 성장했다.

〈악한〉본능을 변화시키는 것은 같은 방향으로 작용하는 두 가지 요인 — 내적 요인과 외적 요인 — 이다. 내적 요인은 에로티시즘 — 가장 넓은 의미로 해석하면 사랑에 대한 욕망 — 이 악한 (이기적인) 본능에 행사하는 영향력이다. 〈에로틱한〉요소가 혼입되면, 이기적 본능은 〈사회적〉본능으로 바뀐다. 우리는 남에게 사랑받는 것을 커다란 이익으로 평가하는 법을 배우고, 사랑받기 위해서라면 다른 이익은 기꺼이 희생해도 좋다고 생각하게 된다. 외적 요인은 가정 교육이 행사하는 강박Zwang이다. 가정 교육은 문화적 환경의 요구를 나타내며, 성장한 뒤에는 그 환경의 직접적인 압력이 계속해서 외적 요인을 이룬다. 문명은 본능 만족을 포기함으로써 얻어진 것이고, 문명 세계에 새로 들어오는 모든 사람에게도 그것을 포기하도록 요구한다. 개인이 평생을 살아가는 동안 외적 강박은 끊임없이 내적 강박으로 대치된다. 문명의 영향은 이기적 경향에 에로틱한 요소를 첨가하여 그것을 이타적이고 사회적인 경향으로 바꾸고, 그런 변화는 계속 늘어난다. 결국 인간이 발달 과정에서 느끼는 모든 내적 강박은 원래 — 즉 〈인류의 역사〉에서 보면 — 하나의 외적 요인에 불과했다고 가정할 수도 있다. 오늘날 태어나는 사람은 이기적 본능을 사회적 본능으로 바꾸는 경향을 어느 정도는 유전적 소질Disposition로 가지고 있다. 이런 소질은 조금만 자극을 주어도 이기적 본능을 사회적 본능으로 바꾼다. 본능을 더 많이 변화시키는 것은 개인이 인생을 살아가면서 이룩해야 할 일이다. 이처럼 인간은 당면한 문화적 환경의 압력을 받을 뿐만 아니라, 조상들의 문화적 역사에도 영향받는다.

에로티시즘의 영향으로 이기적 충동을 변화시키는 능력을 〈문화에 대한 감수성〉이라고 부른다면, 이 감수성은 두 부분 — 선천적인 부분과 후천적인 부분 — 으로 이루어져 있으며, 두 부분의 상호 관계와 아직 변하지 않고 남아 있는 본능적 삶과의 관계는 무척 변하기 쉽다고 말할 수 있다.

일반적으로 우리는 선천적인 부분에 지나치게 많은 중요성을 부여하는 경향이 있고, 게다가 아직 원초적인 상태로 남아 있는 본능적 삶에 비해 문화에 대한 감수성을 과대평가하는 위험을 무릅쓴다. 다시 말해서 남을 실제보다 〈더 선한〉 사람으로 평가하는 잘못을 저지른다. 우리의 판단을 혼란시키고 문제를 긍정적인 의미로 왜곡하는 또 하나의 요소가 있기 때문이다.

타인의 본능적 충동은 당연히 우리가 관찰할 수 없도록 은폐되어 있다. 우리는 타인의 행동과 태도에서 그 충동을 짐작할 수 있을 뿐이다. 그 행동과 태도를 더듬어 올라가면, 그들의 본능적 삶에서 생겨나는 〈동기〉에 다다르게 된다. 물론 이런 추측은 대개의 경우 틀릴 수밖에 없다. 문화적 관점에서 보아 〈선한〉 행동은 〈고상한〉 동기에서 나온 것일 수도 있고, 그렇지 않을 수도 있다. 도덕론자들은 선한 충동에서 나온 결과만을 〈선한〉 행동으로 분류하고, 나머지는 선한 행동으로 승인해 주지 않는다. 그러나 실용적 목표를 지향하는 사회는 구태여 이런 구별을 하지 않는 것이 보통이다. 사회는 구성원들이 문명의 지시에 따라 자신의 태도와 행동을 규제하기만 하면 그것으로 만족하고, 개개인의 동기에 대해서는 거의 관심을 갖지 않는다.

우리는 가정 교육과 환경이 인간에게 행사하는 〈외적 강박〉이 인간의 본능적 삶을 선한 쪽으로 더 많이 변화시킨다는 사실 — 이기주의를 이타주의로 바꾼다는 사실 — 을 알았다. 그러나 이는 외적 강박의 통상적인 결과나 필연적인 결과는 아니다. 가정 교육과 환경은 이타적인 사람에게 이익을 줄 뿐만 아니라, 당근과 채찍이라는 또 다른 종류의 장려책도 이용한다. 이런 식으로 하면, 가정 교육과 환경의 영향을 받는 사람은 본능이 전혀 고상해지지 않았다고 해도, 즉 그의 마음속에 있는 이기적 성향이 이타적 성향으로 전혀 바뀌지 않았다고 해도 문화적 의미에서 선하게 행동하는 쪽을 택할 것이다. 그래서 결과는 대체로 같아질 것이다. 어떤 사람은 본능적 성향의 강요 때문에 항상 선하게 행동하고 또 어떤 사람은 그런 문화적 행동이 자신의 이기적 목적에 유리한 경우에만 선하게 행동한다는 사실은 특수한 상황에서만 드러날 것이다. 그러나 어떤 사람을 피상적으로만 알고 있으면 그 사람이 어떤 부류에 속하는지 구별할 수 없을 것이고, 우리는 낙천주의 때문에 문화적 의미에서 선한 쪽으로 변화한 사람의 수를 지나치게 과대평가하는 잘못을 저지른다.

문명 사회는 선한 행동을 요구하지만, 이런 행동의 본능적 바탕에 대해서는 전혀 개의치 않는다. 그리하여 수많은 사람이 자신의 본성에 따라서가 아니라 이기적인 목적을 위해서 문명 사회에 복종했다. 이런 성과에 고무된 나머지 사회는 도덕 기준을 최대한 엄하게 잡는 실수를 저질렀고, 그리하여 그 구성원들은 자신의 본능적 기질에서 한층 더 멀어질 수밖에 없었다. 그 결과 그들은 본능을 끊임없이 억제해야 하고, 이로 말미암은 긴장은 반동과 보상이라는 주목할 만한 현상으로 나타난다. 본능을 억제하기 가장 어려운 성(性)의 영역에서 그 결과는 신경병이라는 반동 형성으로 나타난다. 다른 영역에서는 문명의 압력이 병적 결과를 낳지 않는 것은 사실이지만, 성격의 비정상적인 형성을 초래한다. 뿐만 아니라 금지된 본능은 적당한 기회만 생기면 언제든지 터져 나와 만족을 얻으려고 한다. 자신의 본능적 성향에 맞지 않는 지시에 따라 행동해야 하는 사람은 심리학적으로 말하면 분수에 어긋난 생활을 하는 셈이고, 그가 그 부조화를 분명히 깨닫고 있든 아니든 간에 객관적으로는 위선자라고 말할 수 있을 것이다. 우리 현대 문명이 이런 형태의 위선이 생겨나기에 알맞은 토양인 것은 부인할 수 없는 사실이다. 현대 문명은 그런 위선 위에 세워져 있고, 사람들이 심리학적 진실에 따라 살기 시작하면 현대 문명은 광범위한 변화를 감수할 수밖에 없을 것이라고 감히 말할 수 있다. 따라서 세상에는 진정한 문명인보다는 문화적 위선자가 훨씬 많다. 오늘을 사는 사람들의 마음속에 이제까지 구조화된 〈문화에 대한 감수성〉은 문명을 유지하는 데 충분치 않을 것이기 때문에, 문명을 유지하기 위해서는 어느 정도의 문화적 위선이 필요하지 않을까 하는 점은 사실 진지하게 논의해 볼 여지가 있다. 그러나 다른 한편으로는 그토록 불안한 토대 위에서도 문명이 유지된다는 사실은 세대가 바뀔 때마다 인간의 본능이 점점 광범위하게 변화되어 더 나은 문명의 매체가 될 수 있으리라는 전망을 제공해 준다.

이 논의에서 우리는 한 가지 위안을 얻을 수 있다. 이번 전쟁에서 세계 국가의 동포 시민들이 저지르는 비문명적 행동 때문에 우리가 느낀 분노와 고통스러운 환멸은 정당성을 얻지 못했다는 점이다. 우리의 분노와 환멸은 우리가 사로잡혀 있던 환상에 바탕을 두고 있었다. 우리의 동포 시민들은 실제로는 우리가 우려한 만큼 타락하지 않았다. 그들은 애당초 우리가 생각한 만큼 높은 수준까지 올라간 적도 없었기 때문이다. 인간 집단 — 민족과 국가 — 이 도덕적 제약을 서로 폐기한 사실은 자연히 개인들에게 자극을 주었고, 개인들은 잠시나마 문명의 끊임없는 압력에서 벗어나 줄곧 억제하던 본능을 일시적으로 만족시켰다. 그래도 그들 민족 내부의 상대적 도덕성은 전혀 파기되지 않았을 것이다.

그러나 우리는 이번 전쟁이 과거의 동포들에게 일으킨 변화를 더 깊이 통찰하는 동시에, 그들을 부당하게 판단하지 말라는 경고를 받을 수도 있을 것이다. 정신 발달은 다른 발달 과정에는 전혀 존재하지 않는 특이성을 보여 주기 때문이다. 마을이 도시로 성장하고 어린이가 어른으로 성장할 때, 마을과 어린이는 도시와 어른 속에 모습을 감춘다. 오직 기억만이 새로운 모습 속에서 과거의 특징을 더듬어 볼 수 있다. 실제로 옛날의 재료나 형태는 완전히 제거되고 새로운 것이 그 자리를 대신 차지한다. 그러나 정신 발달은 그렇지 않다. 이 경우에는 과거의 모든 발달 단계가 사라지지 않고, 거기에서 생겨난 후기의 단계와 함께 살아남는다고 설명할 수밖에 없다. 이것과 비교할 수 있는 비슷한 사태는 어디에도 존재하지 않는다. 정신 발달의 경우에는 같은 재료에 일련의 변형이 가해지지만, 연속적인 여러 발달 단계가 나란히 공존한다. 초기의 정신 상태는 오랫동안 겉으로 나타나지 않을 수도 있지만, 그래도 역시 존재하기 때문에 언제라도 다시 마음속의 힘을 드러내는 표현 양식이 될 수 있고, 때로는 유일한 표현 양식이 되기도 한다. 그럴 때면 후기의 발달은 모두 무효가 되었거나 제거된 것처럼 보인다. 그런데 정신 발달이 보여 주는 이 놀라운 복원성은 방향이 제한되어 있다. 후기에 도달한 더 높은 발달 단계를 일단 포기한 뒤에는 두 번 다시 그 단계에 이르지 못할 수도 있기 때문에, 정신 발달의 복원성은 특수한 퇴화 — 퇴행 — 능력이라고 부를 수 있다. 그러나 초기 단계는 항상 복구될 수 있다. 원초적 정신은 모든 의미에서 불멸적이다.

일반인들은 정신병이라는 말을 들으면, 지성과 심성이 파괴된 병이라는 인상을 받는다. 그러나 실제로는 후천적인 부분만 파괴될 뿐이다. 정신병의 본질은 초기의 감정과 기능으로 돌아가는 데 있다. 정신의 복원성을 보여 주는 놀라운 예는 우리가 밤마다 도달하는 수면에서 찾아볼 수 있다. 우리는 불합리하고 혼란스러운 꿈까지도 해석하는 법을 배웠기 때문에, 잠자리에 들 때마다 우리가 어렵게 얻은 도덕성을 옷가지처럼 벗어 던졌다가 이튿날 아침에 다시 주워 입는다는 것을 알고 있다. 물론 수면 상태는 우리를 마비시켜 활동하지 못하게 하기 때문에, 도덕성을 벗어 던져도 위험하지는 않다. 우리의 감정이 발달의 초기 단계로 퇴행했다는 사실을 알려 주는 것은 꿈뿐이다. 예를 들어 우리의 꿈이 모두 이기적 동기의 지배를 받는다는 사실은 주목할 만하다.[5] 나의 영국인 친구가 미국에서 열린 학회에서 이 명제를 제시하자, 학회에 참석한 어떤 숙녀가 주장하기를, 오스트리아에서는 그럴지 모르나 자기 자신과 자기 친구들은 꿈속에서도 이타적이라고 자신 있게 단언할 수 있다고 말했다. 내 친구는 영국인이었지만, 꿈을 분석해 본 경험을 토대로 그 숙녀에게 이렇게 반박했다. 아무리 고상한 마음을 지닌 미국 숙녀라고 할지라도 꿈속에서는 오스트리아인들과 마찬가지로 이기적이라고.

문화에 대한 감수성은 본능의 변화에 바탕을 두지만, 이 변화는 세상을 살아가면서 받는 여러 가지 충격 때문에 영구적으로나 일시적으로 취소될 수도 있다. 전쟁의 영향은 분명 그런 퇴화를 가져올 수 있는 힘이다. 따라서 현재 비문명적으로 행동하는 모든 사람을 문명에 대한 감수성이 없는 사람으로 단정할 필요는

5 프로이트는 1925년 『꿈의 해석』에 덧붙인 각주에서 이 견해를 수정했다. 바로 다음에 나오는 〈영국인 친구〉의 일화도 『꿈의 해석』에 반복해서 실려 있는데, 이 〈영국인 친구〉는 어니스트 존스 박사를 가리킨다.

없으며, 좀 더 평화로운 시기에는 그들의 본능이 다시 고결해질 것이라고 예상할 수도 있다.

그러나 도덕적으로 타락하여 우리에게 그토록 많은 고통을 안겨 준 동포 시민들은 그에 못지않은 충격과 놀라움을 안겨 준 또 다른 증세를 보인다. 그것은 바로 최고의 지성들이 보여 준 통찰력의 결여, 냉혹함, 논란의 여지가 있는 불확실한 주장을 무비판적으로 믿어 버리는 증세이다. 이것은 참으로 통탄할 만한 사태이다. 분명히 말해 두지만, 나는 결코 맹목적인 당파심에 사로잡혀 어느 한쪽에서만 지성의 결함을 찾아낼 생각은 없다. 그러나 이 현상은 우리가 앞에서 고찰한 현상보다 훨씬 설명하기 쉽고, 덜 걱정스럽다. 옛날부터 인간의 본성을 연구하는 학자와 철학자들은 인간의 지성을 독립적인 능력으로 보고, 지성이 감정에 의존해 있다는 사실을 간과하는 것은 잘못이라고 가르쳐 왔다. 이들의 가르침에 따르면, 우리의 지성은 강한 감정적 충동의 영향에서 벗어났을 때에만 비로소 믿을 만하게 기능을 발휘할 수 있다. 그러지 않으면 지성은 단지 의지의 도구로서만 기능하고, 의지가 요구하는 결론만 내놓는다. 그리하여 논리적 주장은 감정적 관심 앞에서 무력해지고, 폴스타프가 〈나무딸기만큼이나 흔해 빠졌다〉[6]라고 말한 이성적 논쟁이 이해관계를 조정하는 일에서는 그토록 성과를 거두지 못하는 것도 바로 그 때문이다. 정신분석적 경험은 이 주장의 정당성을 더욱 분명히 확인해 주었다. 필요한 통찰이 감정적 저항에 부딪히면 가장 날카로운 통찰력을 지닌 현명한 사람이 갑자기 천치처럼 멍청하게 행동하지만, 그 저항을 극복하면 지적 능력을 완전히 되찾는 사례는 거의 날마다 볼 수 있다. 따라서 이번 전쟁이 우리의 동포 시민들 — 대부분 세계 국

6 셰익스피어의 「헨리 4세」 제2막 제4장.

가의 가장 우수한 시민들 — 에게 불러일으킨 논리적 맹목성은 감정적 흥분이 낳은 이차적인 현상이고, 감정적 흥분이 사라지면 함께 사라질 것이라고 기대해도 좋다.

지금 우리와 소원해져 있는 동포 시민들을 이런 식으로 다시 한번 이해하게 되었기 때문에, 인간 집단인 민족이 우리에게 안겨 준 실망도 좀 더 쉽게 견딜 수 있을 것이다. 우리는 원래 집단에 대해서는 개인에게 요구하는 만큼 많은 것을 요구하지 않기 때문이다. 민족은 개인의 발달 과정을 재현하고 있는데, 더 발달한 통일체를 조직하고 형성하는 과정에서 아직까지는 지극히 원시적인 단계를 나타낸다. 도덕성을 강제하는 외적 요인인 교육은 개인한테는 매우 효과적이지만, 민족의 경우에는 이 외적 요인의 영향을 아직 뚜렷이 인정할 수 없다는 점도 민족이 원시적인 발달 단계에 머물러 있는 것과 일맥상통한다. 물론 우리는 상업과 산업이 확립해 놓은 광범위한 이익 공동체가 그런 강박의 근원이 되기를 기대했지만, 민족들은 아직도 이익보다는 열정에 더 복종하는 것 같다. 이익은 기껏해야 열정을 〈합리화〉하는 수단으로 이용될 뿐이다. 민족들은 열정을 만족시키는 구실을 대기 위해 민족의 이익을 내세운다. 인간 집단인 민족이 왜 평화 시에도 서로를 경멸하고 증오하고 혐오하는지는 확실히 수수께끼이다. 모든 민족은 다른 모든 민족을 경멸하고 증오하고 혐오한다. 나는 도무지 그 이유를 알 수가 없다. 수백만 명은 아닐지라도 수많은 사람들이 이런 감정을 품게 되면, 개인이 그동안 이룩한 도덕적 획득물은 모조리 소멸되고, 가장 원시적이고 가장 오래되고 가장 조잡한 정신적 태도만 남는 것 같다. 이 개탄스러운 사태를 조금이나마 변화시킬 수 있는 것은 발달의 후기 단계뿐일 것이다. 그러나 모든 당사자가 인간의 상호 관계 및 인간과 지배자 사이의

관계에서 조금만 더 진실하고 정직한 태도를 취한다면, 이 변화
는 좀 더 순조롭게 이루어질 것이다.

죽음에 대한 우리의 태도

한때는 유쾌하고 화목했던 이 세계에서 지금 우리가 느끼고 있는 소외감의 원인은 두 가지라고 생각한다. 첫 번째 원인은 앞에서 말한 전쟁이고, 두 번째 원인은 죽음에 대한 종래의 태도에 혼란이 일어났기 때문이다.

죽음에 대한 우리의 태도는 결코 솔직하지 않았다. 물론 마음으로는 이렇게 주장할 각오가 되어 있었다. 즉, 죽음은 누구에게나 삶의 필연적인 결과이며, 인간은 누구를 막론하고 자연에 죽음을 빚지고 있기[7] 때문에 언젠가는 반드시 그 빚을 갚아야 한다고. 요컨대 죽음은 자연스러운 것이고, 부인할 수도 피할 수도 없는 것이라고. 그러나 실제로는 어떠했던가. 우리는 종종 마치 죽음이 피할 수도 있는 일인 것처럼 행동했다. 우리는 죽음을 한쪽 구석으로 밀쳐 놓고 그것을 삶에서 배제해 버리는 경향을 보였다. 우리는 죽음을 뭉개 버리려고 애썼다. 실제로 독일에는 〈죽음 보듯 한다〉[8]라는 속담까지 있을 정도이다. 여기서 죽음은 물론 우리 자신의 죽음을 뜻한다. 자신의 죽음을 상상하는 것은 불가능하다.

---

7 셰익스피어의 「헨리 4세」(제5막 제1장)에 나오는 말을 상기시킨다. 이 희곡에서 핼 왕자는 폴스타프에게 이렇게 말한다. 〈그대는 신에게 죽음을 빚지고 있다.〉
8 도저히 있을 법하지 않은 일이나 믿을 수 없는 일로 생각한다는 뜻.

상상하려고 애쓸 때도 있지만, 그때마다 우리는 여전히 구경꾼으로 존재한다는 사실을 알 수 있다. 따라서 정신분석학파는, 마음 속 깊은 곳에서는 아무도 자신의 죽음을 믿지 않는다고, 바꿔 말하면 무의식 속에서는 모든 사람이 자신의 불멸을 확신한다고 주장할 수 있었다.

그러면 타인의 죽음에 대해서는 어떤 태도를 취했을까. 문명인이라면 죽음을 선고받은 사람이 듣는 곳에서 죽음의 가능성에 대해 언급하기를 삼갈 것이다. 이 제약을 무시하는 것은 아이들뿐이다. 아이들은 전혀 부끄러운 기색도 없이 죽음의 가능성으로 서로를 위협하고, 심지어는 사랑하는 사람에게도 태연히 죽는 이야기를 꺼낸다. 예를 들면 〈엄마가 죽으면 나는 이렇게 할 거야〉 하는 식이다. 어른들은 남의 죽음에 대한 생각이 떠오르면 자신이 박정하거나 사악한 사람이 된 듯한 기분을 느낀다. 의사나 변호사처럼 직업적으로 죽음을 다루어야 하는 사람은 물론 예외일 것이다. 남이 죽으면 자유나 재산이나 지위를 얻게 될 경우에는 그런 경향이 가장 강해져, 문명인은 자기한테 이익을 가져다줄 타인의 죽음에 대해서는 절대로 생각하지 않으려고 한다. 물론 우리가 이처럼 죽음에 민감하다고 해서 죽음이 일어나지 않는 것은 아니다. 죽음이 발생하면, 우리는 기대를 저버리기라도 한 듯 심한 충격을 받는다. 우리는 죽음의 우발적 원인 — 사고, 질병, 전염병, 고령 — 을 강조하는 버릇이 있다. 이런 태도는 죽음을 필연적인 것에서 우연한 사건으로 바꾸려는 노력을 드러낸다. 동시에 일어난 수많은 죽음은 끔찍한 참사라는 인상을 준다. 실제로 우리는 망자(亡者)에 대해 특별한 태도 — 무척 힘든 일을 해낸 사람을 찬탄하는 듯한 태도 — 를 취한다. 망자에 대해서는 비난을 보류하고, 그가 생전에 저질렀을지도 모르는 악행을 눈감아 준다. 그리고 〈망자한테 매질하지 말라 *de mortuis nil nisi bonum*〉라고 선언하고, 추도사나 묘비에는 망자에게 가장 유리한 점만 내세우는 것을 당연하게 여긴다. 망자는 더 이상 배려를 필요로 하지 않는데도, 우리는 그에 대한 배려를 진실보다, 그리고 살아 있는 사람에 대한 배려보다 더 중요시하는 경우도 많다.

죽음에 대한 이런 문화적이고 관습적인 태도를 완전하게 해주는 것은 사랑하는 사람이 죽었을 때의 태도이다. 사랑하는 사람 — 부모나 배우자, 형제자매, 자식, 가까운 친구 — 이 죽으면 우리는 허탈 상태에 빠진다. 우리의 희망, 소망, 기쁨은 망자와 함께 땅속에 묻힌다. 어떤 것도 우리를 위로하지 못하고, 망자의 빈자리는 어떤 것으로도 채워지지 않는다. 우리는 사랑하는 사람이 죽으면 따라 죽는 아스라족(族)[9]처럼 행동한다.

그러나 죽음에 대한 이런 태도는 우리의 삶에 강한 영향을 미친다. 생존이라는 도박에서 가장 큰 밑천은 생명 자체이다. 이 생명이 내기에 걸려 있지 않으면 삶은 빈곤해지고 무기력해진다. 마치 미국의 사랑 놀음 — 파국으로 끝나더라도 그다음에는 아무 일도 일어나지 않는다는 것을 남녀가 다 알고 있다 — 처럼 천박하고 공허해진다고 말할 수도 있다. 이에 비해 유럽 대륙의 연애에서는 당사자가 심각한 결과를 각오해야 한다. 우리는 주위의 가까운 이들과 감정적으로 단단히 묶여 있고, 만약의 경우에는 견딜 수 없을 만큼 강한 슬픔을 느끼기 때문에, 우리 자신이나 주위 사람들에게 위험을 자초하기를 싫어한다. 우리는 위험하지만 꼭 필요한 수많은 모험 — 예를 들면 인공적인 수단으로 하늘을 날아 보려는 시도, 먼 나라에 대한 탐험, 폭발물 실험 등 — 에 대

---

9 하이네 H. Heine의 시(『설화시 *Romanzero*』에 실린 「아스라족」)에 나오는 아스라족은 〈사랑할 때 함께 죽는〉 아랍의 한 부족이었다.

해 감히 생각할 엄두도 내지 않는다. 재앙이 일어났을 때, 어머니에게는 누가 아들을 대신해 주고 아내에게는 누가 남편을 대신해 주며 아이들에게는 누가 아버지를 대신해 줄 수 있겠는가. 이런 염려가 우리를 무력하게 만들고, 우리의 발목을 잡는다. 따라서 죽음을 따로 떼어 놓고 삶을 생각하는 경향은 많은 것을 단념시키고 배제하는 결과를 낳는다. 그러나 한자Hansa 동맹[10]의 좌우명은 〈항해하는 것은 꼭 필요하지만, 사는 것은 꼭 필요하지는 않다Navigare necesse est, vivere non necesse〉[11]였다.

우리가 현실의 삶에서 잃어버린 것을 허구 세계 — 문학과 연극 — 에서 찾는 것은 이 모든 것이 낳은 필연적인 결과이다. 허구 세계에서는 여전히 죽는 법을 아는 사람들 — 남을 죽이기까지 하는 사람들 — 을 찾아볼 수 있다. 우리가 죽음을 체념하고 인정할 수 있는 조건도 오직 허구 세계에서만 충족될 수 있다. 말하자면 허구 세계에서 벌어지는 인생의 온갖 우여곡절 뒤에서 현실의 삶은 여전히 안전하게 보호받을 수 있는 것이다. 인생이 한 수만 삐끗해도 승부를 포기해야 하는 체스 게임과 같다는 것은 너무나 슬픈 일이기 때문이다. 다만 인생은 체스와는 달리 한 번 지면 그것으로 끝장이고, 설욕전을 가질 수 없다는 차이가 있다. 허구의 영역에서는 우리가 필요로 하는 수많은 삶을 찾을 수 있다. 우리는 소설 속의 주인공을 우리 자신과 동일시하고, 그 주인공과 함께 죽는다. 그러나 실제로는 살아남아서, 또 다른 주인공과 함께 다시 죽을 준비를 한다.

전쟁은 죽음에 대한 이런 관습적 태도를 일소해 버린다. 죽음

10 무역의 특권과 안전을 유지하기 위해 중세의 북유럽 여러 도시 사이에 결성된 동맹.
11 고대 로마의 정치가 폼페이우스가 한 말이다.

은 더 이상 부인되지 않는다. 우리는 죽음의 존재를 믿을 수밖에 없다. 사람들은 정말로 죽고, 그것도 한 사람씩 죽는 것이 아니라 하루에도 수만 명씩 죽는다. 그리고 죽음은 더 이상 우연한 사건이 아니다. 물론 죽음은 여전히 총알이 누구에게 맞느냐 하는 우연의 문제인 것처럼 보이지만, 첫 번째 총알에 맞지 않은 사람이 두 번째 총알에는 맞을 수도 있다. 이렇게 수많은 죽음이 축적되면, 죽음이 우연이라는 느낌은 사라진다. 삶은 다시 흥미로워졌고, 원래의 내용물을 완전히 되찾았다.

여기서 두 부류의 사람 — 전선에 나가 직접 목숨을 걸고 싸우는 사람과, 집에 남아서 사랑하는 사람이 부상이나 질병으로 목숨이 꺼져 가는 것을 지켜볼 수밖에 없는 사람 — 을 구별할 필요가 있다. 전투원의 심리 변화를 연구하는 것이야말로 가장 흥미로운 작업이겠지만, 여기에 대해서는 아는 것이 거의 없다. 따라서 우리는 우리 자신이 속한 두 번째 집단에만 논의를 한정시켜야 한다. 앞에서도 말했듯이 우리가 당혹감과 혼란에 사로잡혀 어찌할 바를 모르고 능력 마비 상태에 빠진 근본 원인은 무엇보다도 죽음에 대한 태도 때문이라고 생각한다. 우리는 죽음에 대한 종래의 태도를 더 이상 유지할 수 없게 되었지만, 아직은 새로운 태도를 찾아내지 못한 상황에 있다. 여기서 죽음과 인간의 두 가지 관계 — 선사 시대의 원시인이 가지고 있었던 것으로 짐작되는 관계와 우리 모두의 마음속에 아직도 존재하지만 정신의 심층에 숨어 있어서 의식의 눈에는 보이지 않는 관계 — 를 심리학적으로 연구하면 새로운 태도를 찾는 데 도움이 될지도 모른다.

물론 원시인이 죽음에 대해 어떤 태도를 가지고 있었는지는 추론과 추정을 통해 짐작할 수 있을 뿐이지만, 이런 방법은 상당히 믿을 만한 결론을 제공해 주었다고 생각한다.

원시인은 죽음에 대해 상당히 주목할 만한 태도를 취했다. 그 태도는 결코 일관된 것이 아니었다. 아니, 실제로는 모순에 차 있었다. 한편으로는 죽음을 진지하게 받아들여 그것을 삶의 종말로 인정하고, 그런 의미망 안에서 죽음을 이용했다. 그러나 다른 한편으로는 죽음을 부인하고, 아무것도 아닌 하찮은 것으로 격하시켰다. 이 모순은 원시인이 타인 — 낯선 사람이나 적 — 의 죽음과 자신의 죽음에 대해 근본적으로 다른 태도를 취한 사실에서 생겨났다. 타인의 죽음에 대해서는 전혀 이의가 없었다. 타인의 죽음은 싫어하는 사람의 소멸을 의미했기 때문에, 원시인은 거리낌없이 타인을 죽였다. 원시인은 분명 열정적인 동물이었을 테고, 다른 어떤 동물보다도 잔인하고 악의에 차 있었을 것이다. 그는 죽이기를 좋아했고, 당연한 일처럼 타인을 죽였다. 다른 동물들은 같은 종(種)을 잡아먹지 못하게 하는 본능을 가지고 있다지만, 원시인도 이런 본능을 가지고 있었다고 할 수는 없다.

따라서 원시인의 역사는 살인으로 얼룩져 있다. 오늘날에도 우리 아이들이 학교에서 배우는 세계사는 본질적으로 민족들 간에 벌어진 살인의 연속이다. 선사 시대 이후 인류는 막연한 죄책감을 갖게 되었고, 일부 종교에서는 그 죄책감을 원죄*Erbsüde*의 교리로 농축시켰는데, 이 죄책감은 아마 원시인이 저지른 살인죄의 결과일 것이다. 나는 「토템과 터부」에서 로버트슨 스미스와 앳킨슨 및 찰스 다윈이 제공한 단서에 따라 이 원죄의 본질을 짐작해보려고 애썼고, 오늘날의 기독교 교리도 그 본질을 추론할 수 있게 해준다고 생각한다. 〈신의 아들〉이 원죄에서 인류를 구원하기 위해 목숨을 바쳐야 했다면, 탈리온의 법칙[12]에 따라 그 원죄도

12　피해자가 가해자에 대해 똑같은 수단으로 보복하거나, 범죄자를 그의 범죄 수법과 똑같은 방법으로 처벌하는 것.

살인이었을 것이 분명하다. 다른 어떤 죄도 속죄의 방법으로 목숨을 요구할 수는 없을 것이다. 그리고 원죄는 하느님 아버지에 대한 범죄였다. 인류 최초의 범죄는 아버지 살해, 즉 원시인 무리의 첫 조상을 죽인 행위였을 것이 분명하고, 기억 속에 남아 있는 이 조상의 이미지가 나중에 이상화하여 신으로 변모했다.[13]

현대인이 모두 그렇듯이 원시인에게도 자신의 죽음은 상상조차 할 수 없는 비현실적인 일이었을 것이 분명하다. 그러나 죽음에 대한 두 가지 상반된 태도가 충돌하여 갈등을 일으키는 경우가 있었고, 이 경우는 매우 중요해져서 광범위한 결과를 낳게 되었다. 그것은 바로 원시인이 자기한테 속한 사람 — 아내, 자식, 친구 — 의 죽음을 목격하는 경우였다. 우리가 아내와 자식과 친구를 사랑하듯, 원시인도 아내와 자식과 친구를 사랑했을 것이다. 사랑이라는 감정이 남을 죽이고 싶은 욕망보다 훨씬 나중에 생겼을 리는 없기 때문이다. 사랑하는 사람의 죽음을 목격하고 고통에 사로잡힌 원시인은 자기도 역시 죽을 수 있다는 것을 깨달을 수밖에 없었지만, 그의 모든 존재는 이 사실을 인정하지 않으려고 저항했다. 사랑하는 사람들은 결국 그가 사랑하는 자기 자아의 일부였지만, 그들의 죽음은 한편으로는 그를 기쁘게 해주기도 했다. 사랑하는 사람들은 어디까지나 타인이었기 때문이다. 상반된 감정이 동시에 존재하는 이 〈양가감정〉의 법칙은 오늘날에 이르기까지도 가장 사랑하는 사람에 대한 우리의 감정을 지배하지만, 원시 시대에는 이 법칙이 훨씬 광범위한 효력을 가지고 있었을 것이 분명하다. 따라서 죽은 가족이나 친구는 그에게 어느 정도의 적개심을 불러일으킨 적이나 이방인이기도 했다.[14]

---

13 「토템과 터부」 제4장(프로이트 전집 13, 열린책들) 참조 — 원주.
14 「토템과 터부」 제2장 참조 — 원주.

철학자들은 죽음의 상황이 제기한 지적 수수께끼가 원시인에게 생각을 강요했으며 그것이 모든 사색의 출발점이 되었다고 선언했다. 그러나 이 점에서 철학자들은 지나치게 철학적으로 생각한 나머지, 애초에 작용한 동기를 거의 고려하지 않은 것 같다. 그래서 나는 철학자들의 주장을 제한하고 수정하고자 한다. 생각해 보건대 원시인은 살해된 적의 시체 옆에서는 승리를 기뻐했을 테지만, 삶과 죽음의 수수께끼를 생각하느라 머리를 쥐어짜지는 않았을 것이다. 인간의 탐구 정신을 해방시킨 것은 지적 수수께끼도 아니고 모든 죽음도 아니었다. 사랑하면서도 미워하는 사람의 죽음에 대한 상반된 감정의 갈등이야말로 인간의 탐구심을 촉발시켰다. 심리학은 이 감정의 갈등에서 태어난 첫 자식이었다. 인간은 사랑하는 사람의 죽음에 대한 고통 속에서 죽음을 맛보았기 때문에, 이제 더 이상 죽음을 멀찌감치 떼어 놓을 수가 없었다. 하지만 그래도 자기 자신의 죽음을 상상할 수는 없었기 때문에 죽음을 인정할 마음은 내키지 않았다. 그래서 그는 타협안을 생각해 냈다. 자신도 죽을 수 있다는 사실을 인정하되, 소멸의 의미를 죽음에서 배제한 것이다. 적의 죽음에 관한 한 그가 소멸의 의미를 배제할 만한 동기는 전혀 없었다. 그가 영혼을 만들어낸 것은 사랑하는 사람의 시신 옆에서였고, 사랑하는 사람의 죽음 앞에서 슬픔과 함께 만족감을 느낀 데 대한 죄책감은 새로 태어난 이 영혼을 무시무시한 악마로 바꾸어 놓았다. 죽음이 가져온 심리적 변화를 통해 그는 개인을 하나의 육신과 하나의 영혼 — 원래는 여러 개의 영혼 — 으로 나누는 것을 생각해 냈다. 이런 식으로 그의 사고 과정은 죽음과 함께 시작되는 해체 과정과 평행선을 그리며 진행되었다. 망자에 대한 끈질긴 추억은 다른 형태의 존재 — 즉 영혼의 존재 — 를 상정하는 근거가 되었고, 사람은 표면상으로는 죽은 것처럼 보이지만 죽은 뒤에도 삶은 계속된다는 개념을 가져다주었다.

죽음 뒤의 존재는 처음에는 죽음으로 막을 내린 존재의 부속 물 ─ 그림자처럼 실체가 없는 공허한 것 ─ 에 불과했다. 후세에 이르기까지 영혼은 거의 중시되지 않았고, 처음에는 아직도 임시 변통으로 만들어낸 존재의 성격을 지니고 있었다. 여기서 우리는 명부(冥府)를 찾아간 오디세우스에게 아킬레우스의 망령이 대답 한 말을 상기해도 좋을 것이다.

「옛날 그대가 살아 있는 동안에는 우리 아르고스 사람들이 그대 를 신처럼 공경했고, 이제는 그대가 이곳에서 망자들에 대해 권위 를 떨치고 있으니, 아킬레우스여, 죽었다고 해서 한탄하지 마시게.」
내가 이렇게 말하자 그는 얼른 대답하기를, 「제발 내가 죽은 것 을 달래려고 하지 말게나, 명예로운 오디세우스여. 비록 가진 것 없는 사람의 집이라 할지라도, 그 집에 고용되어 들에서 품팔이를 할 망정, 나는 지상에서 살고 싶다네.」[15]

또는 하이네의 힘차면서도 신랄한 풍자시를 상기해도 좋을 것 이다.

네카어 강가의 슈투케르트에 사는
하찮은 속물도
죽은 영웅, 저승의 그림자 왕
나 펠리데보다는
훨씬 행복하리라.[16]

15 『오디세이아Odysseia』 제11권 ─ 원주.

종교가 내세를 좀 더 바람직하고 근거 있는 것으로 표현하고, 죽음으로 끝나는 삶을 죽음의 준비 단계에 불과한 것으로 격하하는 데 성공한 것은 훨씬 뒤였다. 그 후 삶을 과거까지 연장하여 전생과 환생과 윤회 같은 개념을 만들어 낸 것은 필연적인 결과였다. 이 모든 것은 삶의 종말이라는 의미를 죽음에서 박탈하려는 의도를 가지고 있었다. 우리는 앞에서 죽음에 대한 부인을 〈관습적이고 문화적인 태도〉라고 불렀는데, 그 기원은 이처럼 오래된 것이다.

사랑하는 사람의 시신 옆에서는 영혼에 대한 교리와 영혼 불멸의 신앙, 그리고 인간이 지닌 죄책감의 강력한 원천만 생겨난 것이 아니라, 최초의 윤리적 계율도 생겨났다. 깨어난 양심이 처음으로 금지한 행위 가운데 가장 중요한 것은 〈살인하지 말라〉였다. 이 계율은 원래 사랑하는 사람의 죽음과 관련하여, 즉 슬픔 뒤에 숨어서 은밀하게 증오심을 만족시키는 데 대한 반응으로 생겨난 것이다. 이 계율은 사랑하지 않는 타인에게로 차츰 확대되었고, 마침내 적에게까지 확대되었다.

문명인은 적을 죽이지 말라는 계율을 더 이상 경험하지 못하고 있다. 이번 전쟁의 치열한 싸움이 결판나면, 승리한 전사들은 기쁨에 넘쳐 아내와 자식들 곁으로 돌아갈 것이다. 백병전을 치렀거나 포격을 가했거나 간에 그가 죽인 적에 대한 생각이 이 기쁨을 억제하거나 방해하지는 않을 것이다. 아직도 이 세상에 남아 있는 미개 민족 — 우리보다는 분명 원시인과 더 가까운 민족 — 이 이 점에서는 전혀 다르게 행동한다는 사실, 또는 문명의 영향

16 펠리데는 펠레우스의 아들이라는 뜻으로, 아킬레우스의 별명. 이 구절은 하이네의 최후작인 「이별Der Scheidende」의 끝부분이다. *Der kleinste lebendige Philister / Zu Stuckert am Neckar / Viel glücklicher ist er / Als ich, der Pelide, der tote Held, / Der Schattenfürst in der Unterwelt.*

을 받기 전에는 다르게 행동했다는 사실은 주목할 만하다. 오스트레일리아 원주민이나 부시맨, 티에라델푸에고[17] 원주민 같은 미개인들은 무자비한 살인자와는 거리가 멀다. 전쟁에서 이기고 돌아오면, 싸움에서 저지른 살인을 속죄할 때까지는 마을에 발을 들여놓거나 아내와 접촉할 수 없다. 이 속죄 행위는 오랫동안 지루하게 계속되는 경우가 많다. 물론 이러한 관습을 그들의 미신 탓으로 돌리기는 쉽다. 미개인은 아직도 살해된 이의 영혼이 보복할 것이라는 두려움에 사로잡혀 있기 때문이다. 그러나 그가 죽인 적의 영혼은 유혈 살인에 대한 죄책감의 표현일 뿐이다. 이 미신 뒤에는 우리 문명인이 잃어버린 윤리적 감수성의 한 갈래가 숨겨져 있다.[18]

경건한 영혼의 소유자들은 우리의 본성이 사악하고 비열한 것과는 거리가 멀다고 믿고 싶어 한다. 그들은 살인하지 말라는 계율이 일찍부터 등장했으며 강력한 강제력을 가지고 있다는 점을 근거 삼아, 우리 마음에 깊이 뿌리 박혀 있을 것이 분명한 도덕적 충동의 힘에 대해 만족스러운 결론을 내릴 것이다. 그러나 불행히도 이 주장은 오히려 정반대의 견해를 입증해 준다. 그렇게 강력한 금지는 똑같이 강력한 충동에 대해서만 작용할 수 있다. 아무도 하고 싶어 하지 않는 일을 강력하게 금지할 필요가 어디 있겠는가.[19]

그런 일은 저절로 배제된다. 〈살인하지 말라〉라는 계율을 강조하는 것 자체가 우리는 먼 옛날부터 대대로 이어져 내려온 살인자들의 자손이며, 조상들이 핏속에 가지고 있었던 살인에 대한

---

17 남아메리카 남쪽 끝에 있는 섬.
18 「토템과 터부」 제2장 참조 — 원주.
19 「토템과 터부」 제4장에서 인용한 프레이저J. G. Frazer의 탁월한 주장을 참조할 것 — 원주.

욕망을 오늘날의 우리 자신도 가지고 있으리라는 점을 확인해 준다. 윤리적 노력의 효과와 중요성을 깎아내릴 필요는 없지만, 그것은 인류가 역사 과정 속에서 후천적으로 획득한 것이다. 그 후 이 윤리적 노력은 현대인이 조상으로부터 물려받은 자질이 되었지만, 불행히도 그 양은 일정하지 않고 변덕스럽다.

자, 이제는 원시인을 떠나, 우리 자신의 정신생활의 무의식으로 눈길을 돌려 보자. 무의식에 관한 한 우리는 전적으로 정신분석적 방법론에 의존하고 있다. 그것이 무의식의 심층에 도달하는 유일한 방법론이기 때문이다. 죽음이라는 문제에 대한 무의식의 태도는 어떠한가? 이 질문에 대해서는 원시인의 태도와 거의 똑같다고 답해야 한다. 그 밖의 많은 점에서 그렇듯이 이 점에서도 선사 시대의 원시인은 우리의 무의식 속에 변함없는 모습으로 살아남아 있다. 우리의 무의식은 자신의 죽음을 믿지 않으며, 마치 자기가 불사의 존재인 것처럼 행동한다. 우리가 〈무의식〉이라고 부르는 것 — 우리 마음속에서도 가장 깊은 심층에 자리 잡고 있으며, 본능적 충동으로 이루어져 있는 것 — 은 부정적인 것을 전혀 모르고, 어떤 부정(否定)도 모른다. 무의식 속에서는 서로 모순되는 일이 동시에 일어난다. 이런 이유 때문에 무의식은 자신의 죽음을 모른다. 우리가 죽음에 부여할 수 있는 의미 내용은 부정적인 것뿐이기 때문이다. 따라서 우리 마음속에서는 죽음이 존재한다는 믿음에 대한 본능적 반응은 일어나지 않는다. 어쩌면 이것이 영웅주의의 비밀인지도 모른다. 영웅주의를 설명해 주는 합리적 근거는 영웅적 행위자의 생명이 추상적이고 보편적인 이익만큼 귀중할 수는 없다는 판단에 바탕을 둔다. 그러나 그런 이유 따위는 전혀 모른 채 본능적이고 충동적으로 영웅적 행위를 하는 경우가 훨씬 많다고 나는 생각한다. 안첸그루버의 등장인물인

〈슈타인클로퍼한스〉[20]의 마음속에 있는 영웅주의는 위험을 경멸하고, 〈나한테는 아무 일도 일어날 수 없다〉라고 장담한다. 바꿔 말하면 합리적 이유는 무의식에 따른 영웅적 반응을 억제할 수도 있는 망설임을 없애 줄 뿐이다. 죽음에 대한 두려움은 우리가 알고 있는 것보다 훨씬 자주 우리를 지배하지만, 한편으로는 부차적인 것이고 대개는 죄책감의 소산이다.[21]

반면에 우리는 낯선 사람이나 적에 대해서는 죽음을 인정하고, 원시인만큼이나 주저하지 않고 그들을 죽음에 내맡긴다. 물론 원시인과 현대인 사이에 차이가 있는 것은 사실이고, 실생활에서는 이 차이가 명확해질 것이다. 무의식이 살인을 실행하지는 않는다. 단지 살인을 생각하고 원할 뿐이다. 하지만 이 정신적 현실을 실제적 현실과 비교하여 과소평가하는 것은 잘못이다. 정신적 현실도 충분히 의미 있고 중요하다. 우리는 무의식적 충동 속에서 날마다, 아니 매시간마다 우리를 방해하거나 화나게 하거나 해친 사람을 제거한다. 〈악마한테나 잡혀가라Hol dich der Teufel〉란 표현은 화가 난 사람이 농담조로 내뱉는 말이지만, 실제로는 〈뒈져 버려라Hol dich der Tod〉라는 뜻이고, 우리의 무의식 속에서 이 표현은 상대가 죽었으면 좋겠다는 진지하고 강력한 소망이다. 사실 우리의 무의식은 사소한 이유로도 살인을 저지를 것이다. 고대 아테네의 드라콘 법(法)[22]처럼 우리의 무의식이 범죄에 대한 처

20 〈슈타인클로퍼한스Steinklopferhans〉는 〈돌 깨는 인부 한스〉라는 뜻. 한스는 오스트리아의 극작가 루트비히 안첸그루버Ludwig Anzengruber(1839~1889)의 희극에 나오는 인물이다.
21 죽음에 대한 두려움은 「자아와 이드」(본서 수록) 및 「억압, 증상 그리고 불안」(프로이트 전집 10, 열린책들)에서 좀 더 충분히 논의되어 있다.
22 드라콘Drakon은 고대 아테네의 집정관으로, 기원전 621년경 아테네의 관습법을 집대성하여 〈드라콘 법〉이라는 성문법을 처음 공포했다. 이 법은 물건을 훔치거나 일을 게을리해도 사형을 내리는 형벌의 가혹함으로 유명했다.

벌로 인정하는 것은 오직 죽음뿐이다. 게다가 이것은 확실한 일 관성을 가지고 있다. 우리의 전능하고 독재적인 자아를 해치는 것은 근본적으로 모두 〈대역죄 lèse-majesté〉에 해당하기 때문이다.

따라서 무의식적 소망 충동으로 우리를 판단한다면, 우리도 원시인과 같은 살인자 집단이다. 이 모든 소망이 원시 시대와 같은 유효성을 지니지 못한 것은 그나마 다행한 일이다.[23] 그렇지 않았다면 상호 저주의 십자 포화 속에서 인류는 이미 오래전에 멸망했을 테고, 가장 우수하고 현명한 남자와 가장 아름답고 매력적인 여자들도 다른 사람들과 함께 사라졌을 것이다.

이런 주장 때문에 일반 사람들은 대체로 정신분석학을 전혀 신뢰하지 않는다. 그들은 정신분석학의 주장을 중상모략으로 치부하고, 의식의 경험은 그 중상모략을 꼼짝 못하게 논박할 수 있다고 생각한다. 무의식도 희미한 징후를 통해 본성을 드러내는 경향이 있지만, 그들은 의식에 나타난 이 희미한 징후에 대해서는 교묘히 눈을 감는다. 따라서 정신분석학의 영향을 받을 수 없었던 수많은 사상가의 주장을 여기에 인용하는 것은 적절한 일이다. 그들도 역시 우리 마음속에 숨어 있는 은밀한 소망 — 살인하지 말라는 금지에도 아랑곳하지 않고, 우리를 방해하는 모든 것을 제거하고 싶어 하는 소망 — 을 명백하게 고발했기 때문이다. 여기서는 수많은 예 중 후세에 유명해진 한 가지만 인용하겠다.

발자크는 『고리오 영감』에서 루소의 저술에 나오는 한 구절을 언급한다. 이 구절에서 루소는 독자에게 묻는다. 베이징의 늙은 고관이 죽으면 막대한 이익을 얻게 될 경우, 파리를 떠나지도 않고 물론 들키지도 않고 단지 고관의 죽음을 간절히 염원하는 것만으로 그 고관을 죽일 수 있다면 어떻게 하겠느냐고. 루소는 독

---

23 「토템과 터부」(제3장 참조) — 원주.

자가 그 고관의 생명에는 별로 관심을 기울이지 않을 것이라고 암시한다. 〈그의 고관을 죽이다Tuer son mandarin〉라는 말은 현대인에게도 존재하는 이 은밀한 소망 — 언제든지 남을 죽이고 싶어 하는 소망 — 을 표현하는 유명한 구절이 되었다.

인간의 이런 성향을 폭로하는 냉소적인 농담과 일화도 많다. 예를 들면 이런 우스개가 있다. 〈하루는 남편이 아내에게 말했다. 「우리 두 사람 중에 하나가 죽으면, 나는 파리로 이사갈 거야.」〉 이런 냉소적인 농담은, 진지하게 숨김 없이 표현되었다면 도저히 받아들일 수 없는 은밀한 진실을 내포한다. 그렇지 않다면 농담 자체가 성립할 수 없을 것이다. 농담 속에 진담이 들어 있다고 하지 않는가.

원시인과 마찬가지로, 그리고 우리의 무의식과 마찬가지로 죽음에 대한 두 가지 상반된 태도 — 죽음을 생명의 소멸로 인정하는 태도와 죽음을 비현실적인 것으로 부인하는 태도 — 가 충돌하여 갈등을 일으키는 경우가 있다. 그것은 원시 시대와 마찬가지로 우리가 사랑하는 사람 — 부모, 배우자, 형제자매, 자식, 친구 — 이 죽거나 죽을 위험에 처해 있는 경우이다. 사랑하는 사람들은 한편으로는 우리의 정신적 소유물, 즉 우리 자신의 자아를 이루는 구성 요소이다. 그러나 또 한편으로는 타인이고, 심지어는 적이기까지 하다. 극소수의 상황을 빼고는 가장 다정하고 친밀한 애정 관계에도 약간의 적개심은 따라다니며, 이 적개심은 상대가 죽기를 바라는 무의식적 소망을 자극할 수 있다. 〈양가감정〉에 따른 이런 갈등은 과거에는 영혼에 대한 교리와 윤리학을 만들어 냈지만, 이제는 신경증을 낳는다. 신경증은 정상적인 정신생활에 대한 깊은 통찰도 제공해 준다. 정신분석적 치료를 행하는 의사들은 가족과 친척의 행복을 지나치게 걱정하는 환자나,

사랑하는 사람이 죽은 뒤에 괜한 자책감에 시달리는 환자를 자주 다루어야 했다. 이런 현상을 연구한 학자들은 타인의 죽음을 바라는 무의식적 소망이 얼마나 강하고 중요한가를 확신하게 되었다.

보통 사람들은 그런 감정이 존재할 수 있다는 가능성에 경악하고, 이 혐오감을 정신분석학의 주장을 반박하는 논리적 근거로 삼는다. 하지만 이것은 오해라고 생각한다. 정신분석학은 사랑의 감정을 헐뜯으려는 의도는 전혀 없으며, 실제로 사랑의 감정을 헐뜯지도 않는다. 사실 사랑과 미움을 그런 식으로 짝짓는 것은 우리의 감정만이 아니라 우리의 지성에도 맞지 않는다. 그러나 자연은 이 상반된 감정을 짝지음으로써 사랑을 더욱 신선하게 유지하려고 한다. 사랑은 그 배후에 숨어 있는 미움으로부터 자신을 지키기 위해 경계를 게을리하지 않는다. 우리의 사랑은 마음속에서 느끼는 미움 충동에 반발할 때 가장 아름답게 꽃을 피운다고 말할 수도 있다.

요약하자면 우리의 무의식은 원시인과 마찬가지로 자신의 죽음을 상상하지 못하고, 타인에 대해서는 죽이고 싶은 소망을 품고, 사랑하는 사람에 대해서는 분열된 감정 — 즉 상반된 두 가지 감정 — 을 품는다. 그러나 죽음에 대한 우리의 관습적이고 문화적인 태도는 원시 시대에서 얼마나 멀어졌는가!

전쟁이 우리가 가진 이 이중 구조와 어떻게 충돌하는지는 쉽게 알 수 있다. 전쟁은 우리가 나중에 얻어 입은 문명의 옷을 발가벗기고, 우리 모두의 마음속에 숨어 있는 원시인을 노출시킨다. 전쟁은 우리에게 또다시 자신의 죽음을 믿지 못하는 영웅이 될 것을 강요한다. 전쟁은 낯선 사람을 적으로 낙인찍고, 우리는 그 적을 죽이거나 적의 죽음을 바라야 한다. 전쟁은 사랑하는 사람의 죽음을 무시하라고 가르친다. 그러나 전쟁은 사라질 수 없다. 민족들의 생활 여건이 그토록 다르고, 서로에 대해 그토록 격렬한 반감을 품고 있는 한 전쟁은 존재할 수밖에 없다. 그런데 여기서 의문이 생긴다. 전쟁에 굴복하고 순응하는 것은 우리 자신이 아닌가? 그렇다면 죽음에 대한 문명적 태도는 심리학적으로 우리의 분수에 맞지 않게 되었다는 것을 솔직히 고백해야 하지 않을까? 차라리 태도를 바꾸어 진실을 인정해야 하지 않을까? 죽음이 현실과 우리의 생각 속에서 마땅히 차지해야 할 자리를 인정하는 편이 낫지 않을까? 우리는 지금까지 죽음에 대한 무의식적 태도를 그토록 조심스럽게 억눌러 왔지만, 이제는 그 태도를 좀 더 겉으로 드러내는 것이 낫지 않을까? 물론 이것은 더 높은 성취로 나아가는 것처럼 보이지는 않는다. 아니, 어떤 점에서는 오히려 뒷걸음질 — 퇴행 — 로 보인다. 그러나 이것은 진실을 좀 더 많이 고려한다는 이점과 삶을 좀 더 견딜 만한 것으로 만들어 준다는 이점을 가지고 있다. 삶을 견디는 것은 결국 모든 생물의 첫 번째 의무이다. 환상이 삶을 견디기 어렵게 한다면, 그 환상은 가치가 없어진다. 〈평화를 지키고 싶으면 전쟁에 대비하라*Si vis pacem, para bellum*〉는 옛 격언이 생각난다. 이 격언을 시대에 맞도록 고치면 이렇게 될 것이다. 〈삶을 견디고 싶으면 죽음에 대비하라*Si vis vitam, para mortem.*〉

김석희 옮김

출전

책 앞의 숫자는 모두 열린책들 전집(제3판, 2020)의 번호를 가리킴

I. 정신분석의 출발

나의 이력서(1925): 15『과학과 정신분석학』, 203~287면

아나 O. 양(브로이어)(1893): 3『히스테리 연구』, 35~68면

II. 꿈, 실수, 농담

꿈-해석의 방법: 꿈 사례 분석(1900): 4『꿈의 해석』, 139~168면

실수 행위들(1917): 1『정신분석 강의』, 80~109면

농담의 즐거움 메커니즘과 심리적 기원(1905): 6『농담과 무의식의 관계』, 153~178면

III. 성욕, 성도착, 성차

성욕에 관한 세 편의 에세이(발췌)(1905): 7『성욕에 관한 세 편의 에세이』, 19~60면

페티시즘(1927): 7『성욕에 관한 세 편의 에세이』, 295~304면

여자의 성욕(1931): 7『성욕에 관한 세 편의 에세이』, 313~338면

나르시시즘 서론(1914): 11『정신분석학의 근본 개념』, 39~84면

IV. 사례 연구

쥐 인간(발췌)(1909): 9『늑대 인간』, 42~76면

편집증 환자 슈레버(발췌)(1911): 9『늑대 인간』, 171~195면

여자 동성애가 되는 심리(1920): 9『늑대 인간』, 355~395면

V. 쾌락 원칙과 죽음

쾌락 원칙을 넘어서(1920): 11『정신분석학의 근본 개념』, 269~347면

자아와 이드(발췌)(1923): 11『정신분석학의 근본 개념』, 386~413면

마조히즘의 경제적 문제(1924): 11『정신분석학의 근본 개념』,
421~439면

VI. 종교, 예술, 문명

어느 환상의 미래(1927): 12『문명 속의 불만』, 171~239면

세 상자의 모티프(1913): 14『예술, 문학, 정신분석』, 271~293면

도스토옙스키와 아버지 살해(1928): 14『예술, 문학, 정신분석』,
539~568면

전쟁과 죽음에 대한 고찰(1915): 12『문명 속의 불만』, 37~73면

프로이트 연보

1856년 5월 6일, 오스트리아 모라비아의 프라이베르크에서 태
        어남.

1860년 가족들 빈으로 이주, 정착.

1865년 김나지움(중등학교 과정) 입학.

1873년 빈 대학 의학부에 입학.

1876년 1882년까지 빈 생리학 연구소에서 브뤼케의 지도 아래
        연구 활동.

1877년 해부학과 생리학에 관한 첫 번째 논문 출판.

1881년 의학 박사 과정 졸업.

1882년 마르타 베르나이스와 약혼. 1885년까지 빈 종합 병원에
        서 뇌 해부학을 집중 연구, 논문 다수 출판.

1884년 1887년까지 코카인의 임상적 용도에 관한 연구.

1885년 신경 병리학 강사 자격(프리바트도첸트) 획득. 10월부터
        1886년 2월까지 파리의 살페트리에르 병원(신경 질환
        전문 병원으로 유명)에서 샤르코의 지도 아래 연구. 히
        스테리와 최면술에 대해 소개하기 시작.

1886년 마르타 베르나이스와 결혼. 빈에서 개업하여 신경 질환
        환자를 치료하기 시작. 1893년까지 빈 카소비츠 연구소

에서 계속 신경학을 연구. 특히 어린이 뇌성 마비에 관심을 가지고 많은 출판 활동을 함. 신경학에서 점차 정신 병리학으로 관심을 돌리게 됨.

1887년 장녀 마틸데 출생. 1902년까지 베를린의 빌헬름 플리스와 교분을 맺고 서신 왕래. 이 기간에 프로이트가 플리스에게 보낸 편지는 프로이트 사후인 1950년에 출판되어 그의 이론 발전 과정에 많은 시사점을 주고 있음. 최면 암시 요법을 치료에 사용하기 시작.

1888년 브로이어를 따라 카타르시스 요법을 통한 히스테리 치료에 최면술을 이용하기 시작. 그러나 점차 최면술 대신 자유 연상 기법을 시도하기 시작.

1889년 프랑스 낭시에 있는 베르넴을 방문. 그의 〈암시〉 요법을 연구. 장남 마르틴 출생.

1891년 실어증에 관한 연구 논문 발표. 차남 올리버 출생.

1892년 막내아들 에른스트 출생.

1893년 브로이어와 함께 히스테리의 심적 외상(外傷) 이론과 카타르시스 요법을 밝힌 『예비적 보고서』 출판. 차녀 소피 출생. 1896년까지 프로이트와 브로이어 사이에 점차 견해차가 생기기 시작. 방어와 억압의 개념, 그리고 자아와 리비도 사이의 갈등의 결과로 생기는 신경증 개념을 소개하기 시작. 1898년까지 히스테리, 강박증, 불안에 관한 연구와 짧은 논문 다수 발표.

1895년 브로이어와 함께 치료 기법에 대한 증례 연구와 설명을 담은 『히스테리 연구』 출판. 감정 전이 기법에 대한 설명이 이 책에서 처음으로 나옴. 『과학적 심리학 초고』 집필. 플리스에게 보내는 편지 속에 그 내용이 포함되어 있는 이 책은 1950년에야 비로소 첫 출판됨. 심리학을 신경학적인 용어로 서술하려는 이 시도는 처음에는 빛을 보지 못했지만 프로이트의 후기 이론에 관한 많은 시사점을 담고 있음. 막내딸 아나 출생.

1896년 〈정신분석〉이란 용어를 처음으로 소개. 부친 향년 80세로 사망.

1897년 프로이트의 자기 분석 끝에 심적 외상 이론을 포기하는 한편, 유아 성욕과 오이디푸스 콤플렉스에 대해 인식하게 됨.

1900년 『꿈의 해석』 출판. 책에 표시된 발행 연도는 1900년이지만 실제로 책이 나온 것은 1899년 11월임. 이 책의 마지막 장에서 정신 과정, 무의식, 〈쾌락 원칙〉 등에 대한 프로이트의 역동적인 관점이 처음으로 자세하게 설명됨.

1901년 『일상생활의 정신 병리학』 출판. 이 책은 꿈에 관한 저서와 함께 프로이트의 이론이 병적인 상태뿐만 아니라 정상적인 정신생활에까지 적용된다는 것을 분명히 보여 주고 있음.

1902년 특별 명예 교수에 임명됨.

1905년 「성욕에 관한 세 편의 에세이」 발표. 유아에서 성인에 이르기까지 인간의 성적 본능의 발전 과정을 처음으로 추적함.

1906년 융이 정신분석학의 신봉자가 됨.

1908년 잘츠부르크에서 제1회 국제 정신분석학회가 열림.

1909년 프로이트와 융이 미국으로부터 강의 초청을 받음. 〈꼬마 한스〉라는 다섯 살 어린이의 병력(病歷) 연구를 통해 처음으로 어린이에 대한 정신분석을 시도. 이 연구를 통해 성인들에 대한 분석에서 수립된 추론들이 특히 유아의 성적 본능과 오이디푸스 콤플렉스 및 거세 콤플렉스에 까지 적용될 수 있음을 확인함.

1910년 〈나르시시즘〉 이론이 처음으로 등장함.

1911년 1915년까지 정신분석 기법에 관한 몇 가지 논문 발표. 아들러가 정신분석학회에서 탈퇴. 정신분석학 이론을 정신병 사례에 적용한 슈레버 박사의 자서전 연구 논문 이 나옴.

1912년 1913년까지 『토템과 터부』 출판. 정신분석학을 인류학 에 적용한 저서.

1914년 융의 학회 탈퇴. 「정신분석 운동의 역사」라는 논문 발표. 이 논문은 프로이트가 아들러 및 융과 벌인 논쟁을 담고 있음. 프로이트의 마지막 주요 개인 병력 연구서인 『늑 대 인간』(1918년에 비로소 출판됨) 집필.

1915년 기초적인 이론적 의문에 관한 〈초심리학〉 논문 12편을 시리즈로 씀. 현재 이 중 5편만 남아 있음. 1917년까지 『정신분석 강의』 출판. 제1차 세계 대전까지의 프로이트 의 관점을 광범위하고도 치밀하게 종합해 놓은 저서임.

1919년 나르시시즘 이론을 전쟁 신경증에 적용.

1920년 차녀 사망. 『쾌락 원칙을 넘어서』 출판. 〈반복 강박〉이라 는 개념과 〈죽음 본능〉 이론을 처음 명시적으로 소개.

1921년 『집단 심리학과 자아 분석』 출판. 자아에 대한 체계적이 고 분석적인 연구에 착수한 저서.

1923년 『자아와 이드』 출판. 종전의 이론을 크게 수정해 마음의 구조와 기능을 이드, 자아, 초자아로 나누어 설명. 암에 걸림.

1925년 여성의 성적 발전에 관한 관점을 수정.

1926년 『억압, 증상 그리고 불안』 출판. 불안의 문제에 대한 관점을 수정.

1927년 『어느 환상의 미래』 출판. 종교에 관한 논쟁을 담은 책. 프로이트가 말년에 전념했던 다수의 사회학적 저서 중 첫 번째 저서.

1930년 『문명 속의 불만』 출판. 이 책은 파괴 본능(〈죽음 본능〉의 표현으로 간주되는)에 대한 프로이트의 첫 번째 본격적인 연구서임. 프랑크푸르트시로부터 괴테상(賞)을 받음. 어머니 향년 95세로 사망.

1933년 히틀러 독일 내 권력 장악. 프로이트의 저서들이 베를린에서 공개적으로 소각됨.

1934년 1938년까지 『인간 모세와 유일신교(有一神敎)』 집필. 프로이트 생존 시 마지막으로 출판된 책.

1936년 80회 생일. 영국 왕립 학회의 객원 회원으로 선출됨.

1938년 히틀러의 오스트리아 침공. 빈을 떠나 런던으로 이주. 『정신분석학 개요』 집필. 미완성의 마지막 저작인 이 책은 정신분석학에 대한 결정판이라 할 수 있음.

1939년 9월 23일 런던에서 사망.

찾아보기

괴테Goethe, J. W. von 17, 18, 94, 254,
263, 378, 390, 411, 480, 493, 773
괴테Goette, A. 524
그로데크Groddeck, G. 550
그로스Groos, C. 207~209, 213, 216
그림 형제Brüder Grimm 686, 687, 690,
694
글레Gley, Eugène 243

네케Näcke, P. 313
노이게바우어Neugebauer 241
노이펠트Neufeld, J. 728
노트나겔Nothnagel, Hermann 20, 23
니체Nietzsche, F. 78, 550

다윈Darwin, C. R. 17, 88, 195, 537, 755
델뵈프Delboeuf, J. R. L. 149
도스토옙스키Dostoevskii, F. 7, 294,
553, 700~710, 712, 714~718,
720~724, 727, 728
도이치Deutsch, H. 289, 307

드레퓌스Dreyfus, A. 210

라이크Reik, Theodor 71, 89, 658
람플-더흐로트Lampl-de Groot, Jeanne
289, 307, 308
랑크Rank, Otto 67, 71, 83, 89, 146, 312,
314, 535, 558, 593, 681, 683, 694
레싱Lessing, G. E. 81
레오나르도 다빈치Leonardo da Vinci
84, 85, 278, 312, 337, 593, 659
로Low, B. 424, 536, 582
로비체크Robitsek, A. 142
로셔Roscher, W. H. 689
로이터Reuter, F. 158
로키탄스키Rokitansky, C. 218
로하임Roheim, G. 89
롤랑Rolland, Romain 632
루니Looney, J. Th. 83
루소Rousseau, J. J. 763
리Rie, Oskar 28
리비어Riviere, Joan 276, 286, 550, 580
리비우스Livius, Titus 48
리에보Liébeault, A. A. 27

리클린Riklin, F. 420
리히텐베르크Liechtenberg, Georg
　Christoph 187
리히트하임Lichtheim, R. 28
립쉬츠Lipschütz, A. 246, 459, 523, 524,
　535, 536
립스Lipps, Th. 202

마르치노프스키Marcinowski, J. 486
마이네르트Meynert, Theodor 19, 24,
　416
막소프Marxow, Ernst Fleischl von 18
만Mann, Thomas 94
메더Maeder, A. 398, 405
모파Maupas, E. 524
몰Moll, A. 271
뫼비우스Möbius, P. J. 26, 233, 237, 273,
　664
물타툴리Multatuli [E. D. Dekker] 593,
　672

바그너Wagner, R. 410
바긴스키Baginsky, Adolf 23
바이닝거Weininger, O. 243
바이스Weiss, E. 341, 342
바이스만Weismann, A. 321, 521~525,
　527, 537
발자크Balzac, H. de 763
밤베르거Bamberger, H. von 24
베르넴Bernheim, Hippolyte 27, 28, 32,
　40, 770
베른펠트Bernfeld, S. 90
베인스Baines, C. M. 312

부슈Busch, W. 326
뷕센쉬츠Büchsenschütz, B. 141
브라네스Brandes, Georg 680
브런스윅Brunswick, Ruth Mack 290,
　303
브로이어Breuer, Josef 6, 29~35, 37, 38,
　44, 64, 98, 125, 130, 131, 143, 144,
　264, 266, 470, 476, 493, 496, 501,
　507, 767, 770
브뤼케Brücke, Ernst 18, 19, 21, 29, 769
브륄Brühl, Carl 17
브릴Brill, A. A. 15, 71, 98, 138, 143,
　202, 232, 730
블로일러Bleuler, Eugen 65, 67, 68, 79,
　314, 401, 417
블로흐Bloch, I. 238, 251
비네Binet, Alfred 255, 273

샤르코Charcot, Jean-Martin 20~22, 24,
　27, 30, 35, 127, 769
셰르너Scherner, K. A. 139
셰익스피어Shakespeare, William 7, 83,
　106, 679~682, 686, 701, 718, 747,
　750
소포클레스Sophocles 718
쇼펜하우어Schopenhauer, A. 78, 370,
　527
수보린Suvorin, A. S. 709
슈레버Schreber, Daniel Paul 7, 312,
　313, 315, 322, 323, 327, 333, 382,
　392, 396~398, 402, 409, 410, 412,
　414~416, 419~421, 772
슈베닝거Schweninger, E. 550
슈타이나흐Steinach, E. 246, 459~461

슈테르케Stärcke, A. 535
슈테켈Stekel, W. 67, 71, 575, 685
슈툼프Stumpf, E. J. G. 143
슈트륌펠Strümpell, Adolf von 34
슈피텔러Spitteler, C. 593
슐라이어마허Schleiermacher, F. E. D. 146, 218
슐레겔Schlegel, F. 684
스미스Smith, W. Robertson 87, 89, 755
스트레이치Strachey, Alix 358, 386, 396
스트레이치Strachey, James 202, 232, 358, 386, 396, 466
스피노자Spinoza, Baruch 667
실러Schiller, F. 146, 147, 520

아들러Adler, Alfred 67, 70, 71, 339~341, 349, 532, 772
아르테미도로스Artemidoros 141, 142
아리스토텔레스Aristoteles 62, 141, 208, 639
아리스토파네스Aristophanes 234, 538
아브라함Abraham, Karl 71, 80, 306, 315, 405, 410, 418, 474
아이팅곤Eitingon, Max 71, 72
안데르센Andersen, H. C. 109
안첸그루버Anzengruber, L. 761
알렉산드로스Alexandros 142
앳킨슨Atkinson, J. J. 755
에딩거Edinger, Ludwig 19
에르프Erb, W. 25
엑슈타인Eckstein, F. 704
엑스너Exner, Sigmund 18
엘리스Ellis, Havelock 35, 233, 239, 242, 260, 313

옌젠Jensen, W. 85, 140
우드러프Woodruff, L. L. 524~526
융Jung, C. G. 65, 67, 68, 70, 71, 73, 79, 86, 292, 315, 322~324, 384, 397, 410, 417, 418, 436, 489, 532, 593, 771, 772
입센Ibsen, H. J. 17, 389

자네Janet, P. 22, 30, 32, 43, 44, 323
자드거Sadger, I. 233, 314, 439
작스Sachs, H. 67, 71, 593
잭슨Jackson, H. 286
제임스James, William 69
존스Johns, Ernest 71, 77, 83, 125, 157, 309, 312, 365, 474, 746
지멜Simmel, G. 33, 474, 476
질베러Silberer, H. 146, 346, 347

츠바이크Zweig, Stefan 704, 724, 727

카소비츠Kassowitz, Max 23, 769
칸트Kant, I. 498, 592, 636
콜러Koller, Carl 24
쾨니히슈타인Königstein, Leopold 24
크라우스Krauß, F. S. 389
크라프트-에빙Krafft-Ebing, R. von 233, 243, 258, 260
크레펠린Kraepelin, E. 314, 401, 417
크로바크Chrobak, Rudolf 35
클라인, 멜라니Klein, Melanie 90, 308
클라인파울Kleinpaul, R. 218

타루피Taruffi, P. 241
타소Tasso 444, 489
트로터Trotter, W. 342

⊕

파이힝거Vaihinger, H. 636
퍼트넘Putnam, J. 68
페니헬Fenichel, O. 308
페렌치Ferenczi, Sándor 67, 71, 72, 87,
　143, 246, 251, 316, 323, 325, 397,
　474, 476, 516, 678
페히너Fechner, G. T. 78, 211, 212, 224,
　469, 470, 560, 581
푸코Foucault, J. B. L. 632, 633
필뢰프-밀러Fülöp-Miller, R. 704, 709,
　717, 724
프레이저Frazer, J. G. 87, 89, 760
프로이트Freud, Anna 8, 90, 771
프로인트Freund, A. von 70
플라톤Platon 35, 234, 538, 539
플렉지히Flechsig, Paul 19, 409, 414,
　420

플리스Fließ, Wilhelm 35, 47, 85, 163,
　168, 202, 243, 246, 268, 382, 521,
　547, 575, 710, 726, 770
피스터Pfister, O. 71, 90

⊕

하르트만Hartmann, Erich von 130
하르트만Hartmann, Max 523, 524
하이네Heine, H. 330, 667, 752, 758, 759
하이덴하인Heidenhain, Rudolf P. H. 26
한젠Hansen, Carl 26
할반Halban, J. 242
헤르만Herman, G. 243
헤링Hering, Ewald 527
헬름홀츠Helmholz, H. von 707
호나이, 카렌Horney, Karen 309
호메로스Homeros 689
호헤Hoche, Alfred 251
홀Hall, Stanley G. 68
후크-헬무트Hug-Hellmuth, H. von 90
히르시펠트Hirschfeld, M. 233, 234,
　243, 246

한 권으로 읽는 프로이트

지크문트 프로이트 Sigmund Freud 1856년 오스트리아의 모라비아에서 태어났다. 정신분석학의 창시자인 그는 1939년 영국 런던에서 타계했다.

김명희 연세대학교 의과대학을 졸업했다. 1974년부터 1982년까지 미국에서 정신과·소아정신과 수련의 과정을 끝냈다.

김미리혜 고려대학교 심리학과를 졸업하고 뉴욕 주립대학교 심리학과에서 박사 학위를 취득하였다. 현재 덕성여자대학교 교수이다.

김석희 서울대학교 불문과를 졸업하고 대학원 국문과를 중퇴했다. 영어·프랑스어·일본어를 넘나들면서 200여 권을 번역했다.

김인순 전주에서 태어나서 고려대학교 독문과를 졸업했다. 독일 카를스루에 대학교에서 수학한 후 고려대학교에서 박사 학위를 취득했다.

박종대 성균관대학교에서 독문과와 대학원을 졸업하고 독일 퀼른에서 문학과 철학을 공부했다. 100여 권의 책을 번역했다.

박찬부 서울대학교 영문과를 졸업하고 뉴욕 주립대학교 영문과에서 석사와 박사학위를 취득했다. 현재 경북대학교 명예 교수이다.

윤희기 부산에서 출생하여 고려대학교 영문과를 졸업하고, 동대학원에서 박사 과정을 수료했다.

임홍빈 고려대학교 철학과를 졸업한 후 독일 프랑크푸르트 대학교에서 철학 박사 학위를 받았다. 고려대학교 철학과 교수를 역임했다.

정장진 고려대학교 불문과를 졸업하고 파리 4대학과 8대학에서 현대 문학 비평을 전공하여 박사 학위를 받았다.

한승완 고려대학교에서 독문학과 철학을 공부한 후 독일 브레멘 대학에서 철학박사 학위를 받았다.

홍혜경 고려대학교 독문과를 졸업한 후 독일 프랑크푸르트 대학교에서 독문학과 심리학을 수학했다.

지은이 지크문트 프로이트 **옮긴이** 임홍빈·박종대 외 **발행인** 홍예빈·홍유진
발행처 주식회사 열린책들 **주소** 경기도 파주시 문발로 253 파주출판도시
전화 031-955-4000 **팩스** 031-955-4004 **홈페이지** www.openbooks.co.kr
Copyright (C) 주식회사 열린책들, 2019, *Printed in Korea.*
ISBN 978-89-329-1993-5 93180
발행일 2019년 10월 30일 초판 1쇄 2023년 6월 30일 초판 4쇄

이 도서의 국립중앙도서관 출판예정도서목록(CIP)은 서지정보유통지원시스템 홈페이지(http://seoji.nl.go.kr)와 국가자료공동목록시스템 (http://www.nl.go.kr/kolisnet)에서 이용하실 수 있습니다.(CIP제어번호 : CIP2019039862)